사서언해의
비교연구

사서언해의
비교연구

김해정 저

보고사

머리말

　『사서언해』는 다른 언해본과 차이가 있다. 불경언해를 보면 새롭거나 어려운 문자(文字)는 거의 우리말로 주석을 달았다.

　『사서언해』는 주석(註釋)이 없다. (율곡본 『맹자언해』의 일부 예외는 있다.) 할 수 있으면 원전의 뜻을 훼손시키지 않기 위함이다. 처음부터 한 글자씩 모든 전통적인 의미를 공통으로 파악하여 하나의 전형적인 의미를 누구나 다 알고 있는 것으로 생각하고 단어들은 기본적으로 읽는 데에 어려움을 느끼지 않았기 때문으로 생각한다. 이러한 태도로 의고(擬古)적이거나 보수적인 경향이 강하다. 유학자들이 "성인들의 신성한 말씀을 기록한 책"으로 보았기 때문이다. 그 결과 언해의 외형상의 표기를 바꾸거나 다른 주(註)를 개인이 쉽게 고쳐 쓰는 일이 없었다. 곧 개인이 자의적으로 경서(經書)를 바꾼다는 것은 거의 금기(禁忌)시 되어 있었다. 다시 말하면 오늘날의 국정교과서 격이어서 개인이 바꿀 수가 없었다. 이러한 경향을 머리에 두고 『사서언해』 5종류를 전부 입력하여 비교 검토하였다. 그런데 율곡본 『사서언해』만 다르고 나머지 넷은 같았다. 결국 '율곡본'과 나머지 넷은 '비 율곡본'이라 이를 수 있다. 5종류를 선택한 것은 지역을 중부지방, 서남지방, 동남지방의 자료를 찾아보면 지역적인 차이가 있을 것을 기대하고 탐색을 하였다. 그러나 기대에 어긋났다. 1584년에 율곡본 (栗谷本) 『사서언해』가 첫 언해본이었으나 인쇄가 165년 뒤 1749년에 이루어진 것이 아쉬운 점이다. 그러나 큰 산맥을 이루는 한 축이 된다.

다음 교정청본『사서언해』는 1590년에 인쇄되었으나 완전한 자료가 없다. 다행스러운 것은 도산서원에 '내사기(內賜記)'를 가진 자료가 있으나 몇 장의 낙장이 흠이다. 또 규장각(奎章閣)에서 간행한 경진신간내각장판(庚辰新刊內閣藏板)『사서언해』(1820)가 아주 좋은 상태로 전해지고 있다. 다음은 서남지방 전주에서 세경오중춘개간전주부하경룡장판(歲庚午仲春開刊全州府河慶龍藏板)『사서언해』가 1810년[맹자언해는 1807년이다.]에 개인이 간행한 판이 있다. 다음은 동남지방 대구에서 간행한 임술계춘영영중간(壬戌季春嶺營重刊)『사서언해』가 1862년에 간행되어 전해지고 있다. 물론 이외의 판들이 부분적으로 전해지는 언해본들이 많이 있으나 비교적 완전한 모습으로 볼 수 있는 자료로서 위에서 본 5종의『사서언해』를 비교 자료로 정했다. 결과를 보면 국어학적인 내용은 같으나 서지학적인 차이는 많이 나타났다. 서지학적인 부분과 국어학적인 면으로 나누어서 검토하였다. 이 책을 처음 시작할 때에는『칠서언해』의 비교연구를 하고자 하였으나 자료의 방대함과 여러 가지 사항을 생각하여『사서언해』로 하였다. 그 결과 국어학적인 연구는 '율곡본'과 '내각장판'을 중심으로 비교 분석하였다. 서지학적인 문제는 전체를 대상으로 하여 검토하였다. 10년 동안 두었다가 이제야 정리를 한 것은 게으름과 건강상의 문제도 있지만 더 자세히 그리고 좋은 내용과 모양으로 바꾸어 보고자 하였지만 뜻대로 못하고 학위논문과 거의 같은 내용이다. 다만 조금 바꾼 부분이 있다. 한글 전용을 하되 필요한 부분에는 한자를 ( )에 넣어 병기하였다. 서지 부분에 사진을 넣어서 실증적인 면이 있을 것으로 생각해서 시도를 하였으나 사진을 전문가가 아니고 필자가 찍었기에 어설픈 그림이 되어서 아쉬운 점을 하나 더한 느낌이다.

『사서언해의 비교연구』는 모든 면을 살펴 주시고 여러 방면으로 깨우

치게 하여주신 송민(宋敏) 선생님의 지도가 없었으면 이루어질 수 없었을 것이다. 지금까지 감사의 말씀을 한 번도 드리지 못했음을 송구스럽기 이를 데가 없음을 깨달았다. 늦었으나 감사의 말씀을 드린다. 근대국어의 문제와 자료의 정리과정을 지도해 주신 전광현(田光鉉) 선생님께도 감사의 마음을 드린다. 최태영(崔泰榮) 선생님께서는 특별한 배려로 개인적으로 잊을 수 없는 감동적이고 실질적인 여러 문제들을 해결해주신 점을 모두 기록할 수가 없다. 역시 깊이 감사드린다. 심재기(沈在箕) 선생님께서는 서지학적인 문제들을 집중적이고 구체적인 방법들을 지도해 주신 점에 대하여 감사드린다. 또한 김흥수(金興洙) 교수님의 기술방법을 비롯하여 세부적인 많은 지적에도 감사를 드린다. 위와 같이 지도를 받았으나 그에 부응한 책을 쓰지 못하고 잘못된 부분들이 있다면 그것은 필자의 잘못이지 지도가 잘못된 점이 없음을 밝힌다.

항상 옆에서 건강과 필자 신변상 모든 문제들을 위해 금식기도를 하며 "지켜주신 하나님께 감사를 드려야 함"을 깨닫게 해 준 아내에게 고마운 마음을 전한다. 컴퓨터에 자료 입력과 여러 가지 기술적인 처리와 교정을 전적으로 해결을 해준 표중(彪中, 아들)이와 세희(世姬, 딸)에게도 고마운 마음을 가진다. 이외에도 자료를 제공해주신 분들과 여러 모양으로 도움을 주신 분들께도 감사의 말을 전한다.

어려움이 많은데 출판을 하여주신 보고사 김흥국 사장님과 보고사 가족 여러분들께도 감사의 말을 전한다.

2006년 1월 14일
김해정씀

차 례

I. 서 론

1.1. 연구목적

 본 연구는 국어사(國語史)의 문헌자료인, 『사서언해(四書諺解)』 이본(異本)들에 대한 상호비교(相互比較)를 통하여 자료의 가치를 부여(賦與)하는 데에 목적이 있다. 특히 사서(四書)는 삼경(三經)과 더불어 과거 우리나라 전역에 널리 보급되었고 그 간행 역시 각 지역에서 여러 모양으로 이루어졌다. 그러나 본 문헌은 방대(尨大)하고 다양할 뿐 아니라 보수성(保守性)과 경서(經書)에 대한 유학자(儒學者)들의 고정관념으로 시대와 지역에 따라 간행을 하였으나 전국적으로 거의 같은 모습이다. 이 현상은 그 당시 상황에서는 아주 자연스럽고 당연한 것이었을 것이나 지금 국어사 연구 관점으로 보면 다루기가 애매하고 모호한 점이 많은 것이 사실이다. 그래서 오랫동안 가장 널리 보급되었으니 당연히 우리 국어사의 자료를 정리, 연구하는 경우 각광(脚光)을 받을 만한 것이었으나 전혀 그 반대가 되는 형편이었다.

 필자는 이점들을 알고 있음에도 연구를 히고자 한 점은 어떤 모양으로든 정리가 되어야 한다는 생각에서이고, 국어사 자료가 많지 않은 형편에 실로 이 방대한 자료를 더 이상 방치할 수 없다고 생각하기 때문이다.

이점에 있어서는 고대 한글 소설도 마찬가지라고 생각이 되는데 이들 자료에 대한 연구는 반드시 활발히 전개되어야 한다고 생각하고, 연구할 만한 가치가 있다고 생각한다. 특히 관심이 있는 것은 율곡본(栗谷本)이 다. 이는 개인의 업적이며 간결하고, 문체의 개성이 뚜렷하다. 특히 율곡 본의 구결(口訣)이 비 율곡본[1] 구결과 비교하면 과감히 생략된 부분이 많다. 그것은 단순한 번역[언해]이라기보다 유학적(儒學的) 연구 업적으 로 생각된다. 이에 비해서 교정청본은 당시 유학의 대가들 30여 명이 왕 명에 의해서 공동으로 토론을 거쳐서 결정했기 때문에 개성보다는 하나 의 전형일 가능성이 강하다. 그래서 율곡본은 경전의 원의를 손상하지 않는 데에 역점을 둔 듯한 생각이다. 구결의 과감한 생략이나 어휘 선택 에 있어 원전의 내용을 중시한 흔적들이 비 율곡본에 비하여 많은 것으 로 보인다.

예외도 있지만 율곡본과 비 율곡본은 아주 대립적이다. 율곡본은 구 경(九經)을 언해하려던 계획이었으나 『사서언해』도 완결을 못 본 상태 에 율곡 선생께서 1584년에 졸(卒)하였기 때문에 즉시 간행도 되지 못하 고, 165년 후에야 간행되어 율곡본이 당시의 현실 언어와 현전하는 율 곡본과는 차이가 있을 것으로 생각된다. 다시 말하면 18세기 언어의 간 섭이 있었을 것이다. 반면에 교정청본은 언해한 당시에 궁중에서 바로 간행하였기 때문에 16세기말 중부방언을 반영한 것으로 생각한다. 물론

---

1) 본고에서 말하는 비율곡본은 율곡본에 대한 상대적인 것으로 교정청본(도산서원 장), 경진신간내각장판, 임술계춘영영중간본, 세경오중춘개간 전주부하경룡장판 등 네 종류의 판본을 총칭한다. 특히 "비 율곡본[官本]"은 "율곡본"이 개인의 업적이기 때문에 또 그에 대한 상대적인 개념이 강조 되면서 쓰인 것으로 "교정청본"을 대표 로 해야겠지만 "내각장판"을 "官板"의 대표로 지칭하기로 한다. 이는 교정청본이 낙 장된 부분이 있고 영인본만 가지고 검토했기 때문이다. 교정청본과 내각장판의 차이 는 '방점,△, ㅇ'을 사용한 교정청본과 몇 개 안되는 한자음의 구개음화를 보이는 내 각장판의 특징 등을 제외하면 거의 같은 것이다. 이 사실은 '비 율곡본이 가지는 공 통적인 면이다.

언해본의 성격상 언문일치나 완전한 구어일 수는 없겠으나 율곡본에 비해서 그 괴리현상이 적었을 것으로 생각한다. 한편 교정청본의 언해자들 중에는 율곡본을 직접 읽어본 사람들도 많았다는 것이다. 율곡본이 어떤 모습으로든지 영향을 주었을 것이다. 이런 점에서 율곡본과 의도적으로 다르게 표현한 곳이 비 율곡본의 본문을 비교하면 여러 곳에서 나타난다.

그래서 다섯 종의 『사서언해』를 검토한 결과 다소 다양한 모습을 보이는 서지학적인 면과 '율곡본'과 '비 율곡본'으로 양분(兩分)이 명확한 국어학적 측면을 찾을 수 있을 것이다. 물론 유학적인 내용이나 가치에 대하여 필자로서는 언급할 처지가 못 된다. 유학의 내용에 대해서는 전혀 문외한이기 때문이다. 너무나 단순한 작업일지는 모르겠으나 이 자료들의 성격 규명이 먼저 있어야 하겠기에 이 일을 결심한 것이다. 결코 무의미한 일은 아닐 것으로 생각한다. 『사서언해』에 관해서는 어쩌면 당연히 거쳐야 할 단계라고 생각한다. 그래서 이 작업 자체는 필요하고 가치가 있는 일이라고 믿기 때문에 연구를 하게 되었다.

1. 2. 연구사(研究史)

『사서언해』에 관한 전반적인 연구업적은 없었다. 더 나아가 이들에 대한 비교연구는 더 말할 필요가 없다. 다만 부분적인 비교연구로 이숭녕(1972)은 『대학언해』의 율곡본과 교정청본의 비교연구이다. 두 본에 대한 서지학적(書誌學的) 고증과 국어학적인 연구 업적인데 다방면으로 분석한 선구적인 업적이다. 다만 『대학언해』 하나만으로 비교가 되었기 때문에 『사서언해』를 모두 놓고 보면 상당한 차이가 있었다. 그리고 지방판에 대한 약간의 편견이 있었다. 김영덕(1952)은 언해와 번역의 비교에서 언해

는 직역(直譯), 번역(飜譯)은 의역(意譯)임을 밝혔다. 안병희(1973)는 번역
양식을 중심으로 중세국어의 각종 자료에 대하여 두 번 이상 번역, 간행
된 문헌 중 일반적으로 '번역'이라 한 자료는 의역, '언해'라 한 자료는 직
역임을 밝혔다. 한 걸음 더 나아가 번역 양식(樣式)에 대한 방법론으로
직역과 의역 곧 번역양식에 대하여 논의한 바가 있다[2]. 서종학(1989)은

2) 번역양식에 따라 일어나는 언어사실의 차이를 중심으로 하여 『사서언해』를 검토한
   다면 일반적인 논의와 같이 직역과 의역으로 분명하게 구별하기 어렵다. 다시 말하
   면 의역인가? 직역인가? 이를 구분하는 요소들을 안병희(1973)에서, 「첫째 한자어와
   고유어 사용의 비율의 대소(大小)가 지적되었다. 직역일수록 한자어휘가 많이 나타
   난다. 둘째 품사적인 차이를 말할 수 있다. 번역문에 쓰이는 단어와 어구의 품사적
   성격이 원문의 그것과 얼마나 같으냐가 그것이다. 원문의 체언적 어구가 의역에서는
   용언적 어구로, 직역에서는 체언적 어구로 되어 있는 것이다. 셋째 전후의 문맥을 분
   명하게 하여주는 이른 바 전이어(轉移語)의 사용여부인데 의역에서는 보이지 않는
   단어가 직역에서는 "뼈, 시러곰" 등이 전이어로 쓰인 경우다. 의역일수록 경어법을
   민감하게 사용하여 인물의 존비관계를 명시하려고 한다. 반면 직역인 경우 경어법이
   무시되어도 무방하다는 것이다. 곧, 직역에서는 존경법 선어말어미 '-시-'가 나타나
   지 않는다. 겸양, 공손법의 사용도 같다. 그러나 석가나, 공자와 같은 인물에 대해서
   는 예외로 한 경우도 있다는 것을 염두에 둘 것이다. 결과적으로 의역인 경우 고유어
   가 많으며, 문맥에 따라 체언적 어구가 용언적 어구로 바뀌며 전이어 등을 중복하여
   사용하지 않고 경어법을 민감하게 사용하여 인물의 존비 관계를 명시하려고 한다.」
   라고 피력하였다. 그런데 언해서의 언어가 구어에 가깝게 접근시켜 놓았다는 사실에
   대하여 언해서가 직역인 경우 원문인 한문과 구결의 영향을 받아서 구어와는 거리가
   있는 언어, 곧 문어적인 성격을 띠는 언어를 보여준다는 관점으로 보면 『사서언해』
   의 경우는 구분이 뚜렷하지 못하다. 정도의 차이는 있겠으나 이른바 '逐字作解'로 된
   직역의 성격이다. 그렇다고 하여 한자어에 대한 주를 달지도 않았다. 이것은 언해서
   가 가지고 있는 가치와 용도가 분명하다. 곧 원전을 공부하는데 우리말로 이해를 하
   기 위한 안내서 및 자습서인 것으로 생각한다. 특히 『사서언해』의 경우는 경전 내용
   의 파악이 주목적이었던 것이어서 국어로 바꿀 수 있는 것은 바꾸되 일반적으로 널
   리 쓰이는 내용의 한자어는 그대로 사용하고 주를 달지 않아도 의미, 곧 원의를 파악
   하는 데에는 어렵지 않았던 것으로 추측한다. 이는 원래 경전(經典)의 번역이 원문의
   한자(漢字)의 음을 정하고 ,구결을 정하는 것으로부터 시작하여 석의과정(釋義過程)
   을 거쳐 언해에 이르렀다는 사실을 보면 중국어로 된 유가(儒家)의 경전을 국어적인
   파악이 주 목적이었을 것이다. 그래서 더 자세한 내용을 파악하기 위해서는 『사서언
   해』와 같은 과정을 거쳐 주로 처리해야 할 만한 어려운 한자어의 내용, 곧 대체로 한
   글자[一字]로 된 많은 한자어에 대한 자해를 하고 '축자작해'에 해당되는 직역을 하

경서석의(經書釋義)에 대한 서지 및 국어학적 고찰을 통하여 『사서언해』
의 바로 전 단계인 경서 석의의 성격을 규명하려고 의도하였다. 여찬영
(1984)은 언해의 유형, 언해 문에 나타나는 한자어(漢字語)의 유형, 언해
문에 한자(漢字)가 많이 나타나는 이유, 한문 원문과 구결문의 관계는 의
존적 관계이고 구결문과 언해문은 임의적 관계임을 밝혔다. 다음으로 경
서(經書)언해의 사적(史的) 및 서지학적인 업적들로 맹택영(孟澤永, 1979),
이충구(李忠九, 1993), 한영균(韓英均, 1987) 등이 있다. 영영중간본의 서지
적 고찰로 조정화(1986)를 들 수 있겠다. 이에 본고는 『사서언해』 전반에
대한 서지적인 면과 국어학적인 면을 비교 검토하고자 한다.

1.3. 연구 범위와 방법

본 연구는 유교의 경전인 『사서언해』의 이본 곧, 선조(宣祖)의 명으로
교정청에서 간행한 도산서원에 소장된 교정청본 『사서언해』3)와 교청본

고, 그 내용을 파악하기 위한 '의해'를 한 『유교경전언역총서(儒敎經典諺譯叢書)』에
서부터 출발하여 현대에 이르러 번역서들의 형태에 이르기까지 하나의 큰 획을 그을
수 있는 한 단계라는 생각이다. 그런 관계로 미루어 볼 때 언해 단계에서의 직역과
의역의 논의는 특별한 의미가 없다고 생각한다. 그래서 본고에서는 이른바 번역양식
의 문제는 중요하게 다루지 않을 것이다. 다만 각 본들이 가지고 있는 언어적 및 서
지적 차이를 주로 하여 검토하기로 한다.
3) 각 판본의 약호(略號)를 다음과 같이 한다.
『논어언해』 : N, 『맹자언해』 : M, 『중용언해』 : C, 『대학언해』 : D, 교정청본 : T,
율곡본 :R, 전주본 : J, 영영중간본 : Y, 교정청본 『논어언해』 : NT, 교정청본 『맹자언
해』: MT, 교정청본 『중용언해』 : CT, 교정청본 『대학언해』 : DT, 『논어율곡언해』
: NR, 『맹자율곡언해』 : MR, 『중용율곡언해』 : CR, 『대학율곡언해』 : DR, 내각본
『논어언해』 : NK, 내각본 『맹자언해』 : MK, 내각본 『중용언해』 : CK, 내각본 『대학
언해』 : DK, 전주본 『논어언해』 : NJ, 전주본 『맹자언해』 : MJ, 전주본 『중용언해』
: CJ, 전주본 『대학언해』 : DJ, 영영중간본 『논어언해』 : NY, 영영중간본 『맹자언해』
: MY, 영영중간본 『중용언해』 : CY, 영영중간본 『대학언해』 : DY

보다 먼저 언해한 율곡본『사서언해』와 그 후 중앙 관서에서 간행한 것
으로 믿는 또 하나의 관판본(官版本), 내각본(內閣本)『사서언해』와 지방
관서에서 간행한 임술 계춘 영영 중간(壬戌季春嶺營重刊),『사서언해』와
개인이 간행한 세 경오 중춘 개간 전주 부 하경룡 장판(歲庚午仲春開刊
全州府河慶龍藏板)『사서언해』를 비교 검토하고자 한다.

연구방법은 문헌들에 대한 서지학적인 면과 국어학적인 양면을 비교하
고자 한다. 다만 여기에 덧붙여 영남본들 중에 영영중간본 이외에, 갑신
신간 영영장판『맹자언해』, 무자 신간 영영장판(戊子新刊嶺營藏板)『중
용언해』, 임오 신간 영영장판(壬午新刊營藏板)『논어언해』, 전주 칠서방
(七書坊)에서 간행한『사서언해』등 필자가 가지고 있는 다른 언해본 자
료도 비교 검토가 부분적으로 이루어질 것이다. 그러나 필자가 가지고
있는 유교 경전 강구소(1923) 유교 경전 언역 총서의『언역사서(諺譯四
書)』는 '언해본'과 '언역본'이라 할 수 있는 두 책의 관계는 언해본에서
한 단계를 넘어선 다음 단계로 차원을 달리 해야 할 작업으로 생각되어
극히 제한적인 부분만 논의될 것이다.

1. 4. 자료의 성격과 문제점

『사서언해』는 가장 널리 보급되었고 일반화한 자료이기 때문에 중앙
관서에서 간행한 것이거나, 지방관서는 물론 개인이 간행한 것들 사이에
국어학적인 면으로 보면 큰 차이가 없다는 점이 문제다. 가장 널리 보급
되었다고 하는 것은 하나의 표준형이 자연스럽게 이루어져서 공인된 형
태를 간직한 것으로 생각할 수 있기 때문에 시공(時空)을 넘어선 것으로
가정하고 연구에 임해야 할 것이다. 그러나 서지학적인 면과 국어학적인
세부사항에 이르러서는 상당한 차이와 문제점들이 노출되고 있다.

II. 서지학적 비교연구

2.1. 『사서언해』에 관하여

사서(四書)를 포함한 유교의 경전에 대한 번역 사업은 멀리 삼국시대 구결로부터 그 기초가 이루어졌다. 이 내용을 간결하게 기록한 유교 경전 강구소(儒教經典講究所, 1923) 『유교 경전 언역 총서(儒教經典諺譯叢書)』에 언해 내력에서 다음과 같이 기술하였다.

經書의, 口訣釋義는, 新羅찌에, 薛聰이, 方言으로써, 九經을, 解한것이, 嚆矢 가, 되고, 高麗末年에, 圃隱鄭先生夢周, 陽村權公近이, 또, 各히, 吐를, 달어셔 解釋ᄒ얏고, 世宗朝에셔, 訓民正音을, 定ᄒ실시, 局을, 設ᄒ고, 儒臣을, 命ᄒ야諺 文으로써, 經書音解를, 撰ᄒ얏고, 世祖朝에, 또, 口訣을, 定ᄒ셧고, 成宗朝에 이르러셔, 柳公崇祖가, 命을, 承ᄒ고, 七書諺解口讀를, 纂輯ᄒ얏고, 그뒤에學 者가, 各히, 著作ᄒ얏고, 退溪李先生滉에, 니르러셔, 釋義를, 合成ᄒ얏스나오 히려, 完備치, 못ᄒ지라, 宣祖九年丙子에, 栗谷李先生珥를, 命ᄒ야, 四書와五 經의, 諺解를, 詳定ᄒ셧시나, 栗谷先生의, 撰ᄒ것은, 四書에, 긋치고, 五經에는, 及지안이ᄒ얏는지라, 十八年乙酉에, 다시, 局을設ᄒ고, 官을, 命ᄒ야, 諺解를, 著定ᄒ얏스니, 現世에, 行ᄒ는, 七書諺解가, 이것인디, 諺解라고ᄒ야도, 訓讀 만, 專主ᄒ고, 訓讀도, 詳解치못ᄒ얏고, 字解와, 義解에는及지안이ᄒᄂ니라.[4]

---

4) 유교경전 언역총서편집위원 신면휴 외 이십일인 공편(1923), 유교경전 언역총서, 언

인용문에서 중국의 경서가 삼국시대에 이미 들어와서 설총에 의하여 우리말로 익히게 된 사실을 확인할 수 있다. 곧 중국어로 된 문헌을 우리가 이해할 수 있도록 번역의 기초 단계인 구결로 석의한 것을 알 수 있다.5) 다음 고려 말에 이르러서 구결석의(口訣釋義)에 토(吐)를 달았다.6) 훈민정음을 창제한 세종조에 이르러서 정음으로 음해했다는 것은 한자의 음(音)을 바로 잡은 것으로 생각한다.

다음으로 세조(世祖)조에 이르러서 훈민정음으로 구결을 정한 것이다. 유숭조(柳崇祖)에 이르러서 『칠서언해(七書諺解)』를 위한 구두(口讀)를 정하고 퇴계 이황(退溪 李滉)에 의하여 『칠서석의(七書釋義)』7)가 이루어졌으나 만족할 만한 것이 못되고 그 원고를 후에 간행하였으나 칠서 중 어려운 구절만 언해한 것이다. 율곡 이이(栗谷 李珥)가 선조의 명을 받아 사서(四書) 오경(五經)의 언해를 착수하였으나 사서의 언해만을 이루고 1584년에 작고(作故)한 것이다. 율곡언해본이 간행되지 못하였다. 다시 선조(宣祖)는 교정청을 두어 유교경전의 언해를 본격적으로 착수하여 만력(萬曆) 18년(1590) 7월에 내사(內賜)한 교정청본 『사서언해』가 비로소 간행되었다. 여기서 말하는 '언해'는 훈민정음 이후에 가능한 것이다.

역논어, p.11.

5) 구결은 남풍현(1980), p.152에서 밝힌 바 있는 "口訣은 한문에 토를 달아 이를 한국화시킨 표기를 가리킨다. 이와 같이 구별하는 배경에는 문(sentence)의 단위 이상의 것을 바탕에 깔고 있는 것이다. 따라서 향찰(鄕札), 이두(吏頭), 구결은 향찰문, 이두문, 구결문이라는 개념을 가지고 생각해야 그 구별을 쉽게 할 수 있는 것이다."에 근거를 두고자 한다.

6) 토(吐)와 구결을 구분한 의견을 받아들인다.

7) 경서석의는 경전에 쓰인 난해구(難解勾)를 우리말로 번역한 것으로 한문을 배운다는 것은 외국어를 학습하는 단계이니 먼저 읽어야 되겠고 다음은 의미 파악일 것이다. 이 단계에서 구결을 결정하고 다음 단계는 문자[단어]의 정확한 이해를 거쳐 석의는 구절의 파악으로, 퇴계의 석의가 바로 이 단계일 것으로 생각한다. 다음 단계가 언해로 파악된다. 언해에서 한걸음 더 나아간 것이 의해로 비로소 경전을 완전히 우리말로 정확하게 파악한 단계로 볼 수 있다.

다시 인용문을 상고(詳考)하면 세종(世宗)의 음해(音解), 곧 한자의 독음(讀音)을 정음으로 정하였고, 세조(世祖)에 이르러 정음(正音)으로 구결을 정하고, 퇴계에 이르러서 석의(釋義)가 이루어졌고 율곡에 와서야 음해(音解), 구결(口訣), 석의(釋義)를 갖춘 사서(四書)의 '축자작해(逐字作解)'인 직역이 이루어져서 경서를 우리말·글로 이해할 수 있게 된 것으로 생각한다. 곧 언해서는 경서를 익히기 위한 하나의 학습 지침서, 다시 말해서 오늘날 외국어 교과서에 대한 자습서 격으로 생각된다.[8]

중앙관서에서 간행한 『사서언해』들을 간략히 살펴보자. 위에서 말한 교정청 간행 도산서원 소장 내사본(1590)과 임진왜란 이후 광해군 3년-4년(1611-1612), 내사기 만력39년-40년 때 간행되고 규장각(奎章閣)에 소장된 『사서언해』가 있다. 이 책은 도산서원본과 같은 체재의 것이다. 다만 방점(傍點)이 없다.[9] (편의상 '규장각본 『사서언해』 a'라고 한다) 다음은 성암문고 전적 목록에 수록된 강희(康熙) 34년(1695)의 내사기를 가진 『맹자언해』와 같은 무신자본(戊申字本) 『사서언해』가 규장각에 있다 (규장각본 『사서언해』 b). 이 책은 국가 기관에서 간행한 교정청본과 규장각본 『사서언해』a까지는 판식(板式)에 반광(半匡)이 십항(十行)에 원문 부분 19자 언해부분 18자인데, 규장각본 『사서언해』b로부터 그 이후의 국가기관에서 간행한 것들을 비롯하여 거의 모든 지방판들도 반광(半匡)이 십항에 원문 부분 17자, 언해부분 16자로 되었다.[10] 가장 널리 보급되어 있는 경진내각장판 『사서언해』도 모두 17자, 16자로 되었다.

---

8) 이충구(1990) p.80에서 언해를 독음, 구결, 번역을 총괄하는 것이라고 규정했다.
9) 이 부분은 유감스럽게도 규장각에 가서 확인을 하지 못하고 한영균(1987. pp.21-22 참조)에서 원용하여 재차 인용하였음을 밝힌다.
10) 규장각본 『사서언해』a,b 부분은 한영균(1987)과 성암 문고 전적 목록, 고서목록, 규장각 도서 목록, 국회 도서관 고서 종합목록, 김두종(1974) 등을 참조하여 기술하였음을 밝힌다.

　다음은 지방판으로 널리 보급되어 있는 세 경오 중춘 개간 전주 부
하경룡11) 장판『사서언해』는 반광이 십항에 원문 부분 17자, 언해 부분
16자로 되었으나 임술 계춘 영영중간『사서언해』는 반광이 십이항이고
한 항 원문부분이 23자이고, 언해부분이 22자로 구성되었다. 율곡본은
반광이 십항, 매항 원문부분 17자, 언해부분 16자로 구성되었다. 책을 기
록하는 데 책의 저자와 연대는 그 책의 정보 중에서 가장 중요한 부분이
라고 말할 수 있다. 그러나 우리나라에서 간행한 전적 중에 정확하게 저
자와 간행 연대를 알 수 있는 것은 많은 편이 못된다. 그 이유는 일관성
이 있는 기준을 정확히 해서 누구나 쉽게 알 수 있게 일정한 규칙이 없
었던 것이다. 그 시대에 사용했던 기년법이 오늘날과 달라서 판단하기
가 쉽지 않다. 간기를 기술하는 격식이 문제가 있다. 특히 간지(干支)만
기록한 연대가 더 문제가 많다고 할 수 있다. 가장 정확하다고 볼 수 있
는 연대의 기술은 각국의 연호나 우리나라 왕조의 득위(得位) 기록일 것
이다. 가령 만력(萬曆) 몇 년이나, 세종 28년과 같은 연대를 조금만 살피
면 바로 오늘날에 쓰고 있는 서력기원으로 바꾸어서 바로 알 수 있을 것
이다.

　요약하면 교정청본『사서언해』를 필두로 하여 규장각본『사서언해』
a(1611-1612)까지는 반광(半匡)이 십항 원문 부분 19자, 언해부분 18자로
되었고 규장각본『사서언해』b(1695)로부터 반광 십항, 매항 한문(漢文)부
분 17자, 16자로 되었다. 특별히 영영 중간본은 아주 다른 모습으로 반
광이 매항 원문 부분23자, 언해부분 22자로 되었다.

　다음은 각 판본에 대한 서지적인 기술(記述)을 간략히 하기로 한다.

---

11) 전주본『사서언해』의 판을 소장했던 하경룡(河慶龍)씨에 대하여 찾아보았으나 과
　　문(寡聞)의 탓으로 인적 사항을 밝히지 못한 점을 매우 안타깝게 생각한다. 앞으로
　　추적할 것을 다짐한다.

〈사서언해의 이해를 위한 그림〉

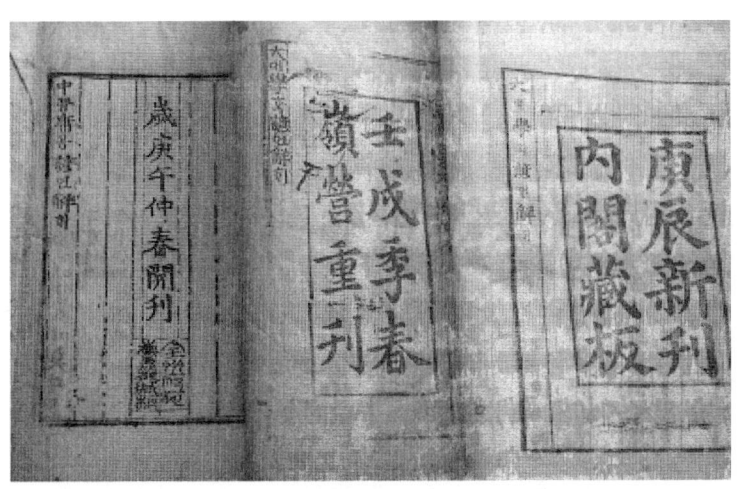

▲ 전주본 간기   ▲ 영영중간본 간기   ▲ 내각본 간기 간기

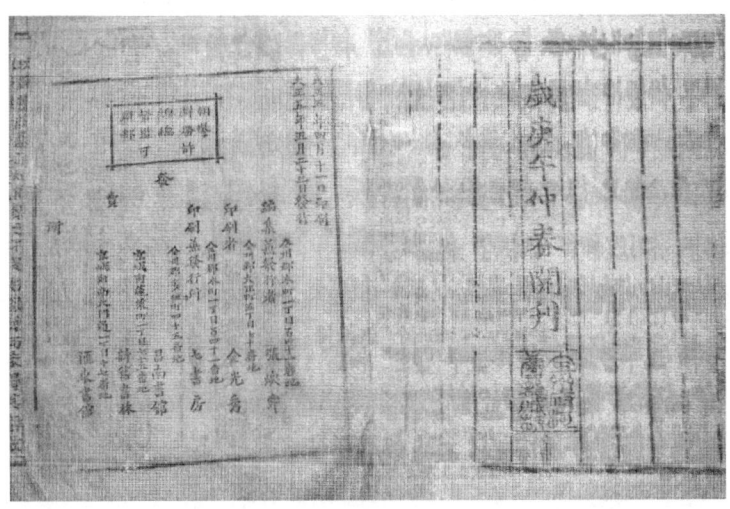

전주칠서방 간기와 하경룡장판 간기가 같이 붙어있는 책. 전주가 발행지이고 서울이 발매지인
것을 보여준다.

2. 1. 1. 교정청본 『사서언해』

교정청본은 도산서원에 보관된 것으로 내사본(內賜本)이다.

『대학언해』의 1, 2장(張)이 떨어져 나갔고, 『맹자언해』의 1장과 2a 부분과 끝 부분 42a, 42b, 43a, 43b가 낙장되었다. 그리고 본 연구에서는 한양대학교의 국학연구소에서 영인한 자료를 사용할 수밖에 없어서 아쉬운 점이 있다. 이 자료는 '방점' 및 'ㅿ, ㆁ'이 사용되었고 『중용』과 『논어』의 서두에 '선사지기(宣賜之記)'라는 어보(御寶)가 선명하다. 내사기에 만력(萬曆) 18년(1590)으로 되어 있다. 이 내사기의 내용대로 1590년 간행으로 본다.

2. 1. 1. 1. 교정청본 『논어언해』

훈민정음 창제 이후 세종대로부터 시작된 사서(四書), 경서(經書) 언해 사업이 꾸준히 진행되어 온 사실은 이미 앞에서 밝힌 바 있다. 교정청본 『논어언해(論語諺解)』도 그 범주에 드는 것은 당연한 일이다. 교정청본은 도산서원에 소장된 책으로, 율곡 선생이 1584년에 『사서언해』를 마치고 작고(作故)한 이후로 선조(宣祖)는 교정청을 설치[12]하고 『사서』 등 유교경전의 언해를 명하였던 것이다. 교정청본 『논어언해』의 간행은 만력18년 1590년이다. (도산서원본에 만력 18년의 내사기가 있음) 책의 크기 33×21cm, 반광 24.7×17.1cm, 사주쌍변(四周雙邊), 유계(有界), 10항, 매항 원문부분 19자, 언해부분 18자, 오침안정(五針眼訂), 저지(楮紙), 4

---

12) 교정청의 설립은 선조실록 21년 10월 을유 조에 "甲申年命設校正廳 聚文學之士校 正四書三經音釋 仍令諺解 至是告訖"의 기록을 살피면 갑신년 선조 17년(1584)에 설치령을 내렸고 을유년 선조 21년(1585)에 완성되었을 것으로 생각된다. 그리고 도산서원본 소학언해의 내사기(內賜記)에 만력 16년(1588)으로 되었다. 곧 첫 간행이라고 보고, 도산서원본 논어, 중용, 대학언해의 내사기가 만력18년(1590)으로 되었다. 교정청본 논어언해는 만력18년(1590)이 된다.

권 4책. 상하내향(上下內向) 화문(花紋) 어미(魚尾). 상하어미 사이에『논어언해(論語諺解)』와 권차(卷次), 장차(張次)가 기록되었다. 권지일(卷之一)이 56장, 권지2가 68장, 권지3이 80장, 권지 4가 81장으로 되었다. 방점과 'ㅇ,ㅿ'이 사용되었다.

교정청본『논어언해』   교정청본『맹자언해』

2.1.1.2. 교정청본『맹자언해』

교정청본『맹자언해(孟子諺解)』도 도산서원에 간직된 만력 18년의 내사기가 있다. 책의 크기 33×21cm, 반광 24.7×17.1cm, 사주쌍변(四周雙邊), 유계, 십항, 매항 원문 19자, 언해부분 18자, 5침안정, 저지(楮紙), 14권 7책, 상하 내향 화문 어미, 상하 어미 사이에 판심제『맹자언해』와 장차, 권차가 기록되었다. "MT1-1a, 1b, 2a" 부분이 보이지 않는다.

다만 권두제 "孟밍子ᄌ諺언解ᄒᆡ卷권之지一일"만 보인다. 끝부분 MT2-
42a, 42b, 43a, 43b 부분이 낙장되었다. 제1책이 76장, 제2책이 75장, 제3
책이 72장, 제4책이 72장, 제5책이 73장, 제6책이 75장, 제7책이 72장이다.

2. 1. 1. 3. 교정청본 『대학언해』

교정청본 『대학언해(大學諺解)』도 내사본(內賜本)으로 도산서원에 보
관되었다. 앞에서도 지적하였지만 DT-1a, 1b, 2a, 2b가 낙장되어 DT-3a
부터 시작된다. '만력십팔년(1590A.D.) 칠월 일'의 내사기가 있다.[13] 책의
크기 33.7×21cm, 사주쌍변, 상하 내향 화문어미, 상하 어미 사이에 판심
제 '대학언해'와 장차와 권차가 기록되었다. 반광 24.7×17.1cm, 유계, 십
항, 매항 원문부분 19자, 언해부분 18자, 5침안정, 저지, 단권 일책 29장
(낙장된 부분 두 장 포함) 역시 방점과 "ㅿ ,ㆁ "이 나타난다.

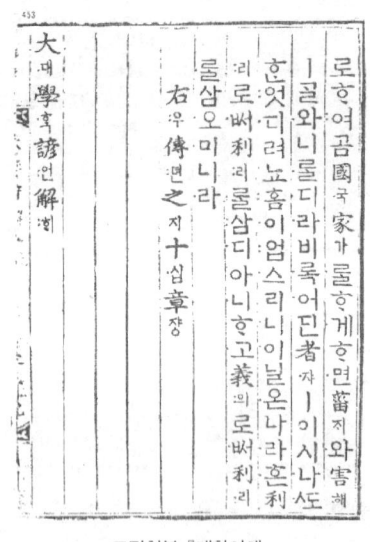

교정청본 『대학언해』

---

13) 이숭녕(1972)에서 재인용, 그러나 권두삼엽이 낙장이라고 한 것은 권두 이엽으로 보
    아야 할 것이다. 영인본에 3a부터 나타난다.

2.1.1.4. 교정청본 『중용언해』

교정청본 『중용언해(中庸諺解)』도 내사본으로 도산서원에 보관되어 있다. 권두제에 '中듕庸용諺언解회'로 되었다. 책의 첫장에 (CT-1a) 내사본임을 알 수 있는 '선사지기(宣賜之記)'라고 된 어보(御寶)가 찍혀 있다. 만력18년(1590)'으로 된 내사기가 있다. 책의 크기 33×21cm, 사주 쌍변 유계 ,상하 내향 화문어미, 어미 사이에 『중용언해』 장차가 기록되었다. 반광 10항, 매항 원문부분 19자, 언해부분 18자 전책이 55장이다. 물론 방점과 'ㅿ,ㆁ' 자가 나타난다.

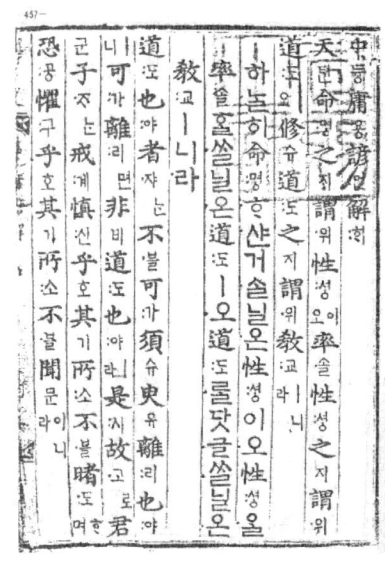

교정청본 『중용언해』

2.1.2. 율곡본 『사서언해』

앞에서 본 바와 같이 세종 이후 훈민정음으로 음해, 구결, 석의 등을 거쳐서 율곡 선생에 이르러 선조의 명으로 구경의 언해를 시작하였으나 『사서언해』도 완전히 이루지 못하고 율곡 선생이 서거하였다. 이렇게 이루어진 사서 율곡선생본의 간행은 당대에 이루어지지 못하고 영조 25年(1749)에 홍계희(洪啓禧) 등이 필사본을 수습하여 자신의 발문을 붙여서 그 간행의 경위를 밝히고 궁중의 활자를 얻어서 간행하였다.[14] 실로 율곡본이 형성된 지 165년만에야 간행되었다. 율곡본은 사본(寫本)으로 널리 읽혔고 교정청본에도 영향을 준 것으로 홍계희의 발문에서 밝히고 있다.[15] 언해한 시기와 간행한 시기가 다르기 때문에 율곡본의 언어 실상은 중세국어 문헌이었을 것이나 간행한 18세기 중엽의 현실언어의 간섭을 받았을 것이다. 그렇기 때문에 율곡본을 자료로 사용하려면 이 점을 깊이 생각해야할 것이다.

2.1.2.1. 율곡본 『논어언해』

율곡본 『논어언해(論語諺解)』는 그 끝에 기록된 발문에 숭정삼기사춘(崇禎三己巳春), 곧 영조25(1749)년에 간행된 8권 4책이다. 이 발문은 『사서언해』에 대한 내용이다. 율곡본 『논어언해』의 서지적인 내용을 살피기로 한다. 활자본 무신자(戊申字), 오침안정, 저지, 책의 크기 34.3×22.4cm, 사주 단변, 유계, 반광(半匡)이 25.8×17.4cm, 십항, 매항 원문 부분 17자,

---

14) 율곡선생의 『사서언해』에 홍계희의 발문에 "右四書諺解栗谷先生之所詳定也 經書之有諺解厥惟久矣 … 崇禎三己巳春後學南陽洪啓禧謹識"라고 기록하였다. 곧 율곡선생이 상정한 『사서언해』가 숭정삼기사(영조 25년,1749년)에 간행되었음을 확인할 수 있다.

15) .今見行官本 蓋出於其後 而又婁經竄易 先生所定或有採入 而原本則不行焉 惟一二謄本 在先生後孫及門生家

율곡본 『논어언해』

언해부분 16자로 원문보다 언해 부분이 한 자 낮춰서 기록되었다. 불경 등에서 볼 수 있는 주가 없다.[16) 어미는 상하 내향 화문어미이며, 어미 사이에 『논어언해』와 권차, 장차가 있다. 권1이 55장, 권2가 67장, 권3이 78장, 권4가 78장에 발문 1장이 붙어 있다. 권두제가 '論語栗谷先生諺解卷之一'이며 권말제도 '論語栗谷先生諺解卷之一'이다. 권두와 권말이 같으나 권4 다음에 홍계희의 발문이 한 장 붙어 있다.

2.1.2.2. 율곡본 『맹자언해』

율곡본 『맹자언해(孟子諺解)』는 7권 7책, 간행년도는 율곡본 『논어언해』와 같다.(1749, 같은 발문이 있음)

활자본(무신자), 34.2×22.3cm, 저지(楮紙), 5침안정, 유계, 사주 단변, 반광이 26×17.3cm, 십항, 매항 원문 부분 17자, 언해 부분 16자, 주 없음. 상하 내향 화문 어미, 어미 사이에 『맹자언해』와 권차 및 장차가 있다. 제1책이 85장, 제2책이 80장, 제3책이 79장, 제4책이 77장, 제5책이 72장, 제6책이 66장, 제7책이 64장, 발문이 1장, 권두 및 권말제가 '『孟子栗谷先生諺解』卷之一⋯七'이다. 율곡본 「맹자언해」 4책 56b에 주가 있다.

---

16) 불경언해(佛經諺解)와는 달리 유교경전언해에는 주를 달지 아니한 것이 그 특징이다. 이것은 그 경전의 해석이 다른 이론(異論)의 여지를 허락하지 않은 것으로 본다. 다시 말하면 완성된 국정교과서와 같은 권위를 가졌던 것으로 생각한다.

'잇나니'(註:잇ᄂ니―作잇ᄂ니라)(註:ᄒ다ᄒ나―作ᄒ이다)(註:ᄀᆯ온 一作ᄀᆯ으샤더 '박다'[17]) 율곡본 『맹자언해』 권지5의 『맹자율곡언해』5-45b이하 권지 7 끝까지 원문의 한자(漢字)에 한글로 된 음(音)을 달지 않았다. '元本所缺而追補者逐字下不係諺書之由已見', '大學補亡章下'라고 기술하였다. 언해한 부분의 한자에는 독음을 달았다. 이 부분은 언해의 구성이 원문의 한문에 각 한자마다 한글로 독음을 달고 한글로 구결을 결정하여 기록하고 언해문을 더하여 언해본이 완성되는 것을 우리는 알고 있다. 이 관점으로 보면 율곡본은 언해본으로 완성을 다 하지 못한 대로 율곡 선생께서 서거한 것을 알 수 있다. 율곡 선생은 먼저 『대학언해』를 상정(詳定)하고 선조의 명을 받아 『중용언해』, 『논어언해』, 『맹자언해』의 순으로 상정하였다.[18]

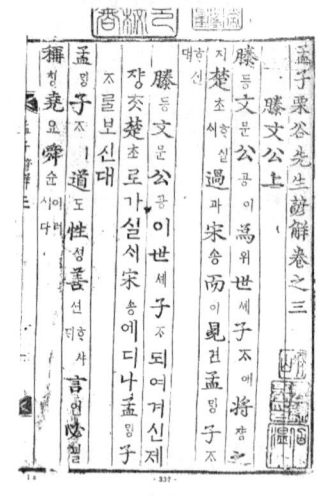

율곡본 『맹자언해』

---

17) 『사서』에는 주가 없는데 맹자율곡언해 율곡본 「맹자언해」 4책 56b에만 예외적으로 주가 있다.

18) 홍계희의 발문(跋文)에 "命先生詳定四書五經諺解 先是先生有所定大學吐釋及承命 中庸語孟以次續成而於經"이라 하였다.

2.1.2.3. 율곡본 『대학언해』

율곡본 『대학언해』   율곡본 『대학언해』

율곡본 『대학언해(大學諺解)』도 영조 25년(1749)에 간행하였다. 1권, 1
책, 활자본(무신자본), 31장이다. 책의 크기는 34.3×22.6cm, 사주 단변, 유
계. 반광 10항, 매항 원문 부분 17자, 언해 부분 16자, 상하 내향 화문어
미, 5침안정, 상하어미 사이에 『대학언해』와 장차가 적혀 있다. 저지이
며 국립도서관에서 확인한바 표지 제첨(題簽)은 '대학율곡선생언해'라고
직접 썼다. (國 한09-가6) 10a, b의 일부의 원문에 한글로 音을 붙이지
아니하였다. 그 상단에 '此章栗谷先生吐釋缺'이라고 기록하였다. 이 부
분의 원문은 1항에 15자, 10b의 일부와 11a, 11b의 일부에 있는 언해부
분은 매항 14자로 되었다. 10b의 중간에 '原本所缺而追補者不可與元
本幷例故不係諺書於逐字之下以別之覽者詳之'라고 1항에 쌍항기록하
였다.[19)]

2. 1. 2. 4. 율곡본 『중용언해』

율곡본 『중용언해(中庸諺解)』도 1749년
에 간행된 활자본이다. 책의 크기는 34.3×
22.4cm[20] 반광의 크기는 26.4×18.2cm 60
장, 유계 10항 매 항 원문 17자, 언해부분
16자 저지, 5침안정 제첨은 『中듕庸용栗
율谷선생언해』이다.

율곡본 『중용언해』

율곡본 『대학언해』에서 본 바와 같이 율
곡본 『중용언해』 권말 발문에서 유희춘의
추천에 의하여 율곡 선생 사서 오경의 언
해를 상정하도록 명한다.

이때 이미 율곡선생은 대학의 토석(吐釋)을 정한 다음이었다. 왕명에
따라 『중용』, 『논어』, 『맹자』의 언해를 하였으나(이 부분도 완성은 물론 아
니다) 오경은 언해하지 못했다. 그래서 왕에게 상정하지 못했다.(주17참조)
선생의 후손과 문하생들에게 『중용』은 필사본으로 전했는데 이를 고
쳐서 율곡본을 간행하였다. 그러나 율곡선생 생존시 풀이만 하고 구결이
정리되지 못한 것이 있는 듯하다는 내용이 있으나 구결이 정확하여 후
학들은 관본이 따를 수 없는 것이라고 높이 평가하고 있다.[21]

---

19) 이 부분은 이른바 '補亡章'으로 『대학(大學)』 고본(古本)에는 없는 것을 주희(朱熹)
가 보충해 넣은 글이다. 대학 고본에는 "이를 일러 앎의 극진함 이라한다.(此謂知本.
此謂知之至也)라고만 되어 경문(經文)부분의 맨 끝에 놓여 있던 것을 -중략- 주희는
그 구(句) 위에 원래 글이 있었던 것이 빠져버리고 이것은 그 결어(結語)에 해당하는
것이라고 했다. 그래서 주희는 망실(亡失)된 글이 경문의 '格物致知'의 의의(意義)를
풀이한 것으로 단정하고 자기 나름으로 『대학』의 체계에 맞도록 끼워넣었던 것이
다.[이동환외(1965), p.59].
20) 『사서』 율곡선생언해의 책의 크기는 고서목록에서 간접 인용한 것이다. 다만 『대
학』과 『중용』의 제원은 국립중앙도서관에서 직접 확인 기록하였음. *율곡본 『중용
언해』 국립도서관본의 분류 기호는 고조 09- 1 8이다.

2. 1. 3. 내각장판 『사서언해』

내각장판은 규장각에서 간행한 책으로 전주본과 더불어 전국적으로 널리 보급된 판본이다. 그러면 이 책에 나타난 경진은 구체적으로 언제일까? 언해본만 가지고는 판별하기 어렵다. 그러나 다행인 것은 같은 질(帙)로 간행된 『사서』의 원문 곧 한문으로 기록한 책의 서두에 '영종대왕어제'가 첨부되어 있다. '英宗…'으로 보아 영조조에 간행된 것이 아님을 말해 준다. 그렇다면 정조조 이후에 간행되었음을 알 수 있다. 이 책은 목판본이다. 그런데 경진 내각신간 대학장구(大學章句)를 비롯하여 칠서의 권두에 영조가 쓴 어제대학서가 있다. 이는 영조 자신이 쓴 것으로 볼 수 있고 그 序의 끝에 '歲戊寅十月甲寅序'로 되었다22) 영조 23년(1758) 무인년에 영조가 서를 쓰고 활자본 경진년(1760)에 신간한 내각장판이 현재 국립중앙도서관에 소장돼 있다. 그러나 본고의 내각장판은 정조조 이후 경진년에 '御製'를 '英宗大王御製'로 바꿔 복각한 1820년 경진년에 목판본이 간행되어 오늘에 이른 것으로 본다. 본고는 후자 1820년에 간행한 경진신간 내각 장판 『사서언해』를 대상으로 하여 고찰한 것이다.

---

21) "唯一二謄本在先生後孫及門生家 中庸則手筆猶存 今攷諸編凡例不無牴悟 或有釋而無吐 恐當時有未及整頓而然也 然一吐一釋之間 旨義精確 其於開發後學 類非官本之所可及"[홍계희발문에서]

22) 영조실록에 "上御函仁亭親傳香 命承旨書御製大學序文 又書御製"(영소실록 34년 무인 9월 계축조) "上御函仁亭 召見編次人具允明...御製序文" 영조34년은 1758년이나 경진년은 1760년이 된다. 이 활자본은 1760년에야 칠서가 전부 간행된 것으로 생각한다. 활자본 경진 내각신간을 국립중앙도서관에서 확인한 바가 있다. 그런데 필자가 소장(所藏)한 목판본(木版本)은 이 활자본을 복각(復刻)해서 영조 승하후 간행한 것으로 보며 여기의 경진년은 1820년으로 본다.

2.1.3.1. 내각장판『논어언해』

내각장판『논어언해(論語諺解)』는 4권 4책이다.[23] 책의 크기는 33.4×
21.2cm, 사주 단변, 유계, 목판본, 5침안정, 저지, 상 화문 하향 어미, 어
미의 위쪽에 논어의 편명(篇名)이 있다. 어미 바로 밑에 판심제『논어언
해』와 권차(卷次), 장차(張次)가 기록되었다. 제1책 1권 : 56장, 제2책 2
권 : 68장, 제3책 3권 :80장, 제4책 4권 : 81장 제4책 81b에 '경진신간 내
각장판'이라는 간기가 있다. 책표지는 황색 능화(菱花)문판에 표제(表題)
가 없다. 미사용본(未使用本)이다. 반광 23.7×17.8cm, 10항, 매항 원문 구
결문(口訣文) 부분 17자, 언해 부분 16자로 되었다. 이 책에 기록된 경진
년은 1820년으로 추정한 바 있다. 필자가 소장하고 있는 책은 후쇄본(後
刷本)이다.

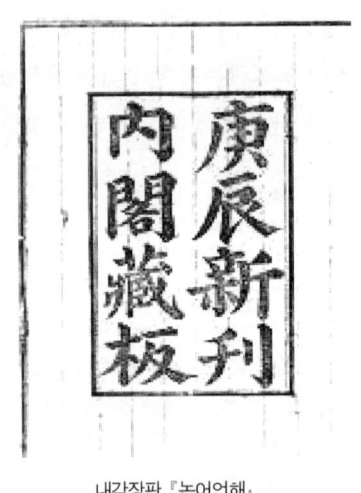

내각장판『논어언해』   내각장판『논어언해』

---

23) 내각장판『칠서언해』를 필자가 소장하고 있음.

2. 1. 3. 2. 내각장판『맹자언해』

내각장판『맹자언해(孟子諺解)』는 14권 7책이다. 책의 크기는 33.4×
21.1cm, 사주단변, 유계, 목판본, 상화문어미 제1책 : 1, 2권 , 1권: 39장,
2권 : 48장, 제2책 : 3권 : 43장, 4권 : 40장, 제3책: 5, 6두권 5권 : 40장,
6권 : 41장, 제4책 : 7, 8권, 7건 : 40장, 8권 : 39장, 제5책 : 9, 10권, 9권
: 42장, 10권 : 39장, 제6책 : 11, 12권 11권 : 41장, 12권 : 42장 제7책 :
13, 14권, 13권: 42장, 42장, 14권 : 39장 39a에 간기가 있다. 저지, 오침안
정, 어미 상단에 편명이 있다. 어미 밑부분에 권차(卷次)와 장차(張次)가
있다. 역시 표지에는 아무 기록을 하지 않았다. 반광은 24.9×18cm, 10항,
매항 원문 부분 17字, 언해 부분이 16자이다. 역시 1820年에 간행한 것
으로 추정한다. 앞에서도 간략히 언급했으나『맹자언해』가 앞이고『맹
자집주대전』이 책의 뒷 부분이다. 간기는 그 책의 최종장에 기록한다.
그래서 종종 언해본에 간기가 없는 경우가 있다.

내각장판『맹자언해』권두제

2.1.3.3. 내각장판 『중용언해』

내각장판 『중용언해(中庸諺解)』는 단권 1책이다.

책의 크기는 33.5×21.1cm, 사주 단변, 유계, 목판본, 저지 5침안정, 상
화문 하향어미, 어미 밑에 판심제(板心題), 『중용언해』, 장차(張次), 총 61
장, 61b에 간기가 있다. 반광의 크기, 24.1×18.4cm. 10항, 매항 원문 부분
17자, 언해 부분 16자이다. 역시 간행 연대는 1820년으로 본다.

내각장판 『중용언해』   내각장판 『대학언해』 표지

2.1.3.4. 내각장판 『대학언해』

내각장판 『대학언해(大學諺解)』는 단권 1책이다.

책의 크기는 32.3×21.2cm. 4주단변, 유계, 저지, 5침안정, 목판본. 상
화문하향 어미, 어미의 밑에 판심제 『대학언해』가 있고 그 밑에 장차가
있다. 총32장이며, 32b에 간기가 있다. 물론 1820년으로 본다. 반광의 크

기는 24.4×18.1cm. 10항, 매항, 원문 부분 17자, 언해 부분, 16자. 이 『대
학언해』의 10a-12a 부분은 원문 부분이 17자, 언해부분 16자, 이 대학언
해의 10a-12a부분은 원문부분이 15자 언해부분 14자로 되었다. 지본장
(知本張)이라고도 한다.

2.1.4. 전주본 『사서언해』

전주본 『사서언해』는 그 간기가 '歲庚午仲春全州府河慶龍藏板'이다.
그런데 맹자언해에는 하경룡장판이 없다. 그러나 같은 질(帙)에 들어 있
는 맹자집주대전(孟子集註大全) 권지십사(卷之十四) 끝에 음각(陰刻)으
로 '豊沛新刊'이라는 간기가 들어 있다. 여기에 기록된 '풍패(豊沛)'[24]는
전주(全州)이다. 현재 충경로에 있는 전주 객사의 현판에 중국의 명필
동기창(董基昌)의 글씨로 '豊沛之舘'이 남아 있다. 전주서천교 창건비문
(剏建碑文)과 전주 희현당(希顯堂) 중수사적비문에도 '豊沛'라는 기록이
전한다. 곧 풍패지간(豊沛之刊)은 전주 간행본이다. 그러나 『맹자언해』
의 전주본 하경룡장판이 보이지 않는 이유나 하경룡(河慶龍)씨에 대한
일체의 기록을 찾을 길이 없다. 다각도로 찾아보았으나 알 길이 없다.
아마도 중인 계층이나 되는 듯하다. 한편으로는 원문에 해당하는 『맹자
집주 대전』에만 간기가 보일 뿐 언해에는 간기가 없다. 이것은 아마도
풍패신간의 『맹자 집주 대전』과 함께 간행된 것으로 본다. 곧 언해본에
간기를 넣지 않은 것은, 책의 순서는 언해가 앞이고 『맹자집주대전』이
책의 뒷부분이 되어 간기 '歲在丁卯豊沛新刊'으로 책의 끝을 막은 것으
로 본다.[25]

---

24) 가. 西川橋剏建碑文에 "本州周之豳漢之沛而海之左一大雄都也"
　　나. 希顯堂重修事蹟碑"에 "完卽豊沛舊鄕湖南都會也..." 가의 周의 豳谷 漢의 豊沛
　　이다. 나.의 完卽豊沛舊鄕의 完은 물론 完山이다.
　　[이상의 예는 두 비석을 탁본한 자료에 의함]

2. 1. 4. 1. 전주본 『논어언해』

전주본 『논어언해』도 4권 4책이다.[26] 32.3cm×21.2cm 4주 쌍변, 유계, 목판본, 저지, 5침안정, 상하 내향 화문 어미, 그 어미 사이에 논해, 권차, 장차가 기록되었다. 권1 56장, 권2 68장, 권3 80장, 권4 81장이고 4권의 81b에 '歲在 庚午仲春開刊 全州府河慶龍 藏板'이라고 기록하였다. 각 책의 제첨과 권차를 직접 붓으로 썼다. 반광의 크기는 23.5cm×18.5cm, 10항, 매항. 원문 부분 17자, 언해 부분 16자로 구성되었다. 이 책에 기록된 경오년은 순조(純祖) 10年(1810)으로 본다.[27] 후에 전주 칠서방에서 방각본으로 간행하기도 하였다.

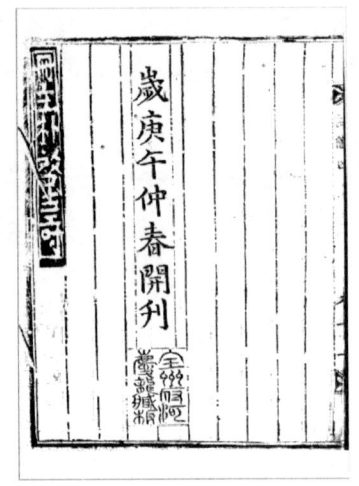

전주본 『논어언해』

전주본 『논어언해』 표지

25) 이런 경우를 종종 볼 수 있다. 우선 전주판 『사선언해』도 원문 『서전대전집주』 끝 부분에 "歲庚午仲春開刊 全州河慶龍 藏板"의 간기가 있고 『사선전해』 권지오종으로 되고 역시 간기는 없다. 이 책도 다른 모든 체재는 동일하다. 이 역시 전주본이다.

26) 필자소장본이다.

27). 이숭녕(1972), 「『대학언해』의 율곡본과 관본과의 비교연구」, 『세종대왕의 학문과 사상』, p.358.

2. 1. 4. 2. 세재 정묘 풍패신간 『맹자언해』

전주부하경룡장판맹자언해(全州府河慶龍藏板孟子諺解)는 없고 다만
'대정5년(大正五年, 1916) 5월 발행, 장환순 발행, 전주군 본정 1정목 141
번지 칠서방발행(七書房發行)'이라는 간기가 있다.[28] 구 간기를 가진 책
에도 새로 도입된 신긴기도 나타난다. 그래서 한 책에 두 개의 간기가
나타는 일이 있다. 풍패(豊沛)는 전주이니 전주 간행본으로 보고자 한다.
목판본이다. 책의 크기는 34×21cm (두 책이 같다) 14권 7책이다.

제1책 : 두 권이며 제1권 39장, 제2권, 48장.

제2책 : 3, 4 두 권이며 제3권 43장, 제4권 40장.

제3책 : 5, 6 두 권이며 제5권 40장, 제6권 41장.

제4책 : 7, 8 두 권이며 제7권 40장, 제8권 39장.

제5책 : 9, 10 두 권이며 제9권 42장, 제10권 39장.

제6책 : 11,12 두 권이며, 제11권 41장, 제12권 42장.

제7책 : 13, 14 두 권이며 제13권 42장, 제14권 38장.

종이는 저지이며 5침안정, 4주 단변, 유계, 반광은 23.4×18cm, 10항,
매항 원문부분 17자, 언해부분 16자. 판심은 상하내향 화문어미, 상하 어
미 사이에 맹해, 권차, 장차가 기록되었다. 표지에는 『맹자언해(孟子諺
解)』와 책차를 붓으로 썼다. 표지 우편 상단에 편목이 씌어 있다. 노란색
표지에 빨간색 끈으로 묶은 전통적인 우리 책의 전형이다.

그러면 이 책의 연대 정묘는 서기 몇 년일까? 전주본 언해에서 경오
년을 1810年으로 보았는데(이숭녕1972, 참조) 정묘는 1807년으로 추정한
다. 1810년에 전주본을 간행할 때 이미 정묘풍패신간 『맹자언해』가 있

---

28) 필자비장본 조선총독부 경무총감부 허가필이 붙은 『맹자언해』다. 『맹자언해』 이外
의 『논어언해』, 『중용언해』, 『대학언해』도 칠서방 간행본이 있는데 모두 '歲庚午仲
春全州府河慶龍藏板'이 같이 붙어 있었다. 『맹자언해』만 구간기가 없다. 책의 크기
등은 같은데 동일본은 아니나 전주에서 간행된 것은 확실하다.

었기 때문에 전주본『맹자언해』는 다시 간행하지 않고 구판인 정묘판을
인수하여 발행한 것으로 판단한다.[29] 다음에 기술할『중용언해』에서 보
면『중용언해』한 책에 전주본 간기와 칠서방 간기를 같이 가진 책이 있
다. 전주본이 칠서방으로 인계된 것으로 볼 수 있다.

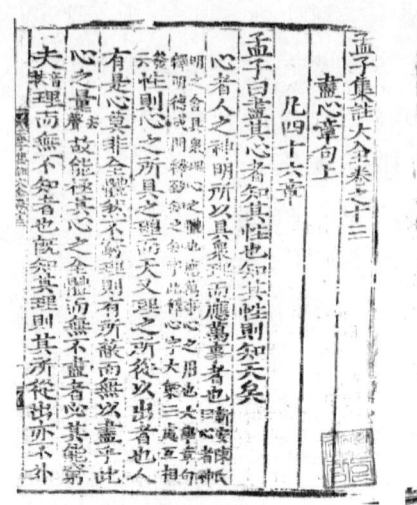

풍패신간『맹자집주대전권지제13권』   정묘풍패신간『맹자집주대전』간기

2. 1. 4. 3. 전주본『중용언해』

전주본『중용언해(中庸諺解)』는 단권 1책이다. 책의 크기 32.3×21.2cm,
사주(四周) 쌍변(雙邊), 유계, 저지, 5침안정, 상하 내향 화문어미, 어미 밑
에 판심제『중용언해』를 기록했고 그 밑에는 장차가 있다. 총61장이고
61b에 간기가 있다. 물론 경오년으로 본다. 반광은 23.5×18.5cm. 10항, 매
항 원문부분 17자, 언해부분 16자이다.

---

29) 이건 아직 고증이 되지 못한 것이기 때문에 어디까지나 가정인 것이다. 앞으로 연
대를 고증할 수 있는 자료를 발굴해야 할 것이다. 1807년으로 잡는 것은 앞의 전주본
『논어언해』에서 경오를 1810년으로 잠정적으로 정한 바와 같다.

전주본 『중용언해』

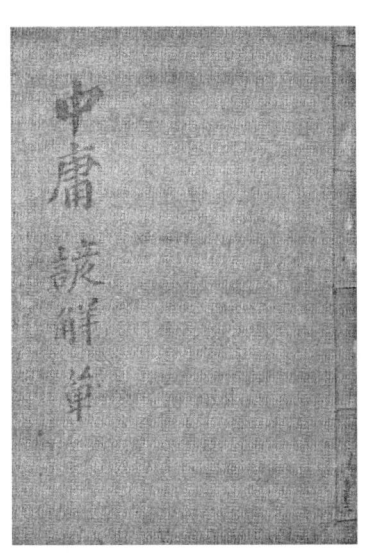

전주본 『중용언해』 표지

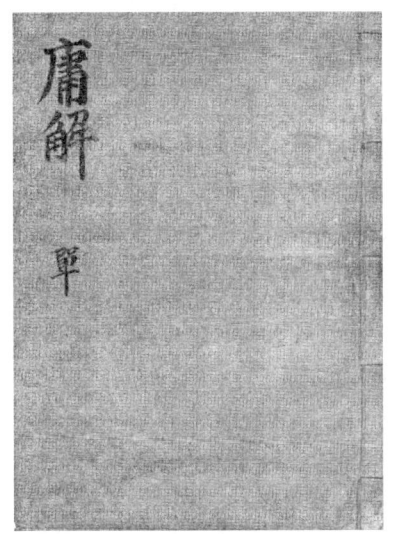

전주 칠서방간행 『중용언해』 표지

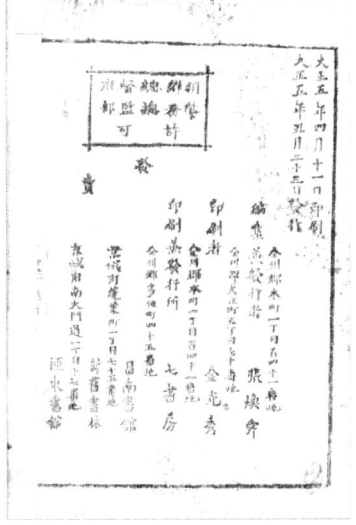

전주칠서방간행 『맹자언해』 판권지

2. 1. 4. 4. 전주본 『대학언해』

전주본 『대학언해』는 단권 1책이다. 책의 크기 32.2×21.2cm. 사주 쌍변, 유계, 저지, 5침안정, 상하 내향 화문 어미 그 밑에 판심제 '대학언해'로 되었다. 다음에 장차가 있다. 총 32장, 32b에 간기가 있다. 역시 1810년으로 본다.

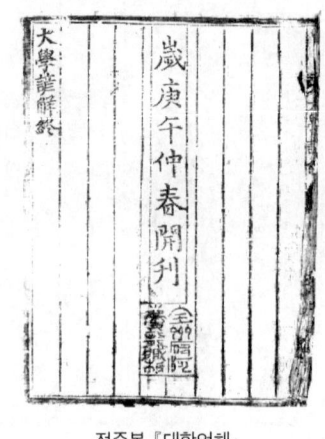

전주본 『대학언해』

다음 반광은 23.5×18.5cm. 10항, 원문부분 17자, 언해부분 16자로 되었다. 전주본 『대학언해(大學諺解)』도 10b - 12a 까지는 지본(知本)이고 원문부분 16자, 언해부분 15자로 구성되어 있다.

2. 1. 5. 영영 중간본 『사서언해』

영영중간본 『사서언해』는 철종13년 임술년(1862)에 간행하였다.30) 총 13책이다. 이 영영중간본은 형태 서지학적으로 보면 과거 어느 판보다 독특한 모습이다. 곧 유교경전 언해에 나타나는 항의 수나 문자 배열이 독특하다. 교정청본부터 형태를 보면 그 차이를 바로 알 수 있을 것이다. 교정청본 『사서언해』를 반광의 변하를 보면 반광 10항에 매항 원문 부분 19자, 언해 부분 18자로부터 원문 부분 17자, 언해부분 16자로 변천해 왔다.31) 그런데 영영 중간본 『사서언해』는 반광에 12항 매항 원문부분 23

---

30) 성균관대학교도서관(1979), 『고서목록』 p.6.
31) 교정청본 『사서언해』(1590) : 매항 19자×18자 → 규장각본 『사서언해』b(1695) : 매항17자×16자로 되어 "규장각본 『사서언해』b 이후의 유교경전언해서는 매항 17×16자로 자리를 잡았다. 그러나 영영중간본은 매 반광에 23×22자로 되었다.

자 언해부분 22자로 되어 다른 본과 판연(判然)히 다르다. 하지만 그 언해의 내용은 비 율곡본들과 같다. 특히 전주본과는『사서언해』전체를 놓고 보아도 글자 몇 자(?) 정도가 다를 뿐이다. 그래서 영영중간본『사서언해』도 관판본의 내용을 그대로 옮겨서 간행한 것에 불과하다. 다음은 영영중간본『사서언해』를 개별적으로 검토하기로 한다.

2. 1. 5. 1. 영영중간본『논어언해』

영영 중간본『논어언해』1, 우측 상단에 편명이 학이(學而), 팔일(八佾)이다. 서근제는 없다.『논어언해』2에는 편명이 옹야(雍也)6,『논어언해』3은 편명이 없다.『논어언해』4에도 편명이 없다. 반광의 크기는 24.2×18.2cm. 12항 매항 원문부분 23자, 언해부분 22자이다. 위에도 지적했지만 간기의 임술년은 1862년이다. 영영중간『논어언해』는 4권이 4책이다. 33×21.7cm 사주 쌍변, 유계, 목판본, 저지, 상흑 하향어미, 흑어미 아래에 판심제 '論解', 권차, 장차가 있다. 1책 : 1권 36장, 2책 : 2권 45장, 3책 : 3권 51장, 4책 : 4권 52장. 52a에 '壬戌季春嶺營重刊'이라는 구간기가 있다. 표지는 전통 한적의 모양인 황색, 능화문판이다.

영영중간『논어언해』

2. 1. 5. 2. 영영중간본 『맹자언해』

영영 중간 『맹자언해』는 14권 7책이다.

책의 크기 : 33×21cm. 사주 쌍변, 유계, 목판본, 저지, 5침안정, 상 흑 하향 어미, 어미 밑에 판심제 '孟解'와 권차, 장차가 있다. 제1책: 1, 2권이다. 제1권 : 25장, 제2권 : 30장, 제2책 : 3, 4권이다. 제3권 : 27장, 제4권 : 25장. 제3책: 5권, 6권이다. 제5권 : 25장, 제6권 : 26장. 제4책 : 7권, 8권이다. 제7권 : 26장, 제8권 : 25장이다.

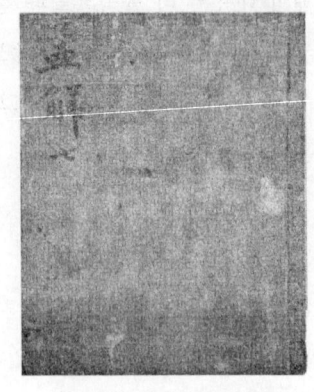

영영중간본 『맹자언해』

제5책 : 9권, 10권이다. 제9권 : 26장, 제10권 : 25장이다. 제6책 : 11권, 12권이다. 제12권 : 26장, 제12권 : 27장, 제7책 : 13권, 14권이다. 제13권 : 27장, 제14권 : 25장이다. 25b에 '壬戌季春 嶺營重刊'이란 간기가 있다.

2. 1. 5. 3. 영영중간본 『중용언해』

영영중간본 『중용언해』

영영중간본 『중용언해』

영영중간본 『중용언해』는 단권 1책이다.

책의 크기 33×21.7cm. 4주 쌍변, 유계, 목판본, 저지, 5침안정, 상, 하 내향흑어미, 어미밑에 판심제 '庸解',와 장차(張次)가 나타나 있다. 총 39 장, 38b 에 간기가 있다. 표지에는 '中庸解'로 되었다. 반광 24.2×18.1cm. 12항, 매항 원문 부분 23자, 언해부분 22자. 이 책의 간행연대를 1862년 으로 추정한다.

2. 1. 5. 4. 영영중간본 『대학언해』

영영중간본 『대학언해』는 단권 1책이다.

책의 크기 33×21.7cm. 사주 쌍변, 유계, 목판본, 저지, 5침안정, 상 흑 하향 어미, 어미 밑에 판심제 '學解'와 장차가 기록되었다. 총 21장, 21b 에 '壬戌季春嶺營重刊'이란 간기가 있다. 반광 크기 24×18.1cm.12항, 원 문 23자 언해 22자 여기 임술년은 역시 1862년으로 추정한다.

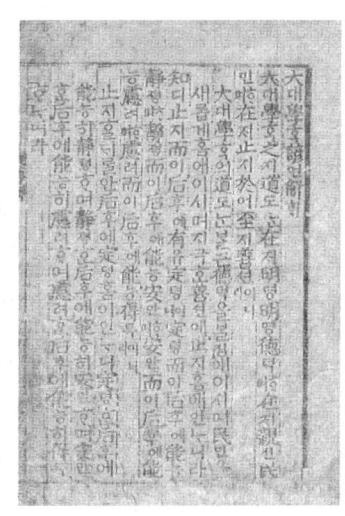

영영중간본 『대학언해』　　　　　　영영중간본 『대학언해』

2. 1. 6. 요약

유교 경서를 우리말로 번역을 시도한 것은 멀리 삼국시대부터 꾸준히 이어졌다. 그러나 훈민정음 창제 이전에는 한자를 차용하였던 것이다. 맨 먼저 한자 차용 구결을 삼국시대에 정했고 훈민정음 창제 후 훈민정음으로 한자 독음과 구결을 정하고 퇴계의 칠서석의, 율곡에 이르러서야 비로소 『사서언해』가 이루어졌으나 완결을 못보고 타계하였고(1584) 165년 후 1749년에 간행하였다.

이와는 달리 율곡 선생 타계 후 선조는 교정청에 명하여 당시 유학자 30여 명을 동원하여 언해 사업을 실시하였다. 이때에 비로소 『칠서』를 언해하여 1590년에 활자로 인쇄하여 반포한 것이다. 이 책이 도산서원의 내사본이다. 우리가 『사서언해』를 서지학적 측면에서 보면 상당히 다양한 면모를 볼 수 있으나 국어학적 면에서 보면 '栗谷本'과 '非 栗谷本'으로 양분되는 단조로운 면모를 찾을 수 있다. 곧 개인의 업적인 율곡본과 국가기관에서 거국적으로 언해, 간행하여 각 지방으로 보낸 '교정천본', 다시 바꾸어 말하면 '非 栗谷本'이 중앙관서 및 지방관서에서 대대적으로 보급하여 일종의 국정 교과서 격으로 널리 읽혔던 것 같다. 이것이 '庚辰內閣藏板'도 낳았고 '全州 河慶龍藏板', '嶺營重刊本' 등을 발간하게 된 모체이다. 이에 반하여 율곡본은 간행을 못하고 다만 그의 문하생들이 필사하여 공부를 하다가 1749년에 이르러서야 간행을 보았으나 그 세력이 관본을 따를 수가 없었을 것이다. 그래서 국어학적 입장으로 본고에서는 '율곡본'과 '비 율곡본'이라고 표현한다. 이 두 본은 이런 표현을 할 수 있을 만큼 확연히 구분된다. 서지학적 면으로 살피면 다섯 가지 판본이 발행한 기관, 시기, 지역에 따라서 상당한 차이가 있다. 그러한 사항들을 간략히 기록하고자 한다.

표 1) 『논어언해』

	NR[율곡논해]	NT[교정논해]	NK[내각논해]	NJ[전주논해]	NY[영영논해]
책의 크기	34.3×22.4cm	33×21cm	33.4×21.2cm	32.3×21.2cm	33×21.7cm
책 의 수	4	4	4	4	4
권 수	8	8	8	8	8
발 행 처	예문관	교정청	내각[규장각]	전주부	영영
장 정	오침안정	오침안정	오침안정	오침안정	오침안정
종 이	저지	저지	저지	저지	저지
광 곽	사주단변	사주쌍변	사주쌍변	사주쌍변	사주쌍변
계 선	유계	유계	유계	유계	유계
판 종	활자본	활자본	목판본	목판본	목판본
어 미	상하내향화문	상하내향화문	상하향화문	상하내향화문	상하내향흑어미
판 심 제	論語諺解	論語諺解	論語諺解	論解	論解
반광의 크기	25.8×17.4cm	24.7×17.1cm	23.7×17.8cm	23.5×18.5cm	24.2×18.2cm
반광 항수	10	10	10	10	12
반광매항 원	17	19	17	17	23
반광매항 언	16	18	16	16	22
간행년[간기]	1749	1590	1820	1810	1862
소 장 처	규장각, 국립도서관	도산서원	필자	필자	필자
내 사 기	없음	만력18年	없음	없음	없음

표 2) 『맹자언해』

	MR	MT	MK	MJ	MY
책의 크기	34.3×22.4cm	33×21cm	33.4×21.2cm	32.3×21.2cm	33×21.7cm
책 의 수	7	7	7	7	7
권 　수	7	14	14	14	14
발 행 처	예문관	교정청	내각(규장각)	전주부	영영
장 　정	오침안정	오침안정	오침안정	오침안정	오침안정
종 　이	저지	저지	저지	저지	저지
광 　곽	사주단변	사주쌍변	사주쌍변	사주쌍변	사주쌍변
계 　선	유계	유계	유계	유계	유계
판 　종	활자본	활자본	목판본	목판본	목판본
어 　미	상하내향화문	상하내향화문	상하향화문	상하내향화문	상하내향흑어미
판 심 제	孟子諺解	孟子諺解	孟子諺解	孟解	孟解
반광의 크기	25.8×17.4cm	24.7×17.1cm	23.7×17.8cm	23.5×18.5cm	24.2×18.2cm
반광 항수	10	10	10	10	12
반광매항 원	17	19	17	17	23
반광매항 언	16	18	16	16	22
간행년[간기]	1749	1590	1820	1807	1862
소 장 처	규장각, 국립도서관	도산서원	필자	필자	필자
내 사 기	없음	만력18年	없음	없음	없음

표 3) 『중용언해』

	율곡중용(CR)	CT	CK	CJ	CY
책의 크기	34.3×22.4cm	33×21cm	33.4×21.2cm	32.3×21.2cm	33×21.7cm
책 의 수	1	1	1	1	1
권 수	1	1	1	1	1
발 행 처	예문관	교정청	내각(규장각)	전주부	영영
장 정	오침안정	오침안정	오침안정	오침안정	오침안정
종 이	저지	저지	저지	저지	저지
광 곽	사주단변	사주쌍변	사주쌍변	사주쌍변	사주쌍변
계 선	유계	유계	유계	유계	유계
판 종	활자본	활자본	목판본	목판본	목판본
어 미	상하내향화문	상하내향화문	상하향화문	상하내향화문	상하내향흑어미
판 심 제	中庸諺解	中庸諺解	中庸諺解	中庸諺解	庸 解
반광의 크기	25.8×17.4cm	24.7×17.1cm	23.7×17.8cm	23.5×18.5cm	24.2×18.2cm
반광 항수	10	10	10	10	12
반광매항 원	17	19	17	17	23
반광매항 언	16	18	16	16	22
간행년(간기)	1749	1590	1820	1810	1862
소 장 처	규장각,국립도서관	도산서원	필자	필자	필자
내 사 기	없음	만력18年	없음	없음	없음

50 사서언해의 비교연구

표 4) 『대학언해』

	DR	DT	DK	DJ	DY
책의 크기	34.3×22.4cm	33×21cm	33.4×21.2cm	32.3×21.2cm	33×21.7cm
책 의 수	1	1	1	1	1
권 수	1	1	1	1	1
발 행 처	예문관	교정청	내각[규장각]	전주부	영영
장 정	오침안정	오침안정	오침안정	오침안정	오침안정
종 이	저지	저지	저지	저지	저지
광 곽	사주단변	사주쌍변	사주쌍변	사주쌍변	사주쌍변
계 선	유계	유계	유계	유계	유계
판 종	활자본	활자본	목판본	목판본	목판본
어 미	상하내향화문	상하내향화문	상하내향화문	상하내향화문	상하내향흑어미
판 심 제	大學諺解	大學諺解	大學諺解	大學諺解	學解
반광의 크기	25.8×17.4cm	24.7×17.1cm	23.7×17.8cm	23.5×18.5cm	24.2×18.2cm
반광 항수	10	10	10	10	12
반광매항 원	17	19	17	17	23
반광매항 언	16	18	16	16	22
간행년[간기]	1749	1590	1820	1810	1862
소 장 처	규장각, 국립도서관	도산서원	필자	필자	필자
내 사 기	없음	만력18年	없음	없음	없음

Ⅲ. 국어학적 비교연구

본장에서는 번역양식의 비교, 구결의 비교, 표기법, 음운의 비교, 문법의 비교, 어휘 및 문장의 비교 등을 시도하고자 한다. 다음에 번역 양식부터 살피기로 한다.

3.1. 번역 양식의 비교

이미 연구사 부분에서 간략히 살폈지만, 안병희(1973)에서 언급한 번역양식을 도입하여 비교 검토하고자 한다. 여기서는 번역양식에 의한 직역, 의역의 논의는 중요하지 않다. 다만 『사서언해』의 이본들을 비교 검토하는 경우이니 번역 양식에 대한 자세한 논의보다 이본간의 차이에 대한 실례를 찾기 위하여 검토하고자 한다.

3.1.1. 문면에 쓰인 한자어와 고유어의 비교

『사서언해』의 전반에 대하여 한자어휘와 고유어휘의 비율을 살피기로 한다. 참고로 『대학언해』, 『중용언해』, 『논어언해』, 『맹자언해』 등 각 책에 나타난 어휘들을 정리하고, 『사서언해』 중 곡본과 내각본을 비교하고자 한다.[32) 비교 대상이 되는 어휘들 중 양쪽이 모두 한자어인 경우는 삭제하고, 같은 어휘는 하나만남기고 나머지는 삭제하는 방법으로 정리하였다. 우선 부분적인 문면에 나타난 고유어휘와 한자어휘를 검토한 다음 전체적인 통계를 내기로 한다.

(1) 學而時習之不亦說乎 有朋自遠方來不亦樂乎 人不知而不慍… 其 爲人也孝悌而好犯上者善矣 不好犯上而好作亂者未之有也

㉮ 學혹고 時시로 習습ᄒ면 ᄯ호 깃브디 아니ᄒ랴. 버디 遠원方방으로 브터 오면 ᄯ호 즐겁디 아니ᄒ랴. 사ᄅᆞᆷ이 아디 몯ᄒ야도 慍온티 아니ᄒ면… 그 사ᄅᆞᆷ이론디 孝효ᄒ며 弟뎨ᄒ고 上샹을 犯범홈을 好호홀 者쟈ㅣ 젹으니(NT.NK.NJ.NY1-1b)

㉯ 學혹ᄒ야 時시로 習습ᄒ면 ᄯ호 說열홉디 아니랴? 朋붕이 遠원方방으로브터 오 리 이시면 ᄯ호 樂락홉디 아니랴? 人인이 아디 몯ᄒ야도 慍온티 아니면 … 그 人인이론뎌. 孝효弟뎨코 上샹犯범호몰 됴히 너길 者쟈ㅣ 겨그니(NR1-1b)

표 5) 한자어와 고유어의 비교

㉮	깃브디	버디	즐겁디	사ᄅᆞᆷ이	사ᄅᆞᆷ이론디	好호홀
㉯	說열홉디	朋붕이	樂락홉디	人인이	人인이론뎌	됴히 너길

이 표(5)의 ㉮『비율곡논해』[33) 1) 고유어(5)[34), 2) 한자어(1), ㉯『율곡논해』 1) 고유어(1), 2) 한자어(5). 비 율곡본 한자어 : 율곡본 한자어 = 1

---

32) 부록 2 어휘항목 참조.

33) [+NR]: 율곡본 논어언해, [-NR]: 비 율곡본논어언해 앞으로 나오는 문헌의 약호를 다음과 같이 기록한다. [+A], [-A]는 A본, 비A본이다. N:논어, M : 맹자, C : 중용, D : 대학. T : 교정청본, R :율곡본, K : 내각장판, J: 전주본, Y : 영영중간본. 따라서 [+MR] : 율곡본 맹자언해, [-MR] : 비 율곡본맹자언해와 같이 기록하기로 한다.

34) 이 수치(數値)는 빈도(頻度)를 나타낸다.

:5, 비 율곡본 고유어 : 율곡본 고유어 = 5 : 1 율곡본에 한자어가 많다.

　(2) 舊穀旣沒新穀旣升鑽燧改火期可已矣…於女安 曰安 女安則爲之…
　　居處不安…今女安則爲之 (NT4-40b.41a)

　　㉮ 舊구 穀곡이 이믜 沒몰ᄒ고 新신 穀곡이 이믜 升승ᄒ며 燧슈를 鑽찬
　　ᄒ야 火화를 改기 ᄒᄂ니 期긔 만ᄒ고 可가히 已이ᄒ얌즉ᄒ도소이다. …
　　네게 安안ᄒ냐. 글오디 安안ᄒ이다. 네 安안거든 ᄒ라. … 居거處쳐 ᄒ욤
　　애 安안티 아니ᄒᄂ … 이제 네 安안ᄒ거든 ᄒ라. (NT4-40b.41a)
　　(NK.NJ4-45b-46b /NY4-)

　　㉯ 녯 穀곡이 이믜 沒몰ᄒ며 새 穀곡이 이믜 升승ᄒ며 燧슈(불취하는나
　　무)를 鑽찬ᄒ야 火화를 改기ᄒᄂ니 期긔예 可가히 말 ᄡᅥ시로소이다. …
　　네게 편안ᄒ냐? 글오디 편안ᄒ이다. 네 편안커든 ᄒ라 …處쳐애 居거ᄒ야
　　편안티 아닌디라. … 이제 네 편안커든 ᄒ라. (NR4-44b-45b)

표 6) 한자어와 고유어의 비교

㉮	舊구	新신	已이ᄒ얌즉ᄒ도소이다	安안ᄒ냐	安안ᄒ이다	安안커든
㉯	녯	새	말 ᄡᅥ시로소이다	편안ᄒ냐	편안ᄒ이다	편안커든

㉮	聞문ᄒ야도	安안티	安안ᄒ거든
㉯	드러도	편안티	편안커든

표(6)을 보면 ㉮『비율곡논해』1) 한자어 :(9), 2) 고유어 : (0), ㉯『율곡
논해』1) 한자어 : (5), 2) 고유어 :(4)[35], 비 율곡본에 한자어가 절대 우
세하다. ㉯의율곡본 한자어: 고유어 = 5 : 4로 역시 한자어가 우세하나
9 : 0과 5 : 4의 비율로 보면 율곡본도 한자어가 우세하나 비 율곡본의
한자어가 월등 우세하다.

---

35) "나"에 나타난 한글로 기록한 "편안하다"와 같은 것은 한자어로 취급한다.

(3) 寡人之於國也 盡心焉耳矣 河內凶則 移其民於河東 移其粟於河
   內 河東凶 亦然 察鄰國之政 無如寡人之用心者 …既接 棄甲曳兵
   而走 或百步而後止 或五十步而後止 以五十步笑百步 則何如 …
   是亦走也 曰王如知此 則無望民之多於鄰國也

⑦ 寡과人신이 國국에 心심을 盡진ᄒ노니 河하內너ㅣ 凶흉흔則즉 그 民
   민을 河하東동에 移이ᄒ며 그 粟속을 河하內너예 移이ᄒ고 … 鄰린國국
   의 政정을 察찰ᄒ딘 寡과人신의 心심을 用용홈 ᄀᄐᆫ 者쟈ㅣ 업소더 …
   이믜 接졉ᄒ얏거든 甲갑(*갑옷)을 棄기ᄒ며 兵병을 曳예ᄒ고 走주호디
   或혹 百빅步보ㄴ 後후에 止지ᄒ며 或혹 五오十십步보ㄴ 後후에 止지ᄒ
   야 五오十십步보로써 百빅步보를 笑쇼흔 則즉 엇더ᄒ니잇고? …이 또흔
   走주홈이니이다. 굴ᄋ샤디 王왕이 만일 이롤 알ᄋ신 則즉 民민이 鄰린國
   국에 하믈 ᄇ라디 말ᄋ쇼셔.(MT1-7a.b.-8a). (MK.MJ1-6b-8a/ MY1-)

㉯ 寡과人인이 나라희 ᄆᆞ음을 盡진ᄒ노니 河하內너ㅣ 凶흉커든 그 民민
   을 河하東동의 옴기고 … 鄰린國국의 졍ᄉ롤 察찰ᄒ딘 寡과人인의 ᄆᆞ음
   쓰기 ᄀᆺᄐᆫ 者쟈ㅣ 업소더 …이믜 接졉커든 甲갑을 ᄇ리며 兵병을 曳예ᄒ
   고 走주ᄒ디 或혹 百빅步보 後후에 그치고 或혹 五오十십步보 後후에
   그쳐 五오十십步보로써 百빅步보롤 우으면 엇더ᄒ리잇고? … 이도 또흔
   ᄃ룸이니이다. ᄀᆯᄋ샤디 王왕이 만일 이롤 알거시든 民민이 鄰린國국의
   하믈 ᄇ라디 마ᄅ쇼셔. (MR1-6b-8a)

표 7) 한자어와 고유어의 비교

⑦	國국에	心심을	移이ᄒ며	移이ᄒ고	政정을	心심을	用용함
㉯	나라희	ᄆᆞ음을	옴기고	옴기며	졍ᄉ롤	ᄆᆞ음	쓰기

⑦	棄기ᄒ며	止지ᄒ며	止지ᄒ야	笑쇼흔則즉	走주홈이니이다	알ᄋ신則즉
㉯	ᄇ리며	그치고	그쳐	우으면	ᄃ롬이니이다	알거시든

   표(7)에서 ⑦ 비 율곡본의 『맹자언해』한자어(13), 고유어(0), ㉯ 율곡
본 『맹자언해』의 한자어(1), 고유어(12), 비 율곡본 『맹자언해』의 한자어

: 율곡본 『맹자언해』의 한자어 = 13 : 1, (고유어비율 = 비 율곡본 : 율곡본 = 1 : 12) 율곡본 『맹자언해』에 고유어가 우세하다.

(4) 決者東方則東流決者西方則西流人…今夫水 搏而躍之 可使過顙)

㉮ 東동方방으로 決결(터놓다)ᄒ면 東동으로 <u>流류ᄒ고</u> 西셔方방으로 決결 ᄒ면 西셔로 <u>流류ᄒᄂ니</u> …이제 水슈를 搏박(치다)ᄒ야 躍약게 ᄒ면 可가 히 ᄒ여곰 顙상(이마)에 <u>過과ᄒ며</u>….(MT11- MK. MJ11-2b-4a/MY)

㉯ 東동方방에 決결ᄒ면 東동으로 <u>흐르고</u> 西셔方방에 決결ᄒ면 西셔로 <u>흐르ᄂ니</u>… 이제 水슈를 搏박(*치다)ᄒ야 躍약게 ᄒ면 可가히 히여곰 顙 상(*이마)을 <u>넘게 ᄒ며</u>… (MR6-2a-3b)

표 8) 한자어와 고유어의 비교

㉮	流류ᄒ고	流류ᄒᄂ니	過과ᄒ며
㉯	흐르고	흐르ᄂ니	넘게 ᄒ며

표(8)의 ㉮ 비 율곡본 『맹자언해』의 한자어<3>, 고유어<0>. ㉯ 율곡 본 『맹자언해』의 한자어<0>, 고유어<3>. 율곡본 『맹자언해』의 고유어 : 비 율곡본 『맹자언해』의 고유어 = 3 : 0 율곡본 『맹자언해』에 고유어가 절대 우세하다.

(5) 舜好問而好察邇言… 執其兩端 用其中於民 …人皆曰予知 驅而 納諸罟獲陷穽之中而莫之知辟也 人皆曰予知 擇乎中庸而不能其 月守也 … 擇乎中庸 得一善 則拳拳服膺而弗失之矣)

㉮ 舜슌이 <u>무름을 됴히</u> 너기시고 邇ㅅ디 言언 <u>슬핌을 됴히</u> 너기샤더… 두 그틀 <u>자브샤</u> 그 中듕을 <u>빅셩의게</u> 쓰시니… 사름이 다 골오더 내 知디호라. 호더, <u>驅구ᄒ야</u> 罟고와 獲화(함정화)와 陷함阱졍ㅅ 가온더 <u>納납호더</u> 辟 피(피할피)홀 줄을 아디 몯ᄒ며 사름이 다 골오더 내 知디호라. … 能능히 期긔月월(*一個月)도 <u>딕희디</u> 몯ᄒᄂ니라. … 中듕庸용을 <u>골희야</u> ᄒ 善션

을 어드면 拳권拳권히(부지런할권,근심-) 膺응에 服복ᄒ야(응복:가슴에받
들어지님) 일티 아니ᄒᄂ니라.(CT4b-5b)

㉯ 舜순이 問문을 好호ᄒ시며 邇이글언 察찰ᄒ기 好호ᄒ샤 … 兩량 端
단을 執집ᄒ샤 그 中듕을 民민의게 쓰시니 …人인이 다 ᄀᆯ오디 내 知디호
라 ᄒ더 模라 罟고와 擭화와 陷함穽정 가온더 녀ᄒ매 辟피호몰 아디 몯ᄒ
며 人인이 다 ᄀᆯ오디 내 知디호라 … 能능히 其긔月월도 守슈티 몯ᄒᄂ
니라… 中듕庸용의 택퇴ᄒ야 ᄒ 善션을 어드면 拳권拳권히 膺응의 服복
ᄒ야 失실티 아닛ᄂ니라.(CR5a-6a)

표 9) 한자어와 고유어의 비교

㉮	무롬을	됴히	슬픔을	됴히	두	그틀
㉯	問문을	好호	察찰ᄒ기롤	好호	兩량	端단을

㉮	자브샤	빅셩의게	사롬이	驅구ᄒ야	納납호미	사롬이
㉯	執집ᄒ샤	民민의게	人인이	모라	녀ᄒ매	人인이

㉮	ᄀᆯᄒ야	딕희디	ᄀᆯᄒ야	일티
㉯	擇퇴ᄒ야	守슈티	擇퇴ᄒ야	失실티

표(9)에 ㉮비 율곡본『중용언해』의 한자어(2) 고유어(10) ㉯ 율곡본
『중용언해』의 한자어(10). 고유어(2) 비 율곡본『중용언해』의 한자어 : 율
곡본『중용언해』의 한자어 = 3 : 14, 율곡본『중용언해』에 한자가 많다.
고유어의 비율 (율곡본『중용언해』의 고유어 : 비 율곡본『중용언해』의
고유어 = 2 : 14 율곡본『중용언해』에 한자어가 많다.

(6) 子曰道不遠人 人之爲道而遠人 不可以爲道 詩云伐柯伐柯 其則
不遠 執柯以伐柯 睨而視之 猶以爲遠 故君子 以人治人 改而止

㉮ 道도ㅣ 사롬의게 머디 아니ᄒ니 사롬의 道도롤 호디 사롬의게 멀리ᄒ
면 可가히 뻐 道ㅣ라 ᄒ디 몯ᄒ리니라. 詩시에 닐오더 柯가(*도끼자루)롤
버힘이여. 柯가롤 버힘이여. 그 則측이 머디 아니타 ᄒ니 柯가롤 잡아 뻐

柯가룰 <u>버휴디</u> 睨예(사특하게봄)ᄒ야 <u>보고</u> 오히려 뼈 멀리 너기ᄂ니 故고
로 君군子ᄌᄂ <u>사롬으로뼈</u> 사롬을 <u>다스리다가</u> 改기(*기?)커든 止지ᄒᄂ
니라.(CT-10b-11a)

㉯ 子ᄌㅣ ᄀ르샤디 道도ㅣ <u>人인의</u> <u>遠원티</u> 아니ᄒ니 <u>人인의</u> 道도룰 호미
<u>人인의</u> <u>遠원케</u> ᄒ면 可가히 뼈 道도ㅣ라 ᄒ디 몯홀디니라. 詩시예 닐오디
柯가룰 <u>伐벌ᄒ기여</u> 柯가룰 <u>伐벌ᄒ기여</u> 그 則측이 머디 아니타 ᄒ니 柯가
룰 자바 뼈 柯가룰 <u>伐벌호디</u> 睨예ᄒ야 <u>視시ᄒ야</u> 오히려 뼈 머다 ᄒᄂ니
故고로 君군子ᄌᄂ <u>人인으로뼈</u> <u>人인</u>을 <u>治티ᄒ다가</u> 改기ᄒ야든 止지ᄒᄂ
니라.(CR11b-12a)

표 10) 한자어와 고유어의 비교

㉮	사롬의게	머디	사롬이	사롬의게	멀리	버힘이여
㉯	人인의	遠원티	人인의	人인의	遠원케	伐벌ᄒ기여

㉮	버힘이여	버휴디	보고	사롬으로뼈	사롬을	다스리다가
㉯	伐벌ᄒ기여	伐벌호디	視시ᄒ야	人인으로뼈	人인을	治티ᄒ다가

표(10)의 ㉮ 비 율곡본 『중용언해』의 한자어(0), 고유어(12). ㉯ 율곡
본『중용언해』의 한자어(12), 고유어(0) 율곡본 『중용언해』의 한자어 :
비 율곡본 『중용언해』의 한자어 = 12 : 0, 고유어의 비율 = 0 : 12 율곡본
『중용언해』에 한자어가 월등하게 많다.

(7) 秦誓曰若有一介臣 斷斷兮無他技 其心 休休焉其如有容焉 人之
有技 若己有之 人之彦聖 其心好之 不啻若自其口出 寔能容之 以
能保我子孫黎民 尙亦有利哉 人之有技 媢疾以惡之 人之彦聖 而
違之 俾不通 寔不能容 以不能保我子孫黎民 亦曰殆哉

㉮ 만일에 <u>ᄒ낫</u> 臣신이 斷단斷단(*정성이한결같음)ᄒ고 다른 지죄 업스나
그 ᄆ옴이 休휴休휴(*검소한모양)혼디 그 용납홈이 인ᄂ 둣혼더라. <u>사롬의</u>
<u>지조</u> 둠을 <u>몸이</u> 둠 ᄀ티 ᄒ며 <u>사롬의</u> 彦언聖셩(*彦:아름다운선비,聖은 통

하여 밝음)을 그 ᄆᆞᆷ애 <u>됴히</u> 너기미 그 <u>입으로브터</u> 남 ᄀᆞ툴 ᄲᅮ니 안이면 진실로 能능히 용납ᄒᆞᆫ디라. 뻐 能능히 우리 子ᄌᆞ孫손과 黎려民민을 保보ᄒᆞ리니 거의 ᄯᅩᄒᆞᆫ 利리 이시린뎌! <u>사ᄅᆞᆷ의</u> <u>ᄌᆡ조</u> 둠을 媢모疾(*시기함)질ᄒᆞ야 뻐 <u>아쳐ᄒᆞ며</u> <u>사ᄅᆞᆷ의</u> 彦언聖셩을 違위ᄒᆞ야 ᄒᆞ여곰 通통티 몯게 ᄒᆞ면 진실로 能능히 <u>용납디 몯</u>ᄒᆞᆫ디라. 뻐 能능히 우리 子ᄌᆞ孫손과 黎려民민을 保보티 몯ᄒᆞ리니 ᄯᅩᄒᆞᆫ ᄀᆞ온 <u>위티ᄒᆞ린뎌</u>!(DT24b-25a)

㉯ 만일 <u>一일介개</u> 臣신이 斷단斷단코 다른 지죄 업스나 그 ᄆᆞ음이 休휴休휴ᄒᆞ미 그 容용ᄒᆞ미 잇ᄂᆞᆫ 듯ᄒᆞ더라 <u>人인의</u> <u>技기</u> 두믈 己긔 둠ᄀᆞ티 너기며 <u>人인의</u> 彦언과 聖셩을 그 ᄆᆞ음의 <u>好호호미</u> 그 <u>口구로브터</u> 남ᄀᆞ티 너길 ᄲᅮᆫ 아니면 진실로 能능히 <u>容용호디라</u>. 뻐 能능히 우리 子ᄌᆞ孫손이며 黎려民민을 保보홀디니 거의 ᄯᅩ ᄒᆞᆫ 利리 이시린뎌 <u>人인의</u> <u>技기</u> 두믈 媢모疾질ᄒᆞ야 뻐 <u>惡오ᄒᆞ며</u> <u>人인의</u> 彦언과 聖셩을 違위ᄒᆞ야 히여곰 通통티 몯게 ᄒᆞ면 진실로 能능히 <u>容용티</u> 몯홀디라 뻐 能능히 우리 子ᄌᆞ孫손이며 黎려民민을 保보티 몯홀디니 ᄯᅩ ᄒᆞᆫ ᄀᆞ온 <u>殆티ᄒᆞᆫ뎌</u> ᄒᆞ니라. (DR-26b-27a)

표 11) 한자어와 고유어의 비교

㉮	ᄒᆞ낫	용납홈이	사ᄅᆞᆷ의	ᄌᆡ조	몸이	사ᄅᆞᆷ의	됴히
㉯	一일介개	容용호미	人인의	技기	己긔	人인의	好호

㉮	입으로브터	용납ᄒᆞᆫ디라	사ᄅᆞᆷ의(2)	ᄌᆡ조	아쳐ᄒᆞ며	용납디	위티ᄒᆞ린뎌
㉯	口구로브터	容용홀디라	人인의(2)	技기	惡오ᄒᆞ며	容용티	殆티ᄒᆞᆫ뎌

표 11)의 ㉮『비율곡학해』의 한자어(4), 고유어(10), ㉯『율곡학해』의 한자어(14), 고유어(0). 총체적으로 율곡본 『대학언해』의 한자어(14), 비율곡본(교정청본)『대학언해』의 한자어(4), (14 : 4), 율곡본 『대학언해』의 고유어(0), 비 율곡본(교정청본)『대학언해』의 고유어(10), 비율 (0 : 10) 율곡본 『대학언해』에 한자어가 많다.[36]

---

36) 언해본의 언해문에 쓰인 어휘들 중에 나타나는 한자어와 고유어의 비율을 정할 때 한글로 기록한 것은 모두 고유어이고 한자(漢字)로 써야 한자어인가? 위의 교정청본

(8) 畜馬乘 不察於鷄豚 伐氷之家 不畜牛羊 百乘之家 不畜聚斂之臣
與其有聚斂之臣 寧有盜臣 此謂國不以利爲利以義爲利也

㉮ 馬마乘승을 <u>畜휵ᄒᆞᄂᆞ</u> 니ᄂᆞ 鷄계와 豚돈의 <u>察찰티</u> 아니ᄒᆞ고 氷빙을
伐벌ᄒᆞᄂᆞ <u>家가ᄂᆞ</u> 牛우羊양을 <u>畜휵디</u> 아니ᄒᆞ고 百빅乘승의 <u>家가ᄂᆞ</u> 聚취
斂렴ᄒᆞᄂᆞ 臣신을 <u>畜휵디</u> 아니홀디니… 이 닐온 <u>國국은</u> 利리로ᄡᅥ 利리ᄅᆞᆯ
삼디 아니코… (DR30b-31b)

㉯ 馬마乘승 <u>치ᄂᆞ(*畜:기를휵)</u> 이ᄂᆞ 鷄계와 豚돈에 <u>ᄉᆞᆲ피디</u> 아니ᄒᆞ고 氷빙
을 伐벌ᄒᆞᄂᆞ <u>집은</u> 牛우와 羊양을 <u>치디</u> 아니ᄒᆞ고 百빅乘수(**승?)ㅅ<u>집은</u>
聚취斂렴(*백성의재물을빼앗음)ᄒᆞᄂᆞ 臣신을 <u>치디</u> 아니ᄒᆞᄂᆞ니… 이 닐온
<u>나라흔</u> 利리로ᄡᅥ 利리ᄅᆞᆯ삼디 아니ᄒᆞ고…(DT28a-29a)

표 12) 한자어와 고유어의 비교

㉮	畜휵ᄒᆞᄂᆞ	察찰티	家가ᄂᆞ	畜휵디	家가ᄂᆞ
㉯	치ᄂᆞ	ᄉᆞᆲ피디	집은	치디	집은

㉮	어딘	나라흔
㉯	善션	國국은

표(12)의 한자어와 고유어의 비는 ㉮『율곡학해』의 한자어<7>, 고유
어<0>, ㉯『비율곡학해』의 한자어<0>, ㉯『비율곡학해』의 고유어<7>로
율곡본『대학언해』의 한자어가 절대 우세하다. 부분적으로 문장을 분석
하면 위와 같은 통계가 나오지만 총계를 부록에서 처리하는 방식으로
합계를 해 본 결과는 (별표 : ㉮㉯)에서 보인 바와 같이 전체적으로 고유
어가 우세하다.

참고로『사서언해』전반에 대한 한자어와 고유어의 수를 세어서 정리
하기로 한다. 편의상 1.『사서율곡언해』와 내각장판『사서언해』의 어휘

에서 "용납홈이"와 율곡본의 "容用호미"를 비교할 때 전자(前者)가 한글로 기록되
으나 고유어라 할 수 없을 것으로 판단한다.

들을 정리하여 비교한다.(부록참조) 2. 양쪽이 모두 한자어인경우는 양쪽
모두를 삭제한다. 3. 같은 단어는 한 번만 수록한다. * 별표 ㉮ ㉯는 부
록에서 얻은 통계치이다.[37]

(별표:㉮) 『사서율곡언해』의 어휘 통계

	『논어언해』	『맹자언해』	『중용언해』	『대학언해』
한자어의 數(計)	442	172	198	167
고유어의 數(計)	1958	4279	344	249

(별표:㉯) 내각판『사서언해』의 어휘 통계

	『논어언해』	『맹자언해』	『중용언해』	『대학언해』
한자어의 數	431	1770	30	6
고유어의 數	1968	2694	515	412

  총괄하면 위에서 임의로 표출한 자료에 의하면 같은 문헌의 한자어와
고유어의 비율이 부분적으로는 『사서언해』전반에서는 고유어가 절대 우
세하다. 이중에서도 맹자언해가 고유어의 비율이 한자어에 비해 절대 우
세하다.
  『사서언해』에서는 문면에 나타난 한자어의 빈도수를 가지고 직역, 의
역을 판단하기는 어렵다고 생각한다. 전반적으로 그 내용을 살펴서 곧
'逐字作解'를 하였는지 아니면 '逐字作解' 후에 번역된 내용에 '潤文'을
하여 원래의 뜻을 크게 손상하지 않는 범위 내에서 조정을 거친 상태라
면 의역이 될 것이고 이 과정을 거치지 않았다면 직역이 될 것이다. 그

---

37) 앞으로 비교할 때에 논의 대상이 된 5개본을 비교하는 것이 원칙이나, 거의 율곡본
   과 비 율곡본의 대립 양상이어서 사실상 [+R], [-R] 곧, 율곡본과 비 율곡본의 비교
   로 전개 될 것이다.

렇다면 율곡본은 번역을 하였으나 완전히 마무리를 다 하지 못한 부분들이 남아 있는 것으로 보아 윤문(潤文)할 기회가 없었을 것으로 생각된다. 그렇다면 직역의 상태라고 보아야 옳을 듯하다. 그러나 이본 간의 비교를 하게 될 때 비교의 차이가 있을 수 있다고 본다. 다시 말하면 율곡본이 직역이냐, 비 율곡본이 직역인가를 구분할 필요가 있을 수 있다. 이 경우 비교를 위하여 의역, 직역의 판단을 내려야 한다면 여러 기준을 종합적으로 적용하여 판단하되 원문과 번역문을 대조하여 판단을 내려야 할 것으로 생각한다. 이 경우 한자어를 많이 사용한 것은 경전의 원의를 살려서 독자들에게 심오한 경전의 내적인 의미를 파악하는 데 도움을 주고자 해서 특히『중용』과『대학』에서 한자어를 많이 살렸고『논어』에서는 비슷한 비율이고, 현실적인 내용이 많은『맹자언해』에서는 오히려 율곡본이 고유어가 절대 우세한 점을 보면 율곡의 언어선택의 의도가 엿보이는 듯하다. 비교적 철학적인 심오한 내용인『논어』와『중용』『대학』은 한자어를 많이 살려 그 심오한 의미를 파악하는 데 도움을 주고, 보다 현실적인 토론을 내용으로 하는『맹자언해』는 보통 누구나 읽을 수 있는 고유어를 많이 선택한 것으로 생각한다.

역점에서 한자어와 고유어의 비교로 직역과 의역을『사서언해』에서 구분하기는 애매하다. 임의로 선출한 자료의 문면에 나타난 부분적인 어휘를 가지고 본다면 이와 같이 판단을 할 수 있으나 별표 ㉮,㉯의 통계를 보면 전체적으로 고유어가 절대 우세하다. 그렇다면 결국 둘 모두 직역의 성격으로 파악한다.

3. 1. 2. 품사적 차이

번역문에 사용한 단어나 어구의 품사적 성격이 원문(原文)의 품사적 성격과 어느 정도 같은가를 살피는 것이다. 원문(原文)이 체언적 성격의

단어나 어구를 그대로 살려서 번역하면 직역이고, 달리 용언적 성격으로
번역하면 의역이 되는 것이라고 하였다. 다음 예를 보자.

(1) 子貢曰 夫子溫良恭儉讓以得之

㉮ 子ㅈ貢공이 골오디 夫부子ㅈㅣ 溫온과 良량과 恭공과 儉검과 讓(샹)
양으로 뻐 得득ᄒ시ᄂ니(NR1-6a)

㉯ 子ㅈ貢공이 골오디 夫부子ㅈᄂ 溫온ᄒ시며 良량ᄒ시며 恭공ᄒ시며 儉검
ᄒ시며 讓샹(양) ᄒ시모로뻐 得득ᄒ시ᄂ니(NT1-5b/NK.NJ1-6a/NY1-4a)

(2) 子曰君子之於天下也 無適也 無莫也 義之與比 (＊適:고집,莫:배척,
比:從)

㉮ 子ㅈㅣ ᄀᆞᄅ샤디 君군子ㅈㅣ 天텬下하애 適뎍도 업스며 莫막도 업고
義의롤 다못 比비홀디니라(NR1-36a)

㉯ 子ㅈㅣ ᄀᆞᄅ샤디 君군子ㅈㅣ 天텬下하애 適뎍홈도 업스며 莫막홈도
업서 義의로 더브러 比비ᄒᄂ니라.(NT1-34a/NK.NJ1-37a/NY1-24a)

(3) 豚狗彘之畜無失其時

㉮ 豚돈과 狗구와 彘톄의 치기롤 그 時시롤 일티 아니면(MR1-38a) ㉯ 豚돈
狗구 彘톄의 畜흉을 그 時시를 失실홈이 업스면(MT1-37b/MK.MJ1-39a/
MY1-24b)

(1)㉮, (2)㉮『율곡논해』는 원문(原文)의 체언적 어구가 ㉮에서는 체언
적 어구 '溫온과 良량과 恭공과 儉검과 讓(샹)양으로', '適뎍도 업스며
莫막도 업고 義의롤'로 되었다. 그렇다면『율곡논해』는 직역이 된다. 반
면에 (1),(2)㉯『비율곡논해』에서는 용언언적 어구 '溫온ᄒ시며 良량ᄒ시
며 恭공ᄒ시며 儉검ᄒ시며 讓샹(양)ᄒ시모로뻐', '適뎍홈도 업스며 莫막
홈도 업서 義의로 더브러 比비ᄒᄂ니라'로 되었다. 그러면 (1),(2)㉯는

의역이 된다. (3)『맹자언해』의 경우는 ㉮『율곡맹해』가 용언적인 것으로
구성되었으며 ㉯『비율곡맹해』가 체언적이다. 이 경우『율곡맹해』는 의
역이고『비율곡맹해』는 직역이 된다. 물론 전부를 살펴야 되겠으나 표출
한 하나 혹은 두, 셋의 기준을 놓고 직역과 의역을 논의하기도 어려울
것인데 더구나 위에서 본 바와 같이 그 수치도 상대적으로 각각 서로 넘
나든다면 규칙으로 정하기가 매우 어려워 보인다.

이 경우로만 본다면『논어율곡언해』는 직역이고『맹자율곡언해』는
의역이 된다. 『사서언해』를 이 품사적 차이를 적용하여 직역과 의역을
구분하는 척도로 사용하기는 어려워 보인다. 앞장의 한자어 선택과 같은
것으로 생각된다. 이 경우도 둘 다 직역적이라고 생각한다.

3.1.3. 전이어의 사용 여부

문맥을 분명하게 하여 주는 이른바 전이어 '뻐(以), 시러곰(得)'은 한문
번역 차용어로써 언해에 사용하는 경우가 일반적이다.

(1) 王之所大欲 可得聞與

　㉮ 王왕ㅈ의 크게 欲욕ᄒᆞ시는 바를 可가히 <u>시러곰</u> 드르리잇가?(MR1-31a)
　<총 60회>

　㉯ 王왕의 키 欲욕ᄒᆞ시는 바를 可가히 <u>시러곰</u> 들으리잇가? (MT/MK/
MJ1-31b/MY1-20a)(MT<56>, MK<56>, MJ<55>, MY<58>)

(2) 齊宣王 問曰齊桓晉文之事 可得聞乎

　㉮ 齊졔宣션王왕이 問문ᄒᆞ야 ᄀᆞᄅᆞ샤ᄃᆡ 齊졔桓환 晉진文문의 일을 可가
히 <u>어더</u> 드르리잇가? (MR1-19a)

　㉯ 齊졔宣션王왕이 묻ᄌᆞ와 ᄀᆞᆯᄋᆞ샤ᄃᆡ 齊졔桓환과 晉진文문의 事ᄉᆞ를 可
가히 <u>시러곰</u> 드르리잇㉮(MT/MJ1-19b/MY1-12b)

㉺ 齊졔宣션王왕이 묻ㅈ와 글ㅇ샤디 齊졔桓환과 晉딘文문의 事ㅅ를 可가히 <u>시러곰</u> 드르리잇가(MJ1-19b)

(3) 管氏 有三歸 官事 不攝 焉得儉

㉮ 管관氏시ㅣ 三삼歸귀롤 두며 官관事ㅅ롤 攝셥디 아니ㅎ니 엇디 <u>시러곰</u> 儉검ㅎ리오? (NR1-29b)

㉯ 管관氏시ㅣ 三삼歸귀를 두며 管관事ㅅ를 攝셥디 아니ㅎ니 엇디 <u>시러곰</u> 儉검ㅎ리오. (NT1-27b/NK/NJ1-29b/NY1-19b)

('시러곰'의 빈도: NR<14>, NT<16>, NK<18>, NJ<18>, NY<17>)

(4) 在下位 不獲乎上 民不可得而治矣

㉮ 下하位위예 이셔 上상의게 獲획디 몯ㅎ면 民민을 可가히 <u>시러곰</u> 治티티 몯ㅎ리니(CR34b)

㉯ 아랫 位위예 이셔 우희 獲획디 몯ㅎ면 民민을 可가히 <u>시러곰</u> 다스리디 몯ㅎ리라.(CT/CK/CJ34b/CY18b) *(CY18b)의 번역문은 原本에 漏落되었음. *('시러곰'의 빈도: CR<1>, CT<1>, CK<1>, CJ<1>, CY<1>)

(5) 聽訟 吾猶人也 必也使無訟乎 無情者 不得盡其辭 大畏民志 此謂
  知本

㉮ 訟숑을 聽텽ㅎ기 내 人인 ㄱㅌ나 반ㄷ시 히여곰 訟숑을 업게 홀던뎌 ㅎ시니 情졍 업슨者쟈ㅣ <u>시러곰</u> 그 辭ㅅ룰 盡진티 몯호모 크게 民민의 志지를 畏외케 호미니 이 닐온 本본을 알오미니라.(DR9b)

㉯ 訟숑을 드롬이 내 사롬과 ㄱㅌ나 반ㄷ시 ㅎ여곰 訟숑이 업게 호린뎌 ㅎ시니 情졍 업슨者쟈ㅣ <u>시러곰</u> 그 말숨을 다 ㅎ디 몯홈은 크게 民민의 뜯을 畏외케 홈이니 이 닐온 本본을 아롬이니라.(DT/DK/DJ9b/DY6a) *('시러곰'의 빈도: DR<1>, DT<1>, DK<1>, DJ<1>, DY<1>)

(1)의 ㉮, ㉯를 비롯하여 율곡본이나 비 율곡본을 망라하여 모든 판본

에서 전이어 '시러곰'은 고루 등장한다. 『맹자언해』의 경우 영남 중간본에 58회, 전주본55회로 거의 같이 나타난다. 그 밖의 『논어율곡언해』에 14회, 『내각논해』에 18회이고 『중용언해』와 『대학언해』는 각각 1회씩이다. 이 빈도수를 가지고는 직역과 의역을 구분하기가 어려워 보인다. (2) ㉮에서 보이는 '得'의 번역을 율곡본에서는 '어더'로 번역하였고 나머지 본(本)은 '시러곰'으로 번역하였다. 이것을 가지고 직역인가, 의역인가를 분별하기는 어렵다. 모두 이른바 직역으로 판단된다.

(1) 亦將有以利吾國乎

㉮ 쏘혼 쟝촛 내 나라홀 뻐 利리케 호미 이시리잇가(MR1-1a)

㉯ 쏘혼 쟝촛 뻐 내 國국을 利리케 홈이 이시리잇가(MT/MK/MJ/MY1-1a)

*'뻐'의 빈도 : MR<363>, MT<359>, MK<358>, MJ<360>, MY<364>

(2) 行有餘力 則以學文

㉮ 行힝호매 나문 힘이 잇거든 뻐 文문을 學흑홀디니라.(NR1-3b)

㉯ 行힝홈애 남은 힘이 잇거든 곧 뻐 글을 學흑홀띠라.

(NT/NK/NJ1-3b/NY1-2b) ('뻐'의 빈도 : NR<113>, NT<104>, NK<105>, NJ<107>, NY<107>)

(3) 執其兩端 用其中於民 其斯以爲舜乎

㉮ 그 兩량端단을 執집ᄒᆞ샤 그 中듕을 民민의게 쓰시니 그 이 뻐 舜슌이 되미신뎌.(CR5a)

㉯그 두 그틀 자브샤 그 中듕을 빅셩의게 쓰시니 그 이 뻐 舜슌되옴이신뎌 (CT /CJ5a/CY3b)

㉰ 그 두 그틀 자브샤 그 中중을 빅셩의게 쓰시니 그 이 뻐 舜슌되옴이신뎌(CKK5a)

*('뻐'의빈도 : CR<61>, CT<68>, CK<68>, CJ<68>, CY<66>

(4) 自天子以至於庶人 壹是皆以脩身位本

㉮ 天텬子ᄌ로브터 써 庶셔人인의 니르히 흔굴ᄀ티 다 身신을 脩슈호ᄆ로 써 本본을 사몰디니라(DR3b).

㉯ 天텬子ᄌ로브터 써 庶셔人인에 니르히 흔굴ᄀ티 다 몸 닷ᄀ모로써 本본을 삼ᄂ니라 (DT/DK/DJ3b/DY2b)

('써'의빈도:DR<19>, DT<20>, DK<19>, DJ<19>, DY<19>)

'以'를 번역한 이른 바 전이어 '써'의 빈도가 번역 양식을 구분하는 데 기준을 삼기가 『사서언해』에서는 어렵게 보인다. 『맹자언해』의 경우 364에서 358의 빈도를 가지고 살핀다면 영남본이 가장 많고 내각장판이 가장 적다. 『논어언해』의 경우 『율곡논해』에 113회, 『교정논해』104회이고 『중용언해』는 『율곡용해』에 61회, 『교정용해』, 『내각용해』, 『교정용해』 68회이며 『대학언해』에는 『교정학해』에 20회이다. 『율곡학해』를 비롯하여 나머지는 모두 19회이다. '써'의 빈도가 직역과 의역을 구분하는 기준으로 설정되기는 『사서언해』의 경우에 어려운 점이 있다. 모두 이른 바 직역으로 볼 수 있겠다.

요약하면 전이어 '시러곰', '써'의 빈도로는 『사서언해』의 번역양식이 직역인지 의역인지를 구분하기 어렵다. 모두 직역으로 볼 수 있겠다.

3.2. 구결의 비교

주지하는 바와 같이 언해자가 (개인이거나 공동 연구자들이거나) 중국어로 된 문헌을 국어로 언해할 때 그 원문을 이해하기 위하여 먼저 그 음(音)을 정리하고 다음 구두를 정하고 이어서 중국어 문법에 맞게 된 문장을 국어 문법에 가까운 문장으로 이해하기 위하여 구결을 정하는 과정을 밟은 것이다. 『사서언해』도 율곡 선생이나 교정청에 모인 유학자들과 같은 언해 자들이 위와 같은 과정을 거친 것은 당연하고 이렇게 한번 결정된 구결은 거의 변동이 없었다. 우리나라에서는 전통적인 구결이 현실 국어의 문법 양식과 다소 다르더라도 가급적 변함없이 따랐다. 현실 어와 괴리가 있는 줄을 알면서도 부담 없이 답습한 것이 구결의 현실이 었다. 그러나 본고에서 『사서언해』를 비교 검토하였는데 율곡본과 비 율 곡본은 상당한 차이가 있었다. 특히 율곡본은 비 율곡본과 비교하면 구 결을 생략한 부분이 많고 그 내용도 상당한 차이가 있었다.

그러면 『논어언해』부터 대비하여 보기로 한다.

(1) ㉮ 주격이 생략된 경우다. (1)㉮ ( )부분은 (1)㉯ < > 안에 있는 'ㅣ, 이'가 생략된 것을 보여준다.

  ㉮ 子( )曰學而時習知면 不亦說乎아 有朋( ) 自遠方來면(NR1-1a)
  ㉯ 子<ㅣ>曰學而時習知면 不亦說乎아 有朋<이> 自遠方來면 (NT. NK. NJ. NY1-1a)

(2)㉮ ( )부분은 (2)㉯ < >의 안에 있는 '-이'가 생략되었고 (2)㉮의 '夫 子ㅣ'에 있는 '-ㅣ'가 (2)㉯에서는 <-는>으로 되었다.

  ㉮ 子貢( )曰夫子ㅣ … (NR1-5b)
  ㉯ 子貢<이>曰夫子<는>… (NT1-5a)

(3)㉮ ( )부분은 (3)㉯<-ㅣ>, <-예>, <-에>, <-을>이 생략된 것이다. (3)㉯ '其志<오>'가 (3)㉮에서는 '其志<u>호고</u>'로, (3)㉯의 '其行<-이나>'기 (3)㉮에서는 '其行<u>이니</u>'로 나타났다.

  ㉮ 子( )曰父在( )觀其志<u>호고</u> 父沒( ) 觀其行<u>이니</u> 三年( ) (NR1-6a)

㉯ 子<ㅣ>曰父在<예>觀其志<오> 父沒<에> 觀其行<이나> 三年
<을>… (NT1-5b)

(4) ㉮( )에는 (4)㉯<-에>,<-에>, <-로>가 생략되었다. 반대로 (4)㉯( )
에는 (4)㉮<ㅣ면>, <이어시든>이 생략되었다. (4)㉮'止ᄒ고'가 (4)㉯'止
ᄒ며'로, (4)㉮'何如ᄒ리잇고'가 (4)㉯'何如ᄒ니잇고'이다.

㉮ 或百步而後( )止ᄒ고 或五十步而後( )止ᄒ야 以五十步( )笑百步
<ㅣ면> 則何如ᄒ리잇고 曰 不可ᄒ니 直不百步耳언뎡 是亦走也ㅣ니
이다. 王如知此<이어시든> 則無望民之多於鄰國也ᄒ쇼셔(MR1-7b)
㉯ 或百步而後<에> 止ᄒ며 或五十步而後<에> 止ᄒ야 以五十步
<로> 笑百步( )則何如ᄒ니잇고 曰 不可ᄒ니 直不百步耳언뎡 是亦走
也ㅣ니이다. 曰王如知此( ) 則無望民之多於鄰國也ᄒ쇼셔. (MT1-6a/
MK.MJ1-7b/MY1-5a)

(5) ㉮ ( )부분에 (5)㉯의 <-애>, <-ㅣ>, <-이>가 생략되었다.

㉮ 太誓( ) 曰天視( ) 自我民視ᄒ시며 天聽( ) 自我民聽이라ᄒ니 此之
謂也ㅣ 니라 (MR-24b)
㉯ 太誓<애> 曰天視<ㅣ> 自我民視ᄒ시며 天聽<이> 自我民聽이라
ᄒ니 此之謂也ㅣ 니라 (MK9-25a)

(6) ㉮ 禪ᄒ시고가 (6)㉯에서는 禪ᄒ고, (6)㉮ 繼ᄒ시니가 (6)㉯에서
는 繼ᄒ니로 되었다. 한편 (6)㉮( )부분은 (6)㉯<ㅣ>가 생략되었다.

㉮ 孔子( ) 曰唐虞ᄂᆫ 禪ᄒ시고 夏后殷周ᄂᆫ 繼ᄒ시니 其義一也ㅣ라ᄒ
시니라(MR5-30b)
㉯ 孔子<ㅣ> 曰唐虞ᄂᆫ 禪ᄒ고 夏后殷周ᄂᆫ 繼ᄒ니 其義一也ㅣ라ᄒ시
니라(MK9-31a)

(7) ㉮ ( )부분은 (7)㉯<ㅣ>가 생략되었다. (7)㉮國家를, 爵祿을, 白刃을
이 (7)㉯에서는 國家도, 爵祿도, 白刃도로 바뀌었다. (7)

ㅤㅤ㉮에는 踏也ㅣ 어니와가 (7)㉯에서는 踏也ㅣ 로디로 되었다.

ㅤㅤ㉮ 子( ) 曰天下國家를 可均也ㅣ며 爵祿을 可辭也ㅣ며 白刃을 可踏
也ㅣ어니와 中庸은 不可能也ㅣ니라(CR6b)

ㅤㅤ㉯ 子<ㅣ> 曰天下國家도 可均也ㅣ며 爵祿도 可辭也ㅣ며 白刃도 可
踏也ㅣ로디 中庸은 不可能 也야ㅣ니라(CT6a)

(8) ㉮의 '-ㅎ고'가 (8)㉯에서는 '-ㅎ며'로 되었다.

ㅤㅤ㉮ 或生而知之ㅎ고 或學而知之ㅎ고 或困而知之ㅎᄂ니 及其知之ㅎ얀
一 也ㅣ오 或安而行之ㅎ고 或利而行之ㅎ고 或勉强而行之ㅎᄂ니 及
其成功 ㅎ얀 一也ㅣ니이다(CR28b)

ㅤㅤ㉯ 或生而知之ㅎ며 或學而知之ㅎ며 或困而知之ㅎᄂ니 及其知之ㅎ야
ᄂ 一也ㅣ니라 或安而行之ㅎ며 或利而行之ㅎ며 或勉强而行之ㅎᄂ니
及其成功ㅎ야ᄂ 一也ㅣ니라(CT26a / CK.CJ28b / CY18b)

(9) ㉮( )에는 (9)㉯<-ㅣ>, <-오>, <혼디>가 생략되었다. (9)㉮의 '-ᆞ
고'는 (9)㉯에서 '-ᆞ뎌'로 (9)㉮의 '-ᆞ뎌ㅎ라'는 (9)㉯에서 '-ᆞ뎌'로 되
었다.

ㅤㅤ㉮ 秦誓( ) 曰若有一介臣이 斷斷兮( ) 無他技나 其心이 休休焉( ) 其
如有容焉이라 人之有技를 若己有之ㅎ며 人之彦聖을 其心好之ㅣ 不
啻若 自其口出이면 寔能容之라 以能保我子孫黎民이니 尙亦有利哉
ᆞ고 人之有技를 娼疾以惡之ㅎ며 人之彦聖을 而違之ㅎ야 俾不通이면
寔不能容이라 以不能保我子孫黎民이니 亦曰殆哉ᆞ뎌ㅎ니리(DR26b)

ㅤㅤ㉯ 秦誓<ㅣ> 曰若有一介臣이 斷斷兮<오> 無他技나 其心이 休休焉
<혼디> 其如有容焉이라 人之有技를 若己有之ㅎ며 人之彦聖을 其心
好之ㅣ 不啻若自其口出이면 寔能容之라 以能保我子孫黎民이니 尙

亦有利哉ㅣᆫ뎌 人之有技를 媢疾以惡之ᄒᆞ며 人之彦聖을 而違之ᄒᆞ야 俾不通이면 寔不能容이라 以不能保我子孫黎民이니 亦曰殆哉ㅣᆫ뎌 (DK26a.b)

율곡본은 비 율곡본에 비하여 과감하게 구결이 생략되고 구결의 내용도 서로 다른 경우가 많다.

(1)㉮ ( )부분은 ㉯의 < >내에 있는 구결이 생략된 것이다. (1)㉮에서는 주격을 두 번이나 생략했다. 『논어』를 비롯한 『사서언해』에서 공자를 존칭한 '子曰'의 경우 '子' 다음에 주격 '-ㅣ'를 율곡본에서는 생략하여 '子ㅣ曰'이 아니고 바로 '子曰'이었다. 그러나 언해문에서는 '子ᄌᆞㅣ ᄀᆞᄅᆞ샤ᄃᆡ'이다.

(2)㉮의 ( )부분은 역시 주격이 생략된 것이다. (2)㉮에 주격 '-ㅣ'인데 ㉯에서는 후치사 '-ᄂᆞᆫ'이다.

(3)㉮에서는 주격, 처격, 대격이 생략되었다. 이와는 달리 율곡본에는 구결이 있는데 교정청본 등에는 생략된 곳도 있다. (3)㉯에서 '父沒<에>'를 (3)㉮의 '父沒( )'이 ㉯에 기록한 '父沒에'로 된 경우도 있으니 율곡본만 생략된 것은 아니다. 그 빈도에 있어 율곡본이 월등히 우세할 뿐이다. 율곡 선생이 격어미를 생략한 것은 가급적 유교경전 원문의 의미를 정확하고 깊이 이해하려는 배려에서 온 듯하다. 비 율곡본이 일반 초학자들에게 자습서(自習書)격인 지침서의 역할을 할 수 있도록 구결을 자세히 정하였다면, 율곡본은 의해(義解)에 가까운 한문원문의 문맥(文脈)에 어긋나지 않도록 함축된 내적(內的) 의미를 중시한 것으로 생각된다.

(4)㉮㉯에서도 생략된 부분을 ( )로 표시했다. 여기서 눈 여겨 보아야 할 것은 같은 원문을 번역한 문장의 구결이지만 율곡본은 '-ᄒᆞ고'인 데 비하여 교정청본 등 다른 본(本)에는 '-ᄒᆞ며'로 된 부분이 있다. 과거에

한문 문장에 구결을 정하는데 '-ᄒ고'와 '-ᄒ며'는 중복하다 보면 혼용되는 경우도 있었다. 그러나 구체적인 의미를 분석해 보면 '-ᄒ고'는 시간적으로 계속되는 과거 어느 시점으로부터 어느 시간에 이르기까지 통시적(通時的)인 것이라면, '-ᄒ며'는 공시적(共時的) 나열로 파악된다. 그런데『사서언해』에는 이 구결을 혼용했다. 교정청본은 그 시대 대가 30여 명이 개인의 의견보다 공동 토의의 결실을 가지고 언해하였기 때문에 누구나 쉽게 터득할 수 있도록 사실들을 공시적으로 나열한 듯하다. 그러나 율곡본은 번역이로되 유학에 대한 깊은 이해를 토대로 하여『사서』에 담긴 깊은 본래의 의미를 살리기 위하여 통시적으로 파악했던 것으로 생각된다. 이러한 차이뿐만 아니라 생략이나 다른 구결의 차이들도 율곡선생의 경전에 대한 개인적인 자세로 본다. 반면 비 율곡본은 공동연구로 그 시대의 공통적인 의견을 담은 일종의 전형을 추구한 결실인 데서 온 차이로 이해된다.

국어사적인 면에서 본다면 율곡본은 율곡 개인적인 언어 내지 그의 방언적인 면모를 생각할 수 있을 듯하다. 반면에 비 율곡본은 그 시대의 공통어적인 면모가 더 짙을 것으로 생각이 된다. 그렇다고 하여 언문일치를 이룬 구어(口語)라는 의미가 아님은 물론이다.

(5)에서도 격(格)들의 생략을 보여 주고 있으며 (6)㉯에서는 존칭 선어말어미 '-시-'가 열거될 때 비 율곡본에서는 마지막 부분에서만 나타나고 있으나 율곡본에서는 나열된 전체에 '-시-'가 나타난다. (6)㉮는 공자를 비롯하여 '당(唐).우(禹)'나 '하(夏).은(殷).주(周)'를 높였으나 (6)㉯는 공자만 높인 것으로 되었다. 후사가 자연스러운 모습인 것으로 생각한다.

(7)의 경우는 대격을 후치사로 대체한 예이다. (8)의 경우도 위에서 설명한 것과 같은 맥락이나『사서』의 전반적인 검토를 위하여『논어언해』,『맹자언해』,『중용언해』,『대학언해』에 흐르고 있는 실례를 보이고

자 하여 중복된 것이다. (9)에 보인 『대학언해』도 같은 맥락이다.

요약하면 『율곡언해본』은 구결의 과감한 생략 등으로 보면 단순한 언해라기보다 연구업적이라면, 비 율곡본은 초심자(初心者)를 비롯한 일반 학습자들을 위한 학습 지침서인 자습서(自習書) 수준으로 파악된다.

3.3. 표기법의 비교

훈민정음 이후의 표기법은 여러 면에서 검토될 수 있겠으나 『사서언해』를 검토함에 있어 가장 많이 논의된 분철(分綴)화 과정을 비롯하여, 초성의 합용병서, 종성의 합용병서표기, 받침 'ㅅ'과 'ㄷ' 들을 비교 검토하기로 한다. 각 문헌이 가지고 있는 상태를 파악하여 비교하되 같은 문헌간에 실현된 사실들을 추출하여 대비하는 방법으로 기술하기로 한다. 이 과정에서 얻을 수 있는 것은 『사서언해』의 각 판본이 가진 특징들을 찾아서 비교함으로써 각 판본의 특징을 들어내어 서로 구분될 수 있는 요인들을 찾고자 한다.

3.3.1. 연철, 중철, 분철

국어 표기법에서 연철(連綴), 분철(分綴)의 문제는 곧 받침의 문제이다. 명사나 용언의 어간말이 자음으로 끝나고 모음으로 시작하는 격어미나 활용어미와 만날 때에 그 자음을 내려 적느냐 올려 적느냐의 문제는, 내려 적는 방법으로부터 올려 적는 방법으로 발달, 곧 분철화를 가져 온 것이다. 이 중간에 과도기적으로 중철(重綴)의 문제가 제기된다. 먼저 5종의 『사서언해』 중 『논어』를 필두로 하여 각각의 양태를 살피기로 한다. 어휘 옆 괄호내의 수자는 그 어휘가 그 문헌에 쓰인 빈도수이다. 그리고 다음 표(13)에 비교되는 자료들은 『사서언해』에 비교적 많이 실현된 자료들이다. 이 계량화된 통계 자료를 가지고 각 문헌들의 특징으로 삼아 그 문헌들의 자료적 성격으로 규정하고 그 규칙성을 바탕으로 문헌자료를 평가할 것이다.

3. 3. 1. 1. 연철

『사서언해』들이 택한 연철, 분철, 중철의 모습은 일관성이 있는 것 같지 않으나 각 판본들을 비교 검토한 결과 율곡본이 전체적으로 표기법상 연철을 보여 준다. 그 외의 경우는 다음 표에서 보여 주는 바와 같이 일반적으로 분철하였다.

여기서 많은 빈도수를 가진 어휘 중 골다(曰)의 존칭 및 인용문에서 '/골-/+-(ᄋ/ᄋ)시-/+/-오- /+/-디/'의 경우 'ᄀᄅ샤디'와 '골ᄋ샤디'의 두 표기를 볼 수 있다. 'ᄀᄅ샤디'는 연철이고, '골ᄋ샤디'는 분철이다.

두 번의 예외를 제외하고 율곡본『논어언해』(523번), 율곡본『맹자언해』(527번), 율곡본『중용언해』(21번), 율곡본『대학언해』(3번) 등에서 모두 연철형을 볼 수 있다. 곧 율곡본『사서언해』에서는 두 번의 예외를 제하고 모두 연철이다. 반면에 교정청본을 비롯하여 내각본, 전주본, 영남중간본에서 각 한 번의 예외가 있을 뿐 분철이다. 곧 교정청본『논어언해』(499)에,『내각논해』와『전주논해』(503),『영영논해』(526) 등과 같은 분포를 보여 준다.

(1) 莫見乎隱 莫顯乎微 故君子 愼其獨也
  ㉮ 隱은만 見현ᄒᆞ니 입스며 微미만 見현ᄒᆞ니 업스니(CT/CR/CK/CJ/CY-1b)

물론 일반적으로 연철 현상은 (1)㉮에서 잘 보여주고 있으나 다음 표 (13)(75쪽 참조)에서 보여 주는 것과 같이 전반적으로 율곡본은 연철이 강하고 비 율곡본은 분철 현상이 강하다.

3. 3. 1. 2. 중철. 분철

(2) 謂孔子曰

　㉮ 孔공子ㅈㅅ띄 <u>닐어</u> 굴오디(NT1-17a/NK/NJ1-18a/NY1-12a)

　㉯ 孔子ㅈ띄 <u>닐러</u> 굴오디(NR1-17b)

(3) 是亦爲政 奚其爲爲政

　㉮이 쏘흔 政정을 <u>호미니</u> 엇디 ᄒ야사 그 政정을 ᄒ다 ᄒ리오.(NR1-18a)

　㉯이 쏘흔 政정을 <u>홈이니</u> 엇디 ᄒ야ᄊ 그 政정을 ᄒ다 ᄒ리오.(NT1-17b)

　㉰ 이 쏘흔 政정을 <u>홈이니</u> 엇디 ᄒ야아 그 政정을 ᄒ다 ᄒ리오.(NK/NJ/
NY1-18b)

(4) 毋自欺也

　㉮ 스스로 <u>소기디</u> 말로미니(DK12b/DY8a)

　㉯ 스스로 <u>소기디</u> 마로미니(DT11a/DJ12b)

　㉰ 스스로 <u>欺긔ᄒ디</u> 마로미니(DR12a)

(5) 夫尹士 惡知予哉

　㉮ 尹윤士ㅅ ㅣ 엇디 <u>날롤</u> 알리오(MK/MJ4-34b/MY4-23a)

　㉯ 尹윤士ㅅ ㅣ 엇디 <u>나롤</u> 알리오(MT4-35b/MR2-76a)

위 (2)㉮, (3)㉯, ㉰는 분철, (2)의 ㉯ (4)의 ㉮ '말로'와 (5)의 ㉮ '날롤'
은 중철, (3)의 ㉮와 (4)의 ㉯, ㉰는 연철로 볼 수 있겠다. 표(1)에서 보
여 주는 바와 같이 일반적으로 중철 현상은 비교적 드물게 나타나는데
'닐러(謂)'[38]의 경우는 중철로 분류한다면 이 현상은 『논어언해』, 『맹자

_____
38) [謂]의 경우 "닐-"과 "니르-"의 이형태들을 볼 수 있다. 어느것을 기저형으로 보더
　　라도 그 표기에 "니러, 닐러, 닐어"와 같이 실현된다. "니러"는 연철, "닐어"는 분철로
　　볼 수 있고 "닐러"는 중철로 분류할 수 있을 것이다.

언해』 등에서 고루 실현되는데 특히 율곡본에서 더욱 두드러지게 나타
나는 것을 확인할 수 있다. 이 자료에서 문헌의 국어사적 변화의 과정은
연철→중철→분철과 같은 순서가 됨을 우리는 알고 있다. 이 규칙을 적
용해 보면 율곡본→교정청본→내각본, 전주본, 영남중간본의 순서로 볼
수 있겠다.

표 13) 굴(시)다( )의 수 : 어휘의 빈도수

(N:논어, M:맹자, C:중용, D:대학. T:교정청, R:율곡, J:전주, Y:영남)

자료명	자료구분	장 차	연 철	중 철	분 철	비 고
논 어	NT	1-16b	ᄀᆞᄅᆞ샤ᄃᆡ(1)		굴ᄋᆞ샤ᄃᆡ(499)	
	NR	1-10b	ᄀᆞᄅᆞ샤ᄃᆡ(523)		굴ᄋᆞ샤ᄃᆡ(2)	
	NK	1-29b	ᄀᆞᄅᆞ샤ᄃᆡ(1)		굴ᄋᆞ샤ᄃᆡ(509)	
	NJ	1-6a	ᄀᆞᄅᆞ샤ᄃᆡ(1)		굴ᄋᆞ샤ᄃᆡ(503)	
	NY	1-12b	ᄀᆞᄅᆞ샤ᄃᆡ(1)		굴ᄋᆞ샤ᄃᆡ(503)	
맹 자	MT	1-1a			굴ᄋᆞ샤ᄃᆡ(526)	
	MR	1-1b	ᄀᆞᄅᆞ샤ᄃᆡ(527)			
	MK	1-1a			굴ᄋᆞ샤ᄃᆡ(525)	
	MJ	1-1a			굴ᄋᆞ샤ᄃᆡ(529)	
	MY	1-1a			굴ᄋᆞ샤ᄃᆡ(536)	
	MM					
중 용	CT	11b			굴ᄋᆞ샤ᄃᆡ(21)	
	CR	11b	ᄀᆞᄅᆞ샤ᄃᆡ(21)			
	CK	11b			굴ᄋᆞ샤ᄃᆡ(21)	
	CJ	11b			굴ᄋᆞ샤ᄃᆡ(21)	
	CY	11b			굴ᄋᆞ샤ᄃᆡ(21)	
	CM	11b			굴ᄋᆞ샤ᄃᆡ(21)	
대 학	DT	12a			굴ᄋᆞ샤ᄃᆡ(3)	
	DR	13a	ᄀᆞᄅᆞ샤ᄃᆡ(3)			
	DK	13b			굴ᄋᆞ샤ᄃᆡ(3)	
	DJ	13b			굴ᄋᆞ샤ᄃᆡ(3)	
	DY	4a			굴ᄋᆞ샤ᄃᆡ(3)	

표 14) 골(오)다 *( )내의 수치는 빈도수

자료명	자료구분	장차	연 철	중 철	분 철	비 고
논 어	NT	1-1a			골오디(218)	
	NR	1-11b	ᄀ로디(8)		골오디(203)	
	NK	1-6a			골오디(220)	
	NJ	1-1b			골오디(220)	
	NY	1-1b			골오디(223)	
맹 자	MT	1-1a			골오디(408)	
	MR	1-2b	ᄀ로디(1)		골오디(384)	ᄀᄅ디(1)
	MK	1-2a			골오디(406)	
	MJ	1-11b			골오디(406)	
	MY	1-10b			골오디(405)	
	MM					
중 용	CT	18a			골오디(11)	
	CR	16b			골오디(12)	
	CK	18a			골오디(11)	
	CJ	18a			골오디(11)	
	CY	18a			골오디(11)	
	CM	18a			골오디(11)	
대 학	DT	10a			골오디(14)	
	DR	10b			골오디(14)	
	DK	11a			골오디(14)	
	DJ	11a			골오디(14)	
	DY	10b			골오디(14)	

표 15) 간(簡)

자료명	자료구분	장차	연 철	중 철	분 철	비 고
논 어	NT	2-1b			간을(3)	
	NR	2-1b			간을(2)	
	NK	2-1b			간을(3)	
	NJ	2-1b			간을(3)	
	NY	2-1b			간을(3)	
맹 자	MT	12-14			간을(1)	
	MR					
	MK	12-15b			간을(1)	
	MJ	12-15b			간을(1)	
	MY	12-10a			간을(1)	
	MM					
중 용	CT					
	CR					
	CK					
	CJ					
	CY					
	CM					
대 학	DT	12a			간을(1)	
	DR	12b			간을(1)	
	DK	13b			간을(1)	
	DJ	13b			간을(1)	
	DY	8b			간을(1)	

표 16) 것

자료명	자료구분	장차	연 철	중 철	분 철	비 고
논 어	NT	1-15a	거슬(3)			거슬(3)
	NR	4-5a	거슬(2)			거슬(1)
	NK	4-5a	거슬(5)			거슬(3)
	NJ	4-16a	거슬(5)			거슬(3)
	NY	1-10b	거슬(5)			거슬(3)
맹 자	MT	6-36a	거슬(5)			거슬(2)
	MR	4-15b	거슬(7)			거슬(6)
	MK	6-17a	거슬(5)			거슬(2)
	MJ	6-40b	거슬(5)			거슬(2)
	MY	6-25b	거슬(5)			거슬(2)
	MM					
중 용	CT	1a	거슬(1)			거슬(1)
	CR	1a	거슬(1)			거슬(1)
	CK	1a	거슬(1)			거슬(1)
	CJ	1a	거슬(1)			거슬(1)
	CY	1a	거슬(1)			거슬(1)
	CM	1a	거슬(1)			거슬(1)
대 학	DT					
	DR					
	DK					
	DJ					
	DY					

표 17) 곽(槨)

자료명	자료구분	장차	연 철	중 철	분 철	비 고
논 어	NT	3-3b			곽을(3)	
	NR	3-3b			곽을(3)	
	NK	3-4a			곽을(3)	
	NJ	3-3b			곽을(3)	
	NY	3-3a			곽을(3)	
맹 자	MT	4-1b			곽을(2)	
	MR	2-43a			곽을(1)	
	MK	4-1b			곽을(2)	
	MJ	4-1b			곽을(3)	
	MY	4-1b			곽을(2)	
	MM					
중 용	CT					
	CR					
	CK					
	CJ					
	CY					
	CM					
대 학	DT					
	DR					
	DK					
	DJ					
	DY					

표 18) 것

자료명	자료구분	장차	연 철	중 철	분 철	비 고
논 어	NT	1-18b	거(꺼)시(니)(32)			
	NR	1-34b	거시(12)			거스로(2)
	NK	2-48b	거시(7)			
	NJ	2-49b	거시(7)			
맹 자	MT	1-65b	거시(17)			거술(2)
	MR	1-65b	거시(29)			거술(6)
	MK	1-21b	거시(17)			거술(2)
	MJ	1-23a	거시(16)			거술(2)
	MY	1-14a	거시(15)			거술(2)
	MM					
중 용	CT	1a	거시(4)			거술(1)
	CR	1a	거시(9)			거술(4)
	CK	1a	거시(4)			거술(1)
	CJ	1a	거시(4)			거술(1)
	CY	1a	거시(4)			거술(1)
	CM	1a	거시(4)			거술(1)
대 학	DT	23b	거시(5)			
	DR	25b	거시(4)			
	DK					
	DJ	26a	거시(4)			
	DY	16b	거시(5)			

표 19) 님금

자료명	자료구분	장차	연 철	중 철	분 철	비 고
논 어	NT	1-4a			님금을(3)	
	NR	3-3a			님금을(3)	
	NK	1-4a			님금을(3)	
	NJ	1-4a			님금을(3)	
	NY	1-3a			님금을(3)	
맹 자	MT	없음				
	MR	1-2b			님금을(18)	
	MK					
	MJ					
	MY					
	MM					
중 용	CT					
	CR					
	CK					
	CJ					
	CY					
	CM					
대 학	DT					
	DR					
	DK					
	DJ					
	DY					

표 20) 닐다

자료명	자료구분	장차	연 철	중 철	분 철	비 고
논 어	NT	1-17a		닐러(3)	닐어(15)	
	NR	1-17b		닐러(15)		닐오니
	NK	1-18a		닐러(3)	닐어(14)	
	NJ	1-18a		닐러(2)	닐어(14)	
	NY	1-12a		닐러(3)	닐어(14)	
맹 자	MT	1-5a	니러(1)		닐어(20)	닐오디(37)
	MR	1-5b	니러(3)	닐러(23)		닐오디(33)
	MK	1-5b	니러(1)		닐어(20)	닐오디(37)
	MJ	1-3b	니러(1)		닐어(20)	닐오디(37)
	MY	1-3b	니러(1)		닐어(20)	닐오디(37)
	MM		니러		닐어	
중 용	CT	11a				닐오디(7)
	CR	11a				닐오디(7)
	CK	11a				닐오디(7)
	CJ	11a				닐오디(7)
	CY	11a				닐오디(7)
	CM	11a				닐오디(7)
대 학	DT	18a				닐오디(11)
	DR	19b				닐오디(11)
	DK	20a				닐오디(11)
	DJ	20a				닐오디(11)
	DY	13b				닐오디(11)

표 21) 닐으시다

자료명	자료구분	장차	연 철	중 철	분 철	비 고
논 어	NT	1-19a	니르샤디(3)		닐ㅇ샤디(7)	
	NR	1-20a	니르샤디(11)			
	NK	1-42a	니르샤디(3)		닐ㅇ샤디(8)	
	NJ	1-20b	니르샤디(3)		닐ㅇ샤디(8)	
	NY	1-13b	니르샤디(3)		닐ㅇ샤디(8)	
맹 자	MT					
	MR	3-1b	니르샤디(1)			
	MK					
	MJ					
	MY					
	MM		니르샤디		닐ㅇ샤디	
중 용	CT					
대 학						

표 22) 더블다

자료명	자료구분	장차	연 철	중 철	분 철	비 고
논 어	NT	1-13a	더브러(33)		더블어(17)	
	NR	1-13b	더브러(43)			
	NK	1-13b	더브러(49)		더블어(3)	
	NJ	1-2b	더브러(3)		더블어(48)	
	NY	2-17a	더브러(35)		더블어(16)	
맹 자	MT	4-17a	더브러(4)		더블어(79)	
	MR	3-3b	더브러(86)			
	MK	2-3a	더브러(29)		더블어(53)	
	MJ	4-19a	더브러(2)		더블어(78)	
	MY	1-10b	더브러(24)		더블어(59)	
	MM					
중 용	CT	39a	더브러(2)			
	CR	38b	더브러(2)			
	CK	39a	더브러(2)			
	CJ	39a	더브러(2)			
	CY	39a	더브러(2)			
	CM	39a	더브러(2)			
대 학	DT	25b	더브러(3)			
	DR	27b	더브러(2)			
	DK	28a	더브러(3)			
	DJ	28a	더브러(3)			
	DY	18a	더브러(3)			

표 23) 말다

자료명	자료구분	장차	연　철	중　철	분　철	비　고
논 어	NT	3-19b	마롤(8)	말롤(1)	말올(5)	
	NR	1-5a	마롤(16)	말롤(1)		
	NK	3-21a	마롤(2)	말롤(2)	말올(5)	
	NJ	3-21a	마롤(7)	말롤(2)	말올(4)	
	NY	3-14a	마롤(5)	말롤(3)	말올(3)	
맹 자	MT	5-15b	마롤(5)		말올(3)	
	MR	2-17a	마롤(7)		말올(15)	
	MK	3-17b	마롤(5)		말올(2)	
	MJ	3-17b	마롤(3)		말올(2)	
	MY	3-11b	마롤(4)		말올(2)	
	MM					
중 용	CT	12b	마롤(1)			말을?(1)
	CR			마로미니라?(1)		
	CK	12b	마롤(1)			
	CJ					마를?(1)
	CY	12b	마롤(1)			
	CM	12b	마롤(1)			말을?(1)
대 학	DT					
	DR					
	DK					말을?(1)
	DJ					
	DY					

표 24) 사룸(을)

자료명	자료구분	장차	연 철	중 철	분 철	비 고
논 어	NT	1-2b			사룸을(19)	
	NR	1-17b			사룸을(4)	
	NK	1-2b			사룸을(19)	
	NJ	1-2b			사룸을(19)	
맹 자	MT	10-33b			사룸을(올)(4)	
	MR	5-52b			사룸을(3)	
	MK	4-24a			사룸을(4)	
	MJ	4-24a			사룸을(올)(3)	
	MY	4-15b			사룸을(올)(4)	
	MM					
중 용	CT	12b			사룸을(올)(5)	
	CR					
	CK	12b			사룸을(올)(5)	
	CJ	12b			사룸을(올)(5)	
	CY	12b			사룸을(올)(5)	
	CM	12b			사룸을(올)(5)	
대 학	DT	15b			사룸을(올)(3)	
	DR					
	DK	17b			사룸을(올)(3)	
	DJ	17a			사룸을(올)(3)	
	DY	11a			사룸을(올)(3)	

표 25) 아니홈

자료명	자료구분	장차	연 철	중 철	분 철	비 고
논 어	NT	1-13a			아니홈이(17)	
	NR	1-39b	아니호미(8)			
	NK	1-13b			아니홈이(14)	
	NJ	1-13b			아니홈이(18)	
	NY	1-13a			아니홈이(15)	
맹 자	MT	3-7a			아니홈이(28)	
	MR	4-70a	아니호미(3)		아니홈이(20)	
	MK	11-16a			아니홈이(28)	
	MJ	11-16a			아니홈이(27)	
	MY	3-5a			아니홈이(27)	
	MM					
중 용	CT	36b			아니홈이(6)	
	CR					
	CK	36b			아니홈이(6)	
	CJ	36b			아니홈이(6)	
	CY	36b			아니홈이(7)	
	CM	36b			아니홈이(7)	
대 학	DT					
	DR					
	DK					
	DJ					
	DY					

표 26) 긑-(귿투-?)

자료명	자료구분	어휘의 용례	연 철	중 철	분 철	비 고
논 어	NT	1-23a	귿툰(2)	귿툰(4)		
	NR	1-24a	귿툰(3)			
	NK	4-69b	귿툰(1)	귿툰(5)		
	NJ	1-56b	귿툰(4)	귿툰(2)		
	NY	1-36b	귿툰(5)	귿툰(1)		
맹 자	MT	1-19a	귿툰(25)			
	MR	1-7a	귿툰(1)	귿툰(19)		
	MK	2-26b		귿툰(26)		
	MJ	1-7a	귿툰(26)			
	MY	1-13b	귿툰(26)			
	MM					
중 용	CT	48a		귿툰(4)		
	CR	48a	귿툰(3)			
	CK	48a		귿툰(4)		
	CJ	48a	귿툰(4)			
	CY	48a	귿툰(4)			
	CM	48a		귿툰(4)		
대 학	DT					
	DR					
	DK					
	DJ					
	DY					

3.3.2. 초성 자음 합용병서 표기

『사서언해』에서 찾을 수 있는 초성 합용병서들을 정리하고자 한다. 물론 이 자료들은 전체적으로 후대에 경음화한 것은 주지(周知)의 사실이다. 그러나 15세기 이후 19세기말에 이르면서 경음(硬音) 표기는 ㅅ과 합용병서한 것이고 'ㅂ'계는 후대에 오면서 차차 경음화한 것을 알고 있다. 『사서언해』에서 발견되는 초성자음을 합용병서한 것들은 다음과 같이 확인할 수 있다.

ㅺ, ㅼ ,ㅽ, ㅾ, ㅂㄱ, ㅳ, ㅄ, ㅶ, ㅷ, ㅳㄹ.39)

'ㅳㄹ'을 제외하고는 17세기 이후의 다른 문헌에서 확인된 내용과 같다. 이른바 된시옷으로 불리던 'ㅅ'계 합용병서들은 훈민정음 이후 1933년 한글 맞춤법 통일안이 제정되기까지 광범위하게 사용된 것을 잘 아는 바이다. 그 범주내에 드는 『사서언해』에서도 널리 사용되었다. 뒤에서 검토할 'ㅂ'계 초성 자음 합용병서와는 달리 혼란됨이 없이 일관성이 있었던 점도 기억해야 할 것이다. 반면에 'ㅂ'계 초성 합용병서는 결국 'ㅅ'계로 바뀌게 되고 결과는 경음을 표기하는 'ㅅ'계로 통합되기에 이른다. 곧 ㅺ(k²), ㅼ(t²), ㅽ(p²), ㅾ(c²)를, ㅆ(s²)도 각자병서이기는 하지만 같은 맥락으로 보는 것이다. 그리고 근대국어 시기에 각자병서도 경음표기의 방법으로 쓰인 것도 주지하는 바와 같다. 그러면 『사서언해』에 쓰인 예를 찾아보기로 한다. 다시 말해서 이기문(1973 : 131)에서 초성자음 합용병서로 'ㅂ'계 : ㅳ, ㅄ, ㅶ, ㅷ와, 'ㅄ'계 : ㅳㄹ, ㅵ을 예시하였다. 그런데 여기에서 'ㅅ'계를 넣은 것은 표기상 합용병서이기로 포함시킨 것이다. 물론 경음 표기인 것을 인정하면서 취급하기로 한다.

3. 3. 2. 1 ㅺ

위에서 언급한대로 'ㅺ'은 /k²/로서 경음표기로 인정하면서 합용병서의 표기법을 감안하여 초성 합용병서에 넣어서 살피기로 한다.

---

39) 'ㅳㄹ'은 교정청본에서만 나타난다. 나머지 합용병서 자료는 모든 판본에 나타난다.

(1) 睊睊胥讒 民乃作慝

㉮ 睊견睊견ᄒ야 서르 <u>ᄭ지저</u> 民민이 이에 慝특을 作작ᄒ거눌(MR1-54b)

㉯ 睊견睊견(*눈을기우르는모양)히 서르 <u>讒참</u>ᄒ야 民민이 慝특 (*원망하고미워함)ᄒ거늘(MT/MK/MJ/2-17a/MY2-11a)

(2) 居北海之濱

㉮ 北븍海ᄒᆡㅅ <u>ᄀᆞᆺ애</u> 사더니(MR4-24b) <MR에 'ᄀᆞᆺ'3회 나타남>

㉯ 北븍海ᄒᆡㅅ<u>濱빈애</u> 居거ᄒ얏더니
(MT7-25a/MK/MJ/7-24b/MY/7-16a)

(3) 使先知覺後知 使先覺覺後覺也… 予將以 斯道覺斯民也 非予覺之 而誰也

㉮ 몬져 아니로 ᄒ여곰 後후에 알 리롤 <u>ᄭᆡ오며</u> 몬져 <u>ᄭᆡ니로</u> ᄒ여곰 後후에 <u>ᄭᆡ</u> 리롤 <u>ᄭᆡ오게</u> 홈이시니… 내 쟝ᄎᆞᆺ 이 道도로뻐 이 民민을 <u>ᄭᆡ올디니</u> 내 <u>ᄭᆡ오디</u> 아니코 뉘ᄒ리오?(MR5-33b)

㉯ 몬져 <u>知디</u>(*그일의당연함을알음)ᄒ 이로 ᄒ여곰 後후에 知디ᄒ 리롤 <u>覺각</u>(*이치의그러함을깨닫다)게 ᄒ며 몬져 <u>覺각ᄒ</u> 이로 ᄒ여곰 後후에 <u>覺각ᄒ</u> 리롤 <u>覺각게</u> ᄒ시니…몬져 <u>覺각ᄒ</u> 者쟈ㅣ로니 내 쟝ᄎᆞᆺ 이 道도로뻐 이 民민을 <u>覺각게</u> ᄒ오리니 내 <u>覺각게</u> 아니코 뉘리오?(MT/MJ9-34b/MY9-21b)

㉰ 몬져 <u>知지</u>(*그일의당연함을알음)ᄒ 이로 ᄒ여곰 後후에 <u>知지</u>ᄒ 리롤 <u>覺각</u>(*이치의그러함을깨닫다)게 ᄒ며 몬져 <u>覺각ᄒ</u> 이로 ᄒ여곰 後후에 <u>覺각ᄒ</u> 리롤 <u>覺각게</u> ᄒ시니… 몬져 <u>覺각ᄒ</u> 者쟈ㅣ로니 내 쟝ᄎᆞᆺ 이 道도로뻐 이 民민을 <u>覺각게</u> ᄒ오리니 내 <u>覺각게</u> 아니코 뉘리오?(MK9-34b)

(4) 予及女偕亡

㉮ 나와 밋네 <u>홈ᄭᅴ</u> 亡망챠 ᄒ니(MR1-6a)

㉯ 내 널로 밋 <u>홈ᄭᅴ</u> 亡망호리라 ᄒ니(MT/MK/MJ1-6a/MY1-4a)

*(참고: '홈ᄭᅴ'의 빈도 MR<3번>, MT/MK/MJ/MY<4번>

(5) 有復於王者

㉮ 王왕끠 술올 者쟈ㅣ 이셔(MR1-25b)

㉯ 王왕끠 復복(*白:사뢰다)홀 者쟈ㅣ 이셔 (MT/MK/MJ1-26a/MY1-16b)
*(참고: '끠' 빈도 MR<70번>, MT/MK/MJ/MY<52번>)

(6) 吾不復夢見周公

㉮내 다시 꿈에 周쥬公공을 보디 몯ㅎ리로다(NT2-15a/NK/NJ2-16a/NY2-11a)

㉯ 내 다시 꿈의 周쥬公공을 보옵디 몯ㅎ리로다(NR2-16a)

(7) 受祿于天

㉮ 祿록을 하눌끠 受슈ㅎ거눌(CT16a/CK20a/CJ20a/CY13a)

㉯ 天텬끠 祿록을 受슈ㅎ거눌(CR20a)

(8) 三年之喪 達乎天子

㉮ 三삼年년읫 喪상은 天텬子즈끠 達달ㅎ니(CR-22b)

㉯ 三삼年년ㅅ喪상은 天텬子즈에 達달ㅎ니(CT/CK/CJ-22b/CY-14b)

(9) 受祿于天 保佑命之

㉮ 天텬끠 祿록을 受슈ㅎ거눌 保보ㅎ며 祐우ㅎ며 命명ㅎ시고(CR-20a)

㉯ 祿록을 하눌끠 受슈ㅎ거눌 保보ㅎ며 佑우ㅎ야 命명ㅎ시고
(CT//CJ-20a/CY13a)

(10) 殷之未喪師 克配上帝

㉮ 殷은의 師ㅅ를 喪상티 아닌 제 上샹帝뎨롤 克극히 配빅ㅎ더니(DR23b)

㉯ 殷은이 師ㅅ룰 喪상티 아니ㅎ야신 제 能히 上샹帝뎨끠 配빅ㅎ엿더니
(DT/DK/DJ-24a/DㅌY15b)

(11) 或 謂孔子…

㉮ 或혹 이 孔공子亽씌 닐러…(NR1-17b)

㉯ 或혹이 孔공子亽ㅅ씌 닐어…(NT/NK/NJ1-18a/NY1-12a)

(12) 吾不復夢見周公

㉮ 내 다시 꿈의 周쥬公공을 보옵디 몯ᄒ리로다(NR2-16a)

㉯ 내 다시 꿈에 周쥬公공을 보디 몯ᄒ리로다

(NT2-15a/NK/NJ2-16a/NY2-11a)

『사서언해』 자료인 상기 예들을 보면 『율곡맹해』와 나머지 『비율곡맹해』로 대립된다.

(1)㉮『율곡맹해』에 나타난 '쑤지져'에 대한 (1)㉯『비율곡맹해』에서는 '讒'으로 나타난다. 또 (2)㉮『율곡맹해』에 나타난 'ᄉᆞ애'에 대응되는 어휘로 (2)㉯『비율곡맹해』에서는 한자어 '濱'으로 나타난다. 역시 (3)㉮『율곡맹해』 'ᄭᆡ-'에 대하여 (3)㉯『비율곡맹해』에는 '覺'으로 실현된다. (3)㉯『내각맹해』도 '覺'으로 한자어인 점은 같다. (4)의 경우는 『율곡맹해』㉮, 『비율곡맹해』㉯ 모두 '흠씌'로 'ㅺ'이 나타난다. (5)의 『율곡맹해』㉮와 『비율곡맹해』㉯ 모두 '王왕씌'로 같다. (6)은 ㉮,㉯ 모두 '꿈'으로 'ㅺ'이 같이 나타난다. (7)의 『율곡용해』 ㉮ '天텬씌'와 『비율곡용해』 ㉯ '하ᄂᆞᆯ씌'로 ㉮,㉯ 모두 '-씌'가 나타난다. (8)의 『율곡용해』㉮는 '-씌'인데 『비율곡용해』 ㉯는 '-에'로 서로 구분된다. (9)는 『율곡용해』㉮ '天텬씌'와 『비율곡용해』 ㉯의'하ᄂᆞᆯ씌'와 같이 'ㅺ'의 쓰임은 같다. (10)㉯에서 보는 바와 같이 『비율곡학해』는 '-씌'가 나타난 데 반하여 『율곡학해』에서는 '上帝롤'로 언해되었다. ㉮,㉯를 구분하기 위한 것으로 보인다. (11) (12)『논어언해』의 경우는 ㉮,㉯에 '-씌, 꿈'과 같이 'ㅺ'은 같다. (12) ㉮는 『율곡논해』에서 '꿈의'이고 『비율곡논해』 ㉯는 '꿈에'로와 같이 'ㅅ'의 표기는 같다.

요약하면 'ㅺ'이 『율곡맹해』에서는 'ᄭᅮ짖-, ᄭᆞᆺ, ᄭᆡ-'와 같은 고유어에 대한 『비율곡맹해』의 대립어는 한자어 '譏, 濱, 覺'으로 나타난다. 고로 『비율곡맹해』에는 'ㅺ'과 같은 초성합용병서가 보이지 않는다.

3. 3. 2. 2. ㅼ

(1) 有朋自遠方來 不亦樂乎

㉮ 버디 遠원方방<u>으로브터</u> 오면 <u>ᄯᅩᄒᆞᆫ</u> 즐겁디 아니ᄒᆞ랴?(NT/NJ/NY1-1a)

㉯ 朋붕이 遠원方방<u>으로브터</u> 오면 <u>ᄯᅩᄒᆞᆫ</u> 樂락홉디 아니랴?(NR1-1a)

㉰ 벗이 遠원方방<u>으로브터</u> 오면 <u>ᄯᅩᄒᆞᆫ</u> 즐겁디 아니ᄒᆞ랴?(NK1-1a)

(2) 使飢餓不能於我土地

㉮ ᄒᆡ여곰 내 <u>ᄯᅡ희셔</u> 飢긔餓아케 홈을(MR6-63b)

㉯ᄒᆞ여곰내<u>土토地디예셔</u>飢긔餓아케홈을
(MK.MJ12-39b/MT12-36a/MY12-25b)

(3) 天子之制 地方千里

㉮ 天텬子ᄌᆞ의 制졔ᄂᆞᆫ <u>ᄯᅡ히</u> 方방이 千쳔里리오(MT/MK/MJ10-9a/MY10-6a)

㉯ 天텬子ᄌᆞ의 制졔ᄂᆞᆫ <u>地디</u>方방이 千텬里리오(MR4-48b)

(4) 大國 地方百里

㉮ 큰 나라ᄒᆞᆫ <u>ᄯᅡ히</u> 方방이 百ᄇᆡᆨ里리니(MT/MK/MJ10-10a/MY10-6b)

㉯ 큰 나라ᄒᆞᆫ <u>地디</u>方방이 百ᄇᆡᆨ里리예(MR4-49b)

(5) 西喪地於秦七百里

㉮ 西셔로 秦진의게 <u>ᄯᅡ</u> 일키ᄅᆞᆯ 七칠百ᄇᆡᆨ里리ᄅᆞᆯ ᄒᆞ고 (MR1-14a)

㉯ 西셔로 <u>地디</u>를 秦진에 喪상홈을 七칠百빅里리롤 ᄒᆞ고 (MT/MK/MJ1
-14b/MY1-9b)

(6) 地方百里而可以王

㉮ <u>ᄯᅡ히</u> 方방이 百빅里리예 可히 써 王왕ᄒᆞ리이다(MR1-14b)

㉯ <u>地디</u>ㅣ 方방이 百빅里리라도 可가히 써 王왕ᄒᆞ리이다.
(MT/MK/MJ1-15a/MY1-9b)

(7) 海內之 方千里者九 齊集有其一

㉮海ᄒᆡ內ᄂᆡㅅ<u>ᄯᅡ히</u> 方방이 千쳔里리흔 者쟈ㅣ 아홉애 (MR1-33b)

㉯ 海ᄒᆡ內ᄂᆡㅅ<u>地디</u>ㅣ 方방이 千쳔里리ᄂᆞ(**ᆫ?)者쟈ㅣ 九구에
(MT/MK/MJ1-34a/MY1-21b)

(8) 今又培地而不行仁政

㉮ 이제 ᄯᅩ <u>ᄯᅡ흘</u> 倍비ᄒᆞ고 仁인政졍을 行잉티 아니ᄒᆞ면 (MR1-74a)

㉯이제 ᄯᅩ <u>地디</u>를 倍비(*倍地:한배의땅을더함)ᄒᆞ고 仁인政졍을 行ᄒᆡᆼ티
아니ᄒᆞ면 (MT2-37/MK/MJ2-37a/MY2-23b)

(9) 周之盛 地未有過千里者也

㉮ 周쥬의 盛셩흔 제 <u>ᄯᅡ히</u> 千쳔里리 너믄이 잇디 아니터니(MR2-7a)

㉯ 周쥬ㅅ 盛셩애 <u>地디</u>ㅣ 千쳔里리예 過과흔 者쟈ㅣ 잇디 아니ᄒᆞ니
(MT/MK/MJ3-7a/MY3-4b)

(10) 而齊有其地矣

㉮ 齊졔ㅣ 그 <u>ᄯᅡ을</u> 두며 (MR2-7a)

㉯ 齊졔ㅣ 그 <u>地디</u>를 두며(MT/MK/MJ3-7a/MY3-4b)

(11) 得百里之地

㉮ 百빅里리 짜흘 어더(MR2-23a)

㉯ 百빅里리ㅅ 地디를 得득ᄒ야(MT/MK/MJ3-23b/MY3-15a)

(12) 治地莫善於助

㉮ 짜 다스리기는 助조의셔 善션ᄒ니 업고(MR3-11b)

㉯ 地디를 治티ᄒ욤온 助조만 善션ᄒ이 업고(MT/MK/MJ5-12a/MY5-7b)

(13) 水由地中行

㉮ 믈이 짜 가온대(地中:두언덕사이)를 말미아마 行ᄒᆼᄒ니(MR3-67a)

㉯ 水슈ㅣ 地디中듕을 말미아마 行ᄒᆼᄒ니(MT/MK/MJ6-29a/MY6-16b)

(14) 使飢餓於我土地 吾恥之

㉮ 내 짜희셔 飢긔餓아케 홈을 내븟그리노라(MR6-63b)

㉯ 내 土토地디예셔 飢긔餓아케 홈을 내 恥티ᄒ노라
(MT/MK/MJ12-39/MY12-25b)

(15) 其地同 樹之時又同 浡然而生 至於日至之時 皆熟矣

㉮ 그 짜(*짜?)히 ᄒ가지며 시믄 ᄣ 쏘 ᄒ가지면 浡블然연히 나 日일至지
ᄒ 時시예 니르러 다 熟슉ᄒᄂ니(MR6-12b)

㉯ 그 地디ㅣ 同동ᄒ며 樹슈ᄒ는 時시ㅣ 쏘 同동ᄒ면 浡블然연(茂盛)히
生ᄉᆼᄒ야 日실이 至지ᄒ 時시예 니르러 다 熟슉ᄒᄂ니(MT11-15b)

㉰ 그 地디ㅣ 同동ᄒ며 樹수(**슈?)ᄒ는 時시ㅣ 쏘 同동ᄒ면 浡블然연
(茂盛)히 生ᄉᆼᄒ야 日일이 至지ᄒ 時시예 니르러다. 熟슉ᄒᄂ니
(MK/MJ11-15b/MY11-10a)

(16) 則地有肥磽

㉮ 짜히 肥비홈과 磽요홈이 이시며 (MR6-13a)

ⓝ 地디ㅣ 肥비와 嶢요(파리하고여림)ㅣ 이시며
(MT/MK/MJ11-16a/MY11-10a)

ⓓ 地디ㅣ 肥비와 嶢요(파리하고여림)ㅣ 이시며 (MT11-16a)

(17) 地非不足也

ⓐ 짜히 不블足죡홈이 아니로더(MR6-55a)

ⓝ 地디ㅣ 不블足죡혼 줄이 아니로더
(MT/MK/MJ12-28b/MY12-18b)

(18) 天子之制 地方千里

ⓐ 天텬子즈의 制졔는 짜히 方방이 千쳔里리오
(MT/MK/MJ10-9a/MY10-6a)

ⓝ 天텬子즈의 制졔는 地디 方방이 千텬里리오(MR5-48b)

(19) 斧斤以時入山林

ⓐ 斧부斤근을 째로뻐 山산林림의 드리면 (MR1-9a)

ⓝ 斧부斤근(*도끼와자귀)을 時시로뻐 山산林림에 入십ㅎ면
(MT/MK/MJ1-9aMY1-6a)

(20) 言擧斯心加諸彼而已

ⓐ 이 무음을 擧거ㅎ야 뎌의 加가홀 쓰롭을 니르니(MR1-28b)

ⓝ 이 무음을 擧거ㅎ야 彼피예 더을 쓰롭인 주롤 닐으니
(MT/MK/MJ1-29a/MY1-18a)

(21) 盈城 此所謂率土地

ⓐ 城셩의 즈옥ㅎ미쓰녀! 이 닐온밧 土토地디롤 거느려(MR4-27a)

ⓝ 城셩에 盈영홈이쓴여. 이 닐온밧 土토地를 率솔ㅎ야(MT/MK/MJ7-
27a/MY7-18a)

(22) 雖聖人 亦有所不能焉

㉠ 비록 聖셩人인이라도 <u>쏘흔</u> 能능티 몯ㅎᄂᆞᆫ 배 이시며(CR/CK/CJ10b/CY7a)

㉡ 비록 聖셩人신이라도 <u>쏘흔</u> 能능티 몯ㅎᄂᆞᆫ 배 이시며(CT10b)

(23) 誠者 非自成己而已也

㉠ 誠셩은 스스로 己긔만 成셩코 <u>ᄯᆞᄅᆞ미</u> 아니라(CR41a)

㉡ 誠셩은 스스로 己긔롤 成셩홀 <u>ᄯᄅᆞᆷ이</u> 아니라
(CT/CK/CM/CJ-41b/CY26b)

(24) 苟日新 日日新 又日新

㉠ 진실로 날애 新신ᄒᆞ거든 나날 新신ᄒᆞ며 ᄯᅩ 날로 新신ᄒᆞ라 ᄒᆞ고(DR5a)

㉡ 진실로 나래 새롭거든 나날 새로이ᄒᆞ고 ᄯᅩ 날로 새로이ᄒᆞ라 ᄒᆞ며
(DT/DK/DJ5a/DY3b)

(25) 有德 此有人 有人 此有土 有土 此有財 有財 此有用 德者 本也
財者 末也

㉠ 德덕을 두면 이에 人인을 둘디오 人인을 두면 이에 <u>土토롤</u> 둘디오 <u>土토를</u> 두면 이에 財진를 둘디오 財진를 두면 이에 用용(**용?)을 둘디니라.
德덕은 本본이오 財진는 末말이니(DR24a)

㉡ 德덕이 이시면 이예 사롬이 잇고 사롬이 이시면 이에 <u>ᄯᅡ히</u> 잇고 <u>ᄯᅡ히</u> 이시면 이예 財진ㅣ 잇고 財진ㅣ 이시면 이예 用용이 인ᄂᆞ니라. 德덕은 本본이오 財진는 末말이니(DT/DK/DJ24b/DY15b)

(26) 是故 言悖而出者 亦悖而入 貨悖而入者 亦悖而出

㉠ 이런 故고로 言언이 悖패ᄒᆞ야 出츌ᄒᆞᆫ 者쟈ㅣ <u>쏘흔</u> 悖패ᄒᆞ야 入입ᄒᆞ며 貨화ㅣ 悖패ᄒᆞ야 入입ᄒᆞᆫ 者쟈ㅣ <u>쏘흔</u> 悖패ᄒᆞ야 出츌ᄒᆞᄂᆞ니라.
(DR-25a)

㉯ 이런 故고로 말이 悖패ᄒᆞ야 난 者쟈는 ᄯᅩ혼 悖패ᄒᆞ야 들고 貨화ㅣ 悖패ᄒᆞ야든 者쟈는 ᄯᅩ혼 悖패ᄒᆞ야 나ᄂᆞ니라.
(DT/DK/DJ25b/DY16a)

'ㅺ'은 물론 경음 (t') 인 것을 잘 알고 있다. (1)『논어언해』의 ㉮, ㉯, ㉰ 모두 'ᄯᅩ혼'은 동일하다. 『맹자언해』 부분인{(2) - (21)} 중 (2), (14)에서 『율곡맹해』인 ㉮의 'ᄯᅡ'에 대립하여 『비율곡맹해』인 ㉯에서는 원문에 나오는 '土地'를 그대로 옮겼다. (15), (16)의 『율곡맹해』인 ㉮는 고유어인 'ᄯᅡ'인 데 반하여 『비율곡맹해』인 ㉯,㉰는 같은 한자어 '地디'로 되었다. 『맹자언해』 부분의 (19), (20), (21)을 제외한 나머지는 철저히 『율곡맹해』에 'ᄯᅡ'인 반면 『비율곡맹해』에서는 '地디'가 되어 고유어와 한자어로 구분하였다. (19)『율곡맹해』인 ㉮의 'ᄢᅵ'에 대하여 『비율곡맹해』인 ㉯에는 '時시'로 역시 고유어와 한자어로 구분하였다. (20)㉮에는 'ᄯᆞ롬을', ㉯에는 'ᄯᆞ롬인 주룰'로 모두 'ㅺ'이 실현되었다. (21)에서는 『율곡맹해』인 ㉮의 'ᄯᆞ녀'와 『비율곡맹해』인 ㉯의 'ᄯᆫ여'도 'ㅺ'이 같이 실현되었다. 다음은 『중용언해』 부분인 (22) - (23)에서 (22)의 경우는 'ᄯᅩ혼'이 공통으로 나타난다. (23)의 경우는 『율곡용해』인 ㉮에는 'ᄯᆞ롬'이 채택되지 않아서 『비율곡용해』인 ㉯의 'ᄯᆞ롬'이 있는 경우와 구분된다. 마지막으로 『대학언해』 부분인 (24) - (26)에서 『율곡학해』인 (24)의 ㉮와 『비율곡학해』인 ㉯에 모두 'ᄯᅩ'가 같이 나타난다. (25)의 『율곡학해』의 ㉮의 '土'와 『비율곡학해』인 ㉯의 'ᄯᅡ'와 한자어와 고유어로 서로 구분된다. (26)의 『율곡학해』㉮ 의 'ᄯᅩ혼'이나 『비율곡학해』㉯의 'ᄯᅩ혼'은 같다.

요약하면 'ㅺ'의 경우도 『논어언해』를 비롯하여 『중용언해』, 『대학언해』에서 율곡본에 고유어가 주로 나타나면서 26어휘 중 23개가 고유어로 'ㅺ'이 나타난 반면 한자어는 3개의 어휘에 지나지 않았다. 반면 비율곡본 『사서언해』에서는 26개 중 'ㅺ'이 오는 고유어는 10개이고 16개는 한자 어휘였다. '짜'의 경우 율곡본『사서언해』에서는 14개 어휘가 모두 '짜'이고 비율곡본에서는 14개가 모두 한자어 '地디'였다. 율곡본에서 '地디方방'이 두 번 모두 한자어인 데 비해 비율곡본에서는 모두 '짜히'로 나타났다. 양쪽이 공통으로 'ㅼ'을 가진 'ㄸ, ㄸ룸, ㄸ녀 ㄸ녀' 등이 'ㅼ'을 가진 고유어였다. 이와 같이 율곡본 대 비율곡본에서 의도적인 듯이 대립적이다.

3.3.2.3. ㅽ

(1) 不可陷也

㉮ 可가히 陷함티 몯ᄒ며(NR2-12b)

㉯ 可가히 ᄲᅡ디게 몯ᄒ며(NT2-12a/NK/NJ2-12b/NY2-8b)

(2) 不可以請 久於齊 非我志也

㉮ 可가히 ᄡᅥ 請쳥티 몯홀 ᄯᆞᆫ이언뎡 齊졔예 久구홈이 내 뜻이 아니니라.(MR2-80b) ᄯᆞᆫ(NT에 22회출)

㉯ 可가히 ᄡᅥ 請쳥티 몯홀ᅀᅳ ᄯᆞᆫ이언뎡 齊졔예 久구홈은 내 志지ㅣ 안이니라 (MT/MK/MJ4-39b/MY4-25a)

(3) 拔一毛而

㉮ 흔 털을 ᄲᅡ아[40) (MR7-19a)

㉯ 一일毛모룰 拔발ᄒ야(MT13-18a/MK.MJ13-24a/MY13-15b)

(4) 如知其非義 斯速已矣

㉮ 만일 그 義의 아님을 알딘댄 이에 샐리 마롤디니(MR3-65a)

㉯ 만일에 그 義의 아닌 주룰 알뗜댄 이에 샐리 마를띠니 (MY6-17b)

---

40) 유창돈(1964), 이조어 사전, 연세대학교 출판부.[ᄲᅡ이-: /ᄲᅡ이-/ +/-아/->ᄲᅡ아[뻬다,拔]

㉰ 만일에 그 義의 아닌 줄을 알떤댄 이에 섈리 마롤띠니
(MT/MK/MJ6-27a)

(5) 子之君 將行仁政 선택而使子 子必勉之

㉮ 子ᄌ의 님금이 쟝ᄎᆞᆺ 仁인政졍을 行ᄒᆡᆼᄒᆞ려 ᄒᆞ샤 쌔[41] 굴히야 子ᄌ롤
브리시노소니 子ᄌㅣ 반ᄃᆞ시 勉면홀디어다(MR3-15a)

㉯ 子ᄌ의 君군이 쟝ᄎᆞᆺ 仁신政졍을 行ᄒᆡᆼᄒᆞ려 ᄒᆞ야 選션擇퇵ᄒᆞ야 子ᄌᄅᆞᆯ
使ᄉᆞᄒᆞ시니 子ᄌㅣ 반ᄃᆞ시 勉면홀띠어다(MT/MK/MJ5-15b/MY5-15a)

(6) 人道 敏政 地道 敏樹 夫政也者 蒲盧也

㉮ 人인의 道도ᄂᆞᆫ 政졍애 敏민ᄒᆞ고 地디의 道도ᄂᆞᆫ 樹슈애 敏민ᄒᆞ니 政
졍은 蒲포盧로ㅣ 니이다(CR26a)

㉯ 人신의 道도ᄂᆞᆫ 政졍에 섈ᄅᆞ고 地디의 道도ᄂᆞᆫ 樹슈에 섈ᄅᆞ니 政졍은
蒲포盧로(*갈대)ㅣ 니라(CT23b/CK26a/CJ26a/CY17a)

(7) 人之彦聖 其心好之 不啻若自其口出

㉮ 사롬의 彦언聖셩(*彦:아름다운선비, 聖은통하여밝음)을 그 ᄆᆞᆷ애 됴
히 너기미 그 입오로브터 남 ᄀᆞ툴 쑨니 안이면(DT27b)

㉯ 人인의 彦언과 聖셩을 그 ᄆᆞᆷ의 好호호미 그 口구로브터 남 ᄀᆞᆺ티 너
길 쑨 아니면(DR27a)

㉰ 사롬의 彦언聖셩(*彦:아름다운선비,聖은통하여밝음)을 그 ᄆᆞᆷ애 됴히
너기미 그 입으로브터 남 ᄀᆞ툴 쑨이 안이면(DK/DJ27b/DY17b)

上記 (1)㉮『율곡논해』에는 '짜디-' 대신 한자어 '陷함'이 선택되었다.
반면 ㉯『비율곡논해』에서는 '짜디게'가 선택되었다. 곧 『논어언해』에서
는 『율곡논해』가 한자어 '陷함티'인 데 비해 『비율곡논해』에는 '짜디게'

---

41) 섇다[선택하다.뽑다] : 섇+아->쌔[뽑아]

로 고유어가 왔다. 『맹자언해』인 (2)-(5) 중 (2)의 ㉮,㉯ 모두 '쓴이언뎡'
으로 초성 합용병서 '�'이 다 같이 나타난다. (3)㉮『율곡맹해』는 고유어
'쌰야'에 비하여 ㉯『비율곡맹해』엔 한자어 '拔발ᄒᆞ야'로 서로 다르다. (4)
의 경우는 ㉮, ㉯, ㉰모두 '샬리'로 되어 초성합용병서 'ㅅ ㅑ'이 같이 나타
나기 때문에 구분할 수 없다. (5)㉮『율곡맹해』에는 고유어 '쌰'로 초성
합용병서가 형성되었다. 그러나 ㉯『비율곡맹해』인 경우는 한자어 '選선
택틱ᄒᆞ야'가 되어 초성 합용병서를 볼 수 없다. 물론 서로 구분이 잘 된
다. 『중용언해』인 (6)의 경우는 ㉮『율곡용해』에 한자어 '敏민ᄒᆞ고'로 초
성 합용병서가 보이지 않는다. 그러나 ㉯『비율곡용해』에는 '샌르고'로
고유어가 되어 구분된다. 『대학언해』인 (7)㉮,㉯,㉰ 모두 '쓴'이 옴으로
하여 초성 합용병서는 모두 등장한다. 그래서 상호 구분이 안 된다.

요약하면 'ㅅ ㅐ'도 『율곡논해』, 『율곡용해』, 『비율곡맹해』 경우는 초성
합용병서 'ㅅ ㅐ'이 실현될 수 있는 고유어 대신 한자어를 택했기 때문에
'ㅅ ㅐ'이 실현될 수 없는 반면 『율곡맹해』는 고유어를 택했기 때문에 초성
합용병서 'ㅅ ㅐ'이 실현된다. 특별히 『대학언해』의 『율곡학해』나 『비율곡
학해』 모두 고유어인 '쓴'이 한자어로 선택하기가 어려운 자료이어서인
지 공히 초성 합용병서 'ㅅ ㅐ'이 실현되고 나머지 『비율곡논해』, 『율곡맹
해』, 『비율곡용해』도 고유어를 실현하여 'ㅅ ㅐ'이 된다.

3.3.2.4. ㅆ

이기문(1973 : 130)에 후기중세국어 자음체계에서 'ㅆ'이 빠졌다. 다시
말해서 후기 중세국어 문헌에서 'ㅆ'의 용례를 찾지 못했다는 것이다. 그
런 'ㅆ'이 본 『사서언해』에서는 어떻게 표기되었는가 그 환경을 유의하
여 볼 필요가 있다. 시간을 나타내는 '제'가 『사서언해』에서 실현된 경우
를 보면 다음과 같다.

/-ㄹ(ㅭ)/ + /-제/→ -ㄹ쩨, /-ㄴ/ + /-제/→/-ㄴ제/ 등으로 실현된 반면 내각장판에 이르러서 '쎄'가 실현된다. '되여 + /-시/ + /-ㄹ/ + /제/→되여실쎄'로 변한 모습을 보여 준다.

(1) 藤文公 爲世子

㉮ 藤등文문公공이 世셰子주 되여 겨신 <u>제</u>(MR3-1a)

㉯ 滕등文문公공이 世셰子주ㅣ 되여실 <u>쎄</u>(MK5-1a)

㉲ 滕등文문公공이 世셰子주ㅣ 되여실 <u>쩨</u>(MT/MJ/MY5-1a)(쩨:2회)

(2) 母 命之 往

㉮ 母모ㅣ 命명ᄒᆞᄂᆞ니 <u>가</u>(MR3-45a) (비교):嫁가ᄒᆞᆯ 제(MR3-45a)

㉯ 母모ㅣ 命명ᄒᆞᄂᆞ니 往왕홀 <u>쎄</u>(MK6-6b)

㉲ 母모ㅣ 命명ᄒᆞᄂᆞ니 往왕홀 <u>쩨</u>(MT/MJ/6-6b/MY6-4b)

(3) 騰更之在門也 若在所禮而

㉮ 膡등更깅이 門문에 이신 <u>제</u> 禮례ᄒᆞ실 배 잇ᄂᆞᆫ 듯ᄒᆞ더(MR7-31a)

㉯ 滕등更깅이 門문에 이실<u>쩨</u> 禮례홀 ᄲᅢ애 이싫 ᄯᅳᆺᄒᆞ더 (MT/MK/MJ13-39b)

㉲ 滕등更깅이 門문에 이실 <u>쎄</u> 禮례홀 ᄲᅢ애 이싫 ᄯᅳᆺᄒᆞ더(MY13-25b)

(4) 往 送之門

㉮ <u>가</u> 門문에셔 보내여(MR3-45a)

㉯ <u>往왕홀 쩨</u> 門문에 送송홀씨(MT6-6b/MY6-4b)

㉲ <u>往왕홀 쎄</u> 門문에 送송홀씨(MK/MJ6-6b)

(1)㉮『율곡맹해』에서는 /-ㄴ/+/제/, ㉯의『교정맹해』,『전주맹해』,『영영맹해』에는 /-ㄹ/ +쩨가, ㉲의『비율곡맹해』인『내각맹해』에는 /-ㄹ/+/

쎄/로 실현되었다. (2)에서『율곡맹해』는 /-르/+/제/가 왔다.『내각맹해』
에 /-르/+/쎄/와 같이 경음으로 나타난다. 이외에『교정맹해』,『전주맹
해』,『영영맹해』에는 /-르/+ /쩨/가 온다. (3)㉮『율곡맹해』에 /-ㄴ/+/제/,
㉯『교정맹해』,『전주맹해』,『내각맹해』는 /-르/+/쩨/, ㉰의『영영맹해』는
/-르/+/쎄/로 되었다. (4)의 경우『율곡맹해』㉮에서는 '/가-/+/-아/'에서
어미 /-아/가 생략되고 '/가/【往】'으로 되어 '/-르제, -르쩨, -르쎄/'의
전부가 실현되지 않았다. ㉯『교정맹해』,『영영맹해』에서는 /-르/+/쩨/로,
㉰『내각맹해』,『전주맹해』의 경우 '/-르/+/쎄/'를 택하였다.

요약하면『율곡맹해』의 경우 /제/ 혹은 다른 어사(語辭) '/가/【往】'으
로 되었기 때문에 /쎄/는 물론 /쩨/도 없다. (1), (2)『내각맹해』에서는
/쎄/가, (3)의『영영맹해』, (4)의『내각맹해』,『전주맹해』에 '/쎄/'가 나타
났다. 이외의 경우는 모두 /쩨/이다.

이 'ㅉ'은『율곡맹해』,『교정맹해』에는 나타나지 않고『내각맹해』,『전
주맹해』,『영영맹해』에서는 나타나는 것으로 미루어『내각맹해』,『전주
맹해』,『영영맹해』가『교정맹해』,『율곡맹해』보다 후기 자료인 것을 알
수 있겠다[42] '-르제 > -르쩨 > -르쎄'의 순으로 보아 '『율곡맹해』>『교정
맹해』>『내각맹해』,『전주맹해』,『영영맹해』' 순으로 볼 수 있을 것이다.

3. 3. 2. 5. ㅄ

'ㅄ'의 음가를 김민수(1955), 박병채(1976)에서는 'ㅂ'계, 'ㅅ'계 모두를
경음표기로, 허웅(1963)에서는 'ㅂ'계는 p, 'ㅅ'계는 s, 'ㅄ'계는 ps, 이숭녕

---

42) 이기문(1973), p.130의 자음 체계에 依하면 후기중세국어 시기에 'ㅉ'이 빈 칸으로
   남아있다. 이 시기의 문헌에서는 아직 'ㅉ'의 용례가 없기 때문이다. 그렇다면 같은
   후기 중세국어 시기에 언해한 문헌『사서언해』에서『율곡맹해』,『교정맹해』에는 나
   타나지 않고『내각맹해』,『전주맹해』,『영영맹해』에만 'ㅉ'이 나타나는데 이는 'ㅉ'
   이『율곡맹해』,『교정맹해』이후에 이루어진 것으로 생각할 수 있을 것이다.

(1985), 이기문(1973)에서는 'ㅂ'계는 p, 'ㅅ'계는 경음표기를 나타내는 것으로 취급하였다. 본고에서는 음가(音價)보다 표기 자체의 현실을 비교 검토하기로 한다. 이들 전체가 결국 근대국어 시기에 경음으로 실현되기 때문이다.

(1) 節用而愛人使民以時

㉮ 用용을 節졀ᄒ고 人인을 愛이ᄒ며 民민을 使ᄉ호ᄃᆡ 時시로<u>ᄡᅥ</u> 홀디니라.(NR1-3a)

㉯ <u>쓰기</u>를 節졀ᄒ고 사룸을 愛이ᄒ며 民민을 브료ᄃᆡ 時시로<u>ᄡᅥ</u> 홀디니라.(NT/NK/NJ1-3a/NY1-2b)

(2) 築斯城也

㉮ 이 城셩을 <u>ᄣᅡ</u>(MR1-77b)

㉯ 이 城셩을 <u>築튝</u>ᄒ야(MT/MJ2-40b/MY2-25b)

㉰ 이 城셩을 <u>築츅</u>ᄒ야(MK2-40b)

(3) 何以利吾國

㉮ 엇디 <u>ᄡᅥ</u> 내 나라홀 利리케 홀고(MR1-2a)

㉯ 엇디 <u>ᄡᅥ</u> 내 國국을 利리케 ᄒ려뇨(MT/MK/MJ1-2a/MY1-1b)

(4) 由射於百步之外也

㉮ 百빅步보 밧긔 <u>ᄡᅩ</u> ᄀᆞᄐᆞ니(MR5-47a)

㉯百빅步보밧긔셔 <u>射샤홈</u> ᄀᆞᄐᆞ니(MT/MK/Mj10-7a/MY10-5a)

(5) 今之欲王者 猶七年之病求三年之艾也

㉮七칠年년病병의三삼年년 무근 <u>ᄡᅮ</u> 求구홈ᄀᆞᄐᆞᆫ디라.(MR4-20a)

㉯ 七칠年년ㅅ 病병에 三삼年년ㅅ <u>艾애</u>를 求구홈ᄀᆞᄐᆞ니 (MT/MK/MJ7-20b/MY7-13b)

(6) 其斯以爲舜乎

㋙ 그 이 **뻐** 舜슌이 되미신뎌.(CR5a)

㋨ 그 이 **뻐** 舜슌되옴이신뎌.(CT/CK/CJ5a/CY3b)

(7) 用其中於民

㋙ 그 中듕을 民민의게 **쓰시니**(CR/5a)

㋨ 그 中듕을 빅셩의게 **쓰시니**(CT/CK/CJ5a/CY3b)

(8) 吾學周禮今用之

㋙ 내 周쥬禮례룰 學흑호니 이제 **쓰는디라**(CR49b)

㋨내周쥬ㅅ禮례룰 學흑호니 이제 **쓰는디라**(CT/CK/CJ49b/CY)

(9) 誠者 不勉而中

㋙ 誠셩혼 者쟈는 **勉면티** 아녀 中듕ᄒ며(CR35b)

㋨ 誠셩혼 者쟈는 **힘쓰디** 아니ᄒ야셔 中듕ᄒ며(CT/CJ35b/MY23a) ㋩
誠셩혼 者쟈는 **힘쓰디** 아니ᄒ야셔 中즁ᄒ며(CK35b)

(10) 執其兩端 用其中於民 其斯以爲舜乎

㋙ 그 兩량端단을 執집ᄒ샤 그 **中듕을** 民민의게 **쓰시니** 그 이 **뻐** 舜슌이
되미신뎌.(CR-5a)

㋨ 그 두 그틀 자브샤 그 **中듕을** 빅셩의게 **쓰시니** 그 이 **뻐** 舜슌되옴이신
뎌.(CT/CK/CJ-5a/CY-3b)

㋩ 그 두 그틀 자브샤 그 **中즁을** 빅셩의게 **쓰시니** 그 이 **뻐** 舜슌되옴이신
뎌(CK-5a)

(11) 吾學周禮 今用之

㋙ 내 周쥬禮례룰 學흑호니 이제 **쓰는디라**(CR-49b)

㉯ 내 周쥬ㅅ禮례룰 學훅호니 이제 쓰는디라.
(CT/CK/CJ-49b/CY-32a)

(12) 周雖舊邦 其命維新 是故 君子 無所不用其極

㉮ 그 命명이 新신ᄒ다 ᄒ니 이런 故고로 君군子ᄌᄂᆫ 그 極극을 쓰디 아
닐 배 업스니라.<DR-4a>

㉯ 그 命명이 새롭다 ᄒ니 이런 故고로 君군子ᄌᄂᆫ 그 極극을 쓰디 아닐
배 업ᄂᆞ니라.(CT/CK/CJ-5b/CY-4b)

위의 (1)의 '-로뻐'의 경우는 공통적으로 'ᄡ'표기가 실현되나, 동사
'쓰-【用】'의 경우『율곡논해』는 '用을'로 한자어가 실현되었기 때문에
『비율곡논해』의 경우처럼 'ᄡ'이 실현되지 않는다. 반면『비율곡논해』의
경우는 '쓰기를'로 실현되어 다른 자료와 같이『율곡논해』와『비율곡논
해』는 구분된다. (2)의 경우『논어언해』와는 달리『맹자언해』에서는『율
곡맹해』에 'ᄣ(築)'로 고유어가 왔기 때문에 'ᄡ'이 등장한다. 그러나『비
율곡맹해』의 경우는 '築튝(축)ᄒ야'와 같이 한자어이기 때문에 'ᄡ'이 배
제되었다.

3. 3. 2. 6. ᄧ

(1) 擧疾首蹙頞而相告

㉮ 다 머리 알ᄒ며 니마 ᄣ긔여 서ᄅ 告고ᄒ야 MR1-42b)
㉯다 首슈룰 疾질(*아프다)ᄒ며 頞알(*이마)을 蹙츅ᄒ야 서ᄅ 告고ᄒ야
(MT/MK/MJ2-4b/MY2-3a)

초성합용병서 'ᄧ'의 사용 예가 극히 드물다. (1)㉮『율곡맹해』에 'ᄣ긔
여'에 비하여 (1)의 ㉯『비율곡맹해』에서는 '蹙츅ᄒ야'가 한자어로 되어

합용병서의 여건을 형성하지 못했다. 곧 『율곡맹해』에는 'ㅄ'이 등장하지만, 『비율곡맹해』에는 한자어를 택했기 때문에 초성 합용병서 'ㅄ'이 표기되지 못했다.

3. 3. 2. 7. ㅲ

(1) 不熄

㉮ <u>쁘디</u> 몯ᄒ면(不熄)(MR6-31b)

㉯ <u>熄식디</u> 아니ᄒ면(MT11-39b/MK/MJ11-40a/MY11-25b)

초성 합용병서 'ㅲ'도 그 기능 부담량이 극히 적다. (1)㉮『율곡맹해』에 '쁘디'가 실현되어 초성 합용병서 'ㅲ'이 등장하지만, 『비율곡맹해』에는 '熄식디'가 실현되어 곧 한자어이기 때문에 초성 합용병서 'ㅲ'이 형성되지 않았다.

3. 3. 2. 8. ㅳ

(1) 子 曰不降其志

㉮子ᄌㅣ ᄀᆞᄅᆞ샤더 그 <u>志지를</u> 降강티 아니ᄒ며(NR4-56a)

㉯子ᄌㅣ ᄀᆞᄅᆞ샤더 그 <u>ᄠᅳᆮ을</u> 降강티 아니ᄒ며(NK4-57b)

㉰ 子ᄌㅣ ᄀᆞᄅᆞ샤더 그 ᄠᅳᄃᆞᆯ 降강티 아니ᄒ며
(NT4-50a/NJ4-57b/NY4-37a)

(2) 衛使庚公之斯追之

㉮ 衛위ㅣ 庚유公공之지 斯ᄉᆞ를 브려 <u>ᄠᆞ로더니</u>(MR4-58a)

㉯ 衛위ㅣ 庚유公공斯ᄉᆞ로 ᄒ여곰<u>追튜</u>
(MT8-19a/MK.MJ8-19b/MY8-12b)

(3) 夫孝者 善繼人之志

㉮ 孝효는 人인의 <u>志지룰</u> 잘 繼계ᄒᆞ며(CR-23a)

㉯ 孝효는 사롬의 <u>뜯을善</u> 션히 繼계ᄒᆞ며(CT/CK/CJ-23a/CY-15a)

(4) 間嘗竊取程子之意以補之

㉮ 근간의 일즉 程子 <u>뜻을</u> 竊取ᄒᆞ야 뻐 補ᄒᆞ니(DR-10)

㉯ 근간에 일즉 그으기 程뎡子ᄌᆞᆺ<u>뜯을</u> 取ᄎᆔᄒᆞ야 뻐 補보ᄒᆞ여(DT/DK/DJ-11a/DY-7a)

(1)㉮『율곡논해』는 한자어가 왔기 때문에 초성 합용병서 'ᄠ'이 실현되지 못한다. 그러나『비율곡논해』인『내각논해』에서는 '뜻'이고 나머지에서는 'ᄠ들'과 같이 실현되었기 때문에 초성 합용병서 'ᄠ'이 같이 실현되었다.

3.3.2.9. ᄢ

(1) 朝聘以時

㉮ 朝됴와 聘빙을 <u>時로뻐</u> ᄒᆞ며(CR33a)

㉯ 朝됴와 聘빙을 <u>뗘로뻐</u> ᄒᆞ며(CT-30a)

㉰ 朝됴와 聘빙을 <u>뻬로뻐</u> ᄒᆞ며(CJ-33/CY-21b)

㉱ 朝죠와 聘빙을 <u>뻬로뻐</u> ᄒᆞ며(CK33a)

(1)㉮『율곡용해』에 '時로뻐'가 한자어이기 때문에 'ᄢ'이 실현되지 못한다. 다만 16세기 90년대에 간행된 교정청본에만 '뗘로뻐'가 나타나는데 그것도『교정용해』에서만 실현되고 나머지는 'ᄠ'이 나타난다.『교정용해』가 가장 오래된 모습이라고 할 수 있다. 율곡본과 비 율곡본의 차이는 한자어와 고유어에서 찾을 수 있다. 초성 합용병서 'ᄢ'은 후기중세

국어 문헌인 교정청본에서만 나타나고 비교정청본서에는 실현되지 않는다.

요약하면 다음과 같다.

1) 'ㅺ' : 『율곡맹해』에서는 'ᄭᅮ짖-, ᄭᆞᆺ, ᄭᅴ-'와 같은 고유어에 대한 『비율곡맹해』의 대립어는 한자어 '譏, 濱, 覺'으로 나타나기 때문에 『비율곡맹해』에는 'ㅺ'과 같은 초성 합용병서가 보이지 않는다.

2) 'ㅼ' : 『논어언해』를 비롯하여 『중용언해』, 『대학언해』에서는 율곡본에 한자어가 주로 등장하는 반면, 『맹자언해』에서는 율곡본에 고유어가 주로 나타난다. 곧 고유어가 오는 경우는 초성 합용병서 'ㅼ'이 나타나지만, 'ㅼ'이 생략되었거나 한자어가 온 경우는 나타나지 않았다.

3) 'ㅽ' : 『율곡논해』, 『율곡용해』, 『비율곡맹해』의 경우는 초성 합용병서가 올 수 없는 한자어를 택한 반면, 다른 언해本들은 모두 고유어를 택했기 때문에 초성 합용병서 'ㅼ'이 실현되었다.

4) 'ㅾ' : 『율곡맹해』의 경우 /제/ 혹은 다른 어사 '가[往]'으로 되었기 때문에 /ᄶᅦ/는 물론 /쩨/도 없다. (1),(2), 『내각맹해』에서는 /ᄶᅦ/가, (3)의 『영영맹해』, (4)의 『내각맹해』, 『전주맹해』에 '/ᄶᅦ/'가 나탄다. 이외의 경우는 모두 /쩨/이다. 'ㅾ'은 『율곡맹해』, 『교정맹해』에는 나타나지 않고 『내각맹해』, 『전주맹해』, 『영영맹해』에서는 나타나는 것으로 미루어 『내각맹해』, 『전주맹해』, 『영영맹해』가 『교정맹해』, 『율곡맹해』보다 후기의 자료인 것을 알 수 있겠다. -ㄹ제>-ㄹ쩨>-ㄹᄶᅦ의 순으로 보아 『율곡맹해』> 『교정맹해』> 『내각맹해』, 『전주맹해』, 『영영맹해』로 볼 수 있을 것이다.

5) 'ㅄ' : '-로ᄡᅥ'의 경우는 공통적으로 'ㅄ' 표기가 실현된다.

『율곡논해』는 '用을'로 한자어가 왔기 때문에 'ㅄ'이 실현되지 않는다. 반면 『비율곡논해』의 경우는 'ᄡᅳ기를'로 실현되어 구분된다. (2)의 『율곡

맹해』에 '싸(築)'로 고유어가 왔기 때문에 'ᄡ'이 등장한다. 그러나 『비율
곡맹해』의 경우는 '築튝(축)ᄒ야'와 같이 한자어이기 때문에 'ᄡ'이 배제
되었다.

6) 'ᄧ':『율곡맹해』에는 'ᄧ'이 등장하지만, 『비율곡맹해』에는 한자어
를 택했기 때문에 초성 합용병서 'ᄧ'이 실현되지 못했다.

7) 'ᄇㄱ':『율곡맹해』에 '쁘디'가 실현되어 초성 합용병서 'ᄇㄱ'이 등장하
지만, 『비율곡맹해』에는 '熄식디'로 실현되어 곧 한자어이기 때문에 초
성 합용병서 'ᄇㄱ'이 형성되지 않았다.

8) 'ᄠ':『율곡논해』는 한자어가 왔기 때문에 초성 합용병서 'ᄠ'이 실현
되지 못한다. 그러나 『비율곡논해』인 『내각논해』에서는 '뜯'이고 나머지에
서는 '쁘들'과 같이 실현되었기 때문에 초성 합용병서 'ᄠ'이 실현되었다.

9) 'ᄢ': 초성 합용병서 'ᄢ'은 후기중세국어 문헌인 교정청본에서만
나타난다.

3. 3. 3. 종성 자음 합용병서 표기

종성 합용병서 표기로 『사서언해』에서 'ㄳ, ㄶ, ㄺ, ㄾ, ㄻ, ㄼ, ㄿ, ㅄ,
ㅅ' 등이 조사되었다. 모음으로 시작되는 격어미나 활용어미는 연철 표
기가 일반적이다. 격어미나 활용어미가 무성자음으로 끝나면서 세 자음
이 이어질 경우 그 가운데 한 자음은 표면에 들어나지 않는다. 격어미나
활용어미가 유성자음 ㄴ,ㄹ,ㅁ 등이 오면서 세 자음으로 이어지면 표기
상에 그 실체가 모두 나타난다.

3. 3. 3. 1. ㅺ

(1) 入云則入 坐云則坐

㉮ 들라 니르면 들고 안즈라 니르면 안ㅺ(MR5-53b)

㉯ 入십하라 ᄒ면 入십ᄒ며 <u>坐좌ᄒ라</u> 니르면(MT10-14b)

㉰ 入입ᄒ라 니르면 入십ᄒ며 <u>坐좌ᄒ라</u> 니르면 <u>坐좌ᄒ며</u>
(MK,MJ10-15b/MY10-10a)

㉱ 公공西셔華화ㅣ 되셔 <u>안잣더시니</u>
(NT3-15b/NK/NJ3-14b/NY3-9b)

㉲ 公공西셔華화ㅣ 되셔 <u>안잔더시니</u>(NR3-14b)

『사서언해』에 '앉-'이 나타난다. 율곡본『맹자언해』에 '안ᄌ라'와 '안ᄶᅩ'와 『논어언해』 전편에 '안잣더시니'가 나타난다. '/앉-/+/-(ᄋ)라/->안ᄌ라'와 같이 어간末 자음 'ㅈ'이 매개모음 'ᄋ'와 사이에서 'ㅈ'을 연철 표기하였다. 또 '/앉-/+/-(ᄋ)앗-/+/-더-/+/-시-/+/-니/->안잣더시니'도 같은 경우이다. 그러나 어간말이 자음이고 다음에 자음과 연결될 때 곧 '/앉-/+/-고/->안ᄶᅩ'에서 보여준 것과 같이 'ㅈ'이 탈락하고 뒤에 오는 'ㄱ'이 'ㅅ'으로 합용병서한다. 위에서 보여주는 바와 같이 율곡본『맹자언해』에만 '앉-'이 나타나고 나머지 다른『맹자언해』에는 우리 고유어로 바꾸지 않고 '坐ᄒ-'로 되어 '앉-'의 실체를 확인할 수 없다. 위의 ㉮ 율곡본의 '안ᄌ라, 안ᄶᅩ'에 대하여 ㉯,㉰의 비 율곡본에서 실현된 '坐ᄒ-'는에서 율곡본과 비 율곡본의 차이를 분명히 보여준다. 율곡본을 더 고형으로 볼 수 있을 것이다.

율곡본『맹자언해』에 '앉-'('안ᄌ라'와 '안ᄶᅩ')과 『논어언해』모든 본(本)에서 '앉-'이 나타난다. 비 율곡본『맹자언해』에는 한자어가 왔기 때문에 어말에 '-ㄵ'이 올 수 없다. 종성 합용병서 표기 "ㄵ이 고유어의 경우『사서인해』진반에서 나타닌다. 그러나 'ㄵ'이 어휘에 직접 나타나지 않고 있다. 연철형으로나 자음앞에서 변이형으로 나타난다.

3.3.3.2. ᄙ

'ᄙ'으로 어간말이 끝나고 모음으로 시작되는 어미가 오면 연철표기를 하였다. 특히 어미의 첫 音이 자음인 경우도 'ᄙ'은 그대로 표기하는 것이 일반적이었다. 곧 세 자음이 모두 표기된다.

(1) 如履薄氷

㉮ 여론 어름을 볿둣 ᄒ다ᄒ니(NT2-26b, NR2-31b, NK, NJ2-32a, NY2-21a)

(2) 行不履閾

㉮ 行ᄒ임ᄒ심애 閾역을 볿디 아니ᄒ더시다
(NT2-52a,NK,NJ2-57a,NY2-27b)

㉯ 行ᄒ임ᄒ매 閾역을 履리티 아니터시다(NR2-56a)

(3) 見其與先生並行也

㉮ 그 先션生ᄉᆡᆼ과 孟 行ᄒ임ᄒᄆᆞᆯ 보니(NR3-78a)

㉯ 그 先션生ᄉᆡᆼ으로 더블어 孟와 行ᄒ임홈을 見견ᄒ니(NT3-72a)

㉰ 그 先션生ᄉᆡᆼ으로 더브러 孟와 行ᄒ임홈을 見견ᄒ니
(NK.NJ3-79b/NY3-51b)

(4) 左右手 衣前後 襜如也

㉮ 손을 좌우로 ᄒ더시니 옷 앏뒤히 襜쳠툿 ᄒ더시다(NT2-51b, NK, NJ2-56b, NY2-37a)

㉯ 手슈룰 左자右우ᄒ더시니 옷 앏뒤 ᄀᆞ족ᄒ더시다(NR2-55b)

(5) 瞻之在前

㉮ 瞻쳠홈애 앏픠 잇더니(NT2-42a,NK,NJ2-46a,NY2-30)

㉯ 瞻첨호매 압픠 잇더니(NR2-45a)

(6) 博學之 審問之愼思之 明辨之篤行之

㉮ <u>너비</u> 비호며 술펴 무르며 삼가 성각ᄒ며 <u>불이</u> 분변ᄒ며 도타이 行힝홀 ᄯᅵ니라(CT32b) (CK,CJ36a.CY23b)

㉯ <u>너비</u> 學혹ᄒ며 술펴 問문ᄒ며 삼가 思ᄉᄒ며 <u>불이</u> 辨변ᄒ며 독실히 行 힝홀디니라 (CR36a)

(7) 以一服八以下

㉮ ᄒᆞ나ᄒᆞ로뻐 <u>여듧</u>을 服복호미 엇디 뻐(MR1-33b)

㉯ 一일로뻐 <u>八팔</u>을 服복홈이 엇디 뻐
(MT1-33b/MK.MJ1-34a/MY1-21b)

위에 제시한 바와 같이 (1)㉮『논어언해』와 (2),(4)㉮『비율곡논해(非栗 谷論解)』에서 '래'과 (5)㉮『비율곡논해』의 '앎픠'에서 '래, ㅍ'과 같이 세 개의 자음이 거듭 나타났다. 그러나 (3)㉮『율곡논해(栗谷論解)』'듧'과 (7) ㉮『율곡맹해』의 '여듧'경우는 어말에 '래'이 원형대로 나타난다. 그러나 (3)㉯,㉰『비율곡논해』의 '굴와'에서 보인 바와 같이 'b>w'와 같은 국어사 에서 'p>b>β>w'의 규칙을 찾아 볼 수 있어서 (3)㉮『율곡논해』의 '래'에 대하여 『비율곡논해』가 'ㄹ오'로 되어 『율곡논해』와 『비율곡논해』가 구 분된다. (4)㉯『율곡논해』의 '압뒤'와 (5)㉯『율곡논해』의 '압픠'같이 'ㄹ'탈 락과, (4)㉮『비율곡논해』의 '앎뒤'와 (5)㉮『비율곡논해』의 '앎픠'에서와 같이 'ㄹ'이 탈락되지 않은 상태가 대조를 이룬다. 또한 (2)㉯『율곡논해』 는 (2)㉮『비율곡논해』의 '넓디'에 대하여 '履리티'로 나타난다. 율곡본과 비 율곡본은 고유어 대 한자어가 대조적으로 구분된다. '/넓-/+/-이/'와 같이 부사화 접미사 '-이'와 연결할 경우 (6)㉮,㉯『중용언해』에서 실현된 바와 같이 '너비'가 되어 같은 형태의 실상을 보여 준다. (7)㉮『율곡맹해』
에 나타난 '여덟을'에 'ㄼ'이 실현된다. 그러나 (7)㉯『비율곡맹해』에는
'八팔'과 같이 한자어가 왔기 때문에 어말에 'ㄼ'이 나타지 못했다. 고유
어와 한자어가 대조를 이루며 율곡본과 비 율곡본을 확연히 구분한다.

3. 3. 3. 3. ㄺ

『사서언해』에서 종성 합용병서 'ㄺ'도 세 개의 자음이 연결되어 표기
되었다. 그러나 (1)-(12)번 사이의 자료들은 율곡본과 전주본, 영남중간
본, 그리고 내각본의 세 형태의 이형이 나타난다. 이 삼분된 양상은 본고
에서 시도하려는 다섯 종의 『사서언해』의 위치와 그 가치를 판단하려는
계획에 큰 획을 그어 주는 부분이라고 생각된다.

(1) 見其二子焉 明日

   ㉮ 그 두 아들을 뵈여놀 붉는날애(NT4-51a,NK,NJ4-56b,NY4-36a)

   ㉯ 그 두 아둘을 뵈여놀 이튼 날애(NR4-54b)

(2) 敢昭 告于皇皇后帝

   ㉮ 敢감히 볽기 뻐 皇皇后帝뎨끠 告ᄒ노니(NR4-73a)

   ㉯ 敢감히 皇황皇황후신 后후 帝뎨끠 告ᄒ노니

   (NT4-72b,NK,NJ4-73b,NY4-48b)

(3) 老而不死是爲賊

   ㉮ 늙오딗 死스티 아니홈이 賊적이라 ᄒ시고

   (NT3-71b/NK.NJ3-79a/NY3-51a)

   ㉯ 老로ᄒ야셔 죽디 아니호미 이 賊적이 되미라 ᄒ시고(NR3-77b)

(4) 吾老矣

㉮ 내 <u>늙은디라</u>(NT4-50b)

㉯ 내 <u>늘근디라</u>(NK.NJ4-51b/NY4-33a)

㉰ 내 <u>老로흔디라</u>(NR4-50a)

(5) 堯老而舜攝也

㉮ 堯요ㅣ <u>늙거시늘</u> 舜순이 攝셥ᄒᆞ엿더시니(MR5-15b)

㉯ 堯요ㅣ <u>老로ᄒᆞ심애</u> 舜순이 攝셥ᄒᆞ더더니
(MT9-14b/MK.MJ9-16a/MY9-10a)

(6) 老老而民 興孝

㉮<u>늘근 이롤 늘근 이로</u> ᄒᆞ욤애 民민이 孝효애 興흥ᄒᆞ며(DT19b, DK. DJ21b,
DY14a)

㉯ <u>老로롤 老로로</u> ᄒᆞ매 民민이 孝효롤 興흥ᄒᆞ며(DR21b)

(7) 大學之道 在明明德

㉮ 大대學학의 道도ᄂᆞᆫ <u>붉은</u> 德덕을 <u>붉킴애</u> 이시며(DK1a)

㉯ 大대學혹의 道도ᄂᆞᆫ <u>불근</u> 德덕을 <u>불킴애</u> 이시며(DJ,DY1a)

㉰ 大대學혹의 道도ᄂᆞᆫ <u>明명</u> 德덕을 <u>明명호매</u> 이시며(DR1a)

**DT(교정청본의 이 부분은 떨어져서 볼 수 없음)

(8) 古之欲明明德於天下者

㉮ 녜 <u>붉은</u> 德덕을 天텬下하에 <u>붉키고져</u> ᄒᆞᄂᆞᆫ 者쟈ᄂᆞᆫ(DK2b)

㉯ 녜 <u>불근</u> 德덕을 天텬下하에 <u>불키고져</u> ᄒᆞᄂᆞᆫ 者쟈ᄂᆞᆫ(DJ,DY2b)

㉰ 녜 <u>明명</u>德덕을 天텬下하의 <u>明명코져</u> ᄒᆞᄂᆞᆫ 者쟈ᄂᆞᆫ(DR2b)

(9) 皆自明也

㉮ 다 스스로 <u>붉키ᄆᆡ니라</u>(DK5a)

㉯ 다 스스로 불키미니라.(DJ,DY5a)

㉰ 다 스스로 明명호미니라(DR5a)

(10) 吾心之全體大用 無不明矣

㉮ 吾오心심의 全젼體톄와 大대用용이 불디 아니미 업스리니
(DK,DJ12a,DY7b)

㉯ 吾心의 全體와 大用이 明치 아님이 업스리니(DR11b)

(11) 必先齊其家者

㉮ 반드시 몬져 그 집을 フ주기 홀거시라(DT15b,DJ17a,DY11a)

㉯ 반드시 몬져 그 집을 フ주기 홀꺼시라(DK17a)

㉰ 반드시 몬져 그 家가를 齊졔호다(DR16b)

(12) 五母鷄二母彘 無失其時

㉮ 다숫 어이 돍과 두 어이 돗톨 그 時시롤 일치 아니호면(MR7-15a)

㉯ 五오母모ㅅ鷄계와 二싀 母모ㅅ彘톄롤 그 時시롤 失실홈이 업스면
(MT13-19b)

㉰ 五오母모ㅅ鷄계와 二이 母모ㅅ彘톄롤 그 時시롤 失실홈이 업스면
(/MJ13-19a /MY13-12b/MK13-19a)

위에 제시한 (1)의 '明日'을 ㉮『비율곡논해』는 '붉는 날'로 하여 종성
합용병서 'ㄹ기'과 'ㄴ'이 연결되어 세 자음이 표기되었다. 이에 반해 (1)㉯
『율곡논해』는 '이튼날'로 번역하여 '붉-'과 같은 형태를 볼 수 없다.

이와는 달리 (2)㉮『율곡논해』의 '昭'에 대하여 '볼기'라는 연철된 'ㄹ기'
이 실현되었다. 그러나 (2)㉯『비율곡논해』에서는 '昭쇼'를 생략하고 '皇
皇흥신'을 관형어로 하여 '后후帝뎨'를 수식하였다. 위의 '明'과 의미가
통하는 '昭쇼[밝다]'를 생략하여 'ㄹ기'이 나타나지 못하였다. 이 자료를 보

면 비 율곡본이 이른바 '逐字作解'의 태도에서 잠시 물러 선 모습으로 의역적인 예가 된다.

(3)㉮『비율곡논해』의 '늙오디'와 (4)㉮,㉯『비율곡논해』 '늙은디, 늘근 디'에는 종성 합용병서 'ㄺ'이 분철과, 연철한 표기 차이로 구분하여 준 다. 'ㄺ'도 분철할 때 합용병서한다. 그러나 (3)㉯, (4)㉰는 '늙-'에 대한 어휘선택에서 한자어 '老로'를 택하였기 때문에 종성 합용병서 'ㄺ'이 형 성되지 못했다. 곧 한자어와 고유어의 대비가 율곡본과 비 율곡본을 구 분한다.

(5)㉮『율곡맹해』에서는 '늙거시눌'로 실현되어 'ㄺㄱ'과 같이 세 자음 이 연결된 형으로 'ㄺ'이 실현되었다. 이에 비해 (5)㉯에서는 '老로ᄒᆞ-'가 채택되어 '종성 합용병서'인 'ㄺ'이 보이지 않는다. (6)㉮는 『비율곡학해』 에는 '늘그니'로 연철된 'ㄺ'이 실현되었으나 (6)㉯『율곡학해』의 한자어 '老로'가 채택되어 종성 합용병서 'ㄺ'이 실현되지 않아 『비율곡학해』와 『율곡학해』도 구분된다.

(7)㉮, ㉯『비율곡학해』는 어간 '/붉-/' 다음 어미가 활용할 때에 분철 '붉은'과 중철 '붉킴'과 연철 '불근, 불킴'이 뚜렷이 구분된다. 그러나 종성 합용병서 'ㄺ'은 일부 변형된 모습도 있다. 역시 분철의 '붉-'과 연철의 '불근', 중철의 '붉킴' 등과 같은 시차(視差)를 찾을 수 있다. 상당히 의도 적인 면이 보이는 듯하다. 이에 비해서 (7)㉰는 한자어 '明명'을 택했기 때문에 'ㄺ'이 나타나지 않는다.

(8)㉮,㉯『비율곡학해』에 나타난 '붉은'은 분철로 분명한 종성 합용병 서 'ㄺ'이 잘 드러났다. 그러나 같은 문헌 (8)㉮,㉯에서도 '붉킴, 불키고 져, 불근'을 통해 중철과 연철 등을 통하여 'ㄺ'의 변이형을 살필 수 있다. 그러나 (8)㉰『율곡학해』에는 한자어 '明명'이 채택되어 'ㄺ'은 나타나지 않는다. 역시 고유어와 한자어의 채택으로 서로 구분된다.

(9)㉮,㉯,『비율곡학해』에 '붉키-'와 (9)㉰『율곡학해』의 '明명'이 고유어와 한자어의 대조를 이룬다. (10)㉮, 『비율곡학해』에 '붉디'가 나타나 어간말 'ㄺ'이 분명히 실현된 데 대하여 (10)㉯는 한자어 '明명'이 와서 고유어와 한자어로써 구분되고 종성 합용병서 'ㄺ'의 표기여부가 결정되었다.

(11)㉮『비율곡학해』,『내각학해』는 예외)에 표기된 '훍거시라'의 'ㄺㄱ'인 데 비해 (11)㉯『내각학해』에서는 '훌꺼시라'와 같이 연철이 되어 'ㄹ ㄲ'과 같은 모습으로 대조를 이룬다. 더 나아가 (11)㉰『율곡학해』에는 '-흔다'가 되어 종성 합용병서 'ㄺ'이 나타나지 않는다. (12)㉮『율곡맹해』에서 '둙과'에서 종성 합용병서 'ㄺ'이 나타난다. 반면 (12)㉯㉰『비율곡맹해』에는 한자어 '鷄계'가 왔기 때문에 역시 종성 합용병서 'ㄺ'이 보이지 않는다. 불행하게도 교정청본『대학언해』의 이 부분은 훼손되어 볼 수가 없다.

위에서 본 바 우선 한자어 대 고유어라는 대조와 분철과 중철 대 연철로 내각본과 전주본과 영남중간본의 형태적인 구분을 할 수 있다. (『교정학해』가 낙장되었기 때문에 이 부분은 알 수 없다.) 이것들을 시대의 순위를 정한다면 율곡본>전주본, 영남중간본>내각본과 같은 순서를 밝힐 수 있을 것이다.

3. 3. 3. 4. ㄾ

'흥-'에 관형사형 '-ㄹ'이 올 때 'ㄷ'을 병서(竝書)하는 경우가 있다. 마치 15세기 중엽에 쓰인 '-ㅭ'의 표기가 '-ㄾ'으로 나타난 것이 아닌가 하는 생각이 든다. 이 '-ㄾ'의 표기가 율곡본에는 전혀 사용되지 않았다. 참고로 각 문헌별 사용 빈도수를 제시하기로 한다.

표 27) '-ㄹㄷ'의 빈도수 『맹자언해』

문 헌	MT	MR	MK	MJ	MY
빈 도 수	69	0	67	69	66

표 28) '-ㄹㄷ'의 빈도수 『논어언해』

문 헌	NT	NR	NK	NJ	NY
빈 도 수	5	0	4	4	4

표 29) '-ㄹㄷ'의 빈도수 『중용언해』

문 헌	CT	CR	CK	CJ	CY
빈 도 수	1	0	1	1	1

표 30) '-ㄹㄷ'의 빈도수 『대학언해』

문 헌	DT	DR	DK	DJ	DY
빈 도 수	2	0	2	2	2

(1) 君子無入而不自得焉

  ㉮ 君군子ㅈ는 든 디마다 스스로 得득디 <u>아니홀</u> 디 업ᄂ니
  (CT13b, CJ14b, CY10a)

  ㉯ 君군子ㅈ는 入입흔디 自得디 <u>몯홀</u> 디 업ᄂ니라(CR14b)

(2) 如不容

  ㉮ 容용티 <u>몯홀</u> 둣ᄒ더시다(NT2-52a.NK,NJ2-57a,NY2-37b)

  ㉯ 容용티 <u>몯홀</u> 둣ᄒ시며(NR2-56)

(3) 然則從之者與

  ㉮ 그러면 <u>從죵홀</u> 者쟈ㅣ 니잇가(NK,NJ3-13b.NY3-9a)

  ㉯ 그러면 <u>從죵홀</u> 者쟈ㅣ 니잇가(NT3-12a)

ⓒ 그러면 從종호 者쟈ㅣ 니잇가(NR3-13b)

(4) 如不及

㉮ 及급디 몯홀 듯ᄒ며(NT4-26a.NK,NJ4-28b,NY4-18b)

㉯ 밋디 몯홀 듯ᄒ고(NR4-27b)

(5) 是乃仁術也 見牛 未見羊也

㉮ 이 仁인호術슐이니 牛우를 보고 羊양을 보지 몯호 시니이다
(MT1-24a.MK1-24b)

㉯ 이 仁인호 術슐이니 牛우를 보고 羊양을 보지 몯홀시
(MJ1-24b/MY1-15b)

ⓒ 이 仁인호 術슐이니 牛우를 보고 羊양을 보지 몯홀시
(MR1-24a)

(6) 退而有去志

㉮ 退퇴ᄒ야 去거호 志지를 두니 (MT4-49a.MK,MJ4-39b.MY4-25a)

㉯ 믈러셔 去거호 뜻을 두니(MR2-80b)

(7) 不可以請

㉮ 可가히 뻐 請쳥티 몯호 쑨이언뎡(MT4-49a.MK,MJ4-39b.MY4-25a)

㉯ 可가히 뻐 請쳥티 몯홀쑨이언뎡(MR2-80b)

(8) 其所厚者薄 而其所薄者 厚未知有也

㉮ 그 厚후호 바애 薄박ᄒ고 그 薄박호 바애 厚후ᄒ 리 잇디 아니ᄒ니
라.(DT3b/DK.DJ4a/DY3a)

㉯ 그 厚후홀 바의 薄박ᄒ고 그 薄박호 바의 厚후ᄒ 리 잇디 아니니라.
(DR4a)

위에서 본 바와 같이 '-ㄹ'과 '-ㄹㄷ'은 위치 면에서나 문법적 기능이 없다. 다만 'ㄹㄷ'이 율곡본에 나타나지 않고 비 율곡본에서 나타난다는 차이를 알 수 있다. 그러나 '-ㄹㄷ'만 놓고 보면 유성음과 무성음 사이에서 'ㄷ'이 후기중세국어의 'ㆆ'과 같은 역할을 한다. 하지만 'ㄹㄷ'이 쓰인 경우와 '-ㄹ'만 쓰인 경우에 이 둘의 기능이나 역할이 구분되는 어떤 규칙도 찾을 수가 없다. 어느 시기에 'ㆆ'이 사라지고 난 후 그 위치에 'ㄷ'을 대치하여 어떻게 사용하였는지를 확인할 수 없었다. 연구과제로 남겨 둘 수밖에 없다.

(1)㉮『비율곡용해』에 '아니홇'에 대하여 (1)㉯『율곡용해』에서는 '몯홀'이 나타난다. (2)㉮『비율곡논해』에 '몯홇'인 데 비하여 (2)㉯『율곡논해』에서는 '몯홀'이다. (3)㉮,㉯『비율곡논해』에서도 '從종홇'인 데 비하여 (3)㉰『율곡논해』에서는 역시 'ㄷ'이 없는 '從종홀'이다. (4)㉮『비율곡논해』에 역시 '몯홇'인 데 비하여 (4)㉯『율곡논해』에서는 '몯홀'이다. (5)㉮『교정맹해』,『내각맹해』에는 '仁인홇', '몯홇'이다. 그러나 (5)㉯『전주맹해』,『영영맹해』에서는 '仁인홇'은 'ㄹㄷ'이지만 '몯홀'의 경우는 'ㄷ'이 없는 'ㄹ'만 나타났다. (5)㉰의『율곡맹해』에는 '-ㄹ'만 나타난다. (6)㉮,『비율곡맹해』에는 '去거홇'인 데 비하여 (6)㉯『율곡맹해』에는 '去거홀'이다. 마찬가지로 (7)㉮『비율곡맹해』, (8)㉮『비율곡학해』에서는 '-ㄹㄷ'이 나타나고, (7)㉯『비율곡맹해』, (8)㉯『비율곡학해』에서는 역시 '-ㄹ'만 나타났다.

결국『사서언해』에서 '종성 합용병서' '-ㄹㄷ'은 비 율곡본에서만 나타나고, 율곡본에서는 '-ㄹ'만 나타난다. 그런데 (5)㉯『전주맹해』,『영영맹해』에서는 '仁인홇'은 'ㄹㄷ'이지만 '몯홀'의 경우는 'ㄷ'이 없는 'ㄹ'만 나타났다.

3. 3. 3. 5. ㄹㅁ

'ㄹㅁ'도 세 개의 자음을 연결하여 표기하였다. 옮겨 오니(月印千江之曲

106) 그러나 아쉽게도 이 어휘의 사용 빈도가 극히 적어서 여러 경우를 충족(充足)히 살필 수가 없다.

『맹자율곡언해』에서는 '옴기고'가 나타난다. 'ㄹ'이 탈락되었다. 혹 이와는 달리 '옴기다'를 기본형으로 처리할 수도 있을 것이나 '옮-'에서 '/옮-/+ /-기-/->옮기-'가 정상적인 표기일 것이다. (3)㉮에서는 '옮디'가 나타났다.

(1) 河內凶 則移其民於河東

㉮ 河하內니ㅣ 凶흉커든 그 民민을 河하東동의 옴기고(MR1-6b)

㉯ 河하內니ㅣ 凶흉호 則즉 그 民민을 河하東동 移이호고
(MT1-5a.MK,MJ1-6b,MY1-4b)

(2) 遷其重器

㉮ 그 重쥬器긔롤 옴기면(MR1-74a)

㉯ 그 重쥬器긔롤 遷쳔호면(MK2-36b)

㉰ 그 重듕器긔를 遷쳔호면(MT2-36b.MJ2-36b.MY2-23b)

(3) 唯上知與下愚不移

㉮ 오직 上샹知디와 다뭇 下하愚는 옮디 아닛느니라(NR4-32b)

㉯ 오직 上샹知디와 다뭇 下하愚우는 移이티 아니호느니라
(NT4-29b/NJ4-33b/NY4-22a)

㉰ 오직上샹知지와다뭇 下하愚는 移이티 아니호느니라(NK4-33b)

위의 (1)㉮의 율곡본 『맹자언해』에 '옴기면'에 대하여 비 율곡본에서는 한자어 '移이호-'가 구분되어서 나타난다. 역시 (2)㉮ 율곡본만 '옴기면'이고 나머지 비 율곡본에서는 '遷쳔호-'로 언해하였다. (3)㉮『율곡논

해』에는 '옮디'가 나타난다. 역시 (3)㉯,㉰에는 한자어 '移이'가 나타난다.
이 자료로 보면 율곡본에는 자음으로 시작된 어미 앞에서도 '옮-'과 같
이 'ㄻㄷ'이 연속 등장한다. 그러나 같은 율곡본이라도 '옴기-'처럼 ㄹ'이
탈락되는 경우가 있다. 그러나 율곡본이 아닌 다른 판본에는 한자어가
왔기 때문에 율곡본과 확실히 구분된다. 곧 원문(原文) '移,遷에 대하여
율곡본은 '옮-, 옴기-'로 나타났기 때문에 일부에서나마 '-ㄻ'이 나타났
다. 그러나 비 율곡본에서는 고유어가 안 오고 한자어만 왔기 때문에 종
성 합용병서 '-ㄻ'이 나타나지 못하였다.

  (4) 숢고(MR5-10a) 烹핑ᄒ고(MT/MK/MJ9-10a/MY9-6b)
  (5) 숢마(MR5-10a) 烹핑ᄒ야(MT/MK/MJ9-10b/MY9-7a)

  (4)(5)『율곡맹해』 '숢고'와 '숢마'에서 보는 바와 같이 'ㄻ'이 종성 합
용병서가 나타나는 것은 물론이고 세 자음의 연속 표기도 나타난다. 반
면 같은 내용을 언해한 자료이지만『비율곡맹해』에서는 한자어 '烹핑'이
왔기 때문에 종성 합용병서는 나타나지 않았다.

  3.3.3.6 ㅄ

  종성 합용병서 'ㅄ'은 세 자음을 연속적으로 표기하지 않았다. 'ㅄ' 다
음에 자음이 오면 'ㅅ'이 탈락된다. 그러나 'ㅄ'이 모음과 연결되면 연철
하였다.

  (1) 無非事者
    ㉮ 事ㅅ | 아니니 <u>업고</u>(MT2-16a.MK,MJ2-16b.MY2-10b)
    ㉯ 事ㅅ 아니미 <u>업고</u>(MR54a)

(2) 非無萌蘖之生焉

㉮ 萌蘖의 生싱홈이 <u>업디</u> 아니ᄒ건마ᄂᆞᆫ(MT,MK,MJ11-20b.MY11-13a)

㉯ 萌蘖의 生싱홈이 <u>업디</u> 아니컨마ᄂᆞᆫ(MR6-16b)

(3) 若民 則無恒産 因無恒心

㉮ 만일 民민인즉則 恒ᄒᆞᆼ産산이 <u>업스면</u> 因인ᄒᆞ야 恒항心심이 <u>업ᄂᆞ니</u>
(MK, MJ1-36a.MT1-36b.MY1-23a)

㉯ 만일 民민은 恒ᄒᆞᆼ産산이 <u>업스면</u> 因인ᄒᆞ야 恒항心심이 <u>업ᄂᆞ니</u>
(MR1-35b)

(4) 無恒産者 無恒心 苟無恒心 放辟邪侈 無不爲已

㉮ 恒ᄒᆞᆼ産산이 <u>업슨</u> 者쟈ᄂᆞᆫ 恒ᄒᆞᆼ心심이 <u>업ᄂᆞ니</u> 진실로 恒心이 <u>업스면</u> 放
방辟벽ᄒᆞ며 邪샤侈치ᄅᆞᆯ ᄒᆞ디 아님이 <u>업ᄂᆞ니</u>(MT5-9a.MK, MJ5-10a,
MY5-6b)

㉯ 恒ᄒᆞᆼ産산이 <u>업슨</u> 者쟈ᄂᆞᆫ 恒ᄒᆞᆼ心심이 <u>업ᄂᆞ니</u> 진실로 恒心이 <u>업스면</u> 放
방辟벽ᄒᆞ며 邪샤侈치홈몰 ᄒᆞ디 아니미 <u>업스리니</u>(MR3-9b)

위의 (1)㉮,㉯의 '업고'는 동일형이다. (2)㉮,㉯도 '업디'로 'ㅅ'이 탈락
된 형태는 같다. (3)㉮,㉯는 '업스면'과 '업스면'같이 연철이다. 그러나 이
들은 같이 연철하였으나 모음조화의 면으로 보면 서로 차이가 있다. (3)
㉯『율곡맹해』는 모음조화 규칙에 맞게 표기하였고 (3)㉯『비율곡맹해』는
모음조화 규칙에 어긋난다. (4)㉮,㉯의 '업슨, 업ᄂᆞ니, 업스면'은 같은 모
양이다. 그러나 (4)㉮『비율곡맹해』의 '업ᄂᆞ니'에 비하여 (4)㉯『율곡맹해』
'업스리니'로 율곡본과 비 율곡본이 대조적이다. 결국 종성 합용병서 'ㅄ'
은 연철한 모습으로만 보일 뿐 원 모습 'ㅄ'은 나타지 않았다.

3.3.3.7. 시

이 項에서는 '닦-(修)', '짐-(說/悅)'의 활용과 그 이형을 살펴 본 것이다. '닷고디, 닷디, 닷곰'과 '깃거흔대, 깃거티, 깃거ᄒ며'와 같은 활용형을 볼 수 있다. '시' 뒤에 모음이 연결되면 연철되고 자음이 연결되면 'ㄱ'이 탈락되었다.

(1) 修身以道 修道以仁

㉮ 몸을 <u>닷고디</u> 道도로써 ᄒ고 道도롤 <u>닷고디</u> 仁인으로써 홀디니라 (CK,CJ26.CY17a)

㉯ 身신을 <u>修슈ᄒ오디</u> 道도로써 홀디오 道도롤 <u>修슈ᄒ오디</u> 仁인으로써 홀디니이다(CR25b)

㉰ 몸을 <u>닷고디</u> 道도로써 ᄒ고 道도롤 <u>닷고디</u> 仁신으로써 홀띠니라 (CT24a)

(2) 故君子不可以不修身 思修身 不可不知人

㉮ 故고로 君군子ᄌㅣ 可가히 ᄡ 몸을 <u>닷디</u> 아니티 몯홀 꺼시니 몸 <u>닷곰</u>을 성각홀띤댄(CT25a.CK,CJ277b.CY18a.)

㉯ 故고로 君군子ᄌㅣ 可가히 ᄡ 身신을 <u>修슈티</u> 아니티 몯홀 디니 신을 <u>修슈ᄒ오몰</u> 思ᄉᄒ올딘댄(CR27a)

(3) 子路聞之喜

㉮ 子ᄌ路로ㅣ 듣고 <u>깃거흔대</u>(NT1-41a.NK,NJ1-44b.NY1-28b)

㉯ 子ᄌ路로ㅣ 듯고 <u>깃거흔대</u>(NR1-43b)

(4) 子路不說

㉮ 子ᄌ路로ㅣ <u>깃거티</u> 아니ᄒ거늘(NT2-12b.NK,NJ2-13a.NY2-9a)

㉯ 子ᄌ路로ㅣ <u>說열티</u> 아니커늘(NR2-13a)

(5) 近者說

㉮ 갓가온 者쟈ㅣ <u>깃거ᄒ며</u>(NT3-43b.NK,NJ3-48a.NY3-31a)

㉯ 近근흔 者쟈ㅣ <u>說열ᄒ며</u>(NR3-47a)

위에 제시한 (1)㉯『율곡용해』의 '修슈ᄒ더'에 비하여 (1)㉮,㉰『비율곡용해』에는 '닷고더'로 한자어와 고유어가 대조되어 두 본(本)이 구분된다. 율곡본에는 한자어가 왔기 때문에 종성 합용병서 'ㄳ'이 나타날 수 없다. (2)㉯『율곡용해』의 '修슈티'에서 보인 바와 같은 한자어이기 때문에 역시 종성 합용병서인 'ㅺ'은 나타날 수 없다. 반면에 (2)㉮『비율곡용해』'닷디, 닷곰'에서 보인 바와 같이 '/닦-/+/-디/→닷디'와 같이 세 자음이 연결되지 아니하였다. 또 '/닦-/+/-오-/+/-(ᄋ)ㅁ/→닷곰'과 같이 연철되었다. 역시 율곡본의 한자어와 비 율곡본의 고유어가 대립되었다. (3)(4)(5) '깄-(說)'을 검토한바 (3)㉮,㉯『논어언해』는 같이 '깃거혼대'가 실현되어 구분할 수 없다. 그러나 (4)(5)㉮『비율곡논해』와 '깃거티, 깃거ᄒ며'로 고유어이면서 연철한 모습이다. (4)(5)㉯『율곡논해』는 한자어 '說열티, 說열ᄒ며'와 같이 고유어와 한자어로 뚜렷이 구분된다.

3. 3. 3. 8. ㅭ

'ㅭ'이 모음과 연결되면 'ㅎ'은 다음 음절로 이어지며 'ㅭ'이 모두 표기상에 나타난다. 'ㄱ,ㄷ,ㅂ,ㅈ'과 연결되면 'ㅋ,ㅌ,ㅍ,ㅊ' 등으로 나타난다.

(1) 衣服多與人同而

㉮ 衣의服복이 <u>만히</u> 人인으로 더브러 同동ᄒ더
(MK.MJ13-33a/MY13-21b)

㉯ 衣의服복이 <u>만히</u> 人신으로 더브러 同동ᄒ더(MT13-28b)

㉰ 衣의服복이 <u>해</u> 人인과 더브러 혼 가지로더(MR13-26b)

(2) 歷年多

　㉮ 歷력年년이 만ㅎ야(MT9-25b/MK.MJ9-28a/MY9-17b)

　㉯ 年년을 歷력홈이 하 民민의게(MR5-27b)

(3) 子曰民可使由之 不可使知之

　㉮ 子ᄌᆞㅣ ᄀᆞ르샤디 民민을 可가히 ᄒᆞ여곰 由유케 ᄒᆞ려니와 可가히 ᄒᆡ여곰 知디케 몯ᄒᆞᄂᆞ니라 (NR2-34b)

　㉯ 子ᄌᆞㅣ ᄀᆞ르샤디 民민은 可가히 ᄒᆞ여곰 由유케 ᄒᆞ고 可가히 ᄒᆞ여곰 알게 몯ᄒᆞᄂᆞ니라.(NT2-30b/NK,NJ2-35a/NY2-23a)

(4) 曾子曰吾 日三省吾身 爲人謀而不忠乎 與朋友交而不信乎 傳不習乎

　㉮ 曾증子ᄌᆞㅣ ᄀᆞ르샤디 내 日일마다 三삼으로 내 몸을 省셩ᄒᆞ노니 人인을 爲위ᄒᆞ야 謀모호매 忠튱티 몯혼가 朋붕友우로 더브러 交교호매 信신티 몯혼가 傳뎐ᄒᆞ거슬 習습디 몯홀가 ᄒᆞ미니라.(NR1-2b)

　㉯ 曾증子ᄌᆞㅣ ᄀᆞ르샤디 내 날로 세 가지로 내 몸을 슬피노니 사ᄅᆞᆷ을 爲위ᄒᆞ야 謀모홈애 忠튱티 몯혼가 朋붕友우로 더브러 交교홈애 信신티 몯혼가 傳뎐코 習습디 몯혼개니라.(NT1-2b/NK/NJ1-2b/NY1-2a)

　(1), (2)에서 '多'의 언해에 율곡본만 '하-'를 사용하였고 비 율곡본에서는 '많-'을 선택하였다. 물론 모음과 연결되면 연철하였다. (1)㉮,㉯『비율곡맹해』에 '만히'에 비하여 (1)㉯『율곡맹해』의 '해'로써 같은 고유어이지만 다른 어휘를 택한 것이다. 의도적인 것으로 생각된다. (2)㉮『비율곡맹해』의 '만ㅎ야'에 비해 (2)㉯『율곡맹해』에는 '하'가 와서 역시 대조적이다. (3)㉮ '由유케, 知디케'는 종성 합용·병서와 연결된 'ㅎ'은 아니다. /-ㅎ-/+/-게/>/-ㅎ/+/-게/>-케의 과정을 거쳐서 형성된 것을 잘 아는 사실이다. 그래도 (3)㉯'알게'를 보면 역시 같은 형태로 단순하게 처리를

하지 않았다. 이점은 (4)㉮『율곡논해』의 '忠튱티, 信신티'도 (3)의 경우
와 같은 경우이다. 역시 본장에서도 율곡본과 비 율곡본의 차이를 잊지
않았다. (4)㉮『율곡논해』에서 '傳뎐흔거슬'로 된 것과 대응이 되는 (4)㉯
『비율곡논해』에서는 '傳뎐코'로 하여 ㉮『율곡논해』와 다르게 표현하여
확실히 구분하였다. (3)(4)의 경우는 다른 항목의 고유어와 한자어의 대
비나 전혀 다른 어휘를 택하지도 않고 어미활용을 통해서 차이점을 부
각시킨 사실이 또 다른 의미가 있다.

3.3.3.9. ㅀ

'ㅀ'도 모음과 만나면 'ㅎ'은 다음 음절로 연철되고 'ㄱ, ㄷ, ㅂ, ㅈ'과
연결되면 'ㅋ, ㅌ, ㅊ, ㅍ' 등으로 나타난다.

   (1) 自大夫出 五世希不失矣

    ㉮ 大대夫부로브터 나면 五오世셰예 <u>일티</u> 아니리 드믈고(NR4-22a)

    ㉯ 태우로브터 出츌ᄒᆞ면 五오世셰예 <u>失실티</u> 아니리 듬을고
    (NT4-19b/NK.NJ4-23a/NY4-15a)

   (2) 管簫之音擧疾首蹙頞而相告

    ㉮ 管관簫쇼ㅅ소리롤 듯고 다 머리 알ᄒᆞ며 니마 뼝긔여 서르 告고ᄒᆞ야
    (MR1-42a)

    ㉯ 管관簫쇼약의 音음을 듣고 다 首슈롤 <u>疾질(*아프다)</u>ᄒᆞ며 頞알(*이마)을
    蹙축ᄒᆞ야 서르 告고ᄒᆞ야 (MT.MK.MJ2-4a/MY2-3a)

   (1)㉮『율곡논해』에 '/잃-/+/-디/→일티'로 표기하였기 때문에 겉으로
'ㅀ'이 나타나지 않았고 '일티'와 같이 고유어로서 유기음화한 어미가 왔
다. (1)㉯『비율곡논해』에는 한자어 '失실티'가 왔기 때문에 'ㅀ'은 안 보

이고 'ㅎ'만 나타나 어미를 '-티'와 같이 유기음으로 만들었다. (2)㉮『율곡맹해』에는 '/앓-/+/-(ㅇ)며/→알ㅎ며'와 같이 'ㅀ'을 연철하였다. 그러나 (2)㉯『비율곡맹해』에는 한자어 '疾질ㅎ며'가 나타났기 때문에 종성 합용병서 'ㅀ'이 올 수 없다. 그래서 서로 구분이 된다.

요약하면 율곡본과 비 율곡본이 대립을 이룬다. 종성 합용병서의 경우도 고유어가 오면 어말에 합용병서의 형태가 나타나지만 한자어가 오면 어말 합용병서의 표기가 이루어지지 못한다. 대체로 분철과 연철로 또 구분을 하고 있다. 연철이 된 경우는 물론 어말 합용병서 표기는 나타나지 않고 세 자음이 연결될 때에도 생략되는 경우가 대부분이다. 특히 어말 합용병서 중에서 '-ㅀㄸ'이 율곡본에서는 나타나지 않고 비 율곡본에서는 고루 다 나타난다.

3.3.4. 받침 'ㅅ'과 'ㄷ'의 표기

이 'ㅅ' 받침과 'ㄷ' 받침의 문제는 훈민정음 당시부터 8종성가족용, 곧 8종성법으로부터 칠종성법을 거쳐 맞춤법 통일안이 나오기까지 많은 변화와 갖가지의 역정을 헤쳐 나온 국어 표기 체계 중 가장 난해한 문제 중의 하나일 것이다. 8종성 시대, 곧 받침에서 'ㄷ'과 'ㅅ'이 같이 거의 질서 정연하게 구별되어 쓰이다가 차츰 혼란이 가중되었다. 'ㅅ'과 ㄷ이 서로 넘나드는 대란을 겪으면서 'ㄷ>ㅅ'으로 정리가 되는, 곧, 7종성법이 이루어지기까지 그 중간의 와중에서 간행된 『사서언해』에서의 'ㄷ'과 'ㅅ'의 표기를 어떻게 다루었으며 각 간행본 사이에 어떤 차이나 공통점이 있는가 하는 문제의식을 가지고 살피고자 한다. 본고에서는 원리적인 문제, 곧 'ㅅ'과 'ㄷ'이 과연 8종성법 당시에 변별적 대립을 의식했느냐와 같은 논의는 삼가고자 한다. 다만 이 문헌에 나타난 사실에 역점을 두어 조사 분류 내지 분석하고자 한다.

(1) 信近於義 言可復也 恭近於禮

㉮ 信신이 義의의예 <u>近근</u>ᄒ면 言언을 可가히 復복ᄒ며 恭공이 禮례예 <u>近근</u>ᄒ면(NR1-7a)

㉯ 信신이 義의의예 <u>갓가오</u>면 言언을 可가히 復복ᄒ며 恭공이 禮례예 <u>갓가오</u>면(NT1-7a/NK,NJ1-7a/NY1-5a)

(2) 父母之年 不可不知也 一則以喜 一則以懼

㉮ 父부母모의 나홀 知지티 아니호미 <u>可가티</u> 아니ᄒ니 一일로는 뼈 <u>깃부</u>고 一일로는 뼈 두리오니라.(NR1-39b)

㉯ 父부母모의 나훈 可가히 知지(다:NT/NY/NJ)티 아니티 <u>몯홀</u> 꺼시니 一일로는 뼈 <u>깃브고</u> 一일로는 뼈 저프니라.(NT1-37b/NK,NJ1-40b/NY1-26a)

(3) 志不從

㉮ 志지의 <u>좃디</u> 아니ᄒ샤믈(NR1-38b)

㉯ 志지ㅣ <u>좃디</u> 아니ᄒ심을(NT1-36b/NK,NJ1-39b/NY1-25b)

(4) 行寡悔 祿在其中矣

㉮ 行ᄒᆡᆼ이 <u>悔회ㅣ</u> 寡과ᄒ면 祿록이 그 中듕의 <u>이시리니라</u>(NR1-16b)

㉯ 行ᄒᆡᆼ이뉘웃브미 젹으면 祿록이 그 가온대 <u>인ᄂ니라</u>
(NT1-15b/NK,NJ1-17a/NY1-11a)

(5) 哀公問曰何爲則民服

㉮ 哀ᄋᆡ公공이 <u>問문</u>ᄒ야 ᄀᆞᄅᄉᆞ샤디 엇디 ᄒ면 民민이 <u>服복</u>ᄒ리잇고
(NR1-17a)

㉯ 哀ᄋᆡ公공이 <u>문ᄌᆞ와</u> ᄀᆞᄅ샤디 <u>엇디</u> ᄒ면 民민이 <u>服복</u>ᄒ리잇고
(NK1-17a) (NT1-16a/NJ1-17a/NY1-11b)

(6) 恥躬之不逮也

㉮ 躬궁의 <u>밋디</u> 몯호몰 <u>붓그리미니라</u>(NR1-39b)

㉯ 몸의 <u>밋디</u> 몯홈을 <u>붓그림이니라</u>(NT1-37b/NK,NJ1-40b/NY1-26b)

(7) 不亦說乎

㉮ 쏘흔 <u>樂락홉디</u> 아니랴(NR1-1a)

㉯ 쏘흔 <u>깃브디</u> 아니ᄒ랴(NT1-1a/NK,NJ1-1a/NY1-1a)

(8) 或謂孔子曰 子奚不爲政

㉮ 或혹이 <u>孔공子ᄌ의</u> 닐러 굴오디 子ᄌ는 <u>엇디</u> 政졍을 ᄒ디 아니<u>ᄒ시닝</u> <u>잇고</u>(NR1-17a)

㉯ 或혹이 <u>孔공子ᄌ人의</u> 닐어 굴오디 子ᄌ는 <u>엇디</u> 政졍을 ᄒ디아니 ᄒ시 ᄂ닝잇고 (NT1-17a/NK,NJ1-18a/NY1-12a)

(9) 有朋自遠方來 不亦樂乎

㉮ <u>朋</u>이 遠원方방으로 브터 오 리 이시면 樂락홉디 아니랴(NR1-1a)

㉯ <u>버디</u> 遠원方방으로 브터 오면 쏘흔 즐겁디 아니ᄒ랴(NT.NJ.NY1-1a)

㉰ <u>벗이</u> 遠원方방으로 브터 오면 쏘흔 즐겁디 아니ᄒ랴(NK1-1a)

『논어언해』 자료 (1), (2), (4), (5), (7), (8), (9)의 ㉮『율곡논해』의 경우 '近ᄒ면, 可가티 아니ᄒ고, 悔회, 問문ᄒ야, 樂락홉디, 孔공子ᄌ의, 朋븡이' 등으로 한자어가 왔기 때문에 받침 'ㅅ, ㄷ'이 나타날 수 없다. 그러나 (1), (2), (4), (5), (7), (8)의 ㉯『비율곡논해』와 (9)㉯㉰『비율곡논해』에서는 (1)의 '갓가오면', (2)의 '몯홀꺼시니', (4)의 '뉘웃브미', (5)의 '묻ᄌ와', (7)의 '깃브디' (8)의 '孔공子ᄌ人의' (9)의 '버디, 버시'와 같이 나타나 'ㅅ,ㄷ' 받침이 왔으나 (1)㉮ - (9)㉮에서는 'ㅅ,ㄷ'받침이 없는 한자어가 와서 대립을 이룬다. 그러면 『율곡논해』에는 받침 'ㄷ, ㅅ'이 쓰인 경우가 없는가? 물론 있다. (2)㉮에 '깃부고', (2)㉯ '깃브고', (3)㉮ '좃디',

(3)㉯'좃디', (6)㉮ '밋디, 붓그리미니라' (6)㉯'밋디, 붓그림이니라' (8)㉮
'엇디, 아니ᄒ시니닝잇고', (8)㉯ '엇디'에서 보여 준 바와 같이 'ㅅ,ㄷ' 받
침이 왔으나 (8)㉮'아니하시닝잇고'만 제외하면 ㉯『비율곡논해』에도 'ㅅ,
ㄷ'이 공통으로 쓰였기 때문에『율곡논해』와『비율곡논해』가 같은 모습
이어서 서로 비교할 수 없다. (9)㉯에 '버디'에서와 같이 'ㄷ'이『교정논
해』,『전주논해』,『영영논해』에서 나타났고,『내각논해』에서는 '벗이'와
같이 'ㅅ'이 나타났다.

『논어언해』의 경우는『율곡논해』가 한자어로 되었기 때문에 받침'ㅅ,
ㄷ'이 배제되었고,『비율곡논해』에서는 다소 'ㅅ'이 많지만, 'ㄷ'도 같이
쓰였다. 특별히『율곡논해』의 경우는 받침 'ㄷ'이 쓰이지 않았다.

(1) 猶其四體也

　㉮ 그 四ᄉ體톄를 둠 곳ᄐ니(MR2-35a)

　㉯ 그 四ᄉ體톄를 둠 ᄀᄐ니(MT3-32b/MJ3-35b/MY3-23a)

　㉰ 그 四ᄉ體톄를 둠 곧ᄐ니(MK3-35b)

(2) 孟獻子 百乘之家也 有友五人焉

　㉮ 孟밍獻헌子ᄌ는 百빅乘승 집이라 벗 다ᄉ 사람을 둣더니(MR5-52b)

　㉯ 孟밍獻헌子ᄌㅣ 百빅乘승ㅅ家가ㅣ 라 벋 五오人ᅀᅵᆫ을 둣더니
(MT10-12b)

　㉰ 孟밍獻헌子ᄌ는 百빅乘승ㅅ家가ㅣ 라 벋 五오人인을 둣더니
(MK.MJ10-14a/MY10-9a)

(3) 吾不忍其觳觫若無罪而 就死地 對曰然則廢釁鐘與 曰何可廢也
以羊易之 不識有諸 曰有之 曰是心 足以王矣 百姓 皆以王爲愛也
臣 固知王之不忍也 王曰然 誠有百姓者 齊國雖褊小 吾何愛一牛
卽不忍其觳觫若無罪而就死地 故以羊易之也

㉮ 내 그 穀곡觫속히 罪죄 업시 死ᄉ地디예 나아가는 줄을 ᄎᆞᆷ디 몯ᄒᆞ노
라. 對더ᄒᆞ야 ᄀᆞᆯ오ᄃᆡ 그러면 釁혼鍾죵을 廢폐ᄒᆞ리잇가? ᄀᆞᆮ샤ᄃᆡ 엇디 可
가히 廢폐ᄒᆞ리오? 羊양ᄋᆞ로ᄡᅥ 밧ᄀᆞ라 ᄒᆞ시다 ᄒᆞ니 아디 몯거이다! 잇ᄂᆞ니
잇가? ᄀᆞᆮ샤ᄃᆡ 잇ᄂᆞ니이다. ᄀᆞᆮ샤ᄃᆡ 이 ᄆᆞᅀᆞᆷ이 足죡히 ᄡᅥ 王왕ᄒᆞ시리이
다. 百ᄇᆡᆨ姓셩은 다 王왕ᄋᆞ로ᄡᅥ 앗기시다 ᄒᆞ건마ᄂᆞᆫ 臣신은 진실로 王왕의
ᄎᆞᆷ디 몯ᄒᆞ신 줄을 아노이다. 王왕이 ᄀᆞᆮ샤ᄃᆡ 그러타 진실로 百ᄇᆡᆨ姓셩의
녀기미 잇거니와 齊졔ㅅ나라히 비록 褊편小쇼ᄒᆞ나 내 엇디 ᄒᆞᆫ 쇼ᄅᆞᆯ 앗기
리오? 곳 그 穀곡觫속히 罪죄 업시 死ᄉ地디예 나아가는 줄을 ᄎᆞᆷ디 몯ᄒᆞ
ᄂᆞ 다라. 故고로 羊양ᄋᆞ로ᄡᅥ 밧고이다(MR1-21a,b,22a,b)

㉯ 내 그 穀곡觫속(*두려워하는모양)히 無무罪죄ᄒᆞᆫ 거시 死ᄉ地디예 就
취ᄒᆞᄂᆞ 둣홈을 ᄎᆞᆷ디 몯ᄒᆞ노라. 對더ᄒᆞ야 ᄀᆞᆯ오ᄃᆡ 그러면 鍾죵釁혼홈을 廢
폐ᄒᆞ리잇가? ᄀᆞᆯᄋᆞ샤ᄃᆡ 엇디 可가히 廢폐ᄒᆞ리오. 羊양ᄋᆞ로ᄡᅥ 易역ᄒᆞ라 ᄒᆞ
샤소니 아디 몯게이다 인ᄂᆞ니잇㉮ ᄀᆞᆯᄋᆞ샤ᄃᆡ 인ᄂᆞ니이다. ᄀᆞᆯᄋᆞ샤ᄃᆡ 이 ᄆᆞᅀᆞᆷ
이 足죡히 ᄡᅥ 王왕ᄒᆞ리이다. 百ᄇᆡᆨ姓셩은 다 王왕ᄋᆞ로ᄡᅥ 愛ᄋᆡᄒᆞ다. ᄒᆞ거니
와 臣신온 진실로 王왕의 忍신티 몯ᄒᆞ시믈 아ᄂᆞ이다. 王왕이 ᄀᆞᆯᄋᆞ샤ᄃᆡ 然
연ᄒᆞ다. 진실로 百ᄇᆡᆨ姓셩인 者쟈ㅣ 잇도다. 마ᄂᆞᆫ 齊졔國국이 비록 褊편(*
좁다)ᄒᆞ고 小쇼ᄒᆞ나 내 엇디 ᄒᆞᆫ 牛우를 愛ᄋᆡᄒᆞ리오? 곧 그 穀곡觫속히 無
무罪죄ᄒᆞᆫ 거시 死ᄉ地디예 就취ᄒᆞᄂᆞ 둣홈을 참디 몯ᄒᆞᆫ다라. 故고로 羊양
ᄋᆞ로ᄡᅥ 易역ᄒᆞ이다. (MT1-21b, 22a, b, 23a, b, 24a /MK /MJ1-21a, b,
22a, b, 23a /MY1-14a, b)

(4) 天下之本 在國 國之本 在家 家之本 在身

㉮ 天텬下하의 本본은 國국에 잇고 國국의 本본은 家가에 잇고 家가의
本본은 身신에 잇ᄂᆞ니라(MR4-11b).

㉯ 天텬下하의 本본은 國국에 잇고 國국의 本본은 家가에 잇고 家가의
本본은 身신에 인ᄂᆞ니라(MT/MK/MJ7-11b,12a/MY7-8b)

(5) 彰有德… 三命… 四命… 無專殺大夫 五命… 無有封而不告 曰凡
    我同盟之人… 今之諸侯…

⑦ 德덕 둣논 이룰 彰챵ㅎ라 ㅎ고 三命에 …幼유룰 慈ᄌᆞㅎ며 賓빈旅려
룰 넛디 말라 ㅎ고, 굴오다 믈읫 우리 … 好호에 歸귀홀 거시라 ㅎ니 …
(MR6-51b,52a,b)

㉯ 有유德덕을 彰챵ㅎ라 ㅎ고 셴재 命명ㅎ야… 幼유룰 慈ᄌᆞ하며 賓빈旅
려룰 忘망티 말라 ㅎ고 녿재 命명ㅎ야… 태우룰 專젼殺살티 말라 ㅎ고 다
솟재 命명ㅎ야… 封봉홈이 잇고 告고티 아니티 말라 ㅎ고 굴오다 믈읫 우
리 … 의젯 諸져侯후ㅣ … 의젯 諸져侯후논…
(MT/MK/MJ12-25a,b,26a,/MY12-16a,b).

『맹자언해』자료 (1)㉯『내각맹해』에 '곧ᄐᆞ니'로 받침 'ㄷ'이 왔고 (1)⑦,
㉯『비내각맹해』에서는 받침 'ㅅ'(ᄀᆞᆺᄐᆞ니)이 왔다. 이는 내각판 대 비내각
판의 대립 구조를 이룬다.

(2)⑦『율곡맹해』에는 역시 받침 'ㅅ'(벗)이 왔고, (2)㉯,㉯『비율곡맹해』
에서는 받침 'ㄷ'(벋이)이 왔다. 나머지 '듯더니'는 모두 'ㅅ'으로 공통이
다. 한편 (2)⑦『율곡맹해』에서 '다숫'으로 받침 'ㅅ'이 왔으나 (2)㉯,㉯『비
율곡맹해』에는 한자어가 왔기 때문에 받침 'ㅅ, ㄷ'이 올 수 없게 되어
고유어로서 'ㅅ,ㄷ'이 올 수 있는 어휘와 구분된다. (2)⑦『율곡맹해』의
'百빅乘승 집이라'와 같이 속격 'ㅅ'이 없으나, (2)㉯,㉯『비율곡맹해』의
'百빅乘승ㅅ家가라'에서는 속격 'ㅅ'이 왔다.

다음은 (3)⑦『율곡맹해』에서는 먼저 받침 'ㄷ'을 내세운 '몯ㅎ노라, 몯
거이다, 몯ㅎ신, 몯ㅎ논' 등에서 보는 바와 같이 '-디 몯ㅎ-'형의 불능부
정문의 형태에서는 받침'ㄷ'이 온 것을 알 수 있다. 그 밖의 경우는 받침
'ㅅ'으로 '-리잇가, 엇디, 밧고라, 잇ᄂᆞ니잇가'가 왔다. (3)㉯『비율곡맹해』
에서도 받침 'ㄷ(몯ㅎ노라, 몯게이다, 곧, 몯ㅎ디라)'이 '-디 몯ㅎ-'와 같은
불능부정문에 나타나는 것은 같다. ㉯의 '곧'에 대하여 ⑦의 '곳'으로 대
립이 된다. 역시 (3)㉯『비율곡맹해』와 (3)⑦『율곡맹해』에서 '-리잇가'는

공통이다. 모두 'ㅅ'이 왔다. (3)㉮『율곡맹해』에서 '잇ᄂ니잇가'에 대하여 (3)㉯『비율곡맹해』에서는 '인ᄂ니잇고'는 동화가 나타났는데 '인-'은 받침 'ㄷ'으로 'ㄴ'위의 동일계의 'ㄷ'이 역시 동계인 'ㄴ'으로 동화한 것으로 보아야 할 것이다. 동화현상이 표기에 드러난 것은 음성중심 표기형태임을 알 수 있다. 또 (3)㉮『율곡맹해』에서 '나아 가는 줄을'에는 받침 'ㅅ'이 없는 데 비하여 (3)㉯『비율곡맹해』에서는 '就취ᄒᄂ 돗홈을'로 되어서 'ᄒᄂ- 돗ᄒ-'에 'ㅅ'받침을 사용하였다.

다음은 (4)㉮『율곡맹해』의 경우 받침 'ㄷ'은 없고 받침 'ㅅ(잇고, 잇ᄂ이다)'만 나타난다. 반면 (4)㉯『비율곡맹해』에는 '잇고, 인ᄂ나라'로 되었다. '잇고'는 ㅅ받침이지만 '인ᄂ나라'에서 /읻-/+/-ᄂ나라/→'인ᄂ나라'로 역시 '-ㄷ'이 '-ㄴ'으로 동화한 것이다.

(5)㉮『율곡맹해』에는 'ㄷ' 받침이 하나도 나타나지 않는데, (5)㉯『비율곡맹해』에서는 '셋재, 넫재'와 같이 'ㄷ'받침을 한 서수사(序數詞)가 보인다. 이에 대응되는 (5)㉮『율곡맹해』에서는 한자어인 '三삼, 四ᄉ'가 채택되었기 때문에 받침 'ㄷ'이 올 수 없었다. 반대로 (5)㉮『율곡맹해』에 '닛디, 둣ᄂ'에 대하여 (5)㉯『비율곡맹해』에서는 '忘망티, 有유'와 같이 한자어로 되었기 때문에 서로 구분되는 형태다. 또 (5)㉯『비율곡맹해』의 '잇고'에 대하여 (5)㉮『율곡맹해』에서 고유어 '두되'를 택했기 때문에 'ㅅ'받침이 올 수 없었다. (5)㉯『비율곡맹해』에서 '이젯'에는 'ㅅ'이 있으나 (5)㉮『율곡맹해』에서는 'ㅅ'이 없는 '이제'를 선택하였기 때문에 'ㅅ'의 유무로 서로 구분된다.

결과적으로 보면『맹자언해』에서 받침 'ㄷ'은 '-디 몯ᄒ-'와 같은 불능부정문에 왔다. 나머지는 받침 'ㅅ,ㄷ'이 특별히 쓰여야 한다는 당위성이나 음운론적인 규칙은 없고 임의로 썼으며 혼란한 불일치이다. 반면 한자어와 고유어가 대응되어서 받침 'ㄷ,ㅅ'이 나타날 것인가 아닌가가 결

정되는 형태다. 다시 말하면 한 쪽이 한자어가 쓰이면 당연히 그 자료에
는 받침 'ㅅ,ㄷ'이 올 수 없는 상태가 된다. 반면 고유어가 쓰이면 'ㅅ,ㄷ'
이 올 수 있으나 이것 역시 ㉮,㉯를 구분 못 할 만큼 혼용되어서 규칙을
찾을 수 없다. 『율곡맹해』에서는 역시 'ㄷ'이 오지 않았다.

(6) 君子 戒愼乎其所不睹 恐懼乎其所不聞

㉮ 君군子ㅈ는 그 보디 <u>아닌</u> 바의 戒계愼신ᄒ며 그 듣디 <u>아닌</u> 바의 恐공
懼구ᄒ느니라. (CR-1b,2a).

㉯ 君군子ㅈ는 그 보디 <u>몯ᄒᄂ</u> 바에 戒계愼신ᄒ며 그 듣디 <u>몯ᄒᄂ</u> 바에
恐공懼구ᄒᄂ니라.(CT/CK/CJ/CM-1b,2a/CY-1a,b)

(7) 道之不行也 我知之矣… 愚者不及也 道之不明也我知之矣… 不
肖者 不及也

㉮ 道도의 行ᄒᆡᆼ티 <u>몯호몰</u> 내 아노니… 愚우ᄒᆞᆫ 者쟈는 及급디 <u>몯홀</u> 시오
道도의 明명티 <u>몯호몰</u> 내 아노니…不블肖쵸ᄒᆞᆫ 者쟈는 及급디 <u>몯홀</u> 시니
라.(CR-4a)

㉯ 道도의 行ᄒᆡᆼ티 <u>몯홈을</u> 내 아노라… 愚우ᄒᆞᆫ 者쟈는 及급디 <u>몯ᄒᄂ니라</u>.
道의 明명티 <u>몯홈을</u> 내 아노라… 不블肖쵸ᄒᆞᆫ 者쟈는 及급디 <u>몯ᄒᄂ니라</u>
(CT/CK/CJ/CM-4a/CY-3a) (몯:CY:57. CR:57)(못:CY:1 CR:0)

(8) 在下位 不獲乎上 民不可得而治矣 獲乎上 有道 不信乎朋友 不獲
乎上矣 信乎朋友 有道 不順乎親 不信乎朋友矣 順乎親有道 反諸
身不誠 不順乎親矣 誠身有道 不明乎善 不誠乎身矣

㉮ 下하位위예 이셔 上샹의게 獲획디 <u>몯ᄒ면</u> 民민을 可가히 시러곰 治티
티 <u>몯ᄒ리니</u> 上샹의게 獲획호미 道도ㅣ 이시니 朋붕友우의게 信신티 몯
ᄒ면 上샹의게 獲획디 <u>몯홀디오</u> 朋붕友우의게 信신호미 道도ㅣ 이시니
親친의게 順순티 몯ᄒ면 朋붕友우의게 信신티 <u>몯홀디오</u> 親친의게 順순
호미 道도ㅣ 이시니 身신의 反반호매 誠셩티 <u>몯ᄒ면</u> 親친의게 順순티 <u>몯</u>

홀 디오 身신을 誠셩호미 道도ㅣ 이시니 善션의 明명티 몯ᄒ면 身신의
誠셩티 몯홀 디니이다(CR-34b,35a)

㉯ 아랫 位위예 이셔 우희 獲획디 몯ᄒ면 民민을 可가히 시러곰 다ᄉ리디
몯ᄒ리라. 우희 獲획홈이 道도ㅣ 이시니 朋븡友우에 믿브디 몯ᄒ면 우희
獲획디 몯ᄒ리라. 朋븡友우에 믿븀이 道도ㅣ 이시니 어버의게 順슌티 몯
ᄒ면 朋븡友우에 믿브디 몯ᄒ리라. 어버의게 順슌홈이 道도ㅣ 이시니 몸
애 反반ᄒ야 誠셩티 몯ᄒ면 어버의게 順슌티 몯ᄒ리라. 몸을 誠셩히욤이
道도ㅣ 이시니 善션에 붉디 몯ᄒ면 몸을 誠셩티 몯ᄒ리라
(CT/CK/CJ/CM-34b,35a/CY-22b).

다음은 『중용언해』 자료 (6)㉮『율곡용해』에는 '-디 아닌'을 선택하여
썼기 때문에 받침 'ㄷ'이 올 수 없었고, 이에 대하여 (6)㉯『비율곡용해』
에서는 '-디 몯ᄒ-'와 같이 긴 불능부정문으로 되어서 받침 'ㄷ'이 올 수
있는 결과를 낳았다. 고로 (6)에서는 ㉮『율곡용해』와 ㉯『비율곡용해』의
차이는 ㉮의 긴 일반부정문을 취했기 때문에 받침 'ㄷ'이 올 수 없었고,
㉯에는 긴 불능 부정문이 되었기 때문에 받침 'ㄷ'이 올 수 있었다. 이와
같이 문법 형태와 관련하여 받침 'ㄷ'의 유무가 결정되고 그 결과 율곡본
과 비 율곡본의 차이도 나타난다. (7)㉮『율곡용해』와 ㉯.『비율곡용해』
에서는 같이 불능부정문이 왔기 때문에 '-디 몯ᄒ-'로 공통이나 그 활용
에서 차이를 찾을 수 있다.

(8)㉮『율곡용해』에 부정문 '獲획디 몯ᄒ면'이 (8)㉯『비율곡용해』에서
도 같이 실현 되었으나, ㉮『율곡용해』의 '治티티 몯ᄒ면'에는 받침 'ㄷ'이
올 수 있지만, ㉯『비율곡용해』의 경우 고유어 '다ᄉ리디 못ᄒ리라'에서
는 받침 'ㅅ'이 왔다. 이 예를 제외하면 ㉮,㉯ 모두 '몯ᄒ-'가 공통이다.
그러나 『율곡용해』에 '信신티 몯홀디오'에 대한 ㉯『비율곡용해』에는 '믿
브디 몯ᄒ면'으로 '믿브디'에 대하여 '信신티'로 한자어와 고유어의 차이

로 받침 'ㄷ'의 유무가 결정되었다. 나머지 ㉮『율곡용해』의 '下하位위예'
에 대하여 ㉯『비율곡용해』에는 '아랫 位위예'로 속격 'ㅅ'이 받침으로 채
택되었다.

(9) 君子終不可諠兮者 道盛德至善民之不能忘也 詩云於戲前王不忘
君子 賢其賢而親其親 小人 樂其樂而利其利此以沒世不忘

㉮ 君군子ᄌ 므춤내 可가히 닛디 몯호믄 盛셩ᄒᆞᆫ 德덕과 지극ᄒᆞᆫ 善션을
民민이 能능히 닛디 몯호믈 니ᄅᆞ니라. 詩시예 닐오디 於오戲호ㅣ라! 前
젼王왕을 닛디 몯ᄒᆞ리로다 ᄒᆞ니 君군子ᄌᆞᄂᆞᆫ 그 賢현ᄒᆞ샤믈 賢현히 너기
며 그 親친ᄒᆞ샤믈 親친히 너기시고 小쇼人인은 그 樂락게 ᄒᆞ샤믈 樂락히
너기며 그 利리케 ᄒᆞ샤믈 利리히 너기ᄂᆞᆫ디라 이 뻐 世셰沒몰 ᄒᆞ더 닛디
몯호미니라.(DR-8b,9a)

㉯ 君군子ᄌ ㅣ여 므춤내 可가히 닛디 몯ᄒᆞ리로다 홈은 盛셩ᄒᆞᆫ 德덕과 지
극ᄒᆞᆫ 善션을 民민의 能능히 닛디 몯홈을 니ᄅᆞ니라. 詩시예 닐오디 於오戲
호(*감탄할오서러울호乎)ㅣ라! 前젼 王왕을 닛디 몯ᄒᆞ리로다
(DT/DK/DJ-8b/DY-5b)

(10) 盖人心之靈 莫不有知 而天下之物 莫不有理 惟於理有未窮 故其
知有未盡也 是以大學始敎 必使學者 卽凡天下之物莫不因其己知
之理

㉮ 人心의 靈이 知ㅣ 잇지 아닌 이 업고 天下앳 物이 理ㅣ 잇지 아닌
이 업스니 오직 理예 窮치 몯호미 잇ᄂᆞᆫ지라. 故로 그 知ㅣ 盡치 몯호미
잇ᄂᆞ니 일로뻐 大學 비로소 ᄀᆞᄅ치매 반ᄃᆞ시 學者로 ᄒᆞ여곰 믈읫 天下의
物의 卽ᄒᆞ야 그 임의 아는 理룰 因ᄒᆞ야 (DR-11a)

㉯ 人신心심의 靈령이 知디ㅣ 잇디 아님이 업고 天텬下하앳 物믈이 理
리ㅣ 잇디 아닌 이 업건마ᄂᆞᆫ 오직 理리예 窮궁티 몯홈이 인ᄂᆞ 故고로 그
知디ㅣ 盡진티 몯홈이 인ᄂᆞ니 일로뻐 大대學혹 비로소 ᄀᆞᄅ치매 반ᄃᆞ시
學혹者쟈로 ᄒᆞ여곰 믈읫 天텬下하앳 物믈에 卽즉ᄒᆞ야 그 이믜 아는 理리
를 因인ᄒᆞ야 (DT-11b)

㉰ 人인心심의 靈령이 知디ㅣ 잇디 아님이 업고 天텬下하앳 物믈이 理
리ㅣ 잇디 아닌 이 업건마는 오직 理리예 窮궁티 몯홈의 인눈 故고로 그
知디ㅣ 盡진티 몯홈의 인느니 일로뻐 大대學혹 비로소 ᄀᆞᄅ치매 반듯시
學혹者쟈로 ᄒᆞ여곰믈읫 天텬下하앳 物믈에 卽즉ᄒᆞ야 그 이믜 아는 理리
를 因인ᄒᆞ야 (DK-11b/DY-7b)

㉱ 人인心심의 靈령이 知디ㅣ 잇디 아님이 업고 天텬下하앳 物믈이 理
리ㅣ 잇디 아닌 이 업건마는 오직 理리예 窮궁티 몯홈의 인눈 故고로 그
知디ㅣ 盡딘티 몯홈의 인느니 일로뻐 大대學혹이 비로소 ᄀᆞᄅ치매 반ᄃᆞ
시 學혹者쟈로 ᄒᆞ여곰 믈읫 天텬下하앳 物믈에 卽즉ᄒᆞ야 그 이믜 아는
理리를 因인ᄒᆞ야 (DJ-11a)

(9)㉮『율곡학해』에서 부정문 '닛디 몯호믈 니ᄅᆞ니라'로 되어 ㉯『비율
곡학해』의 '닛디 몯홈을 니ᄅᆞ니라.'로 받침 'ㅅ, ㄷ'은 같이 실현되었다. ㉮
『율곡학해』에서도 '몯호믈'이 되었고 ㉯『비율곡학해』도 '몯홈을'이 실현
되어 받침 'ㄷ'이 ㉮,㉯에 같이 나타났다.

(10)㉮『율곡학해』의 일반 부정문 '잇지 아닌'에 대하여 ㉯,㉰『비율곡
학해』에서도 '잇디 아닌'으로 받침 'ㅅ'이 같이 쓰였다.

『비율곡학해』가 고형으로 볼 수 있다. 다음은 ㉮『율곡학해』에 '盡치
못호미 잇눈지라'에 받침 'ㅅ'이 채택되었다. ㉮에서는 자음동화가 배제
되었으나 ㉯,㉰『비율곡학해』의 경우는 '인느니' 로 받침 'ㄷ'이 'ㄴ'으로
동화된 형태를 표기에 반영되었다. 그리고 위에서 지적한 일반 부정문의
구개음화를 제외한 불능 부정문에서는 모두 '몯ᄒᆞ-'로 되어 받침 'ㄷ'이
나타난다.

3.3.5. 요약

『논어언해』의 경우는『율곡논해』가 한자어로 되었기 때문에 받침 'ㅅ,
ㄷ'이 배제되었고,『비율곡논해』에서는 다소 'ㅅ'이 많지만, 'ㄷ'도 같이

쓰였다. 특별히 『율곡논해』의 경우는 받침 'ㄷ'이 쓰이지 않았다.

『맹자언해』에서 받침 'ㄷ'은 '-디 몯ㅎ-'와 같은 불능부정문에 왔다. 나머지는 받침 'ㅅ,ㄷ'이 특별히 쓰여야 한다는 당위성이나 음운론적인 규칙은 없고 임의로 썼으며 혼란한 불일치이다. 반면 한자어와 고유어가 대응되어서 받침 'ㄷ,ㅅ'이 나타날 것인가 아닌가가 결정되는 형태다. 다시 말하면 한 쪽이 한자어가 쓰이면 당연히 그 자료에는 받침 'ㅅ,ㄷ'이 올 수 없는 상태가 된다. 반면 고유어가 쓰이면 'ㅅ,ㄷ'이 올 수 있으나 이것 역시 ㉮,㉯를 구분 못할 만큼 혼용되어서 규칙을 찾을 수 없다. 『율곡맹해』에서는 역시 'ㄷ'이 오지 않았다.

㉮『율곡용해』와 ㉯『비율곡용해』의 차이는 ㉮의 긴 일반부정문을 취했기 때문에 받침 'ㄷ'이 올 수 없었고, ㉯에는 긴 불능 부정문이 되었기 때문에 받침 'ㄷ'이 올 수 있었다. 이와 같이 문법 형태와 관련하여 받침 'ㄷ'의 유무가 결정되고 그 결과 율곡본과 비 율곡본의 차이도 나타난다. 『율곡용해』에 '信신티 몯홀디오'에 대한 ㉯『비율곡용해』에는 '믿브디 몯ㅎ면'으로 '믿브디'에 대하여 '信신티'로 한자어와 고유어의 차이로 받침 'ㄷ'의 유무가 결정되었다.

㉮『율곡학해』와 ㉯『비율곡학해』에서 받침 'ㅅ,ㄷ'은 같이 실현되었다. 반면에 받침 'ㄷ'도 ㉮,㉯에 같이 나타났다. 위에서 지적한 일반 부정문의 구개음화를 제외한 불능 부정문에서는 모두 '몯ㅎ-'로 되어 받침 'ㄷ'이 나타난다.

3.4. 음운의 비교

3.4.1. 구개음화

국어사에서 구개음화라면 'i, y' 앞에서 'ㄷ,ㅌ,ㄸ'이나 'ㄱ,ㅋ,ㄲ'이 'ㅈ,

ㅊ,ㅉ'으로 변하는 현상을 말하는데 , 이런 변화는 남부 제방언에서 매우 일찍 일어나 북상한 것으로 믿어진다.[43] 물론 이 이외에 'ㄴ,ㄹ,ㅅ,ㅎ' 등의 구개음화도 있으나 본고에서는 논외로 한다.

지금까지 연구한 업적들을 토대로 하면 고유어에서의 구개음화는 18세기 초에 비 어두 음절에서부터 시작하여 차차 어두 음절에까지 확대되어 18세기 후기에 와서 완성된 것으로 판단한다. 그러면 우리가 검토하고 있는 『사서언해』에서는 어떻게 실현되었는가를 살펴보기로 한다. 먼저 t계의 구개음화를 일으킬 수 있는 환경에서 아직 구개음화하지 아니한 것과 구개음화한 자료들을 선별하여 각 판본의 실상을 분석 비교하기로 한다.

3. 4. 1. 1. 구개음화하지 않은 경우

음운 환경으로는 구개음화할 환경인데도 구개음화가 실현되지 않은 경우가 있다. 물론 교정청본이나 율곡본의 언해가 이루어진 시기는 구개음화가 활발하지 않았던 것을 잘 안다. 그런데 구개음화가 국어에 활발히 진행된 후대에 간행한 내각장판, 영영중간본, 전주본에서도 구개음화가 실현되지 않은 어휘를 접하는 경우가 많다. 구개음화가 실현되지 않은 경우를 두 가지로 생각할 수 있다. 첫째는 구개음화할 수 있는 고유어인데 아직 구개음화가 실현되지 않은 경우이고, 둘째는 같은 한문 원문을 언해하는데 고유어를 선택했다면 구개음화가 실현될 수 있는데 구개음화할 수 없는 한자어로 번역하여 구개음화가 실현되지 않은 경우이다. 이것은 표기의 보수성이라든지 언해자의 어휘 선택의 취향 등으로

---

43) 이기문(1973), p.196. 물론 'ㅈ' 자체가 설단 파찰음 'ㅈ'이 경구개파찰음 'ㅈ'으로 경구개음화가 먼저 일어난 뒤에 가능한 것은 주지의 사실이다. t의 구개음화 이후에 k, h, n, l, s 등도 구개음화가 활발하게 이루어진 것을 역시 잘 알고 있다.

일어나는 현상이라고 생각한다. 그런 복합적인 요인으로 구개음화가 실
현되지 않은 자료들을 검토하고자 한다. 이 작업은『사서언해』가 얼마나
구개음화하였는가를 파악하기 위하여 구개음화에 대한 긍정적인 부분과
부정적인 부분을 비교하여 좀더 구개음화에 대한 깊은 관찰을 하기 위
함이다.

(1) 不失其親

  ㉮ 그 親친홀 더롤 失실티 아니면(NR1-7b)

  ㉯ 그 親친홀 이롤 일티 아니ᄒ면(NT1-7a/NK.NJ1-7b/NY1-5a)

(2) 爲禮不敬

  ㉮ 禮례를 호디 敬경티 아니ᄒ며
  (NR1-31b/NT1-30a/NK/NJ1-32b/NY1-21a)

(3) 不善不能改 是吾憂也

  ㉮ 善션티 아닌 거술 能능히 改긔티 몯호미 이 내 시름이니라(NR2-15b)

  ㉯ 善션티 몯흔 거슬 能능히 고티디 몯홈이 이 내의 시름이니라
  (NT2-16b/NK/.NJ2-15b/NY2-10b)

(4) 不堪其憂

  ㉮ 그 시름을 견듸디 몯ᄒ거늘(MR4-67a)

  ㉯ 그 憂우롤 堪감티 몯ᄒ거늘(MT.MK.MJ.8-28b)

(5) 聖人復起不易吾言矣

  ㉮ 聖셩人인이 다시 起긔홀디라도 내 말을 고티디 아니시리라(MR3-73a)

  ㉯ 聖셩人인이 다시 起긔ᄒ샤도 내 言언을 易역디 아니시리라
  (MK/.MJ6-35a/MY6-22a)

㉰ 聖셩人신이 다시 <u>起긔ᄒᆞ샤도</u> 내 말을 <u>易역디</u> 아니시리라(MT6-35a)

(6) 身不失天下之顯名

㉮ 天텬下하읫 顯현名명을 <u>일티</u> 아니ᄒᆞ시며(CR-21a)

㉯ 天텬下하읫 顯현훈 일홈을 <u>일티</u> 아니ᄒᆞ샤
(CT-19b/CK./CJ-21a/CY-14a)

(7) 嘉善而矜不能

㉮ <u>善션</u>을 嘉가히 ᄒᆞ고 <u>不블能능</u>을 矜긍호믄 (CR-33a)

㉯ <u>어딘</u> 이롤 아룸다이 너기고 <u>能능티 몯훈</u> 이롤 에엿비 너김은
(CT-30a/CK./CJ-33a/CY-21b)

(8) 此謂身不修 不可以齊其家

㉮ 이 닐온 身신이 <u>修슈티</u> 몯ᄒᆞ면 可가히 ᄡᅥ 그 家가를 <u>齊졔티</u> 몯호미니
라(DR16a)

㉯ 이 닐온 몸이 <u>닷디</u> 아니면 可가히 ᄡᅥ 그 집을 <u>ᄀ즈기 ᄒᆞ디</u> 몯홈이니라
(DT15a/DK16b/DJ16b/DY10b)

  위에 제시한 (1) - (8)의 자료는 구개음화할 수 있는 환경이나 실현되
지 않은 것들이다. (1) - (4)의 밑줄 그은 예들은 구개음화 환경에 들어
있으나 구개음화하지 않은 것이지만 (5)㉯,㉰는 (5)㉮의 '훌디라도'와는
달리 'ᄒᆞ샤도'라는 구개음화 할 수 있는 '-디'가 없는 어휘를 택했기 때
문에 't'는 구개음화할 수 없었다. (7)㉮에 있는 '善션과 不能'은 구개음
화 환경이 물론 아니다. 그러나 '善션'을 (7)㉯의 경우와 같이 '어딘'이나
'能능티'와 같은 어휘를 택했다면 구개음화를 완전히 배제하지는 못할
것이다. 물론 (7)㉯와 같이 '어딘, 能능티'는 구개음화할 수 있는 환경이
지만 실현되지 않은 것이다. (8)의 경우도 밑줄 그은 4개의 자료들도 모

두 구개음화의 환경임에도 불구하고 아직 구개음화하지 않은 자료이다.

요약하면 5종의 『사서언해』들은 구개음화하지 않은 어휘가 많은 문헌들이다. 그러나 다음 예들은 같은 문헌인데 부분적으로 구개음화한 경우이다.

3.4.1.2. 구개음화가 일어난 경우

구개음화할 수 있는 환경 조건을 갖춘 문헌 자료이나 5종의 『사서언해』 중에 어느 일부 문헌은 구개음화가 실현된 경우와 실현되지 않은 경우가 있다. 물론 언해를 하였으나 어휘 선택에서 구개음화와 관계없는 어휘를 채택한 경우와 구개음화가 가능한 조건에 해당되는 경우에도 실현된 경우와 실현되지 않은 경우가 있다. 그 구체적인 이유나 원인은 찾을 수 없다. 다만 어느 문헌이 이루어지고 어느 문헌은 이루어지지 않았는가 하는 그 사실만 찾아 비교하고자 한다.

(1) 公冶長

　㉮ 公공冶야長댱(NT1-38b/NR1-40b/NJ1-41b/NY1-27a)

　㉯ 公공冶야長쟝(NK1-41b)

(2) 管仲

　㉮管관仲듕

　(NT1-27b/NR1-28b/NJ1-29b/NY1-19b)(MR2-1a/MJ3-1a/MY3-1a)

　㉯ 管관仲즁(NK1-29b)(MK3-1a)

(3) 不敢以陳於王前

　㉮ 敢감히 뻐 王왕 압히 陳진티 아니ᄒᆞ노니(MR2-49a)

　㉯ 敢감히 뻐 王왕 前뎐에 陳진티 아니ᄒᆞ노니(MK4-7b)

㉱ 敢감히 뻐 王왕前젼에 陳딘티 아니ᄒ노니(MT4-7b/MJ4-7b/MY4-5a)

(4) 則其長上之死而不救 如之何則可也

㉮ 그 長쟝上샹의 죽기를疾질視시ᄒ고救구티 아니ᄒ니 엇디 ᄒ면 可가ᄒ니잇고 (MR1-75a)

㉯ 그 長쟝上샹의 死ᄉ를 疾질視시ᄒ고 救구티 아니ᄒ니 엇디 ᄒ면 可가ᄒ니잇고(MK2-38a)

㉰ 그 長댱上샹의 死ᄉ를 疾질視시ᄒ고 救구티 아니ᄒ니 엇디 ᄒ면 可가ᄒ니잇고 (MJ2-38a)/MT2-37b/MY2-24a)

(5) 心勿忘 勿助長也 無若宋人然

㉮ 心심에 닛디 말며 長댱을 助조티 마라 宋송人인ᄀ티 마롤띠어다 (MT3-16a)

㉯ ᄆᆞ음에 닛디 말며 長댱을 助조티 마라 宋송人인 ᄀᆞ티 마롤디니 (MR2-17b)

㉰ 心심에 닛디 말며 長댱을 助조티 마라 宋송人인ᄀ티 마롤띠어다 (MJ3-17b/MY3-11a)

㉱ 心심에 닛디 말며 長쟝을 助조티 마라 宋송人인ᄀ티 마롤띠어다 (MK3-17b)

(6) 四境之內不治 則如之何

㉮ 四ᄉ境경의 안히 다스리디 몯ᄒ면 엇디 ᄒ리잇고(MR1-62b)

㉯ 四ᄉ境경內내ㅣ 治티티 몯ᄒ거든 엇디 ᄒ리잇고 (MJ2-25b)/MY2-16a/MT2-22b)

㉰ 四ᄉ境경內내ㅣ 治치티 몯ᄒ거는 엇디 ᄒ리잇고(MK2-25b)

(7) 庶人不傳質爲臣

㉮ 庶셔人신이 質지를 傳뎐ᄒ야신 이되디 아니ᄒ야셔는

(MT10-27a/MJ10-30b/MY10-19a)

㉯ 庶셔人인이 質지롤 傳뎐ᄒᆞ야 臣신이 되디 아니ᄒᆞ얀(MR5-65b)

㉰ 庶셔人인이 質지롤 傳젼ᄒᆞ야 臣신이 되디 아니ᄒᆞ야셔는(MK10-30b)

(8) 築斯城也, 與民守之

㉮ 이 城셩을 ᄲᅡ 民민과 더브러 디킈여(MR1-77b)

㉯ 이 城셩을 築튝ᄒᆞ야 民민으로 더블어 守슈ᄒᆞ야(MT.MJ.MY2-25b)

㉰ 이 城셩을 築츅ᄒᆞ야 民민으로 더블어 守슈ᄒᆞ야(MK2-40b)

(9) 田疇

㉮ 田뎐疇듀롤(MR7-16a)

㉯ 田뎐疇쥬롤(MT13-18b/MK13-20b)

(10) 喜怒哀樂之未發 謂之中 發而皆中節 謂之和 中也者 天下之大本也

㉮ 喜희와 怒노와 哀이와 樂락의 發발티 아닌 제롤 中듕이라 니ᄅᆞ고 發발ᄒᆞ야 다 節졀의 中듕호몰 和화ㅣ라 니ᄅᆞᄂᆞ니 中듕은 天텬下하의 大대本본이오(CR-2a)

㉯ 喜희와 怒노와 哀이와 樂락이 發발티 아닌 적을 中듕이라 니ᄅᆞ고 發발ᄒᆞ야 다 節졀에 中듕홈을 和화ㅣ라 니ᄅᆞᄂᆞ니 中듕은 天텬下하에 큰 本본이오(CT/CJ-2a/CY-1b)

㉰ 喜희와 怒노와 哀이와 樂락이 發발티 아닌 적을 中즁이라 니ᄅᆞ고 發발ᄒᆞ야 다 節졀에 中즁홈을 和ㅣ라 니ᄅᆞᄂᆞ니 中즁은 天텬下하에 큰 本본이오(CK/CM-2a)

(11) 此謂誠於中 形於外

㉮ 이 닐온 中듕에 誠셩ᄒᆞ면 外외예 形형ᄒᆞ미니(DR-12b)

㉯ 이 닐온 中듕에 誠셩ᄒᆞ면 外외예 形형홈이니(DT/DJ-13b/DY-8b)

㉰ 이 닐온 中즁에 誠셩ᄒᆞ면 外외예 形형홈이니(DK-13b)

(1)-(11)에 제시한 한자음의 구개음화는 내각장판, 곧 『내각논해』, 『내각맹해』, 『내각용해』, 『내각학해』에서 두드러지게 나타난다. 반면에 고유어의 어미, 곧 '-디'와 같은 경우는 구개음화가 거의 일어나지 않은 상태이다. 『사서언해』를 보면 구개음화가 한자음(漢字音)에서 먼저 실현된 듯하다. 그 좋은 예로 (6)다의 '治치티'에서 단적으로 잘 보여 준다. '治'의 한자음 '티'는 구개음화하여 '치'가 되었는데 부사형 어미 '-티'는 구개음화할 수 있는 환경인데 구개음화하지 않았다. 그리고 한자음이 구개음화한 어휘를 내각장판에서부터 찾을 수 있다. 물론 내각장판에서도 구개음화가 완전히 실현된 것은 아니었다. 예컨대 (10)㉮ '天텬下하'의 경우 구개음화가 실현되지 않았다. 위의 예에서 내각장판 이외에 『율곡언해』의 경우에도 구개음화한 경우가 있다. (3)㉮ '陳진', (4)㉮ '長쟝'44) 등에서 그 예외가 보인다.

다음에서는 고유어의 구개음화를 살펴보기로 한다.

(12) 誠不以富

㉮ 진실로뻐 富부호미 아니라(NR3-28a)

㉯ 진실로뻐 富부케 몯호고(NT3-25b/NJ3-28a/NY3-18b)

㉰ 딘실로뻐 富부케 몯호고(NK3-28a)

(13) 五母鷄二母彘 無失其時

㉮ 다숫 어이 둙과 두 어이 돋톨 그 時시롤 일치 아니호면(MR7-15a)

㉯ 五오母모ㅅ鷄계와 二시 母모ㅅ彘톄롤 그 時시롤 失실홈이 업스면 (MT13-19b)

㉰ 五오母모ㅅ鷄계와 二이 母모ㅅ彘톄롤 그 時시롤 失실홈이 업스면 (MK//MJ13-19aMY13-12b)

---

44) '長쟝'의 경우, 같은 율곡본 『맹자언해』에서도 (5)의 경우에는 '長댱'으로 되었다. 아마도 과도기에 혼동을 일으킨 것으로 보아야 할 것이다.

(14) 若藥不瞑眩 厥疾不瘳

㉮ 藥약이 <u>瞑명眩현</u>티 아니면 그 疾질이 <u>됴치</u> 아님 곳다 ᄒᆞ니이다
(MR3-3a)

㉯ 藥약이<u>瞑명眩현</u>티아니ᄒᆞ면그疾질이<u>瘳튜티</u>몯홈이곧다ᄒᆞ니이다.
(MT5-3b/MJ5-3a/MY5-2a)

㉰ 藥약이 <u>瞑명眩현</u>티 아니ᄒᆞ면 그 疾질이 <u>瘳츄티</u> 몯홈이 곧다 ᄒᆞ니이다
(MK5-3a)

(15) 豈不誠大丈夫

㉮ 엇디 딘실로 <u>大대丈댱夫부</u>ㅣ 아니리오(MR3-44a)

㉯ 엇디 진실로 <u>大대丈쟝夫부</u>ㅣ 아니리오(MK6-5b)22

㉰ 엇디 진실로 <u>大대丈댱夫부</u>ㅣ 아니리오(MT6-5a/MJ6-5b/.MY6-3b)

(16) 弱固不可以敵衆

㉮ 약ᄒᆞ니 <u>본디</u> 可가히 뻐 强강을 <u>敵뎍디</u> 몯ᄒᆞᆯ디니(MR1-33a)

㉯ 弱약이 <u>진실로</u> 可가히 뻐 强강을 <u>敵뎍디</u> 몯ᄒᆞᄂᆞ니
(MK1-34a)/MJ1-34a/MY1-21b)

㉰ 弱약이 <u>진실로</u> 可가히 뻐 强강을 <u>敵뎍디</u> 몯ᄒᆞᄂᆞ니(MT1-34a)

(17) (尹士 聞之曰士誠小人也)

㉮ 尹윤士ᄉᆞㅣ 듯고 ᄀᆞᆯ오ᄃᆡ 士ᄉᆞㅣ <u>진실로</u> 小쇼人인이로다(MR2-78a)

㉯ 尹윤士ᄉᆞㅣ 聞문ᄒᆞ고 ᄀᆞᆯ오ᄃᆡ 士ᄉᆞᄂᆞᆫ <u>진실로</u> 小쇼人인이호다
(MT4-37a)

㉰尹윤士ᄉᆞㅣ聞문ᄒᆞ고ᄀᆞᆯ오ᄃᆡ士ᄉᆞᄂᆞᆫ<u>딘실로</u>
(MY4-23b/MK/MJ4-37a)

위의 (12)-(17)에서 (12)㉮『율곡논해』㉯『교정논해』,『전주논해』『영

영논해』와 (15)㉡『내각맹해』, ㉢『교정맹해』『전주맹해』『영영맹해』와
(16)㉡『내각맹해』, ㉢『교정맹해』『전주맹해』㉣『영영맹해』등에서 채택
한 '진실로'는 한문원문(漢文原文) '固, 誠'의 언해로 '眞實'과 상통할 것
이라고 본다. 그러나 '진실로'를 한글로만 기록한 점이 주의를 끌고도 남
았다. (12)㉢『내각논해』, (15)㉮『율곡맹해』와 (17)㉡『영영맹해』의 한자
어 '眞딘實실로'는 구개음화하지 않은 예이다. 곧 '딘실로>진실로'라는
구개음화의 과정이 잘 나타난 자료이다. 위의 예에서 '딘실로'를 반영한
판이 각기 넘나든다는 점이다. 교정청본의 『논어언해』와 율곡본『맹자
언해』와 영영중간본『맹자언해』와 같이 같은 문헌에서도 상반되는 두
자료를 모두 보여 준다는 점이다. 이것은『사서언해』자체가 구개음화의
과도기적인 자료임을 보여주었다고 생각한다. 그러나 내각장판본과 전
주판본은 구개음화한 '진실로'만 보여 주고 있다.

다음은 어미 '-디'나 '-티'의 구개음화형, 곧 '-디>-지', '-티>-치'로 된
예들이다.

(19) 莫不有知而天下之物膜不有理

㉮ 知ㅣ 잇지 아닌 이 업고 天下앳 物이 理ㅣ 잇지 아닌 이 업스니
(DR11a)

㉯ 知지ㅣ 잇디 아님이 업고 天텬下하앳 物믈이 理리ㅣ 잇디 아닌 이 업
건마는(DK11b)

㉢ 知디ㅣ 잇디 아님이 업고 天텬下하앳 物믈이 理리ㅣ 잇디 아닌 이 업
건마는(DJ11/DY7b/DT1oa)

(20) 惟於理有未窮故其知有未盡也

㉮ 오직 理예 窮치 못호미 잇느지라 故로 그 知ㅣ 盡치 못호미 잇느니
(DR11a)

㉯ 오직 理리예 窮궁티 몯홈이 잇는 故로 그 知디ㅣ 盡진티 몯홈이 인느

니(DT1ob)

㉲ 오직 理리예 窮궁티 몯홈이 인ᄂᆞᆫ 故로 그 知지ㅣ 盡진티 몯홈이 인ᄂ
니(DK11b)

㉱ 오직 理리예 窮궁티 몯홈이 잇ᄂᆞᆫ 故로 그 知디ㅣ 盡딘티 몯홈이 인ᄂ
니(DJ11b)

㉳ 오직 理리예 窮궁티 몯홈이 잇ᄂᆞᆫ 故로 그 知디ㅣ 盡진티 몯홈이 인ᄂ
니(DY7b)

(19)㉮『율곡학해』의 부사형 어미 '-지'는 (-디>-지) 구개음화한 예이
다. 곧,『비율곡학해』의 '-디'에 대하여『율곡학해』는 '-지'로 되었다.
(20)㉮『율곡학해』의 경우도 같은 형편이다. 다만 '窮치'와 '盡치'가 보여
주는 바와 같이 한자어 다음의 '-치'이기는 하나 구개음화한 예이고, 한
편 '盡치'에서 '盡'의[45] 한자음이 기록되지 않았기 때문에 그 음가를 알
수 없다. 당연히 구개음화의 여부도 알 수가 없다. (20)㉲『교정학해』의
'窮궁티'와 '盡진티'가 보여준 '-티'는 구개음화가 실현되지 않은 형태이
다. (20)㉲『교정학해』의 '盡진'과 (20)㉱『내각학해』에서는 한자어 '知지,
盡진'과 같이 구개음화한 형태를 보여준다. 또 한편 (20)㉳『영영학해』
에 나타난 '盡진'도 구개음화가 실현된 예이다.

　요약하면 고유어의 부사형어미 '-지, -치'의 구개음화 한 예는『율곡
학해』가 보여 주고, 한자어 '知지, 盡진' 등 둘 모두 구개음화를 실현한
판본은『내각학해』이고『영영학해』는 한자어 '盡진'만 구개음화하였다.

　(21) 姑舍女所學 而從我 則何如

　㉮ 안즉 너의 學ᄒᆞᆨᄒᆞᆫ 바롤 ᄇᆞ리고 나롤 조ᄎᆞ라 ᄒᆞ샤ᄆᆞᆫ 엇디잇고?
　(MR1-68a)

---

45) 율곡본에서 이 부분은 한자에 한글로 음을 기록하지 않았다.

　　㉯ 아직 너의 學혹(학:MK)혼 바롤 舍샤ᄒ고 我아를 從종ᄒ라 ᄒ샤ᄆ엇
디잇고? (MT2-26b/MK.MJ2-30b/MY2-19b)
　　㉰ 아딕 너의 學혹혼 바롤 舍샤ᄒ고 我아를 從종ᄒ라 ᄒ시면 엇더ᄒ니 잇
고(MY2-19b)

(22) 曰姑舍是
　　㉮ ᄀᆞᄅ샤디 안ᄌᆞᆨ(姑:아직고) 일란 두라(*舍=捨)(MR2-21a)
　　㉯ ᄀᆞᆯ으샤디 아직 이를 舍샤ᄒ라(MT/MK/MJ3-21a/MY3-13b)

　(21),(22)의 ㉮『율곡맹해』는 원문(原文)의 '姑'에 대한 번역으로 '안ᄌᆞᆨ'
을 택했기 때문에 구개음화와는 관계가 없다. (21),(22)㉯『비율곡맹해』
에서는 『영영맹해』에서 '아딕'인 데 비하여 여타의 『비율곡맹해』는 '아
직'이다. 결국 '아딕>아직'으로 구개음화하였다.

(23) 然則一羽之不擧
　　㉮ 그러면 혼 지쳑 드디 몯호ᄆᆞᆫ(MR1-26a)
　　㉯ 그러면 一일羽우의 擧거티 몯홈은(MT.MK.MJ1-26b)
　　㉰ 그러면 一일羽우를 擧거티 몯홈은(MY1-16b)

　(23)㉮ '羽'가 『율곡맹해』에서 '/짗/+/-의/→지쳑'가 현대어의 '깃'에
해당되는데 역구개음화한 예이다. (23)㉯,㉰에서는 '羽우'가 채택되었기
때문에 구개음화와는 관련이 없다. (23)『맹해』에 나타난 어미 '-디,-티'
는 구개음화가 이루어지지 않은 형태이다.
　　요약하면 내각본의 한자음이 먼저 구개음화하였고, 나머지는 부분적
으로 고유어로 본 '진실로'의46) 구개음화는 『사서언해』전반에서 상반되

---

46) '진실로'는 한자어 '진실'에서 유래한 것으로 생각되지만 한글로 기록했다는 점을 강
　　조하여 고유어 쪽으로 정리한다.

게 나타난다. 이와는 달리 어휘 '진실로'가 내각장판본과 전주판본은 구
개음화한 '진실로'만 보여 주고 있다. 어미 '-지, -치' 등이 『율곡언해』에
서 구개음화하였고, 『영영맹해』의 '아딕'을 제외하면 『비율곡언해』에서
'아직'으로 구개음화하였다. 그러나 전체적으로 볼 때에는 구개음화한
예는 극히 적은 양이고 대부분 구개음화하지 않은 어휘가 절대 우위에
있다고 볼 수 있다. 그러나 본고에서 취급한 『내각언해본』은 한자어 중
에서 구개음화한 어휘가 다른 본에 비해 많았다. 고유어의 부사형어미
'-지, -치'가 구개음화 한 예는 『율곡학해』가 보여 주고, 한자어 '知지,
盡진' 둘 모두 구개음화를 실현한 판본은 『내각학해』이고 『영영학해』에
서는 한자어 '盡진'을 구개음화하였다.

3.4.2. 원순모음화

17세기말엽에 이루어진 것으로 추정되는 순음 'ㅁ,ㅂ,ㅍ,ㅃ' 아래에서
모음 'ㅡ'가 원순성(圓脣性)을 가진 'ㅜ'로 변하였다. '♀'가 'ㅗ'로 바뀐 것
도 원순모음화로 취급하기로 한다. 후기 중세국어 시기에 '믈, 블, 플, 쓸'
과 같은 어휘들이 '물, 불, 풀, 쏠'과 같이 변화를 가져온 것으로 물론 동
화현상의 하나인 것은 주지하는 바와 같다. 본고에서 대상으로 한 문헌
『사서언해』에서는 그의 실현이 거의 이루어지지 않은 상태이다. 역시 원
순모음화 할 수 있는 환경에서 이루어지지 않은 경우와 실현된 경우로
나누어서 검토하기로 한다. 한자어의 경우도 범위에 포함시켜서 살피기
로 한다.

3.4.2.1. 원순모음화가 이루어지지 않은 경우

다음은 음운조건이 원순모음화할 수 있는 경우이나 『사서언해』에서
원순모음화하지 않은 예들이다. 고유어나 한자어를 막론하고 일부를 제

외하고는 원순모음화가 이루어지지 않았다

(1) 小人之德草 草上之風必偃

㉮ 小쇼人인의 德덕은 <u>草초</u>이니 <u>草초</u>애 風풍을 더으면 반드시 偃언ᄒᆞᄂ
니라(NR3-31b)

㉯ 小쇼人인의 德덕은 <u>플</u>이라 <u>플</u>이 ᄇᆞ롬이 더으면 반드시 偃언ᄒᆞᄂ니라
(NY3-21a) /NK.NJ3-32a)

㉰ 小쇼人신의 德덕은 <u>플</u>이니 <u>플</u>애 風풍을 더으면 반드시 偃언ᄒᆞᄂ니라
(NT3-32a)

(2) 孔子 奚取焉

㉮ 孔공子ᄌᆞᄂ <u>므서슬</u> 取취ᄒᆞ시뇨(MR5-68a)

㉯ 孔공子ᄌᆞᄂ <u>므서슬</u> 取취ᄒᆞ신고
(MT10-30b/MK.MJ10-33b/MY10-21b)

(3) (孔子 奚取焉)

㉮ 孔공子ᄌᆞᄂ <u>므서슬</u> 取취ᄒᆞ시뇨(MR3-40b)

㉯ 孔공子ᄌᆞᄂ <u>므스거슬</u> 取취ᄒᆞ신고(MT.MK.MJ6-2a/MY6-1b)

(4) 庶人召之役 則往役 君欲見之 召之 則不往見之

㉮ 庶셔人인이 <u>블러</u> 役역ᄒᆞ면 가 役역ᄒᆞ고 님금이 보고져 ᄒᆞ야 <u>브르면</u> 가
보디 아니홈은 (MR5-66a)

㉯ 庶셔人인이 <u>召쇼ᄒᆞ야</u> 役역ᄒᆞ면 가 役역ᄒᆞ고 君군이 보고쟈 ᄒᆞ야 <u>召쇼</u>
ᄒᆞ면 가 見견티 아니홈은(MK.MJ10-30b/MY10-19b)

㉰庶셔人신이 <u>召쇼ᄒᆞ야</u> 役역ᄒᆞ면 가 役역ᄒᆞ고 君군이 보고쟈 ᄒᆞ야 <u>召쇼</u>
ᄒᆞ면 가 見견티 아니홈은 (MT10-29b)

(5) 凡民罔不譈

㉮ <u>凡범</u>民민이 諛디티 아니리 업다(MR5-57a)

㉯ <u>믈읫</u> 民민이 諛디티 아니리 업다
(MT10-17b/MK.MJ10-19b/MY10-12)

(6) 乍見孺子 將入於井

㉮ <u>믄득</u> 孺유子즈ㅣ 쟝춫 <u>우믈</u>에 드로믈 보고(MR3-33b)

㉯ <u>믄득</u> 孺유子즈ㅣ 쟝춫 <u>井</u>에 入입홈을 보고
(MK.MJ3-34a/MY3-21b)

㉰ <u>믄득</u> 孺유子즈ㅣ 쟝춫 <u>井</u>에 入십홈을 보고(MT10-34a)

(7) 猶以一盃水救一車薪之火也

㉮ 혼 잔 믈로뻐 혼 수리 서픠 블 救구홈 ᄀ거늘(MR6-31b)

㉯ 一일杯비 <u>水슈</u>로뻐 一일車거薪신ㅅ <u>火화</u>를 救구홈 ᄀ톤디라
(MT11-36b/ MJ11-40a/MY11-25b)

㉰ 一일杯비 <u>水슈</u>로뻐 一일車거薪신ㅅ <u>火화</u>를 救구홈 ᄀ톤디라
(MK11-40a)

(8) 其寡過矣乎

㉮ 그 <u>過과</u>ㅣ 져글딘뎌(CR50a)

㉯ 그 <u>허므리</u> 져그린뎌(CT45a/CK.CJ50a/CY32b)

(9) 卽凡天下之物 莫不因其已知之理

㉮ <u>믈읫</u> 天下의 物의 卽흐야 그 임의 아ᄂᆞᆫ 理를 因흐야(DR-11a)

㉯ <u>믈읫</u> 天텬下하앳 物믈에 卽즉흐야 그 이믜 아ᄂᆞᆫ 理리를 因인흐야
(DT/DK/DJ-11b/DY-7b)

(10) 원순모음화를 거치지 않은 한자음의 빈도수 (『맹자언해』에서)

㉮ 物믈: (MR:22), (MT:22), (MK:22), (MJ:21), (MY:23)

㉯ 不블: (MR:52), (MT:52), (MK:52), (MJ:52), (MY:52)
㉰ 墨믁: (MR:13), (MT:14), (MK:14), (MJ:14), (MY:13)
㉱ 北븍: (MR:15), (MT:17), (MK:17), (MJ:17), (MY:15)

3.4.2.2. 원순모음화가 일부 이루어진 경우

『사서언해』는 원순모음화한 경우가 아주 드물다. 바로 위에서 본 원순모음화를 거치지 않은 한자음을 대상으로 하여 원순모음으로 기록된 예를 찾아보고 고유어의 예들도 검토하고자 한다.

3.4.2.2.1. 원순모음화한 한자음

한자음이 원순모음화한 자료는 다음 예의 (1),(2),(3)이 그 전부이다.

(1) 居北海之濱

㉠ 北북海희 ㅅᄀ애 사더니(MR7-14a)
㉯ 北북海희ㅅ濱빈에 居거ᄒ더니(MY13-12a)
㉰ 北븍海희ㅅ濱빈에 居거ᄒ더니(MT.MK.MJ13-18a)

(2) 北狄怨

㉠ 北북狄뎍이 怨원ᄒ며(MR7-36a)
㉯ 北븍狄뎍이 怨원ᄒ며(MT.MK.MJ14-4a//MY14-3a)

(3) 墨者夷之

㉠ 墨묵ᄒᄂ 者쟈夷이之지ㅣ(MY5-22b)
㉯ 墨믁ᄒᄂ 者쟈夷이之지ㅣ(MT.MK.MJ5-36a/MR5-35a)

위에서 본 바와 같이 빈도가 높은 글자 중 원순모음화를 이룬 예는 극히 한정된 세 개의 예외라고 해야 할 것이다. 그것도 율곡본의 '北'字가 두 번, 영영중간본에 '墨'字 한 번으로 단 세 차례뿐이다. 극히 적은 것이기는 하지만 원순모음화의 예가 있다는 점에서 매우 소중한 자료라고 생각한다.

3. 4. 2. 2. 2. 고유어에서의 원순모음화

(1) 吾何以觀之哉

㉮ 내 <u>무서스로뻐</u> 보리오?(NR1-31b)

㉯ 내 <u>므스 거스로뻐</u> 보리오(NT1-30a/NK/NJ1-32b/NY1-21a)

(2) 父母之年 不可不知也 一則以喜 一則以懼

㉮ 父부母모의 나홀 知지티 아니호미 可가티 아니ᄒᆞ니 一일로ᄂᆞᆫ 뻐 <u>깃부고</u> 一일로ᄂᆞᆫ 뻐 두리오니라.(NR1-39b)

㉯ 父부母모의 나흔 可가히 知지(디:NT/NY/NJ)티 아니티 몯홀 꺼시니 一일로ᄂᆞᆫ 뻐 <u>깃브고</u> 一일로ᄂᆞᆫ 뻐 <u>저프니라</u>. (NT1-37b/NK,NJ1-40b/NY1-26a)

(3) 不見諸侯 何義也

㉮ 諸져侯후롤 보디 아니홈은 <u>므슴</u> 義의잇고 (MT10-29a/MK10-30a/MR5-65b)

㉯ 諸져侯후롤 보디 아니홈은 <u>무슴</u> 義의잇고(MJ10-30a/MY10-19a)

(4) 故凡同類者

㉮ 故고로 <u>물읫</u> 類류ㅣ 혼 가진 者쟈ㅣ 다(MR6-13a)

㉯ 故고로 <u>믈읫</u> 類류ㅣ 혼 가진 者쟈ㅣ 다 (MT11-16a/MK.MJ11-16a/MY11-10b)

(5) 穀與魚鼈

　㉮ 穀곡과 <u>다못</u> 魚어鼈별을(MR.MJ1-9a/MT1-8b/MY1-5a)

　㉯ 穀곡과 <u>다못</u> 魚어鼈별을(MK1-9a)

　고유어의 경우 원순모음화한 예는 더욱 한정적이다. (1)㉮ '무서스로써'『율곡논해』(1-31b)와 같이 『율곡논해』에서는 원순모음화 하였으나 『비율곡논해』인 (1)㉯의 경우는 '므스 거스로써'『교정논해』(1-30a), 『내각논해』, 『전주논해』(1-32b), 『영영논해』(1-21a)와 같이 원순모음화하지 않았다. 전주본과 영영중간본에도 원순모음화한 예 '무슴'(<므슴)이 있다. 또 하나는 율곡본에 '물윗'(<믈윗)의 예도 있다. (2)㉮의 '깃브고'가 있는데 ㉯의 율곡본에는 '깃부고'로 원순모음화 하였다. 아주 제한된 자료이기는 하지만, 역시 원순모음화가 나타났다고 하는 것은, 그것도 한자어가 아니고 고유어에서의 예이기에 각별히 주목된다. 일반 언중들은 원순모음화를 겪었다고 생각한다. 극히 보수적인 『사서언해』에 그 모습이 보였다는 것은 원순모음화가 일반 언어 생활에서는 이미 널리 보급되었다는 것을 알려주는 자료로 생각한다. 그것도 한자음의 경우나 고유어의 경우 모두 율곡본은 가장 많은 예를 보인다. 그리고 지방판인 전주본에 고유어의 예이고 영영 중간본에 한자어와 고유어에 하나씩 반영되었다.

표 30-1) 다못(빈도수)

	NT	NR	NK	NJ	NY	MT	MR	MK	MJ	MY	CT	CR	CK	CJ	CY	DT	DR	DK	DJ	DY
다못	13	23	5	16	17	27	30	5	26	26		1					1	1		
다믓	4		10	1				14			1		1							
다못			2					6							1					
다묻								1												
다뭇					1			1												
다믇								3		3										
다믈		1																		

표(30-1)에서 '다뭇(다뭇)>다못(다몯.다뭇)'을 원순모음화한 것으로 분석을 한다면 'NK,MK,CY' 등에서 원순모음화한 것을 알 수 있다[47]

이와는달리 'NR, MR, NT, MT, NJ, MJ, NY, MY, CT, CR, CK, DR, DK' 등에서는 원순모음화를 겪지 않은 사실을 밝힐 수 있다. 다시 말하면 내각장판과 영영중간본만 원순모음화가 나타나고 있다. '다뭇'의 경우 '깃브->깃부-'로 율곡본에서 원순모음화가 이루어진 것과는 달리 '다뭇>다못'으로 이루어지는 원순모음화는 율곡본에서 전혀 나타나지 않았다.

요약하면 『사서언해』는 한자음이나, 고유어의 원순모음화가 극히 일부에서 나타난다. 한자음의 경우 율곡본에 세 번, 전주본에 한 번, 영영중간본에 한 번씩 보여 주고, 고유어 '다못'이나, '다몯', '다뭇'은 내각본에 열 번, 영영중간본에 한 번 실현되고 있다. '깃브->깃부-'로 되는 원순모음화는 율곡본에만 나타난다. 특이한 예외라고 볼 수 있다.

원순모음화를 두고 보면 내각장판이 가장 후대의 것이고 영영중간본, 전주본의 순서가 되며 보수성이 강한 것은 교정청본과 율곡본인데 '다뭇'의 경우와 '깃브-' 등을 종합하여 보면 교정청본이 더욱 보수적이다.

3. 4. 3. 'ㄱ' 약화[48]

후기 중세국어 문헌에서 자주 나타나는 현상이다. 『사서언해』에서는 어떻게 나타나는지 비교검토하고자 한다. 주로 'y, ㄹ' 다음에서 'ㄱ'이

---

47) '다못'이 '다못, 다몯, 다뭇' 등과 같이 원순모음화가 이루어진 것은 '다뭇>다못'을 거쳐서 원순모음화한 것으로 생각한다. 'ㅇ'가 이음절 이하에서 'ㅡ'로 변한 뒤에 ㅡ> ㅜ로 원순모음화하였을 것으로 생각한다.

48) 국어사에서 이른 바 'ㄱ'탈락이다. 최범훈(1987 : 54) 등. 그러나 'ㄱ' 약화라고 한 것은 이기문(1973 : 129)에서 'ㄱ'이 'y, ㄹ, ㅿ'과 모음사이에서의 'ㄱ'[k]>[ɣ]>[h]의 변화로 보고 훈민정음에 나타난 'ㅇ'을 'ㄱ'이 약화한 / h /로 파악한 데에 따른 것이다.

약화하여 'ㅇ'으로 나타나는 자료이다.

(1) 子曰不患無位患所以立 不患莫己知 求爲可知也

㋂ 子주ㅣ ㄱㄹ샤더 位위 업소믈 患환티 <u>말고</u> 뻐 立립홀 바롤 患환ᄒ며
날을 아디 몯호믈 患환티 <u>말고</u> 可가히 <u>알게</u> ᄒ기롤 求구홀디니라
(NR1-37b)

㋚ 子주ㅣ 골ᄋ샤더 位위 업ᄉ믈 患환티 <u>말오</u> 뻐 立립홀 ᄲㅐ롤 患환ᄒ며
己긔 아디 몯호믈 患환티 <u>말오</u> 可가히 <u>알게</u> ᄒ음을 求구홀띠니라.
(NT1-35b/NK/NJ1-38a/NY1-24b)

(2) 周公 知其將畔而使之與 曰 不知也

㋂周쥬公공이 그 쟝촛 畔반홀 줄을 <u>알고</u> 브리시니잇가?
ㄱㄹ샤더 아디 몯ᄒ시니라.(MR2-68a)

㋚ 周쥬公공이 그 쟝촛 畔반홀 주롤 <u>알오</u> 使ᄉ흐시니잇가? 골ᄋ샤더 아
디 몯ᄒ시니라.(MT/MK/MJ4-26b/MY4-17a)

(3) 管叔 以殷畔知而使之 是不仁也

㋂ 管관叔숙이 殷은으로뻐 畔반ᄒ니 <u>알고</u> 브리시면 이ᄂ 仁인티 아니홈
이오.(MR2-66b)

㋚ 管관叔숙이 殷은으로뻐 畔반ᄒ니 <u>알고</u> 使ᄉ흐면 이 仁신티 몯홈이오
(MT/MK/MJ4-25b/MY4-16a)

(4) 知斯三者 則知所以修身 知所以治人 知所以治人 則知所以治天
下國家矣

㋂이 세 者쟈롤 <u>알면</u> 뻐 身신을 修슈홀 바롤 <u>알고</u> 뻐 身신을 修슈홀 바롤
알면 뻐 人인을 治티홀 바롤 <u>알고</u> 뻐 人인을 治티홀 바롤 알면 뻐 天텬下
하ㅣ며 國국이며 家가롤 治티홀 바롤 알리이다.(CR-29b)

㋚이 세[*三]홀 <u>알면</u> 뻐 몸 닷글 바롤 <u>알고</u> 뻐 몸 닷글 바롤 알면 뻐 사ᄅ

다스릴 바룰 <u>알고</u> 뻐 사룸 다스릴 바룰 알면 뻐 天텬下하 國국家가룰 다스릴 바룰 알리라.(CT/CK/CJ/CM-29b/CY-19a)

(5) 如切如磋者 道學也 如琢如磨者 自脩也 瑟兮僩兮者 恂慄也 赫兮喧兮者 威儀也

㉮ 切졀툿 磋차툿호면 學혹을 <u>닐오미오</u> 琢탁툿 磨마툿 호면 스스로 <u>脩슈호미오</u> 瑟슬호며 僩한호면 <u>恂쥰慄률호미오</u> 赫혁호며 喧환호믄 <u>威위儀의오</u>(DR-8a)

㉯ 切졀툿호고 磋차툿호다 홈은 學혹을 <u>닐옴이오</u> 琢탁툿호고 磨마툿호다 홈은 스스로 <u>닷금이오</u> 瑟슬호며 僩한호다 홈은 恂쥰栗률[*恂순栗:대단히 조심함]홈이오 赫혁호며 喧환호다 홈은 <u>威위儀의ㅣ오</u> (DT/DK/DJ-8a/DY-5b)

(6) 子曰非禮勿視 非禮勿聽 非禮勿言 非禮勿動

㉮ 子즈ㅣ ᄀ론샤더 禮례 <u>아니어든</u> 視시티 말며 禮례 <u>아니어든</u> 聽텽티 말며 禮례 <u>아니어든</u> 言언티 말며 禮례 <u>아니어든</u> 動동티 아롤디니라 (NR3-20b)

㉯ 子즈ㅣ 굴ᄋ샤더 禮례 <u>아니어든</u> 視시티 말며 禮례 <u>아니어든</u> 聽텽티말며 禮례 <u>아니어든</u> 言언티 말며 禮례 <u>아니어든</u> 動동티 말올띠니라. (NT3-18b/NK/NJ3-20b/NY3-13b)

(7) 非其君不事 非其民不使 治則進

㉮ 님금이 아니어든 셤기디 아니며 그 民민이 아니어든 브리디 아니ᄒ야 治티ᄒ면 進진ᄒ고(MR2-22a)

㉯ 그 君군이 <u>아니어든</u> 事ᄉ티 아니ᄒ며 그 民민이 <u>아니어든</u> 使ᄉ티 아니ᄒ야 治티ᄒ면 進진ᄒ고(MT/MK/MJ3-22a/MY3-14a)

(8) 非禮不動 所以修身也

㉮ 禮례 <u>아니어든</u> 動동티 아니호믄 뻐 身신을 修슈ᄒᄂ 배오(CR-32a)

㉯ 禮례 <u>아니어든</u> 動동티 아니홈은 뻐 몸을 닷논 <u>배오</u>
(CT/CJ/CK-32a/CY-21a)

(1)㉮『율곡논해』'말고'에서는 'ㄱ'이 나타났으나 (1)의 ㉯『비율곡논해』
에서는 '말오'로 'ㄱ'이 나타지 않았다. /mal h o/로 이른바 'ㄱ' 약화 현상
이다. 그러나 같은 자료에 있는 (1)㉮『율곡논해』의 '알게'와 (1)㉯『비율곡
논해』에서도 '알게'로 되어 'ㄱ'이 유지되고 있다. 다음은 (2)㉮『율곡맹해』
는 '알고'가 나타났고 (2)㉯『비율곡맹해』에서는 '알오'로 'ㄱ' 약화 현상이
나타났다. 서로 다른 점이 좋은 비교가 된다. (3)『맹자언해』, (4)『중용언
해』는 '알고'와 같이 'ㄱ' 약화 현상이 나타나지 않았다. (5), (6), (7), (8)
은 모두 'ㄱ' 약화 현상이 이루어진 예들이다. 특히 '아니어든'은 전부 'ㄱ'
약화 현상이 나타났다.

요약하면 ㉮『율곡논해』'말고'에서는 'ㄱ'이 나타났으나 ㉯『비율곡논
해』에서는 '말오'로 'ㄱ'이 나타지 않았다. /mal h o/로 이른바 'ㄱ' 약화
현상이다. 그러나 같은 자료에 있는 ㉮『율곡논해』의 '알게'와 ㉯『비율곡
논해』에서도 '알게'로 되어 'ㄱ'이 유지되고 있다. 다음은 ㉮『율곡맹해』
는 '알고'가 나타났고 ㉯『비율곡맹해』에서는 '알오'로 'ㄱ' 약화 현상이
나타났다. 서로 다른 점이 좋은 비교가 된다.

3.4.4. 요약

내각본의 한자음이 먼저 구개음화하였고, 나머지는 부분적으로 고유
어로 본 '진실로'의 구개음화는 『사서언해』전반에서 상반되게 나타난다.
이와는 달리 어휘 '진실로'가 내각장판本과 전주판本은 구개음화한 '진
실로'만 보여 주고 있다. 어미 '-지, -치' 등이 『율곡언해』에서 구개음화
하였고, 『영영맹해』의 '아딕'을 제외하면 『비율곡언해』에서 '아직'<u>으로</u>

구개음화하였다. 그러나 전체적으로 볼 때에는 구개음화한 예는 극히 적은 量이고 대부분 구개음화하지 않은 어휘가 절대 우위에 있다고 볼 수 있다. 그러나 본고에서 취급한『내각언해本』은 한자어 중에서 구개음화한 어휘가 다른 본에 비해 많았다. 고유어의 부사형어미 '-지, -치'가 구개음화 한 예는『율곡학해』가 보여 주고, 한자어 '知지, 盡진' 둘 모두 구개음화를 실현한 판본은『내각학해』이고『영영학해』에서는 한자어 '盡진'이 구개음화하였다.

『사서언해』는 한자음이나, 고유어의 원순모음화가 극히 일부에서 나타난다. 한자음의 경우 율곡본에 세 번, 전주본에 한 번, 영영중간본에 한 번씩 보여 주고, 고유어 '다못'이나, '다몯', '다뭇'은 내각본에 열(10)번, 영영중간본에 한 번 실현되고 있다. '깃브->깃부-'로 되는 원순모음화는 율곡본에만 나타난다. 특이한 예외라고 볼 수 있다.

원순모음화를 두고 보면 내각장판이 가장 후대의 것이고 영영중간본, 전주본의 순서가 되며 보수성이 強한 것은 교정청본과 율곡본인데 '다뭇'의 경우와 '깃브-' 등을 종합하여 보면 교정청본이 더욱 보수적이다.

㉮『율곡논해』'말고'에서는 'ㄱ'이 나타났으나 의 ㉯『비율곡논해』에서는 '말오'로 'ㄱ'이 나타지 않았다. /mal h o/로 이른바 'ㄱ' 약화 현상이다. 『비율곡논해』에서 'ㄱ' 약화 현상이 나타난 것이다. 그러나 같은 자료에 있는 ㉮『율곡논해』의 '알게'와 ㉯『비율곡논해』에서도 '알게'로 되어 'ㄱ'이 유지되고 있다. 다음은 ㉮『율곡맹해』는 '알고'가 나타났고 ㉯『비율곡맹해』에서는 '알오'로 'ㄱ' 약화 현상이 나타났다. 서로 다른 점이 좋은 비교가 된다.

3.5. 문법의 비교

3.5.1. 주격

율곡본에 주격이 나타나는 부분을 기본으로 하여 다른 본(本)들의 같은 부분을 찾아서 대조 비교한다.

3.5.1.1. -이

주격 '-이'는 후기중세국어 이후 현대에 이르기까지 같은 모습이다. 형태론적인 면으로 보면 더욱 그렇다. '-이'가 올 수 있는 요건은 받침이 있는 체언(혹 이와 유사한 語句) 다음에 나타난다.

(1) 有朋自遠方來不亦樂乎

㉮ <u>朋붕이</u> 遠方으로브터 오리 이시면 쏘혼 樂락홉디 아니랴(NR1-1a)

㉯ 버디 遠方으로브터 오면 쏘혼 즐겁디 아니ᄒ랴(NT.NJ.NY1-1a)

㉰ <u>벗이</u> 遠方으로브터 오면 쏘혼 즐겁디 아니ᄒ랴(NK1-1a)

(2) 於從政乎何有

㉮ 從죵政졍애 <u>므서시</u> 어려우리오(NR2-5a)

㉯ 政졍을 從죵홈애 <u>므스거시</u> 이시리오(NT2-5a/NK.NJ2-5b/NY2-4a)

(3) 書曰若藥不瞑眩厥疾不瘳

㉮ 書셔에 ᄀᆯ오디 <u>藥약이</u> 瞑명眩현티 아니면 그 <u>疾질이</u> 됴치 아님 ᄀᆞᆺ다 ᄒ니이다(MR3-3a)

㉯ 書셔에 ᄀᆯ오디 <u>藥약이</u> 瞑명眩현티 아니ᄒ면 그 <u>疾질이</u> 瘳튜티 몯홈이 ᄀᆞᆮ다 ᄒ니이다(MT5-3a/MY5-2a)

㉰書셔에 ᄀᆯ오디 <u>藥약이</u> 瞑명眩티 아니ᄒ면 그 <u>疾질이</u> 瘳츄티 몯홈이 ᄀᆞᆮ다 ᄒ니이다(MK5-3a)

(4) 天命之謂性

㉠ 天텬이 命명ᄒᆞ샨 거슬 닐온 性셩이오(CR1a)

㉯ 하ᄂᆞᆯ히 命명ᄒᆞ샨 거슬 닐온 性셩이오(CT.CK.CJ.CY1a)

(5) 小人閒居謂不善

㉠ 小쇼人인이 閒한居거ᄒᆞ매 不불善션을 호ᄃᆡ(DR12b)

㉯ 小쇼人인이 閒한居거홈애 不블善션을 호ᄃᆡ(DT11b)

㉱ 小쇼人인이 閒한居거홈애 不블善션을 호ᄃᆡ(DK.DJ13a)

㉲ 小소人신이 閒한居거홈애 不블善션을 호ᄃᆡ(DY8b)

위에서 본 바와 같이 주격 '-이'는 받침이 있는 체언 다음에 온다. 이 규칙은 현대까지도 같이 적용된다. 그러나 주어 자체를 보면 같은 한문 문장을 언해하였으나 전부 같지는 않다. 가령 (1)㉠의 '朋븡이', ㉯의 '버디', ㉱의 '벗이'와 같이 주격 '-이'는 모두 같은 형태이다. (2)㉠『율곡 논해』의 '므서시(므섯이)'와 (2)㉯『비율곡논해』는 '므스거시(므스것이)'에서 역시 주격 '-이'는 공통이다. (3)㉠『율곡맹해』와 (3)㉯『비율곡맹해』와 (4)㉠『율곡용해』'天텬이'에서와 같이 '-이'가 확연히 나타났으나, (4)㉯『비율곡용해』에는 '하ᄂᆞᆯ히'처럼 고유어이지만 'ㅎ'종성체언으로 '-히'가 되었다. 결국 'ㅎ'을 제외하면 주격 '-이'가 역시 나타난다. (5)㉠『율곡학해』로부터 (5)㉲까지『비율곡학해』에도 한자어 '小쇼人인이'와 같이 모두 주격 '-이'가 나타났다.

결국 주격 '-이'는『율곡언해본』과『비율곡언해본』이 공통이다.

3. 5. 1. 2. -ㅣ

주격 '-ㅣ'가 후기중세국어 시기에는 'i, y' 모음 이외의 모음 다음에 썼고 한자의 밑에서는 '-ㅣ'만 독립해서 쓰였다. 그러나 본 연구에서 취급하는 자료『사서언해』에서는 한자어인 경우 모든 모음 아래에 공통으로 주격 '-ㅣ'가 쓰였다. (예외도 있음)

(1) 孔子對曰
  ㉮ 孔공子ㅈ | 對디ㅎ야 ᄀᆞᆯ샤ᄃᆡ(NR.NT1-17a)
  ㉯ 孔공子ㅈ | 對디ㅎ야 ᄀᆞᆯᄋ샤ᄃᆡ(NK.NJ1-17a/NY1-11a)

(2) 小大由之
  ㉮ 小쇼大대의 由유홀디니라.(NR1-6b)
  ㉯ 小쇼와 大대 | 말미암으니라(NK.NT.NJ1-6b/NY1-4b)

(3) 樊遲曰何謂也
  ㉮ 樊번遲디 | ᄀᆞᆯ오ᄃᆡ 엇디 니로미니잇고(NR1-12a)
  ㉯ 樊번遲디 | ᄀᆞᆯ오ᄃᆡ 엇디 닐옴이닝잇고(NT1-11b)
  ㉰ 樊번遲지 | ᄀᆞᆯ오ᄃᆡ 엇디 닐옴이닝잇고(NK1-12a)
  ㉱ 樊번遲디 | ᄀᆞᆯ오ᄃᆡ 엇디 닐옴이닝잇고(NJ.NY1-12a)

(4) 大車無輗小車無軏
  ㉮ 큰 수릐 輗예 | 업스며 져근 수릐 軏월이 업스면(NR1-18b)
  ㉯ 大대흔 車거 | 輗예 | 업스며 小쇼흔 車거 | 軏월이 업스면
  (NT1-17b/NK.NJ1-19a/NY1-12b)

(5) 獲罪於天 無所禱也
  ㉮ 天텬의 罪죄를 獲획ᄒ면 禱도홀 배 업스니라(NR1-25a)(MR1-54b)
  ㉯ 罪죄를 하늘ᄭᅴ 어드면 禱도홀 빼 업스니라.(NK.NJ1-26a/NY1-17a/
  NT1-24a)

주격 '-ㅣ'가 위의 예『논어언해』에서 'i, y' 이외의 모음 다음에 쓰인
것은 (1)㉮, ㉯와 (4)㉯이고 (2)㉯『비율곡논해』의 '大대ㅣ'처럼 'y' 뒤에
'-ㅣ'가 온 예인 데 반하여 (2)에서는 주격 '-ㅣ' 대신 속격 '-의'가 왔다.
(3)의 경우는 모든 판본에 '樊번遲디ㅣ'와 같이 'i' 다음에 다시 주격 '-
ㅣ'가 왔다. 이 경우의 모든 판본에 차이가 없다. (4)㉯『비율곡논해』의
'車거ㅣ'는 규칙에 맞지만 (4)㉮『비율곡논해』의 '輗ㅣ'의 '-ㅣ'는 예외적
인 것이다. 예외는 한자어 다음에서 나타난다. (5)㉮,㉯는 고유어의 경우
로 축약되어 간음화한 예이다.

요약하면 주격 '-ㅣ'가 한자어 밑에서는 'i, y' 다음에도 거듭 오는 경
우로 후기중세국어 시기에 앞 명사의 마지막 음절이 'i, y'인 경우 주격
이 생략되는 규칙에 어긋난다. 다음은『맹자언해』에서 쓰인 예들을 살피
기로 한다.

(6) 彼惡(오)知之

　㉮ 뎨 엇디 알리잇고(MR1-23a/MT.MK.MJ1-23b/MY1-15a)

(7) 君子不器

　㉮ 君군子ㅈ는 器긔 아니니라.(MR1-14b)

　㉯ 君군子ㅈ는 器긔ㅣ 아니니라.(MT.MK.MJ1-14a/MY1-10a)

(8) 夫誰與王敵

　㉮ 뉘 王왕과 더브러 敵뎍ᄒᆞ리잇고(MR1-16a)

　㉯ 뉘 王왕으로 더블어 敵뎍ᄒᆞ리잇
(MT1-15b/MK.MJ1-16b/MY1-10b)

(9) 天下莫不與也

　㉮ 天텬下하ㅣ 與여티 아니 리 업스리이다(MR1-18b)

㉯ <u>天텬下하ㅣ</u> 與여티 아니ᄒ 리 업스리니
(MT1-18a/MK.MJ1-18b/MY1-12a)

『맹자언해』에서도 주격 '-ㅣ'가 모든 모음 밑에서 실현되었다. (7)㉮
『율곡맹해』의 '器긔'에서 'y' 다음에 생략된 'o' 주격이 왔다. 그러나 (7)
㉯『비율곡맹해』의 '器긔ㅣ'에서 'y' 다음에서도 주격 '-ㅣ'가 나타났다.
(8)과 (9)『맹자언해』에서는 주격이 일반적인 규칙대로 실현되었다. (7)
㉮『율곡맹자언해』와 (9)『맹자언해』에서는 'y, i' 다음에서는 주격 '-ㅣ'
가 생략되는 규칙을 지켰다. 그러나 나머지는 체언이 한자어인 경우 규
칙과 상관없이 모음 밑에서 주격 '-ㅣ'가 나타났다.
　다음은 『중용언해』와 『대학언해』에서 주격 '-ㅣ'의 용례를 중심으로
살피기로 한다.

(10) 禮儀三百威三千儀

　㉮ <u>禮례儀의ㅣ</u> 三삼百빅이오 <u>威위儀의ㅣ</u> 三삼千쳔이로다(CR46a)
　㉯ <u>禮례儀의</u> 三삼百빅과 <u>威위儀의</u> 三삼千쳔이로다
(CK.CJ46a/CY30a/CT44b)

(11) 莫不有知而天下之物膜不有理

　㉮ <u>知ㅣ</u> 잇지 아닌 의 업고 天下앳 <u>物의</u> <u>理ㅣ</u> 잇지 아닌 의 업스니
(DR11a)
　㉯ <u>知지ㅣ</u> 잇디 아닙의 업고 天텬下하앳 <u>物믈의</u> <u>理리ㅣ</u> 잇디 아닌 의 업
건마ᄂ(DK11b)
　㉰ <u>知디ㅣ</u> 잇디 아닙의 업고 天텬下하앳 <u>物믈의</u> <u>理리ㅣ</u> 잇디 아닌 의 업
건마ᄂ(DJ11/DY7b) /DT1oa)

『맹자언해』의 경우와는 달리 'y'로 끝난 한자어 명사 다음인 (10)㉮『율

곡용해』의 '禮례儀의 ㅣ, 威위儀의 ㅣ'에 주격 '-ㅣ'가 왔고 (10)㉯『비율곡
용해』의 경우는 'y'로 끝난 명사 다음에 주격 '-ㅣ'가 생략되어 규칙에 맞
는 경우로『율곡용해』와『비율곡용해』와의 차이를 보이려는 의도적인
것으로 보인다. (11)㉮,㉯,㉰는 한자어 다음에는 'i' 모음 밑에서도 다시
주격 '-ㅣ'가 왔고 고유어인 불완전 명사 '이' 다음에는 주격 '-ㅣ'가 생략
되었다. (11)『대학언해』는 주격 '-ㅣ'가 각 판본을 불문하고 규칙대로 채
택되었다.

　요약하면 주격 '-ㅣ'는 한자어 다음에서는 후기중세국어의 일반적인
규칙과 달리 모든 모음 밑에 '-ㅣ'가 왔다. 모든 모음 특히 'i' 모음이나
'y' 다음에도 '-ㅣ'가 나타난다. 예외인 (7)㉮와 (10)㉯와 같이 당시 규칙
에 맞는 표기를 한 경우도 있는데 이는 다분히 의도적인 것으로, 규칙에
어긋나는『율곡언해』와 규칙을 지키는『비율곡언해』를 구분하기 위한
선택으로 본다.

3. 5. 1. 3. - 0 (Zero) 주격(주격 생략)

　주격은 고유어인 경우 'i, y' 밑에서 '-ㅣ'가 생략되었다. 극히 드문 예
외적이기는 하지만 한자어의 경우도 'i, y' 다음에 주격 '-ㅣ'가 생략되었
다. 이 "- 0(zero)" 주격의 환경에서 주격 '-ㅣ'가 쓰인 경우를 볼 수 있
다. 근대국어 시기에 주격 '-가'로 나타나는데『사서언해』에서는 나타나
지 않았다. 대부분 보수성이 강한 면이 있고 또 한편으로는 후기중세국
어 시기에 이루어진 판을 거의 바꿈이 없이 복각했거나 중간한 것으로
생각한다.[49]

---

49) 이는 유교경전의 특성상 어찌할 수 없는 결과일 것이다. 하나의 전형이 이루어졌고
　　그것이 시공(時空)을 뛰어 넘어 그 전통을 쉽게 깨뜨릴 수가 없었을 것으로 생각한
　　다. 이 사실은 유교의 경전뿐만은 아닐 것으로 생각한다. 그 증거로 현재 기독교의
　　성경에서도 그 현상이 그대로 나타나 있다. 극도의 구어체와 의고체가 그대로 오늘

(1) 大車無輗小車無軏

㉮ 큰 <u>수리</u> 輗예ㅣ 업스며 져근 <u>수리</u> 軏월이 업스면(NR1-18b)

㉯ 大대흔 <u>車거ㅣ</u> 輗예ㅣ 업스며 小쇼흔 車거ㅣ 軏월이 업스면
(NT1-17b /NK.NJ1-19a/NY1-12b)

(2) 君子不器

㉮ 君군子ㅈㄴ <u>器긔</u> 아니니라.(NR1-14b)

㉯ 君군子ㅈㄴ <u>器긔ㅣ</u> 아니니라.(NT.NK.NJ1-14a/NY1-10a)

위의 (1)㉮의 고유어 '수리' 다음에서는 주격이 'y' 다음에서 생략되는
정상적인 모습을 보였다. (2)㉮『율곡논해』의 '器긔'의 'i, y'밑에서 주격
이 생략되는 규칙을 지켰고 (2)㉯『비율곡논해』는 'i, y'밑에는 주격 '-ㅣ'
가 생략되는 규칙을 지키지 않는 차이를 보인다.

다음은『맹자언해』에서 -0 (zero) 주격을 살피기로 한다.

(3) 天下莫不與也

㉮ 天텬下하ㅣ 與여티 <u>아니리</u> 업스리이다(MR1-18b)

㉯ 天텬下하ㅣ 與여티 <u>아니ㅎ리</u> 업스리니.
(MT1-18a/MK.MJ1-18b/MY1-12a)

(3)『맹자언해』에 보인 '아니리( )', '아니ㅎ리( )'는 고유어의 경우 '-i,
y' 밑에서 주격 '-ㅣ'가 생략된 예이다. 이것은 모두 규칙을 지킨 예로
『율곡언해』와『비율곡언해』가 구별되지 않는다.

다음은『중용언해』와『대학언해』의 주격 생략형을 살펴보기로 한다.

날에도 실행되고 있는 것이다.

(4) 禮儀三百威三千儀

㉮ <u>禮례儀의</u> ㅣ 三삼百빅이오 <u>威위儀의</u> ㅣ 三삼千쳔이로다(CR46a)

㉯ <u>禮례儀의</u> 三삼百빅과 <u>威위儀의</u> 三삼千쳔이로다
(CK.CJ46a/CY30a/CT44b)

(5) 莫不有知而天下之物膜不有理

㉮ <u>知</u>ㅣ 잇지 아닌 의 업고 天下앳 物이 <u>理</u>ㅣ 잇지 아닌 의 업스니
(DR11a)

㉯ <u>知지</u>ㅣ 잇디 아님이 업고 天텬下하앳 物믈이 <u>理리</u>ㅣ 잇디 아닌 의 업
건마는(DK11b)

㉰ <u>知디</u>ㅣ 잇디 아님이 업고 天텬下하앳 物믈이 <u>理리</u>ㅣ 잇디 아닌 의 업
건마는 (DJ11/DY7b/DT-1oa)

우선『중용언해』인 (4)에서 보면 주격이 생략될 수 있는 환경인데 한
자어 다음에서 (4)㉮『율곡용해』의 경우는 '-ㅣ'가 생략되어야 하는 규칙
을 지키지 않은 것으로, (4)㉯『비율곡용해』의 경우는 'i, y' 밑이기 때문에
주격 표지(標識) '-ㅣ'가 생략되는 규칙을 지키는 것으로『율곡언해』와
『비율곡언해』가 구분된다.『대학언해』인 (5)에서는 한자어인 경우에 주
격 '-ㅣ'가 생략될 수 있는 환경인데 하나도 생략되지 않았다. 그와는 달
리 고유어인 경우는 'i, y' 다음에 전체가 주격을 생략하는 규칙을 지키는
것으로『율곡언해』와『비율곡언해』가 구분된다.

3. 5. 1. 4. 주격 '-가'에 대하여

『사서언해』에서 주격 '-가'를 찾지 못하였다.

3.5.2. 대격

3.5.2.1. -올/-을,-롤/-를

후기중세국어의 대격은 음운조건에 의해서 '-올/-을, -롤/-를, -ㄹ' 등과 같은 이형태들이 있었음은 익히 잘 아는 바와 같다. 그러나 본『사서언해』에서는 그 모습이 단순화해 가는 모습이다. 모음조화 등을 거의 무시하고 있는 것과 같이 각 판본에 따라 차이가 있다. 다음 자료들로 비교 검토하고자 한다. 위에서 지적했지만 16세기 이후부터 단순화의 과정을 밟는다 '-올/-을'은 '-을' 쪽으로 치우친다. 각 판본의 모습을 살피기로 한다.

(1) 巧言令色

　㉮ 言언을 巧교히 ᄒ며 色식을 令령히 ᄒᄂ 이(NR1-2a)

　㉯ 言언을 巧교히 ᄒ며 色식을 令령히 홀 이(NT.NK.NJ1-2b/NY1-2a)

(2) 道千乘之國敬事而信節用而愛人使民以時

　㉮ 千천乘승 나라ᄒ 다ᄉ리되 일을 敬경ᄒ고 信신ᄒ며 用용을 節졀ᄒ고 人인을 愛ᄋᆡᄒ며 民민을 使ᄉᄒ오ᄃ 時시로ᄡ 홀디니라.(NR1-3a)

　㉯ 千천乘승ㅅ나라ᄒ 道도ᄒ오ᄃ 일을 敬경ᄒ고 信신ᄒ며 쓰기를 節졀ᄒ고 人인을 愛ᄋᆡᄒ며 民민을 브료ᄃ 時시로ᄡ 홀띠니라. (NT.NK.NJ1-3a/NY1-2b)

(3) 食無求飽居而無求安

　㉮ 食식애 飽포호믈 求구디 말며 居거ᄒ오매 安안호믈 求구티 말며(NR1-7b)

　㉯ 食식홈애 飽포홈을 求구티 아니ᄒ며 居거홈애 안홈을 求구티 아니ᄒ며(NT1-7b) /NK.NJ1-7b/NY1-5b)

(4) 父母之年不可不知也)…恥躬之不逮

㉮ 父부母모의 <u>나홀</u> 知디티 아니호미可가티 아니ᄒ니…躬궁의 밋디 몯
<u>호몰</u> 븟그리 ᄒ니라(NR1-39b).

㉯ 父부母모의 <u>나홀</u> 可가히 知디티 아니티ㅣ 몯홀꺼시니 …몸의 밋디 몯
<u>홈을</u> 븟그리 ᄒ니라.(NT1-37b)

(1)㉮㉯에 보이는 대격 '-을'이 모음조화를 무시하고 채택되었다. (2)
㉮,㉯에 나타난 대격 자료에서 (2)㉮『율곡논해』의 경우 '나라홀'처럼 이
른 바 'ㅎ종성체언' 다음에 올 때에도 모음조화가 지켜졌으나, (2)㉯『비
율곡논해』에서는 '나라흘'로 되어 모음조화가 지켜지지 않았다. (2)에서
'나ᄅ홀'을 제외하고는 모두 '-을'을 썼다. (3)에서는 사정이 다르다. (3)
㉮『율곡논해』에서는 '飽포호몰, 安안호몰'과 같이 모음조화를 이루면서
연철하였다. 그러나 (3)㉯『비율곡논해』의 경우는 같은 형태를 기술했으
나 '飽포홈을, 安안홈을'과 같이 모음조화 규칙이 지켜지지 않고 '-을'로
나타나며 분철하고 있다. (4)㉮,㉯에서 일인칭 대명사 '나' 다음에 'ㅎ'
종성을 가진 경우는 '나홀'처럼 모음조화가 지켜지고, 또 다른 자료 '몯
호몰'처럼 모음조화 규칙을 지켰고, ㉯의 경우는 (4)㉮『율곡논해』에서
'-홀'로 대격인 데 비해 '나흔'으로 후치사가 왔으나 모음조화는 지켰다.
그러나 뒤에 온 '몯홈을'은 모음조화 규칙에 맞지 않는 것은 물론이고
분철하였다.

요약하면 『논어언해』 자료인 위의 ㉮『율곡논해』에서 'ㅎ'종성체언의
경우는 대격 '-올'이 모음조화 규칙에 맞게 나타났고, 연철이 일반적이
다. 반면 ㉯『비율곡논해』에서는 대격 '-을'이 쓰이고 모음조화를 지키지
않은 것으로 분별된다. 분철이 일반적이다.

(5) (而齊有其地矣)

㉮ 齊졔ㅣ 그 <u>짜을</u> 두며(MR2-7a)

㉯ 齊졔ㅣ 그 <u>地디를</u> 두며(MT3-6b/MK.Mj3-7a/MY3-3a)

(6) 多樣한 대격들

㉮ 行힝ᄒ샤믈(MR7-14b) 나라흘(MR1-1a) 흔ᄂ흘(MR1-33b) 둘홀(MR4-38b) 둘흘(MR6-20b) 길흘(MR6-22) 밧흘(MR1-10a) 짜흘(MR2-29a) 흔나흘(MR2-29a) -호믈(MR4-21b) 千쳔里리롤(MR1-1a) 淫음辭ᄉ를(MR3-72b)

㉯ 나(年)흘『교졍맹해』 -홈을(MT10-20a) 淫음辭ᄉ를(MT3-72b) 내 家가를 (MT1-2b)

㉰ 仁인義의를(MK1-3b) 數촉뜜고롤(MK1-9a) 말옴올(MK13-42a) 生싱을(MK1-9a)

㉱ 梁량惠혜王왕을(MJ1-1a) 燕연올(MJ4-22b) 獸슈롤(MJ1-13a) 百빅步보를(MJ1-8

㉲ 七칠十십鎰일을(MY4-8a) 管관仲듕올(4 7b) 義의롤 後후ᄒ고 利리롤先션 ᄒ면(MY1-2a)

(5)㉮『율곡맹해』의 '짜을'에서 보는 바와 같이 'ㅎ'종성 체언인 '짜' 다음에 'ㅎ'이 탈락되고 모음조화도 이루지 못하고 있다. (5)㉯『비율곡맹해』에서는 '地디'에 중성모음이 왔기 때문에 문제될 것은 없으나 '-을'을 사용하여 대격의 경우 '-을'을 선호한 것으로 보인다.50)

(7) 天命謂性率性之謂道修道之謂敎

㉮ 天텬이 命명ᄒ샨 <u>거슬</u> 닐온 性셩이오 <u>性셩을</u> 率솔ᄒ거슬 닐온 道도ㅣ

---

50) 고대로부터 대격을 나타냈던 구결은 '-乙'을 썼기 때문에 후기중세국어 시기나 근대국어 시기에 대격 '-을/-를'을 선호한 것으로 보인다.

오 <u>道도</u>로 修슈훈 거슬 닐온 <u>敎교</u>ㅣ니라.(CR-1a)

㉯ 하늘히 命명호샨 거슬 닐온 <u>性성</u>이오 <u>性성</u>을 <u>率솔</u>홀쑬 닐온 <u>道도</u>ㅣ오 <u>道도</u>로 닷글쑬 닐온 <u>敎교</u>ㅣ니라.(CT/CK/CJ/CY-1a)

(8) 語大天下莫能載焉語少天下

㉠ <u>大대</u>로 語어홀딘댄 天텬下하ㅣ 能능히 載지(*받을재)티 몯ᄒ며 <u>少쇼</u>로 닐을딘댄 天텬下하ㅣ(CR-10b)

㉯ <u>大대</u>를 닐을딘댄 天텬下하ㅣ 能능히 載지(*실을재,받을재)티 몯ᄒ고 <u>少쇼</u>를 닐을딘댄 天텬下하ㅣ(CT/CK/CJ-10b/CT-7a)

(7)(8)㉠『율곡용해』에서 대격이 모음조화와 관계없이 '-올, 롤'이다. 반면 (7)㉯『비율곡용해』는 '-올'이 사용되었으나 (8)㉯『비율곡용해』는 모두 '-를'을 썼다.

(9) 子曰聽訟吾猶人也必也使無訟乎無情者夫得盡其辭大畏民志此謂知本

㉠ 子ᄌㅣ ᄀᄅ샤더 <u>訟숑</u>을 聽텽ᄒ기 내 人인 ᄀᄐ나 반ᄃ시 ᄒ여곰 <u>訟숑</u>을 업게 홀던뎌 ᄒ시니 情졍 업슨 者쟈ㅣ 시러곰 그 <u>辭ᄉ</u>를 盡진티 몯호모 크게 民민의 <u>志지</u>를 畏외케 호미니 이 닐온 <u>本본</u>을 알오미니라.(DR-9b)

㉯ 子ᄌㅣ ᄀᄅ샤더 <u>訟숑</u>을 드롬이 내 사롬과 ᄀᄐ나 반ᄃ시 ᄒ여곰 <u>訟숑</u>이 업게 호린더 ᄒ시니 情졍 업슨 者쟈ㅣ 시러곰 그 말솜을 다 ᄒ디 몯홈은 크게 民민의 뜻을 畏외케 홈이니 이 닐온 <u>本본</u>을 아롬이니라.(DT/DJ-9b/DY-6a)

㉤ 子ᄌㅣ ᄀᄅ샤더 <u>訟숑</u>을 드롬이 내 사롬과 ᄀᄐ나 반ᄃ시 ᄒ여곰 <u>訟숑</u>의 업게 호린뎌 ᄒ시니 情졍 업슨 者쟈ㅣ 시러곰 그 말솜을 다ᄒ디 몯홈은 크게 民민의 뜻을 畏외케 홈이니 이 닐온 <u>本본</u>을 아롬미니라.(DK-9b)

(9)㉮『율곡학해』에서 어간말 모음이 '-ᄋᆞ'인 경우 '-롤'이 쓰였고 나머지는 모두 '-을'을 택했다. (9)㉮의 "히여곰 訟숑을 업게 홀딘뎌"에서는 '訟숑을'과 같이 대격인 데 비해 (9)㉯㉰에서는 "ᄒᆞ여곰 訟숑이 업게 호린뎌"에서와 같이 주격이 왔다.

표 31) 대격(助詞) 빈도表

	NR	NT	NK	NJ	NY	MR	MT	MK	MJ	MY	CR	CT	CK	CJ	CY	DR	DT	DK	DJ	DY
-올	70	3	3	3	2	55	51	47	47	46	13	0	4	4	4	0	0	0	0	0
-을	642	665	660	627	660	1363	1421	1511	1503	1504	165	194	194	194	194	102	102	104	102	198
-롤	478	94	84	84	85	1059	755	744	761	763	100	81	82	82	82	37	29	27	27	30
-를	28	395	406	401	406	25	372	411	411	408	0	23	22	20	20	30	17	21	21	18

위 표 31)의 빈도를 보면 '-올'보다 '-을'이 절대 우세하다. 16세기 이후 혼란한 모습을 보이다가 17세기 이후 근대국어 시기에 들어서 전반적으로 '-을'쪽으로 정리된 모습이다. 우선『논어언해』를 비롯해서 전체적으로 보면 극명하게 나타난다.『율곡언해본』의 경우는 표면적으로 하나도 나타나지 않고 명사형 '-홈'에서 연철되어 '-호몰'이나 '-ᄒᆞ샴'에서 '-ᄒᆞ샤몰' 또는 '것'에 '거슬' 등으로 나타난 수이다. 그러나 '-롤/-를'의 경우는 상황이 조금 다르다. 이 경우 근대국어 시기로 접어 들면서 '-롤'이 우세해진다. 전체적으로 이 시류에 맞게 나타나는데 유독『논어언해』만 그 상황이 다르다. 율곡본만 원 모습을 유지하여 '-롤'이 절대 우세하고『비율곡논해』는 오히려 '-를'이 절대 우세하다. 모음조화나 어떤 음운적인 조건이 없이 다른 쪽이 '-를'을 택한 빈면『율곡논해』는 '-롤'을 택했다.『논어언해』만 제외하면 전반적으로 '-를'이 우세하다.『논어언해』가 '-롤'을 선호한 이유는 알 수 없다. 그런데 흥미 있는 것은 율곡본『대학언해』에 이르러서는 '-롤' 37에 '-를'이 30으로 '-롤'이 우세하나 대

등한 양상이다.51)

3.5.3. 속격

속격형태로는 '-이/-의,-애/-에,-ㅅ' 등을 볼 수 있다. 『사서언해』의 각 이본들의 양상을 살펴보고자 한다.

3.5.3.1. 이/-의. -애/-에. -ㅅ

속격 '-이/-의'는 처격에도 쓰였으나 유정물(有情物)에 쓰이면 속격, 무정물(無情物)에 쓰이면 처격이었다.52) 다음 예문을 참조하여 『사서언해』에서 속격의 쓰임을 비교 검토하고자 한다.

(1) 子曰父母之年不可不知也

㉮ 子즈ㅣ ㄱ르샤디 父부母모의 나홀 知디티 아니호미 可가티 아니호니 (NR1-39b)

㉯ 子즈ㅣ 굴♀샤디 父부母모의 나흔 可가히 知지티 아니티 몯홀꺼시니 (NK1-40b)

다. 子즈ㅣ 굴♀샤디 父부母모의 나흔 可가히 知디티 아니티 몯홀꺼시니 (NT1-37b) (NJ1-40b/NY1-26a)

(2) 朽木不可雕也糞土之墻不可杇也

㉮ 朽후木목을 可가히 雕됴티 몯ᄒ며 糞분土토의 墻쟝을 可가히 杇오티

---

51) 이숭녕1972)에서 율곡본 『대학언해』와 교정청본 『대학언해』의 비교연구에서 '-(룰 /-를'이 대등함을 제시하였다.『사서언해』중 어느 하나만 가리어서 연구 검토할 경우 근사하겠으나 『사서언해』의 전반적인 양상으로 판단을 내리기는 조심스러운 면이 있음을 깨달았다.

52) 이기문(1973), p.155, "'-이/-의'는 사람, 동물과 같은 유정물(有情物)의 평칭에, '-ㅅ'은 유정물의 존칭과 무정물(無情物)에 사용되었다"를 참조.

몬홀거시니(NR1-46a)

㉯ 朽후흔 木목은 可가히 雕됴티 몬홀꺼시며 糞분土토ㅅ 墻쟝은 可가히
朽오티 몬홀꺼시니(NT1-43b/NK.NJ1-47b/NY1-30b)

먼저 (1)에서 보면 /父母(有情物)/+/-의/가 모음조화는 어긋나지만 후
기중세국어의 일반적인 형태이다. 이 '-의'의 쓰임은『논어언해』전체에
같은 모습으로 쓰였다. (2)에서의 용법은『율곡논해』에 쓰인 '糞분土토
ㅅ'의 '-ㅅ'은 무정물(無情物)에 쓰였기에『비율곡논해』에서는 문제가 없
겠으나 문제는 (2)㉮『율곡논해』에 쓰인 '糞분土토의'에 나타난 '-의'는
무정물(無情物)에 쓰였으므로 규칙에 어긋난다.『논어언해』에서 속격의
일반적인 규칙이 잘 지켜졌으나 (2)㉯『율곡논해』에서 예외가 보인다.
이어서『맹자언해』의 속격의 쓰임을 살피기로 한다.

(3) 無如寡人之用心者鄰國之民不加少寡人之民不加多何也

㉮ 寡과人인의 ᄆᆞᄋᆞᆷ 쓰기 ᄀᆞᄐᆞᆫ 者쟈ㅣ 업소ᄃᆡ 鄰린國국의 民민이 더 쟉
ᄃᆡ아니코 寡과人인의 民민이 더 하디 아니호ᄆᆞᆫ 엇디잇고?(MR1-7a)

㉯ 寡과人ᅀᅵᆫ의 心심을 用용홈 ᄀᆞᄐᆞᆫ 者쟈ㅣ 업소ᄃᆡ 鄰린國국의 民민이
더 젹디 아니ᄒᆞ며 寡과人ᅀᅵᆫ의 民민이 더 하디 아니홈은 엇디니잇
고?(MT1-5b)

㉰ 寡과人인의 心심을 用용홈 ᄀᆞᄐᆞᆫ 者쟈ㅣ 업소ᄃᆡ 鄰린國국의 民민이
더 젹디 아니ᄒᆞ며 寡과人인의 民민이 더 하디 아니홈은 엇디니잇
고?(MK1-7a)

㉱ 寡과人인의 心심을 用용홈 ᄀᆞᄐᆞᆫ 者쟈ㅣ 업소ᄃᆡ 鄰린國국의 民민이
더 젹디 아니ᄒᆞ며 寡과人인의 民민이 더 하디 아니홈은 엇디니잇
고?(MJ1-7a/MY1-4b)

(4) 孟子謂高子曰山徑蹊間介然用之而成路爲間不用則茅塞之矣今茅

塞子之心矣

㉮ 孟밍子즈ㅣ 高고子즈ᄃ려 닐러 ᄀᆞ르샤ᄃᆡ 묏 길희 磽계(사람만다니는
길)ㅅ 즈음이 믄득 用용(말미암다)ᄒᆞ면 路로(큰길)ㅣ 일고 져근덧 用용티
아니 ᄒᆞ면 茅모ㅣ 塞식ᄒᆞᄂᆞ니 이제 子즈의 心심에 茅모ㅣ 塞식ᄒᆞ엿도다
(MR7-44b)

㉯ 孟밍子즈ㅣ 高고子즈ᄃ려 닐어 ᄀᆞᄅᆞ샤ᄃᆡ 山산徑의 磽계(사람만다니
는길)ㅅ 間간이 介알 然연애 用용(말미암다)ᄒᆞ면 路로(큰길)ㅣ 成셩ᄒᆞ
고 져근덛 用용티 아니ᄒᆞ면 茅모ㅣ 塞식ᄒᆞᄂᆞ니 이제 茅모ㅣ 子즈의 心심
에 塞식ᄒᆞ엿도다. (MT14-14a/MK.MJ14-14b/MY14-9b)

(3)㉮,㉯,㉱,㉲에 쓰인 '寡과人인의'는 규칙에 문제가 없으나, '鄰인國
국의'는 예외라 할 수 있다. 이것은 『사서언해』 전반에 같이 쓰였기에 예
외라 하였지만 우리가 논의한 규칙에 모두 적용되는 것이 아닌듯하다.
(3)에서는 모두 동일한 형태이어서 구분할 수 없다. (4)㉮『율곡맹해』에
쓰인 '子즈의'는 사람(有情物)에 쓰였으므로 정상적인 용법에 따른 것이
다. 그러나 (4)㉮『율곡맹해』에 쓰인 '묏 길희'의 경우 '-ㅅ'은 '뫼'라는 무
정물(無情物)에 쓰였으니 속격으로 문제가 없다. 그러나 '길희'나 '山산徑
의'에 나타난 '-이, -의'는 무정물(無情物)인 '묏 길, 山산徑경의'는 처격
이다. 다시 그 뒤에 '磽계ㅅ'은 ㉮,㉯ 공히 쓰였다. 물론 무정물(無情物)
다음에 온 속격이다. 속격 자체에는 변별력이 없으나 바로 뒤에 온 말과
같이 보면, 곧 '磽계ㅅ 즈음이'와 '磽계ㅅ 間간이'로 되어서 『율곡맹해』
의 고유어와 『비율곡맹해』의 한자어와 연결에서 구분된다.
  다음은 『중용언해』를 검토하고자 한다.

(5) 子曰回之爲人也 擇乎中庸 得一善

㉮ 子즈ㅣ ᄀᆞ르샤ᄃᆡ 回회의 사ᄅᆞᆷ이론디 中듕庸용의 택틱ᄒᆞ야 ᄒᆞᆫ 善션을
어드면(CR-6a)

㉯ 子ᄌᆞᆯ ᄀᆞᆯᄋᆞ샤디 回회ㅣ 사ᄅᆞᆷ이론디 中듕庸용을 ᄀᆞᆯᄒᆡ야 ᄒᆞᆫ 善션을 어드면 (CT/CK/CJ/CM-6a/CY-4b)

(6) 納陷阱之中而莫之知辟也

㉮ 陷함穽졍 가온디 녀호매 辟피호ᄆᆞᆯ 아디 몯ᄒᆞ며(CR-5b)

㉯ 陷함阱졍ㅅ 가온디 納납호디 辟피(피할피)홀 줄을 아디 몯ᄒᆞ며 (CT-5b)

㉰ 陷함阱졍ㅅ가온디 納납호디 辟피(피할피)홀 줄을 아디 몯ᄒᆞ며 (CK/CJ-5b/CY-4a)

(5)㉮『율곡용해』의 '回회의'는 사람의 이름 뒤에 온 '-의'는 속격으로 손색이 없다. (6)㉯『비율곡용해』의 '回회ㅣ'에 쓰인 '-ㅣ'는 속격으로 무리는 없으나 앞의 인명인 '回회'가 '-y'로 끝난 명사 다음에 '-ㅣ'가 거듭 온 것은 음운론적으로는 부적합하다. (6)㉮『율곡용해』에는 '陷함穽졍( )'의 ( )에 와야 할 속격이 생략되었다. 그러나 (6)㉯,㉰『비율곡용해』의 무정물 '陷함穽졍' 다음에 '-ㅅ'은 속격으로서 아주 정상적인 모습이다.『중용언해』에서 추출된 (5), (6)을 함께 놓고 보면 상반되는 양상이다.

(7) 楚書曰楚國無以爲寶

㉮ 楚초書셔의 ᄀᆞᆯ오디 楚초ㅅ 나라ᄒᆞᆫ ᄡᅥ 寶보사믈 거시 업고(DR-25b)

㉯ 楚초書셔애 ᄀᆞᆯ오디 楚초ㅅ나라ᄒᆞᆫ ᄡᅥ 寶보삼을 거시 업고 (DT/DJ-26a/DY-16b)

㉰ 楚초書셔애 ᄀᆞᆯ오디 楚초ㅅ나라ᄒᆞ ᄡᅥ 寶보삼을 꺼시 업고(DK-26a)

(8) 湯之盤銘曰苟日新日日新又日新

㉮ 湯탕ㅅ 盤반銘명의 ᄀᆞᆯ오디 진실로 날애 新신ᄒᆞ거든 나날 新신ᄒᆞ며 ᄯᅩ 날로 新신ᄒᆞ라 (DR-5b)

④ <u>湯탕</u>의 <u>盤반ㅅ銘명</u>애 글오디 진실로 나래 새롭거든 나날 새로이 ᄒ고 ᄯ 날로 새로이 ᄒ라 ᄒ며 (DT/DK/DJ-5a/DY-3b)

(7)㉮『율곡학해』의 '楚초ㅅ'와 (6)④,㉰『비율곡학해』의 '楚초ㅅ'에서 보인 속격 '-ㅅ'은 무정물 다음이니 문제될 것이 없다. 역시 ㉮『율곡학해』는 '寶보사믈'과 같이 연철이고, ④,㉰『비율곡학해』는 '寶보삼읅, 寶보삼을'과 같이 분철이다. (8)㉮『율곡학해』의 '湯탕ㅅ'의 속격 '-ㅅ'은 '湯王'에 대한 존칭의 의미가 있으니 문제없다. 그러나 (8)④『비율곡학해』의 '湯탕의'는 '湯王'이라는 신분을 놓고 보면 존칭이어야 규칙에 맞는데 평칭이 될 터이니 부적합하다.

『율곡학해』는 속격이 정상적이나『비율곡학해』의 속격이 비정상적으로 대립된다. 요약하면『율곡학해』가 고형이며 속격의 사용이 정상적이다. 곧 후기중세국어의 모습이다.

3.5.4. 처격

『사서언해』에 나타난 처격은 근대국어 시기의 경향대로 '-애, -에, -의 -예' 등과 같이 일반적으로 모음조화의 규칙에 맞게 썼으나 '-의'의 빈도가 우세해지면서 규칙이 잘 지켜지지 않는 경향이다. 다음 예에서 살피기로 한다.

3.5.4.1. -애/-에, -의/-의

(1) 子曰詩三百一言以蔽之曰思無邪

㉮ 子ᄌㅣ ᄀᆞᄅ샤디 詩시 <u>三삼百빅</u>애 ᄒ말이 뻐 蔽폐ᄒ니 골온 思ㅅㅣ 邪샤 업다ᄒ오미니라.(NR1-10a)

④ 子ᄌㅣ 골ᄋ샤디 詩시ㅣ <u>三삼百빅</u>애 ᄒ 말이뻐 蔽폐ᄒ야시니 골온 思ㅅㅣ 邪샤 업슴이니라.(NT1-/NK.NJ1-10a/NY1-6b)

(2) 子曰君子食無求飽 居無求安 敏於事而愼於言 就有道而 正焉可
謂好學也已

㉮ 子즈ㅣ ᄀᆞᄅᆞ샤디 君군子즈ㅣ 食식애 飽포호믈 求구티 말며 居거호매
安안 호믈求구티말며 事ᄉᆞ애 敏민ᄒᆞ고 言언애 愼신ᄒᆞ고 有유道도애 就
취ᄒᆞ야 正정ᄒᆞ면可가히 學혹을 好호ᄒᆞᆫ다 니롤디니라.(NR1-8a)

㉯ 子즈ㅣ ᄀᆞᆯᄋᆞ샤디 君군子즈ㅣ 食식홈애 飽포홈을 求구티 아니ᄒᆞ며 居
거홈애 안홈을 求구티 아니ᄒᆞ며 事ᄉᆞ애 敏민ᄒᆞ며 言언애 愼신ᄒᆞ고 道도
인ᄂᆞᆫ디 나ᅀᅡ가 正정ᄒᆞ면 可가히 學혹을 됴히 너긴다 닐을이니라.
(NT1-7b)

㉰ 子즈ㅣ ᄀᆞᆯᄋᆞ샤디 君군子즈ㅣ 食식홈애 飽포홈을 求구티 아니ᄒᆞ며 居
거홈애 安안홈을 求구티 아니ᄒᆞ며 事ᄉᆞ애 敏민ᄒᆞ며 言언애 愼신ᄒᆞ고 道
도 인ᄂᆞ 디 나아가 正정ᄒᆞ면 可가 學학<혹-NJ.NY>을 됴히 너긴다 닐울
이니라. (NK.NJ1-8a/NY1-5b)

(3) 百姓有過在予一人

㉮ 百빅姓셩의 過과ㅣ 이심이나 一일人ᅀᅵᆫ에 인ᄂᆞ니라.(NT4-67b)

㉯ 百빅姓셩의 허믈이 이쇼미나 一일人인의게 잇ᄂᆞ니라. (NR4-74a)

㉰ 百빅姓셩의 過과ㅣ 이심이나 一일人인에 인ᄂᆞ니라.
(NK.NJ4-76a/NY4-49a)

(4) 有能一日用其力於仁矣乎

㉮ 能능히 一일日일에 그 힘을 仁인에 쓰 리 잇ᄂᆞ냐?(NR1-34b)

㉯ 能능히 一일日일에 그 힘을 仁신에 쓰 리 인ᄂᆞ냐.(NT1-33a)

㉰ 能능히 一일日일에 그 힘을 仁인에 쓰 리 인ᄂᆞ냐.(NK.NJ1-35b/NY1-23a)

(5) 民德歸厚矣

㉮ 民민德덕이 厚후의 歸귀ᄒᆞ리라(NR15a)

㉯ 民민의 德덕이 厚후에 歸귀ᄒᆞ리라(NT.NK.NJ1-5a/NY1-3b)

(6) 先行其言而後從之

㉮ 몬져 그 言언을 行힝ᄒᆞ고 <u>後후에</u> 從죵ᄒᆞᄂᆞ니

(NT1-14a/NR1-14b/NK.NJ1-15a/NY1-10a).

위의 (1),(2)는『논어언해』인데 전반적으로 '-애'가 강세이다. 그러나 (3)의 경우 비 율곡본에는 '-에'가 나타났으나 율곡본에는 처격 '-의'에 첨사 '-게'가 첨가되었다. 존재의 의미를 더욱 구체적으로 제시해주는 역할을 한다. (4)에서는 (1)과는 달리 '-에'로 되었다. 근대국어시기의 일반적인 추세에 따랐고 현대국어로 연결된다. 반면 (5)㉮『율곡논해』에는 '-의'가 실현된 데 반해서『비율곡논해』에는 모두 '-에'가 왔고 (6)도 역시 모두 '-에'가 왔다. 이상은『논어언해』에서의 모습이고 다음은『맹자언해』에서 추출한 자료를 보기로 한다.

(7) 畜妻子樂歲終身飽凶年免於死亡然後驅而之善故民之從之也輕

㉮ 妻쳐子ᄌᆞ를 쳐 樂락歲셰예 몸이 못도록 飽포ᄒᆞ고 凶흉年년의 死ᄉᆞ亡망의 免면케 ᄒᆞᄂᆞ니 그린 <u>後후에</u> 모라 <u>善션의</u> 가는디라. 故고로 民민의 좃기 쉬오니이다(MR1-36b).

㉯ 妻쳐子ᄌᆞ를 畜휵ᄒᆞ야 樂락歲셰예 身신이 終죵토록록 飽포ᄒᆞ고 凶흉年년에 死ᄉᆞ亡망에 免면케 ᄒᆞᄂᆞ니 그린 <u>後후에</u> 驅구ᄒᆞ야 善션에 之지ᄒᆞᄂᆞ 故고로 民민의 從죵홈이 輕경ᄒᆞ니이다(MT1-37a/MJ.MK1-37a/MY1-23b)

(8) 問國之大禁

㉮ 나라히 큰 禁금을 뭇고 그린 <u>後후에</u>(MR1-46a)

㉯ 國국의 大대禁금을 무른 <u>然연後후에</u>(MT.MK.MJ.2-8b/MY2-5b)

(9) 王如好貨與百姓同之於王何有

㉮ 王왕이 <u>만일에</u> 貨화ᄅᆞᆯ 好호ᄒᆞ거시든 百빅姓셩으로 더블어 同동ᄒᆞ시

면 <u>왕홈애ᄆ 스거시</u> 이시리잇고?(MT2-23a/MK.MJ2-23a/MY2-14b)

㉯ 王왕이 <u>만일</u> 貨화롤 好호ᄒᆞ거시든 百빅姓셩과 더브러 ᄒᆞᆫ가지로 ᄒᆞ시

면 <u>王왕 ᄒᆡ기예</u> ᄆᆞ서시 어려우리잇고?(MR1-60b)

(7)㉮,㉯에서 '-예'는 공통이나 『율곡맹해』의 '-의'에 비해 『비율곡맹
해』에서는 '-에'로 되었다. 이게 처격에서 『율곡맹해』와 『비율곡맹해』의
특징으로 볼 수 있다. (8)은 『논어언해』에서와 같이 『맹자언해』에서도
공통으로 '-에'가 온 예이고 (9)㉮『비율곡맹해』에서 '만일에'에 대하여
(9)㉯『율곡학해』에서는 '만일'로 '-에'가 생략되었다. 의미가 더욱 분명
해짐을 알 수 있다. 『비율곡맹해』의 '-홈애'에 비하여 『율곡맹해』인 ㉯
에서는 '-ᄒᆡ기예'로 아주 다르다.

다음은 『중용언해』의 예를 보고자 한다.

(10) 君子戒愼乎其所不睹恐懼

㉮ 君군子ᄌᆞᄂᆞᆫ 그 보디 아닌 <u>바의</u> 戒계愼신ᄒᆞ며 그 듣디 아닌 <u>바의</u> 恐공
懼구ᄒᆞᄂᆞ니라.(CR1b)

㉯ 君군子ᄌᆞᄂᆞᆫ 그 보디 몯ᄒᆞᆫ <u>바에</u> 戒계愼신ᄒᆞ며 그 듣디 아닌 <u>바에</u> 恐공
懼구ᄒᆞᄂᆞ니라.(CT.CK.CJ1b/CY1a)

(11) 發而皆中節謂之和中也者天下之大本和也者天下之達道也

㉮ 發발ᄒᆞ야 다 <u>節절의</u> 中듕호몰 和화ㅣ라 니른ᄂᆞ니 中듕 은 <u>天텬下하</u>
<u>의</u> 大대本본이오 和화ᄂᆞᆫ <u>天텬下하의</u> 達달道도ㅣ니라.(CR2a)

㉯ 發발ᄒᆞ야 다 <u>節절에</u> 中즁홈을 和화ㅣ라 니른ᄂᆞ니 中즁은 <u>天텬下하에</u>
큰 本본이오 和화ᄂᆞᆫ <u>天텬下하에</u> 達달ᄒᆞᆫ道도ㅣ니라.(CK.2a)

㉰ 發발ᄒᆞ야 다 <u>節절에</u> 中듕홈을 和화ㅣ라 니른ᄂᆞ니 中듕은 <u>天텬下하에</u>
큰 本본이오 和화ᄂᆞᆫ <u>天텬下하에</u> 達달ᄒᆞᆫ 道도ㅣ니라.CT.CJ2화/CY1b)

(12) 小人反中庸

㉮ 小쇼人인은 <u>中듕庸용의</u> 反반ᄒᆞᄂᆞ니라(CR3a)

㉯ 小쇼人신은 <u>中듕庸용에</u> 反반ᄒᆞ니라(CT.CJ2b/CY2a)

㉰ 小쇼人인은 <u>中즁庸용에</u> 反반ᄒᆞ니라(CK3a)

(10), (11), (12)㉮『율곡용해』에서 '-의'가 실현된 반면에 ㉯,㉰『비율곡용해』에서는 '-에'가 온다. 역시 『사서언해』의 일반적 경향을 확인할 수 있다.

(13) 其所厚者薄而其所薄者厚未之有也

㉮ 그 厚후훌 <u>바의</u> 薄박고 그 薄박훌 <u>바의</u> 厚후ᄒᆞ 리 잇디 아니니라 (DR4a)

㉯ 그厚후훈 <u>바애</u> 薄박ᄒᆞ고 그 薄박훈 <u>바에</u> 厚후ᄒᆞ 리 잇디 아니ᄒᆞ니라 (DT.DK.DJ4a/DY3a)

(14) 康誥曰克明德 太甲曰顧諟天之明命 帝典曰克明峻德

㉮ <u>康강誥고의</u> 골오디 德덕을 克극히 明명ᄒᆞ다 ᄒᆞ고 <u>太태甲갑의</u> 골오디 이 天텬의 明명훈 命명을 顧고ᄒᆞ다 ᄒᆞ고 <u>帝뎨典뎐의</u> 골오디 峻쥰훈 德덕을 克극히 明명ᄒᆞ다 ᄒᆞ니(DR4b)

㉯ <u>康강誥고애</u> 골오디 能능히 德덕을 볼키다 ᄒᆞ며 <u>太태甲갑애</u> 골오디 이 하ᄂᆞᆯ 불근 命명을顧고ᄒᆞ다 ᄒᆞ며 <u>帝뎨典뎐애</u> 골오디 능히 큰 德덕을 볼키다 ᄒᆞ니(DT4a/DJ4b/DY3a)

㉰ <u>康강誥고애</u> 골오디 能능히 德덕을 볼키다 ᄒᆞ며 <u>太태甲갑애</u> 골오디 이 하ᄂᆞᆯ 붉은 命명을 顧고ᄒᆞ다 ᄒᆞ며 <u>帝뎨典뎐애</u> 골오디 能능히 큰德덕을 붉키다 ᄒᆞ니(DK4b)

『대학언해』에서도 보면 (13), (14)의 율곡본은 '-의'인 데 비해 비 율

곡본인 ㈏,㈐에는 '-에'가 실현되어 『사서언해』의 처격 전반적인 모습을
재삼 확인 시켜주고 있다.

이상에서 『사서언해』의 처격 '-애,-에,-의'를 놓고 보면 '-애'는 공통
적으로 대등한 모습으로 나타나되 율곡본에는 '-의'가 우세하고 비 율곡
본에는 '-에'가 우세한 경향을 보여준다. 이는 현대국어의 처격 '-에'로
통합된 점으로 보아 율곡본이 보수적이라고 볼 수 있겠다.

3.5.4.2. 처격 -예

처격 '-예'는 'i. y' 다음에 나타난다. 다음에 실현된 부분만 옮기기로
한다. 모음충돌을 막기 위하여 /ie->iye/와 같이 형성된다. 『사서언해』
에서는 판본에 따라 약간 차이가 있다. 다음 조사 내용을 보기로 한다.

(1) '-예'의 用例
㉮ 詩시예(1-8b) , 禮례예(1-20b),祭졔예(1-24b),二이代대예(1-25b) ,顯
뎐沛패예(1-34a) 利리예(1-36b), 흐기예(1-37a), 義의예(1-38a), 海히예(
1-43b), 齊졔예(2-2b), 世세예(2-8a) 藝예예(2-16b), 誄뢰예(2-29a), 神신
祇기예(2-29a), 位위예(2-36b), 귀예(2-37a), 九구夷이예(NR2-47b), 쇠흐
기예(2-49b), 平평地디예(2-49b), 緇치衣의예(2-58b)

素쇼衣의예(2-58b) 이예2-63a), 阼조階계예(2-63a), 不불才지예(3-4a),
沂기예(3-17a), 衛위예(3-42b) (총 84회)(NR)

㉯ 詩시예(1-8a), 義의예(1-7a), 禮례예(1-7a), 兄형弟뎨예(1-17a), 杞긔
예(1-22b), 祭제예(1-23b) (총 NT:116회)

㉰ 義의예외 총116회)(NK)

㉱ 義의예 등 총116회(NJ)

㉲ 義의예외(114회)(NY)

(2) 杖者出斯出矣

㉠ 杖댱혼 者쟈ㅣ 나거든 <u>의예</u> 나더시다(NR2-63a)

㉡ 杖댱혼 者쟈ㅣ 出츌ᄒ거든 <u>의예</u> 出츌ᄒ더시다
(NT62a/NJ2-64a/NY2-42)

㉢ 杖쟝혼 者쟈ㅣ 出츌ᄒ거든 <u>의예</u> 出츌ᄒ더시다(NK2-64a)

(3) 論篤是與

㉠ 論론이 篤독ᄒ 니를 <u>의예</u> 與여(許與)홀딘댄(NR3-10b)

㉡ 論론이 篤독ᄒ 니를 <u>의예</u> 與여ᄒ면
(NT3-9b/NK.NJ3-10b/NY3-7a)

(4) 小人反是

㉠ 小쇼人인은 <u>의예</u> 反반ᄒᄂ니라
(NR3-30a/NK.NJ3-30b/NY3-19b)

㉡ 小쇼人쉰은 <u>의예</u> 反반ᄒᄂ니라(NT3-27b)

(5) 某在斯某在斯

㉠ 某모ㅣ <u>의예</u> 이시며 某모ㅣ <u>의예</u> 잇다 ᄒ더시다(NR4-16b,2회)

㉡ 某모ㅣ <u>의예</u> 잇고 某모ㅣ <u>의예</u> 잇다 ᄒ시다
(NT4-15b/NK.NJ4-17a/NY4-11b)

(6) 君子之至於斯也

㉠ 君군子ᄌㅣ <u>의에</u> 至지호매(NR1-30b)

㉡ 君군子ᄌㅣ <u>의예</u> 니르롬애(NT1-29a/NK.NJ1-31b/NY1-20b)

(7) 造次必於是顚沛必於是

㉠ 造조次ᄎ애 반ᄃ시 <u>의에</u> ᄒ며 顚뎐沛패예 반ᄃ시 <u>의예</u> ᄒᄂ니라
(NR1-34a)

ⓝ 造조次ᄎ애 반ᄃ시 <u>의예</u> ᄒ며 顚뎐沛패예 반ᄃ시 <u>의예</u> ᄒᄂ니라
(NT1-32/NK.NJ1-35a/NY1-22b)

(8) 詩云

㉮ 詩시예 닐오디
(MR.MK.MJ1-5a/MT1-3b/MY1-3b/CT.CR.CK.CJ-60b/CY-39b)

(9) 吾何快於是

㉮ 내 엇디 <u>의에</u> 快쾌ᄒ리오?(MR130a)

ⓝ 내 엇디 <u>의에</u> 快쾌ᄒ리오?(MT.MK.MJ1-30b/MY1-19b)

(10) 在此

㉮ <u>의에</u> 이쇼매(CR.52b)

ⓝ <u>의예</u> 이셔(CJ52b/CY34a/CT47b/CK52)

(11) 有德此有人有人此有土此有財有財此有用

㉮ 德덕이 이시면 <u>의에</u> 사롬이 잇고 사롬이 이시면 <u>의에</u> 짜히 잇고 짜히 이시면 <u>의에</u> 財ᄌᆡ 잇고 財ᄌᆡ 이시면 <u>의에</u> 用용이 인ᄂ니라.
(DT24b/DR24a)

ⓝ 德덕이 이시면 <u>의예</u> 사롬이 잇고 사롬이 이시면 <u>의예</u> 짜히 잇고 짜히 이시면 <u>의예</u> 財ᄌᆡ 잇고 財ᄌᆡ 이시면 <u>의예</u> 用용이 인ᄂ니라. (DK24b)

위에서 보는 바와 같이 처격 '-예'의 빈도를 보면 차이가 난다. (1)㉮ㅡⓜ에서 '-예'의 빈도가 NR:84회, NT:116 NK:116회, NJ:116회.NY:114회 등으로 나타난다. 오직 'NR'만 현격한 차이로 적다. 그 원인은 '-이예'에 있었다. NR에는 '-이예'가 실제로 4회(5인데 하나는 重出)만 나타난다. 다른 판본은 36에서 39회인 점으로 보아 잘 대비된다. '이예'의 빈도를

각 문헌 별로 열거하면 다음 표 32)와 같다.

표 32) -이에/-이에의 빈도

	NT	NR	NK	NJ	NY	MT	MR	MK	MJ	MY	CT	CR	CK	CJ	CY	DT	DR	DK	DJ	DY
-예	116	84	116	116	114	262	240	256	257	256	41	37	41	41	41	17	17	20	20	20
이예	38	4	36	39	39	38	13	35	37	34	1	0	1	1	1	1	0	4	4	5
이에	6	32	7	5	6	17	51	23	23	24	0	1	0	0	0	3	4	0	5	0
비고		*					*					*					*			

표(32)에서 보인 바와 같이 율곡본(NR,MR,CR,DR)이 '이에'의 빈도가 높다. 반면 '이예'의 빈도는 낮다. 이유는 정확히 파악할 수는 없으나 율곡 선생의 개인차인 듯하다. 율곡본이 더 보수적인 듯하다. 위의 (6)번부터 (11)번까지는 율곡본의 '이에'와 비 율곡본의 '이예'의 실현 양상을 보인 것이다. '이에'와 '이예'가 같은 문장내에서도 서로 다르게 나타나기도 한다. 이에>이예의 과도기적인 모습인 듯하다.

결국 율곡본은 '이에'가 우세하고 비 율곡본은 '-이에'가 열세고, '이예'가 우세하다.

3.5.5. 명사

후기중세국어 이후 이른 바 'ㅎ' 종성體言을 가진 어휘가 상당수 있었지만 근대국어 시기를 거쳐 현대국어에 이르는 사이에 그 쓰인 빈도가 적어지면서 현대국어에 이르러서는 그 화석화(化石化)한 일부만 확인되고 있는 것은 주지하는 바이다. 『사서언해』에도 다음에서 볼 수 있는 바와 같이 쓰이기는 하였지만 많지 않은 편이다.

(1) 千乘之國可使治其賦也

㉮ 千천乘승 <u>나라히</u> 可가히 ᄒᆞ여곰 그 賦부롤 다스리려니와(NR1-44a)

㉯ 千천乘승ㅅ<u>나라히</u> 可가히 ᄒᆞ여곰 그 賦부ᄂᆞᆫ 治티ᄒᆞ얌즉ᄒᆞ거니
(NT1-42b/NK.NJ1-45a/NY1-29a)

(2) 十室之邑 必有忠信

㉮ 十십室실 <u>고을히</u> 반ᄃᆞ시 忠튱信신이(NR1-55a)

㉯ 十십室실ㅅ<u>邑읍에</u> 반ᄃᆞ시 忠츙信신이
(NT1-52b/NK.NJ1-56b/NY1-36b))

(3) 恐而在蕭墻之內也

㉮ 蕭쇼墻쟝 <u>안히</u> 이실가 젓노라.(NR4-21b)

㉯ 蕭쇼墻쟝ㅅ<u>內닉예</u> 이실까 저허ᄒᆞ노라.
(NT4--19a/NK.NJ4-22a/NY4-14b)

(4) 拜之 遇諸塗

㉮ 拜비ᄒᆞ더시니 <u>길히</u> 만나시다(NR4-31b)

㉯ 비ᄒᆞ더시니 <u>길헤</u> 遇우ᄒᆞ시다
(NT4-28b/NK.Nj4-32b/NY4-21a)

(5) 父母之年 不可不知也

㉮ 父부母모의 <u>나홀</u> 知디티 아니ᄒᆞ미(NR1-39b)

㉯ 父부母모의 <u>나흔</u> 知디티 아니홀꺼시
(NT1-37a/NK.NJ1-40b/NY1-26a)

(6) 有君子之道四焉

㉮ 君군子ᄌᆞ의 道도 <u>네흘</u> 두어시니(NR1-48b)

㉯ 君군子ᄌ의 道도ㅣ 네히 인ᄂ니

(NT1-46a/NK.NJ1-50a/NY1-32a)

(7) 陳亢退而喜曰問一得三

㉮ 陳딘亢강이 믈러와 깃거 ᄀᆯ오디 ᄒᆞ나흘 무로매 세흘 어드니(NR4-30a)

㉯ 陳딘亢강이 退퇴ᄒᆞ야 喜희ᄒᆞ야 ᄀᆯ오디 一일을 問문홈애 三삼을 得득
호니 (NT4-27a /NK.NJ4-31a/NY4-20a)

(8) 回也聞一以知十 賜也聞一以知二

㉮ 回회ᄂ는 一일을 聞문ᄒᆞ매 十십을 알고 賜ᄉᆞᄂ는 一일을 聞문ᄒᆞ매 二이
로 아노이다. (NR1-45b)

㉯ 回회ᄂ는 ᄒᆞ나흘 들어 ᄡᅥ 열흘 알고 賜ᄉᆞᄂ는 ᄒᆞ나흘 들어 ᄡᅥ 둘흘 아ᄂᆞ이
다(NT1-43a). (NK.NJ1-46b/NY1-30a)

(9) 三分天下 有其二

㉮ 天텬下하ᄅᆞᆯ 세희 分분호매 그 둘흘 두샤(NR2-39b)

㉯ 天텬下하를 三삼分분홈애 그 둘흘 두샤
(NT2-35a/NK.NJ2-40a/NY2-26a)

(10) 郊關之內有囿

㉮ 郊교關관 안히 囿유ㅣ 이쇼디(MR1-46a)

㉯ 郊교(*國外의百里)關관(*郊의밖에있음) 內닉예 囿유ㅣ 이쇼디
(MT2-8b)/MK.MJ2-8b/MY2-5b)

(11) 山徑之蹊間 介然用之而成路

㉮ 묏길히 磎계(사람만다니는길)ㅅ 즈음이 믄득 用용(말미암다)ᄒᆞ면 路로
(큰길)ㅣ 일고 (MR7-44b)

㉯ 山산徑경(*작은길)의 蹊계(*사람다니는곳)ㅅ 間간이 介알然연(*잠깐

동안)애 用용ᄒᆞ면 路로(*큰길) ㅣ 成셩ᄒᆞ고(MT14-14b)

(12) 海內之地方千里者九 齊集有其一服八

㉮ 海ᄒᆡ內ᄂᆡㅅ<u>싸히</u> 方방이 千쳔里리ᄒᆞᆫ 者쟈ㅣ 아홉애 齊졔ㅣ 모도아 그 <u>ᄒᆞ나ᄒᆞᆯ</u> 두니 <u>ᄒᆞ나ᄒᆞ로뻐</u> 여ᄃᆞᆲ을 服복호미(MR1-33a)

㉯ 海ᄒᆡ內ᄂᆡㅅ<u>地디ㅣ</u> 方방이 千쳔里리ㄴ(*ㄴ?)者쟈ㅣ 九구에 齊졔ㅣ 集집ᄒᆞ야 그 <u>一일을</u> 두니 <u>一일로뻐</u> 八팔을 服복홈이 (MT1-34a/MK.Mj1-34a/21b)

(13) 二者 不可得兼 舍魚

㉮ <u>둘흘</u> 可가히 시러곰 兼겸티 몯ᄒᆞᆯ디어든 魚어ᄅᆞᆯ 舍샤ᄒᆞ고(MR6-20b)

㉯ <u>二ᄉᆡ</u>者쟈ᄅᆞᆯ 可가히 시러곰 兼겸티 몯ᄒᆞᆯ띤댄 魚어ᄅᆞᆯ (MT11-25b)

㉰ <u>二이</u>者쟈ᄅᆞᆯ 可가히 시러곰 兼겸티 몯ᄒᆞᆯ띤댄 魚어ᄅᆞᆯ 舍샤ᄒᆞ고(MK, MJ11-25b/MY11-16b)

(14) 君子之道 四 丘未能一焉 所求乎 子 以事父 未能也

㉮ 君군子ᄌᆞ의 道도ㅣ <u>네히</u> 丘ㅜ(**구?)ㅣ 一일도 能능티 몯ᄒᆞ노니 子ᄌᆞ의게 求구ᄒᆞᄂᆞᆫ 바로뻐 父부ᄅᆞᆯ 셤기기ᄅᆞᆯ 能능티 몯ᄒᆞ며(CR-13a)

㉯ 君군子ᄌᆞ의 道도ㅣ <u>네(*四)헤</u> 丘구(*고을구)ㅣ <u>ᄒᆞ나토</u> 能능티 몯ᄒᆞ노니(CT-12a/CK/CJ-13b/CY-9a)

(15) 有四海之內宗廟饗之

㉮ 四ᄉᆞ海히 <u>안ᄒᆞᆯ</u> 두샤 宗종廟묘ㅣ 饗향ᄒᆞ시며(CR24a)

㉯ 四ᄉᆞ海히ㅅ<u>內ᄂᆡᄅᆞᆯ</u> 두샤 宗종廟묘ㅣ 饗향ᄒᆞ시며 (CT19b/CK.CJ21/CY14a)

(16) 楚書曰楚國無以爲寶

㉮ 楚초書셔의 ᄀᆞᆯ오ᄃᆡ 楚초ㅅ <u>나라ᄒᆞᆫ</u> 뻐 寶보사ᄆᆞᆯ 거시 업고(DR25b)

㉯ 楚초書셔애 글오디 楚초ㅅ <u>나라흔</u> 뻐 寶보삼을 거시 업
(DT21b/DJ26a/DY16b)

㉲ 楚초書셔애 글오디 楚초ㅅ <u>나라흔</u> 뻐 寶보삼을 꺼시 업고(DK26a)

위의 (1)㉮㉯㉲와 (16)㉮㉯㉲는 명사 '나라'에 '-히,-흔'과 같은 'ㅎ'이
더해진 격어미를 공통으로 가지고 있다. (2), (3), (7), (9), (10), (11),
(12), (15)㉮의 경우는 모두 'ㅎ'이 반영되어 있으나 ㉯의 경우는『사서』
의 같은 원문(原文)을 번역하였으나 한자어를 선택하였기 때문에 'ㅎ'이
나타나지 않았다. ㉮는 율곡본이고 ㉯는 비 율곡본이다. (4)에서는 다 같
이 'ㅎ'이 나타나기는 하지만 같은 처격인데 ㉮에서는 /-히/, ㉯에서는 /-
헤/로 되어 구분된다. 'ㅎ'종성을 가진 명사들을 포함한 어휘들의 변화(곡
용)의 양상으로 보면, 곧 한자어가 많이 쓰인 비 율곡본이 직역의 모습이
고, 율곡본이 오히려 의역이 된다. /-히/가 /-헤/보다 보수적인 것이다.
(5)는 'ㅎ'이 나타났지만 역시 ㉮는 대격/-훌/이고, ㉯는 /-흔/으로 후치
사가 된다. (6)㉮는 대격이 /-훌/이고 ㉯는 '/-히/로 주격이 되었다. 위를
다시 살피면 'ㅎ'이 나타나는 ㉮『율곡언해』에는 대격이 많이 등장한다.
(8)은『율곡언해』로 한자어가 더 많은 예이다. 그래서 한자어 명사에 'ㅎ'
이 나타나지 못한다.

요약하면『사서언해』에는 'ㅎ' 종성을 가진 명사가 등장하지만『율곡
언해』가 고유어를 많이 쓰면서 'ㅎ'이 많이 나타난다.『비율곡언해』에서
는 漢字 어휘를 많이 선택하였기에 'ㅎ'이 올 수 없다. 반면에 같이 'ㅎ'
이 쓰인 경우 그 格에서『율곡언해』는 대격을 많이 반영한다.

『율곡언해』가 보수적이다.

3. 5. 6. 대명사

후기중세국어, 근대국어 시기에 『사서언해』에 나타난 대명사는 제1인
칭 대명사 단수 : 나, 복수 : '우리'[53] , 단수 : '저(自)', 복수 : '저희', 곡용에
서 1인칭 : '내', 또 1인칭에 한자어 '我, 寡人, 朕, 小人' 등이 있다. 제2인
칭 대명사 단수 : '너', 복수 : '너희'가 있다. 곡용해서 '네'가 있었다. 제3인
칭 : '뎌(彼)', '이사람', '그사람', '人신'이 있다. 미지칭 : '누', 미지칭 :'므섯
(므엇>므엇>무엇)' 등을 살필 수 있다. 『사서언해』에는 '내가', '네가'와 같
이 주격 '-가'가 나타나지 않았다. 다음 例文들에서 확인하기로 한다.

(1) 吾必謂之學矣

㉮ 나는(NT.NK.Nj.NY) 반드시 學혹ᄒ얏다 니로리라.(NR1-4a)
나…(니로리라->닐오리라)(NT.NK.NJ.NY)

(2) 賜也 爾愛其羊我愛其禮

㉮ 賜ᄉ아 <u>너는</u> 그 羊양을 앗기는다? <u>나는</u> 그 禮례롤 앗기노라
(NR1-26b).
㉯ 賜ᄉ아 <u>너는</u> 그 羊양을 愛이ᄒᄂᆫ다? <u>나는</u> 그 禮례롤 愛이노라
(NT1-25b).

(3) 吾日三省吾身

㉮ 내 日일마다 三삼으로 내 몸을 省셩ᄒ노니(NR1-2b)
㉯ 내 날로 세 가지로로 내 몸을 술피노니
(NT1-2b/NK.NJ1-2b/NY1-2a)

---

53) 李基文(1973 : 147), '나'와 '우리'는 아무런 관계가 없는 딴 단어가 사용되었다. 이것
을 補充法이라 한다.

(4) 女不能救與

㉮ 네 能능히 救구티 몯호리러냐
(NR1-21b/NT1-20b/NK.NJ1-22a/NY1-14b)

(5) 吾大夫崔子也 違之 之一邦 則又 曰猶吾大夫崔子也

㉮ 우리 大대夫부 崔최子ᄌ 곧다 ᄒ고 違위ᄒ며 一일邦방의 가ᄂ 쏘 골
오더 우리 大대夫부 崔최子ᄌ 곧다 ᄒ고 違위ᄒ니 엇더 ᄒ니잇고?
(NR1-51a)

㉯ 우리 태우 崔최子ᄌ 곧다 ᄒ고 違위ᄒ며 一일邦방애 之지ᄒ야도 곧
쏘 골오더 우리 태우 崔최子ᄌ 곧다 ᄒ고 違위ᄒ니 엇더 ᄒ닝잇고?
(NT1-48b/NK.NJ1-52a/NY1-33b)

(6) 管氏而知禮 孰不知禮

㉮ 管관氏시ㅣ 禮례를 알면 뉘 禮례를 아디 못ᄒ리오?(NR1-29b)

㉯ 管관氏시오 禮례를 알면 뉘 禮례를 아디 못ᄒ리오?
(NT1-28a/NK.NJ1-31a/NY1-20a)

(7) 問子西曰彼哉彼哉 問管仲 曰人也 奪伯氏騈邑三百 飯疏食沒齒
無怨

㉮ 子ᄌ西셔(人名)를 묻ᄌ온대 ᄀ르샤더 뎌여! 뎌여! 管관仲듕을 몯ᄌ온
대 ᄀ르샤더 의 사ᄅᆷ이 伯빅氏시(人名) 騈병邑읍 三삼百빅을 아으니 疏
소食ᄉ를 머고더 齒치沒몰토록 怨원言언이 업스니라.(NR3-58b)

㉯ 子ᄌ西셔(人名)를 묻ᄌ온대 ᄀ르샤더 뎨여! 뎨여! 管관仲듕을 몯ᄌ온
대 골ᄋ샤더 人신(인)이 伯빅氏시의(人名) 騈병邑읍 三삼百빅을 아사ᄂᆯ
疏소 食ᄉ를 飯반ᄒ야 齒치ㅣ 沒몰호더 怨원ᄒᄂ 말이 업스니라.
(NT3-54a/NK.NJ3-60a/NY3-39a)

(8) 及其使人也 器之小人 難事而 易說也 說之雖不以道 說也 及其使
人也求備焉

㉮ 그 사롬 브리매 미처는 器긔ᄒᆞᄂᆞ니라(그그릇에따라ᄒᆞ다). 小쇼人인은
셤기기 어렵고 깃기기 쉬우니 깃기기를 비록 道도로뻐 아니나깃거ᄒᆞ고 그
사롬 브리매 미처는 備비ᄒᆞ믈 求구ᄒᆞᄂᆞ니라(NR3-53a)

㉯그 人신을 使ᄉᆞ홈애 미처는 器긔로 ᄒᆞᄂᆞ니라. 小쇼人신은 事ᄉᆞ홈이 어
렵고 說열케 홈이쉬우니 說열케 홈을 비록 道도로뻐 아니ᄒᆞ야도 說열ᄒᆞ
고 그 人신을 使ᄉᆞ홈애 미처는 備비홈을 求구ᄒᆞᄂᆞ니라.
(NT3-49a/NK.NJ3-54a/NY3-35a)

(9) 予及女偕亡

㉮ 나와 밋 네 홈의 亡망챠 ᄒᆞ니 (MR1-6a)

㉯ 내 널로 밋 홈의 亡망ᄒᆞ리라 ᄒᆞ니(MT1-5bMK.MJ1-6a/MY1-3a)

(10) 以利吾國

㉮ 내 나라흘 뻐 利리케 홀고 ᄒᆞ시면(MR1-2a)

㉯ 내 國국을 利리케 ᄒᆞ려뇨 ᄒᆞ시면(MK.MJ1-2a/MY1-1b)

(11) 吾王之好鼓樂 夫何使我至於此極也

㉮ 우리 王왕의 樂악을 鼓고ᄒᆞ기 됴히 녀기시미여! 엇디 우리로 ᄒᆞ여곰
이 極극ᄒᆞ매 니르게 ᄒᆞᄂᆞᆫ고(MR1-42a)

㉯ 우리 王왕의 樂악鼓고홈을 好호홈이여. 엇디 우리로 ᄒᆞ여곰 이 極극애
至지케 ᄒᆞᄂᆞᆫ고 (MT2-4a/MK.MJ2-4b/MY2-3b)

(12) 姑舍女所學而從我 則何如

㉮ 안족 너의 學흑흔 바롤 브리고 나롤 조ᄎᆞ라 ᄒᆞ샤문 엇디잇고?
(MR1-68a)

㉯ 아직(아딕:MY) 너의 學흑(학:MK)ᄒᆞᆫ 바롤 舍샤ᄒᆞ고 我아를 從죵ᄒᆞ라

ᄒ샤ᄆ 엇디잇고?(MT2-26b/MK.MJ2-30b/MY2-19b)

(13) 寡人之於國也 盡心焉耳矣

㉮ 寡과人인이 나라희 ᄆ음을 盡진ᄒ노니(MR1-6b)

㉯ 寡과人인이 國국에 心심을 盡진ᄒ노니(MT1-6a/MK.MJ1-6b)

㉰ 寡과人인의 國국에 心심을 盡진ᄒ노니(MY1-4b)

(14) 干戈朕 琴朕 弧朕 二嫂 使治朕棲

㉮ 干간戈과는 朕딤이 ᄒ며 琴금도 朕딤이 ᄒ며 弧뎌(*활)도 朕딤이 ᄒ며 二이嫂수(*堯의二女)란 ᄒ여곰 朕딤의 棲셔룰 治티케 홀 거시라 (MR5-8a)

㉯ 干간戈과란 朕짐 ᄒ고 琴금으란 朕짐 ᄒ고 弧뎌(*활)란 朕짐 ᄒ고 二이嫂수(*堯의二女)란 ᄒ여곰 朕짐의 棲셔룰 治치케 호리라(MK9-8b)

㉰ 干간戈과란 朕딤 ᄒ고 琴금으란 朕딤 ᄒ고 弧뎌(*활)란 朕딤 ᄒ고 二이嫂수(*堯의二女)란 ᄒ여곰 朕딤의 棲셔룰 治티케 호리라 (MJ9-8b/MY9-5b)

(15) 然則舜有天下也 孰與之

㉮ 그러면 舜슌이 天텬下하 두샤ᄆ 뉘 與여ᄒ니잇고(MR1-18b)

㉯ 그러면 舜슌이 天텬下하를 두심은 뉘 與여ᄒ니잇고 (MK.MJ9-20b/MY9-13a)

(16) 人之視己 如見其肺肝然 則何益矣

㉮ 人인의 己긔ㅣ 보기 그 肺폐肝간을 봄ᄀ티 ᄒ논디니 엇디 益익ᄒ리오 (DR-12b)

㉯ 人인의 己긔ㅣ 보미 그 肺폐肝간을 봄ᄀ티 ᄒ논디니 므서시 益익ᄒ리오(DT13a/ /DJ13b/DY8b)

(17) 小人閒居爲不善

㉮ <u>小쇼人인</u>이 閒한居거호매 不블善션을 호디(DR12b)

㉯ <u>小쇼人쉰(인)</u>이 閒한居거홈애 不블善션을 호디
(DT13a/DK.DJ13b/DY8b)

(18) 道之不行也 我知之矣 知者 過知 *'내'가 12번 나타남.

㉮ 道도의 行힝티 몯호몰 <u>내</u> 아노니 知디혼 者쟈는 過과호고
(CR-4a)

㉯ 道도의 行힝티 몯홈을 <u>내</u> 아노라. 知지혼 者쟈는 過과호 고(CK-4a)

㉰ 道도의 行힝티 몯홈을 <u>내</u> 아노라. 知디혼 者쟈는 過과호고
(CT/CJ-4a/CY-3a)

상기 예에서 먼저 1인칭 대명사 '나' : (1), (2)㉮,㉯『논어언해』에 같이
나타난다. (9)(12)㉮『율곡맹해』에서는 일인칭 대명사가 '나'인데, (9)㉯
『비율곡맹해』에서는 '내'로 되었고, (12)㉯『비율곡맹해』에는 한자어 1인
칭 '我'가 되어 아주 구분하기에 편리하다. 그러면 1인칭에서 '내'로 된
예를 보면, (3)『논어언해』, (10)㉮,㉯『맹자언해』 (9)㉯『비율곡맹해』, (18)
㉮㉯㉰『중용언해』 등이다.

결국 1인칭 단수는 (12)㉮『율곡맹해』의 '나'와 (12)㉯『비율곡맹해』의
'我'의 대립이다. 고유어 대 한자어의 대조이다.

1인칭 복수 '우리': (5)㉮㉯『논어언해』 전본, (11)㉮㉯『맹자언해』 전본
에서 같이 등장한다. 1인칭 복수는 '우리' 하나뿐이다.

한자어 1인칭: '寡人, 朕, 小人'은 (13), (14), (17)에서 보인 바와 같이
『맹자언해』와 『대학언해』 전반에서 같은 모습으로 실현되었다.

2인칭 '너': (2)㉮㉯『논어언해』 전본과 (12)㉮㉯『맹자언해』전본이 같
다. 2인칭 '네': (4)『논어언해』 전본이 '네'이고, (9)㉮『율곡맹해』의 '네'에

대하여 (9)㉯『비율곡맹해』에서는 '널로'로 다른 모습이다. 2인칭 단수는 결국 '너'로 공통이다.

3인칭 '뎌' : (7)㉮,㉯『논어언해』 전본에 같이 실현되었다. 기타 (8)㉮ 『율곡논해』의 '그사람', (8)㉯『비율곡논해』의 '그人신', (16)㉮,㉯『대학언해』의 '人인'이 있다. 기타 '누' : (6)㉮,㉯『논어언해』의 '뉘'와 (15)㉮㉯『맹자언해』의 '뉘'가 있다. (16)㉯『비율곡학해』 '므서시'에 대하여 (16)㉮『율곡학해』의 '엇디'로 된 형태가 있다.

요약하면 1인칭의 '나' 대 '我' : (9), (12)㉮『율곡맹해』의 '나'에 비해, (12)㉯『비율곡맹해』에 1인칭 '我'로 분명히 구분된다.

1인칭 복수 '우리' : (5)(11)『논어언해』,『맹자언해』 전본에서 실현된다.

1인칭 한자어: '寡人, 朕, 小人' 등은 (13), (14)『맹자언해』와 (17)『대학언해』 전본에서 같이 실현되었다.

2인칭 단수는 '너'로 공통이다.

3인칭 '뎌': (7)『논어언해』전본, 기타 '누'는 공통, (16)㉯『비율곡학해』의 '므섯'과 (16)㉮『율곡학해』의 '엇디'가 대립적이다. 기타 : '그사람, 그 人인, 人인' 등이 있다.

3.5.7. 수사

수사를 기수사, 서수사로 나누고 각각 고유어, 한자어로 분류하여 검토하고 관형사형의 수사와[54] 일수어도 찾아보기로 한다.

3.5.7.1. 기수사

기수사를 먼저 (가), (나), (다)와 같이 분류하여 검토하기로 한다.

---

54) 일반적으로 관형사로 취급한 부분인데 관형형 수사로 분류한다.

(가) 후기중세국어 고유어 기수사

ᄒᆞ나(ㅎ), 둘(ㅎ), 셋(세(ㅎ)), 넷(네(ㅎ)), 다ᄉᆞᆺ, 여슷, 닐굽, 여듧, 아홉, 열(ㅎ), 스믈(ㅎ), 셜흔, 마ᅀᆞᆫ, 마ᅀᆞᆫ, 쉰, 여쉰, 닐흔, 여든, 아흔, 온, 즈믄

(나) 근대 국어 고유어 기수사

ᄒᆞ나(ㅎ), 둘(ㅎ), 셋, 넷, 다ᄉᆞᆺ, 여ᄉᆞᆺ, 닐곱, 여듧, 아홉, 열(ㅎ), 스믈, 셜흔, 마흔, 쉰, 여슌, 닐흔, 여든, 아흔, 빅, 천, 만

(다) 한자어 기수사

一, 二, 三, 四, 五, 六, 七, 八, 九, 十, 二十, 三十…… 百, 千, 萬, 十萬, 二十萬……, 百萬, 千萬, 億, 兆

(라) 관형형 기수사

ᄒᆞᆫ(1), 두(2), 서(3), 석(3), 너,넉(4), 대,닷(5), 예,엿(6), (마) 합성어: 두ᅀᅥ(2.3), 서넣(3.4), 세다ᄉᆞᆺ(3.5), 세닐굽(3.7), 너덧(4.5), 네닐굽(4.7), 대여슷(5.6), 여닐굽(6.7), 여다홉(8.9), 열다엿(15.6), 두ᅀᅥ열(2.30)

(1) 回也 聞一以知十 賜也 聞一知二

㉮ 回회ᄂᆞᆫ 一일을 聞문ᄒᆞ오매 十십을 알고 賜ᄉᆞᄂᆞᆫ 一일을 聞문ᄒᆞ오매 二이롤 아노이다(NR1-45b)

㉯ 回회ᄂᆞᆫ ᄒᆞ나흘 들어 뻐 열흘 알고 賜ᄉᆞᄂᆞᆫ ᄒᆞ나흘 들어 뻐 둘흘 아ᄂᆞ옹이다(NT1-43a)

㉰ 回회ᄂᆞᆫ ᄒᆞ나흘(홀?) 들어 뻐 열흘 알고 賜ᄉᆞᄂᆞᆫ ᄒᆞ나흘(홀?) 들어 뻐 눌흘 아노이다(NJ1-46b/NK1-46b/NY1-30a)

(2) 聞斯二者 陳亢 退而喜曰問一得三

㉠ 이 두 가지룰 드럿노라. 陳딘亢강이 믈러와 깃거 골오디 <u>호나홀</u> 무로매 <u>세홀</u> 어드니(NR4-30a)

㉡ 이 <u>二싀</u> 者쟈룰 들언노라. 陳딘亢강이 退퇴호야 喜희호야 골오더 <u>二 일을</u> 問문홈애 <u>三삼</u>을 得득호니(NT4-27b)

㉢ 이 <u>二의</u> 者쟈룰 들언노라. 陳진亢강이 퇴호야 희호야 골오더 <u>一일을</u> 問문홈애 <u>三삼</u>을 得득호니(NK4-31a)

㉣ 이 <u>二의</u>者쟈룰 들언노라. 陳딘亢강 <u>退퇴</u>호야 喜희호야 골오더 <u>一일을</u> 問문홈애 <u>三삼</u>을 得득호니(NK4-31a/NY4-20a)

(1)㉠『율곡논해』에서 한자어 기수사 '一일, 十십, 二이'에 대하여 (1) ㉡,㉢『비율곡논해』는 고유어 '호나, 열, 둘'로 구분된다. (1)과는 달리 (2) ㉠『율곡논해』가 고유어 '호나, 세'로 나타났으나, (2)㉡,㉢,㉣『비율곡논해』에는 오히려 한자어 '一일, 三삼'으로 되었다.

결국『논어언해』에서는 고유어와 한자어 기수사가 공통으로 사용되었다.

(3) 海內之地 方千里者九 齊集有其一 以一服八 何以異於鄒敵楚哉

㉠ 海히內닉ㅅ짜히 方방이 <u>千쳔里리흔</u> 者쟈ㅣ <u>아홉애</u> 齊졔ㅣ 모도아 그 <u>호나홀</u> 두니 <u>호나흐로써</u> <u>여둛을</u> 服복호미 엇디뼈鄒추ㅣ 楚초룰 敵뎍홈과 다릭리잇고?(MR1-33a,b)<호나 : 7회>

㉡ 海히內닉ㅅ地디ㅣ 方방이 <u>千쳔里리긴(*ㄴ?)者</u>쟈ㅣ <u>九구에</u> 齊졔ㅣ 集집호야 그두니 <u>一일로써</u> <u>八팔을</u> 服복홈이 엇디 뼈 鄒추ㅣ 楚초룰 敵뎍홈애 다릭리잇고(MT/MK/MJ1-34a/MY1-21b)

(4) 夫道 一而已矣

㉠ 道도는 <u>호나</u> 쓰롬이니이다.(MR3-1b)

㉡ 道도는 <u>호나힐</u> 쏠옴이니이다.(MY5-1b/MT/MK/MJ5-2a)<호나 : 2회>

(3)㉮『율곡맹해』에서 고유어 기수사: '아홉, ᄒᆞ나, 흔나, 여듧'이 쓰인 반면 (3)㉯『비율곡맹해』에서는 한자어 기수사: '九구, 一일, 八팔'이 쓰였다. (4)㉮『율곡맹해』에 고유어 기수사 '흔나'가 나타난 반면 (4)㉯『비율곡맹해』에도 고유어 기수사 '흔나'가 왔다.

결국『맹자언해』에서도 고유어와 한자어 기수사가 같이 쓰였다.

(5) 君子之道 四 丘 未能一焉

㉮ 君군子ᄌᆞ의 道도ㅣ 네희 丘丁(**구?)ㅣ <u>一일도</u> 能능티 몯ᄒᆞ노니 (CR13a)

㉯ 君군子ᄌᆞ의 道도ㅣ 네(*四)헤 丘구(*고을구)ㅣ <u>흔나토</u> 能능티 몯ᄒᆞ노니 (CT-11b/CM/CK/CJ-13b/CY-9a)

(6) 天下之達道 五所以行之者 三 曰君臣也 父子也 夫婦也 昆弟也 朋友之交也五者 天下之達道也 知仁勇三者 天下之達德也 所以 行之者 一也

㉮ 天텬下하의 達달道도ㅣ <u>다ᄉᆞ새</u> ᄡᅥ 行ᄒᆡᆼᄒᆞᄂᆞᆫ 배 <u>세히니</u> 굴온 君군臣신과 父부子ᄌᆞ와 夫부婦부와 昆곤弟뎨와 朋븡友우의 交교 <u>다ᄉᆞ</u> 者쟈ᄂᆞᆫ 天텬下하의 達달道도ㅣ오 知디와 仁인과 勇용 <u>세</u> 者쟈 ᄂᆞᆫ 天텬下하의 達달德덕이니 ᄡᅥ 行ᄒᆡᆼᄒᆞᄂᆞᆫ 배 <u>흔나히니이다.</u> (CR-28a)

㉯ 天텬下하에 達달흔 道도ㅣ <u>다ᄉᆞ새(*五)</u> ᄡᅥ 行ᄒᆡᆼᄒᆞᄂᆞᆫ 밧 者쟈ᄂᆞᆫ <u>세(*三)히니</u> 굴온 君군臣신과 父부子ᄌᆞ 와 夫부婦부와 昆곤弟뎨와 朋븡友우의 교홈 <u>다ᄉᆞᆫ</u> 天텬下하엣 達달흔 道도ㅣ오 知지와 仁인과 勇용 <u>세흔</u> 天텬下하엣 達달흔 德덕이니 ᄡᅥ 行ᄒᆡᆼᄒᆞᄂᆞᆫ 밧 者쟈ᄂᆞᆫ <u>一일이니라.</u> (CT/CJ/CM-28a/CK28b)

(5)㉮『율곡용해』에 기수사 고유어 '네'와 한자어 '一일'에 대하여 (5) ㉯『비율곡용해』에는 기수 고유어 '네(四)'와 '흔나'가 상호 대조되면서 좋은 자료로 제공하고 있다. (5)㉮,㉯에 같이 나타난 '네'는 모두 공통이

다. (5)㉮에서 한자어 '一일'과 (5)㉯의 '흐나'로 한자어와 고유어의 대립
구조다. (6)㉮,㉯의 '다숫, 세'는 기수사로 같으나 (6)㉮『율곡용해』의 '다
숫 者쟈는, 세 者쟈는'으로 관형형 기수사인 데 비해 (6)㉯『비율곡용해』
에서는 각각 '다스슨, 세흔'으로 한자어 기수사로 대립이다. (6)㉮『율곡
용해』의 '흐나히니이다'에 비하여 (6)㉯『비율곡용해』에서는 '一일이니라'
로 고유어와 한자어의 대립이다.

> (7) 一家仁 一國興仁 一家讓 一國興讓 一人貪戾 一國作亂 其機如此
>   此謂一言僨事 一人定國
>
> ㉮ 一일 家가ㅣ 仁인ᄒ면 一일 國국의 仁인을 興홍ᄒ며 一일 家가ㅣ
> 讓양ᄒ면 一일 國국의 讓양을 興홍ᄒ고 一일 人인의 貪탐코 戾려ᄒ면
> 一일 國국의 亂란을 作작ᄒᄂ니 그 機긔ㅣ 이 ᄀᄐ니 이 닐온 一일 言언
> 의 事ᄉ를 僨분ᄒ며 一일 人인의 國국을 定뎡호미니라.(DR17b.18a)
>
> ㉯ 흔 집이 仁신ᄒ면 흔 나라히 仁신에 興홍ᄒ고 흔 집이 讓샹ᄒ면 흔 나
> 라히 讓샹에 興홍ᄒ고 흔 사룸이 貪탐ᄒ며 戾려(*어기다)ᄒ면 흔 나라히
> 亂란을 作작ᄒᄂ니 그 機긔(*발동함)ㅣ 이 ᄀᄐ니 이 닐온 흔 말이 이룰
> 僨분(*업질러패함)ᄒ며 흔 사룸이 나라홀 定뎡홈이니라.
> (DT/DK/DJ18b/DY-12a.b)

(7)㉮『율곡학해』의 관형형 한자어 수사 '一일'에 대하여 (7)㉯『비율곡
학해』의 관형형 고유어 수사 '흔'의 대립이다.

> (8) 九人而己三分天下 有其二
> ㉮아홉 사룸일 ᄯ룸이니라. 天텬下하룰 세희 分분호매 그 둘흘 두샤
> (NR2-39a,b)
> ㉯ 아홉 사룸일 ᄯ룸이니라. 天텬下하를 三삼分분홈애 그 둘흘 두샤
> (NT2-35a/NK/NJ2-40a/NY2-26a)

(8)㉮『율곡논해』의 고유어 관형형 기수사 '아홉'인데 고유어 기수사 '세희, 둘흘'과 (8)㉯『비율곡용해』의 고유어 관형형 기수사 '아홉'인 데 비해 한자어 '三삼' 관형형 한자어 기수사로 대립된다.

(9) 由湯至於武丁 賢聖之君六七 作

㉮ 湯탕으로브터 武무丁뎡에 니르히 賢현聖셩의 君군이 <u>六륙七칠</u>의 作작ᄒ샤(MR2-5a)

㉯ 湯탕으로 말미암아 武무 丁뎡에 니르히 賢현聖셩ㅅ 君군이 <u>六륙七칠</u>의 作작ᄒ샤(MT3-/MK/MJ3-5a/MY3-)

(10) 一不朝則貶其爵 再不朝則削其也 三不朝則六師移之

㉮ ᄒ 번 朝됴티 아니ᄒ면 그 爵쟉을 貶폄ᄒ고 두 번 朝됴티 아니ᄒ면 그 地디를 削샥ᄒ고 <u>세</u> 번 朝됴티 아니ᄒ면 <u>六륙</u> 師ᄉ로 移이ᄒᄂ니 (MR6-50b)

㉯ ᄒ 적 朝됴티 아니면 그 爵쟉을 貶폄ᄒ고 두 적 朝됴티 아니면 그 地디를 削샥ᄒ고 <u>세</u> 적 朝됴티 아니면 <u>六륙</u> 師ᄉ로 移이ᄒᄂ니 (MT/MJ12-23b/MY12-15a)

㉰ ᄒ 적 朝죠티 아니면 그 爵쟉을 貶폄ᄒ고 두 적 朝죠티 아니면 그 地디를 削샥ᄒ고 <u>세</u> 적 朝죠티 아니면 <u>六륙</u> 師ᄉ로 移이ᄒᄂ니(MK12-23b)

(11) 萬乘之國 弒其君者 必千乘之家 千乘之國 弒其君者 必百乘之家 萬取千焉 千取百焉 不爲不多矣 苟爲後義而先利 不奪不饜

㉮ 萬만乘승 나라히 그 님금을 弒시ᄒᄂ 者쟈ᄂ 반드시 <u>千쳔</u> 乘승 집이오. <u>千쳔</u> 乘승 나라히 그 님금을 弒시ᄒᄂ 者쟈ᄂ 반드시 <u>百빅</u> 乘승 집이니 <u>萬만</u>에 <u>千쳔</u>을 取취ᄒ며 <u>千쳔</u>에 <u>百빅</u>을 取취호미하디 아니티 아니컨마ᄂ 진실로 義의를 後후ᄒ고 利리를 先션ᄒ면 奪탈티 아니ᄒ얀 饜염티 아닛ᄂ니이다(MR1-2b)

㉯ 萬만乘승(*수레의 수)ㅅ國국애 그 君군을 弒시(*아랫사람이 윗사람

을 죽임) ᄒᆞᄂᆞᆫ 者쟈ᄂᆞᆫ 반ᄃᆞ시 千쳔乘승ㅅ家가ㅣ오 千쳔乘승ㅅ國국애 그
君군을 弑시ᄒᆞᄂᆞᆫ 者쟈ᄂᆞᆫ 반ᄃᆞ시 百빅乘승ㅅ家가ㅣ니 萬만애 千쳔을 取
취ᄒᆞ며 千쳔에 百빅을 取취홈이 하디 아니홈이 아니언마ᄂᆞᆫ 진실로 義의롤
後후ᄒᆞ고 利리롤 先션ᄒᆞ면 奪탈티 아니ᄒᆞ야ᄂᆞᆫ 饜염(*足)티 아니ᄒᆞᄂᆞ니이
다(MT/MK/MJ/MY1-2a)

(9)㉮『율곡맹해』에 한자어 기본수사 '六륙七칠이'에 대하여 (9)㉯『비
율곡맹해』에서도 같이 나타난다. (10)㉮『율곡맹해』의 고유어 관형형 기
수사 'ᄒᆞᆫ 번, 두 번, 세 번'에 대한 (10)㉯『비율곡맹해』에서는 'ᄒᆞᆫ 적, 두
적, 세 적'으로 나타나 고유어의 기수사로 같다. (11)㉮『율곡맹해』에 '萬
만 乘승 나라히, 千쳔 乘승 집, 百빅 乘승 집이니'와 (11)㉯『비율곡맹해』
에서는 '萬만 乘승ㅅ國국애, 千쳔乘승ㅅ家가, 百빅乘승ㅅ家가ㅣ니'로
한자어 관형형 기수사는 같다.

3.5.7.2. 서수사

후기중세국어 시기의 서수사와 근세국어 시기 서수사를 고유어, 한자
어, 관형형 수사로 분류하고 분석하기로 한다.

(가) 후기중세국어의 고유어 서수사: ᄒᆞ낫재, <기본수+자히, 차히, 재> 1(첫
자히)

(나) 近世國語의 고유어 서수사: 첫재, 첫것, 둘재, 셋재

(1) 初命曰誅不孝 無易樹子 無以妾爲妻 再命曰尊賢育才 以彰有德
三命曰敬老慈幼無忘賓旅 四命曰士無世官 官事無攝 取士必得
無專殺大夫 五命曰無曲防 無遏糴 無有封而不告 曰凡我同盟之
人 旣盟之後 言歸于好 今之諸侯 皆犯此五禁 故曰今之諸侯 五霸
之罪人也

㉮ 初초命명에 굴오디 不블孝효롤 誅듀ᄒ며 樹슈혼 子ᄌ롤 易역디 말며 妾첩으로써 妻쳐롤 삼디 말라 ᄒ고 再ᄌᆡ命명에 굴오디 賢현을 尊존ᄒ며 才ᄌᆡ롤 育육ᄒ야 뻐 德덕 둣ᄂᆞᆫ 이롤 彰챵ᄒ라 ᄒ고 三삼 命명에 굴오디 老로롤 敬경ᄒ며 幼유롤 慈ᄌᆞᄒ며 賓빈旅려롤 닛디 말라 ᄒ고 四ᄉ命명에 굴오디 士ᄉ롤 世셰官관 업시 ᄒ며 官관事ᄉ롤 攝셥디 말며 士ᄉ롤 取취ᄒ오디 반ᄃᆞ시 得득ᄒ며 大대夫부롤 專젼殺살티 말라 ᄒ고 五오命명에 굴오디 曲곡히 防방티 말며 糴뎍을 遏알티 말며 封봉홈을 두되 告고티 아니티 말라 ᄒ고 굴오디 믈읫 우리 同동盟밍의 人인이 이믜 盟밍혼 後후에 好호에 歸귀홀거시라 ᄒ니 이제 諸져侯후ᄂᆞᆫ 다 이 五오禁금을 犯범ᄒᄂᆞᆫ 디라. 故고로 굴오디 이제 諸져侯후ᄂᆞᆫ 五오覇패의 罪죄人인이라 ᄒ노라.(MR6-51b,52a,b)

㉯ 처엄의 命명ᄒ야 굴오디 不블孝효롤 誅쥬ᄒ며 樹슈혼 子ᄌ롤 易역디 말며 妾첩으로써 妻쳐롤 삼디 말라 ᄒ고 둘째(둘쩨MK,MJ,MT) 命명ᄒ야 굴오디 賢현을 尊존ᄒ며 才ᄌᆡ롤 育육ᄒ야 뻐 有유德덕을 彰챵ᄒ라 ᄒ고 셋재 命명ᄒ야 굴오디 老로롤 敬경ᄒ며 幼유롤 慈ᄌᆞ하며 賓빈旅려롤 忘티 말라 ᄒ고 넷재 命명ᄒ야 굴오디 士ᄉ롤 世셰로 官관티 말며 官관事ᄉ롤 攝셥(겹쳐하다)디 말며 士ᄉ롤 取취홈애 반ᄃᆞ시 得득ᄒ며 태우롤 專젼殺살티 말라 ᄒ고 다솟재 命명ᄒ야 굴오디 防방을 曲곡히 말며 糴뎍을 遏알티 말며 封봉홈이 잇고 告고티 아니티 말라 ᄒ고 굴오디 믈읫 우리 同동盟밍ᄒᄂᆞᆫ 人인은 이 믜 盟밍혼 後후에 好호애 歸귀홀띠라 ᄒ니 이젯 諸져侯후ㅣ 다 이 五오禁금을 犯범ᄒᄂᆞ니 故고로 굴오디 이젯 諸져侯후ᄂᆞᆫ 五오覇패의 罪죄人인이니라.(MT/MK/MJ12-25a,b,26a,/MY12-16a,b)

(1)㉮『율곡맹해』에 한자어 서수사 '初초 命명에, 再ᄌᆡ 命에, 三삼 命명에, 四ᄉ命명에, 五오 命명에'에 대하여 (1)㉯『비율곡맹해』에서는 '처엄의 命명ᄒ야, 둘째 命명ᄒ야, 셋재 命명ᄒ야, 넷재 命명ᄒ야, 다솟재 命명ᄒ야로 나타난다. 반면에 (1)㉯『비율곡맹해』에 있는 '五오禁금, 五오覇패'는 한자어로 썼다.

(다) 한자어 서수사: 제일 – 第十一

(라) 관형형 한자어 수사: 一, 二…

(1) 述而第七

㉮ 述而第七(NR2-14b)

㉯ 述슐而이 第뎨七칠 (NT/NK/NJ2-14a/NY2-10b)

(1)㉮『율곡논해』에 한자어 서수사 '第七'이 있다. (1)㉯『비율곡논해』
에도 '第뎨七칠'이 같은 모습으로 나타났다.

3.5.7.3. 일.월의 수사어

후기중세국어의 일, 월, 년수어: ㅎᄅᆞ(홀롤), 이틀, 사올, 나올, 다쐐, 여
쐐, 닐웨, 여ᄃᆞ래, 아ᄒᆞ래, 열홀, 아리(前日), 어제, 어젓긔, 오늘, 모리(後
日), 보름, 그믐, 기망, 올히, 이듬히, 읻히(二年) 七칠八팔月월 즈으미

(1) 一朝而獲十禽

㉮ ᄒᆞᄅᆞ 아ᄎᆞᆷ에 十십禽금을 獲획ᄒᆞ니(MR3-42b)

㉯ ᄒᆞ 아ᄎᆞᆷ의 열 禽금을 獲획ᄒᆞ고(MT/MK/MJ6-4a/MY6-2b)

(2) 一朝而獲十

㉮ ᄒᆞᄅᆞ 아ᄎᆞᆷ에 十십을 獲획ᄒᆞ니(MR3-42b)

㉯ ᄒᆞ 아ᄎᆞᆷ의 열홀 獲획ᄒᆞ니(MT6-4b)

(3) 不能一朝居也

㉮ ᄒᆞᄅᆞ 아젹도 居거티 몯ᄒᆞ리라.(MR6-57a)

㉯ 一일朝됴도 居거티 몯ᄒᆞ리니라.(MT, MJ12-31b/MY12-20a)

㉰ 一일朝죠도 居거티 몯ᄒᆞ리니라.(MK12-31b)

(4) 昔者所進 今日不知其亡也

㉮ 네 進진흔 바롤 <u>오늘</u> 그 亡망호물 아디 몯흐고녀?(MR1-63b)

㉯ 네 進진흔 바롤 <u>수금日실</u>에 그 亡망홈을 아(*이?)디 몯흐고녀(*
니?)(MT 2-26a)

㉰ 네 進진흔 바롤 <u>수금日일</u>에 그 亡망홈을 아(*이?)디 몯흐고녀(*
니?)(MK, MJ2-26a/MY2-16b)

(5) 明日 出弔於東郭氏 公孫丑曰昔者辭以病 今日弔 或者不可乎 曰
昔者疾 今日愈如之何不弔

㉮ 明명日일에 나 東동郭곽氏시의게 弔됴흐거시늘 公공孫손丑튜ㅣ 곧
오디 어제 病병으로써 辭ᄉ흐시고 <u>오늘</u> 吊됴흐시미 或혹 可가티 아닌뎌!
곧ᄅ샤디 <u>어젠</u> 疾질이 <u>오늘</u> 됴커니 엇디 吊됴티 아니리오?(MR2-46b)

㉯ 明명日실애 東동郭곽氏시의게 出츌흐야 弔됴흐더시니 公공孫손丑튜
ㅣ 곧오디 <u>昔셕(*어제)</u>者쟈애 病병으로써 辭ᄉ흐시고 <u>수금日실</u>에 弔됴
흐샴이 或혹者쟈 컨댄 可가(*가?)티 아니흐뎌! 곧ᄋ샤디 <u>昔셕者쟈ᄉ</u> 疾
질이 <u>수금日실</u>에 愈유흐거니 엇디 弔됴티 아니흐리오?(MT4-5a)

㉰ 明명日일애 東동郭곽氏시의게 出츌흐야 弔됴흐더시니 公공孫손丑튜
ㅣ 곧오디 <u>昔셕(*어제)者쟈</u>에 病병으로써 辭ᄉ흐시고 <u>수금日일</u>에 弔됴
흐샴이 或혹(**혹?)者쟈 컨댄 可가티아니흐뎌. 곧ᄋ샤디 <u>昔셕者쟈ᄉ</u> 疾
질이 <u>수금日일</u>에 愈유흐거니 엇디 弔됴티 아니흐리오?
(MK/MJ4-4b.5a/MY4-3a.b)

(1)-(4)㉮『율곡맹해』에서 (1),(2)의 '흐ᄅ아춤에'에 대하여 (1),(2)㉯『비
율곡맹해』에서는 '흔 아춤'으로 대립되었다. '흐ᄅ'는 일수어에 해당되지
만 '흔'은 관형형 기수사이다. 그러나 일수어 '아춤'은 (1),(2)에 공통이다.
다음 (3)㉮『율곡맹해』에서 '아젹'을 '아춤'과 대립되는 어휘로 채택했다.
다시 (3)㉯,㉰『비율곡맹해』에서는 한자어 '一朝'가 있다. 이것은 『율곡맹

해』를 의식한 선택으로 생각한다. 역시 (4)㉮『율곡맹해』에 고유어 '오늘'에 대하어 (4)㉯『비율곡맹해』에서는 한자어 '今금日일', 『교정맹해』에서는 '今금日실'이 왔다. 역시 '오늘'에 대응한 것으로 생각된다. 같은 자료 (5)㉮『율곡맹해』에 한자어 '明명日일'이고 (5)㉯『교정맹해』에서는 '明명日실'이 『비교정맹해』에서는 '明명日일'이 왔다. 또 (5)㉮『율곡맹해』의 '오늘'에 대하여 ㉯,㉰에서는 한자어 '今금日일(실)'이 왔다. 다시 (5)㉮『율곡맹해』에서 '어젯 疾질'에(5)㉯『비율곡맹해』에서는 대립되는 '昔석者쟈ㅅ 疾질'로 대응하였다.

3.5.8. 동사, 형용사의 활용어미

용언의 활용어미를 비교하고자 한다. 이 활용어미를 다시 종결어미, 연결어미, 전성어미로 분류하여 고찰하되 그 일부만 검토할 예정이다. 이의 전반적인 검토는 다른 기회로 미룬다.

3.5.8.1. 종결어미

종결어미는 다시 서술형, 의문형, 감탄형, 명령형, 원망형, 청유형, 의구형, 언약형 등을 볼 수 있으나 이 경우도 부분적인 면만 비교하고자 한다.

3.5.8.1.1. 서술형

서술형의 여러 어미들 중 -ㄴ다, -니이다, -니이다, -리라, -ㄴ니라, -노라, -ㄴ니, -뇌이다, -노이다 등을 비교 항목으로 정한다. 물론 특별한 이유는 없다. 비교 자료들의 다른 점을 찾고자 하는 결정이다.

3.5.8.1.1.1. -ᄂᆞ다

(1) 事君盡禮 人以爲諂也

㉮ 君군을 事ᄉᆞ호매 禮례를 盡진호믈 人인이 ᄡᅥ 諂텸이라 <u>ᄒᆞᄂᆞ다</u>
(NR1-27a)

㉯君군을 셤굠애 禮례를 다홈을 사롬이 ᄡᅥ 諂텸ᄒᆞ다 <u>ᄒᆞᄂᆞ다</u>
(NT1-25b/NJ1-27b/NY1-18a)

㉰君군을 셤굠애 禮례를 다홈을 사롬이 ᄡᅥ <u>諂쳠</u>ᄒᆞ다 <u>ᄒᆞᄂᆞ다</u>
(NK1-27b)

(1)㉮㉯㉰『율곡논해』와 『비율곡논해』의 'ᄒᆞᄂᆞ다'는 공통이다.

3.5.8.1.1.2. -니이다, -니이다

(2) 亦有仁義而已矣

㉮ ᄯᅩ흔 仁인義의 이실 ᄯᆞ롬<u>이니이다</u>(MR1-1b)

㉯ ᄯᅩ흔 仁인義의ㅣ 이실 ᄯᆞ롬<u>이니이다</u>(MT1-1b)

㉰ ᄯᅩ흔 仁인義의ㅣ 이실 ᄯᆞ롬<u>이니이다</u>(MK/MJ/MY1-1b)

(2)㉮㉯㉰『율곡맹해』와 『비율곡맹해』의 어미 '-니이다'는 같은 모습
이다. 이보다 고형은 '-니이다'일 것인데 이 형태는 나타나지 않았다.

3.5.8.1.1.3. -리라

(3) 我將去之

㉮ 내 쟝춧 <u>去기호리라</u>(MR1-81a/MT/MK/MJ2-44a/MY2-28a)

(3)㉮『맹자언해』의 어미 '-리라'가 같다.

3.5.8.1.1.4. -ᄂ니라

(4) 其爲氣也 至大至剛 以直養而無害 則塞于天地之間

㉮ 그 氣긔론디 지극히 크고 지극히 剛강ᄒᆞ니 直딕으로뻐 養양ᄒᆞ야 害해
홈이 업스면 天텬地디ㅅ 즈음에 <u>塞식ᄒᆞᄂ니라</u>(MR2-16a)

㉯ 그 氣긔로 오미 지그기 大대ᄒᆞ며 지그기 剛강ᄒᆞ니 直딕으로뻐 養양ᄒᆞ
고 害해홈이 업스면 天텬地디ㅅ 間간애 <u>塞식ᄒᆞᄂ</u>
(MT/MK/MJ3-16a/MY3-10a)

(4)㉮『율곡맹해』와 ㉯『비율곡맹해』의 어미 '-ᄂ니라'는 공통이다.

3.5.8.1.1.5. -노라

'/-ᄒᆞ-/+/-ᄂ-/+/-오-/+/-다/ ->ᄒᆞ노라'와 같이 '-노라'도 실현되었
다.

(1) 子曰禘自旣灌而往者 吾不欲觀

㉮ 子ᄌᆞ] ᄀᆞᄅᆞ샤디 締톄] 이믜 灌관홈브터 往왕호ᄆᆞ론 내보고져 ᄒᆞ디
<u>아닛노라.</u> (NR1-24a)

㉯ 子ᄌᆞ] ᄀᆞᄅᆞ샤디 締톄] 임의 灌관홈으로브터 往왕ᄒᆞᆫ 者쟈ᄂ 내 보고
져 <u>아니ᄒᆞ노라.</u> (NT1-22b/NK/NJ1-24b/NY1-16a)

(2) 予懷明德 不大聲以色之

㉮ 내 明명ᄒᆞᆫ 德덕의 聲셩과 다뭇 色식을 大대케 아니호믈 <u>懷회ᄒᆞ노라</u>
(CR-60b)

㉯ 내 明명德덕의 聲셩과 다뭇(*以=與) 色식을 크게 아니홈을 <u>懷회ᄒᆞ노
라.</u> (CT-60b/CK/CJ/CM-60b)

㉰내 明명德덕의 聲셩과 다뭇(*以=與) 色식을 크게 아니홈을 <u>懷회ᄒᆞ노
라</u> (CY-39a)

(1)㉮『율곡논해』, (2)㉮『율곡용해』, (1)㉯『비율곡논해』 (2)㉯『비율곡용해』의 어미 '-노라'가 모두 같다.

3.5.8.1.1.6. -ᄂᆞ니

(1) 長國家而務財用者 必自小人矣

㉮ 國국家가의 長댱ᄒᆞ야 財지用용을 務무ᄒᆞᄂᆞᆫ 者쟈ᄂᆞᆫ 반ᄃᆞ시 小쇼人인으로브터 ᄒᆞᄂᆞ니(DR-31b)

㉯ 國국家가에 長댱ᄒᆞ야 財지用용을 힘쓰ᄂᆞᆫ 이ᄂᆞᆫ 반ᄃᆞ시 小쇼人신으로 브테니(DT32a)

㉰ 國국家가에 長쟝ᄒᆞ야 財지用용을 힘쓰ᄂᆞᆫ 이ᄂᆞᆫ 반ᄃᆞ시 小쇼人인으로 브테니(DK-32a)

㉱ 國국家가에 長댱ᄒᆞ야 財지用용을 힘쓰ᄂᆞᆫ 이ᄂᆞᆫ 반ᄃᆞ시 小쇼人인으로 브테니(DJ-32a/DY-20a)

(1)㉮『율곡학해』에 어미 '-ᄂᆞ니'가 '/-ᄒᆞ-/+/-ᄂᆞ-/+/-니/'로 나타난 데 대하여 (1)㉯㉰㉱『비율곡학해』에서는 '/-ㅣ-/+/-니/'로 실현되었다. 곧 『율곡학해』에서는 서술어가 동사句로, 『비율곡학해』에서는 서술어가 명사구로 대립을 이룬다.

3.5.8.1.1.7. -뇌이다

(1) 敢問

㉮ 敢감히 問문ᄒᆞ노니(MR2-13b)

㉯ 敢감히 문죱뇌이다(MT/MJ3-13b/MY3-8b)

㉰ 敢감히 문죱노이다(MK3-13b)

어미 '-뇌이다'는 -뇌 : -노이다(/-ᄂᆞ-/+/-오-/+/-이-/+/-이-/+/-다/)로 『교정맹해』, 『전주맹해』, 『영영맹해』에 나타나고, 『율곡맹해』에서는

'-노니'로, /-ᄂᆞ-/+/-오-/+/-니/로『내각학해』에서는 /-ᄂᆞ-/+/-오-/+/-이-/-다/→'-노이다'로 실현되었다. 어휘에서는『율곡맹해』의 '間문호노니'에 대하여『비율곡맹해』에 '묻줍뇌이다, 묻줍노이다'로 되었다. '묻줍뇌이다'의 '-뇌이다'는『사서언해』중에서도 단 한번 나타난다.

3.5.8.1.1.8. -노이다

(1) 回也 聞一以知十 賜也 聞一以知二

㉮ 回회ᄂᆞᆫ 一일을 聞문호매 十십을 알고 賜ᄉᆞᄂᆞᆫ 一일을 聞문호매 二이롤아노이다(NR1-45b)

㉯ 回회ᄂᆞᆫ ᄒᆞ나홀 들어 ᄡᅥ 열홀 알고 賜ᄉᆞᄂᆞᆫ ᄒᆞ나홀 들어 ᄡᅥ 둘홀아농의다(NT1-43a)

㉰ 回회ᄂᆞᆫ ᄒᆞ나홀 들어 ᄡᅥ 열홀 알고 賜ᄉᆞᄂᆞᆫ ᄒᆞ나홀 들어 ᄡᅥ 둘홀아노이다(NK/NJ1-46b/NY1-30a)

(2) 寡人 願安承教

㉮ 寡과人인이 願원컨댄 安안히 ᄒᆞ야 教교롤 承승코져 ᄒᆞ노이다(MR1-11b)

㉯ 寡과人신이 願원컨댄 安안ᄒᆞ야 教교롤 承승호려 ᄒᆞ노이다(MT1-12a)

㉰ 寡과人인이 願원컨댄 安안ᄒᆞ야 教교롤 承승호려 ᄒᆞ노이다(MK/MJ1-12a/MY1-7b)

어미 '-노이다'는 위 (1)㉮,『논어언해』와 (2)㉮㉯㉰『맹자언해』에서 모두 같다. 그러나 (1)㉯는 '아농이다'에서와 같이 '-농이다'(『교정청본논어언해』에 총 5번 등장한다.)이지만 나머지는 모두 '-노이다'이다.『교정청본논어언해』가 고형을 유지하고 있다.

3.5.8.1.2. 의문형

의문형 어미도 '-는다, -니잇고, -느뇨, -리오, -려뇨, -ㄹ가' 등 부분적으로 살피고자 한다. 서술형에서 언급한 바와 같이 특별한 일부만 택하는 데에 다른 의미는 없다.

3.5.8.1.2.1. -는다

(1) 賜也 爾愛其羊

㉮ 賜亽아 너는 그 羊양을 앗기논다(NR1-26b)

㉯ 賜亽아 너는 그 羊양을 愛익ᄒ논다?

(NT1-25b/NK/NJ1-27b/NY1-18a)

(1)의 어미 '-는다'는 (1)㉮,㉯『논어언해』에 공통이다. 어간이 각기 다르다. (1)㉮는 '앗기논다'인데 (1)㉯에서는 '愛익ᄒ논다'로 고유어 어간과 한자어 어간이 구분된다.

3.5.8.1.2.2. -니잇고(<-닝잇고)

(2) 子貢 問曰賜也 何如 子曰女 器也 曰 何器也

㉮ 子ᄌ貢공이 問문ᄒ야 ᄀᆞᆯ오디 賜亽는 엇더ᄒ니잇고? 子ᄌㅣ ᄀᆞᄅ샤디 너는 그릇시니라. ᄀᆞᆯ오디 므슴 그릇시니잇고?(NR1-42a)

㉯ 子ᄌ貢공이 묻ᄌᆞ와 ᄀᆞᆯ오디 賜亽는 엇더ᄒ닝잇고? 子ᄌㅣ ᄀᆞᄋᆞ샤디 너는 器긔ㅣ니라. ᄀᆞᆯ오디 엇던 器긔ㅣ닝잇고?(NT1-40a)

㉰ 子ᄌ貢공이 묻ᄌᆞ와 ᄀᆞᆯ오디 賜亽는 엇더ᄒ니잇고? 子ᄌㅣ ᄀᆞᄋᆞ샤디 너는 器긔ㅣ니라. ᄀᆞᆯ오니 엇던 器긔ㅣ니잇고?

(NK/NJ1-43a/NY1-28a)

(2)㉯『교정논해』의 '-닝잇고'는 후기 중세국어 시기의 형태로 나머지

『비교정논해』의 '-니잇고'의 고형이다.

3.5.8.1.2.3 -느뇨

(1) 王見之曰 牛何之

㉮ 王왕이 보시고 ᄀᆞᄅᆞ샤더 쇼는 어더 <u>가느뇨?</u>(MR1-21a)<16회>

㉯ 王왕이보시고ᄀᆞᆯ오샤더牛우는어듸<u>가느뇨?</u>
(MT,MK1-21a/MJ1-21b/MY1-13b)

『맹자언해』자료 (1)의 어미 '-느뇨'도 (1)㉮,㉯에 공통이다

3.5.8.1.2.4. -리오

(1) 言顧行 行顧言 君子 胡不慥慥爾

㉮ 言언이 行힝을 顧고ᄒᆞ며 行힝이 言언을 顧고ᄒᆞ면 君군子ᄌᆡ 엇디
慥조慥조 (篤實한모양)티 <u>아니리오.</u>(CR-13b) <3회 出現>

㉯ 말이 힝실을 도라보며 힝실이 말을 도라볼디니 君군子ᄌᆡ 엇디 慥조
慥조 (*독실함)티 <u>아니ᄒᆞ리오.</u>(CT/CK/CJ/CM-14a/CY-9a)

『중용언해』 자료 (1)의 어미 '-리오'가 ㉮㉯에서 같다. 그런데 주의할
것은 (1)㉮『율곡용해』에서는 '아니리오'인데 (1)㉯에서는 '아니ᄒᆞ리오'로
써. 체언적인 면과 용언적인 표현이 교차되면서 구분된다.

3.5.8.1.2.5. -려뇨

(1) 小人之使爲國家 災害 竝至 雖有善者 亦無如之何矣

㉮ 小쇼人인을 ᄒᆞ여곰 國국家가롤 ᄒᆞ면 菑ᄌᆡ害해 並至지ᄒᆞᆯ디라 비록 善
션者쟈ㅣ 이실디라도 ᄯᅩ흔 <u>엇디려뇨</u>(DR-31b)

㉯ 小쇼人인으로 ᄒᆞ여곰 國국家가롤 ᄒᆞ게 ᄒᆞ면 菑ᄌᆡ (*災)와 害해ㅣ ᄀᆞᆯ

와 니룰디라. 비록 어딘 者쟈ㅣ 이시나 쏘흔 <u>엇디려뇨?</u>(DT-32a)

㉐ 小쇼人인으로 ᄒ여곰 國국家가룰 ᄒ게 ᄒ면 菑지와 害해ㅣ 굴와 니룰디라. 비록 어딘 者쟈ㅣ 이시나 쏘흔 <u>엇디려뇨</u>(DK/DJ-32a/DY-20b)

(1) 『대학언해』㉮,㉯,㉐의 어미 '-려뇨'도 역시 공통이다.

3.5.8.1.2.6. -ㄹ가(-랴), (-니잇가, -니잇고, -리오)

(1) 冉有曰夫子 爲衛君乎 子貢曰諾 吾將問之 入曰伯夷叔齊 何人也 曰古之賢人也 曰怨乎 曰求仁而得仁 又何怨

㉮ 冉염有유ㅣ 굴오디 夫부子ㅈㅣ 衛위君군을 <u>爲위ᄒ실가?</u> 子ㅈ貢공이 굴오디 諾락다. 내 장ᄎᆺ 뭇ᄌ오리라. 드러 굴오디 伯빅夷이ㅣ 叔슉齊졔는 <u>엇던 사룸이니잇고?</u> ᄀᆞᄅᆞ샤디 녜 어딘 사룸이니라. 굴오디 <u>怨원ᄒ더니잇가?</u> ᄀᆞᄅᆞ샤디 仁인을 求구ᄒ야 仁인을 어더니 쏘 엇디 <u>怨원ᄒ리오?</u>(NR2-19b)

㉯ 冉염由유ㅣ 굴오디 夫부子ㅈㅣ 衛위君군을 <u>爲위ᄒ시랴?</u> 子ㅈ貢공이 굴오디 諾락다. 내 쟝ᄎᆺ 뭇ᄌ오리라. 들어가 굴오디 伯빅夷이와 叔슉齊졔는 <u>엇던 사룸이니잇고?</u> 굴ᄋ샤디 녯 賢현人신이니라. 굴오디 <u>怨원ᄒ더니잇가?</u> 굴ᄋ샤디 仁신을 求구ᄒ야 仁신을 得득ᄒ야니 쏘 엇디 <u>怨원ᄒ리오?</u>(NT2-17b)

㉐ 冉염由유ㅣ 굴오디 夫부子ㅈㅣ 衛위君군을 <u>爲위ᄒ시랴?</u> 子ㅈ貢공이 굴오디 諾락다. 내 쟝ᄎᆺ 뭇ᄌ오리라. 들어가 굴오디 伯빅夷이와 叔슉齊졔는 <u>엇던 사룸이니잇고?</u> 굴ᄋ샤디 녯 賢현人인이니라. 굴오디 <u>怨원ᄒ더니잇가?</u> 굴ᄋ샤디 仁인을 求구ᄒ야 仁인을 得득ᄒ야니 쏘 엇디 <u>怨원ᄒ리오?</u>(NJ2-20a/NK2-20a/NY2-13b)

『논어언해』자료 의문형어미가 (1)㉮『율곡논해』에서는 'ᄒ실가'에서 보인 것처럼 '-ㄹ가'인데 (1)㉯『비율곡논해』에서는 'ᄒ시랴'에서와 같이 '-랴'로 실현되어 대립을 이룬다. 또한 (1)㉮의 다른 의문형어미로 '사룸이니잇고?'에서 보인 바와 같이 '-이니잇고?'와 '怨원ᄒ더니잇가?'에서 '-ᄒ더니잇가?'와 '怨원ᄒ리오?'에서 보인 '-ᄒ리오?'가 『논어언해』전반에서 실현되었다.

3. 5. 8. 1. 3. 감탄형

후기 중세국어의 감탄형에는 '-도-, -도소-' 등의 '-도-, -돗-'이 그것이다. 이들은 '-리-'와, '계사' 다음에는 '-로-, -롯-'으로 교체되었다. 또 다른 '-것-, -놋-, -닷-, -샷-' 등의 '-ㅅ-'도 추정된다. 16세기에 '-고-', '-ㄹ쎠' 근대국어의 활용은 '-고나, -고야, -괴야,' 등이고 中世 의 '-도다'는 '-쏘다'로 변했고, '-고나'가 일반적이었고, '-ㄹ쎠>-ㄹ쌰'로 바뀌었다.55)

『사서언해』의 감탄형을 선별적으로 비교검토하기로 한다.

3. 5. 8. 1. 3. 1. -도-

(1) 大哉 聖人之道 洋洋乎 發育萬物 峻極于天

㉮ 크다! 聖성人인의 道도ㅣ여! 洋양洋양히 萬만物믈을 發발育육ᄒ야 峻쥰호미 天텬의 極극ᄒ도다(CR-46a)

㉯ 크다! 聖성人신의 道도ㅣ여! 洋양洋양히 萬만物믈을 發발育육ᄒ야 峻쥰홈이 天텬에 極극ᄒ얏도다(CT-46a)

㉰ 크다! 聖성人인의 道도ㅣ여! 洋양洋양히 萬만物믈을 發발育육ᄒ야 峻쥰홈이 天텬에 極극ᄒ얏도다(CK/CJ/CM-46a/CY-29b)

(2) 或曰雍也 仁而不佞

㉮ 或혹이 ᄀᆞᆯ오ᄃᆡ 雍옹은 仁인코 佞녕티 몯ᄒ도다(NR1-42a)

㉯ 或혹이 ᄀᆞᆯ오ᄃᆡ 雍옹은 仁신ᄒ고 佞녕(말재주)티 몯ᄒ도다(NT1-40a)

---

55) 이기문(1973), p.164, p.170, p.215.

㉰ 或혹(**혹?)이 굴오더 雍옹은 仁인ᄒ고 佞녕티 <u>몯ᄒ도다</u>
(NK/NJ1-43b/NY1-28a)

(3) 彼然而伐之

㉮ 데 올히 녀겨 <u>치도다</u>(MR2-65a)

㉯ 데 그리 녀겨 <u>伐벌ᄒ도다</u>(MT/MK/MJ4-24a/MY4-15a)

(4) 和樂且耽

㉮ 和화樂락ᄒ고 ᄯ흔 <u>耽담ᄒ도다</u>(CR-16b)

㉯ 和화ᄒ며 樂락ᄒ고 ᄯ 耽담(탐?詩에湛담:즐겁다)ᄒᄂ디라
(CT/CK/CJ-16b/CY-11a)

(6) 惟民所止

㉮ 民민의 止지홀 배라 <u>ᄒ도다</u>(DR-6a)

㉯ 民민의 止지ᄒ연ᄂ 배라 <u>ᄒᄂ니라</u>(DT/DK/DJ-6a/MY-4a)

(1)-(6)㉮『율곡언해』, 『비율곡논해』, 『비율곡맹해』에서는 '-도-'가 쓰였다. 그러나 (5), (6)㉯『비율곡용해』, 『비율곡학해』의 경우는 '-디-, -니-'로 되었다. '-도-'는 감탄형어미로 손색이 없으나, (5)㉯의 '-디-'는 '-ᄃ(불완전 명사)/+/-ㅣ-/+/-라/-->-디라'로 명사가 어미로 바뀐 표현이다. 'ᄒᄂ니라'의 '/-니-/+/-라/'로 감탄형과는 다른 표현이다.

3.5.8.1.3.2. -ᄂ옷-

(1) 孟之反 不伐

㉮ 孟밍之지反반(인명)은 伐벌(功을자랑하다)티 <u>아닛놋다</u>.(NR2-8b)

㉯ 孟밍之지反반(*인명)ᄋ 伐벌(*功을자랑함) <u>아니ᄒ놋다</u>.

(NT2-8a/NK/NJ2-8b/NY2-6a)

(2) 且古之君子 過則改之 今之君子 過則順之

㉮ 쏘 녯 君군子ㅈ는 過과ㅣ 어든 改기ㅎ더니 이젯 君군子ㅈ는 過과ㅣ
어든 <u>順슌(*遂)ㅎ놋다</u>(MR2-68b)

㉯ 쏘 녯 君군子ㅈ는 過과ㅣ 어든 곧 改기ㅎ더니 이젯 君군子ㅈ는 過과
ㅣ 어든 곧 <u>順슌(*遂)ㅎ놋다</u>. (MT/MK/MJ4-27b/MY4-17b) (*-놋다! :중
용, 대학언해에는 없다)

(3) 不日成之 經始勿亟 庶民子來

㉮ 날이 몯ㅎ야셔 <u>이논다</u>. 經경始시를 亟극히 말라 ㅎ시나 庶셔民민이 子
ㅈㅣ 오둣 <u>ㅎ놀다</u>(MR1-5a)

㉯ 日실(*一日)이 몯ㅎ야셔 <u>成셩ㅎ놋다</u>. 經경ㅎ야 始시홈을 亟극(*速)디
말라 ㅎ시나 庶셔民민이 子ㅈㅣ 來리툿 <u>ㅎ놋다</u>
(MT/MK/MJ1-5a/MY1-3b)

(1)㉮『율곡논해』의 '아닛놋다'에 대하여 (2)㉯『비율곡논해』에서는 '아
니ㅎ놋다'가 되었다. 바꾸어 말하면『율곡논해』의 /아니/+/-ㅅ-/+/-놋
-/+/-다/ ->'아닛놋다'는 '아니ㅎ-'의 '-ㅎ-' 대신에 첨사 '-ㅅ-'이 개재
되었다. 이러한 현상은『사서언해』 중에서도 율곡본에서만 나타난다.
(표 33) '아닛-, 아니ㅎ-'(p.290) 참조)[56]

3.5.8.1.3.3. -로-

'-로-'는 '-리-, -ㅣ-' 등의 'i, y' 다음에 나타났다.

---

56) 본고 3. 5. 6. 3. 5. "아니ㅎ다와 아닛느니라"와 표를 참조.. 표(33). p.237

(1) 子曰賜也 是可與言詩已矣

㉮ 子ᄌᆡ ᄀᆞᄅᆞ샤ᄃᆡ 賜ᄉᆞ는 비로소 可가히 더브러 詩시롤 <u>니ᄅᆞ리로다</u>
(NR1-9a)

㉯ 子ᄌᆡ ᄀᆞᄅᆞᄋ샤ᄃᆡ 賜ᄉᆞ는 비로소 可가히 더브러 詩시를 <u>니ᄅᆞ리로다</u>
(NT1-8b/NK/NJ1-9a /NY1-6a)

(2) 庶民子來 王在靈囿麀鹿收伏

㉮ 庶셔民민이 子ᄌᆡ 오ᄃᆞᆺ ᄒᆞᄂᆞ다. 王왕이 靈령囿유에 겨시니 麀우鹿
록의 伏복ᄒᆞ 배로다(MR1-5a)

㉯ 子ᄌᆡ 來리ᄃᆞᆺ ᄒᆞᄂᆞ다. 王왕이 靈령囿유(*영대아래의동산)에 겨시니
麀우(*암사슴)鹿록의 伏복(*그곳을 편히여기고 움직이지 않음)ᄒᆞ얀ᄂ 배
<u>로다</u>(MT/MK/MJ1-5a/MY1-3b)

(1)(2)㉮,㉯에서 '니ᄅᆞ리로다, 배로다'로 같은 모습이다. '-도-'가 'i,y'
밑에서 '-로-'로 바뀐 것이다. 중세국어 이후에 이른바 계사 '-이(-ㅣ)
다.'가 '-이(-ㅣ)라.'로 되는 현상이다.

(3) 詩曰嘉樂君子 憲憲令德[57]

㉮ 詩시예 ᄀᆞᆯ오ᄃᆡ 嘉가樂락ᄒᆞᆫ 君군子ᄌᆡ여 顯현顯현ᄒᆞᆫ 슈령令德 <u>德덕이</u>
<u>로다</u>(CR-19b)

㉯ 詩시예 ᄀᆞᆯ오ᄃᆡ 嘉가樂락ᄒᆞᆫ 君군子ᄌᆡ의 顯현ᄒᆞ며 顯현ᄒᆞᆫ <u>슈령德덕</u>
<u>의</u>(CT/CK/CJ/CM-19b/CY-13a)

(4) 肫肫其仁 淵淵其淵 浩浩其天

㉮ 肫쥰肫쥰ᄒᆞ 그 仁인이며 淵연淵연ᄒᆞ 그 淵연이며 浩호浩호ᄒᆞ 그 天
<u>텬이로다</u>(CR-57a)

---

57) [율곡용해] '19b'에 O 憲當作顯현'이라는 주를 달았다.

㉯ 肫쥰肫쥰(肫순순肫:정성스러운모양)흔 그 仁신이며 淵연淵연흔(*고
요하고 깊은모양) 그 淵연이며 浩호浩호흔 그 <u>天텬이니라</u>(CT-57a)
㉰ 肫쥰肫쥰(肫순순肫:정성스러운모양)흔 그 仁인이며 淵연淵연흔(*고
요하고 깊은모양) 그 淵연이며 浩호浩호흔 그 <u>天텬이니라</u>.
(CK/CJ-57a/MY-37a)

(3),(4)㉮『율곡용해』의 경우는 '-로-'의 환경에서 정상적인 활용을 보
여 준다. 반면에 (3)㉯『비율곡용해』의 경우는 언해한 문이 종결되지 않
게 되어 전혀 다른 모습으로 언해된 것이다. 당연히 '-로-'는 보이지 않
는다. 다음 (4)㉮『율곡용해』에서는 '-로-'와 같이 정상적인 활용을 하나
(4)㉯『비율곡용해』의 경우는 '-니-'로 되어서 구분된다. 역시 '-로-'는
감탄형인 데 비해 '-니-'는 감탄형이 아니다.

(5) 詩云瞻彼淇澳 菉竹猗猗 有斐君子 如切如磋如琢如磨 瑟兮僩兮
赫兮喧兮 有斐君子 終不可諠兮
㉮ 詩시예 닐오디 뎌 淇긔澳욱을 본디 菉록흔 竹듁이 <u>猗의 猗의흐도다.</u>
斐비흔 君군子지여! 切졀틋ᄒᆞ며 磋차틋ᄒᆞ며 琢탁듯ᄒᆞ며 <u>磨마틋ᄒᆞ도다.</u>
瑟슬ᄒᆞ며 僩한ᄒᆞ며 赫혁ᄒᆞ며 喧환흔디라 斐비흔 君군子지여 ᄆᆞ춤내
可가히 닛디 <u>몯ᄒᆞ리로다</u>(DR-8b)
㉯ 詩시예 닐오디 뎌 淇긔人澳욱(*깊을오,벼랑욱)을 본디 菉록竹듁이 <u>猗</u>
<u>의猗의(아름답고盛함)ᄒᆞ도다.</u> 斐비흔 君군子지여 切졀틋ᄒᆞ고 磋차틋
ᄒᆞ며 琢탁듯ᄒᆞ고 磨마틋흔니라 瑟슬 (*엄하고빽빽함)ᄒᆞ며 僩한(*본문에
는 人변에間으로오각,군센모습)ᄒᆞ며 赫혁(*베풀다)ᄒᆞ며 喧환(*훤?:잋다)
ᄒᆞ니 斐비흔 君군子지여! ᄆᆞ춤내 可가히 닛디 <u>몯ᄒᆞ리로다!</u>
(DT-8a, DK/DJ-8a/DY-5a)

(5)㉮,㉯『대학언해』에 모두 'ᄒᆞ도다'와 '리로다'로써 정상적인 활용을 하
였다. 역시 '-로-'는 '-도-' 앞에 'i, y'가 와서 '-도-'가 '-로-'로 바뀐 것이다.

3.5.8.1.3.4. -샤-

현대국어의 '-시도-'에 해당되는 '-샤-'은 존칭 선어말어미 '-시-'와 의도형 선어말어미 '-오/우-'와 연결된 형태로 /-시-/+/-오-/+/-ㅅ다/ →'-샤다'로 분석할 수 있다. '-샤-'은『논어언해』에 3회,『맹자언해』에 3회 나타난다.『중용언해』와『대학언해』에는 나타나지 않았다.

(1) 子貢曰夫子 自道也

㉮ 子ᄌ貢공이 ᄀᆞᆯ오디 夫부子ᄌㅣ 스스로 道도ᄒᆞ샤다!(NR3-70a)

㉯ 子ᄌ貢공이 ᄀᆞᆯ오디 夫부子ᄌㅣ 스스로 닐옴이샤다 (NT3-64b/NK/NJ3-71b/NY3-46a)

(2) 天喪予

㉮ 天텬이 날을 喪상(죽게하다)ᄒᆞ샤다(NR3-4b)

㉯ 하ᄂᆞᆯ히 나를 喪상ᄒᆞ샤다(NT3-4a/NY3-3a)

『논어언해』에서 '-샤-'이 3회 나타나지만 '하ᄂᆞᆯ히 나를 喪상ᄒᆞ샤다'가 반복하여 두 번 등장했기에 결국 2회인 것과 다름이 없다. (1)㉮,㉯ 모두 '-샤-'으로 같은 형태이다. (2)의 경우도 '-샤-'은 공통이다. 요약하면『율곡논해』는 둘다 '-샤-'으로 같다.

(3) 予觀於夫子 賢於堯舜遠矣

㉮ 予여의 夫부子ᄌ 보오모론 堯요舜슌두곤 賢현ᄒᆞ샤미 머르샸다 (MR2-24a)

㉯ 내 夫부子ᄌᆯ 觀관ᄒᆞ욤오로써 ᄒᆞ건댄 堯요舜슌두곤 賢현홈이 遠원ᄒᆞ샸다 (MT/MK/MJ3-24b/MY3-15b)

(4) 夫天 未欲平治天下

㉮ 天텬이 天텬下하롤 平평治티코져 <u>아니ᄒᆞ샷다</u>(MR2-79b)

㉯ 天텬이 天텬下하롤 平평治티코쟈 티 <u>아니ᄒᆞ시니</u>(MT4-38b/MY4-)

(5) 曰命之矣

㉮ ᄀᆞᆯ오ᄃᆡ 之지롤 <u>命명ᄒᆞ샷다</u>(MR3-39b)

㉯ ᄀᆞᆯ오ᄃᆡ 之지롤 <u>命명(*가르치다)ᄒᆞ샷다</u>(MT/MK/MJ5-40b/MY5-25b)

(3)㉮『율곡맹해』는 '-샷다'와 (3)㉯『비율곡맹해』도 '-샷다'이다. (3)(5) ㉮,㉯『맹자언해』에 '-샷-'이고, (4)㉮『율곡맹해』는 '-샷-' 대신 '아니ᄒᆞ시니'와 같이 '-시니'로 되어 '-샷-'과는 그 형태가 같지 않다. '-시니'는 감탄형이 아니다.

3.5.8.1.3.5. -도소-(-로소-, -로-)

'-도소-'가 '-i, y' 뒤에서는 '-로소-'로 된다. '-로소-'가 'i,-y' 이외의 모음 밑에서는 '-노소-'로도 나타난다.

(1) 子曰非吾徒也

㉮ 子ᄌᆞㅣ ᄀᆞᄅᆞ샤ᄃᆡ 우리 무리 <u>아니로다</u>(NR3-9a)

㉯ 子ᄌᆞㅣ ᄀᆞᆯ오샤ᄃᆡ 우리 물이 <u>아니로소니</u>

(NT3-8a/NK/NJ3-9a/NY3-6a)

(1)㉮『율곡논해』에서 '-로소-'는 나타나지 않는다. '-로-'가 대신한다. 감탄형은 '-도-'이나 역시 'i, y' 밑에서 '-로-'로 바뀐 것이고 '-로소니'는 현대어에서는 '-로-'로 실현된다.

(2) 今而後得反之也

㉮ 이제 後후에 시러곰 反반ᄒᆞ노소니 君군이 尤우티 마ᄅᆞ쇼셔!
(MR1-76b)

㉯이젠後후에시러곰 反반ᄒᆞ도소니(MT/MK/MJ2-39a/MY2-25a)

(3) 是謀 非吾所能及也

㉮ 이 謀모는 나의 能능히 及급홀 배 아니로소니(MR1-77b)

㉯ 이 謨모는 나의 能능히 及급홀 빼 아니로소이다(MT2-40a)

㉰ 이 謨모는 나의 能능히 及급홀 빼 아니로소이다.
(MK/MJ2-40a/MY2-25b)

(4) 子謂之姑徐徐云爾 亦敎之孝弟而已矣

㉮ 子ᄌᆞㅣ 안즉 날회여 ᄒᆞ라 닐옴 ᄀᆞᆺ도소니 ᄯᅩᄒᆞᆫ 孝효弟뎨ᄅᆞᆯ ᄀᆞᄅᆞ 칠 ᄯᆞ
롬이니라.(MR7-28a)<2회>

㉯ 子ᄌᆞㅣ 닐오디 아직 徐셔徐셔히 ᄒᆞ라 홈 ᄀᆞᆮ도다. ᄯᅩᄒᆞᆫ 孝효弟뎨ᄅᆞ 敎
교홀 ᄯᆞ롬이니라.(MT/MK/MJ13-35b/MY13-)

(2)㉮『율곡맹해』에서 '-ᄒᆞ-' 다음에서 '-노-'가 왔다. (2)㉯『비율곡맹
해』에서는 '-ᄒᆞ-' 다음에 '-도-'가 왔다. (3)㉮,㉯,㉰『맹자언해』에서는 '-
ㅣ' 밑에서 '-로소-'이고, (4)㉮,㉯에서 '-ㅅ, -ㄷ' 밑에서 '-도소-'가 왔
다. 결국 'i,y' 밑에서는 '-로소-'이고 그 밖의 모음이나 자음 밑에서는 '-
도소-(-도-)'로 나타난다.

3.5.8.1.3.6. -도소이다(-돗-). -로소이다(-롯-)

'-도소이다'가 'i,y' 다음에서 '-로소이다'로 된다.

(1) 公明賈 對曰以告者 過也

㉮ 公공明명賈가ㅣ 對ᄃᆡᄒᆞ야 ᄀᆞᆯ오디 ᄡᅥ 告고ᄒᆞᆫ 者쟈ㅣ 過과ᄒᆞ도소이다
(NR3-61b)

㉯ 公공明명賈가ㅣ 對더ᄒ야 ᄀᆞᆯ오ᄃᆡ 써 告고ᄒᆞᆫ 者쟈ㅣ <u>過과ᄒᆞ도소이다</u>.
(NT3-56b/NK/NJ3-63a/NY3-40b)

(2) 正唯弟子 不能學也

㉮ 正정히 弟뎨子ᄌᆞ의 能능히 學혹디 <u>몯홀디로소이다</u>(NR2-28b)

㉯ 正정히 弟졔子ᄌᆞㅣ 能능히 學혹디 <u>몯홈이로소이다</u>
(NT2-25b/NK/NJ2-28b/NY2-19a)

(3) 火改 期可已矣

㉮ 火화롤 改기ᄒᆞᄂᆞ니 期긔예 可가히 말 <u>써시로소이다</u>(NR4-44b)

㉯ 火화를 改기ᄒᆞᄂᆞ니 期긔 만ᄒᆞ고 可가히 <u>已이ᄒᆞ얌즉ᄒᆞ도소이다</u>. (NT4-
40b/NK/NJ4-45b/NY4-29b)

(1)㉮『율곡논해』, (1)㉯『비율곡논해』에서 모두 '過과ᄒᆞ도소이다'로 공통이어서 다른 점이 없다. (2)㉮『율곡논해』에 '몯홀디로소이다'에 비해 (2)㉯『비율곡논해』에는 '몯홈이로소이다'가 되어 '-로소-'는 공통이나, 그 어간이 '몯홀디-'와 '몯홈이-'로 어간 형태가 (2)㉮의 경우는 /몯ᄒᆞ-/+/-ㄹ/+/ᄃᆡ/+/-이-/와 같이 분석할 수 있고, (2)㉯의 경우는 /몯ᄒᆞ-/+/-오-/+/-ㅁ/+/-이-/와 같이 분석할 수 있다. (2)㉮는 /몯ᄒᆞ-/에 관형사형 /-ㄹ/이 와서 그 뒤에 불완전명사 /ᄃᆡ/를 수식했고 (2)㉯의 경우는 /몯ᄒᆞ-/에 선어말어미 /-오-/ 다음에 명사형어미 /-ㅁ/이 온 상태이다. (3)㉮『율곡논해』에서는 '-ㅣ' 밑에서 '-로소-'이고, (3)㉯『비율곡맹해』에서는 '-ᄒᆞ-' 다음에서 '-도소-'로 되었다.
결국 모음 'ㅣ' 다음에서는 '-로소-'이고 그 밖의 환경에서는 '-도소-'이다.

(4) 尙文王之聲

㉮ 文문王왕의 聲셩두곤 <u>더으도소이다</u>(MR7-45a)

㉯ 文문王왕의 聲셩의셔 <u>더으도소이다</u>(MT14-15a/MY14-9b)

(5) 殆不可復

㉮ 즈못 可가히 다시 몯ᄒᆞ<u>시리로소이다</u>(MR7-45b)

㉯ 즈못 可가히 다시 <u>몯ᄒᆞ시리로소이다</u>

(MT/MK/MJ14-15b/MY14-10a)

『맹자언해』인 (4)㉮,㉯에서 '더으도소니'로 같은 모습으로 나타난다.

　『율곡맹해』: /-두곤 /+/더으-/+/-도소이다/

　『비율곡: /-의셔/+/더으-/+/-도소이다/

(5)의 경우는 『율곡맹해』와 『비율곡맹해』 모두 '-ㅣ' 다음에서 '-로소
-'로 같다.

요약하면 『맹자언해』의 경우 모음 'i' 밑에서는 '-로소-'이고, 'i' 이외
의 모음이나 자음 다음에는 '-도소-'이다.

3.5.8.1.4. 명령형

명령형어미의 '-ᄒᆞ라'체와 '-ᄒᆞ쇼셔'체를 살피고자 한다. 그 예가 『논
어언해』, 『맹자언해』와 『대학언해』에만 나타난다.

3.5.8.1.4.1. -ᄒᆞ라

(1) 公曰告夫三子 <-ᄒᆞ라: 15회 『율곡논해』>

㉮ 公공이 ᄀᆞᄅᆞ샤ᄃᆡ 三삼子ᄌᆞᄃᆞ려 <u>告고ᄒᆞ라</u>(NR3-66b)

㉯ 公공이 ᄀᆞᄅᆞ샤ᄃᆡ 三삼子ᄌᆞ(孟孫,叔孫,季孫)의게 <u>告고ᄒᆞ라</u>

(NT3-61b /NK/NJ3-68a/NY3-43b)

『논어언해』에서 '-ᄒ라'체의 文이 15회 나타나는데 (1)㉮『율곡논해』
와 (1)㉯『비율곡논해』의 형태는 같다. 다만 (1)㉮는 연철, (1)㉯는 분철
하였고 ㉮에 /三삼子ᄌ/+/-드려/+/告고ᄒ-/+/-라/와 ㉯에 /三삼子ᄌ
/+/-의게/+/告고ᄒ-/+/-라/로 되었다.

(2) 孟子見齊宣王曰爲巨室則 必使工師 求大木
    <-ᄒ라 ; 16회 『율곡맹해』>

　㉮ 工공師ᄉ(*匠人)로 ᄒ여곰 큰 남글 求구ᄒ라(MR1-67b)
　㉯ 工공師ᄉ(*匠人의어른)로 ᄒ여곰 大대木목을 구ᄒ시리니
(MT/MK/MJ2-30b/MY2-19b)

(3) 或謂寡人取之

　㉮ 或혹寡과人인드려 닐오디 取취티 말라 ᄒ며 或혹 寡과人인드려 닐오
디 取취ᄒ라 ᄒᄂ니 (MR1-69b)
　㉯ 或혹寡과人싄드려 닐오디 取취티 말라 ᄒ며 或혹 寡과人싄드려 닐오
디 取취ᄒ라 ᄒᄂ니 (MT2-32a)
　㉰ 或혹寡과人인드려 닐오디 取취티 말라 ᄒ며 或혹 寡과人인드려 닐오
디 取취ᄒ라 ᄒᄂ니 (MK/MJ2-32a/MY2-20b)

(2)㉮『율곡맹해』는 '求구ᄒ라'와 같이 명령형이 잘 나타나 있으나 (2)
㉯『비율곡맹해』는 '求구ᄒ시리니'로 '-ᄒ라'체의 명령형과 거리가 멀다.
곧 '-라' 대 '-시니'이다. (3)㉮『율곡맹해』와 ㉯,㉰『비율곡맹해』가 모두
'-라'로 공통이다.

(4) 湯之 盤銘曰苟日新 日日新又日新
　㉮ 湯탕ᄉ 盤반銘명의 굴오디 진실로 날에 新신ᄒ거든 나날 新신ᄒ며 쏘
날로 新신ᄒ라 ᄒ고 康강誥고의 굴오디 新신ᄒᄂ 民민을 作작ᄒ라.

(DR-5a,b)

ⓘ 湯탕의 盤반ㅅ銘명애 ᄀᆞᆯ오디 진실로 나래 새롭거든 나날 새로이 ᄒᆞ고 ᄯᅩ 날로 <u>새로이 ᄒᆞ라</u> ᄒᆞ며 康강誥고애 ᄀᆞᆯ오디 새롭ᄂᆞᆫ 民민을 <u>作작ᄒᆞ라.</u> (DT/DK/DJ-5a,b/DY-3b,4a)

다음은 『대학언해』를 보자. (4)ⓐ,ⓘ모두 '-ᄒᆞ라'체로 같다.

3.5.8.1.4.2. -쇼셔

(1) 孔子 沐浴而朝 告於哀公曰陳恒 弑其君 請討之 公曰告夫三子 <-쇼셔> : 1회

ⓐ 그 님금을 弑시ᄒᆞ니 請쳥컨댄 <u>討토ᄒᆞ쇼셔!</u>(NR3-66b)

ⓘ 그 君군을 弑시ᄒᆞ니 請쳥컨댄 <u>討토ᄒᆞ쇼셔.</u> (NT3-61a/NK/NJ3-67b/NY3-43b)

(1)『논어언해』의 경우 '-ᄒᆞ쇼셔'체의 형태도 같다.

(2) 王如知此則無望民之多於鄰國 <-쇼셔> : 16회 『율곡맹해』

ⓐ 王왕이 만일 이룰 알거시든 民민이 鄰린國국의 하믈 ᄇᆞ라디 <u>마ᄅᆞ쇼 셔.</u>(MR1-8a)

ⓘ 王왕이 만일 이룰 알ᄋᆞ신 則즉 民민이 鄰린國국에 하믈 ᄇᆞ라디 <u>말ᄋᆞ 쇼셔.</u>(MT1-8a/ MK/MJ1-8a/MY1-5b)

(2)ⓐⓘ맹자언해』에서 역시 '-쇼셔'는 동일형이다.

3.5.8.2. 연결어미

연결어미에서는 설명형, 나열형, 구속형, 의도형 들 중에서 선별적으로 비교 검토하기로 한다.

3.5.8.2.1. 설명형

3.5.8.2.1.1. -딕

'-딕'는 이른바 인용설명형이라 하는 것으로 중세국어에서는 의도형
인 '-오/우-'를 동반하는 경우가 일반적이다.

(1) 子 日學而時習之不亦說乎 <-딕> : 회 『율곡논해』

㉮ 子ㅈㅣ <u>ᄀᆞᄅᄉᆢᄃᆡ</u> 學혹ᄒᆞ야 時시로 習습ᄒᆞ면 ᄯᅩᄒᆞᆫ 說열홉디 아니
랴?(NR1-1a)

㉯ 子ㅈㅣ <u>ᄀᆞᆯᄋᆞᄉᆢᄃᆡ</u> 學혹ᄒᆞ고 時시로 習습ᄒᆞ면 ᄯᅩᄒᆞᆫ 깃브디 아니ᄒᆞ랴
(NT/NJ/NY1-1a)

㉰ 子ㅈㅣ <u>ᄀᆞᆯᄋᆞᄉᆢᄃᆡ</u> 學학ᄒᆞ고 時시로 習습ᄒᆞ면 ᄯᅩᄒᆞᆫ 깃브디 아니ᄒᆞ
랴.(NK1-1a)

(1)㉮,㉯,㉰『논어언해』에 공히 '-딕'가 나타났다. 그러나 ㉮『율곡논해』
에서는 'ᄀᆞᄅᄉᆢᄃᆡ'로 연철표기를 하였다. /ᄀᆞᄅ-/+/-시-/+/-오-/+/-딕/
로 분석할 수 있다. (1)㉯,㉰『비율곡논해』의 경우는 'ᄀᆞᆯᄋᆞᄉᆢᄃᆡ'로 분철하
였고 분석은 ㉮의 예와 같다.

(2) 王日何以利吾國 大夫日何以利吾家 士庶人日何以利吾身
<-딕 : 1282회> 『율곡맹해』

㉮ 王왕이 <u>ᄀᆞᄅᄉᆢᄃᆡ</u> 엇디 ᄡᅥ 내 나라ᄒᆞᆯ 利리케 홀고? ᄒᆞ시면 大대夫부ㅣ
<u>ᄀᆞᆯᄋᆞᄃᆡ</u> 엇디 ᄡᅥ 내 집을 利리케 홀고? 하며 士ᄉᆞ와 庶셔人인이 <u>ᄀᆞᆯᄋᆞᄃᆡ</u> 엇
디 ᄡᅥ 내 몸을 利리케 홀고? (MR1-2a)

㉯ 王왕이 <u>ᄀᆞᆯᄋᆞᄉᆢᄃᆡ</u> 엇디 ᄡᅥ 내 國국을 利리케 ᄒᆞ려뇨 ᄒᆞ시면 태우(*大
夫)ㅣ <u>ᄀᆞᆯᄋᆞᄃᆡ</u> 엇디 ᄡᅥ 내 家가를 利리케 ᄒᆞ려뇨 ᄒᆞ며 士ᄉᆞ와 庶셔人신이
<u>ᄀᆞᆯᄋᆞᄃᆡ</u> 엇디 ᄡᅥ 내 身신을 利리케ᄒᆞ려뇨.(MT1-2a)

㉰ 王앙(**왕?)이 <u>ᄀᆞᆯᄋᆞᄉᆢᄃᆡ</u> 엇디 ᄡᅥ 내 國국을 利리케 ᄒᆞ려뇨 ᄒᆞ시면 태

우(*大夫)] 골오디 엇디 뻐 내 家가를 利리케 ᄒ려뇨 ᄒ며 士ᄉ와 庶셔 人인이 골오디 엇디 뻐 내 身신을 利리케 ᄒ려뇨.

(MK/MJ/1-2a/MY1-1b.2a)

『맹자언해』인 (2)에서도 '-디'는 모두 같다. 다만 (2)㉮『율곡맹해』에서 는 'ᄀᆞᄅᆞ샤디'와 같이 연철이고, (2)㉯『비율곡맹해』에는 '골ᄋᆞ샤디'처럼 분철이다. 그러나 존칭이 아닌 '골오디'는 같이 분철이다. 이는 /골ᄋᆞ -/+/-오-/+/-디/로 분석할 수 있을 것이다.

(3) 子曰人皆曰予知 驅而納諸罟華 陷穽之中而莫之辟也 人皆曰予知 擇乎中庸而不能期月守也 <-디> : 회 (CR)

㉮ 子ᄌᆞ] ᄀᆞᄅᆞ샤디 人인이 다 골오디 내 知디ᄒ오라 ᄒ오디 모라 罟고와 攫 화와 陷함穽졍 가온디 녀호매 辟피ᄒᆞ몰 아디 몯ᄒ며 人인이 다 골오디 내 知디ᄒ오라 ᄒ오디 中듕庸용의 擇틱ᄒᆞ야 能능히 期긔月월도 守슈디 몯ᄒᄂᆞ 니라.(CR-5b)

㉯ 子ᄌᆞ] 골ᄋᆞ샤디 사롬이 다 골오디 내 知디ᄒ오라. ᄒ오디, 驅구ᄒᆞ야 罟고 와 攫화(함정화)와 陷함阱졍ㅅ 가온디 納납ᄒ오디 辟피(피할피)홀 줄을 아 디 몯ᄒ며 사롬이 다 골오디 내 知디ᄒ오라. ᄒ오디 中듕庸용을 골희야 能능 히 期긔月월(*一個月)도 딕희디 몯ᄒᄂᆞ니라.(CT/CK/CJ-5b/CY-4a)

㉰ 子ᄌᆞ] 골ᄋᆞ샤디 사롬이 다 골오디 내 知지ᄒ오라. ᄒ오디, 驅구ᄒᆞ야 罟고 와 攫화(함정화)와 陷함阱졍ㅅ 가온디 納납ᄒ오디 辟피(피할피)홀 줄을 아 디 몯ᄒ며 사롬이 다 골오디 내 知지ᄒ오라. ᄒ오디 中듕庸용을 골희야 能능 히 期긔月월(*一個月)도 딕희디 몯ᄒᄂᆞ니라.(CK-5b)

『중용언해』인 (3)에서도 '-디'는 공통이다. 역시 (3)㉮『율곡용해』에서 는 연철이고 ㉯,㉰『비율곡용해』에서는 분철이다.

(4) 湯之 盤銘曰苟日新 日日新又日新 康誥 曰作新民 詩曰周雖舊邦

其命維新

㉑ 湯탕ㅅ 盤반銘명의 <u>ㅎㅗㅇㅗ더</u> 진실로 날애 新신ㅎ거든 나날 新신ㅎ며 쏘 날로 新신ㅎ라ㅎ고 康강誥고의 <u>ㅎㅗㅇㅗ더</u> 新신ㅎ는 民민을 作작ㅎ라 ㅎ고 詩시예 <u>ㅎㅗㅇㅗ더</u> 周쥬ㅣ 비록 녯 나라ㅎ나 그 命명이 新신ㅎ다. (DR-5a.b)

㉡ 湯탕의 盤반ㅅ銘명애 <u>ㅎㅗㅇㅗ더</u> 진실로 나래 새롭거든 나날 새로이 ㅎ고 쏘 날로 새로이 ㅎ라ㅎ며 康강誥고애 <u>ㅎㅗㅇㅗ더</u> 새롭는 民민을 作작ㅎ라 ㅎ며 詩시예 <u>ㅎㅗㅇㅗ더</u> 周쥬ㅣ 비록 녯 나라ㅎ나 그 命명이 새롭다 (DT/DK/Dj-5b/DY-4a)

『대학언해』인 (4)에서도 어미 '-더'는 공통이다.

3.5.8.2.1.2. -거늘

(1) 鯉退而學詩他日 又獨立 鯉趨而過庭 <-거늘>

㉑ 鯉리ㅣ 믈러와 詩시롤 學ㅎ고 다룬 날애 쏘 혼자 셔 겨시거늘 鯉리 ㅣ 趨추ㅎ야 庭뎡의 디나다니(NR4-29b)

㉡ 鯉리ㅣ 退퇴ㅎ야 詩시를 學ㅎ호라. 달온 날애 쏘 혼자 셧거시늘 鯉리 ㅣ 趨추ㅎ야 庭뎡에 過과ㅎ다니(NT4-26b.27a/NK/NJ4-30a.b/NY4-20a)

『논어언해』(1)에서 '-거늘'이 나타났으나 원문의 '立'의 번역으로 ㉑『율 곡논해』는 '셔 겨시거늘'이다. /셔/#/겨시-/+/-거늘/로 분석할 수 있다. ㉡『비율곡논해』의 '셧거시늘'은 /서-/+/-ㅅ-/+/-거-/+/-시-/+/-늘/로 분석할 수 있을 것이다. 여기서 '/-ㅅ-/'이 무엇인가? '잇다(有)'를 나타내 는 축약형으로 '잇-'의 대용 첨사(添辭)로 볼 수 있고, '/-거-/'와 '/-시-/' 는 도치로 볼 수 있다. 그래서 현대어로 '서 있으시거늘'로 된다. 반면에 ㉑의 경우를 현대어로 바꾸면, '서 계시거늘'이 될 것이다.

(2) 麀鹿濯濯 白鳥鶴鶴 王在靈沼 於 <-거늘/-거눌>

⑦ 麈우鹿록은 濯탁濯탁ᄒᆞ거ᄂᆞᆯ 白빅鳥됴ᄂᆞᆫ 鶴학鶴학ᄒᆞ도다.(MR1-5a)

⑭ 麈우鹿록은 濯탁濯탁(*살져서윤택한모습)ᄒᆞ거ᄂᆞᆯ 白빅鳥됴ᄂᆞᆫ 鶴학鶴학(*깨끗하고흰모습)ᄒᆞ도다!(MT/MK/MJ1-5a/MY1-3b)

『맹자언해』인 (2)⑦,⑭도 어미 '-거ᄂᆞᆯ'이 같다.

(3) 受祿于天 保佑命之 自天申之 <-거ᄂᆞᆯ/-거ᄂᆞᆯ>

⑦ 天텬믜祿록을 受슈ᄒᆞ거ᄂᆞᆯ 保보ᄒᆞ며 佑우ᄒᆞ며 命명ᄒᆞ시고. (CR-20a)

⑭ 祿록을 하ᄂᆞᆯ믜 受슈ᄒᆞ거ᄂᆞᆯ 保보ᄒᆞ며 佑우ᄒᆞ야 命명ᄒᆞ시고. (CT/CK/CJ/CM-20a/CY-13a)

『중용언해』인 (3)⑦『율곡용해』나 (3)⑭『비율곡용해』의 '受슈ᄒᆞ거ᄂᆞᆯ'로 같다.

3.5.8.2.2. 나열형

나열형 어미 '-고, -며, -거니, -니' 들에 대하여 비교 설명을 하기로 한다. 판본에 따라 그 쓰임이 서로 넘나든다.

3.5.8.2.2.1. -고

(1) 不好犯上 而好作亂者 未之有也

⑦ 上샹犯범호믈 됴히 아니 너기고 亂란作쟉호믈 됴히 너길 者쟈ㅣ 잇디 아니ᄒᆞ니라.(NR1-2a)

⑭ 上샹을 犯범홈을 好호티 아니ᄒᆞ고 亂란을 作쟉홈을 好호홀 者쟈ㅣ 잇디 아니ᄒᆞ니라. (NT/NK/NJ1-2a/NY1-1b)

『논어언해』인 (1)⑦,⑭에 나열형어미는 공히 '-고'이다.

(2) 賢者而後 樂此 不賢者 雖有此 不樂也

㉮ 어딘 者쟈ㄴ 後후에 이룰 즐기고 어디디 몯혼 者쟈는 비록 이룰 두나 즐기디 몯ᄒᆞᄂᆞ니이다(MR1-4a)

㉯ 賢현者쟈ㄴ 後후에 이룰 樂락ᄒᆞᄂᆞ니 賢현티 몯혼 者쟈는 비록 이룰 두나 樂락디 몯ᄒᆞᄂᆞ니이다(MT/MK/MJ1-4a/MY1-3a)

『맹자언해』인 (2)를 보면 나열형 어미이기는 하나 ㉮『율곡맹해』에는 '-고'이나, ㉯『비율곡맹해』엔 '-니'가 왔다.

(3) 喜怒哀樂之未發 謂之中

㉮ 喜희와 怒노와 哀익와 樂락의 發발티 아닌 제룰 中듕이라 니르고 (CR-2a)

㉯ 喜희와 怒노와 哀익와 樂락이 發발티 아닌 적을 中듕이라 니르고 (CT/CJ-2a/CY-1b)

㉰ 喜희와 怒노와 哀익와 樂락이 發발티 아닌 적을 中즁이라 니르고 (CK/CM-2a)

『중용언해』인 (3)은 나열형 어미 '-고'가 같다.

(4) 知止而後 有定 定而後 能靜 靜而後 能安 安而後 能慮 慮而後 能得

㉮ 定뎡혼 后후애 能능히 靜졍ᄒᆞ고 靜졍혼 后후애 能능히 安안ᄒᆞ고 安안혼 后후애 能능히 慮려ᄒᆞ고 慮려혼 后후애 能능히 得득홀디니라. (DR-1b)

㉯ 止지홀 디를 안 后후에 定뎡홈이 인ᄂᆞ니 定뎡혼 后후에 能능히 靜졍ᄒᆞ며 靜졍혼 后후에 能능히 安안ᄒᆞ며 安안혼 后후에 能능히 慮려ᄒᆞ며 慮려혼 后후에 能능히 得득ᄒᆞᄂᆞ니라.(DT/DK/DJ-1b/DY-1a)

『대학언해』인 (4)㉮『율곡학해』에는 나열형 '-고'인 데 반해 (4)㉯『비

율곡학해』에는 역시 나열형이나 다른 형태인 '-며'가 왔다.

  3.5.8.2.2.2. -며

 (1) 敬事而信 節用而愛人 使民以時

  ㉮ 일을 敬경ᄒ고 信신ᄒ며 用용을 節졀ᄒ고 人인을 愛ᄋᆡᄒ며 民민을 使
  ᄉᆞ호ᄃᆡ 時시로ᄡᅥ 홀디니라.(NR1-3a)

  ㉯ 일을 敬경ᄒ고 信신ᄒ며 쓰기를 節졀ᄒ고 사ᄅᆞᆷ을 愛ᄋᆡᄒ며 民민을 브
  료ᄃᆡ 時시로ᄡᅥ 홀ᄯᅵ니라.(NT/NK/NJ1-3a/NY1-2a,b)

 (2) 萬取千焉 千取百焉 未有仁而遺其親者也 未有義也

  ㉮ 萬만에 千쳔을 取ᄎᆔᄒ며 千쳔에 百ᄇᆡᆨ을 取ᄎᆔ호ᄆᆡ 仁인코 그 親친을
  遺유홀 者쟈ㅣ 잇디 아니며 義의(**의?)코 (MR1-2b.3a)

  ㉯ 萬만에 千쳔을 取ᄎᆔᄒ며 千쳔에 百ᄇᆡᆨ을 取ᄎᆔ홈이 仁신ᄒ고 그 親친
  을 遺유(*ᄇᆞ리다)홀 쟈ㅣ 잇디 아니ᄒ며 義의ᄒ고
  (MT/MK/MJ1-2b,3a/MY1-2a)

『맹자언해』인 (2)에서 밑줄 그은 곳에서 보인 바와 같이 ㉮,㉯에 모두
'-며'로 공통이다.

 (3) 是故君子 戒愼乎其所不睹 恐懼乎其所不聞 莫見乎隱 莫顯乎薇
  ㉮ 이런 故고로 君군子ᄌᆞ는 그 보디 아닌 바의 戒계愼신ᄒ며 그 듣디 아
  닌 바의 恐공懼구ᄒᄂᆞ니라. 隱은만 見현ᄒ니 업스며 微미만 顯현ᄒ니 업
  스니 (CR-1b,2a)

  ㉯ 이런 故고로 君군子ᄌᆞ는 그 보디 몯ᄒ는 바에 戒계愼신ᄒ며 그 듣디
  몯ᄒ는 바에 恐공구ᄒᄂᆞ니라. 隱은만 見현ᄒ니 업스며 微미만 顯현ᄒ니
  업스니 (CT/CK/Cj/CM-1b,2a/CY-1a.b)

(3)『중용언해』에서도 나열형 어미는 '-며'로 (3)㉮,㉯가 모두 같다.

(4) 大學之道 在明明德 在新民 在止於至善

㉮ 大대學혹의 道도는 明명德덕을 明명호매 <u>이시며</u> 民민을 新신호매 <u>이시며</u> 至지善션의 止지호매 잇ᄂᆞ니라.(DR-1a).

㉯ 大대學혹의 道도는 ᄇᆞᆰ근 德덕을 ᄇᆞᆰ킴애 <u>이시며</u> 民민을 새롭게 홈애 <u>이시며</u> 지극훈 善션에 止지홈애 인ᄂᆞ니라.(DT/DK/DJ/DY-1a)

『대학언해』인 (4)도 '-며'는 공통이다.

3.5.8.2.3. 구속형

원인, 이유 등을 나타내는 연결어미 구속형 중 '-면, -ㄹ씬, -니, -거늘' 등을 비교 검토하기로 한다.

3.5.8.2.3.1. -면

(1) 子曰 學而時習之 不亦說乎 有朋 自遠方來 不亦說乎

㉮ 子ᄌᆞㅣ ᄀᆞᄅᆞ샤디 學혹ᄒᆞ야 時시로 <u>習습ᄒᆞ면</u> ᄯᅩ훈 說열홉디 아니랴? 朋붕이 遠원方방ᄋᆞ로브터 오 리 <u>이시면</u> ᄯᅩ훈 樂락홉디 아니랴?(NR1-1a)

㉯ 子ᄌᆞㅣ ᄀᆞᄅᆞ샤디 學혹ᄒᆞ고 時시로 <u>習습ᄒᆞ면</u> ᄯᅩ훈 깃브디 아니ᄒᆞ랴. 버디 遠원方방ᄋᆞ로브터 <u>오면</u> ᄯᅩ훈 즐겁디 아니ᄒᆞ랴.(NT/NJ/NY1-1a)

㉰ 子ᄌᆞㅣ ᄀᆞᄅᆞ샤디 學학ᄒᆞ고 時시로 <u>習습ᄒᆞ면</u> ᄯᅩ훈 깃브디 아니ᄒᆞ랴. 벗이 遠원方방ᄋᆞ로브터 <u>오면</u> ᄯᅩ훈 즐겁디 아니ᄒᆞ랴.(NK1-1a)

『논어언해』인 (1)㉮,㉯ 모두 구속형 어미 '-면'이 같다.

(2) 民欲與之偕亡 雖有臺池鳥獸 豈能樂哉

㉮ 民민이 더브러 홈믜 亡망코져 <u>ᄒᆞ면</u> 비록 臺디池지와 鳥됴獸슈를 둔둘 엇디 能능히 혼자 즐기리잇고?(MR1-6a)

㉯ 民민이 더블어 홈믜 亡망코쟈 <u>ᄒᆞ면</u> 비록 臺디池디와 鳥됴獸슈ㅣ 이시

나 엇디 能능히 호올로 樂락ᄒ리잇고.(MT/MJ1-6a/MY1-4a)

㉲ 民민이 더블어 홈의 亡망코쟈 ᄒ면 비록 臺디池지와 鳥됴獸슈ㅣ 이시
나 엇디 能능히 호올로 樂락ᄒ리잇고(MK1-6a)

『맹자언해』인 (2)도 어미 '-면'이 같다.

(3) 人之爲道而遠人 不可以爲道

㉮ 人인의 道도롤 호미 人인의 遠원케 ᄒ면 可가히 뻐 道도ㅣ라 ᄒ디 몬
홀디니라.(CR-11b)

㉯ 사롬이 道도를 호디 사롬의게 멀리 ᄒ면 可가히 뻐 道ㅣ라 ᄒ디 몯ᄒ
리니라.(CT/CK/CJ/CM-11b/CY-8a)

(3)㉮㉯『중용언해』도 어미 '-면'이 같다.

(4) 心不在焉 視而不見

㉮ 心심이 잇디 아니ᄒ면 視시ᄒ야도 見견티 몯ᄒ며 (DR-14b)

㉯ ᄆᄉᆷ이 잇디 아니면 보아도 보디 몯ᄒ며 (DT-15a)

㉰ ᄆᄋᆷ이 잇디 아니면 보아도 보디 몯ᄒ며(DK/DJ-15a/DY-9b)

『대학언해』인 (4)에서도 어미 '-면'이 같다.

3.5.8.2.3.2. -ᄅᄾ

(1) 子而問之 自牖 執其手曰亡之

㉮ 子ᄌㅣ 問문ᄒ실ᄉ 牖유(窓門)로브터 그 手슈롤 자바 ᄀᆞᄅ샤디 亡망
ᄒ리로다(NR2-6a)

㉯ 子ᄌㅣ 무ᄅ실ᄉ 牖유로브터 그 손을 잡아 ᄀᆞᄋ샤디 업스리러니
(NT2-6a/NK/NJ2-6b/NY2-4b)

(1)『논어언해』에서 어미 '-ㄹ시'가 같다.

(2) 王 好戰 請以戰喩

㉮ 王왕이 戰젼을 <u>好호ᄒ실신</u> 請쳥컨댄 戰젼으로써 喩유호리이다
(MR/MT1-7b)

㉯ 王왕이 戰젼을 <u>好호ᄒ실씬</u> 請쳥컨댄 戰젼으로써 喩유호리이다
(MK/MJ1-7b/MY1-5a)

(2)㉮『율곡맹해』/『내각학해』의 '-ㄹ시'가 ㉯『비율곡맹해』/『비내각
학해』에는 '-ㄹ씬'이다.

3.5.8.2.3.3. -니

(1) 孝弟 而好犯上者 鮮矣 不好犯上 而好作亂者 未之有也

㉮ 孝효弟뎨코 上샹犯범호믈 됴히 너길 者쟈ㅣ <u>져그니</u> 上샹犯범호믈 됴
히 아니너기고 亂란作쟉호믈 됴히 너길 者쟈ㅣ 잇디 아니ᄒ니라. 君군자
즈ㅣ 本본을 務무ᄒ더니 本본이 立립호매 道도ㅣ <u>生싱ᄒᄂ니</u> 孝효弟뎨
ᄂ 그 仁인홀 本본인뎌.(NR1-1b)

㉯ 孝효ᄒ며 弟뎨ᄒ고 上샹을 犯범홈을 好호홀 者쟈ㅣ <u>젹으니</u> 上샹을
犯범홈을 好호티 아니ᄒ고 亂란을 作쟉홈을 好호홀 者쟈ㅣ 잇디 아니ᄒ
니라. 君군子ᄌᄂ 本본을 힘쁠더니 本본이 셤애 道도ㅣ <u>生싱ᄒᄂ니</u> 孝효
弟뎨ᄂ 그 仁신ᄒ욜 本본인뎌.(NT1-1b)

㉰ 孝효ᄒ며 弟뎨ᄒ고 上샹을 犯범홈을 好호홀 者쟈ㅣ <u>젹으니</u> 上샹을
犯범홈을 好호티 아니ᄒ고 亂란을 作쟉홈을 好호홀 者쟈ㅣ 잇디 아니ᄒ
니라. 君군子ᄌᄂ 本본을 힘쁠더니 本본이 셤애 道도ㅣ <u>生싱ᄒᄂ니</u> 孝효
弟뎨ᄂ 그 仁인ᄒ욜 本본인뎌.(NK/NJ/NY1-1b)

『논어언해』인 (1)㉮,㉯,㉰ 모두 어미 '-니'가 같다.

(2) 王曰叟 不遠千里而来 亦將有以利吾國乎

㉮ 王왕이 ᄀᆞᄅᆞ샤디 叟수ㅣ 千쳔里리를 멀리 아니 너겨 <u>오시니</u> 쏘흔 쟝
춋 내 나라홀 뻐 利리케 호미 이시리잇가?(MR1-1a)

㉯ 王왕이 ᄀᆞᆯᄋᆞ샤디 叟수(*長老)ㅣ 千쳔里리를 멀리 아니 너겨 <u>오시니</u>
쏘흔 쟝춋 뻐 내 國국을 利리케 홈이 이시리잇가(MT/MK/MJ/MY1-1a)

『맹자언해』인 (2)도 어미 '-니'가 ㉮,㉯에 공통이다.

(3) 道也者 不可須臾離也 可離非道也

㉮ 道도는 可가히 須슈臾유도 離리티 <u>몯홀다니</u> 可가히 離리홀 거시면 道
도ㅣ 아니라.(CR-1b)

㉯ 道도는 可가히 須슈臾유도 離리티 <u>몯홀 꺼시니</u> 可가히 離리홀 꺼시면
道도ㅣ 아니라. (CT/CK/CJ-1b/CY-1a)

『중용언해』인 (3)도 ㉮,㉯ 모두 어미 ' 니'가 공통이다.

(4) 知止而後 有定 定而後 能靜 物有本末 事有終始 知所先後則近道矣

㉮ 止지를 안 后후애 定뎡호미 <u>이실다니</u> 定뎡흔 后후애 能능히 靜졍ᄒ고
物믈이 本본과 末말이 잇고 事ᄉ ㅣ 終과 始시ㅣ <u>이시니</u> 몬져 ᄒ며 후에
홀 바룰 알면 道도의 갓가오리라.(DR-1b.2a)

㉯ 止지홀 디룰 안 后후에 定뎡홈이 <u>인ᄂᆞ니</u> 定뎡흔 后후에 能능히 靜졍
ᄒ며 物믈이 本본과 末말이 잇고 일이 終죵과 始시ㅣ <u>이시니</u> 몬져 ᄒ며
후에 홀바룰 알면 곧 道도애 갓가오리라(DT/DK/DJ-1b.2a/DY-1a.1b)

『대학언해』인 (4)에도 ㉮,㉯ 모두 어미 '-니'가 같다.

3.5.8.2.3.4. -거늘

(1) 鯉退而學詩他日 又獨立 鯉趨而過庭 曰學禮乎

㉮ 鯉리ㅣ 믈러와 詩시롤 學흑ᄒ고 다른 날애 쏘 혼자 셔겨시거늘 鯉리
ㅣ 趨추ᄒ야 庭뎡의 디나나니 ᄀᆞᄅᆞ샤디 禮례롤 學흑ᄒ얏는다?(NR4-29b)
㉯ 鯉리ㅣ 退퇴ᄒ야 詩시를 學흑호라. 달온날애 쏘 혼자 셧거시늘 鯉리
ㅣ 趨추야 庭뎡에 過과ᄒ다니 ᄀᆞᄅᆞ샤디 禮례를 學흑ᄒ얀는다.
(NT4-26b.27a/NK/MJ4-30a/NY4-19b)

『논어언해』인 (1)에서 어미 '-거늘'이 ㉮,㉯에서 같은 모습이나 존칭 선
어말어미 '-시-'의 개입으로 ㉮『율곡논해』에서는 '셔겨시거늘'인데 ㉯『비
율곡논해』에서는 '셧거시늘'로 음절도치가 일어났다.

(2) 狄人侵之 去 之岐山之下 居焉

㉮ 狄뎍人인이 <u>침노ᄒ거늘</u> 居거ᄒ시고 岐기山산 아래 가 사르시니
(MR1-78b)
㉯ 狄뎍人싄이 <u>侵침ᄒ거늘</u> 居거ᄒ시고 岐기山산ㅅ 下하애 之지ᄒ샤 居
거ᄒ시니 (MT2-41a/)
㉰ 狄뎍人인이 <u>侵침ᄒ거늘</u> 居거ᄒ시고 岐기山산ㅅ 下하애 之지ᄒ샤 居
거ᄒ시니(MK/MJ2-41a/MY2-26b)

『맹자언해』인 (2)㉮,㉯,㉰가 모두 그 어미 '-거늘'이 같다.

(3) 祿于天 保佑命之 自天申之

㉮ 祿록을 <u>受슈ᄒ거늘</u> 保보ᄒ며 佑우ᄒ며 命명ᄒ시고 天텬으로브터 申
신ᄒ시다 (CR-20a)
㉯ 祿록을 하놀믜 <u>受슈ᄒ거늘</u> 保보ᄒ며 佑우ᄒ야 命명ᄒ시고 하놀로브터
申신(*거듭함)타ᄒ니라 (CT/CM/CK/CJ-20a/CY-13a)

『중용언해』인 (3)도 어미 '-거늘'이 같다.

(4) 黃鳥止于丘隅 子曰於止 知其所止 可以人而不如鳥乎

㉮ 黃황鳥됴ㅣ 丘구隅우에 止지타 ᄒᆞ야ᄂᆞᆯ 子ᄌᆞㅣ ᄀᆞᄅᆞ샤디 止지홀 제 그 止지홀 바롤 아노소니 (DR-6a,b)

㉯ 黃황鳥됴ㅣ 여 丘구隅우(*산이높고초목이울밀한곳)에 止지타 ᄒᆞ야ᄂᆞᆯ 子ᄌᆞㅣ ᄀᆞᄅᆞ샤디 止지홈애 그 止지홀 바롤 아도소니(DT/DK/DJ-6a,b/DY-4a)

『대학언해』인 (4)에서는 '-거ᄂᆞᆯ'이 '-야ᄂᆞᆯ'로 나타났다. 이 어미 '-야ᄂᆞᆯ'이 ㉮,㉯ 모두 같다. '-야-'는 '-아/어-'의 '-ᄒᆞ-' 다음에서 변이형으로 나타난다. '-어/-아'는 '-거-'의 변이형으로 볼 수 있다. 이 '-거'가 'ㄱ' 약화 현상으로 '-어/-아'가 된다.

3.5.8.2.4. 의도형

의도형 어미 '-고져, -러, -쟈'들에 대하여 비교, 검토하고자 한다.

3.5.8.2.4.1. -고져

(1) 吾不欲觀之矣

㉮ 내 보고져 ᄒᆞ디 아닛노라.(NR1-24a)

㉯ 내 보고져 아니ᄒᆞ노라.(NT1-22b/NK/NJ1-24a/NY1-16a)

『논어언해』인 (1)의 의도형 어미 '-고져'가 공통이다.

(2) 使天下仕者 皆欲立於王之朝 耕者 皆欲耕於王之野 商賈 皆欲藏 於王之市 行旅 皆欲出於王之途天下之欲疾其君者 皆欲赴愬於王 其如是 孰能禦之

㉮ 天텬下하의 仕ᄉᆞᄒᆞ는 者쟈ㅣ 다 王왕의 朝죠애 立립고져 ᄒᆞ며 耕경ᄒᆞᄂᆞᆫ 者쟈ㅣ 다 王왕의 野야에 耕경코져 ᄒᆞ며 商상賈고ㅣ 다 王왕의 市시예 藏장코져 ᄒᆞ며 行ᄒᆡᆼ旅려ㅣ 다 王왕의 途도애 出츌케코져 ᄒᆞ시면 天

텬下하의 그 君군을 疾질코져 ᄒᄂᆞᆫ 者쟈ㅣ 다 王왕꼐 찬부ᄒᆞ야 愬소코져
ᄒᆞ리니 그 이 곳ᄐᆞ면 뉘 能능히 禦어ᄒᆞ리잇고?(MR1-34a.b)

㉯ 天텬下하엣 仕ᄉᆞᄒᆞᄂᆞᆫ 者쟈로 ᄒᆞ여곰 다 王왕의 朝됴에 立립고져 ᄒᆞ며
耕경ᄒᆞᄂᆞᆫ 者쟈로 다 王왕의 野야에 耕경코져 ᄒᆞ며 商샹(*行商)賈고(*좌
상)로 다 王왕(*앙?)의 市시에 藏장코쟈 ᄒᆞ며 行ᄒᆡᆼ旅려로 다 王왕의 途
도에 出츌코쟈 케 ᄒᆞ시면 天텬下하엣 그 君군을 疾질(*미워하다)코쟈 홀
者쟈ㅣ 다 王왕의게 赴부(*부임)ᄒᆞ야 愬소(*고하여알림) 코쟈 ᄒᆞ리니 그
이 곳ᄐᆞ면 뉘 能능히 禦어ᄒᆞ리잇고.
(MT1-34a.b/MK/MJ1-35a/MY1-22a)

『맹자언해』인 (2)에서 의도형어미가 ㉮『율곡맹해』는 '-고져'인 데 반
해 ㉯『비율곡맹해』는 '-고쟈'이다. 현대어는 '-고자'이다. [-고져>-고
쟈>-고자]

3.5.8.3. 전성어미

명사형, 관형사형, 부사형과 같은 전성어미를 비교 검토하고자 한다.

3.5.8.3.1. 명사형

우선 명사형 '-ㅁ(-옴/움), -기' 등을 검토하고자 한다.

3.5.8.3.1.1. -ㅁ(-옴/움-)

(* '홈'의 빈도 : NR ;34, NT:379, NK:378, NJ:384, NY:371, MR: 608, MT: 843,
MK: 840, MJ: 828, MY: 826. CR: 25, CT: 121, CK: 121, CJ:119 , CY: 120,
CM: 119. DR: 3, DT: 63, DK: 63, DJ: 63, DY: 65.)

(1) 過則勿憚改

　㉮ 過과ㅣ 어든 改기홈을 憚탄티 마롤디니라.(NR1-5a)

㉯ 過과ㅣ 어든 改기홈을 憚탄티 말올띠니라.(NT1-4b/NJ1-5a/NY1-3b)
㉰ 過과ㅣ 어든 改기홈을 憚탄티 말올띠니라.(NK1-5a)

『논어언해』인 (1)에서 명사형 어미 '-ㅁ(改기홈)'은 ㉮,㉯가 같다. 그러면 명사형 '홈'의 빈도를 비롯하여 다른 차이를 보면 ㉮『율곡논해』은 '홈(34회)'『비율곡논해』는 '홈(379회)'.

(2) 狗彘食人食 而不知檢 塗有餓莩 而不知發 而殺之曰非我也 兵也)

㉮ 狗구彘체ㅣ 人인의 食식을 食식호딕 檢검호믈 아디 몯ᄒ며 塗도애 餓아莩표ㅣ 이소딕 發발호믈 아디 몯ᄒ고, 내 아니라 兵병이라 홈과 엇디 다ᄅ리잇고?(MR1-11a)

㉯ 狗구彘톄ㅣ 人신의 食식ᄒ거든 檢검(*제어함)홀 주롤 아디 몯ᄒ며 塗도애 餓아莩(*주려죽은사람)표ㅣ 잇거든 發발(*發靭)홀 주롤 아디 몯ᄒ고 내 아니라 兵병이라 홈과 다ᄅ리오?(MT1-11a,11b)

㉰ 狗구彘톄ㅣ 人인의 食식ᄒ거든 檢검(*제어함)홀 주롤 아디 몯ᄒ며 塗도애 餓아莩(*주려죽은사람)표ㅣ 잇거든 發발(*發靭)홀 주롤 아디 몯ᄒ고 내 아니라 兵병이라 홈과 다ᄅ리오?(MK/MJ1-11a,11b/MY1-7b)

『맹자언해』(2)㉮에서 『율곡맹해』의 명사형 어미는 '-ㅁ(檢검홈, 發발홈)'이다. 그러나 (1)㉯,㉰에서는 '檢검(*제어함)홀 주롤, 發발(*發靭)홀 주롤'에서와 같이 '-ㄹ'로 관형사형이 되었다. 그러나 『맹자언해』(2)㉮㉯㉰에서 공히 명사형 '홈'에서와 같이 '-ㅁ'이 실현되었다.

(3) 君子之道 辟如行遠必自邇 辟如登高必自卑

㉮ 君군子ᄌ의 道도ㅣ 辟비컨댄 遠원의 行ᄒᆡᆼ호기 반ᄃ시 邇이로부터 홈 ᄀᆞᆮ며 辟비컨댄 高고의 登등호기 반ᄃ시 卑비로비터(**브터?) 홈 ᄀᆞᆮ니라.(CR-16a)

　　㉺ 君군子ㅈ의 道도논 辟비(譬)컨댄 먼 디 行힝ᄒᆞ 리 반ᄃᆞ시 갓가온 ᄃᆡ로
브터 홈 ᄀᆞᄐᆞ며 辟비컨댄 노픈 디 오ᄅᆞ 리 반ᄃᆞ시 ᄂᆞ즌 ᄃᆡ로 브터 홈 ᄀᆞᄐᆞ
니라(CT/CM/CK/CJ-16a/CY-10b)

『중용언해』인 (3)㉮,㉺ 모두 명사형어미 ‘-ㅁ’이 공통이다.

(4) 所謂致知在格物者 言欲致吾之知 在卽物而窮 其理也

　　㉮ 닐온밧 知롤 致ᄒᆞ미 物을 格ᄒᆞ매잇다 홈은 내 知롤 致코져 홀진댄 物
에 卽ᄒᆞ야 그 理롤 窮ᄒᆞ매 이숌을 니르미라.(DR-10b)

　　㉺ 닐온 밧 知디를 致티홈이 物믈을 格격홈애 잇다 홈은 내의 知디를 致
티코져 흘딘댄 物믈에 卽즉ᄒᆞ야 그 理리를 窮궁홈애 이쇼믈 니르니
라.(DT/DJ-11a/DY-7a)

　　㉻ 닐온 밧 知지를 致치홈이 物믈을 格격홈애 잇다 홈은 내의 知지를 致
치코져 흘딘댄 物믈에 卽즉ᄒᆞ야 그 理리를 窮궁홈애 이쇼믈 니르니
라.(DK-11a)

『대학언해』인 (4)도 명사형 어미는 ‘-ㅁ’이다. 모두가 같다.

3.5.8.3.1.2. -기

(1) 夷狄之有君 不如諸夏之亡也
<참고 : ‘-기’의 빈도: NR:114, NT:62,NK:62, NJ: 52, NY: 55>

　　㉮ 子ㅈ l ᄀᆞᄅᆞ샤ᄃᆡ 夷이狄뎍의 님금 이쇼미 諸져夏하의 업기 ᄀᆞᆺ디 아니
니라.(NR1-21b)

　　㉺ 子ㅈ l 골ᄋᆞ샤ᄃᆡ 夷이狄뎍의 君군이 이심이 諸져夏하의 업스니 ᄀᆞᆮ디
아니ᄒᆞ니라.(NT1-20b)

『논어언해』인 (1)㉮『율곡논해』에는 명사형 ‘-기(업기)’가 실현되고 있
으나 (1)㉺『비율곡논해』에는 형식명사 ‘-이(업스니)’가 왔다.

(2) 無如寡人之用心者

<'-기'의빈도 : MR:372, MT: 124, MK:127, MJ:125, MY:125>

㉮ 寡과人인의 ᄆᆞᆷ 쓰기 ᄀᆞ튼 者쟈ㅣ 업소디(MR1-7a)

㉯ 寡과人(신)인의 心심을 用용홈 ᄀᆞ튼 (MT6b/MK.MJ1-7a/MY1-4b))

『맹자언해』인 (2)의 명사형이 ㉮『율곡맹해』에는 '-기(쓰기)'인데, ㉯『비율곡맹해』에는 '-ㅁ'(用용홈)이다. 주지하는 바와 같이 '-기'가 신형이다.

(3) 不嗜殺人者 能一之

㉮ 人인 주기기를 즐기디 아닌는 者쟈ㅣ아 能능히 一일ᄒᆞ리라 호라 (MR1-17b)

㉯ 人(신)인 殺살ᄒᆞ기를 嗜기티 아니ᄒᆞ는 者쟈ㅣ 能능히 一일ᄒᆞ리라 호라 (MT1-17a/MK.MJ1-17b/MY1-11b)

『맹자언해』인 (3)에서 명사형 '-기(주기기를, 殺살ᄒᆞ기를)'가 같다.

(4) 豚狗彘之畜無失其時

㉮ 豚돈과 狗구와 彘체의 치기를 그 時시를 일티 아니면(MR1-38a)

㉯ 豚돈 狗구 彘톄의 畜휵을 그 時시를 失실홈이 업스면 (MT1-37b/MK.MJ1-39a/MY1-24b)

『맹자언해』인 (4)의 경우 ㉮『율곡맹해』의 명사형은 '-기(치기를)'인데 비하여 ㉯『비율곡맹해』에는 명사형 '-기'가 오지 않고 한자어 명사(畜휵을)가 왔다.

(5) 所求乎子 以師父 未能也 所求乎臣 以事君 未能也所求乎弟 以事兄未能也 所求乎朋友 先施之 未能也庸德之行

<"-기"의 빈도: CR:25, CT:20, CK:19, CJ:18, CY:19, CM:19>

㉮ 子ㅈ의게 求구ᄒᄂᆞᆫ 바로뻐 父부롤 <u>셤기기</u>롤 能능티 몯ᄒᆞ며 臣신의게 求구ᄒᆞᄂᆞᆫ 바로뻐 君군을 <u>셤기기</u>롤 能능티 몯ᄒᆞ며 弟졔의게 求구ᄒᆞᄂᆞᆫ 바로뻐 兄형을 <u>셤기기</u>롤 能능티 몯ᄒᆞ며朋븡友우의게 求구ᄒᆞᄂᆞᆫ 바로 몬져 <u>施시ᄒᆞ기</u>롤 能능티 몯ᄒᆞ노니 庸용(平常함)ᄒᆞᆫ 德덕을 行ᄒᆡᆼᄒᆞ며 (CR13b)

㉯ 아돌의게 求구(*꾸짖다)ᄒᆞᄂᆞᆫ 바로뻐 아비 <u>셤김</u>을 能능티 몯ᄒᆞ며 신하의게 求구ᄒᆞᄂᆞᆫ 바로뻐 님금 <u>셤김</u>을 能능티 몯ᄒᆞ며 아의게 求구ᄒᆞᄂᆞᆫ 바로뻐 兄형 <u>셤김</u>을 能능티 몯ᄒᆞ며 벋의게 求구ᄒᆞᄂᆞᆫ 바로 몬져 <u>施시홈</u>을 능티 몯ᄒᆞ노니 庸용(*平常)ᄒᆞᆫ 德덕을 行ᄒᆡᆼᄒᆞ며 (CT13a/CK.CJ13b/CY9a)

(5)㉮『율곡용해』에는 명사형 '-기'(셤기기, 施시ᄒᆞ기롤)가 쓰였고, ㉯『비율곡용해』에는 명사형 '-ㅁ'(셤김을, 施시홈을)이 왔다. 율곡언해가 신형인 '-기'이다.

(6) 齊其家 在脩其身者
<"-기"의 빈도: DR:17, DT:28, DK:27, DJ:27, DY:24>

㉮ 그 家가를 <u>齊졔ᄒᆞ기</u> 그 身신을 修슈호매 잇다 호ᄆᆞᆫ(DR15a)

㉯ 그집을 <u>ᄀᆞᄌᆞ기홈</u>이 몸 닷금애 잇다 홈은(DT14a/DK.DJ16a/DY-10a)

『대학언해』인 (6)의 경우도 명사형 어미가 다르다. (6)㉮『율곡학해』에는 명사형이 '-기(齊졔ᄒᆞ기)'인 데 비하여 (6)㉯『비율곡학해』의 경우는 명사형 '-ㅁ(ᄀᆞᄌᆞ기홈)'이다.

3.5.8.3.2. 관형사형

관형사형 '-ㄴ, -ᄂᆞᆫ/-는, -ㄹ, -올/-을, -온/-은, -안/-언, -알/-얼'을 선별적으로 검토하고자 한다.

3.5.8.3.2 1. -ㄴ(-논/-는, -온/-은, -안/-언)

(1) 子曰爲政以德 譬如北辰 居其所 而衆星共之

㉮ 子즈ㅣ マ르샤디 政정ᄒᆞᄂᆞᆫ 이 德덕을 뻐 호미 譬비컨 댄 北북辰신이
그 所소애 居거ᄒᆞ얏거든 衆즁星셩이 共공홈 マ트니라.(NR1-9b)

㉯ 子즈ㅣ ᄀᆞᆯᄋᆞ샤디 政졍을 호디 德덕으로뻐 홈이 譬비컨 댄 北북辰신이
그 所소애 居거 ᄒᆞ얏거든 모ᄃᆞᆫ 별이 共공홈 マ트니라.
(NT1-9a/NK/NJ1-9b/NY1-6b)

『논어언해』에서 추출한 (1)에서 관형사형 '-ㄴ'이 (1)㉮『율곡논해』에
서는 '政졍ᄒᆞᄂᆞᆫ'에서와 같이 '-ㄴ'이 왔으나 (1)㉯『비율곡논해』에서는
'政졍을 호미'가 왔기 때문에 '/ᄒᆞ-/+/-오-/+/-ㅁ/+/-이/'에서와 같이 '名
詞形-ㅁ'에 처격 '-이'가 온 것으로 본다. 그러나 '㉮,㉯'에서 공히 '譬비
컨 딘'에 '譬비ᄒᆞ-/+/-거-/+/-ㄴ/+/-ᄃᆞ/+/-이/+/-ㄴ/에서 '-건'의 '-ㄴ'
은 관형사형인 것으로 본다.

(2) 萬乘之國 弑其君者 必千乘之家 千乘之國 弑其君者 必百乘之家

㉮ 萬만乘승 나라히 그 님금을 弑시ᄒᆞᄂᆞᆫ 者쟈ᄂᆞᆫ 반ᄃᆞ시 千쳔乘승 집이오.
千쳔乘승 나라히 그 님금을 弑시ᄒᆞᄂᆞᆫ 者쟈ᄂᆞᆫ 반ᄃᆞ시 百빅乘승 집이니
(MR1-2b)

㉯ 萬만乘승(*수레의 수)ㅅ國국애 그 君군을 弑시(*아랫사람이 윗사람을
죽임)ᄒᆞᄂᆞᆫ 者쟈ᄂᆞᆫ 반ᄃᆞ시 千쳔乘승ㅅ家가ㅣ 오 千쳔乘승ㅅ國국애 그 君
군을 弑시ᄒᆞᄂᆞᆫ 者쟈ᄂᆞᆫ 반ᄃᆞ시 百빅乘승ㅅ家가ㅣ 니
(MT/MK/MJ1-2b/MY1-2a)

『맹자언해』 자료 (2) ㉮,㉯에서 관형사형 '-ᄂᆞᆫ'이 서로 같다.

(3) 雖聖人 亦有所不能焉

㉮ 비록 聖셩人인이라도 쏘흔 아디 몯ᄒᆞᄂᆞ 배 이시며
(CR-10a/CM/CK/CJ-10b/CY-7a)
㉯ 비록 聖셩人신이라도 쏘흔 아디 몯ᄒᆞᄂᆞ 배 이시며(CT-10b)

『중용언해』인 (3)에서 관형사형 '-ᄂᆞ'이 공통이다.

(4) 古之欲明明德於天下者 先治其國 欲治其國者 先齊其家 欲齊其
家者 先脩其身 欲脩其身者 先正其心 欲正其心者 先誠其意 欲誠
其意者 先致其知 致知 在格物 物格而后知至 知至以后意誠 意誠
而后心正 心正而后 身脩家齊 家齊而后 國治而后 天下平

㉮ 녜 明명德덕을 天텬下하의 明명코져 ᄒᆞᄂᆞ 者쟈ᄂᆞ 몬져 그 國국을 治
티ᄒᆞ고 그 國국을 治티코져 ᄒᆞᄂᆞ 者쟈ᄂᆞ 몬져 그 家가를 齊졔ᄒᆞ고 그 家
가를 齊졔코져 ᄒᆞᄂᆞ 者쟈ᄂᆞ몬져 그 身신을 脩슈ᄒᆞ고 그 身신을 脩슈코져
ᄒᆞᄂᆞ 者쟈ᄂᆞ 몬져 그 心심을 正졍ᄒᆞ고그 心심을 正졍코져 ᄒᆞᄂᆞ 者쟈ᄂᆞ 몬
져 그 意의를 誠셩ᄒᆞ고 그 意의를 誠셩코져 ᄒᆞᄂᆞ者쟈ᄂᆞ 몬져 그 知디를
致티ᄒᆞ니 知디를 致티호ᄆᆞᆫ 物믈을 格격호매 잇ᄂᆞ니라. 物믈이 格격흔 后
후애 知디ㅣ 至지ᄒᆞ고 知디ㅣ 至지흔 后후애 意의ㅣ 誠셩ᄒᆞ고 意의ㅣ 誠
셩흔 后후애 心심이 正졍ᄒᆞ고 心심이 正졍흔 后후애 身신이 脩슈ᄒᆞ고 身
신이 脩슈흔 后후애 家가ㅣ 齊졔ᄒᆞ고 家가ㅣ 齊졔흔 后후애 國국이 治
티ᄒᆞ고 國국이 治티흔 后후애 天텬下하ㅣ 平평ᄒᆞ디니라.(DR-2b,3a.b)

㉯ 녜 볼근 德덕을 天텬下하에 볼키고져 ᄒᆞᄂᆞ 者쟈ᄂᆞ 몬져 그 나라홀 다
ᄉᆞ리고 그나라홀 다ᄉᆞ리고져 ᄒᆞᄂᆞ 者쟈ᄂᆞ 몬져 그 집을 ᄀᆞᄌᆞ기 ᄒᆞ고 그 집
을 ᄀᆞᄌᆞ기 ᄒᆞ고져 ᄒᆞᄂᆞ 者쟈ᄂᆞ 몬져 그 몸을 닷고 그 몸을 닷고져 ᄒᆞᄂᆞ 者
쟈ᄂᆞ 몬져 그 ᄆᆞ음을 正졍ᄒᆞ고 그 ᄆᆞ음을 正졍ᄒᆞ고져 ᄒᆞᄂᆞ 者쟈ᄂᆞ 몬져
그 意의를 誠셩ᄒᆞ고 그 意의를 誠셩ᄒᆞ고 져 ᄒᆞᄂᆞ 者쟈ᄂᆞ 몬져 그 知디를
致티ᄒᆞ니 知디를 致티홈은 物믈을 格격홈애 인ᄂᆞ니라. 物믈이 格격흔 后
후에 知디ㅣ 至지ᄒᆞ고 知디ㅣ 至지흔 后후에 意의ㅣ 誠셩ᄒᆞ고意의ㅣ
誠셩흔 后후에 ᄆᆞ음이 正졍ᄒᆞ고 ᄆᆞ음이 正졍흔 后후에 몸이 닷고 몸이 닷
근 后후에 집이 ᄀᆞ족ᄒᆞ고 집이 ᄀᆞ족흔 后후에 나라히 다ᄉᆞᆯ고 나라히 다ᄉᆞ

后후에 天텬下하ㅣ 平평ᄒᆞᄂᆞ니라(DT/DK/DJ-2b,3a,b/DY-1b,2a.b)

『대학언해』자료인 (4)에서 관형사형 '-ᄒᆞᄂᆞᆫ, -ᄒᆞᆫ'이 (4)㉮,㉯에서 공통이나, (4)㉮『율곡학해』의 '明명德덕'인 데 비해 (4)㉯『비율곡학해』에는 '볽은 德덕'으로 되어 ㉮에 한자어 '明명'이 왔기 때문에 관형사형 어미가 올 수 없다. 그러나 (4)㉯에는 고유어인 '볽은'이 왔기 때문에 관형사형 '-ㄴ'이 나타났다.

(1) 君子務本 本立而道生 孝弟也者 其爲仁之本與

㉮ 君군자ᄌᆞㅣ 本본을 務무홀 디니 本본이 立립호매 道도ㅣ 生ᄉᆡᆼᄒᆞᄂᆞ니 孝효弟뎨는 그 仁인홀 本본인뎌.(NR1-2a)

㉯ 君군子ᄌᆞᄂᆞᆫ 本본을 힘 ᄡᅳᆯ 디니 本본이 셤애 道도ㅣ 生ᄉᆡᆼᄒᆞᄂᆞ니 孝효弟뎨는 그 仁ᅀᅵᆫᄒᆞ욜 本본인뎌.(NT1-2a)

㉰ 君군子ᄌᆞᄂᆞᆫ 本본을 힘 ᄡᅳᆯ 디니 本본이 셤애 道도ㅣ 生ᄉᆡᆼᄒᆞᄂᆞ니 孝효弟뎨는 그 仁인ᄒᆞ욜 本본인뎌.(NK/NJ1-2a/NY1-1b)

『논어언해』 자료 (1)에서 관형사형 '-ㄹ'(務무홀, 仁인홀)이 같이 쓰였다.

(2) 未有仁而遺其親者也 未有義而後其君者也

㉮ 仁인코 그 親친을 遺유홀 者쟈ㅣ 잇디 아니며 義이(**의?)코 그 君군을 後후홀 者쟈ㅣ 잇디 아니니이다(MR1-3a)

㉯ 仁ᅀᅵᆫᄒᆞ고 그 親친을 遺유(*버리다)홀 者쟈ㅣ 잇디 아니ᄒᆞ며 義의ᄒᆞ고 그 君군을 後후(*뒤로미루다)홀 者쟈ㅣ 잇디 아니ᄒᆞ니이다(MT1-3a)

㉰ 仁인ᄒᆞ고 그 親친을 遺유(*버리다)홀 者쟈ㅣ 잇디 아니ᄒᆞ며 義의ᄒᆞ고 그 君군을 後후(*뒤로미루다) 홀 者쟈ㅣ 잇디 아니ᄒᆞ니이다 (MK/MJ1-3a/MY1-2a,b)

『맹자언해』의 자료인 (2)에서 관형사형 '-ㄹ'(遺유홀, 後후홀)이 역시 모두 같다.

(3) 道也者 不可須臾離也 可離非道也

㉮ 道도는 可가히 須슈臾유도 離리티 몯홀디니 可가히 <u>離리홀</u> 거시면 道도ㅣ 아니라.(CR-1b)

㉯ 道도는 可가히 須슈臾유도 離리티 몯홀 꺼시니 可가히 <u>離리홀</u> 꺼시면 道도ㅣ 아니라. (CT/CM/CK/CJ-1b/CY-1a)

『중용언해』 자료 (3)에서도 관형사형 '-ㄹ'(몯홀, 離리홀)이 공통이다.

(4) 物有本末 事有終始 知所先後 則近道矣

㉮ 物믈이 本본과 末말이 잇고 事亽ㅣ 終죵과 始시ㅣ 이시니 몬져 ᄒ며 후에 홀 바를 알면 道도의 갓가오리라.(DR-1b,2a)

㉯ 物믈이 本본과 末말이 잇고 일이 終죵과 始시ㅣ 이시니 몬져 ᄒ며 후에 홀 바를 알면곧 道도애 갓가오리라.(DT/DK/DJ-1b,2a/DY-1b)

『대학언해』의 자료 (4)㉮,㉯ 모두 관형사형 '-ㄹ'이 같다.

3. 5. 8. 3. 3. 부사형

부사형 어미 중 '-아/-어, -게, -디'들을 선별적으로 비교검토하고자 한다.

3. 5. 8. 3. 3. 1. -아/-어

(1) 子曰聖人 吾不得而見之矣 得見君子者 斯可矣

㉮ 子ᄌㅣ ᄀᄅ샤ᄃ 聖셩人인을 내 <u>어더</u> 보디 몯ᄒ거든 君군子ᄌㅣ 者쟈ᄅ

롤 어더 보미 이 可가ᄒ니라. 子ᄌ ㅣ ᄀ ᄅ샤디 善션人인을 내 어더 보디
몯ᄒ거든 恒흥이 잇ᄂ 者쟈롤 어더 보미 이 可가ᄒ니라.(NR2-23b,24a)

㉯ 子ᄌ ㅣ ᄀ ᄅ샤디 聖셩人신을 내 어더 보디 몯ᄒ거든 君군子ᄌ를 어더
보면 이 可가ᄒ니라. 子ᄌ ㅣ ᄀ ᄅ샤디 善션人신을 내 어더 보디 몯ᄒ거든
恒흥인ᄂ 者쟈를 어더 보면이 可가ᄒ니라.(NT2-21b)

㉰ 子ᄌ ㅣ ᄀ ᄅ샤디 聖셩人인을 내 어더 보디 몯ᄒ거든 君군子ᄌ를 어더
보면 이 可가ᄒ니라. 子ᄌ ㅣ ᄀ ᄅ샤디 善셩(**션??)人인을 내 어더 보디
몯ᄒ거든 恒흥인ᄂ 者쟈를 어더 보면 이 可가ᄒ니라.
(NK/NJ2-24a.b/NY2-16a)

『논어언해』 자료인 (1)에서 부사형 어미 '-어(어더)'가 『논어언해』 전
본에서 같은 모양으로 쓰였다.

(2) 齊桓晉文之事 可得聞乎

㉮ 齊졔桓환 晉진文문의 일을 可가히 어더 드르리잇가?(MR1-19a)

㉯ 齊졔桓환과 晉진文문의 事ᄉ를 可가히 시러곰 느ᄅ리
(MT1-19b/MY1-12b)

『맹자언해』인 자료 (2)에서 부사형어미 '-어(어더,시러(곰))'가 같은 형
태이다.

(3) 與天地參矣

㉮ 天텬地디로 더브러 參참홀디니라.(CR-38b)

㉯ 天뎐地디로 더브러 參참ᄒᄂ니라.(CT/CK/CM/CJ-38b.39a/CY-25a)

『중용언해』의 자료인 (3)에서도 부사형 어미 '-어'가 같다.

(4) 爲人子 止於孝 爲人父 止於慈 與國人交 止於信

㉮ 人인子ㅣ 되얀 孝효의 止지ᄒ시고 人인父부ㅣ 되얀 慈ᄌ의 止지ᄒ시고 國국人인과 더브러 交교ᄒ매ᄂᆞᆫ 信신에 止지ᄒ더시다(DR-7a)

㉯ 人신子ᄌㅣ 도여ᄂᆞᆫ 孝효애 止지ᄒ시고 人신父부ㅣ 도여ᄂᆞᆫ 慈ᄌ애 止지ᄒ시고 國국人신으로 더브러 交교ᄒ시매ᄂᆞᆫ 信신에 止지ᄒ더시다 (DT-7a)

㉰ 人인子ᄌㅣ 도여ᄂᆞᆫ 孝효애 止지ᄒ시고 人인父부ㅣ 도여ᄂᆞᆫ 慈ᄌ애 止지ᄒ시고 國국人인으로 더브러 交교ᄒ시매ᄂᆞᆫ 信신에 止지ᄒ더시다 (DK/DJ-7a)/DY-4b)

『대학언해』 자료 (4)에서도 부사형 어미 '-어(더브러)'가 같다.

3.5.8.3.3.2. -게

'-게'는 후기중세국어의 일반적인 형태로 '-긔/-기'였지만 후기에 신형으로 '-게'가 나타난다.[58] 그 사용법은 현대어와 같다.

(1) 子曰不患無位患所以立 不患莫己知 求爲可知也

㉮ 날을 아디 몯호믈 患환티 말고 可가히 알게 ᄒ기ᄅᆞᆯ 求구홀디니라 (NR1-37b)

㉯ 己긔 아디 몯호믈 患환티 말오 可가히 알게 ᄒ욤을 求구홀ᄯᅵ니라 (NT1-35b/NK/NJ1-38a/NY1-24b)

『논어언해』 자료 (1)에서 부사형 어미 '-게'가 공통이다.

(2) 喪死無憾 王道之始也

㉮ 死ᄉᆞᄅᆞᆯ 喪상호매 憾감이 업게 호미니 生ᄉᆡᆼ을 養양ᄒ며 (MR1-9a)

---

58) 이기문(1973), p.167.

　㉯ 死ᄉᄅᆞᆯ 喪상홈애 憾감이 <u>업게</u> 홈이니 生셩을 養양ᄒᆞ며 『교정맹해』

　㉰ 死ᄉᄅᆞᆯ 喪상홈애 憾감이 <u>업게</u> 홈이니 生셩을 養양ᄒᆞ며

　　(MK/MJ1-9a/MY1-6a)

『맹자언해』인 (2)의 부사형 어미 '-게'가 역시 같은 모습이다.

　(3) 其生物不測

　㉮ 그 物믈을 生ᄉᆡᆼ호미 測측디 몯게 ᄒᆞᄂᆞ니라.(CR-43a)

　㉯ 그 物믈을 生ᄉᆡᆼ홈이 測측디 몯ᄒᆞᄂᆞ니라.(CT-43a)

　㉰ 그 物믈을 生ᄉᆡᆼ홈이 測측디 몯ᄒᆞᄂᆞ니라.(CK/CJ-43a/CY-28a)

『중용언해』인 (3)에서는 부사형 어미 '-게'가 (3)㉮『율곡용해』에서만
쓰였고 (3)㉯,㉰『비율곡용해』에서는 부사형 어미 '-게'가 오지 않고 종결
법의 서술형 어미(몯ᄒᆞᄂᆞ니라)가 왔다.

　(4) 人之彦聖 而違之 俾不通 寔不能容

　㉮ 人인의 彦언과 聖셩을 違위ᄒᆞ야 히여곰 通통티 <u>몯게</u> ᄒᆞ면 진실로 能
　능히 容용티 몯홀디라(DR-27a)

　㉯ 사ᄅᆞᆷ의 彦언聖셩을 違위ᄒᆞ야 ᄒᆞ여곰 通통티 <u>몯게</u> ᄒᆞ면 진실로 能능히
　용납디 몯ᄒᆞᄂᆞᆫ다라.(DT-27b)

　㉰ 사ᄅᆞᆷ의 彦언聖셩을 違위ᄒᆞ야 ᄒᆞ여곰 通통티 <u>몯게</u> ᄒᆞ면 진실로 能능히
　용납디 몯ᄒᆞᄂᆞᆫ다라.(DK/DJ-27b/DY-17b)

『대학인해』인 (4)에시도 부사형 이미 '-게'기 공통이디.

　3.5.8.3.3.3. -디

부정적 표현을 하는 부사형 어미 '-디'는 근대국어, 현대국어에서 '-

디> -지'로 구개음화하였다.

 (1) 子曰學而時習之 不亦說乎

  ㉮ 子ᄌᆞㅣ ᄀᆞᄅᆞ샤디 學ᄒᆞᆨᄒᆞ야 時시로 習습ᄒᆞ면 ᄯᅩᄒᆞᆫ <u>說열홉디</u> 아니랴?
(NR1-1a)

  ㉯ 子ᄌᆞㅣ ᄀᆞᆯᄋᆞ샤디 學ᄒᆞᆨᄒᆞ고 時시로 習습ᄒᆞ면 ᄯᅩᄒᆞᆫ <u>깃브디</u> 아니ᄒᆞ랴.
(NT/NJ/NY1-1a)

  ㉰ 子ᄌᆞㅣ ᄀᆞᆯᄋᆞ샤디 學학ᄒᆞ고 時시로 習습ᄒᆞ면 ᄯᅩᄒᆞᆫ <u>깃브디</u> 아니ᄒᆞ랴.
(NK1-1a)

『논어언해』인 (1)에서 부사형 어미 '-디'가 『논어언해』 전반에 모두 같은 모습이다. 한자어 '說열홉디' 등이 있고, (1)㉯『비율곡논해』에는 고유어 '깃브디'가 있다.

 (2) 千取百焉 不爲不多矣 苟爲後矣而

  ㉮ 千천에 百ᄇᆡᆨ을 取츄호미 <u>하디 아니티</u> 아니컨마ᄂᆞᆫ 진실로 義의ᄅᆞᆯ 後후
ᄒᆞ고(MR1-2b)

  ㉯千천에 百ᄇᆡᆨ을 取츄홈이 <u>하디 아니홈이</u> 아니언마ᄂᆞᆫ 진실로 義의ᄅᆞᆯ 後후ᄒᆞ고(MT/MK/MJ1-2b/MY1-2a)

『맹자언해』인 (2)에서는 부사형어미가 '-디(하디)'가 공통이나, 다음에 온 (2)㉮『율곡맹해』의 경우는 '아니티'로 부사형이 다시 왔으나(하디 아니티), (2)㉯『비율곡맹해』의 경우는 첫 부사형 어미 '-디(하디)는 같이 왔으나, 그 다음은 앞의 이중 부사형과는 달리 명사형 '-ㅁ'이 오고 다시 주격 '-이'가 왔다. (**비교 : 하디 아니티 對 하디 아니홈이)

 (3) 君子戒愼乎其所不睹 恐懼乎其所不聞

㉮ 君군子조는 그 <u>보디</u> 아닌 바의 戒계愼신ᄒᆞ며 그 <u>듣디</u> 아닌 바의 恐공
懼구ᄒᆞᄂᆞ니라.(CR-1b)

㉯ 君子조는 그 <u>보디</u> 몯ᄒᆞᄂᆞ 바에 戒계愼신ᄒᆞ며 그 <u>듣디</u> 몯ᄒᆞᄂᆞ 바에 恐
공구ᄒᆞᄂᆞ니라. (CT/CK/CJ-1b/CY-1a)

『중용언해』인 (3)에서 부정을 나타내는 부사형 어미 '-디'가 (3)㉮,㉯
에서 모두 같다.

(4) 其所厚者薄而其矢其所薄者厚 未知有也

㉮ 그 厚후홀 바의 薄박고 그 薄박홀 바의 厚후ᄒ 리 <u>잇디</u> 아니니라.
(DR-4a)

㉯ 그 厚후홅 바애 薄박ᄒ고 그 薄박홅 바애 厚후ᄒ리 <u>잇디</u> 아니니라.
(DT/DK/DJ-4a/DY-3a)

『대학언해』자료인 (4)에서도 부사형 어미 '-디'가 (4)㉮,㉯에서 공통이다.

3.5.9. 후치사 및 첨사

3.5.9.1. 후치사

후기중세국어의 후치사로는 '-게/-긔, -그에, -거긔, -손디' 는 속격
'-애/-에'를 첨가하여 /-익/-의/+/-게/→'-에게'와 같이 여격(與格)을 이
루었다. 곧 '-애궁애, -애거긔, -애손디'를 이룬다. 다음은 속격 '-ㅅ'과
'게/-긔'와 만나 '-쎄/-의'가 나타난다. 주제화의 후치사 '-ㄴ, -는/-ᄂᆞ, -
은/-ᄋᆞ, -앤/-엔, -으론, -완/-관, 그엔, 거긴, -란' 등이 나다난 것을 볼
수 있다. 'ᄀᆞ쟝'은 속격과 연결하여 '-ㅅ쟝' 현대어의 '-까지, -껏'의 의미
로 사용된다. '-자히(-차히)' 등은 현대어의 '-ㄴ채'가 있다. 한편으로 '-
자히'가 기수사와 만나 'ᄒᆞ나자히' 등과 같이 실현되었다. '두곤, 두고, 라

와', '더브러, 조차, 조초, 조처', '브터', '더브러', '다비(<답-(如)>다이)', '잇돈(信잇돈)' 등이 발견된다.59)

3.5.9.1.1. -게/-긔, -긍에, -거긔. 손디

(1) 孟孫 問孝於我

㉠ 孟밍孫손이 내게 孝효를 뭇거늘(NR1-11b)

㉡ 孟밍孫손이 孝효를 내게 무러늘(NT1-11a/NK/NJ1-11b,12a/NY1-8a)

『논어언해』인 (1)㉠㉡에서 후치사 '-게'가 같다.

(2) 文王 發政施仁 必先斯四

㉠ 文문王왕이 政정을 發발ᄒᆞ야 仁인을 施시ᄒᆞ샤디 반ᄃᆞ시 이 네희게 몬져 ᄒᆞ더시니(MR1-58b)

㉡ 文문王왕이 政졍을 發발ᄒᆞ며 仁인을 施시ᄒᆞ샤디 반ᄃᆞ시 이 四ᄉᆞ 者쟈애 몬져 ᄒᆞ시니(MK/MJ2-21a/MY2-13b)

㉢ 文문王왕이 政졍을 發발ᄒᆞ며 仁신을 施시ᄒᆞ샤디 반ᄃᆞ시 이 四ᄉᆞ 者쟈애 몬져 ᄒᆞ시니 (MT2-21a)

『맹자언해』의 자료 (2)에는 후치사가 ㉠에서는 '-(의)게'이고 '㉡,㉢'에서는 '-애(四ᄉᆞ者쟈애)'이다.

(3) 執其兩端 用其中於民

㉠ 그 兩량端단을 執집ᄒᆞ샤 그 中듕을 民민의게 쓰시니(CR-5a)

㉡ 그 두 그틀 자브샤 그 中듕을 빅셩의게 쓰시니(CT-5a)

㉢ 그 두 그틀 자브샤 그 中즁을 빅셩의게 쓰시니(CK/CM-5a/CY-3b)

---

59) 이기문(1973), pp.171-173.

『중용언해』자료 (3)의 후치사 '-의게(민의게, 백성의게)'가 (3)⑦,④,⑤
에서 같다.

(4) 君子 有諸己而後求諸人無諸己而後非諸人

⑦ 君군子ㅈ는 己긔예 둔 後후 제 人인의게 求구ᄒ며 己긔예 업슨 後후
제 人인의게 외다 ᄒᄂ니(DR-19a)

④ 君군子ㅈ는 몸애 둔 後후에 사롬의게 求구ᄒ며 몸애 업슨 後후에 사
롬의게 외다 ᄒᄂ니(DT/DKDJ-19b/DY-12b)

『대학언해』 자료 (4)에서도 후치사 '-의게(人인의게, 사롬의게)'가 같다.

3.5.9.1.2. 후치사
: -ㄴ,(-는/ᄂ, -은/-온,-앤/-엔, -으론), -완/-관, -그엔, -거 , -란

(1) 子曰父母 唯其疾之憂

⑦ 子ㅈ ㅣ ᄀᆞᄅ샤디 父부母모는 오직 그 疾질을 憂우ᄒ시ᄂ니라.
(NR1-12a)

④ 子ㅈ ㅣ ᄀᆞᄅ오샤디 父부母모는 오직 그 疾질을 근심ᄒ시ᄂ니라.
(NT1-11b/NK/NJ1-12b/NY1-8b)

『논어언해』인 자료 (1)⑦,④에서 후치사 '-는(父부母모는)'이 동일형이
다.

(2) 麀鹿濯濯 白鳥鶴鶴

⑦麀우鹿록은 濯탁濯탁(*살져서윤택한모습)ᄒ거늘 白빅鳥됴는 鶴학鶴
학(*깨끗하고 흰모습)ᄒ도다(MR/MT/MK/MJ1-5a/MY1-3b)

『맹자언해』자료 (2)⑦,④에서 후치사 '-은(麀鹿은), -는(白빅鳥됴는)'

이 같이 쓰였다.

(3) 道也者 不可須臾離也... 故君子 愼其獨也... 謂之和 中也者 天下
之大本也 和也者 天下之達道也

㉮ 道도는 可가히 須슈臾유도 離리티 몯홀디니... 이런 故고로 君군子즈
는 그 보디 아닌 바의 戒계愼신며... 故고로 君군子즈는 그 獨독애 愼신
ㅎㄴ니라... 和화ㅣ 라 니ㄹㄴ니 中듕은 天텬下하의 大대本본이오 和화는
天텬下하의 達달道도ㅣ 라.(CR-1b,2a,2b)

㉯ 道도는 可가히 須슈臾유도 離리티 몯홀 꺼시니... 이런 故고로 君군子
즈는 그 보디 몯ㅎ는 바에 戒계愼신며... 故고로 君군子즈는 그 獨독을
愼신ㅎㄴ니라... 和ㅣ 라 니ㄹㄴ니 中듕은 天텬下하에 큰 本본이오 和화는
天텬下하에 達달 道도ㅣ 니라.(CT/CJ-1b,2a,2b/CY-1a,1b,2a)

㉰ 道도는 可가히 須슈臾유도 離리티 몯홀 꺼시니... 이(*ㅣ?)런 故고로
君군子즈는 그 보디 몯ㅎ는 바에 戒계愼신며... 故고로 君군子즈는 그
獨독을 愼신ㅎㄴ니라... 和ㅣ 라 니ㄹㄴ니 中즁은 天텬下하에 큰 本본이오
和화는 天텬下하에 達달 道도ㅣ 니라.(CK/CM-1b,2a,2b)

『중용언해』 자료인 (3)에서 후치사 '-는, -은(道도는…,中듕(즁)은)'
이 (3)㉮,㉯,㉰에서 모두 같다.

(4) 古之欲明明德於天下者 先治其國 欲治其國者 先齊其家 欲齊其
家者 先脩其身 欲脩其身者 先正其心 欲正其心者 先誠其意 欲誠
其意者 先致其知 致知 在格物

㉮ 녜 明명德덕을 天텬下하의 明명코져 ㅎ는 者쟈는 몬져 그 國국을 治
티ㅎ고 그 國국을 治티코져 ㅎ는 者쟈는 몬져 그 家가를 齊졔ㅎ고 그 家
가를 齊졔코져 ㅎ는 者쟈는 몬져 그 身신을 脩슈ㅎ고 그 身신을 脩슈코
져 ㅎ는 者쟈는 몬져 그 心심을 正졍ㅎ고 그 心심을 正졍코져 ㅎ는 者쟈
는 몬져 그 意의를 誠셩ㅎ고 그 意의를 誠셩코져 ㅎ는 者쟈는 몬져 그 知

디룰 致티호니 知디룰 致티호모 物믈을 格격호매 잇느니라(DR-2b,3a)

㉯ 네 불근 德덕을 天텬下하에 불키고져 호는 <u>者쟈는</u> 몬져 그 나라홀 다스리고 그 나라홀 다스리고져 호는 <u>者쟈는</u> 몬져 그 집을 フ즈기 호고 그 집을 フ즈기 호고져 호는 <u>者쟈는</u> 몬져 그 몸을 닷고 그 몸을 닷고져 호는 <u>者쟈는</u> 몬져 그 무음을 正정호고 그 무음을 正정호고져 호는 <u>者쟈는</u> 몬져 그 意의를 誠셩호고 그 意의를 誠셩호고져 호는 <u>者쟈는</u> 몬져 그 知디를 致티호니 知디를 致티홈은 物믈을 格격홈애 인느니라. (DT/DJ-2b,3a/DY-1b,2a)

㉰ 네 붉은 德덕을 天텬下하에 붉키고져 호는 <u>者쟈는</u> 몬져 그 나라홀 다스리고 그 나라홀 다스리고져 호는 <u>者쟈는</u> 몬져 그 집을 フ즈기 호고 그 집을 フ즈기 호고져 호는 <u>者쟈는</u> 몬져 그 몸을 닷고 그 몸을 닷고져 호는 <u>者쟈는</u> 몬져 그 무음을 正정호고 그 무음을 正정호고져 호는 <u>者쟈는</u> 몬져 그 意의를 誠셩호고 그 意의를 誠셩호고져 호는 <u>者쟈는</u> 몬져 그 知지를 致치호니 知지를 致치홈은 物믈을 格격홈애 인느니라(DK-2b,3a)

『대학언해』 자료인 (4)에서 후치사 '-는, -은'이 ㉮,㉯,㉰에서 공통이다.

3.5.9.1.3. -란

(1) 子曰由 誨女知之爲知乎 知之爲爲知之 不知爲不知 是 知也

㉮ 子즈ㅣ フ로샤디 由유아 너룰 知디호믈 フ로칠딘뎌 <u>知디란</u> 知디라 호고 <u>不블知디란</u> 不블知디라 호미 이 知디호미니라.(NR1-15b)

㉯ 子즈ㅣ 골오샤디 由유아 너룰 알음을 フ로칠띤뎌 <u>아는 거슬</u> 아노라 호고 <u>아디 몯호는</u> 거슬 아디 몯호노라 홈이 이알음이니라. (NT1-15a/NK/NJ1-16a/Ny1-10b)

(2) 愛之欲其生 惡之欲其死

㉮ 愛이호느 <u>니란</u> 그 生싱콰뎌 호고 惡오호느 <u>니란</u> 그 死스콰뎌 호느니 (NR3-27b)

㉯ 愛익ᄒᆞ는 <u>의란</u> 그 살과뎌 ᄒᆞ고 惡오ᄒᆞ는 <u>의란</u> 그 죽과뎌ᄒᆞᄂᆞ니
(NT3-25b/NK/NJ3-28aNY3-18a)

『논어언해』 자료인 (1),(2)에서 후치사 '-란(知디란, 不블知디란, 니란, 이란)'이 같이 쓰였다.

(3) 曰姑舍是

㉮ ᄀᆞᄅᆞ샤뎌 안죽(姑:아직고) <u>일란</u> 두라.(*舍=捨=置 : 머물다. 두다.).
(MR2-21a)

㉯ ᄀᆞᄅᆞᄋᆞ샤뎌 아직 <u>의를</u> 舍샤ᄒᆞ라(MT/MK/MJ3-21a/MY3-13b)

『맹자언해』자료 (3)에서 후치사가 (3)㉮『율곡맹해』에 '-란(일란)'이 실현되었으나, (3)㉯『비율곡맹해』에서는 대격 '-를(이를)'로 되었다.

(4) 謨蓋都君 咸我績 牛羊父母 倉廩父母 干戈朕 琴朕 弤朕 二嫂 使
   治朕棲

㉮ 都도君군을 蓋개ᄒᆞ기 謨모ᄒᆞ믄 다 내 績젹이니 <u>牛우羊양은</u> 父부母모ㅣ ᄒᆞ며 <u>倉창廩름도</u> 父부母모ㅣ ᄒᆞ고 <u>干간戈과ᄂᆞᆫ</u>朕딤이 ᄒᆞ며 <u>琴금도</u> 朕딤이 ᄒᆞ며 <u>弤뎌(*활)도</u> 朕딤이 ᄒᆞ며 <u>二이嫂수(*堯의二女)란</u> ᄒᆡ여곰 朕딤의 棲셔롤 治티케 ᄒᆞᆯ거시라 (MR5-8a)

㉯ 都도君군을 謨모ᄒᆞ야 蓋개ᄒᆞ욤은 다 내 績젹이니 <u>牛우羊양으란</u> 父부母모ᄒᆞ고 <u>倉창廩름으란</u> 父부母모ᄒᆞ고 <u>干간戈과란</u> 朕딤ᄒᆞ고 <u>琴금으란</u> 朕딤ᄒᆞ고 <u>弤뎌란</u> 朕딤ᄒᆞ고 <u>二싀嫂수란</u> ᄒᆡ여곰 朕딤의 棲셔롤 治티케 호리라(MT/Mj9-8b/MY9-5b)

㉰ 都도君군을 謨모ᄒᆞ야 蓋개ᄒᆞ욤은 다 내 績젹이니 <u>牛우羊양으란</u> 父부母모ᄒᆞ고 <u>倉창廩름으란</u> 父부母모ᄒᆞ고 <u>干간戈과란</u> 朕짐ᄒᆞ고 <u>琴금으란</u> 朕짐ᄒᆞ고 <u>弤뎌란</u> 朕짐ᄒᆞ고 <u>二이수란</u> ᄒᆡ여곰 朕짐의 棲셔롤 治치케 호리라 (MK9-8b)

『맹자언해』 자료 (4)㉮『율곡맹해』에서 후치사 '-란(二이嫂수란)'이 한 번 나타났고 다른 경우는 '-란'이 해당되는 자리에 '-은(牛우羊양은), -는 (干간戈과는)', '-도(倉廩도, 琴금도, 弧뎌도)' 등 다양한 모습이다. 여기에 나타난 후치사 '-도'는 同一을 나타내는 것이고 , 후치사 '-란'은 차이를 나타낸다. 이에 비하여 (4)㉯,㉰『비율곡맹해』에서는 후치사가 '-은(蓋개 흑욤은), -으란(牛우羊양으란, 倉창廩으란, 干간戈과란, 琴금으란, 弧뎌란, 二 이嫂수란)'이다.

3. 5. 9. 1. 4. -두곤/-도곤, -두고, -라와, -에셔

(1) 季氏 富於周公 而求也 爲之聚歛而附益之

㉮ 季계氏시ㅣ 周쥬公공두곤 富부커눌 求구ㅣ 爲위ㅎ야 聚취歛렴(재물 을 모아, 백성에게서 거두다)ㅎ야 附부益익흔대(NR3-9a)

㉯ 季계氏시ㅣ 周쥬公공에셔 가옴열거늘 求구ㅣ 爲위ㅎ야 聚취歛렴ㅎ 야 附부益익흔대 (NT3-8a/NK/NJ3-9a/NY3-6a)

『논어언해』 자료 (1)에서 후치사가 ㉮『율곡논해』에는 '-두곤(周쥬公 공두곤)'인데, ㉯『비율곡논해』에서는 '-에셔(周쥬公공에셔)'이다. 둘 모 두 현대국어의 '-보다'의 의미를 가진다.

(2) 生亦我所欲 所欲 有甚於生者 死亦我所惡 所惡 有甚於死者

㉮ 生성이 쏘흔 나의 欲욕ㅎ는 배언마는 欲욕ㅎ는 배 生성두곤 甚심흔者 쟈ㅣ 잇는니라. 내 惡오ㅎ는 배 死스두곤 甚심흔 者쟈ㅣ 잇는니라. (MR6-21a)

㉯ 生성도 쏘흔 내 欲욕ㅎ는 배 언마는 欲욕ㅎ는 배 生성애셔 甚심홈이 인는니라. 내 惡오ㅎ는 배언마는 惡오ㅎ는 배死스애셔 甚심홈이 인는니 라. (MT11-26a/MK/MJ11-26b/My11-17a)

『맹자언해』 자료 (2)에서 후치사가 (2)㉮『율곡맹해』에서 '-두곤(生싱두곤, 死ᄉ두곤)'인데 (2)㉯『비율곡맹해』에서는 '-애셔(生싱애셔, 死ᄉ애셔)'로 구분된다. 현대국어의 '-보다'이다.

(3) 是故不賞而民勸 不怒而民 威於斧鉞

㉮ 君군子ᄌᄂᆫ 賞샹티 아녀셔 民민이 勸권ᄒᆞ며 怒노티 아녀셔 民민이 <u>鈇부鉞월두곤</u> 젓ᄂᆞ니라.(CR-59b)

㉯ 君군子ᄌᄂᆫ 賞샹티 아니ᄒᆞ야셔 民민이 權권ᄒᆞ며 怒노티 아니ᄒᆞ야셔 民민이 <u>鈇부鉞월(＊작도와도끼)두곤</u> 威위ᄒᆞᄂᆞ니
(CT/CK/CJ/CM-59b/CY-38b)

『중용언해』 자료 (3)에서 후치사 '-두곤'이 공통이다.

(4) 唐虞之際 於斯 爲盛 有婦人焉

㉮ 唐당虞우ᄉ 즈음 곳 <u>의에셔</u> 盛셩ᄒᆞ되 婦부人인이 이실 ᄲᅮᆫ이언뎡
(NR2-39a)

㉯ 唐당虞우ᄉ 祭졔ㅣ <u>의에셔</u> 盛셩ᄒᆞ나 婦부人신이 인ᄂᆞᆫ디라.
(NT2-34b)

㉰ 唐당虞우ᄉ祭졔ㅣ <u>의에셔</u> 盛셩ᄒᆞ나 婦부人인이 인ᄂᆞᆫ디라.
(NK/NJ2-39b/NY2-26a)

『논어언해』 자료 (4)에서 후치사가 '-에셔(이에셔)'만 나타난다.

3. 5. 9. 1. 5. -만

(1) 可也 未若貧而樂 富而好禮者也

㉮ 可가ᄒᆞ나 貧빈코 樂락ᄒᆞ며 富부코 禮례ᄅᆞᆯ 好호ᄒᆞᄂᆞ <u>니만</u> ᄀᆞᆮ디 몯ᄒᆞ니라.(NR1-8b)

㉴ 可가ᄒ나 貧빈ᄒ고 樂락ᄒ며 富부ᄒ고 禮례를 好호ᄒᄂ <u>者쟈만</u> ᄀᆞᆮ디 몯ᄒ니라.(NT1-8a/NK/NJ1-8b/NY1-5b)

『논어언해』자료 (1)에서 후치사 '-만(好호ᄒᄂ 니만, 好호ᄒᄂ 者쟈만)'이 공통이다.

(2) 天時不如地理 地理不如人和

㉠ 天텬時시ㅣ <u>地디利리만</u> ᄀᆞᆮ디 몯ᄒ고 地디利리ㅣ <u>人인和화만</u> ᄀᆞᆮ디 몯ᄒ니라.(MR2-42b)

㉴ 天텬時시(*時日의吉함)ㅣ <u>地디利리</u> ᄀᆞᆮ디 몯ᄒ고 地디利리ㅣ <u>人신和화</u> ᄀᆞᆮ디 몯ᄒ니라.(MT/MK/MJ/MY4-1a)

(2)㉠『율곡맹해』에서 후치사 '-만'이 쓰였으나 (2)㉴『비율곡맹해』에서는 모음 밑에서 비교를 나타내는 후치사 '-ㅣ(地디理리( )'가 생략되었다.

(3) 莫見乎隱 莫顯乎微 故君子愼其獨也

㉠ <u>隱은만</u> 見현ᄒ 니 업스며 <u>微미만</u> 顯현ᄒ 니 업스니(CR-1b)

㉴ <u>隱은만</u> 見현ᄒ 니 업ᄉ며 <u>微미만</u> 顯현ᄒ 니 업ᄉ니 (CT/CK/CJ/CY-1b)

『중용언해』 자료 (3)에서 후치사 '-만(隱은만, 微미만)'이 공통이다.

(4) 可以人而不如鳥乎

㉠ 可가히 人인으로ᄡᅥ <u>鳥됴만</u> ᄀᆞᆮ디 몯홀 것가 ᄒ시니라(DR-6b)

㉴ 可가히 ᄡᅥ 사롬이오 <u>鳥됴만</u> ᄀᆞᆮ디 몯ᄒ랴? (DT/DK/DJ-6b/DY-4a)

『대학언해』 자료 (4)에서 후치사는 역시 '-만(鳥됴만)'이 공통이다.

3. 5. 9. 1. 6. -더브러

(1) 如衣狐貉者 立而不恥者 其由也與

㉮ 狐호貉락 닙은 者자와 <u>더브러</u> 셔셔 붓그려 아니ᄒᆞᄂᆞᆫ 者쟈ᄂᆞᆫ 그 由유
ㅣ뎌! (NR2-52a)

㉯ 狐호貉락(*여우와너구리껍질로만든옷) 닙은 이로 <u>더브러</u> 立립호더 붓
그려아니ᄒᆞᄂᆞ니ᄂᆞᆫ그由유ㅣ뎌!(NT2-45a/NK/NJ2-52a/NY-43b)

『논어언해』 자료 (1)에서 후치사 '-더브러'가 같다.

(2) 獨樂樂 與人樂樂 孰樂 曰不若與人 曰與少樂樂 與衆樂樂 孰樂
   曰不若與衆

㉮ 혼자 樂악호믜 즐거옴과 사ᄅᆞᆷ <u>더브러</u> 樂악호믜 즐거옴미 어늬야 즐거
우리잇고? ᄀᆞᄅᆞ샤디 사ᄅᆞᆷ <u>더브러</u> 홈만 ᄀᆞᆺ디 몯ᄒᆞ니이다. ᄀᆞᄅᆞ샤디 져그 니
<u>더브러</u> 樂악호믜 즐거옴과 하 니 <u>더브러</u> 樂악호믜 즐거옴이 어늬야 즐거
우리잇고? ᄀᆞᄅᆞ샤디 하니 <u>더브러</u> 홈만 ᄀᆞᆺ디 몯ᄒᆞ니이다(MR1-40b,41a)

㉯ 호올로 ᄒᆞᄂᆞᆫ 樂악의 樂락홈과 사ᄅᆞᆷ으로 <u>더블어</u> ᄒᆞᄂᆞᆫ 樂악의 樂락홈이
뉘야 樂락ᄒᆞ니잇고? ᄀᆞᄅᆞ샤디 人신으로 <u>더블어</u> ᄒᆞᄂᆞᆫ 이만 ᄀᆞᆮ디 몯ᄒᆞ니이
다. ᄀᆞᄅᆞ샤디 小쇼로 <u>더블어</u> ᄒᆞᄂᆞᆫ 樂악의 樂락홈과 衆즁으로 <u>더블어</u> ᄒᆞᄂᆞᆫ
樂악의 樂락홈이 뉘야 樂악ᄒᆞ니잇고? ᄀᆞᄅᆞ샤디 衆즁으로 <u>더블어</u> ᄒᆞᄂᆞᆫ 이
만 ᄀᆞᆮ디 몯ᄒᆞ니이다(MT2-3a)

『맹자언해』 자료 (2)에서 후치사가 (2)㉮『율곡맹해』에서는 연철인 '-
더브러', (2)㉯『비율곡맹해』에서는 분철인 '-더블어'이다.

3.5.9.1.7. -브터

(1) 禘自旣灌而往者 吾不欲觀之矣

㉠ 禘톄ㅣ 이믜 灌관홈브터 往왕호ㅁ론 내보고져 ㅎ디 아닛도라.
(NR1-24a)

㉡ 禘톄ㅣ 임의 灌관홈으로브터 往왕혼 者쟈는 내 보고져 아니ㅎ노라.
(NT1-22b/NK/NJ1-24b/NY1-16a)

『논어언해』자료 (1)의 후치사 '-브터'가 공통이다.

(2) 由百世之後 等百世之王 莫之能違也 自生民以來 未有夫子也

㉠ 生싱民민브터 뻐 오모로 夫부子ㅈㅣ 잇다아니시라.(MR2-24b)

㉡ 百빅世셰ㅅ 後후로 말미암아 百빅世셰ㅅ 王왕을 等등컨댄 能능히 違위ㅎ리 업스니 生싱民민으로브터 뻐 옴으로 夫부子ㅈ만 ㅎ시ㄴ니 잇다 아니ㅎ시니라.(MT/MK/MJ3-25a/MY3-16a)

『맹자언해』자료 (2)의 후치사 '-브터'가 공통이다.

(3) 自誠明 謂之性 自明誠 謂之敎

㉠ 誠셩으로브터 明명ㅎ니롤 性셩이라 니르고 明명으로브터 誠셩ㅎ니롤 敎교ㅣ라 니르ㄴ니(CR-37b)

㉡ 誠셩으로 말미아마 明명홈을 性셩이라 닐으고 明명으로 말미아마 誠셩홈을 敎교ㅣ라 닐으ㄴ니(CT-37b,38a/CY-24b)

『중용언해』자료 (3)㉠는 후치사 '-브터'가 왔으나, ㉡에는 후치사가 아니고, 유사한의미의 동사 '말미아마'로 되었다.

(4) 自天子以至於庶人 壹是皆以脩身爲本

㉮ 天텬子ᄌ로브터 뻐 庶셔人인의 니르히 혼골ᄀ티 다 身신을 脩슈호ᄆ
로뻐 本본을 사몰디니라.(DR-3b)

㉯ 天텬子ᄌ로브터 뻐 庶셔人신에 니르히 혼골ᄀ티 다 몸닷그모로뻐 本
본을 삼ᄂ니라.(DT-3b)

㉰ 天텬子ᄌ로브터 뻐 庶셔人인에 니르히 혼골ᄀ티 다 몸닷그모로뻐 本
본을 삼ᄂ니라.(DK/DJ-3b/DY-2b)

『대학언해』 자료 (4)㉮, ㉯, ㉰ 모두 후치사 '-(으)로브터'가 같은 형태
이다.

3.5.9.2. 첨사

3.5.9.2.1. 첨사 (-사), -ᅀᅡ, -아, -야

(1) 是亦爲政 奚其爲爲政

㉮ 이 ᄯᅩ흔 政졍을호미니 엇디 <u>호야사</u> 그 政졍을 ᄒ다 ᄒ리오?(NR1-18a)

㉯ 이 ᄯᅩ흔 政졍을 홈이니 엇디 <u>호야ᅀᅡ</u> 그 政졍을 ᄒ다 ᄒ리오.(NT1-17a)

㉰ 이 ᄯᅩ흔 政졍을 홈이니 엇디 <u>호야아</u> 그 政졍을 ᄒ다 ᄒ리오.
(NK/NJ1-18b/NY1-12a)

『논어언해』 자료 (1)에 전제단정법 첨사(강세 첨사)가[60] (1)㉮에서는
'-사', ㉯에서는 '-ᅀᅡ', ㉰에서는 '-아'로 나타났다. '-사'에 대하여[61] 이설

---

[60] 이숭녕(1985), p.327에서 "종전에 '强勢'의 어미라고 했으나 그것이 아니라 사실설명
에 있어서 전제를 단정함이 된다"라고 하였다.

[61] ㉮ 유창돈(1980) p.267에서 "强調形 '-사'는 앞의 말과 뒤의 말의 연결에 용언으로
하여금 어떤 조건이 되게 하는 어미로 쓰인다." 라고 기술하고 '-사/-ᅀᅡ/-아/-야'를
들고 있다.
　㉯ 이기문(1973), p.127에서 'ᅀ'의 기원을 두 가지로 보고 첫째는 계림유사의 시대
이전으로부터 내려오는 것이요, 둘째는 13세기이후 's>z'의 변화로 나타난 것들이다.
그리고 '두서'와 '두서'의 처리를 볼 때 두서>두ᅀᅥ로 처리하지 않고 '두서'가 현대방언
에 나타나는 현상을 방언의 침투로 보았다. 다시 말하면 '두서'는 과거 오래전부터 현

(異說)들이 있으나 본고에서는 일단 율곡선생의 방언이 반영된 것으로 보고자 한다.

(2) 可殺 然後察之

㉮ 可가히 殺살ᄒᆞᆯ 거시라 ᄒᆞ야사 그런 後후에 察찰ᄒᆞ야(MR1-65b)

㉯ 可가히 殺살ᄒᆞᆯ 꺼시라 ᄒᆞᆫ 然연後후에 察찰ᄒᆞ야(MK/MJ/MY-)

㉰ 可가히 殺살ᄒᆞᆯ 꺼시라 ᄒᆞᆫ 然ᅀᅧᆫ後후에 察찰ᄒᆞ야 (MT1-)

『맹자언해』 자료(2)의 ㉮에서만 전제 단정 법 첨사[강세첨사] '-사'가 보인다. '㉯,㉰'에는 강세 첨사가 오지 않았다. (2)㉮에서도 첨사 '-사'는 나타났다. 나머지 ㉯,㉰에서는 나타나지 않았다.

(3) 居者 有積倉 行者 有裹糧也 然後可以爰方啓行

㉮ 居거ᄒᆞᆫ 者쟈ㅣ 積젹倉창을 두며 行ᄒᆡᆼᄒᆞᄂᆞᆫ 者쟈ㅣ 裹과糧량을 두어사 그런 後후에 可가히ᄡᅥ 이에 처음으로 行ᄒᆡᆼ을 啓계ᄒᆞᆯ디니 (MR1-60a)

㉯ 居거者쟈ㅣ 積젹倉창이 이시며 行ᄒᆡᆼ者쟈ㅣ 裹과糧량이 이신 然ᅀᅧᆫ後후에ᅀᅡ 可가히 ᄡᅥ 이예 보야호로 行ᄒᆡᆼ을 啓계ᄒᆞᆯ띠니(MT2-22b)

㉰ 居거者쟈ㅣ 積젹倉창이 이시며 行ᄒᆡᆼ者쟈ㅣ 裹과糧량이 이신 然연後후에아 可가히 ᄡᅥ 이예 보야호로 行ᄒᆡᆼ을 啓계ᄒᆞᆯ띠니 (MK/MJ2-22b/MY2-14b)

『맹자언해』 자료(3)에도 전제 단정 법 첨사가 나타났다.(3)㉮에 '-사', (3)㉯에 '-ᅀᅡ', (3)㉰에 '-아'가 각각 다른 모습으로 나타났다. 이 자료의

재에 이르기 까지 '두서'로 변함없이 쓰인 것으로 보았다. 그러나 한편으로는 '두ᅀᅥ>두어'로 변한 모습을 들었다. 같은 입장에서 '-사'의 경우도 생각한 것으로 같은 책 p.175에서 강세의 첨사에서 '-ᅀᅡ>아'와 '-ᅀᅣ>-야'를 들고 '-사'에 대한 언급이 없다. 그렇다면 역시 '-사'도 방언적인 자료로 생각한 것인 듯하다.

'-삭>-아'의 변화를 생각하면 교정청본은 후기 중세국어의 모습을 지니고 있고 내각본, 전주본, 영영중간본은 근대국어의 모습을 보인 자료로 볼 수 있겠다. 율곡본의 '-사'와 교정청본의 '-삭', 내각본과 전주본, 영영중간본에서는 '-아'가 와서 세 가지의 유형이 비교될 수 있는 자료이다.

(4) 唯天下至誠 爲能化

㉮ 오직 天텬下하의 지극흔 誠셩이아 能능히 化화ᄒᆞᄂᆞ니
(CR/CK/CJ/CM-39b/CY-25b)

㉯ 오직 天텬下하의 지극흔 誠셩이삭 能능히 化화ᄒᆞᄂᆞ니라.(CT-39b)

(4)㉮에서 (4)㉯『교정용해』에 전제 단정 법 첨사 '-삭'가 왔고 (4)㉮『비교정용해』에는 전제단정법 첨사 '-아'가 와서 비교된다.

(5) 惟仁人 放流之... 此謂唯仁人 爲能愛人

㉮ 오직 仁인人인이아 妨방流류ᄒᆞ야... 이 닐온 오직 仁인人인이아 能능히 人인을 愛이ᄒᆞ며 (DR-27b)

㉯ 오직 仁쉰흔 사롬이삭 放방流류ᄒᆞ야... 이 닐온 오직 仁쉰흔 사롬이삭 능히 사롬을 ᄉᆞ랑ᄒᆞ며 (DT-28a)

㉰ 오직 仁인흔 사롬이아 放방流류ᄒᆞ야... 이 닐온 오직 仁인흔 사롬이아 능히 사롬을 ᄉᆞ랑ᄒᆞ며 (DK-28a)

㉱ 오직 仁인흔 사롬이아 放방流류ᄒᆞ야... 이 닐온 오직 仁인흔 사롬이아 능히 사롬을 ᄉᆞ랑ᄒᆞ며 (DJ-28a/DY-17b, 18a)

『대학언해』 자료 (5)㉯『교정학해』에서 전제단정법 첨사 '-삭'가, (5)㉯,㉰『비교정학해』에서는 전제단정법 첨사 '-아'가 쓰였기 때문에 역시 좋은 비교 자료이다.

3.5.9.2.2. -곳

(1) 唐虞之際 於斯爲盛 有婦人焉 九人而已

㉮ 唐당虞우ㅅ 즈음 곳 이에셔 盛셩호더 婦부人인이 이실 뿐이언뎡 아홉 사롬 ᄯᆞᄅᆞᆷ이니라(NR2-39a)

㉯ 唐당虞우ㅅ祭졔ㅣ 이에셔 盛셩ᄒᆞ나 婦부人인이 인ᄂᆞ니라. 아홉 사롬 일 ᄯᆞᄅᆞᆷ이니라(NK/NJ2-39b/NY2-26a)

㉰ 唐당虞우ㅅ祭졔ㅣ 이에셔 盛셩ᄒᆞ나 婦부人인이 인ᄂᆞ니라. 아홉 사롬 일 ᄯᆞᄅᆞᆷ이니라 (NT2-34b)

『논어언해』 자료 (1)의㉮『율곡논해』에만 강세첨사 '곳'이 있고 ㉯『비율곡논해』에는 강세첨사 '곳'이 없고 그 위치에 주격 '-ㅣ'가 왔다. 좋은 비교자료이다.

(2) 民非水火不生活

㉮ 民민이 水슈火화 곳 아니면 사디 몯홀 거시로더(MR7-17a)

㉯ 民민이 水슈火화ㅣ 아니면 生생活활티 몯홀 꺼시로더 (MK/MJ13-21b/MY13-14a)

㉰ 民민이 水슈火화ㅣ 아니면 生싱活활티 몯홀 꺼시로더 (MT13-21b)

(2)의 ㉮『율곡맹해』에는 강세첨사 '곳'이 나타났으나, 역시㉯ ㉰『비율곡맹해』에는 주격 '-ㅣ'가 나타났다.

3.5.9.2.3. -곰

(1) 管氏有三歸 官事不攝 焉得儉

㉮ 管관氏시ㅣ 三삼歸귀를 두며 官관事ᄉᆞ롤 攝섭디 아니ᄒᆞ니 엇디 <u>시러</u>

곰 儉검호리오?(NR1-29a)

㉬ 管관氏시ㅣ 三삼歸귀를 두며 官관事ᄉᆞ를 攝섭디 아니ᄒᆞ니 엇디 <u>시러</u>
곰 儉검호리오.(NT1-27b/NK/NJ1-29b/NY1-19b)

『논어언해』 자료 (1)에도 강세첨사 '곰(시러곰)'이 공통이다.

(2) 王之所大欲 可得聞與

㉮ 王왕의 크게 欲욕ᄒᆞ시ᄂᆞᆫ 바롤 可가히 <u>시러곰</u> 드르리잇가?
(MR1-31a)

㉬ 王왕의 키 欲욕ᄒᆞ시ᄂᆞᆫ 바롤 可가히 <u>시러곰</u> 들으리잇가?
(MT/MK/MJ1-31b/MY1-20a)

『맹자언해』 자료 (2)에도 강세첨사 '-곰'이 같다.

(3) 在下位 不獲乎上 民不可得而治矣

㉮ 下하位위예 이셔 上샹의게 獲획디 몯ᄒᆞ면 民민을 可가히 <u>시러곰</u> 治티
티 몯ᄒᆞ리니 (CR-34b)

㉬ 아랫 位위예 이셔 우희 獲획디 몯ᄒᆞ면 民민을 可가히 <u>시러곰</u> 다ᄉᆞ리디
몯ᄒᆞ리라 (CT/CK/CJ/CM-35a/CY-22b)

『중용언해』 자료 (3)도 강세첨사 '-곰'이 같다.

(4) 子曰聽訟 吾猶人也 必也使無訟乎 無情者 不得盡其辭 大畏民志
此謂知本

㉮ 子ᄌᆞㅣ ᄀᆞᄅᆞ샤디 訟송을 聽텽ᄒᆞ기 내 人인 ᄀᆞᆮ트나 반ᄃᆞ시 <u>ᄒᆞ여곰</u> 訟
송을 업게 홀딘뎌 ᄒᆞ시니 情졍 업슨 者쟈ㅣ <u>시러곰</u> 그 辭ᄉᆞ를 盡진티 몯
ᄒᆞ몬 크게 民민의 志지를 畏외케 ᄒᆞ미니 이 닐온 本본을 알오미니
라.(DR-9b)

㉬ 子ᄌᆞㅣ ᄀᆞᄅᆞ샤디 訟송을 드롬이 내 사롬과 ᄀᆞᆮ트나 반ᄃᆞ시 <u>ᄒᆞ여곰</u> 訟송

이 업게 호린뎌 ㅎ시니 情정 업슨 者쟈ㅣ <u>시러곰</u> 그 말솜을 다 ㅎ디 몯홈
은 크게 民민의 뜯을 畏외케 홈이니 이 닐온 本본을 아롬이니
라.(DT/DK/DJ-9b/DY-6a)

『대학언해』 자료 (4)에도 강세첨사 '-곰(시러곰, 히여곰, ㅎ여곰)'이 역
시 같다.

3.5.10. 경어법(존대법)

경어법에도 여러 이론이 있으나 본고에서는 주체경어법(존대법)과 객
체 경어법(존대법, 주체겸양법), 상대경어법(존대법) 등으로 나누어 검토하
고자 한다.

3.5.10.1. 주체경어법(존대법) -시-

주체경어법은 주어를 어떻게 대접하여 표현하느냐 하는 경어법이며,
그 대상을 대접하느냐 않느냐로만 구분되는 이분 체계의 경어법이다. 주
체존대표시의 선어말어미 '-시-'를 첨가하여 표시한다. 여기서는 '+존대'
냐, '-존대'냐만이 중요하며, 평대냐, 하대냐의 구분은 문제되지 않는다.[62]
본『사서언해』에는 후기중세국어에서 많이 볼 수 있는 선어말어미 '-
오/우-'가 주체존대표시의 '-시-'와 연결하면 '-샤-, -샴-, -샤디'와 같이
나타난다.

(1) 子貢曰 夫子 溫良恭儉讓以得之 夫子之求之也 其諸異乎 人之求
之與 子曰父在 觀其志 父沒 觀其行 三年 無改於父之道 可謂孝矣
㉮ 子ㅈ貢공이 ㄹ오디 夫부子ㅈㅣ 溫온과 良량과 恭공과 儉검과 讓양으

---

62) 이익섭(1983), 국어문법론,학연사. p.222.

로써 得득ᄒ시ᄂ니 夫부子ᄌ의 求구ᄒ샤ᄆᆫ 그 人인의 求구홈과 다ᄅ뎌! 子ᄌㅣ ᄀᆞᄅ샤ᄃᆡ 父부ㅣ 在지호매 그 志지ᄅᆞᆯ보고 父부ㅣ 沒몰호매 그 行ᄒᆡᆼᆼ을볼디니 三삼年년을 父부의 道도애 改기호미 업서야 可가히 孝효ㅣ라 니를디니라!(NR1-6a)

ᄂᆝ 子ᄌ貢공이 ᄀᆞᆯ오ᄃᆡ 夫부子ᄌ는 溫온ᄒ시며 良량ᄒ시며 恭공ᄒ시며 儉검ᄒ시며 讓양ᄒ시모로ᄡᅥ 得득ᄒ시ᄂ니 夫부子ᄌ의 求구ᄒ시ᄆᆫ 그 사ᄅᆞᆷ의 求구홈애 다ᄅᆞ신뎌! 子ᄌㅣ ᄀᆞᆯ아샤ᄃᆡ 父부ㅣ 在지홈애 그 志지를 보고 父부ㅣ 沒몰홈애 그 行ᄒᆡᆼ을 볼ᄯᅵ나 三삼年년을 父부의 道도애 고티미 업세아 可가히 孝효ㅣ라 닐을이니라 (NT1-5b)

ᄃᆞ 子ᄌ貢공이 ᄀᆞᆯ오ᄃᆡ 夫부子ᄌ는 溫온ᄒ시며 良량ᄒ시며 恭공ᄒ시며 儉검ᄒ시며 讓샹ᄒ시모로ᄡᅥ 得득ᄒ시ᄂ니 夫부子ᄌ의 求구ᄒ시ᄆᆫ 그 사ᄅᆞᆷ의 求구홈애 다ᄅᆞ신뎌! 子ᄌㅣ ᄀᆞᆯ아샤ᄃᆡ 父부ㅣ 在지홈애 그 志지를 보고 父부ㅣ 沒몰홈애 그 行ᄒᆡᆼ을 볼ᄯᅵ나 三삼年년을 父부의 道도애 고티미 업세아 可가히 孝효ㅣ라 닐을이니라 (NK/NJ1-6a/NY1-4a)

『논어언해』자료 (1)'㉮,㉯'에서 '/得득-/+/-ᄒ-/+/-시-/+/-ᄂ-/+/-니/'의 '-시-'는 같다. 또 '/ᄀᆞᄅ-/+/-시-/+/-오-/+/-ᄃᆡ/'의 '-시-' 다음에 선어말어미/-오-/와 결합한 /-샤-/의 형태도 같다. 그 밖의 ㉮『율곡논해』에 '求구ᄒ샤ᄆᆫ'은 '/-샤-/의 실현은 같으나, ㉯,㉰『비율곡논해』의 경우는 '구ᄒ시ᄆᆫ'으로 선어말어미 '/-오-/'가 개재하지 않은 모습이다. '/-샤-/'보다 후기의 형태로 보아야겠다.

(2) 叟不遠千里而來 亦將有以利吾國乎

㉮ 叟수ㅣ 千쳔里리ᄅᆞᆯ 멀리 아니 녀겨 오시니 ᄯᅩ흔 쟝ᄎᆞᆺ 내 나라흘 ᄡᅥ 利리케 호미 이시리잇가?(MR1-1a)

ᄂᆝ 叟수(*長老)ㅣ 千쳔里리ᄅᆞᆯ 멀리 아니 너겨 오시니 ᄯᅩ흔 쟝ᄎᆞᆺ ᄡᅥ 내 國국을 利리케 홈이 이시리잇가(MT/MK/MJ/MY1-1a)

『맹자언해』 자료 (2)도 주체경어법 선어말어미 '-시-'가 같다.

(3) 子曰舜 其大知也與 舜 好問而好察邇言 隱惡而揚善 執其兩端 用
　　其 中於民 其斯以爲舜乎

㉮ 子ᄌ│ ᄀᆞᆯᆞ샤뎌 舜슌은 그 큰 知디신뎌. 舜슌이 問문을 好호ᄒᆞ시며
邇이言언 察찰ᄒᆞ기ᄅᆞᆯ 好호ᄒᆞ샤 惡악을 隱은코 善션을 揚양ᄒᆞ시며 그 兩
량端단을 執집ᄒᆞ샤 그 中듕을 民민의게 쓰시니 그 이 뻐 舜슌이 되미신
뎌.(CR-5a)

㉯ 子ᄌ│ ᄀᆞᆯᆞ샤뎌 舜슌은 그 큰 知디신뎌! 舜슌이 무롬을 됴히 너기시
고 邇시 言언 술픰을 됴히 너기샤뎌 惡악을 隱은ᄒᆞ시고 善션을 揚양ᄒᆞ시
며 그 두 그틀 자브샤 그 中듕을 빅셩의게 쓰시니 그 이 뻐 舜슌 되옴이신
뎌.(CT)

㉰ 子ᄌ│ ᄀᆞᆯᆞ샤뎌 舜슌은 그 큰 知지신뎌! 舜슌이 무롬을 됴히 너기시
고 邇이 言언 술픰을 됴히 너기샤뎌 惡악을 隱은ᄒᆞ시고 善션을 揚양ᄒᆞ시
며 그 두 그틀 자브샤 그 中즁을 빅셩의게 쓰시니 그 이 뻐 舜슌 되옴이신
뎌.(CK/CM-5a)

㉱ 子ᄌ│ ᄀᆞᆯᆞ샤뎌 舜슌은 그 큰 知디신뎌! 舜슌이 무롬을 됴히 너기시
고 邇이 言언 술픰을 됴히 너기샤뎌 惡악을 隱은ᄒᆞ시고 善션을 揚양ᄒᆞ시
며 그 두 그틀 자브샤 그 中듕을 빅셩의게 쓰시니 그 이 뻐 舜슌 되옴이신
뎌.(CJ-5a/CY-3b)

『중용언해』 자료 (3)에서 존칭표지의 유무를 대조해 보면 ㉮『율곡용
해』에 'ᄀᆞᆯᆞ샤뎌, 知디신뎌, 好호ᄒᆞ시며, 好호ᄒᆞ샤, 隱은코, 揚양ᄒᆞ시며,
執집ᄒᆞ샤, 쓰시니, 되미신뎌'이고 ㉯,㉰『비율곡용해』는 "ᄀᆞᆯᆞ샤뎌, 知디
신뎌, 됴히 너기시고, 됴히 너기샤뎌, 隱은ᄒᆞ시고, 揚양ᄒᆞ시며, 자브샤,
쓰시니, 되옴이신뎌"로『비율곡용해』쪽에 하나가 많다.(隱은코:隱은ᄒᆞ
시고)

(4) 詩云穆穆文王 於緝熙敬止 爲人君 止於仁 爲人臣 止於敬 爲人子
　　止於孝 爲人父 止於慈 與國人交 止於信

㉮ 詩시예 닐오디 <u>穆목穆목</u>ᄒᆞ신 文문王왕이여 於오ᄒᆞ다! 니워 熙희ᄒᆞ야
敬경ᄒᆞ고 <u>止지</u>ᄒᆞ시다 ᄒᆞ니 人인君군이 되얀 仁인의 <u>止지</u>ᄒᆞ시고 人인臣
신이 되얀 敬경의 <u>止지</u>ᄒᆞ시고 人인子ᄌᆞㅣ 되얀 孝효의 <u>止지</u>ᄒᆞ시고 人인
父부ㅣ 되얀 慈ᄌᆞ의 <u>止지</u>ᄒᆞ시고 國국人인과 더브러 <u>交교</u>ᄒᆞᄆᆡᄂᆞ 信신에
<u>止지</u>ᄒᆞ더시다(DR-7a)

㉯ 詩시예 닐오디 <u>穆목穆목</u>(*언어동작이아름답고훌륭한모양)ᄒᆞ신 文문王
왕이여! 於오ㅣ라! 緝즙(*緝:이을집*계속하다)ᄒᆞ야 熙희ᄒᆞ야 敬경ᄒᆞ야 <u>止</u>
<u>지</u>ᄒᆞ시다 ᄒᆞ니 人신君군이 도여ᄂᆞ 仁신에 <u>止지</u>ᄒᆞ시고 人신臣신이 도여ᄂᆞ
敬경에 <u>止지</u>ᄒᆞ시고 人신子ᄌᆞㅣ 도여ᄂᆞ 孝효애 <u>止지</u>ᄒᆞ시고 人신父부ㅣ
도여ᄂᆞ 慈ᄌᆞ애 <u>止지</u>ᄒᆞ시고 國국人신으로 더브러 <u>交교</u>ᄒᆞ시ᄆᆡᄂᆞ 信신에 <u>止</u>
<u>지</u>ᄒᆞ더시다(DT-6b)

㉰ 詩시예 닐오디 <u>穆목穆목</u>(*언어동작이아름답고훌륭한모양)ᄒᆞ신 文문王
왕이여! 於오ㅣ라! 緝즙(*緝:이을집*계속하다)ᄒᆞ야 熙희ᄒᆞ야 敬경ᄒᆞ야 <u>止</u>
<u>지</u>ᄒᆞ시다 ᄒᆞ니 人인君군이 도여ᄂᆞ 仁인에 <u>止지</u>ᄒᆞ시고 人신臣신이 도여ᄂᆞ
敬경에 <u>止지</u>ᄒᆞ시고 人인子ᄌᆞㅣ 도여ᄂᆞ 孝효애 <u>止지</u>ᄒᆞ시고 人인父부ㅣ
도여ᄂᆞ 慈ᄌᆞ애 <u>止지</u>ᄒᆞ시고 國국人인으로 더브러 <u>交교</u>ᄒᆞ시ᄆᆡᄂᆞ 信신에 <u>止</u>
<u>지</u>ᄒᆞ더시다(DK/DJ-6b/DY-4b)

『대학언해』 자료 (4)의 ㉮,㉯,㉰ 모두 주체경어법 선어말어미 '-시-'가
같이 쓰이고 있으나 ㉮의 '交교ᄒᆞᄆᆡᄂᆞ'으로 '-시-'가 없으나 ㉯,㉰에는
'交교ᄒᆞ시ᄆᆡᄂᆞ'으로 '-시-'가 하나 더 있다.

3.5.10.2 객체경어법(존대법, 주체겸양법)

3.5.10.2.1. -ᅀᆞᆸ(ᄂᆡ이)-

객체경어법은 한 문장의 주어의 행위가 미치는 대상, 즉, 객체를 언어

적으로 대접하여 표현하는 경어법 체계를 말한다. 객체경어법은 주체경
어법과 마찬가지로 누구를 존대하느냐 않느냐만 이분되는 경어법이다[63]

 주지하는 바와 같이 후기중세국어의 객체겸양법(客體兼讓法)의 형태
소는 그 음운의 환경에 따라서 '-ᅀᆞᆸ-, -ᄌᆞᆸ-, -ᅀᆞᆸ-'과 같이 다양했으나 근
대국어 이후 소실되었다. '-ᅀᆞᆸ-'으로 쓰이던 객체 경어의 형태소가 17세
기 이후로 오면서 '-ᅀᆞᆸ-, -소-, -조-, -ᅩ-'와 같은 변이형이 나타난
다. 또 한편으로는 상대경어법[相對尊待]의 형태소 '-이-'가 '-이-'와 같
이 음소의 변화로 인하여 '-ᅌᅵ다(-니이다)'는 '-니이다'가 된다. 이것
이 중세국어 객체경어법 형태소 '-ᅀᆞᆸ-'등과 합하여 '-ᅀᆞᆸ니다,-ᅀᆞᆸ니이
다' 등과 같이 실현되다가 현대국어의 '-습(-ᅀᆞᆸ)니다'로 발달하였다. 본
『사서언해』에는 '-ᅀᆞᆸ-, -조-'와 같은 형태소와 '-ᅀᆞᆸ-'은 '-시-'와 결합
하여 존대의 의미를 강화한다.[64]

   3. 5. 10. 2. 2. -ᅀᆞᆸ-

   (1) 久矣吾不復夢見周公

   ㉮ 오래 내 다시 꿈의 周쥬公공을 <u>보ᅀᆞᆸ디</u> 몯ᄒᆞ리로다(NR2-16a)
   ㉯ 오라다. 내 다시 꿈에 周쥬公공을 <u>보디</u> 몯ᄒᆞ리로다
   (NT2-15a/NK/NJ2-16a/NY2-11a)

『논어언해』자료 (1)에서 객체경어법 '-ᅀᆞᆸ-'의 분포 실태가 ㉮『율곡논
해』에는 -ᅀᆞᆸ-(보ᅀᆞᆸ디)이고, ㉯『비율곡논해』에는 '-ᅀᆞᆸ-'이 생략(보디)되
었다. 이 경우는『율곡논해』가 경어법의 사용이 민감하다는 것으로 보아
의역이라고 생각하게 되는 점이 보인다.[65]

---

63) 이익섭(1983), p.225.
64) 박병채(1995), p.257.
65) 안병희(1973), p.81에서 "경어법 사용에 있어서도 의역일수록 민감하다".

(2) 孺悲 欲見孔子

㉮ 孺유悲비(人名)ㅣ 孔공子ᄌ를 <u>보옵고져</u> ᄒ거늘 (NR4-43b)

㉯ 孺슈悲비ㅣ 孔공子ᄌ를 <u>보옵고져</u> ᄒ거늘

(NT4-39b/NK/NJ4-44b/NY4-29a)

『논어언해』 자료 (2)에서 객체 경어법 형태소 '-옵-'이 ㉮,㉯에 공통이다.

(3) 可使寡人 得見乎

㉮可가히 寡과人인으로 ᄒ여곰 시러곰 <u>보옵게</u> ᄒ시리잇가?
(MR2-46a)

㉯ 可가히 寡과人신으로 ᄒ여곰 시러곰 <u>見견케</u> ᄒ리잇가?
(MT4-4a)/MY4-3a)

㉰ 可가히 寡과人인으로 ᄒ여곰 시러곰 <u>見견케</u> ᄒ리잇가?
(MK/MJ4-4a/MY4-3a)

『맹자언해』 자료 (3)에서 객체 경어법'-옵-'이 ㉮『율곡맹해』에는 나타나 있고(보옵게), ㉯,㉰『비율곡맹해』에는 객체 경어법'-옵-'이 '見견케'라는 한자어로 처리되었기 때문에 나타날 수 없다.

3.5.10. 2. 3. -ᄌ와-

(1) 樊遲 問仁 子曰居處恭 執事敬 與人忠 雖之夷狄 不可棄也 子貢
問曰何如 斯可謂之士矣 子曰行己有恥 使於四方 不辱君命 可謂
士矣

㉮ 樊번遲지디ㅣ 仁인을 <u>묻ᄌ온딕</u> 子ᄌㅣ ᄀᄅ샤딕 處쳐의 居거호매 恭공
ᄒ며 事ᄉ를 執집 호매 敬경ᄒ며 人인과 더브러 忠튱호믈 비록 夷이狄뎍
의 갈디라도 可가히 ᄇ리디 못홀 디니라. 子ᄌ貢공이 <u>묻ᄌ와</u> ᄀ로딕 엇디

ᄒᆞ야사 이에 可가히 士ᄉᆞㅣ라 니ᄅᆞ리잇고? 子ᄌᆞㅣ ᄀᆞᄅᆞ샤ᄃᆡ 己긔를 行ᄒᆡᆼ
호매 恥티 이시며 四ᄉᆞ方방의 使사호매 君군命명을 辱욕디 아니면 可가
히 士ᄉᆞㅣ라 니롤디니라.(NR3-48b,49a)

㉯ 樊번遲디ㅣ 仁신을 묻ᄌᆞ온ᄃᆡ 子ᄌᆞㅣ ᄀᆞᆯᄋᆞ샤ᄃᆡ 居거處쳐에 恭공ᄒᆞ며
事ᄉᆞ를 執집홈이 敬경ᄒᆞ며 人신을 與여홈이 忠튱홈을 비록 夷이狄뎍에
갈띠라도 可가히 棄기티 몯홀 꺼시니라. 子ᄌᆞ貢공이 묻ᄌᆞ와 ᄀᆞᆯ오ᄃᆡ 엇더
ᄒᆞ야사 이에 可가히 士ᄉᆞㅣ라 닐ᄋᆞ리잇고? 子ᄌᆞㅣ ᄀᆞᆯᄋᆞ샤ᄃᆡ 己긔를 行ᄒᆡᆼ
홈이 恥티이시며 四ᄉᆞ方방에 使사ᄒᆞ야 君군命명을 辱욕디 아니ᄒᆞ면 可
가히 士ᄉᆞㅣ라 니롤ᄯᅵ니라.(NT3-45b,46a)

㉰ 樊번遲지ㅣ 仁인을 묻ᄌᆞ온ᄃᆡ 子ᄌᆞㅣ ᄀᆞᆯᄋᆞ샤ᄃᆡ 居거處쳐에 恭공ᄒᆞ며
事ᄉᆞ를 執집홈이 敬경ᄒᆞ며 人인을 與여홈이 忠튱홈을 비록 夷이狄뎍에
갈띠라도 可가히 棄기티 몯홀 꺼시니라. 子ᄌᆞ貢공이 묻ᄌᆞ와 ᄀᆞᆯ오ᄃᆡ 엇더
ᄒᆞ야아? 이에 可가히 士ᄉᆞㅣ라 닐ᄋᆞ리잇고? 子ᄌᆞㅣ ᄀᆞᆯᄋᆞ샤ᄃᆡ 己긔를 行
ᄒᆡᆼ홈이 恥치 이시며 四ᄉᆞ方방에 使사ᄒᆞ야 君군命명을 辱욕디 아니ᄒᆞ면
可가히 士ᄉᆞㅣ라 닐롤ᄯᅵ니라.(NK3-49b,50a)

㉱ 樊번遲지ㅣ 仁인을 묻ᄌᆞ온ᄃᆡ 子ᄌᆞㅣ ᄀᆞᆯᄋᆞ샤ᄃᆡ 居거處쳐에 恭공ᄒᆞ며
事ᄉᆞ를 執집홈이 敬경ᄒᆞ며 人인을 與여홈이 忠튱홈을 비록 夷이狄뎍에
갈띠라도 可가히 棄기티 몯홀 꺼시니라. 子ᄌᆞ貢공이 묻ᄌᆞ와 ᄀᆞᆯ오ᄃᆡ 엇더
ᄒᆞ야아? 이에 可가히 士ᄉᆞㅣ라 닐ᄋᆞ리잇고? 子ᄌᆞㅣ ᄀᆞᆯᄋᆞ샤ᄃᆡ 己긔를 行
ᄒᆡᆼ홈이 恥티 이시며 四ᄉᆞ方방에 使사ᄒᆞ야 君군命명을 辱욕디 아니ᄒᆞ면
可가히 士ᄉᆞㅣ라 닐롤ᄯᅵ니라.(NJ3-49b,50a,b/NY3-32a,b)

『논어언해』자료 (1)에서 객체 경어법 '-ᄌᆞ오-' 또는 '-ᄌᆞ와-'의 쓰임
을 보기로 한다. ㉮『율곡논해』에는 객체 경어법 선어말어미가 '-ᄌᆞ온-'
(묻ᄌᆞ온ᄃᆡ)과 '-ᄌᆞ와-'(믓ᄌᆞ와)가 같이 쓰였다. 이 양상은 ㉯,㉰,㉱『비율
곡논해』에서도 일치한다.

(2) 敢問夫子之不動心 與告子之不動心 可得聞與

㉮ 敢감히 問문ᄒ노니 夫부子ᄌ의 ᄆᆞᄋᆞᆷ 動동티 아니심과 다못 告고子 ᄌ의 ᄆᆞᄋᆞᆷ 動동티 아니호믈 可가히 어더 <u>듯ᄌ오리잇가?</u>(MR2-13b)

㉯ 敢감히 <u>문ᄌᆞᆸᄂᆡ이다.</u> 夫부子ᄌ의 心심을 動동티 아니ᄒ심과 다못 告고 子ᄌ의 心심을 動동 티 아니홈을 可가히 시러곰 <u>드르리잇가?</u>
(MT/MJ3-13b/MY3-8b,9a)

㉰ 敢감히 <u>문ᄌᆞᆸ노이다.</u> 夫부子ᄌ의 心심을 動동티 아니ᄒ심과 다못 告고 子ᄌ의 心심을 動동 티 아니홈을 可가히 시러곰 <u>드르리잇가?</u>(MK3-13b)

『맹자언해』 자료 (2)에는 객체 경어법 선어말어미가 ㉮『율곡맹해』에 는 '-ᄌ오-(듯ᄌ오리잇가)'이나, ㉯,㉰『비율곡맹해』에는 객체 경어법 '-ᄌ오-'가 보이지 않는다.(드르리잇가) 그런데 ㉮『율곡맹해』의 '間문ᄒ노 니'가 ㉯,㉰ 비율곡맹해)에서는 '-ᄌᆞᆸ-(문ᄌᆞᆸ노이다)'이 왔다. '-ᄌᆞᆸ-'이 보 수적인 표기이다.

(3) 子爲我問孟子 然友 復之鄒 問孟子 孟子曰然

㉮ 子ᄌᆝ 나를 爲위ᄒ야 孟ᄆᆡᆼ子ᄌᄭᅴ <u>믇ᄌ오라</u> 然연友우ᅵ ᄯᅩ 鄒츄에 가 孟ᄆᆡᆼ子ᄌᄭᅴ <u>問문ᄒᆞ더</u> 孟ᄆᆡᆼ子지 ᄀᆞᄅᆞ샤더 그러ᄒ다(MR3-7a)

㉯ 子ᄌᆝ 나를 爲위ᄒ야 孟ᄆᆡᆼ子ᄌᄭᅴ <u>문ᄌ오라.</u> 然연友우ᅵ 다시 鄒츄 에 가 孟ᄆᆡᆼ子ᄌᄭᅴ <u>문ᄌ온대</u> 孟ᄆᆡᆼ子지 ᄀᆞᆯᄋᆞ샤더 然연ᄒ다(MT5-7a)

㉰ 子ᄌᆝ 나를 爲위ᄒ야 孟ᄆᆡᆼ子ᄌᄭᅴ <u>문ᄌ오라.</u> 然연友우ᅵ 다시 鄒츄 에 가 孟ᄆᆡᆼ子ᄌᄭᅴ <u>문ᄌ온대</u> 孟ᄆᆡᆼ子지 ᄀᆞᆯᄋᆞ샤더 然연ᄒ다
(MK/MJ5-7a/MY5-4b)

『맹자언해』 자료 (3)에서 객체 경어법 선어말어미 '-ᄌ오-'가 ㉮의 '間 문ᄒᆞ더'를 제외하고 모두 같이 취하였다. ㉯,㉰『비율곡맹해』에도 객체존 대 경어법 선어말어미, '-ᄌ오-'('문ᄌ오라, 문ᄌ온대')가 역시 나타났다.

3.5.10.3. 상대경어법(존대법)

화자에 비하여 청자를 높이고자 할 때 나타난다. 이 상대경어법은 그 형태가 다양하다. 곧 'ᄒᆞ쇼셔체, ᄒᆞ야셔체, ᄒᆞ라체' 등과 같이 나눌 수 있다. 'ᄒᆞ쇼셔'체는 아주 높이는 경어법으로 평서문에서는 '-이다', 의문문에서는 '-잇고, -잇가', 명령문에는 '-쇼셔'로 나타난다.

3.5.10.3.1. -이다(-닝이다. -니이다)

(1) 哀公問曰何爲則民服　孔子對曰擧直錯諸枉　則民服　擧枉錯諸直　則民不服

㉮ 哀ᄋᆡ公공이 問문ᄒᆞ야 ᄀᆞᆯᅌᅡ샤ᄃᆡ 엇디 ᄒᆞ면 民민이 腹복ᄒᆞ리잇고? 孔공子ᄌᆞㅣ 對ᄃᆡᄒᆞ야 ᄀᆞᆯᅌᅡ샤ᄃᆡ 直딕을 擧거ᄒᆞ고 모ᄃᆞᆫ 枉왕을 錯조ᄒᆞ면 民민이 服복ᄒᆞ고 枉왕을 擧거ᄒᆞ고 모ᄃᆞᆫ 直딕을 錯조ᄒᆞ면 民민이 服복디 <u>아닛ᄂᆞ니이다.</u>(NR1-17a)

㉯ 哀ᄋᆡ公공이 묻ᄌᆞ와 ᄀᆞᆯᅌᅩ샤ᄃᆡ 엇디 ᄒᆞ면 民민이 <u>服복ᄒᆞᄂᆞ니잇고?</u> 孔공子ᄌᆞㅣ 對ᄃᆡᄒᆞ야 ᄀᆞᆯᅌᅩ샤ᄃᆡ 直딕을 擧거ᄒᆞ고 모ᄃᆞᆫ 枉왕을 錯조ᄒᆞ면 民민이 服복ᄒᆞ고 枉왕을 擧거ᄒᆞ고 모 ᄃᆞᆫ 直딕을 錯조ᄒᆞ면 民민이 服복디 <u>아니ᄒᆞᄂᆞ니이다</u>(NT1-16a/NK/NJ1-17a,b/NY1-11a)

『논어언해』자료 (1)에서 상대경어법의 형태가 ㉮『율곡논해』에서는 /服복ᄒᆞ-/+/-리-/+/-잇고/로 미래시제와 의문형과 /服복디/ #/아닛-/+/-ᄂᆞ-/+/-니이다/ 긴 부정문으로 현재 시제 평서문이다. ㉯『비율곡논해』에서는 相對경어법이/服복ᄒᆞ-/+/-ᄂᆞ-/+/-니잇고/로 현재 시제 의문형과 /服복-/+/-디/#/아니ᄒᆞ-/+/-ᄂᆞ-/-니이다/로 긴 부정문으로 현재 시제 평서문이다. 이 둘 사이에 다른 점은 ㉮가 '아닛-'임에 대하여 ㉯는 '아니ᄒᆞ-'이다.

(2) 亦有仁義而已矣

㉮ 쪼훈 仁인義의 이실 쪼롬이니이다(MR1-1b)

㉯ 쪼훈 仁신義의ㅣ 이실 쪼롬이니이다(MT1-1b)

㉰ 쪼훈 仁인義의ㅣ 이실 쪼롬이니이다(MK/MJ1-1b/MY1-1a)

『맹자언해』 자료 (2)㉯『교정맹해』에는 /쪼롬/+/-이-/+/-니이다/로 '-
니이다'와 같이 '-이-'가 와서 후기 중세국어의 형태이다. 반면 ㉮,㉰『비
교정맹해』에서는 /쪼롬/+/-이-/+/-니이다/로 근대국어의 형태이다. 맹
자율곡언해의 상대경어법의 형태는 번역 당시의 모습이라기보다 출판한
당시의 언어형태의 간섭을 받은 것으로 생각한다.

(3) 哀公問政 子曰文武之政 布在之方策 其人存則其政擧 其人亡則
其政息 人道敏政 地道敏樹 夫政也者 蒲盧也

㉮ 哀익公공이 政졍을 問문ᄒᆞ신대 子ᄌᆞㅣ ᄀᆞᄅᆞ샤디 文문武무의 政졍이
方방策칙의 펴이시니 그 人인이 存존ᄒᆞ면 그 政졍이 擧거ᄒᆞ고 그 人인이
亡망ᄒᆞ면 그 政졍이 息식ᄒᆞᄂᆞ니이다. 人인의 道도ᄂᆞᆫ 政졍애 敏민ᄒᆞ고 地
디의 道도ᄂᆞᆫ 樹슈애 敏민ᄒᆞ니 政졍은 蒲포盧로ㅣ 니이다(CR-25b)

㉯ 哀익公공이 政졍을 묻ᄌᆞ온대 子ᄌᆞㅣ ᄀᆞᆯᄋᆞ샤디 文문武무의 政졍이 方
방(*版)과 策칙(*대쪽)애 布포ᄒᆞ(ㅎ?)야 이시니 그 사ᄅᆞᆷ 이시면 그 政졍
이 擧거ᄒᆞ고 그 사ᄅᆞᆷ이 업스면 그 政졍(*졍?)이 息식(*滅)ᄒᆞᄂᆞ니라.
人신의 道도ᄂᆞᆫ 政졍에 ᄲᆞᄅᆞ고 地디의 道도ᄂᆞᆫ 樹슈에 ᄲᆞᄅᆞ니 政졍은 蒲포
盧로(*갈대)ㅣ 니라.(CT-26a)

㉰ 哀익公공이 政졍을 묻ᄌᆞ온대 子ᄌᆞㅣ ᄀᆞᆯᄋᆞ샤디 文문武무의 政졍이 方
방(*版)과 策칙(*대쪽)애 布포ᄒᆞ(ㅎ?)야 이시니 그 사ᄅᆞᆷ 이시면 그 政졍
이 擧거ᄒᆞ고 그 사ᄅᆞᆷ이 업스면 그 政졍(*졍?)이 息식(*滅)ᄒᆞᄂᆞ니라. 人인
의 道도ᄂᆞᆫ 政졍에 ᄲᆞᄅᆞ고 地디의 道도ᄂᆞᆫ 樹슈에 ᄲᆞᄅᆞ니 政졍은 蒲포盧로
(*갈대)ㅣ 니라.(CK/CJ/CM-25b,26a/CY-17a)

『중용언해』자료 (3)에서 ㉮『율곡용해』에만 상대경어법 '-이다'가 왔고 ㉯,㉰『비율곡용해』에는 나타나지 않았다. 역시 의역이라고 하는『율곡용해』에서는 상대경어법이 쓰였고 직역이라고 한『비율곡용해』에서는 나타나지 않았다.

3.5.10.3.2. -쇼셔

(1) 陳恒 弑其君 請討之 公曰告夫三子 <-쇼셔>(1회)

㉮ 陳딘恒흥(人名)이 그 님금을 弑시ᄒᆞ니 請쳥컨댄 討토호쇼셔! 公공이 ᄀᆞᄅᆞ샤ᄃᆡ 三삼子ᄌᆞᄃᆞ려 告고ᄒᆞ라.(NR3-66b)

㉯ 陳딘恒흥이 그 君군을 弑시ᄒᆞ니 請쳥컨댄 討토호쇼셔. 公공이 ᄀᆞᆯᄋᆞ샤ᄃᆡ 三삼子ᄌᆞ(孟孫,叔孫, 季孫)의게 告고ᄒᆞ라.(NT3-61a,b)

㉰ 陳진恒흥이 그 君군을 弑시ᄒᆞ니 請쳥컨댄 討토호쇼셔. 公공이 ᄀᆞᆯᄋᆞ샤ᄃᆡ 三삼子ᄌᆞ(孟孫,叔孫, 季孫)의게 告고ᄒᆞ라.(NK3-67b,68a)

㉱ 陳딘恒흥이 그 君군을 弑시ᄒᆞ니 請쳥컨댄 討토호쇼셔. 公공이 ᄀᆞᆯᄋᆞ샤ᄃᆡ 三삼子ᄌᆞ(孟孫,叔孫, 季孫)의게 告고ᄒᆞ라.(NJ3-67b,68a/NY3-43b)

『논어언해』자료 (1)의 전편에 상대경어법 '-쇼셔(討토호쇼셔)'가 나타났다.

(2) 王如知此 則無望民之多於鄰國也

㉮ 王왕이 만일 이를 알거시든 民민이 鄰린國국의 하물 ᄇᆞ라디 마르쇼셔.(MR1-8a)

㉯ 王왕이 만일 이를 알ᄋᆞ신 則즉 民민이 鄰린國국에 하믈 ᄇᆞ라디 말ᄋᆞ쇼셔. (MT/MK/MJ1-8a/MY1-5b) <-쇼셔:16회 출현>(*『중용언해』,『대학언해』에는 '-쇼셔'가 없음)

『맹자언해』자료 (2)에 상대경어법어미 '-쇼셔(마르쇼셔, 말ᄋᆞ쇼셔)'가

㉮,㉯ 전체에 나타난다. 『율곡맹해』에서는 연철하였고 『비율곡맹해』에
서는 분철한 것으로 미루어 율곡언해가 고형을 가진 자료로 판단되고
兩本이 대립을 이룬다.

3.5.11. 부정문

단순 부정문 : 아니, 긴 부정문 : -디 아니ᄒ-, 불능 부정문 : 못, 禁止
부정문 : -디 말라[66]

3.5.11.1. 단순 부정문 : 아니

(1) 不好犯上 而好作亂者未之有也

㉮ 上샹犯범호몰 됴히 <u>아니</u> 너기고 亂란作쟉호몰 됴히 너길 者쟈ㅣ <u>잇디</u>
<u>아니ᄒ니라.</u>(NR1-2a)

㉯ 上샹을 犯범홈을 <u>好호티</u> 아니ᄒ고 亂란을 作작홈을 好호홀 者쟈ㅣ
<u>잇디 아니ᄒ니라.</u>(NT/NK/NJ1-2a/NY1-1b)

(1)㉮ 『율곡논해』에는 단순부정형 '아니'와 긴 부정문 '잇디 아니ᄒ니
라'가 있다. 반면 ㉯ 『비율곡논해』에는 긴 부정문 "好호티 아니ᄒ고, 잇디
아니ᄒ니라"로만 형성되었다.

(2) 叟不遠千里而來

㉮ 叟수(*長老)ㅣ 千쳔里리를 멀리 <u>아니</u> 녀겨 오시니
(MR/MT/MK/MJ/MY1-1a)

---

66) 박병채(1995), p.199. "부정문의 형태를 이외 같이 분류하고, '모르다. 비(非)-. 不-'
등의 부정적 의미를 가진 어사가 들어 있는 문장이 곧 부정문이 될 수는 없다."라고
기술하였다. 이 내용을 기초로 하여 『사서언해』의 부정법의 실태를 파악하고자 한다.

(3) 納交於孺子之父母也 泌所以要譽於鄉黨朋友也 非惡其聲而然也

㉮ 孺유子ㅈ의 父부母모의게 交교롤 納납ㅎ는 배 <u>아니며</u> 뻐 鄕향黨당이며 朋붕友우의게 譽예롤 要요ㅎ는 배 <u>아니며</u> 그 聲셩을 아쳐ㅎ야 그러미 <u>아니니라.</u>(MR2-33b)

㉯ 交교를 孺유子ㅈ의 父부母모의게 納납ㅎ는 배 <u>아니며</u> 뻐 譽예를 鄕향黨당과 朋붕友우에 要요ㅎ는 배 <u>아니며</u> 그 聲셩을 惡오ㅎ야 그러홈이 <u>아니니라.</u> (MT3-33b)

㉰ 交교를 孺유子ㅈ의 父부母모의게 納납ㅎ는 배 <u>아니며</u> 뻐 譽예를 鄕향黨당과 朋붕友우 에 要요ㅎ는배 <u>아니며</u> 그 聲셩을 惡오ㅎ야 그러홈이 <u>아니니라.</u>(MK/MJ3-34a/MY3-21b)

『맹자언해』자료 (2)는 단순 부정문 '아니'로 자료 전체가 같다. 역시『맹자언해』자료인 (3) ㉮『율곡맹해』, ㉯『비율곡맹해』에 자료가 모두 단순부정문 '아니'이다.

(4) 予懷明德 不大聲以色

㉮ 내 明명흔 德덕의 聲셩과 다못 色싁을 大대케 <u>아니호몰</u> 懷회ㅎ노라.(CR-60b)

㉯ 내 明명德덕의 聲셩과 다믓(*以=與) 色싁을 크게 <u>아니홈을</u>懷회ㅎ노라.(CT/CK/CJ/CM-60b/CY-38a)

『중용언해』자료 (4)도 단순부정문 '/아니ㅎ-/+/-오-/+/-ㅁ/'으로 일치한다.

(5) 所藏乎身 不恕 而能喻諸人者 未之有也

㉮ 身신의 藏장흔 배 恕셔ㅣ <u>아니오</u> 能능히 人인을 喩유홀 者쟈ㅣ <u>잇디 아니니라.</u>(DR-19a)

㉯ 몸애 藏장혼 배 恕셔 <u>몯홀</u> 거시오 能능히 사롬의게 喩유홀 者쟤ㅣ 잇<u>디 아니ᄒ니라</u>.(DT/DK/DJ-19b/DY-12b)

『대학언해』자료 (5)㉮『율곡학해』의 단순부정문 '아니…'와 긴 부정문 '-디 아니-'가 같이 있으며 ㉯『비율곡학해』에는 금지부정문 '몯홀…'과 긴 부정문 '-디 아니'가 같이 있다.

3.5.11.2. 긴 부정문 : -디 아니ᄒ-

(1) 子曰君子 周而不比 小人 比而不周 子曰學而不思則罔 思而不學
則殆

㉮ 子ᄌㅣ ᄀᄅ샤디 君군子ᄌᄂᆫ 周쥬코 <u>比비티 아니ᄒ고</u> 小쇼人인은 比비코 <u>周쥬티 아니ᄒ니라</u>. 子ᄌㅣ ᄀᄅ샤디 學혹고 <u>思ᄉ티 아니ᄒ면</u> 罔망ᄒ고 思ᄉ코 <u>學혹디 아니ᄒ면</u> 殆티ᄒᄂ니라.(NR1-15a)

㉯ 子ᄌㅣ ᄀᆯᄋ샤디 君군子ᄌᄂᆫ 周쥬ᄒ고 <u>比비티 아니ᄒ고</u> 小쇼人인ᄋ 比비ᄒ고 <u>周쥬티 아니ᄒᄂᄂ니라</u>. 子ᄌㅣ ᄀᆯᄋ샤디 學혹ᄒ고 <u>思ᄉ티 아니</u>ᄒ면 罔망ᄒ고 思ᄉ고 <u>學혹디 아니ᄒ면</u> 殆티ᄒᄂ니라.
(NK/NJ1-15b/NY1-10a)

㉰ 子ᄌㅣ ᄀᆯᄋ샤디 君군子ᄌᄂᆫ 周쥬ᄒ고 <u>比비티 아니ᄒ고</u> 小쇼人ᄉᆫᄋ 比비ᄒ고 <u>周쥬티 아니ᄒᄂᄂ니라</u>. 子ᄌㅣ ᄀᆯᄋ샤디 學혹ᄒ고 <u>思ᄉ티 아니</u>ᄒ면 罔망ᄒ고 思ᄉᄒ고 <u>學혹디 아니ᄒ면</u> 殆티ᄒᄂ니라.(NT1-14a)

『논어언해』자료 (1)에서 긴 부정문의 형태 '-디 아니ᄒ-'가 사회(四回)씩 같이 나타났다.

(2) 謹庠序之敎 申之以孝悌之義 頒白者 不負戴於道路矣 七十者衣
帛食肉 黎民不飢不寒 然而不王者 未之有也

㉮ 庠샹序셔의 敎교롤 삼가 孝효悌뎨의 義의로뻐 申신ᄒ면 頒반白빅ᄒ

者쟈ㅣ 道도路로의 負부戴뎌티 아니ᄒ리니 七칠十십 者쟈ㅣ 帛빅을 衣
의코 肉육을 食식ᄒ며 黎려 民민이 飢긔티 아니며 寒한티 아니코 그러코
王왕티 몯홀 者쟈ㅣ 잇디 아니ᄒ니이다(MR1-10b)

㉯ 庠샹序셔(*학교)ㅅ 敎교를 謹근ᄒ야 申신(*거듭)호디 孝효悌뎨ㅅ 義
의로뻐 ᄒ면 頒반(*班)白빅흔 者쟈ㅣ 道도路로에 負부(*등에짐)ᄒ며 戴
뎌(*머리에임)티 아니ᄒ리니 七칠十십인 者쟈ㅣ 帛빅을 衣의ᄒ며 肉육을
食식ᄒ며 黎려民민이 飢긔티 아니ᄒ며 寒한티 아니ᄒ고 그러코 王왕티
몯홀 者쟈ㅣ 잇디 아니ᄒ니이다.(MT/MK/MJ1-10b/MY1-7a)

『맹자언해』자료(2)에서 각각 사회(四回)씩의 긴 부정문 '-디 아니ᄒ-'
와 일회(一回)의 불능부정문 '-디 몯ᄒ-'가 공통적으로 나타났다.

(3) 忠恕 違道不遠 施諸已而不願 亦勿施於人

㉮ 忠튱恕셔ㅣ 道도의 違위호미 머디 아니ᄒ니 己긔예 施시ᄒ야 願원티
아니호몰 쏘흔 人인의 施시티 마로미니라(CR-12b)

㉯ 忠튱과 恕셔ㅣ 道도에 違위(*가다)홈이 머디 아니ᄒ니 己긔예 施시ᄒ
야 願원티 아니홈을 쏘흔 사룸의게 施시티 마롤디니라.
(CT/CK/CJ/CM-12b/CY-8b)

『중용언해』자료 (3)㉮,㉯에 각기 긴 부정문이 '-디 아니ᄒ-' 이회(二
回), 금지 부정문 '-디 말-' 일회(一回)씩 나타나 있다.

(4) 心不在焉 視而不見 聽而不聞 食而不知其味

㉮ 心심이 잇디 아니ᄒ면 視시ᄒ야도 見견티 몯ᄒ며 聽텽ᄒ야도 聞문티
몯ᄒ며 食식ᄒ야도 그 마술 아디 몯ᄒᄂ니라.(DR-14b)

㉯ ᄆᆞ음이 잇디 아니면 보아도 보디 몯ᄒ며 드러도 듣디 몯ᄒ며 먹어도 그
마술 아디 몯ᄒᄂ니라.(DT/DK/DJ-15a/DY-9b)

『대학언해』자료 (4)에는 긴 부정문(잇디 아니ᄒ면)이 일회(一回), 불능 부정문 이회(二回)씩 나타났다.

3. 5. 11. 3. 불능 부정문 못

(1) 管氏而知禮 孰不知禮

㉠ 管관氏시ㅣ 禮례롤 알면 뉘 禮례롤 <u>아디 못ᄒ리오?</u>(NR1-29b)

㉡ 管관氏시禮례를 알면 뉘 禮례를 <u>아디 몯ᄒ리오.</u>
(NT1-28a/NK/NJ1-30a,30b/NY1-20a)

『논어언해』자료 (1)㉠,㉡에서 같은 형태의 불능부정문 '-디 못ᄒ-'가 왔다.

(2) 昔者有王命 有采薪之憂 不能造朝 今病少愈 趍造於朝 我不識能至否乎

㉠ 어제 王왕命명이 잇거시놀 采칙薪신의 시룸이 이셔 能능히 朝죠의 <u>造조티 못ᄒ얏다가</u> 이제 病벼(**병?)이 져기 됴커놀 趨추ᄒ야 朝죠의 造조ᄒ더시니 내 <u>아디못ᄒ니</u> 能능히 至지ᄒ신가? <u>못ᄒ신가?</u>(MR2-47a)

㉡ 昔셕者쟈애 王왕命명이 잇거시놀 薪신을(*采薪之憂:謙讓의말로,섭을 캐지 못함) 采칙ᄒᄂᆫ 憂우ㅣ 인논디라 能능히 朝됴애 <u>造조티 몯ᄒ얏더시니</u> 이제 病병이 져기 愈유ᄒ거시놀 朝됴애 趨추ᄒ야 造조ᄒ더시니 나ᄂᆫ <u>아디 몯게라.</u> 能능히 至지ᄒ신가 <u>否부ᄒ신가?</u>(MT/MK/MJ4-5b/MY4-3b,4a)

『맹자언해』자료 (2)㉠,㉡에 긴 불능부정문 '-디 못ᄒ-'가 2회, 불능부 정문 '못ᄒ-'가 일회(一回)씩 나타났다.

(3) 子曰道之不行也 我知之矣 知者 過之 愚者 不及也 道之不明也 我知之矣 賢者 過之 不肖者 不及也

㉮ 子즈ㅣ ᄀᆞᄅᆞ샤디 道도의 行ᄒᆡᆼ티 몯호물 내 아노니 知디ᄒᆞᆫ 者쟈ᄂᆞᆫ 過과ᄒᆞ고 愚우ᄒᆞᆫ 者쟈ᄂᆞᆫ 及급디 몯호ᄆᆞᆯ 시오 道도의 明명티 몯호물 내 아노니 賢현ᄒᆞᆫ 者쟈ᄂᆞᆫ 過과ᄒᆞ고 不블肖쵸ᄒᆞᆫ 者쟈ᄂᆞᆫ 及급디 몯호ᄆᆞᆯ 시니라. (CR-4a)

㉯ 子즈ㅣ ᄀᆞᆯᄋᆞ샤디 道도의 行ᄒᆡᆼ티 몯홈을 내 아노라. 知디ᄒᆞᆫ 者쟈ᄂᆞᆫ 過과ᄒᆞ고 愚우ᄒᆞᆫ 者쟈ᄂᆞᆫ 及급디 몯ᄒᆞᄂᆞ니라. 道의 明명티 몯홈을 내 아노라. 賢현ᄒᆞᆫ 者쟈ᄂᆞᆫ 過과ᄒᆞ고 不블肖쵸ᄒᆞᆫ 者쟈ᄂᆞᆫ 及급디 몯ᄒᆞᄂᆞ니라. (CT/CJ-4a/CY-3a).

㉰ 子즈ㅣ ᄀᆞᆯᄋᆞ샤디 道도의 行ᄒᆡᆼ티 몯홈을 내 아노라. 知지ᄒᆞᆫ 者쟈ᄂᆞᆫ 過과ᄒᆞ고 愚우ᄒᆞᆫ 者쟈ᄂᆞᆫ 及급디 몯ᄒᆞᄂᆞ니라. 道의 明명티 몯홈을 내 아노라. 賢현ᄒᆞᆫ 者쟈ᄂᆞᆫ 過과ᄒᆞ고 不블肖쵸ᄒᆞᆫ 者쟈ᄂᆞᆫ 及급디 몯ᄒᆞᄂᆞ니라. (CK/CM-4)

『중용언해』자료 (3)㉮,㉯,㉰에 각각 4회씩의 불능 부정문이 나타났다.

(4) 君子終不可誼兮者 道盛德至善 民之不能忘也 詩云於戲前王不忘

㉮ 君군子즈ᄎᆞ ᄆᆞᄎᆞᆷ내 可가히 닛디 몯호믄 盛셩ᄒᆞᆫ 德덕과 지극ᄒᆞᆫ 善션을 民민이 能능히 닛디 몯호믈 니르니라. 詩시예 닐오디 於오戲호ㅣ라! 前젼王왕을 닛디 몯ᄒᆞ리로다(DR-8b)

㉯ 君군子즈ㅣ여 ᄆᆞᄎᆞᆷ내 可가히 닛디 몯ᄒᆞ리로다 홈은 盛셩ᄒᆞᆫ 德덕과 지극ᄒᆞᆫ 善션을 民민의 能능히 닛디 몯홈을 니르니라. 詩시예 닐오디 於오戲호(*감탄할오서러울호乎)ㅣ라! 前젼王왕을 닛디 몯ᄒᆞ리로다. (DT-8b,9a/DK/DJ-8b/DY-5b)

『대학언해』자료 (4)㉮,㉯에 긴 불능부정문이 각 3회씩 나타나 있다.

3.5.11.4. 금지 부정문 : -디 말라

(1) 無爲小人儒

㉮ 小쇼人인 儒유ㅣ **되디 말라**(NR2-7b)

㉯ 小쇼人쉰ㅅ 儒유ㅣ **되디 말라**(NT2-7a)

㉰ 小쇼人인ㅅ儒유ㅣ **되디말라**(NK/NJ2-7b/NY2-5b)

『논어언해』자료 (1)에 금지부정문 '-디 말라(되디 말라)'가 같이 쓰였다.

(2) 經始勿亟 庶民子來

㉮ 經경始시를 **亟극히 말라** ᄒ시나 庶셔民민이 子ᄌㅣ 오ᄃᆺ ᄒᆞᆫ다
(MR1-5a)

㉯ 經경ᄒᆞ야 始시홈을 **亟극(*速)디 말라** ᄒ시나 庶셔民민이 子ᄌㅣ 來
리ᄐᆺ ᄒᆞᆺ다(MT/MK/MJ1-5a/MY1-3b)

『맹자언해』자료 (2)㉮『율곡맹해』에서 금지 부정문 '-히 말라(亟극히 말라)'로 부사화 접미사 '-히'가 온 이례적인 형태의 금지 부정문이다. ㉯ 『비율곡맹해』에서는 금지 부정의 형태 '-디 말라'가 왔다.

(3) 或謂寡人勿取 或謂寡人取之

㉮ 或혹 寡과人인ᄃᆞ려 닐오디 **取츄디 말라.**
(MR1-69bMK/MJ2-32a/MY2-20b)

㉯ 或혹 寡과人쉰ᄃᆞ려 닐오디 **取츄디 말라**(MT2-32a)
(*중용, 『대학언해』에는 해당 자료가 없음)

『맹자언해』자료 (3)㉮,㉯ 공히 금지부정문 '-디 말라(取츄디 말라)'가
쓰였다.

3.5.11.5. '아니ᄒᆞ다'와 '아닛ᄂᆞ니라'

『사서언해』에 '-디 아니ᄒᆞ-'와 같은 긴 부정문의 형태가 경우에 따라

서 '-디 아닛-'으로 표현되어 있다. 여기에 쓰인 '-ㅅ-'의 역할은 '-ㅎ-'의 대치(代置)이다. 주로 율곡 선생 언해본에 이 형태가 나타난다. 이 '-ㅅ-'의 자세한 성격에 관해서는 잘 알 수 없다. 다른 기회로 미루고자 한다.

(1) 民不服
   ㉮ 民민이 服복디 <u>아닛ᄂ느니이다</u>(NR1-17a)
   ㉯ 民민이 服복디 <u>아니ᄒᆞᄂ느니이다</u>(NT1-16a/NK/NJ1-17a)
   ㉰ 民민이 服복디 <u>아니ᄒᆞᄂ느닝이다</u>(NY1-11b)

『논어언해』자료 (1)에서 보는 바와 같이 ㉮『율곡논해』에서 단순 부정문의 형태가 그 표현에서 '아닛ᄂ느니이다'로 나타나는데 ㉯『비율곡논해』에서는 '아니ᄒᆞᄂ느니이다'가 실현되었다. 특별히 ㉰『영영논해』에서 상대공경법 '-닝이다'가 쓰인 것은 예외적이다.

(2) 千取百焉 不爲不多矣 苟爲後義而先利 不奪不饜 未有仁而遺其
   親者也 未有義而後其君者也
   ㉮ 千쳔에 百빅을 取ᄎᆔ호미 <u>하디 아니티 아니컨마ᄂᆞᆫ</u> 진실로 義의ᄅᆞᆯ 後후ᄒᆞ고 利리ᄅᆞᆯ 先션ᄒᆞ면 <u>奪탈티 아니ᄒᆞ야</u> 饜염티 <u>아닛ᄂ느니이다</u>. 仁인코 그 親친을 遺유홀 者쟈ㅣ <u>잇디 아니며</u> 義이(**의?)코 그 君군을 後후홀 者쟈ㅣ <u>잇디 아니니이다</u>(MR1-2b,3a)
   ㉯ 千쳔에 百빅을 取ᄎᆔ홈이 <u>하디 아니홈이 아니언마ᄂᆞᆫ</u> 진실로 義의ᄅᆞᆯ 後후ᄒᆞ고 利리ᄅᆞᆯ 先션ᄒᆞ면 <u>奪탈티 아니ᄒᆞ야ᄂᆞᆫ</u> 饜염(*足)티 <u>아니ᄒᆞᄂ느니이다</u> 仁인ᄒᆞ고 그 親친을 遺유(*버리다)홀 者쟈ㅣ <u>잇디 아니ᄒᆞ며</u> 義의ᄒᆞ고 그 君군을 後후(*뒤로미루다)홀 者쟈ㅣ <u>잇디 아니ᄒᆞ니이다</u>(MT1-2b,3a)
   (MK/MJ1-2b,3a/MY1-2a,2b)

『맹자언해』자료 (2)㉮『율곡맹해』에서 긴 부정문이 나타났다. 반면 ㉯
『비율곡맹해』에서도 긴 부정문이 쓰였다. (2)㉮,㉯에서 이중부정의 양상
을 가진(-ᄒ디 아니티 아니ᄒ-) 자료가 같이 나타났다.

(3) 吾弗爲之矣

　　㉮ 내 ᄒ디 아닛노라.(CR-8b)

　　㉯ 내 ᄒ디 아니ᄒ노라.(CT/CK/CJ/CM-9a/CY-6a)

『중용언해』자료 (3)㉮『율곡용해』에 긴 부정문 형태 'ᄒ디 아닛노라'가
나타났고, ㉯『비율곡용해』에서도 긴 부정문이 쓰였으나 ㉮는 'ᄒ디 아닛
노라'이고 ㉯는 'ᄒ디 아니ᄒ노라'로 구분된다.

(4) 而民不從

　　㉮ 民민이 從죵티 아닛ᄂ디라.(DR-18b)

　　㉯ 民민이 좃디 아니ᄒᄂ니.(DT/DK/DJ-19b/DY-12b)

『대학언해』자료 (4)도 ㉮의 일반부정문이 '아닛ᄂ디라'와 ㉯의 '아니
ᄒᄂ니'로 구분된다.

표 33) '아닛-, 아니ᄒ-'의 빈도

자료	NR	NT	NK	NJ	NY	MR	Mt	Mk	MJ	My	CR	CT	CK	CJ	CM	CY	DR	DT	DK	DJ	DY
아니ᄒ-	129	241	249	212	259	212	469	467	468	472	34	59	57	57	57	58	5	16	16	16	16
아닛-	25	0	0	0	0	36	0	0	0	0	7	0	0	0	0	0	2	0	0	0	0

이 표(33)을 보면 '아니ᄒ-'는 빈도의 차이가 있어도 『사서언해』전반
에 걸쳐 고루 나타난다. 하지만 율곡본에서만 '아닛-'이 나타난다. 『율곡

논해』: 25회, 『율곡맹해』: 36회, 『율곡용해』: 7회, 『율곡학해』: 2회와 같다. 혹 율곡의 방언일 수도 있다.

3.6. 어휘의 비교

율곡본과 비 율곡본의 한자어 어휘와 고유어 어휘 자료가 어떻게 정리되었는가? 하는 몇 가지 방법과 취한 태도들을 밝히고자 한다.

『사서언해』에 나타난 어휘 자료들을 모아 정리고자 하는데 특히 한자어를 제외한 고유어 자료들이 중심이 되어 각본간에 달리 쓰인 비교적 희귀하거나 쓰임이 다르다고 생각하는 부분들을 찾아 그 쓰인 상태를 고찰하고자 한다. 여기에서 취급할 자료는 율곡본과 비 율곡본에 나타난 어휘들 가운데 양쪽 모두 한자어로 된 자료가 제외된 것이다. 곧 어느 한 쪽이 고유어이거나 양 쪽이 모두 고유어인 자료를 대상으로 하여 정리히고자 한다. 그와 동시에 뒤에 부록으로 어휘 자료를 첨부하고자 한다. 편의상 언해본 5종류가 비교 검토 대상이 되지만 실제로는 율곡본과 내각장판본을 대비하여 정리하였다. 이 부분에서 자료가 중복되면 하나만 정리하였다. 아울러 ㉮㉯㉰다순으로 정리하였다. 어휘나 형태소가 엄격히 구분되지 않고 때로는 어구나 어절이 단위로 정리된 경우도 있다.

3.6.1. 동의어, 유의어로 '고유어 대 고유어', '고유어 대 한자어', '한자어 대 고유어

『사서언해』의 어휘들 중 율곡본과 비 율곡본이 어떤 차이를 가지고 있는가?하는 그 의미(국어학적 의미) 및 고유어와 한자어로 대립된 어휘, 고유어와 고유어의 대립이 된 자료들 중에서 주목할만한 한정된 자료가

검토 대상이 된다. 이들은 같은 한문원문을 번역할 때 같은 자료이나 다
른 어휘를 사용한 동의어 내지 유사어가 될 것이며 각 판본의 특성도 고
려될 수 있을 것이다. 위에서 언급했지만 형태소나 어휘소들의 엄격한
규제를 적용하지 않을 것이다.

3. 6. 1. 1. 너기다 : 녀기다 : ᄒ다

고형 '너기다'의 신형 '녀기다'와 변이형 '-ᄒ다'가 나타난다. 이러한
자료들을 찾아보면 다음과 같다.

(1) 好

㉠ 됴히 <u>녀기되</u> (NR4-32a)

㉡ 好호<u>호더</u>(NT4-29a/NK/NJ4-33a/NY4-21b)

(2) 不好

㉠ 됴히 아니 <u>너기고</u>(NR1-2a)

㉡ 好호<u>티 아니ᄒ고</u>(NT/NK/NJ1-2a/NY1-1b)

(3) 予不屑之敎誨也者 是亦敎誨之而已矣

㉠ 내 屑셜히 아니 <u>너기ᄂ</u> 敎교誨회(MR6-65b).

㉡ 내 屑셜(깨끗하다)히 <u>너겨</u> 敎교誨회티 아니홈은(MT12-42b)

(4) 二女果 若固有之

㉠ 二이女녀 果과롤 본더 둠 ᄀᆺ티 <u>녀기더시니라</u>(MR7-38a).

㉡ 二싀女녀(*堯의두딸)] 果과ᄒ욤(*여자가뫼심)을 본더 둔는 둧<u>ᄒ더시
다</u>(MT14-6a)

㉢二이女녀[*堯의두딸]] 果과ᄒ욤[*여자가뫼심]을 본더 둔는 둧 <u>ᄒ더시</u>

다(MK/MJ14-6a)/MY14-4a)

(5) 好自用 賤而好自專

㉮ 스스로 用용키룰 됴히 너기며 賤천코 스스로 專젼키룰 됴히 너기며
(CR-48a)

㉯ 自ᄌ用용홈을 됴히 너기며 賤쳔ᄒ고 自ᄌ專젼홈을 됴히 너기고
(CT/CK/CJ/CM-48a/CY-31a)

(6) 君子 賢其賢而親其親 小人 樂其樂而利 此以沒世不忘也

㉮ 君군子ᄌᄂᆞ 그 賢현ᄒᆞ샤몰 賢현히 너기며 그 親친ᄒᆞ샤몰 親친히 너기
시고 小쇼人인은 그 樂락게 ᄒᆞ샤몰 樂락히 너기며 그 利리케 ᄒᆞ샤몰 利
리히 너기ᄂᆞ디라 이 뼈 世셰沒몰호ᄃᆞ 닛디 몯호미니라(DR-9a).

㉯ 君군子ᄌᄂᆞ 그 賢현ᄒᆞ샤믈 賢현히 너기며 그 親친ᄒᆞ샤믈 親친히 너기
고 小쇼人ᅀᅵᆫᄋᆞ 그 樂락게 ᄒᆞ샤믈 樂락히 너기며 그 利리케 ᄒᆞ샤믈 利리
히 너기ᄂᆞ니 이 뼈 世셰ㅣ 沒몰ᄒᆞ야도 닛디 몯홈이니라.(DT-9a)

㉰ 君군子ᄌᄂᆞ 그 賢현ᄒᆞ샤믈 賢현히 너기며 그 親친ᄒᆞ샤믈 親친히 너기
고 小쇼人인ᄋᆞ 그 樂락게 ᄒᆞ샤믈 樂락히 너기며 그 利리케 ᄒᆞ샤믈 利리
히 너기ᄂᆞ니 이 뼈 世셰ㅣ 沒몰ᄒᆞ야도 닛디 몯홈이니라.
(DK/DJ /-9a/DY-5b)

(7) 至於心 獨無所同然乎 心之所同然者 何也 謂理也義也 聖人 先得
我心之所同然耳

㉮ 心심에 니르러 혼자 ᄒᆞᆫ가지로 올히 너기ᄂᆞᆫ 배 업스랴 心심에 ᄒᆞᆫ 가지
로 올히 녀기ᄂᆞᆫ 밧 者쟈ᄂᆞᆫ 므섯고? 닐온 理리며 義의니 聖셩人인은 몬져
내 ᄆᆞᄋᆞᆷ의 ᄒᆞᆫ가지로 올히 너기ᄂᆞᆫ 바룰 어드시니(MR6-15b)

㉯ 心심에 至지ᄒᆞ야ᄂᆞᆫ 호올로 ᄒᆞᆫ가지로 그러ᄒᆞᆫ 배 업스랴? 心심의 ᄒᆞᆫ가지
로 그러ᄒᆞᆫ 바ᄂᆞᆫ 엇디오? 닐온 理리와 義의니 聖셩人ᅀᅵᆫ은 내 心심에 ᄒᆞᆫ가
지로 그러ᄒᆞᆫ 바룰 몬져 得득ᄒᆞ시니(MT/MK/MJ11-19b/MY11-12b)

(2)㉮『율곡논해』에서는 '너기다'가 실현되었으나 (1)㉮에서는 '녀기다'가 나타났다. 같은 『율곡논해』에서 신형과 고형이 같이 나타났다. 이와 비교가 되는 『비율곡논해』에서는 (1)㉯와 (2)㉯에서 '호더'와, '흐고'로 그 변이형이 나타났다. (아래 표 34를 참고) 다음은 (3)㉮『율곡맹해』의 경우 '너기'으'이 왔고 (4)㉮『율곡맹해』에 '녀기'가 선택되었다. 『논어율곡언해』에서 본 바와 같이 신.고가 같이 나타났다. 다시 (7)㉮『율곡맹해』를 보면 같은 문장내에서도 한문 원문에 '然'을 '너기'와 '녀기'와 같이 양자가 함께 나타난다. 원래 번역한 시기의 언어현실에 출판할 때의 언어형이 간섭한 보기일 것으로 생각한다. (5)㉮와 ㉯『중용언해』에서 제시한 자료이다. 이 경우는 『율곡용해』나 『비율곡용해』가 모두 '너기-'이다. 다음 표(34)에서도 볼 수 있듯이 『중용언해』에는 '녀기-'가 등장하지 않는다. 이러한 경우는 『대학언해』도 마찬가지다. (6)㉮,㉯에서 보인 바와 같이 모두 '너기-'뿐이다. 이것은 문헌이 『논어언해』나 『맹자언해』에 비하여 자료의 양이 적어서인가, 아니면 보다 먼저 이루어져서 보수적인 색채가 강한 것인가? 아무튼 『논어언해』나 『맹자언해』에 비해서 '너기-'의 일색이다.

표 34) 너기-와 녀기-의 비교

	NR	NT	NK	NJ	NY	MR	MT	Mk	MJ	MY	CR	CT	CK	CJ	CM	CY	DR	DT	DK	DJ	DY
너기-	2	19	19	19	19	2	20	21	21	21	4	8	8	8	8	5	24	12	11	11	12
녀기-	3	0	0	0	0	56	3	1	1	1	0	0	0	0	0	0	0	0	0	0	0

위의 표(34)를 살피면 고형인 '너기'가 절대 우세하다. 『율곡맹해』만 예외다. 한편 『중용언해』와 『대학언해』를 제외하면 '녀기-'의 형태는 '너기-'와 비교할 때 『율곡논해』, 『율곡맹해』만 '녀기-'가 우세하고 나머지는 '너기-'가 음운 우세하다. 반면 아주 소수의 예외이기는 하지만 『맹자

언해』에서만 『비율곡맹해』에도 '녀기-'가 나타난다. 번역의 형식이나 그 번역 태도에 있어서 『사서언해』 중 『맹자언해』가 다른 세 자료와 그 성격이나 태도에 있어서 다른 면모를 보여준다는 사실을 알 수 있다. 그 가운데에서도 『논어언해』와 『맹자언해』의 『율곡언해』가 두드러지게 다르다. 역시 율곡본과 비 율곡본이 구분된다. 그런데 '너기-, 녀기-'의 경우는 율곡본이 비 율곡본에 비해서 신형이 반영되어 있다. 곧 율곡본이 간행 당시의 간섭을 받은 듯하다. 율곡본이 후기의 자료적 성격이다.

3. 6. 1. 2. 졓-(저프-) : 두립-(두렵-) (畏, 懼, 恐)

'졓-(저프-)'가 '두립-(두렵-)'에 비해서 고형으로 보인다. 다음 예에서 그 실태를 살피기로 한다.

(1) 子曰後生 可畏 焉知來者之不如今也 四十五十而無聞焉 斯亦不足畏也已

㉮ 子ᄌᆞㅣ ᄀᆞᄅᆞ샤ᄃᆡ 後후生ᄉᆡᆼ이 可가히 <u>저프</u> 오ᄂᆞᆫ 者쟈ㅣ 이제 ᄀᆞᆺ디 아닐 주룰 엇디 알료? 四ᄉᆞ十십 五오十십이오 聞문호미 업스면 이ᄂᆞᆫ ᄯᅩᄒᆞᆫ 足죡히 <u>저프디</u> 아니ᄒᆞ니라(NR2-50b)

㉯ 子ᄌᆞㅣ ᄀᆞᆯ♀샤ᄃᆡ 後후生ᄉᆡᆼ이 可가히 <u>두려</u>오니 엇디 來러者쟈의 이제 곧디 몯홀 줄을 알리오? 四ᄉᆞ十십 五오十십이오 드름이 업스면 이 ᄯᅩᄒᆞᆫ 足죡히 <u>두렵디</u> 아니ᄒᆞ니라.(NT2-44a/NY2-33b)

(2) 一則以喜 一則以懼

㉮ 一일로ᄂᆞᆫ ᄡᅥ 깃부고 一일로ᄂᆞᆫ ᄡᅥ <u>두리오니라.</u>(NR1-39b)

㉯ 一일로ᄂᆞᆫ ᄡᅥ 깃브고 一일로ᄂᆞᆫ ᄡᅥ <u>저프니라.</u>
(NT1-37b/NK/NJ1-40b/NY1-26a)

(3) 子曰君子 不憂不懼 曰不憂不懼 斯謂之君子矣乎 子曰內省不疚

夫何憂何懼

㉮子ㅣ ㄱㄹ샤티 君군子ㅈ는 시름 아니며 <u>두리디</u> 아닛ᄂ니라. ᄀᆯ오디 시름 아니며 <u>두리디</u> 아니키ᄅᆯ 이에 君군子ㅈㅣ라 니르리잇가? 子ㅈㅣ ᄀᆯ샤티 안ᄒ로 술펴 疚구(病되다)티 아니커니 므서슬 시름ᄒ며 므서슬 <u>두리리오</u>?(NR3-22a,b)

㉯子ㅈㅣ ᄀᆯᄋ샤디 君군子ㅈ는 憂우티 아니ᄒ며 <u>懼구티</u> 아니ᄒᄂ니라. ᄀᆯ오디 憂우티 아니ᄒ며 <u>懼구티</u> 아니ᄒ면 이 君군 子ㅈㅣ라 닐으리잇가? 子ㅈㅣ ᄀᆯᄋ샤디 內니로 省셩ᄒ야 疚구티 아니ᄒ거니 므슴 憂우ᄒ며 므슴 <u>懼구ᄒ리오</u>?(NT3-20b,21a/NK/NJ3-22b/NY3-14b,15a)

『논어언해』의 자료인 (1)㉮『율곡논해』의 경우가 원문의 '畏'에 대한 언해로 '저프'를 택했다. 반면 이와 대립이 되는『비율곡논해』의 경우는 신형인 '두렵-'을 택했다. 전항에서 본 '너기-'와는 상반된 모습이다. 그런데 (2)를 보면 또 정반대 현상이다. (2)㉮『율곡논해』가 '두리-'이고『비율곡논해』가 '저프-'이다. 이 신. 고 양형이 공존하였다. (3)의 경우는 같은『논어언해』가 보인 예인데 (3)㉮ 곧『율곡논해』가 (2)㉮『율곡논해』와 같이 '두리-'를 택했는데 (3)㉯『비율곡논해』의 경우는 원문에 나온 한자 語彙 '懼'를 택했다.

(4) 齊楚 雖大 何畏焉 (MR; 저프1. 두리: 7)

㉮ 齊졔楚초ㅣ 비록 큰 둘 므서시 <u>저프리오</u>?(MR3-59b)

㉯ 齊졔와 楚초ㅣ 비록 크나 엇디 <u>畏외ᄒ리오</u>?
(MT6-21b/MK/MJ6-21b/MY6-13b)

(5) 孔子懼 作春秋 春秋天子之事也

㉮ 孔공子ㅈㅣ <u>두리샤</u> 春츈秋츄를 지으시니 春츈秋츄는 天텬子ㅈ의 일이라(MR3-70a)

㉯ 孔공子ᄌㅣ 懼구ᄒ샤 春춘秋츄를 作작ᄒ시니 春춘秋츄ᄂ 天텬子ᄌ
의 事ᄉㅣ라. (MT/MK/MJ6-32a/MY6-20b)

(4)㉮『율곡맹해』의 경우 '저프리오'가 선택되었다. 반면 (4)㉯『비율곡
맹해』에서는 '畏ᄒ리오'이다. 곧 고유어의 고형과 원문의 한자어가 된
것으로 이른 바 비 율곡본이 직역적이다. (5)㉮의 경우도 비록 (4)㉮와
비교하면 후기의 형태인 '두리샤'가 왔지만 (5)㉯의 '懼'가 온 것은 역시
(4)의 경우와 같다. 언해양식으로 볼 때 고유어와 한자어라는 면에서 보
면『비율곡맹해』가 직역이다. 그러나 의역에 나타난다는 존경법(主體尊
待) 선어말어미가 (5)㉮,㉯에 모두 나타난다. 이것으로 미루어 다시 생각
하면 어느 한자문헌을 번역하는 데 있어서 번역자가 뚜렷하게 직역과
의역에 대한 분명한 의식을 가졌는가하는 의아스러운 생각이 든다.

표 35) 저프-(졓-)와 두리-(두렵-)의 비교

	NR	NT	NK	NJ	NY	MR	MT	MK	MJ	MY	CR	CT	CK	CJ	CY	CM	DR	DT	DK	DJ	DY
저프-(졓-)	2	1	1	1	1	1(0)	0(1)	0(1)	0(1)	0(1)											
두리-(두렵-)	4	0	0	0	0	7	0	0	0	0											

*졓-:『율곡맹해』〈7〉,『율곡논해』〈2〉, (졋노라, 졋티) 저허ᄒ노라『율곡논해』『비율곡논해』〈1〉

표 35)에서 보면『율곡논해』에 후기 형태인 '두리-(두렵-)'가 4번,『율
곡맹해』에 7번 나타났다. 반면『율곡논해』에 '저프-(졓-)'가 2번,『비율
곡논해』에 1번,『율곡맹해』에 1번 나타났을 뿐 나머지『비율곡맹해』엔
나타나지 않았다. 이 표에서도 율곡본이 신형을 택하였다.

3.6.1.3. 이긔-: 니ᄅ-(-이ᄅ-), 감당ᄒ-(勝)

'勝'을 언해한 자료로 '이긔-와 니ᄅ-, 감당ᄒ-'가 있다. 여기서의 '勝'

이 '많-, 이루, 능히' 등의 의미로 쓰인 것이다. 그 실태를 다음 예문에서
살피고자 한다.

(1) 如不勝 上如揖

  ㉮ <u>勝승티</u> 몯홀 둣호시며 우흐로는 揖읍 호티 호시고(NR2-57b)

  ㉯ <u>이긔디</u> 몯홀 둣호시며 上샹으로 揖읍둣호시고(NT2-50b)

(2) 不爲農時 穀不可勝食也 數罟 不入洿池 魚鼈 不可勝食也 斧斤
  以時入山林 材木 不可勝用也 穀與魚鼈 不可勝食 材木 不可勝用
  是 使民養生喪死無憾也

  ㉮農농時시룰 違위티 아니면 穀곡을 可가히 <u>니로</u> 먹디 몯호며 數 촉흔
罟고룰 洿오 池지예 드리디 아니면 魚어鼈별을 可가히 <u>니로</u> 먹디 몯호며
斧부斤근을 쎼로뼈 山산林림의 드리면 材지木목 을 可가히 <u>니로</u> 쓰디 몯
홀디니 穀곡과 다못 魚어鼈별을 可가히 <u>니로</u> 먹디 몯호며 材지木목을 可
가히 <u>니로</u> 쓰디 몯호면 이는 民 민으로 호여곰 生싱을 養양호며 死亽룰
喪상호매 憾감이 업게 호미니(MR1-9a)

  ㉯農농時시를 違위티 아니호면 穀곡을 可가히 <u>이긔여</u>(*勝:많다) 食식디
몯호며 數촉 罟고룰 洿오池디에 入입디 아니호면 魚어鼈별을 可가히 <u>이</u>
<u>긔여</u> 食식디 몯호며 斧부斤 근(*도끼와자귀)을 時시로뼈 山산林림에 入
입호면 材지木목을 可가히 <u>이긔여</u> 用용티 몯호리니 穀곡과 다못 魚어鼈
별을 可가히 <u>이긔여</u> 食식디 몯호며 材지목을 可가히 <u>이 긔여</u> 用용티 몯호
면 이는 民민으로 히여곰 生싱을 養양호며 死亽룰 喪상홈애 憾감이 업게
홈이니.(MT1-9a/MY1-6a)

  (1)㉮『율곡논해』에서 원문의 한자어가 그대로 쓰인 반면,『비율곡논
해』에서는 '이긔듸'가 나타난다. 다음 (2)㉮『율곡논해』에 '니로'가 네 번
이나 나타나는데『비율곡논해』에는 (2)㉮에서 '니로'에 대응되는 곳에
모두 '이기여'가 나타난다. '니로(율곡본)'가 고형인 것으로 보며, '이긔-'

는 신형이다. (1)의 '勝'과 합하면 세 가지의 이형태가 나타난다.『율곡논해』가 고형을 유지한 것으로 본다.

(3) 大敗 將復之 恐不能勝 故…

㉮크게 敗패ᄒ고 쟝ᄎᆞᆺ 쏘ᄒᆞ려 ᄒᆞ더 能능히 <u>이긔디</u> 몯홀가 젓는디라
(MR7-34b)

㉯ 키 敗패ᄒ고 쟝ᄎᆞᆺ 復부ᄒᆞ려 ᄒᆞ더 能능히 <u>勝승티</u> 몯홀까 恐공ᄒᆞᆫ 故고
로 (MT14-2a) MK/MJ14-2a/MY14-1b)

(4)㉮감당타<MR1-68a>勝승ᄒᆞᆫ다<MK2-30b>

(3)의 경우는 그 어휘 선택이 (1)의 경우와 대조적인 면을 보여 준다.
『율곡맹해』에 '이긔디'가 나타나고,『비율곡맹해』에 한자어 '勝'이 나타
난다. (4)㉮율곡본에서는 '감당ᄒᆞ-'로 (4)㉯에서는 한자어 '勝승ᄒᆞ-'가 나
타난다. 이렇게『율곡언해』와『비율곡언해』에서 본 바와 같은 자료를 일
률적으로 '新. 古'를 논하기가 매우 어렵다.『사서언해』가『율곡언해』와
『비율곡언해』로 큰 산맥을 이루고 조선왕조 훈민정음 이후 제일차 언해
본으로 율곡선생의 언해가 이루어졌고 뒤를 이어 교정청본이 이루어졌
는데『논어언해』,『중용언해』,『대학언해』,『맹자언해』등이 모두 직역
의 형태에 근접하고 있다. (율곡본이나 비 율곡본이 같다.)

3. 6. 1. 4. 스승 : 師, 先生

(1) 三人同行必有我師

㉮ 三삼人인이 行ᄒᆡᆼ호매 반ᄃᆞ시 내 <u>스승이</u> 잇ᄂᆞ니(NR2-22b)

㉯ 세 사ᄅᆞᆷ이 行ᄒᆡᆼ홈애 반ᄃᆞ시 내 <u>스승이</u> 인ᄂᆞ니
(NT/NK/NJ2-20b/NY2-15a)

(2) 弟子服其勞 有酒食 先生饌

㉮ 弟뎨子지 그 勞로를 服복ᄒᆞ고 酒쥬食식ᅵ 잇거든 先션生ᄉᆡᇰ을 饌찬호믈 일즉 일로뻐 孝효ᅵ라 ᄒᆞ랴?(NR1-13a)

㉯ 弟뎨子지 그 勞로를 服복ᄒᆞ고 酒쥬와 食식ᅵ 잇거든 先션生ᄉᆡᇰ을 饌찬홈이 일즉 이ᄅᆞᆯ 뻐 孝효ᅵ라 ᄒᆞ랴?(NT/NK/NJ1-12b/NY1-9a)

'스승'은 '師'의 언해다. 반면 유의어라고 할 수 있는 '先生'은 원문에도 그대로 쓰였다. '스승'이라는 어휘가 『논어언해』 전반에 한 번 등장한다. 그러나 '師'는 『논어언해』 전반에서 19번 쓰였다. 한편 '先生'은 『논어언해』에서 두 번 나타났는데 제자와 관련하여 쓰였다.

(3) 聖人 百世之師也 伯夷柳下惠 是也 (율곡본 맹해에 '스승'이 7번 등場, (-MR)에는 없음)

㉮ 聖셩人인은 百빅世셰의 스승이니 伯빅夷이와 柳류下하惠혜ᅵ라. (MR7-42a) (*『율곡맹해』에 師(29번)

㉯ 聖셩人인은 百빅世셰옛 師스ᅵ니 伯빅夷이와 柳류下하惠혜ᅵ라! (MT/MK/MJ14-11a/MY14-7b)

(4) 先生何爲出此言也

㉮ 先션生ᄉᆡᇰ은 엇디 이 말을 내시ᄂᆞ니잇고?(MR4-36a)

㉯ 先션生ᄉᆡᇰ은 엇디 이 言언을 出츌ᄒᆞ시ᄂᆞ니잇고? (MT/MK/MJ7-37a/MY7-24a)

(5) (爲其多聞也則天子 不召師 而況諸侯乎)

㉮ 그 聞문이 하믈 爲위홀딘댄 天텬子지도 스승을 몯 브르거든 ᄒᆞᄆᆞᆯ며 諸져侯후ᅵ ᄯᅡ녀.(MR5-67a)

㉯ 그 聞문이 함을 爲위ᄒᆞ면 天텬子지도 師스를 召쇼티 몯ᄒᆞ곤 ᄒᆞᄆᆞᆯ며 諸져後후ᅵ ᄯᅡ녀!(MT/MK/MJ10-32a/MY10-20b)

『맹자언해』에서도 '스승'은『율곡맹해』에 7회 등장하고『비율곡맹해』
에는 아예 보이질 않는다. '師'字가 관직명을 제하면 12번 쓰였다. 위의
예에서는 (3)(5)㉮『율곡 맹해』에서만 쓰였다. (3)(5)㉯『비 율곡 맹해』에
는 '師'가 왔다. (4)㉮,㉯에 모두 '先生'이 쓰였다.『맹자언해』에서 보면
『비율곡맹해』가 한자어를 많이 택하였다.

(6) 詩云殷之未喪師 克配上帝

㉮ 詩시예 닐오디 殷은의 <u>師스</u>를 喪상티 아닌 제 上샹帝뎨롤 克극히 配
비ᄒᆞ더니 (DR-23b)

㉯ 詩시예 닐오디 殷은이 <u>師스</u>로 喪상티 아니ᄒᆞ야신 제 능히 上샹帝뎨끠
配비ᄒᆞ엿더니 (DT/DK/DJ-24a/DY-15a)

『대학언해』에는 아예 '스승'이 나타나지 않았다. '師'로 일관되었다. 스
승의 유의어라고 할 수 있는 '師'와 '先生'과 비교할 때 '스승'이 아주 적
다. 전체적으로『사서언해』에는 한자어가 많이 사용되었으나 어휘 '스승'
은『율곡언해』에만 나타났다.『논어언해』에는 원문 '三人同行 必有我
師'의 언해에서만 '스승'이 채택되었고 나머지는 모두 '師'가 채택되었다.
『맹자언해』의 경우는『율곡맹해』에만 '스승'이 쓰였다.『중용언해』,『대
학언해』에는 '師'만 쓰였다.

　요약하면 어휘 '스승'을 놓고 본다면『율곡논해』,『율곡맹해』가 이른
바 고유어를 많이 택했고『비율곡논해』,『비율곡맹해』,『율곡용해』,『율
곡학해』가 한자어를 주로 택했다. 곧 위에서 언급해온 모든 부분에서
『율곡언해』와『비율곡언해』가 고유어와 한자어의 대립적인 양상을 강하
게 드러낸다. 역시『율곡언해』와『비율곡언해』가 양대 산맥으로 유교경
전을 익히는 데 길잡이가 된다. 그렇기 때문에 현실언어와 맞지 않으나
조선왕조 중기이후『사서언해』가 경전을 이해하기 위한 전형이었기에

20세기 초반까지도 줄기차게 사용된 것으로 본다.

3.6.1.5. フᄅ-(曰): 니ᄅ-(謂, 言, 云)

'フᄅ-'의 활용을 찾아보면:'ᄀᆯ오디, フᄅ샤디(ᄀᆯᄋ샤디), フᄅ시ᄂ니' 등이 있다.

(1) 子曰賜也 是可與言詩已矣

㉮ 子지 ᄀᆯ샤디 賜ᄉᄂᆫ 비로소 可가히 더브러 詩시ᄅᆯ 니ᄅ리로다 (NR1-9a)

㉯ 子지 ᄀᆯᄋ샤디 賜ᄉᄂᆫ 비로소 可가히 더브러 時시ᄅᆯ 니ᄅ리로다 (NT1-8b/NY1-6aa/NK/NJ1-9a)

(2) 孔子 謂季氏 八佾舞於庭 是可刃也 孰不可刃也

㉮ 孔공子지 季계氏시ᄅᆯ 니ᄅ샤디 八팔佾일로 庭뎡의 舞무ᄒᆞ니 이ᄅᆯ 可가히 忍인콘 므서슬 可가히 忍인티 몯ᄒᆞ리오?(NR1-20a)

㉯ 孔공子지 季계氏시ᄅᆯ 니ᄅ샤디 八팔佾일(춤추ᄂᆫ줄수효일:八佾:천자반열)로 廷뎡에 舞무ᄒᆞ니 이ᄅᆯ 可가히 춤아 ᄒᆞ곤 므스 거슬 可가히 춤아 몯ᄒᆞ리오?(NT1-19a/NY1-)

(3) 孟子 對曰王 何必曰利

㉮ 孟밍子지 對디ᄒᆞ야 ᄀᆯ샤디 王왕은 엇디 구ᄐᆞ여 利리ᄅᆯ ᄀᆯ시ᄂ 니잇고(MR1-1b)

㉯ 孟밍子지 對디ᄒᆞ야 ᄀᆯᄋ샤디 王왕은 엇디 반ᄃᆞ시 利리ᄅᆯ 니ᄅ시ᄂ 니잇고(MT1-1b)

(4) 王 亦曰仁義而已矣 何必曰利

㉮ 王왕은 ᄯᅩ흔 仁인義의ᄅᆯ ᄀᆯ르실 ᄯᆞ롬이니 엇디 구ᄐᆞ여 利리ᄅᆯ ᄀᆯ르시

ᄂ니잇고?(MR1-3b)

㉯ 王왕은 ᄯ흔 仁인義의를 닐ᄋ실 ᄯ롬이니 엇디 반ᄃ시 利리롤 니르시
ᄂ니잇고 (MT/MK/MJ1-3b)

(5) 言擧斯心加諸彼而已

㉮ 이 ᄆᆞᆷ을 擧거ᄒᆞ야 뎌의 加가홀 ᄯ롬을 니르니(MR1-28b)

㉯ 이 ᄆᆞᆷ을 擧거ᄒᆞ야 彼피예 더을 ᄯ롬인 주룰 닐ᄋ니
(MT/MK/MJ1-29a)/MY1-18b)

(6) 子曰聲色之於以化民 末也

㉮ 子ᄌᆞㅣ ᄀᆞᄅᆞ샤ᄃᆡ 聲셩色식이 民민을 化화호미 末말이라.(CR-60b)

㉯ 子ᄌᆞㅣ 골ᄋ샤ᄃᆡ 聲셩과 色식이 ᄡᅥ 民민을 化화홈애 末말이라
(CT/CK/CJ-60b/CY-39a)

(7) 自誠明 謂之性 子明誠 謂之教 誠則誠矣

㉮ 誠셩으로브터 明명ᄒ 니롤 性셩이라 니르고 明명으로브터 誠셩ᄒ 니
롤 敎교ㅣ라 니르ᄂᆞ니 誠셩ᄒ면 明명ᄒ고 明명ᄒ면 誠셩홀디니라
(CR-37b).

㉯ 誠셩으로 말미아마 明명홈을 性셩이라 닐ᄋ고 明명으로 말미아마 誠
셩홈을 敎교ㅣ라 닐ᄋᄂᆞ니 誠셩ᄒ면 明명ᄒ고 明명ᄒ면 誠셩ᄒᄂᆞ니라
(CT/CK/CJ-38a)CY-24b).

(8) 曾子曰十目所視 十手所指 其嚴乎

㉮ 曾증子ᄌᆞㅣ ᄀᆞᄅᆞ샤ᄃᆡ 열 눈의 보ᄂᆞᆫ 배며 열 손의 ᄀᆞᄅᆞ치ᄂᆞᆫ 배니 그 嚴
임호뎌(DR-13a)

㉯ 曾증子ᄌᆞㅣ 골ᄋ샤ᄃᆡ 十십目목의 보ᄂᆞᆫ 배며 十십手슈의 ᄀᆞᄅᆞ치ᄂᆞᆫ 배
니 그 嚴엄호뎌!(DT/DK/DJ-13b/DY-9a)

(1)㉮『율곡논해』와 (1)㉯『비율곡논해』에서 'ᄀᆞᄅᆞ샤딘'와 'ᄀᆞᆯᄋᆞ샤딘'가 나타났는데 연철과 분철의 대립이다. (2)㉮『율곡논해』와 (2)㉯『비율곡논해』에서도 '니ᄅᆞ샤딘'가 공통이다. (3)㉮『율곡맹해』에 'ᄀᆞᄅᆞ샤딘'이며 (3)㉯『비율곡맹해』에서는 'ᄀᆞᆯᄋᆞ샤딘'로 역시 연철과 분철이 대립된다. 한편 (3)㉮『율곡맹해』에 'ᄀᆞᄅᆞ시ᄂᆞ니잇고'인 데 비하여 (3)㉯『비율곡맹해』에서는 '니ᄅᆞ시ᄂᆞ니잇고'가 쓰였다. 이 자체로 구분된다. (4)㉮『율곡맹해』에는 'ᄀᆞᄅᆞ실, ᄀᆞᄅᆞ시ᄂᆞ니잇가'가 실현된 데 비하여 (4)㉯『비율곡맹해』에서는 '닐ᄋᆞ실, 니ᄅᆞ시ᄂᆞ니잇고'로 대립을 이루어 구분할 수 있다. (5)㉮『율곡논해』에는 '니ᄅᆞ니'인 데 비하여 (5)㉯『비율곡맹해』에서는 '닐ᄋᆞ니'로 역시 분철과 연철이 대립된다. (6)㉮『율곡용해』에 'ᄀᆞᄅᆞ샤딘'와 (6)㉯『비율곡용해』에는 'ᄀᆞᆯᄋᆞ샤딘'가 실현되어 역시 연철과 분철이 대립적이다.

3.6.1.6. 이시-(잇-)(有, 在) : 두-(有)

(1) 雖在縲絏之中 非其罪也

  ㉮ 비록 縲류絏셜(감옥) 가온대 <u>이시나</u> 그 罪죄 아니라(NR1-41a)

  ㉯ 비록 縲류絏셜ㅅ中듕에 <u>이시나</u> 그 罪죄ㅣ 아니라(NT1-39a/NY1-)

(2) 其有문장 舜有臣五人而 天下治 武王曰予有亂臣十人

  ㉮ 그 文문章쟝<u>이쇼미여!</u> 舜슌이 신하 五오人인을 <u>두시매</u> 天텬下하ㅣ 治티ᄒᆞ니라. 武무王왕이 ᄀᆞᄅᆞ샤딘 내 亂란臣신 十십人인을 <u>둣노라.</u>(NR2-38b)

  ㉯ 그 文문章쟝(*禮樂과法度)이 <u>이숌이여</u> 舜슌이 신하 다ᄉᆞᆺ 사름을 두심애 天텬下하ㅣ 다스니라 武무王왕이 ᄀᆞᆯᄋᆞ샤딘 내 다스리ᄂᆞᆫ(*亂:다스릴 란) 臣신下하 열 사름을 둔노라.(NT2-34a)

(3) 而好作亂者 未之有也

㉮ 亂란作쟉호믈 됴히 너길 者쟈ㅣ <u>잇디</u> 아니ᄒ니라.(NR1-2a)

㉯ 亂란을 作쟉홈을 好호홀 者쟈ㅣ <u>잇디</u> 아니ᄒ니라
(NT/NK/NJ1-2a/NY1-1b)

(4) 季氏將有事於顓臾

㉮ 季계氏시ㅣ 쟝촛 顓젼臾유에 事ᄉᆞ롤 <u>둘러이다</u>(NR4-17b)

㉯ 季계氏시ㅣ 쟝촛 顓젼臾유에 事ᄉᆞ를 <u>두려ᄒ노쇠이다</u>
(NT4-16b/NY4-12a)

㉰ 季계氏시ㅣ 쟝촛 顓젼臾유에 事ᄉᆞ를 <u>두려ᄒ노소이다</u>
(NK4-18a)

(5) 吾恐季孫之憂 不在顓臾 而在蕭墻之內也

㉮ 나는 季계孫손의 시름이 顓젼臾유의 <u>잇디</u> 아니코 蕭쇼墻쟝 안ᄒ 이<u>실
가</u> 젓노라(NR4-21b)

㉯ 나는 季계孫손의 憂우ㅣ 顓젼臾유에 <u>잇디</u> 아니ᄒ고 蕭쇼墻쟝ㅅ內닉
예 이<u>실까</u> 저허ᄒ노라(NT4-19a/NK/NJ4-22a/NY4-14b)

(1)㉮『율곡논해』 '이시나[在]'와 (1)㉯『비율곡논해』 '이시나'가 共通이
다. (2)㉮『율곡논해』의 '이쇼미여[有]'와 '두시매[有]'와 '둣노라[有]'에 대
하여 (2)㉯『비율곡논해』의 '이숌이여', '두심애', '둗노라'가 연철과 분철의
대립이며 또한 받침 'ㄷ'과 'ㅅ'의 대립이다. (3)㉮,㉯『논해』에 '잇디[有]'
가 공통이다. (4)㉮『율곡논해』에 '둘러이다[有]'와 (4)㉯『비율곡논해』의
'두려ᄒ뇌소이다[有]'가 대립적이다. (5)㉮『율곡논해』가 '잇디, 이신가
[在]'인데 비해 (5)㉯『비율곡논해』가 '잇디, 이실까[在]'이다. (5)㉮『율곡
논해』의 '이신가'와 (5)㉯『비율곡논해』의 '이실까'가 대립적이다.『논어언
해』에서는 '在, 有'가 '잇-, 이시-, 두-'로 번역되었다.

(6) 有人不得則非其上矣

㉮ 둣ᄂᆞ니 人인이 得득디 몯ᄒᆞ면 그 上샹을 외게 녀기ᄂᆞ니이다
(MR1-51b)

㉯ 인ᄂᆞ니 人신이 得득디 몯ᄒᆞ면 그 上샹을 외오 너기ᄂᆞ니이다
(MT2-14b)

㉰ 인ᄂᆞ니 人인이 得득디 몯ᄒᆞ면 그 上샹을 외오 너기ᄂᆞ니이다
(MK/MJ2-14a/MY2-9a)

(7) 不賢者 雖有此 不樂也

㉮ 어디디 몯혼 者쟈는 비록 이룰 두나 즐기디 몯ᄒᆞᄂᆞ니이다(MR1-4a)

㉯ 賢현티 몯혼 者쟈는 비록 이룰 두나 樂락디 몯ᄒᆞᄂᆞ니이다
(MT/MK/MJ1-4a/MY1-3a)

(6)㉮『율곡맹해』에 '둣ᄂᆞ니[有]'가 (6)㉯㉰『비율곡맹해』에는 '인ᄂᆞ니'
로 상호 구분된다. (7)㉮『율곡맹해』가 '두나[有]'로 번역되었고 (7)㉯『비
율곡맹해』도 같다. 『맹자언해』에서는 '有'가 '두-'와 '잇-'으로 번역되었
다. 특별한 규칙은 없다.

(8) 雖聖人 亦有所不能焉 天地之大也 人猶有憾

㉮ 비록 聖셩人인이라도 ᄯᅩ혼 能능티 몯ᄒᆞ는 배 의시며 天텬地디의 크모
로도 人인이 오히려 憾감ᄒᆞ는 배 의시니(CR-10b)

㉯ 비록 聖셩人신이라도 ᄯᅩ혼 能능티 몯ᄒᆞ는 배 의시며 天텬地디의 큼애
도 사름이 오히려 憾감(*섭섭함,恨)ᄒᆞ는 배 인ᄂᆞ니(CT-10b)

㉰ 비록 聖셩人인이라도 ᄯᅩ혼 能능티 몯ᄒᆞ는 배 의시며 天텬地디의 큼애
도 사름이 오히려 憾감 (*섭섭함,恨) ᄒᆞ는 배 인ᄂᆞ니 (CK/CJ-10b/CY-7a)

(9) 雖有其位 苟無其德 不敢作禮樂焉 雖有其德 苟無其位 亦不敢作
禮樂焉

㉮ 비록 그 位위롤 <u>두나</u> 진실로 그 德덕이 업스면 敢감히 禮례樂악을 作작디 몯ᄒ며 비록 그 德덕을 <u>두나</u> 진실로 그 位위ㅣ 업스면 敢감히 禮례樂악을 作작디 몯홀디니라.(CR-49a)

㉯ 비록 그 位위ㅣ <u>이시나</u> 진실로 그 德덕이 업스면 敢감히 禮례樂악을 作작디 몯ᄒ며 비록 그 德덕이 <u>이시나</u> 진실로 그 位위ㅣ 업스면 ᄯ호 敢감히 禮례樂악을 作작디 몯ᄒᄂ니라(CT-49a).

(8)㉮『율곡용해』에 '이시며, 이시니[有]'에 비하여 (8)㉯『비율곡용해』에서는 '이시며, 인ᄂ니[有]'로 '이시니'와 '인ᄂ니'가 구분된다. (9)㉮『율곡용해』의 '두나'와 (9)㉯『비율곡용해』의 '이시나'로 '두-[有]'와 '이시-[有]'가 구분된다.『중용언해』에서는 '有'를 '잇-'과 '두-'로 번역하였다.

(10) 與其有聚斂之臣 寧有盜臣

㉮ 다못 그 聚취斂렴ᄒᄂ는 臣신을 <u>두모론</u> 출히 盜도ᄒᄂ는 臣신을 <u>둘 거시라</u>(DR-30b,31a).

㉯ 그 聚취斂렴ᄒᄂ는 臣신 <u>둠으로</u> 더브러론 출하리 盜도臣신을 <u>둘디라</u>(DJ-31a,b)

(11) 君子 有諸己而後求諸人無諸己而後非諸人

㉮ 君군子ᄌᄂ는 己긔예 <u>둔</u> 後후 제 人인의게 求구ᄒ며 己긔예 <u>업슨</u> 後후 제 人인의게 외다 ᄒᄂ니(DR-19a)

㉯君군子ᄌᄂ는 몸애 <u>둔</u> 後후에 사롬의게 求구ᄒ며 몸애 업슨 後후에 사롬의게 외다 ᄒᄂ니(DT/DK/DJ-19b/DY-12b)

(10)㉮『율곡학해』에 '두모론, 둘[有]'가 (10)㉯『비율곡학해』에는 '둠으로, 둘[有]'로써 연철과 분철이 대립적이다. (11)㉮『비율곡학해』에는 '둔[有]'가 (11)㉯『비율곡학해』의 '둔[有]'와 같은 모습이다. 중용언해에서는

'有'를 모두 '두-'로 번역하였다.

3. 6. 1. 7. 시름 : 근심 : 憂

(1) 吾恐季孫之憂 不在顓臾 而在蕭墻之內也

㉮ 나는 季계孫손의 <u>시름</u>이 顓견臾유의 잇디 아니코 蕭쇼墻쟝 안히 이실
가 젓노라(NR4-21b)

㉯ 나는 季계孫손의 <u>憂우ㅣ</u> 顓견臾유에 잇디 아니ᄒ고 蕭쇼墻쟝ㅅ內ᄂᆡ
예 이실까 저허ᄒ노라 (NT4-19a/NK/NJ4-22a/NY4-14b)

(2) 必爲子孫憂

㉮ 반ᄃ시 子ᄌ孫손의 <u>근심</u>이 되리이다(NR4-19b)<1회>

㉯ 반ᄃ시 子ᄌ孫손의 <u>憂우ㅣ</u> 되리이다
(NT4-18a/NK/NJ4-20a/NY4-13a)

(3) 父母 唯其疾之憂

㉮ 父부母모ᄂᆞᆫ 오직 그 疾질을 <u>憂우ᄒ시ᄂᆞ니라</u>(NR1-12a).

㉯ 父부母모ᄂᆞᆫ 오직 그 疾질을 <u>근심ᄒ시ᄂᆞ니라.</u>
(NT1-11b/NK/NJ1-12b/NY1-8b)

(1)㉮『율곡논해』에서 '憂'가 고유어 '시름'으로 번역되었는데 (1)㉯『비
율곡논해』에서는 한자어 '憂우ㅣ'로 되었다. (2)㉮『율곡논해』에서 '憂'가
'근심'으로 번역되었고 (2)㉯『비율곡논해』에서는 역시 한자어 '憂우ㅣ'로
되었다. (3)㉮『율곡논해』에서는 한자어 '憂우ᄒ시ᄂᆞ니라'가 채택된 데
비하여 (3)㉯『비율곡논해』에서는 고유어, '근심ᄒ시ᄂᆞ니라[憂]'로 번역하
였다.『논어언해』에서 '憂'가 '시름, 근심, 憂우' 등으로 번역되었다. 그것
들의 선택이 자의적인 것이었던 것으로 보인다.

(4) 荒亡 爲諸侯憂

㉮ 荒황ᄒ며 亡망ᄒ야 諸겨侯후의 <u>근심이</u> 되ᄂ니이다. (MR1-55a)

㉯ 荒황ᄒ며 亡망ᄒ야 諸겨侯후의 <u>憂우ㅣ</u> 되ᄂ니이다
(MT/MK/MJ2-17b/MY2-11a)

(5) 有采薪之憂

㉮ 采치薪신의 <u>시롬이</u> 이셔(MR2-47a)

㉯ 薪신을(＊采薪憂 : 謙讓의 말로, 섭을 캐지 못함) 采치ᄒᄂ <u>憂우ㅣ</u> 인
논다라. (MT4-5b/MY4-3b)

(4)㉮『율곡맹해』에서 '憂'가 고유어 '근심'으로 번역 되었는데 (4)㉯『비
율곡맹해』에서는 한자어 '憂우'로 하여 고유어 대 한자어가 대립적이다.
(5)㉮『율곡맹해』에서는 고유어 '시롬'으로 번역하였는데 (5)㉯『비율곡맹
해』에서는 역시 한자어 '憂우'가 채택되어 고유어 대 한자어가 대립적이
다. 역시『맹자언해』에서도 '憂'에 대한 번역어로 '근심, 시롬, 憂우'가 실
현되었는데 역시 자의적인 것으로 생각된다.

(6) 子曰無憂者 其惟文王乎

㉮ 子ᄌㅣ ᄀᆞᄅ샤디 <u>시름</u> 업스 니ᄂ 그 오직 文문王왕이신뎌.(CR-20b)

㉯ 子ᄌㅣ ᄀᆞᄅᄋ샤디 <u>근심</u> 업스 니ᄂ 그 오직 文문王왕이신뎌.
(CT/CK/Cj/CM-20b/CY-13b)

(6)㉮『율곡용해』에서 '憂'가 고유어 '시름'으로 번역되었으나 (6)㉯『비
율곡용해』에서는 또 다른 고유어 '근심'으로 번역하였다. 구분은 되지만
어휘 채택이 역시 자의적인 것으로 생각 된다.

『대학언해』에는 '시롬, 시름, 근심, 憂우'와 같은 어휘가 없다.

3.6.1.8. 외-:아니-:몯호-:非비호-:不불:未미

(1) 然 非與 日非也

㉮ 그러흐이다. <u>외니잇가</u>? ᄀᆞ르샤디 <u>아니라.</u>(NR4-2b)

㉯ 그러흐이다. <u>아니니잇가</u>? 길ᄋᆞ샤디 <u>아니라.</u>

(NT4-2a/NK/NJ4-2b/NY4-2a)

(2) 吾與回言終日不違如遇

㉮내 回회로 더브러 日일이 終종토록 言언호매 違위티 <u>아니호미</u> 愚우흔

ᄃᆞᆺ 호되(NR1-13b)

㉯내 回회로 더브러 言언홈을 日실을 終종홈애 어글웃디 <u>아니홈이</u> 어린

ᄃᆞᆺ흐더니(NT1-13a)

 (1)㉮『율곡논해』에서 '非'가 '외니잇가, 아니라'로 번역되었는데 (1)㉯
『비율곡논해』에서는 '아니니잇가, 아니라'로 번역되었다. '외-'와 '아니-'
의 대립이다. (2)㉮『율곡논해』에서는 고유어 '아니호미'인데 (2)㉯『비율
곡논해』에서는 '아니홈이'로 되어 고유어가 공통이나 연철과 분철로 대
립을 이룬다. 『논어언해』에서 '非'가 '외-, 아니호-' 등으로 자의적인 선
택이었다.

 (3) 有人不得則非其上矣 不得而其上者 非也 爲民上而不與民同樂者
  亦非也

  ㉮ ᄃᆞᆺᄂᆞ니 人인이 得득디 <u>몯호면</u> 그 上샹을 <u>외게</u> 녀기ᄂᆞ니이다 得득디 <u>몯</u>
  <u>호야</u> 그 上샹을 <u>외게</u> 녀기는 者쟈도 <u>외며</u> 民민上샹이 되여 民민과 더브러
  ᄒᆞᆫ가지로 즐기디 <u>아닛는</u> 者쟈도 쏘흔 <u>외니이다</u>(MR1-51b)

  ㉯ 인ᄂᆞ니 人신이 得득디 <u>몯호면</u> 그 上샹을 <u>외오</u> 녀기ᄂᆞ니이다. 得득디
  <u>몯호야</u> 그 上샹(*샹?)을 <u>비비호는</u> 者쟈도 <u>외며</u> 民민의 上샹이 되여서 民
  민으로 더블어 ᄒᆞᆫ가지로 樂락디 <u>아니호는</u> 者쟈도 쏘 <u>외니이다</u>(MT2-14b)

㉰ 인ᄂᆞ니 人인이 得득디 몯ᄒᆞ면 그 上샹을 외오 너기ᄂᆞ니이다. 得득디 몯ᄒᆞ야 그 上샹(*샹?)을 비비ᄒᆞᄂᆞ 者쟈도 외며 民민의 上샹이 되여서 民민으로 더블어 ᄒᆞᆫ가지로 樂락디 아니ᄒᆞᄂᆞ 者쟈도 ᄯᅩ 외니이다 (MK/MJ2-14a/MY2-9a)

(3)㉮『율곡맹해』에 '몯ᄒᆞ면[不]', '몯ᄒᆞ야[不]', '외게 [비], 외며, 아닛ᄂᆞ [不], 외니이다[非]' 등이 왔다. 한편 (3)㉮㉯,㉰『비율곡맹해』에서는 '몯 ᄒᆞ면[不], 외오[비], 몯ᄒᆞ야[不], 비비ᄒᆞᄂᆞ, 외며[비], 아니ᄒᆞᄂᆞ[不], 외니 이다[非]' 등으로 번역하였다. 여기에서 보면 '不'이 '아니ᄒᆞ-, 몯ᄒᆞ-'로 번역되었고, '非'가 '외-'로 번역되었다. (3)㉯『非율곡맹해』에서 '非비'가 채택된 예도 있다.

(4) 非禮不動 所以修身也

㉮ 禮례 아니어ᄃᆞᆫ 動동티 아니호ᄆᆞᆫ 뻐 身신을 修슈ᄒᆞᄂᆞ 배오(CR-32a)
㉯ 禮례 아니어든 動동티 아니홈은 뻐 몸을 닫ᄂᆞ 배오.(CT-32a/CY-)
㉰ 禮례 아니어든 動동티 아니홈은 뻐 몸을 닷ᄂᆞ 배오.
(CK/CJ-32a/CY-21a)

(4)㉮『율곡용해』에서는 '非, 不'이 모두 '아니어ᄃᆞᆫ, 아니호ᄆᆞᆫ'으로 번역되었는데 (4)㉯,㉰『비율곡용해』에서는 '非, 不'이 '아니어든, 아니홈은'과 같이 번역되었다. 양편이 모두 '아니-'는 같으나 ㉮의 '아니어ᄃᆞᆫ'에 대하여 ㉯,㉰에서는 '아니어든'으로 모음조화 규칙이 대립되었다. 한편 ㉮에서 '아니호ᄆᆞᆫ'에 대하여 ㉯,㉰에서는 '아니홈은'이 되어 역으로 모음조화 규칙과 연철과 분철이 적용되어 구분할 수 있게 되었다.

(5) 君子 有諸己而後求諸人無諸己而後非諸人 所藏乎身 不恕 而能 喩諸人者未之有也 故治國在齊其家

㉮ 君군子ᄌᄂᆞ 己긔예 둔 後후 제 人인의게 求구ᄒᆞ며 己긔예 업슨 後후
제 人인의게 <u>외다</u> ᄒᆞᄂᆞ니 身신의 藏장혼 배 恕셔ᅵ <u>아니오</u> 能능히 人인
을 喩유홀 者쟈ᅵ 잇디 <u>아니ᄂᆞ니라</u>. 故고로 國국을 治티ᄒᆞ기 그 家가를 齊
졔호매 잇ᄂᆞ니라.(DR-19a)

㉯君군子ᄌᄂᆞ 몸애 둔 後후에 사ᄅᆞᆷ의게 求구ᄒᆞ며 몸애 업슨 後후에 사ᄅᆞᆷ
의게 <u>외다</u> ᄒᆞᄂᆞ니 몸애 藏장혼 배 恕셔 <u>몯홀</u> 꺼시오 能능히 사ᄅᆞᆷ의게 喩
유홀 者쟈ᅵ 잇디 <u>아니ᄒᆞ니라</u>. 故고로 나라홀 디(**다?)ᄉᆞ림이 그 집을 ᄀᆞ
ᄌᆞ기 홈애 인ᄂᆞ니라.(DT/DK/DJ-19b/DY-12b)

(5)㉮『율곡학해』에서는 '非'가 '외다'로 언해되었고, '不,未'는 '아니-'
로 번역되었다. (5)㉯『비율곡학해』에서도 '非'가 '외다'로 번역되었고 '不'
이 '몯홀'로 '未'가 '아니-'로 번역되었다. ㉮의 '아니-'와 ㉯의 '몯홀'이 대
립적이다.

3.6.1.9. 가ᄋᆞᆷ열-：富부ᄒᆞ-

(1) 富於周公 而求也 爲之聚斂

㉮周쥬公공두곤 <u>富부커ᄂᆞᆯ</u> 求구ᅵ 爲위ᄒᆞ야 聚취斂렴(재믈을모아,백셩에
게서거두다)ᄒᆞ야(NR3-9a)

㉯ 周쥬公공에셔 <u>가ᄋᆞᆷ열거ᄂᆞᆯ</u> 求구ᅵ 爲위ᄒᆞ야 聚취斂렴ᄒᆞ야
(NT/NK/NJ3-8a/NY3-6a)

(1)㉮『율곡논해』에서 '富부커ᄂᆞᆯ'에 대하여 (1)㉯『비율곡논해』에서는
'가ᄋᆞᆷ열거ᄂᆞᆯ'로 되어 한자어와 고유어가 대립되었다.

(2) 非踰也 貧富不同也

㉮ 너모미 아니라 貧빈富부ᅵ 同동티 아닐신니이다(MR1-84a).

㉯ 踰유ᅵ 아니라 貧빈과 富부ᅵ 同동티 아닐쩌니이다
(MT/MK/MJ2-47a/MY2-30a)

(2)㉮㉯『논어언해』에서는 모두 한자어 '富부ㅣ'가 공통이다.

(3) 尊爲天子 富有四海之內 宗廟饗之 子孫保之

㉮ 天텬子ㅈㅣ 되시고 富부호미 四ᄉ海ᄒᆡ 안홀 두샤 宗종廟묘ㅣ 饗 향ᄒᆞ시며 子ᄌᆞ孫손이 保보ᄒᆞ시니라.(CR-21a)

㉯ 天텬子ㅈㅣ 되시고 富부는 四ᄉ 海ᄒᆡㅅ內너를 두샤 宗종廟묘를 饗 향ᄒᆞ시며 子ᄌᆞ孫손을 保보ᄒᆞ시니라.(CT/CK/CJ-21a/CY-14a)

(3)㉮『율곡용해』의 '富부호미'와 (3)㉯『비율곡용해』'富부는'이 한자어 '富부'는 같으나 (3)㉮『율곡용해』에서는 '/富부ㅎ-/+/-오-/+/-ㅁ/+/-이 /-->'부호미'와 명사 '富부'에 접미사/-ㅎ-/를 더하고 명사형어미 '-ㅁ'이 온 상태이다. 명사형어미(동명사)가 있는 동사이다. 한편 ㉯『비율곡용해』에서는 '/富부-/+/-는/'이 '富부는'으로 되어 명사에 후치사 '-는'이 온 상태이다. 같은 '富부'이지만 ㉮『율곡용해』에서는 동사에 주격어미가 온 모습이고, ㉯『비율곡용해』는 '富부'는 명사인데 후치사가 온 것이 다른 점이다.

(4) 富潤屋 德潤身

㉮ 富부는 屋옥을 潤윤케 ᄒᆞ고 德덕은 身신을 潤윤케 ᄒᆞᄂᆞᆫ다라(DR-13a)

㉯ 富부는 집을 潤슌ᄒᆞ고 德덕은 몸을 潤슌ᄒᆞᄂᆞᆫ다라(DT-14a)

(4)㉮,㉯『대학언해』에서는 '富부는'이 동형(同形)이다.

3. 6. 1. 10. 다믓 : 다못 : 다믓 : 더브러(與)

(1) 禮 與其奢也 寧儉 喪 與其易也 寧戚

㉮ 禮례ㅣ 다못그 奢샤호ᄆ론 출히 儉검홀디으(**오?) 喪상이 다못 그易이호ᄆ론 출히 戚쳑홀디니라.(NR1-21a)

㉯ 禮례ㅣ 그 奢샤홈으로 더브러론 출하리 儉검홀띠오 喪상이 그 易이홈으로 더브러론 출하리 戚쳑(슬프-)홀띠니라(NT1-20a).

(2) 其不改父之臣與父之政 是難能也

㉮ 그 父부의 臣신과 다못 父부의 政졍을 改기티 아니호믄 이 能능키 어려우니라.(NR4-66a)

㉯ 그 父부의 臣신과 다못 父부의 政졍을 改기티 아니홈이 이 能능홈이 어려우니라(NK4-68a)

(1)㉮『율곡논해』에서는 '다못'이 왔고 (1)㉯『비율곡논해』에서는 '더브러론'이 왔다.

(3) 欲知舜與蹠之分 無他 利與善之間也

㉮ 舜슌과 다못 蹠쳑의 分분홈을 알고져 홀딘댄 他타ㅣ 아니라 利리와 다못 善션의 즈음이니라.(MR7-18b)

㉯ 舜슌과 다못 蹠쳑의 分분ᄒ욤을 알오쟈 홀면댄 他타ㅣ 업슨디라. 利리와 다못 善션의 間간이니라(MT/MJ13-23b/MY13-15b)

㉰ 舜슌과 다못 蹠쳑의 分분ᄒ욤을 알오쟈 홀면댄 他타ㅣ 업슨디라. 利리와 다못 善션의 間간이니라.(MK13-23b)

(4) 不可與入堯舜之道

㉮ 可가히 더브러 堯요舜슌의 道도에 드디 몯홀디라(MR7-61a)

㉯ 可가히 더블어 堯요舜슌의 道도애 入입디 몯ᄒᄂ니
(MT/MJ14-35a/MY14-22b)

㉰ 可가히 더브러 堯요舜슌의 道도애 入입디 몯ᄒᄂ니(MK14-35a)

(5) 彌子之妻 與子路之妻兄弟也… 主癰疽與侍人瘠環

㋑ 彌미子ᄌ의 妻쳐ㅣ 子ᄌ路로의 妻쳐과 더브러 兄형弟뎨라. 癰옹疽져와 다못 侍시人ᅀᅵᆫ 瘠쳑環환을 主쥬ᄒᆞ면(MR5-37a)

㋓ 彌미子ᄌ의 妻쳐ㅣ 子ᄌ路로의 妻쳐로 더브러 兄형弟뎨ㅣ라. 癰옹疽져와 다못 侍시人ᅀᅵᆫ 瘠쳑環환을 主쥬ᄒᆞ시면 (MK9-38a)

(6) 予懷明德 不大聲以色

㋑ 내 明명ᄒᆞᆫ 德덕의 聲셩과 다못 色식을 大대케 아니 호몰 懷회ᄒᆞ노라 (CR-60b)

㋓ 내 明명德덕의 聲셩과 다못(*以=與) 色식을 크게 아니홈을 懷회ᄒᆞ노라. (CT/CK/CJ-60b)

㋔ 내 明명德덕의 聲셩과 다못(*以=與) 色식을 크게 아니홈을 懷회ᄒᆞ노라. (CY-39a)

(7) 百乘之家 不畜聚斂之臣 與其有聚之臣 寧有盜臣

㋑ 百빅乘승의 家가ᄂᆞᆫ 聚취斂렴ᄒᆞᄂᆞᆫ 臣신을 畜휵디 아니ᄒᆞᆯ디니 다못 그 聚취斂렴ᄒᆞᄂᆞᆫ 臣신을 두모론 출히 盜도ᄒᆞᄂᆞᆫ 臣신을 둘거시라. (DR-30b)

㋓ 百빅乘수(**승?)ㅅ 집은 聚취斂렴(*백성의재물을빼앗음)ᄒᆞᄂᆞᆫ 臣신을 치디 아니ᄒᆞᄂᆞ니 그 聚취斂렴ᄒᆞᄂᆞᆫ 臣신 둠으로 더브러론 출하리 盜도臣신을 둘다라. (DT/DK/DJ-31a/DY-20a)

(8) 與其有聚斂之臣 寧有盜臣

㋑ 다못 그 聚취斂렴ᄒᆞᄂᆞᆫ 臣신을 두모론 출히 盜도ᄒᆞᄂᆞᆫ 臣신을 둘 거시라. (DR-30b,31a).

㋓ 그 聚취斂렴ᄒᆞᄂᆞᆫ 臣신 둠으로 더브러론 출하리 盜도臣신을 둘다라. (DT/DK/DJ-31b/DY-20a)

표 36) 더브러 - 더블어 - 다믓

	NR	NT	NK	NJ	NY	MR	MT	MK	MJ	MY	CR	CT	CK	CJ	CY	DR	DT	DK	DJ	DY
더브러	41	32	47	1	34	86	0	27	0	24	2	2	2	2	2	3	3	3	3	3
더블어	0	17	3	48	16	0	80	53	79	59	0	0	0	0	0	0	0	0	0	0
다믓	23	13	5	16	16	30	27	5	26	26	1	0	0	0	0	0	0	0	0	0

*다못 :NR(2), MK(6), *다믓:NT(4), NK(10), NJ(1), MT(1),MK(14), CT(1), CK(1),CJ(1)

3.6.1.11. 안죽 : 아직 : 아딕(姑)

(21) 姑舍女所學 而從我 則何如

㉠ 안죽 너의 學혹혼 바롤 브리고 나롤 조츠라 ᄒ샤믄 엇디잇고?
(MR1-68a)

㉡ 아직 너의 學혹(학 : MK)혼 바롤 舍샤ᄒ고 我아를 從죵ᄒ라 ᄒ샤믄엇
디잇고?(MT2-26b/MK.MJ2-30b/MY2-19b)

㉢ 아딕 너의 學혹혼 바롤 舍샤ᄒ고 我아를 從죵ᄒ라 ᄒ시면 엇더ᄒ니잇
고(MY2-19b)

(22) 曰姑舍是

㉠ ᄀᆞᆯᄋᆞ샤디 안죽(姑:아직고) 일란 두라(*舍=捨)(MR2-21a)

㉡ ᄀᆞᆯᄋᆞ샤디 아직 이를 舍샤ᄒ라(MT/MK/MJ3-21a/MY3-13b)

(21)㉠『율곡맹해』에서 '姑'가 '안죽'으로 번역되었고 ㉡에서는 '姑'가
아직으로, ㉢에서는 아딕으로 번역되었다. '안죽'과 '아직'은 같이 쓰였고
영영중간본『맹자언해』에서 구개음화하지 않은 형태 '아딕'이 왔는데 같
은 영영중간본『맹자언해』에서 '아직'이 같이 나타난다. 역시 중세국어
와 근대국어의 과도기적인 양상으로 볼 수 있겠다.

3.7. 문장 구조의 비교

본장에서는 문장이 나타낸 몇 가지 차이점을 살피고자 한다. 주지하는 바와 같이 후기중세국어 시기이후에 언해된 자료들의 문장이 매우 길다. 거의 단문이 없고 장문으로 복합적인 국면을 그려 내는 관계로 매우 그 구조가 다양할 뿐만 아니라 복잡하다. 그래서 본고에서는 5종류의『사서 언해』가 중심이 되어 언급될 것이다. 예컨대 어순의 차이나 어휘와 문법적 차이, 인용문이나 대화 등이 어떤 특징이나 차이들을 가지고 있는지 검토하고자 한다. 역시 본장에서도 율곡본과 비 율곡본이 비교된다.

3.7.1. 문장 구조

언해문의 대표적 모형이 어떤 것인가를 찾는다면 아마도 아래의 문장 같이 전개되는 것이 일반적인 형태일 것으로 본다. 이는 대체로 문이 길고 복잡하며 문장구성의 각 요소간에 어순이나 형태들이 일정하지 않고 상호 얽혀서 각 판본간에 상당한 차이가 나타난다.

(1) 萬章曰父母 使舜完廩捐階 瞽瞍 焚廩 使浚井 出 從而揜之 象曰
　　謨蓋都君 咸我績 牛羊 父母 倉廩父母 干戈朕 琴朕 弤朕 二嫂 使
　　治朕棲 象 往入舜宮舜 在牀琴 象曰鬱陶思君 爾 忸怩舜曰惟玆臣
　　庶汝其于予治 不識 舜 不知象之將殺己與 曰奚而不知也 象憂亦
　　憂 象 喜亦喜

㉮ 萬만章쟝이 굴오디 父부母모ㅣ 舜슌으로 히여곰 廩름을 完완(*다스림)ᄒᆞ라 ᄒᆞ며 階계롤 捐연(*버림)ᄒᆞ고 瞽고瞍수ㅣ 廩름을 焚분ᄒᆞ며 히여곰 井졍을 浚쥰ᄒᆞ라 ᄒᆞᄃᆡ 나거시ᄂᆞᆯ 미조차 메오고(揜: 메 울엄) 象샹이 굴오디 <u>都도君군을 蓋개ᄒᆞ기 謨모호ᄆᆞᆫ</u> 다 내 績젹이 니 牛우羊양은 父부母모ㅣ 며 倉창廩름도 父부母모ㅣ ᄒᆞ고 干 간戈과는 朕딤이 ᄒᆞ며 琴금도 朕딤이 ᄒᆞ며 弤뎌(*활)도 朕딤이 ᄒᆞ며 二이嫂수(*堯의二女)란 히여곰

朕딤의 棲셔롤 治티케 홀 거 시라 ᄒ고 象샹이 가 舜슌宮궁에 入입흔대
舜슌이 牀상의 겨샤 거믄고 놀거시놀 象샹이 골오디 鬱울陶도히 君군을
思ᄉ호라 ᄒ고 붓그려 ᄒ거눌 舜슌이 ᄀ르샤디 이 臣신庶셔롤 네 그내게
와 다ᄉ리라 ᄒ시니 아디 몯게이다. 舜슌이 象샹의 쟝ᄎᆺ 己긔롤 殺살 홀
줄을 아디 몯ᄒ시니잇가? ᄀ르샤디 엇디 아디 몯ᄒ시리오?마 ᄂᆫ 象샹이
憂우ᄒ면 쏘흔 憂우ᄒ시고 象샹이 喜희ᄒ면 쏘흔 喜희 ᄒ시니
라.(MR5-8a.b)

⑭ 萬만章쟝이 골오디 父부母모ㅣ 舜슌으로 ᄒ여곰 廩름을 完완ᄒ라 ᄒ
고 階계롤 捐연 ᄒ고 瞽고瞍수ㅣ 廩름을 焚분ᄒ며 ᄒ여곰 井졍을 浚쥰
ᄒ라 ᄒ야出츌커시놀 조차 揜염 ᄒ고 象샹이 골오디 <u>都도君군을 謨모ᄒ
야 蓋개ᄒ욤은</u> 다 내 績젹이니 牛우羊양으란 父부母모ᄒ고 倉창廩름으
란 父부母모ᄒ고 干간戈과란 朕짐ᄒ고 琴금으란 朕짐ᄒ고 弤뎌란 朕짐
ᄒ고 二이嫂수란 ᄒ여곰 朕짐의 棲셔롤 治치케 호리라 ᄒ고 象샹이 往왕
ᄒ 야 舜슌ㅅ 宮궁에 入입흔대 舜슌이 牀상에 겨샤 琴금ᄒ거시놀 象상
(**샹?)이 골오디 鬱울陶도히 君군을 思ᄉ호라 ᄒ고 忸뉵怩니흔대 舜슌
이 골ㅇ샤디 이 臣신庶셔롤 네 그 내게 治치ᄒ라 ᄒ시니 아디몯게이다. 舜
슌이 象샹의 쟝ᄎᆺ 己긔를 殺살ᄒ려 홈을 아 디 몯ᄒ시니잇가? 골ㅇ샤디
엇디 아디 몯ᄒ시리오? 象샹이 憂우ᄒ거든 쏘흔 憂우ᄒ시고象샹이喜희ᄒ
야든쏘흔喜희ᄒ시니라. (MT/MJ/MK9-8a.b,9a/MY9-5b,6a)

『맹자언해』자료 (1)에서 보면 -이 골오디 '-이 -으로 히여곰 -을 -ᄒ
라'ᄒ고 '-을 -ᄒ고, -이 -을 -ᄒ며 ········ -을 -ᄒ라' ᄒ야 -ᄒ시거
늘…과 같이 -ᄒ고, ……ᄒ며, ···········ᄒ야 등이 연결되도록 나열하
는 형식과 인용문의 연속을 이루는 것이 일반적이다. 거기에다가 의문과
감탄 등이 겻드린 대화의 형식을 나타내는 문장이 있는가 하면 그들의
각 특징들을 나타낸 각 판들 간에 비교를 하면 어순이 바뀌는 등 경향이
다양하다. (위의 밑줄 그은 부분을 참조)

3.7.2. 어순이 바뀐 예

(1) 誤蓋都君 咸我績

㉮ 都도君군을 蓋개ᄒ기 誤모호믄 다 내 績젹이니(MR5-8a)

㉯ 都도君군을 誤모ᄒ야 蓋개ᄒ욤은 다 내 績젹이니
(MT/Mj9-8b/MY9-5b/MK9-8b)

(2) 非所以納交於孺子之父母也 非所以要譽於鄕黨朋友也 非惡其聲
而然也

㉮ 孺유子ᄌ의 父부母모의게 交교를 納납ᄒᄂᆞᆫ 배 아니며 뻐 鄕향黨당이
며 朋붕友우의게 譽예를 要요ᄒᄂᆞᆫ 배 아니며 그 聲셩을 아쳐ᄒ야 그러미
아니니라.(MR2-33b)

㉯ 交교를 孺유子ᄌ의 父부母모의게 納납ᄒᄂᆞᆫ 배 아니며 뻐 譽예를 鄕
향黨당과 朋붕友우에 要요ᄒᄂᆞᆫ 배 아니며 그 聲셩을 惡오ᄒ야 그러홈이
아니니라.(MT/MK/MJ3-34a/MY3-21b)

㉰ 交교를 孺유子ᄌ의 父부母모의게 納납ᄒᄂᆞᆫ 배 아니며 뻐 譽예를 鄕
향黨당과 朋붕友우에 要요ᄒᄂᆞᆫ 배 아니며 그 聲셩을 惡오ᄒ야 그러홈이
아니니라. (MT3-33b)

(3) 受祿于天 保佑命之 自天申之

㉮ 天텬의祿록을 受슈ᄒ거ᄂᆞᆯ 保보ᄒ며 佑우ᄒ며 命명ᄒ시고 .(CR-20a)

㉯ 祿록을 하ᄂᆞᆯ의 受슈ᄒ거ᄂᆞᆯ 保보ᄒ며 佑우ᄒ야 命명ᄒ시고.
(CT/CK/CJ/CM-20a/CY-13a)

같은 한문 문장을 번역한 『사서언해』의 문장요소의 순서가 서로 바뀐
예를 위에서 보여주고 있다. 위의 『맹자언해』의 자료 (2)에서 보면 ㉯『비
율곡맹해』에 목적어 '交교를', '譽예를' 등이 문(文)의 앞에 나타났다. 곧
어순이 바뀌었다. (3)에서도 (2)와 같다. 이 예를 보면 율곡본이 국어의

어순에 맞는 것으로 볼 수 있다. 그렇다면 ㉯『비율곡맹해』, 『비율곡용해』 등이 도치된 것을 살펴 보면 이는 후에 교정청본을 언해할 때 율곡본을 참조하여 상당 부분을 의도적으로 바꾼 듯한 흔적이 있다. 그 결과 전체적인 구성이 문장마다 같은 부분이 극히 드물다. 어떤 형태로든 바꾸어 놓은 흔적들이 여러 곳에서 발견되었다. 위의 (1)㉮『율곡맹해』의 '蓋개ᄒ기 謨모호ᄃᆞᆫ'이 (1)㉯『비율곡맹해』에는 '謨모ᄒ야 蓋개ᄒ용은'으로 되었다. 역시 어순이 바뀌었다.

(1) 鯉退而學詩他日 又獨立 鯉趨而過庭

  ㉮ 鯉리ㅣ 믈러와 詩시ᄅᆞᆯ 學ᄒ고 다ᄅᆞᆫ 날애 ᄯᅩ 혼자 셔 겨시거늘 鯉리
    ㅣ 趨추ᄒ야 庭뎡의 디나다니 (NR4-29b)

  ㉯ 鯉리ㅣ 退퇴ᄒ야 詩시ᄅᆞᆯ 學ᄒ호라. 달온 날애 ᄯᅩ 혼자 셧거시늘 鯉리
    ㅣ 趨추ᄒ야 庭뎡에 過과ᄒ다니(NT4-26b.27a/NK/NJ4-30a.b/NY4-20a)

『논어언해』자료 (1)㉮『율곡논해』를 보면 하나의 문장임이 분명하다. 비교적 짧은 문장이지만 (1)㉯『비율곡논해』에서는 하나의 문장이 둘로 나뉘었다. 이는 위의 『율곡논해』가 복잡한 문장으로 보아 두 개의 문장으로 의도적인 수정이었을 가능성을 배제하기 어려울 듯하다. 이런 태도가 역시 율곡본을 의식하여 번역에 임한 자세인 듯하다.

(2) 唐虞之際 於斯爲盛 有婦人焉 九人而已

  ㉮ 唐당虞우ㅅ 즈음 곳 이에셔 盛셩호디 婦부人인이 이실 ᄲᅮᆫ이언뎡 아홉
    사름 ᄯᆞ롭이니라(NR2-39a)

  ㉯ 唐당虞우ㅅ祭졔ㅣ 이에셔 盛셩ᄒ나 婦부人인이 인ᄂᆞᆫ다라. 아홉 사름
    일 ᄯᆞ롭이니라 (NK/NJ2-39b/NY2-26a)

  ㉰ 唐당虞우ㅅ祭졔ㅣ 이에셔 盛셩ᄒ나 婦부人신이 인ᄂᆞᆫ다라. 아홉 사름
    일 ᄯᆞ롭이니라 (NT2-34b)

(2)㉮『율곡논해』가 하나의 문장으로 되었으나 (2)㉯㉰『비율곡논해』는 두개의 문장이 되었다.

(1) 昔者有王命 有采薪之憂 不能造朝 今病少愈 趨造於朝 我不識能
至否乎

㉮ 어제 王왕命명이 잇거시ᄂᆞᆯ 采치薪신<u>의</u> 시름이 이셔 能능히 朝죠의 <u>造
조티 못ᄒᆞ얏다가</u> 이제 病벼(**병?)이 져기 됴커ᄂᆞᆯ 趨추ᄒᆞ야 朝죠의 造조
ᄒᆞ더시니 내 <u>아디 못ᄒᆞ니</u> 能능히 <u>죠지ᄒᆞᆯ신가? 못ᄒᆞᆯ신가?</u>(MR2-47a)

㉯ 昔셕者쟈애 王왕命명이 잇거시ᄂᆞᆯ 薪신<u>을</u>(*采薪之憂:謙讓의말로,섭
을캐지 못함) 采치ᄒᆞᄂᆞᆫ 憂우ㅣ 인ᄂᆞᆫ디라 能능히 朝죠애 <u>造조티 몯ᄒᆞ얏더</u>
시니 이제 病병이 져기 愈유ᄒᆞ거시ᄂᆞᆯ 朝죠애 趨추ᄒᆞ야 造조ᄒᆞ더시니 나
ᄂᆞᆫ <u>아디 몯게라.</u> 能능히 죠지ᄒᆞᆯ신가 <u>否부ᄒᆞᆯ신가?</u>
(MT/MK/MJ4-5b/MY4-3b,4a)

『맹자언해』자료 (1)㉮『율곡맹해』의 ‘采치薪신의’가 속격임에 비하여
(1)㉯『비율곡맹해』에서는 ‘薪신을 采치ᄒᆞᄂᆞᆫ’이 관형구로 ㉮가 한문 문장
구조를 살려 쓴 것과는 달리 ㉯에서는 우리말의 통사적 구조로 하였다.
반면 어휘는 한자어 ‘薪신’에 대격 ‘-을’을 넣어 합성하였다. 결국 문(文)
의 구조를 국어적으로 바꾸었다. (1)㉮에 불능부정문에 구속형어미, 의
문형 어미 ‘아디 못ᄒᆞ니, 못ᄒᆞᆯ신가’에 대하여 (1)㉯에서는 불능부정문에
감탄형어미, 의문형어미 ‘아디 못게라, 否부ᄒᆞᆯ신가’로 어미와 어휘를 대
립적으로 선택하였다.

(1) 雖有臺池鳥獸 豈能樂哉

㉮ 비록 臺ᄃᆡ池지와 <u>鳥됴獸슈롤</u> 둔둘 엇디 能능히 혼자 즐기리잇고?
(MR1-6a)

㉯ 비록 臺ᄃᆡ池디와 <u>鳥됴獸슈ㅣ</u> 이시나 엇디 能능히 호올로 樂락ᄒᆞ리잇

고.(MT/MJ1-6a/MY1-4a)

㉰ 비록 臺디池지와 鳥됴獸슈ㅣ 이시나 엇디 能능히 호올로 樂락ᄒ리잇
고(MK1-6a)

위의 (1)㉮『율곡맹해』의 '鳥됴獸슈롤'이 (1)㉯,㉰『비율곡맹해』에는 '鳥
됴獸슈ㅣ'로 되어 (1)㉮『율곡맹해』의 대격이 (1)㉯,㉰『비율곡맹해』에서
는 주격으로 바뀌었다.

(2) 曰姑舍是

㉮ ᄀ르샤디 안ᄌ(姑:아직고) 일란 두라(*舍=捨).(MR2-21a)

㉯ 굴ᄋ샤디 아직 의를 舍샤ᄒ라(MT/MK/MJ3-21a/MY3-13b)

위의 (2)㉮『율곡맹해』에서는 '일란'과 같이 후치사 '-란'이 온 데 대하
여 (2)㉯『비율곡맹해』에서는 '이를'이 되어 대격으로 나타났다.

(3) 寡人之於國也 盡心焉耳矣

㉮ 寡과人인이 나라히 ᄆ음을 盡진ᄒ노니(MR1-6b)

㉯ 寡과人인이 國국에 心심을 盡진ᄒ노니(MT1-6a/MK.MJ1-6b)

㉰ 寡과人인의 國국에 心심을 盡진ᄒ노니(MY1-4b)

위에 보인 (3)㉰『영영맹해』에 '寡과人인의'와 같이 속격이 (3)㉮,㉯『비
영영맹해』에서는 '寡과人인이'와 같이 주격이 된다. 이 자료는 영남본이
독특한 모습이다.

(4) 謨蓋都君 咸我績 牛羊父母 倉廩父母 干戈朕 琴朕 弤朕 二嫂 使
    治朕棲

㉮ 都도君군을 蓋개ᄒ기 謨모호믄 다 내 績적이니 牛우羊양은 父부母모

ㅣ ᄒᆞ며 倉창廩름도 父부母모ㅣ ᄒᆞ고 干간戈과ᄂᆞᆫ 朕딤이 ᄒᆞ며 琴금도
朕딤이 ᄒᆞ며 弧뎌(*활)도 朕딤이 ᄒᆞ며 二이嫂수(*堯의二女)란 히여곰 朕딤
의 棲셔를 治티케 ᄒᆞᆯ 거시라 (MR5-8a)

㉯ 都도君군을 謨모ᄒᆞ야 蓋개ᄒᆞ욤은 다 내 績젹이니 牛우羊양으란 父부
母모ᄒᆞ고 倉창廩름으란 父부母모ᄒᆞ고 干간戈과란 朕딤ᄒᆞ고 琴금으란 朕
딤ᄒᆞ고 弧뎌란 朕딤ᄒᆞ고 二의嫂수란 ᄒᆞ여곰 朕딤의 棲셔를 治티케 ᄒᆞ리
라(MT/Mj9-8b/MY9-5b)

㉰ 都도君군을 謨모ᄒᆞ야 蓋개ᄒᆞ욤은 다 내 績젹이니 牛우羊양으란 父부
母모ᄒᆞ고 倉창廩름으란 父부母모ᄒᆞ고 干간戈과란 朕짐ᄒᆞ고 琴금으란 朕
짐ᄒᆞ고 弧뎌란 朕짐ᄒᆞ고 二이수란 ᄒᆞ여곰 朕짐의 棲셔를 治치케 ᄒᆞ리라
(MK9-8b)

위의 (4)㉮『율곡맹해』의 '牛우羊양은'에서 볼 수 있는 후치사 '-은'이
채택되었고 (4)㉯,㉰『비율곡맹해』에는 '牛우羊양으란'에서 볼 수 있는
바와 같이 '-으란'이 채택되었다. (4)㉮에서 "倉창廩름도 父부母모ㅣ ᄒᆞ
고, 干간戈과ᄂᆞᆫ 朕딤이 ᄒᆞ며, 琴금도 朕딤이 ᄒᆞ며, 弧뎌도 朕딤이 ᄒᆞ며"
와 같은 표기가 (4)㉯,㉰『비율곡맹해』에서는 '倉창廩름으란 父부母모
ᄒᆞ고, 干간戈과란 朕딤ᄒᆞ고, 琴금으란 朕딤ᄒᆞ고, 弧뎌란 朕딤ᄒᆞ고'와
같이 표기되었다. 결국 (4)㉮『율곡맹해』의 '-은,-ᄂᆞᆫ'과 같은 후치사가 (4)
㉯,㉰『비율곡맹해』에서는 역시 후치사인 '-란' 으로 대립되어서 구분된
다. 또 (4)㉮『율곡맹해』에서 '부모ㅣ ᄒᆞ며, 朕딤이 ᄒᆞ며'가 (4)㉯,㉰『비율
곡맹해』에서는 '부모 ᄒᆞ고, 朕딤 ᄒᆞ고'와 같이 하여 주격이 생략되고, '-
ᄒᆞ고'가 '-ᄒᆞ며'로 모습을 보여준다. 이렇게 하여 (4)㉮『율곡맹해』와 (4)
㉯,㉰『비율곡맹해』가 대립되는 모습을 볼 수 있다.

결국 (4)㉮『율곡맹해』에 '-은/ᄂᆞᆫ'이 (4)㉯,㉰『비율곡맹해』에서는 '-란'
이 되고, (4)㉮『율곡맹해』의 주격이 (4)㉯,㉰『비율곡맹해』에서는 생략되
며, (4)㉮『율곡맹해』에서는 '-ᄒᆞ고'가 (4)㉯,㉰『비율곡맹해』에서는 '-ᄒᆞ

며'로 실현되었다.

(5) 人之爲道而遠人 不可以爲道

㉮ 人인의 道도롤 호미 人인의 遠원케 ᄒᆞ면 可가히 ᄡᅥ 道도ㅣ라 ᄒᆞ디 몯
ᄒᆞᆯ디니라.(CR-11b)

㉯ 사ᄅᆞᆷ이 道도를 호ᄃᆡ 사ᄅᆞᆷ의게 멀리 ᄒᆞ면 可가히 ᄡᅥ 道ㅣ라 ᄒᆞ디 몯ᄒᆞ
리니라.(CT/CK/CJ/CM-11b/CY-8a)

위의 (5)㉮『율곡용해』에서 '人인의'와 같은 속격이 (5)㉯『비율곡용해』
에서는 '사람이'와 같은 주격으로 되었다.

(6) 故君子 愼其獨也

㉮ 故고로 君군子ᄌᆞᄂᆞᆫ 그 獨독애 愼신ᄒᆞᄂᆞ니라.(CR-1b,2a)

㉯ 故고로 君군子ᄌᆞᄂᆞᆫ 그 獨독을 愼신ᄒᆞᄂᆞ니라
(CT/CK/Cj/CM-1b,2a/CY-1a.b)

(6)㉮『율곡용해』에 '獨독애'가 (6)㉯『비율곡용해』에서는 '獨독을'로 된
다. 다시 말하면 (6)㉮『율곡용해』의 '처격'이 (6)㉯『비율곡용해』에서 '대
격'으로 된다.

(7) 由百世之後 等百世之王 莫之能違也 自生民以來 未有夫子也

㉮ 百빅世셰 後후롤 말미아마 百빅世셰예 王왕을 차등ᄒᆞ건댄 能능히 違
위ᄒᆞ리 업스니 生ᄉᆡᆼ民민브터 ᄡᅥ 오모로 夫부子ᄌᆞㅣ 잇디 아니시니
라.(MR2-24b)

㉯ 百빅世셰ㅅ 後후로 말미암아 百빅世셰ㅅ 王왕을 等등컨댄 能능히 違
위ᄒᆞ리 업스니 生ᄉᆡᆼ民민으로브터 ᄡᅥ 옴으로 夫부子ᄌᆞ만 ᄒᆞ시 니 잇디 아
니ᄒᆞ시니라.(MT/MK/MJ3-25a/MY3-16a)

(7)㉮『율곡맹해』에서 '百빅世셰 後후를 말미암아 百빅世셰예 王왕을
차등ᄒᆞ건댄'이 (7)㉯『비율곡맹해』에서는 '百빅世셰ㅅ 後후로 말미암아
百빅世셰ㅅ 王왕을 等등컨댄'이 '속격ㅅ'의 유무에 의한 차이와 '後후를'
이 '後후로'와 같은 대격이 후치사 '-로'와 같은 차이로 상호 구분된다.
더 나아가서 (7)㉮『율곡맹해』의 '生ᄉᆡᆼ民민브터 뻐 오모로 夫부子ᄌᆞ ㅣ
잇디 아니시니라.'가 (7)㉯『비율곡맹해』에서는 '生ᄉᆡᆼ民민으로브터 뻐 옴
으로 夫부子ᄌᆞ만 ᄒᆞ시 니 잇디 아니ᄒᆞ시니라.'로 되어 ㉮의 '-브터'가 ㉯
에서는 '-으로브터'가 되었다. 다시 ㉮의 '夫부子ᄌᆞㅣ'와 같이 주격 '-ㅣ'
가 ㉯에서는 '夫부子ᄌᆞ만'이 비교의 의미를 가진 후치사 '-만'으로 바뀌
어 서로 구분된다.

(8) 居者 有積倉 行者 有裹糧也 然後可以爰方啓行

㉮ 居거ᄒᆞᆫ 者쟈ㅣ 積적倉창을 두며 行ᄒᆡᆼᄒᆞᄂᆞᆫ 者쟈ㅣ 裹과糧량을 두어사
그런 後후에 可가히뻐 이에 처음으로 行ᄒᆡᆼ을 啓계호ᇙ디니 (MR1-60a)

㉯ 居거者쟈ㅣ 積적倉창의 이시며 行ᄒᆡᆼ者쟈ㅣ 裹과糧량의 이신 然연後
후에ᅀᅡ 可가히 뻐 이예 보야호로 行ᄒᆡᆼ을 啓계호ᇙ디니(MT2-22b)

㉰ 居거者쟈ㅣ 積적倉창의 이시며 行ᄒᆡᆼ者쟈ㅣ 裹과糧량의 이신 然연後후에
ᅀᅡ 可가히 뻐 이예 보야호로 行ᄒᆡᆼ을 啓계호ᇙ띠니(MK/MJ2-22b/MY2-14b)

(8)㉮『율곡맹해』에 '-을'과 같은 대격이 (8)㉯,㉰『비율곡맹해』에서는
'-이'와 같은 주격으로 되어 서로 구분된다.

(9) 唐虞之際 於斯爲盛 有婦人焉 九人而已

㉮ 唐당虞우ㅅ 즈음 ᄭᅩᆺ 이에셔 盛셩호더 婦부人인이 이실 ᄯᅮᆫ이언뎡 아홉
사름 ᄯᅮᆷ이니라(NR2-39a)

㉯ 唐당虞우ㅅ祭제ㅣ 이에셔 盛셩ᄒᆞ나 婦부人인이 인ᄂᆞᆫ디라. 아홉 사름

일 ᄯᄅᆞᆷ이니라 (NK/NJ2-39b/NY2-26a)

㉰ 唐당虞우ㅅ祭졔ㅣ 이에셔 盛셩ᄒᆞ나 婦부人신이 인논디라. 아홉 사롬
일 ᄯᄅᆞᆷ이니라 (NT2-34b)

(9)㉮『율곡논해』에서 '즈음 곳'이 (9)㉯,㉰『비율곡논해』에서는 '際졔
ㅣ'로 되어 (9)㉮『율곡맹해』의 강세 첨사 '곳'이 (9)㉯,㉰『비율곡맹해』에
는 주격 '-ㅣ'로 되어 (1)의 ㉮와 ㉯,㉰가 서로 구분된다.

*(1) 君子終不可諠兮者 道盛德至善民之不能忘也

㉮ 君군子ᄌᆞ 므춤내 可가히 닛디 몯호믄 盛셩ᄒᆞᆫ 德덕과 지극ᄒᆞᆫ 善션을
民민이 能능히 닛디 몯호몰 니ᄅᆞ니라. (DR-8b,9a)

㉯ 君군子ᄌᆞㅣ여 므춤내 可가히 닛디 몯ᄒᆞ리로다 홈ᄋᆞᆫ 盛셩ᄒᆞᆫ 德덕과 지
극ᄒᆞᆫ 善션을 民민의 能능히 닛디 몯홈을 니ᄅᆞ니라.
(DT/DK/DJ-8b/DY-5b)

(1)㉮『율곡학해』의 '民민이 能히 닛디 몯호몰 니ᄅᆞ니라.'가 간접인용
문이고, (1)㉯『비율곡학해』의 '닛디 몯ᄒᆞ리로다. 홈ᄋᆞᆫ'이 직접인용문으로
된다.

Ⅳ. 결 론

본 연구 목적이 『사서언해』 이본들에 대한 상호 비교를 통하여 국어
사의 자료적 가치를 부여하는 데에 있다. 특히 사서는 삼경과 더불어 과
거 우리나라 전역에서 수시로 간행되어 가장 널리 보급되었다. 그러나
본 문헌은 방대하고 다양할 뿐 아니라 보수성과 경서에 대한 유학자들
의 고정관념으로 시대와 지역에 따라 간행을 하였으나 전국적으로 거의
같은 모습이었다. 이러한 여건에서 이루어진 본 연구는 대단히 지루하고
어려운 작업이었다. 각 지역마다 또 여러 대에 걸쳐 많은 『사서언해』가
있었으나 서지학적인 면으로 보면 상당히 다양한 모습이지만 국어학적
인 면으로 보면 크게 '율곡본'과 '비 율곡본'으로 나눌 수 있다는 결실을
가져 왔다.

그러면 지금까지 확인된 사항들을 요약 정리하며 끝을 맺기로 한다.

4. 1. 서지학적인 비교연구

경서에 대한 우리말로 번역이 시도된 것은 멀리 삼국시대부터 꾸준히
이어졌다. 그러나 훈민정음이 창제되기 이전에는 한자를 차용하였던 것

이다. 이미 삼국시대에 구결을 정했다는 기록이 있다. 그러나 본격적인 것은 훈민정음 이후 정음으로 한자독음과 구결이 결정되고 퇴계의 칠서 (七書)석의, 율곡에 이르러서야 비로소『사서언해』가 이루어졌다. 그러나 완결을 못보고 율곡 선생이 타계하였고(1584) 165년 뒤인 1749년에야 간행이 되었다. 이와는 달리 율곡 선생 타계 후 선조가 교정청에 명하여 당시 유학자 30여 명을 동원하여 언해사업을 실시하였다. 이때에 비로소『칠서(七書)』가 언해되어 1590년에 활자로 인쇄를 하여 반포한 것이다. 이 책이 교정청본『사서언해』로 도산서원에 있는 내사본이다. 개인의 업적인 율곡본이 출간되지 못한 채 그의 문하생이나 후손들이 필사하여 공부를 하고 보존하여 왔기 때문에 널리 보급이 못된 것은 말할 필요도 없고 그 원형이 후대의 언어의 간섭을 받은 상태로 1749년에 와서야 출간을 하였다. 이와는 달리 교정청 간행본은 국가 기관이 거국적으로 언해, 간행하여 각 지방으로 보내어서 다시 중앙관서 및 지방관서에서 대대적으로 보급하여 일종의 국정 교과서 격으로 널리 읽혔을 것이다. 이것이 경진내각장판도 낳았고 전주 하경룡장판, 영영중간본 등이 발간되게 된 모체이다. 바꾸어 말하면『사서언해』가 '율곡본'과 '비율곡본'으로 양분된다. 그러나 서지학적 부분에 이르러서는 각 기관, 각 지방, 시대에 따라서 차이가 뚜렷하다. 그 사항을 간략히 위의 표(1) - (4)로 대신한다.

4. 2. 국어학적 비교연구

번역양식, 구결, 표기법, 음운, 문법, 어휘, 문장의 비교 등을 검토한 결과를 정리하고자 한다.

4.2.1. 번역 양식의 비교

번역양식에 의한 직역, 의역의 논의는 중요하지 않다. 다만 비교 검토하는 경우에 번역 양식에 대한 논의보다 단순한 차이에 대한 비교를 하기 위한 절차상 취급하였다. 굳이 말한다면 『사서언해』는 '율곡본'이나 '비 율곡본'이나 모두 직역이라 할 수 있다

4.2.1.1. 한자어휘와 고유어휘의 비율

『논어』, 『맹자』, 『중용』, 『대학』을 언해한 각 책에서 임의로 표출한 두 곳의 언해본 사이의 내용에서 한자어와 고유어의 비율을 살펴 보았다. 이 대조에서 율곡본 대 비 율곡본으로 나누어짐을 확인하였다. 어느 모양으로든지 대립적이었지만 특히 한자어와 고유어의 대립이 절대적으로 분별할 수 있는 중요한 요인이 되었다.

다시 말하면 한자어의 비율은 율곡본이나 비 율곡본이 채택한 어휘들을 조사한 결과 양쪽 모두 고유어가 많았다.

이 경우를 놓고 한자어가 우세할 때를 직역, 열세할 때를 의역이라고 판단한다면 『맹자언해』, 『중용언해』, 『대학언해』, 『논어언해』 등 『사서언해』에 대하여 직역, 의역 여부를 한자어의 빈도수를 가지고 판단하기는 어렵다고 생각된다.

전반적으로 그 내용면에서 보면 어떤 본(本)이 직역이고 또 어떤 본(本)이 의역이라고 판단할 수 없음을 알 수 있다. 여기서 율곡의 언어선택의 의도가 엿보이는 듯하다. 비교적 철학적인 심오한 내용인 『논어』와 『중용』, 『대학』의 언해는 한자어를 『맹자언해』와 상대적으로 많이[67] 살

---

67) 실제 『사서언해』 전부를 검토한 결과 고유어가 한자어보다 더 많았던 사실이 확인되었다. 곧 부록에 실린 자료와 같이 율곡본과 내각본을 대상으로 하여 조사하였다. 다시 되풀이하면 첫째, 양쪽이 모두 한자어이면 둘 모두 삭제하고 둘째, 어느 한쪽이

려 그 심오한 의미를 파악하는 데 도움을 주고, 보다 현실적인 토론을 내
용으로 하는『맹자언해』의 경우는 보통 누구나 읽을 수 있을 것으로 생
각해서 고유어가 많이 선택된 것으로 생각한다. 이에 대한 논의는 이 정
도로 접어 두기로 한다.

4. 2. 1. 2. 품사적 차이

비 율곡본이 용언적으로 됨은 물론 체언적인 것도 있으며 존경법 선
어말어미 /-시-/까지 나타났다. 그뿐만 아나니라 율곡본이 체언적인 것
이 있으나 용언적인 것은 물론이고 경어법 선어말어미/-시-/도 나타난
다. 이것은 율곡본과 비 율곡본의 품사적 분포가 직역과 의역을 구분하
기는 어려워 보이고 둘 모두 직역으로 본다.

4. 2. 1. 3. 전이어의 사용여부

문맥을 분명하게 하여 주는 이른바 전이어 '뻐(以), 시러곰(得)'이 한문
번역 차용어로써 언해에 사용되는 경우가 일반적이다.

'以'의 번역으로 이른 바 전이어 '뻐'의 빈도에 의한 번역 양식의 차이를
찾기란 어렵게 보인다.『맹자언해』가 '뻐'의 빈도가 364에서 358의 빈도를
가지고 있는 것으로 파악하고 살핀다면 영남본이 가장 많고 내각장판이
가장 적다.『논어언해』의 경우『율곡논해』<113>,『교정논해』<104>이고
『중용언해』는『율곡용해』<61>,『교정용해』,『내각용해』,『전주용해』
<68>이며『대학언해』에는『교정학해』<20>,『율곡학해』를 비롯 나머지
는 모두 <19>이다. 이것으로는 분별력을 찾기는 어려운 점이 있다.

라도 고유어가 있으면 살려두고 셋째, 양쪽이 모두 고유어나 하쪽이 고유어라고 하
여도 중복되는 자료는 모두 버리고 하나만 살렸다. 이러한 방법으로 정리하여 계산
한 결과『사서언해』전반에 고유어가 훨씬 더 많이 살아남아 있었다.

결국 '시러곰', 'ᄢᅧ'의 빈도로 보면 『사서언해』는 변별력을 가지지 못한다. 모두 이른바 '직역'으로 볼 수 있겠다.

4.2.1.4. 구결의 비교

율곡언해본은 구결이 과감히 생략되었다. 또 그 내용이 서로 다른 부분이 많다. 이것은 율곡언해본이 단순한 언해라기보다는 연구업적이라면, 비 율곡본이 초심자를 비롯한 일반 학습자들을 위한 학습 지침서 수준이라고 생각된다.

4.2.1.5. 표기법의 비교

국어 표기법에서 연철, 분철의 문제는 곧 받침의 문제이다. 그 받침을 내려 적느냐 올려 적느냐의 문제는 내려 적는 방법으로부터 올려 적는 방법으로 발달, 곧 분철화 과정을 가져 온 것이다. 이 중간에 과도기적으로 중철의 문제가 제기된다.

전반적으로 율곡본은 연철이 강하고 나머지는 분철 현상이 강하다.

4.2.1.6. 초성 합용병서

『사서언해』의 각 문헌들의 초성 합용병서가 나타난 자료들을 정리하면 전체적으로 후대에 경음화한 것은 주지(周知)하는 사실이다. 그러나 15세기 이후 19세기말에 이르면서 경음 표기는 ㅅ과 합용 병서한 것이고 ㅂ계는 후대에 오면서 ㅂ 초성 합용 병서가 ㅅ 합용 병서로 바뀌고 결국 경음화 한 것을 잘 알고 있다.

『사서언해』에서 발견되는 초성 합용 병서가 다음과 같이 실현되었다.

'ㅺ, ㅼ, ㅽ, ㅾ, ㅳ, ㅄ, ㅶ, ㅵ'

'ᄢ'을 제외하고는 17세기 이후의 다른 문헌에서 확인된 내용과 같다.

4.2.1.7. 종성 합용병서의 표기

종성 합용병서들이 『사서율곡언해』에서 ㄵ, ㄺ, ㄾ, ㄻ,ㄼ, ㄿ, ㄸ, ㅄ, ㅅㄱ, ㄶ, ㅀ 등이 조사되었다. 그 표기상 모음으로 시작되는 격어미나 활용어미의 경우는 연철 표기가 일반적이다. 연철되는 경우 합용병서 표기가 나타나지 않는다. 반면 『사서비율곡언해』에서는 격어미나 활용어미가 모음으로 시작되면 분철이 일반적이다. 격어미나 활용어미가 자음으로 끝나면 세 자음이 나타나는 경우 어간말의 자음은 표면에 들어나지 않는 것이 일반적이다. 율곡본과 비 율곡본이 대립을 이룬다. 종성 합용병서의 경우도 고유어가 오면 어말에 합용병서의 형태가 나타나지만 한자어가 오면 어말 합용병서의 표기가 이루어지지 못한다. 특히 어말 합용병서 중에서 '-ㄾ'이 율곡본에서는 나타나지 않고 비 율곡본에서는 고루 다 나타난다.

4.2.1.8. 받침 'ㄷ, ㅅ'

『사서언해』의 경우 한자어는 받침 'ㅅ, ㄷ'이 물론 배제되고 고유어의 경우 'ㅅ'이 다소 많지만, 'ㄷ'도 같이 쓰였다. 특별히 『율곡논해』의 경우는 받침 'ㄷ'이 쓰이지 않았다. 받침 'ㅅ,ㄷ'이 특별히 씌어야 한다는 당위성이나 음운론적인 규칙은 없고 임의로 썼으며 혼란한 불일치이다.

4.3. 음운의 비교

4.3.1. 구개음화

『사서언해』의 경우 한자어의 한자음에 대한 구개음화가 내각본에서

먼저 나타났고, 나머지 고유어의 경우 어간에서는 『율곡언해』에서 구개
음화한 모습이 나타났고, 어말어미의 경우는 『영영맹해』의 '아딕'을 제
외하면 『비율곡언해』에서 구개음화하였다. 그러나 전체적으로 볼 때에
는 구개음화한 예는 극히 적은 양이고 대부분 구개음화하지 않은 예가
절대 우위에 있다. 가장 구개음화를 많이 보이는 문헌은 내각본이다.

4. 3. 2. 원순모음화

『사서언해』는 한자음이나, 고유어의 원순모음화가 극히 일부에서 나
타난다. 한자음의 경우 율곡본에 세 번, 전주본에 한 번, 영영중간본에
한 번 보여 주고, 고유어 '다못'이나, '다몯, 다뭇'의 경우는 내각본에 열
(10)번, 영영중간본에 한 번 실현되고 있다. '깃브->깃부-'로 되는 원순
모음화는 율곡본에만 나타난다. 특이한 예외라고 볼 수 있다. 율곡선생
의 방언이거나 간행 당시 언어의 간섭이 있었는지 확인하기 어렵다.

원순모음화를 두고 보면 내각장판이 가장 후대의 것이고 영영중간본,
전주본의 순서가 되며 보수성이 강한 것은 교정청본과 율곡본인데 '다
못'의 경우와 '깃브-' 등을 종합하여 보면 교정청본이 더욱 보수적이다.

4. 3. 3. 'ㄱ' 약화

중세국어 문헌에서 볼 수 있는 'i, y, ㄹ' 다음에서 'ㄱ'이 약화된 모습
을 보여 주는 자료가 있다.

4. 4. 문법의 비교

4.4.1. 주격

4.4.1.1. 주격 '-이'

주격 '-이'는 현대국어와 같다.

4.4.1.2. 주격 '-ㅣ'

주격 '-ㅣ'는 규칙에 어긋나는 경우와 그렇지 않은 것이 일정하지 못하다. 주격 '-ㅣ'가 과도기적인 혼용의 양태를 보여준다. 특히 한자어의 경우는 모든 모음 밑에서 '-ㅣ'가 나타나는 것이 일반적이다.

4.4.1.3. 주격 생략〔-0주격〕

'-0' 주격이 『사서율곡언해』에서는 'i, y' 밑에서 주격이 생략되어 이른 바 '-0' (zero) 주격에 해당된다. 이 역시 율곡본이 비 율곡본보다 고형을 유지한 것으로 생각한다. 비 율곡본에서는 위에서 본 바와 같이 'i, y'로 끝난 한자어 다음에 주격 '-ㅣ'가 나타나는 현상이 강하다.

4.4.1.4. 주격 '-가'

주격 '-가'는 『사서언해』에서 하나도 찾지 못했다.

4.4.2. 대격

『사서언해』에서 대격의 빈도를 보면 '-올'보다 '-을'이 음운 우세하다. 16세기 이후 혼란한 모습을 보이다가 17세기 이후 근대 국어 시기에 들어서 전반적으로 '-을'쪽으로 정리된 모습이다. 그러나 '-롤/-를'의 경우는 상황이 조금 다르다. 이 경우 근대 국어 시기로 접어들면서 '-룰'이 우세해진다. 전체적으로 이 시류에 맞게 나타나는데 『논어언해』만 그 상황이 다르다. 율곡본만 원 모습을 유지하여 '-룰'이 절대 우세하고 비 율곡본은 오히려 '-를'이 절대 우세하다. 모음조화나 다른 음운적인 조건이 없이 다른 쪽이 '-를'을 택한 반면 율곡본은 '-룰'을 택했다. 『논어언해』만 제외하면 전반적으로 '-룰'이 우세다. 그러나 그 비율을 보면 율곡본이 '-룰'을 선택한 쪽이 훨씬 강세다.

『논어언해』가 '-를'을 많이 선택한 이유는 알 수 없다. 그런데 흥미 있는 것은 율곡본 『대학언해』에 이르러서는 '-룰'이 <37회>, '-를'이 <30>으로 '-룰'이 우세하나 대등한 양상이다.

4.4.3. 속격

속격형태로는 '-인/-의,-애/-에, -ㅅ' 등을 볼 수 있다.

속격 '-인/-의'는 처격에도 쓰였으나 유정물(有情物)에 쓰이면 속격, 무정물(無情物)에 쓰이면 처격이었다.

4.4.4. 처격

『사서언해』의 처격 '-애, -에, -의'를 놓고 보면 '-애'는 공통적으로 대등한 모습으로 나타나되 율곡본에는 '-의'가 우세하고 비 율곡본에는 '-에'가 우세한 경향을 보여준다. 이는 현대국어의 처격 '-에'로 통합된 점으로 보아 율곡본이 보수적이라고 볼 수 있겠다. 처격 '-예'는 "i. y" 다음에 나타난다. 모음충돌을 막기 위하여 /ie->iye/와 같이 형성된다. 『사서언해』에서는 판본에 따라 약간 차이가 있다. 다음 조사 내용을 보기로 한다.

율곡본(NR,MR,CR,DR)이 '이에'의 빈도가 높다. 반면 '이예'의 빈도는 낮다. 이유는 정확히 파악할 수는 없으나 율곡 선생의 개인차인 듯하다. 율곡본이 더 보수적인 듯하다. '이에'와 '이예'가 같은 문장내에서도 서로 다르게 나타나기도 한다. 이에>이예의 과도기적인 모습인 듯하다.

결국 율곡본은 '이에'가 우세하고 비 율곡본은 '이예'가 우세하다.

4 4.5. 'ㅎ' 종성 명사

『사서언해』에는 'ㅎ' 종성을 가진 명사가 등장하지만 특히 율곡본에 많이 나타난다. 반면에 같이 'ㅎ'이 쓰인 경우 그 격에서 율곡본은 대격을 많이 반영한다.

율곡본이 보수적이다.

4.4.6. 대명사

『사서언해』에 나타난 대명사는 제1인칭 대명사 단수 : 나, 복수 : '우리' 단수 : '저(自)', 복수 : '저희', 곡용에서 1인칭 : '내', 또 1인칭에 한자어 아, 과인 짐(朕), 소인(小人) 등이 있다. '제2인칭 대명사 단수 : '너', 복수 : '너희'가 있다. 곡용해서 '네'가 있었다. 제3인칭 : '뎌(彼)', '이사람', '그사람', '人신'이 있다. 미지칭 : '누', 미지칭 : '므섯(므엇>므엇>무엇)'등을 살필 수 있다. 『사서언해』에는 '내가', '네가'와 같이 주격 '-가'가 나타나지 않았다.

4.4.7. 수사

4.4.7.1. 기수사

『논어언해』 자료 『율곡논해』의 고유어 관형형 기수사(아홉 사룸), 고유어 기수사(세희, 둘홀)과 『비율곡논해』의 고유어 관형형 기수사(아홉 사룸일)인 데 비해 한자어(三삼分분홈에) 관형형 기수사로 대립된다.

4.4.7.2. 서수사

『율곡맹해』의 한자어 서수사, 初초, 再지, 三삼, 四스, 五오와 한자어 관형형 기수사 五오가잇다. 『비율곡맹해』의 고유어 서수사, 처엄, 둘째, 셋재, 넫재, 다솟재와 한자어 관형형 기수사 五오가 있다.

4.4.7.3. 日,月의 수사어

『율곡맹해』 : (고유어, ᄒᆞᄅ 아춤), (일수어,ᄒᆞᄅ)

『비율곡맹해』 : (고유어, 흔 아춤), (관형형 기수사 흔)

『율곡맹해』 : (고유어, ᄒᆞᄅ 아젹), (-한자어, 오늘)

『비율곡맹해』 : (+한자어, 一일朝됴)

『율곡맹해』 : (-한자어, 오늘)

『비율곡맹해』 : (+한자어, 수금日일)

『율곡맹해』 : (+한자어, 明명日일), (-한자어, 오늘), (-한자어어제)

『비율곡맹해』 : (+한자어, 明명日일), (+한자어, 수금日일), (+한자어,
　　　　　　昔셕者쟈)

4.4.8. 동사, 형용사(활용어미)

(p.208 3.5.8. 이하를 참조)

4.4.9. 경어법

(p.208 3.5.10. 참조)

4.4.10. 부정법

이 부분은 자료 자체가 거의 변별력이 없고 다만 주변의 음운이나 어휘의 비교를 통해서 변별력을 가진다. 그런 관계로 인하여 그 내용은 본문으로 대신하고자 한다.

4.5. 어휘의 비교

4.5.1. 너기다 : 녀기다 : ᄒᆞ다

고형인 '너기'가 절대 우세하다.『율곡맹해』만 예외다. 율곡본이 비 율곡본에 비해서 신형이 반영되어 있다. 곧 율곡본이 후기의 자료적 성격임을 말한다.

4.5.2. 젛-(저프-) : 두립-(두렵-) (畏, 懼, 恐)

'젛-(저프-)'가 '두립-(두렵-)'에 비해서 고형으로 보인다.

『율곡논해』에 후기 형태인 '두리-(두렵-)'가 4번,『율곡맹해』에 7번 나타났다. 반면『율곡논해』에 '저프-(젛-)'가 2번,『비율곡논해』에 1번,『율곡맹해』에 1번 나타났을 뿐 나머지『비율곡맹해』엔 나타나지 않았다. 율곡본이 신형을 택하였다.

이하의 어휘 자료 역시 본론으로 대신한다.

4.6. 문장 구조의 비교

4.6.1. 문장 구조

언해문의 대표적인 모형을 찾는다면 대체로 文이 길고 복잡하며 문장

구성의 각 요소 간에 어순이나 형태들이 일정하지 않고 상호 얽혀서 각 판본간에 상당한 차이를 보인다.

4.6.2. 인용문

-이 골오디 '-이 -으로 히여곰 -을 -ᄒ라'ᄒ고 '-을 -ᄒ고, -이 -을 -ᄒ며 ……… -을 -ᄒ라' ᄒ야 -ᄒ시거늘…과 같이 -ᄒ고, ……ᄒ며, ……ᄒ야 등으로 연결되도록 나열하는 형식과 인용문의 연속을 이루는 것이 일반적이다. 거기에다 의문과 감탄 등이 곁들인 대화의 형식을 나타내는 문장이 있는가 하면 그들의 각 특징들을 나타낸 각 판들 간에 비교를 하면 어순이 바뀌는 것과 같은 경향이 있다.

4.6.3. 어순이 바뀐 예

율곡본과 비 율곡본을 비교하면 어순이 바뀐 예가 있다. 그렇다면『비 율곡언해』가 도치된 것 등을 살펴 보면 이는 후에 교정청본을 언해할 때 율곡본을 참조하여 상당 부분을 의도적으로 바꾼 듯한 흔적을 볼 수 있다. 그 결과 전체적인 구성이 문장마다 같은 부분이 극히 드물다. 어떤 형태로든 바꾸어 놓은 흔적들을 볼 수 있었다. 율곡본과 비 율곡본을 비교하면 율곡본이 주격이나 다른 격어미가 생략된 예가 많다. 또 서로 격을 바꾼 경우도 있다.

논의의 내용을 요약하여 최종적인 결론으로 대신한다.

본 연구는 유교의 경전인『사서언해』의 이본, 곧 (1) 교정청본『사서언해』, (2) 율곡본『사서언해』, (3)내각본『사서언해』 (4) 영영중간『사서언해』 (5) 전주본『사서언해』를 비교 검토하였다. 이본의 비교를 통해 그 차이점들을 밝혔고 가치를 평가하고자 하였다.

서지학적인 외형을 볼 때 교정청본『사서언해』가 '傍點' 등이 나타날 뿐만 아니라 책의 모습도 다양하다. 교정청 언해본이 반엽에 10줄, 한문 부분이 한 줄에 19자, 언해부분이 18자이다. 기타 영영중간본을 제외한 비교정청 본은 반엽에 10줄인 점은 같으나 한 줄의 글자 수는 원문부분이 17자, 언해부분이 한 줄에 16자로 되었다. 특별히 영영중간본은 다른 책과 달리 반엽에 12 줄(行) 한 줄에 23자와 22자로 되어 특색이 있다. 언해한 시기는 율곡본이 서기 1584년이기 때문에 교정청본에 비하여 빠르나 바로 출간하지 못했다. 그래서 교정청본이 1589년경에 언해하여 서기1590년에 간행하였기 때문에 가장 오래된『사서언해』다. 비록 율곡본이 먼저 언해를 하였지만 그 간행은 언해한 165년후인 서기 1749년에야 이루어졌기 때문에 언해 당시의 언어형태가 아니고 간행 당시의 언어의 간섭을 받은 흔적들이 있다. 그래서 율곡본을 연구할 때에는 주의하여야 한다. 그 외형이 교정청본에 비하면 신형이다. 그리고 전주본과 영영중간본이 교정청본 계열에 드는 것으로 위에서 언급한 '傍點, △[z], ㅇ[ŋ]'을 제외하면 거의 같은 형태들이었다. 그 다음으로 내각본『사서언해』도 교정청본 계열로서 지방본보다 더 후대의 모습을 보여주었다.

다음은 국어학적으로 검토하였다. 율곡본과 비 율곡본으로 나눌 수 있었다.

번역양식을 보면 두 가지가 모두 직역이었다. 중국어로 된 경서를 가급적 한국어의 문법에 가깝게 번역하려고 노력하였다. 언해부분에 한국어(고유어)와 그와 대립이 되는 것에는 한자어를 배치하여 상호 비교할 수 있는 대립적 특징을 가질 수 있도록 한 다분히 의도적인 모습을 보여주었다. 표기법이나 문법적인 활용어미나 격어미, 첨사 자체는 율곡본과 비 율곡본이 대개 같았다. 서로 다른 경우는 어휘 선택에서 한국어를 택했는가, 한자어를 택했는가에 따라 구분되었다. 양쪽이 모두 한국어를 택한 경우는 율곡본과 비 율곡본이 거의 구분되지 않았고, 한쪽이 한국어를 택하고 다른 한 쪽이 한자어를 택하였으면 한자어로 인해서 대립을 이루었다. 어휘부분은 더욱 그랬다. 율곡본이 한국어를 택했으면 비 율곡본은 상당수의 어휘가 한자어로 이루어졌다. 그래서 율곡본과 비 율곡본의 차이를 드러냈다.

문장의 경우는 대개 문의 형태가 복잡한 장문(長文)이었다. 그런데 율곡본과 비 율곡본의 어느 한쪽의 어순을 의도적으로 바꾼 경우가 있었다. 특히 비 율곡본의 경우가 그랬다. 다시 말하면 국어의 일반적 어순을 서로 바꾼 경우가 많았다. 또 격어미가 바뀐 예가 많았다. 때로는 하나의 긴 문장을 두 개의 문장으로 나눈 경우도 있었다. 이렇게 하여 다섯 종류의 『사서언해』이지만 율곡 개인이 언해한 것과 교정청 곧 관에서 언해한 것으로 구분되었다.

그러면 각 판본을 서지학적으로나 국어학적으로 판단해보면 교정청본이 가장 고형이다(1590). 이 책은 중세국어 자료이다. 물론 중세국어의 말기적인 현상으로 근대국어의 모습으로 바뀌는 과정이 보이기도 한다. 다음은 율곡본(1749)인데 중세국어시기에 언해하였으나 165년이라는 시간이 흐른 후에 간행하였기 때문에 18세기 중엽의 언어의 간섭도 받았을 것이고 율곡의 방언적인 요소도 있을 것이므로 이 문헌을 취급할 때에는 각별히 유의해야 한다. 하지만 율곡본은 비 율곡본과 대조되는 모습이기 때문에 비교연구를 할 때 필수적인 자료이다. 다음은 지방 관서에서 간행한 영영중간본(1862)은 서지적 외형은 특이하지만 국어학적인 면으로 보면 비 율곡본으로서 교정청본과 비슷하고, 방각본인 전주본과 비교해도 역시 교정청본의 계열로서 비슷하다. 이들 자료 역시 중세국어 문헌에 더 가까운 자료이다. 지방의 방언이나 19세기의 국어자료로 판단을 하면 안 된다. 중세국어 자료이지만 근대국어의 모습이 교정청본보다 좀더 강한 편이다. 또 교정청 본의 계열로서 내각본(1820)도 교정청 본에서 '방점' 등을 제외하면 교정청 본과 거의 같으나 한자어의 구개음화 현상이 더 많은 형태이다. 또 다른 책들은 '學'의 한글 음을 '皛 흑'으로 했으나 내각본은 '學학'이다. 가장 후대의 모습이다. 대체적으로 살피면 근대국어 자료이다. 물론 중세국어적인 자료들도 많지만 현대국어에 가장 가까운 문헌이다.

　총체적 결과를 놓고 보면 역시 서지학적으로 보면 출간한 시대나 장소에 따라서 다양한 모습이지만, 국어학적으로 보면 『율곡언해』와 『비율곡언해』의 양대 산맥으로 유교경전 언해가 분류될 수 있다. 『사서언해』 가운데 관본으로 볼 수 있는 교정청본 『사서언해』가 널리 보급되었고 『율곡언해』는 그렇지 못했으나 오히려 학구적인 업적으로 높이 평가할 만한 것이었다. 그러나 이 역시 둘 모두 직역적 성격을 가지는 것으로 경전을 익히는 데 길잡이가 될 수 있는 일종의 해설서 및 현재의 외국어 교과서에 대한 자습서격이라고 생각된다. 그렇기 때문에 현실언어와 맞지 않으나 조선왕조 중기이후 경전을 이해시키기 위한 전형이었기에 20세기 초반까지도 줄기차게 사용된 것으로 보았다.

참고문헌

I. 韓(漢)籍 資料

01. 校正廳本 七書 諺解, 陶山書院藏 影印本 漢陽大, 國學研究所.

02. 庚辰 新刊 內閣 藏板『七書諺解』, 筆者所藏.

03. 栗谷 先生『四書諺解』弘文閣 影印本.

04. 歲庚午 仲春 開刊 全州府 河慶龍 藏板『論語諺解』(4冊). 筆者卑藏.

05. 歲庚午 仲春 開刊 全州府 河慶龍 藏板『中庸諺解』(1冊). 筆者卑藏.

06. 歲庚午 仲春 開刊 全州府 河慶龍 藏板『大學諺解』(1冊). 筆者卑藏.

07. 歲在 丁卯 豊沛 新刊『孟子諺解』(7冊). 筆者卑藏 (諺解, 原文14冊).

08. 甲申 新刊 嶺營 藏板『孟子諺解』筆者卑藏 (諺解本, 2-7젝).

09. 戊子 新刊 嶺營 藏板『中庸諺解』(1冊) 筆者卑藏.

10. 壬戌 季春 嶺營 重刊『論語諺解』(4冊) 筆者卑藏.

11. 壬戌 季春 嶺營 重刊『孟子諺解』(7冊) 筆者卑藏.

12. 壬戌 季春 嶺營 重刊『中庸諺解』(1冊) 筆者卑藏.

13. 壬戌 季春 嶺營 重刊『大學諺解』(1冊) 筆者卑藏.

14. 李滉 著, 崔瓚來 刊行(戊申,1609, 光海君 元年)『四書釋義』(1冊) 筆者卑藏.

15.『全韻玉篇』己卯新刊 春坊藏板(乾坤二冊) 筆者卑藏.

16.『全韻玉篇』乙巳新刊 完山藏板(乾坤二冊) 筆者卑藏.

17.『奎章全韻』同治 十八年 月 內賜本(一冊) 筆者卑藏.

18. 『典故大方』全一冊 1926.1.20.京城 漢陽書院, 筆者卑藏.

19. 『增補文獻備考』.

20. 『朝鮮王朝實錄』.

Ⅱ. 單行本 參考文獻

01. 姜信沆(1986), 『國語學史』, 普成文化社.

02. 金根洙(1979), 『韓國圖書解題論考』, 청록출판사.

03. 金敏洙(1993), 『現代의 國語研究史』(1945-1992), 서광학술자료사.

04. 김종택(1992), 『국어어휘론』, (주)탑출판사.

05. 南廣祐(1989), 『增補 古語辭典』, 東亞出版社.

06. 南廣祐(1982), 『國語學 論文集』, 一潮閣.

07. 박병채(1989), 『국어발달사』, 세영사.

08. 宋　敏(1986), 『前期近代國語音韻論研究』, 塔出版社.

09. 沈在箕(1982), 『國語語彙論』, 集文堂.

10. 沈在箕外(1992), 『國語學研究百年史』, 一潮閣.

11. 安秉禧(1992), 『國語史. 國語史 資料研究』, 文學과知性社.

12. 安春根(1989), 『韓國書誌學 原論』, 凡友社.

13. 劉昌惇(1980), 『李朝國語史研究』, 二友出版社.

14. 劉昌惇(1964), 『李朝語 辭典』, 延世大學校 出版部.

15. 柳鐸一(1989), 『韓國文獻學研究』, 亞細亞文化社.

16. 尹炳泰(1992), 『朝鮮後期의 活字와 冊』, 凡友社.

17. 李基文(1973), 『國語史槪說』, 塔出版社.

18. ＿＿＿(1987), 『16世紀 國語의 研究』, 塔出版社.

19. 李東歡외(1965), 『大學・中庸』, 『新四書』I, 玄岩社.

20. 李崇寧(1982), 中世國語文法, 乙酉文化社.

21. 李翊燮(1992), 『國語表記法研究』, 서울대출판부.

22. 全在昊(1987), 『國語語彙史 研究』, 慶北大 出版部.

23. 千惠鳳(1991), 『韓國書誌學』, 民音社.

24. 崔範勳(1987), 『中世國語文法論』, 二友出版社.

25. 최현배(1976), 『고친 한글갈』, 정음사.

26. 허 웅(1963), 『中世國語研究』, 정음사.

27. 洪起文(1946), 『正音發達史』, 서울신문사.

28. 洪允杓(1993), 『國語史 文獻資料 研究』, 太學社.

29. _____(1994), 『近代國語研究』(I), 태학사.

30. _____(1995), 『17세기 국어사전』(상.하), 한국정신문화 연구원편집, 太學社.

31. Maurice Courant(1901), 『Bibliographie Coreenne』, Translated by Lee, Hee Jae (1994), ILCHOKAK, PHUBLISHERS, Seoul Korea.

III. 論 文

01. 姜順愛(1982), 『朝鮮英祖朝의 圖書編撰 및 刊行에 관한 研究』, 성균관대학교 대학원.

02. 權熙昇(1981), 『湖南 坊刻本에 관한 研究』, 성균관대학교 대학원.

03. 金戊祚(1959), 「諺文學考」, 『國語國文學』 21, 國語國文學會.

04. 金敏洙(1955), 「合用竝書音價論」, 『국어국문학』 13, 國語國文學會.

05. 김상대(1987), 「구결문의 설정에 대하여」, 『국어학』 16.

06. 金永德(1952), 「諺解와 飜譯」, 『國語國文學』 1·2·3, 國語國文學會.

07. 金完鎭(1975), 「飜譯 朴通事와 朴通事諺解의 比較研究」, 『東洋學』 5집, 단국대.

08. _____(1978), 「朱點本 重刊老乞大諺解에 대하여」, 『규장각』 2집, 서울대도서관.

09. _____(1992), 「重刊老乞大諺解의 研究」, 『韓國文化』 13, 서울대한국문화연구소.

10. 金重鎭(1986), 『近代國語 표기법 研究』, 圓光大學校 博士學位論文.

11. 金忠孝(1988), 『성경직히광익과 독립신문의 국어학적 비교고찰』, 한양대한국문화연구소.

12. 金泰琨(1981), 「小學諺解의 國語學的研究」, 『語文研究』 30, 語文研究會.

13. 金海正(1986), 「孝經諺解 研究」, 『전주우석대 논문집』 제8집, 전주우석대학교.

14. 金海正(1993), 「警民編諺解 研究」, 『韓國言語文學』 제31집, 韓國言語文學會.

15. 金興洙(1991), 「使動主의 原因性」, 『國語學의 새로운 認識과 展開』, 서울대학교 대학원 국어연구회 편, 民音社.

16. 南豊鉉(1968), 「十五世紀 諺解文獻에 나타난 正音表記의 中國系 借用語辭 考察」, 『國語國文學』 39 · 40.

17. 南豊鉉(1971), 「15세기문헌에 나타난 중국어의 문법적 영향과 호응관계」, 『한양대논문집』 5.

18. 孟澤永(1979), 「諺解書의 史的 考察」, 『청주교육대학노문집』 15.

19. 徐鍾學(1989), 「經書釋義에 대한 書誌 및 國語學的 考察」, 『人文研究』 11집 1호, 嶺南大 人文科學 研究所.

20. 宋 敏(1976), 「19世紀 天主教 資料의 國語學的 考察」, 『國語國文學』 72, 73합집, 國語國文學會.

21. 沈在箕(1989), 「漢字語收容에 關한 通時的 研究」, 『國語學』 18, 國語學會.

22. 安秉禧(1973), 「中世國語 研究資料의 性格에 대한 研究」, 『語學研究』 第9卷 1號, 서울대학교 어학연구소.

23. 安秉禧(1983), 「世祖의 經書口訣에 대하여」, 『奎章閣』 7, 서울대도서관.

24. _____(1985), 「諺解의 史的 考察」, 『민족문화』 11, 민족문화추진회.

25. _____(1985), 「孝經諺解와 孝經口訣」, 『歷史言語學』, 金芳漢先生 回甲紀念論文集.

26. 여찬영(1984), 「諺解文에 대하여」, 『國文學研究』 8, 曉星女大 國文學科.

27. 여찬영(1987), 『經書類 諺解의 飜譯學的 研究』, 延世大 博士學位論文.

28. 李基文(1960), 「小學諺解에 대하여」, 『한글』 127호, 한글학회.

29. _____(1978), 「漢字의 釋에 관한 研究」, 『東亞文化』 11, 서울대 東亞文化研究所.

30. 李秉岐(1966), 「韓國書誌의 研究」, 『가람文選』, 新丘文化社.

31. 李崇寧(1966), 「15世紀 文獻의 文體論的 考察」, 『가람 李秉岐博士頌壽論文集』, 三和出版社.

32. _____(1971), 「17世紀 國語의 音韻史的 考察」, 『東洋學』 1집, 단국대 東洋

學研究所.

33. _____(1972), 「17世紀 初期 國語의 形態論的 考察」, 『東洋學』 2집, 단국대 東洋學研究所.

34. _____(1972), 「大學諺解의 栗谷本과 官本과의 比較研究」, 『世宗大王의 學問과 思想』, 亞細亞文化社.

35. _____(1973), 「小學諺解의 戊寅本과 校正廳本의 比較研究」, 『震檀學報』 36, 震檀學會.

36. _____(1975), 「諺解의 古典的 價値」, 『民族文化』 創刊號.

37. _____(1978), 「諺解事業의 時代的 傾向에 대하여」, 『民族文化』 4, 민추.

38. 李承旭(1971), 「18世紀 國語의 形態論的 特徵」, 『東洋學』 1집, 단국대 東洋學研究所.

39. 이영애(1986), 『飜譯小學과 小學諺解의 比較研究』, 효성여대 석사논문.

40. 李鍾徹(1977), 「校正廳本 諺解 表記에 있어서의 몇 가지 考察」, 『心岳李崇寧先生古稀紀念論叢』, 刊行委員會.

41. 李鍾徹(1978), 「校正廳本 小學諺解와 『四書諺解』의 表記에 대하여」(1), 『國語 敎育』33, 韓國國語敎育研究會.

42. 李忠九(1990), 『經書諺解研究』, 성균관대 대학원 박사학위논문.

43. 임명선(1979), 「小學諺解의 國語學的 整理」, 『수련어문논집』 7, 부산대 국어국문학과.

44. 임명선(1981), 『小學諺解의 造語論的 研究』, 동아대 석사논문.

45. 田光鉉(1988), 「17世紀國語의 接尾派生語에 대하여」, 『東洋學』 18집, 檀國大 東洋學研究所.

46. 趙婷化(1986), 『朝鮮朝의 嶺南觀察營本에 관한 書誌的 研究』, 성균관대 대학원.

47. 崔泰榮(1976), 「硬音表記考」, 『전북대학교 논문집』 18.

48. _____(1991), 「初期飜譯聖經研究」IV, 『國語學의 새로운 認識과 展開』, 서울대 대학원 국어연구회 편.

49. 韓榮均(1987), 「孟子諺解 異本考」, 『울산어문논집』 3, 울산대 국어국문학과.

50. 洪允杓(1987), 「近代國語의 語幹末子音群 表記에 대하여」, 『國語學』 16.

四書諺解 語彙

栗谷中庸(CR).內閣中庸(CK)

嘉가ᄒ고〈CR33a〉아ᄅᆞᆷ다이너기고〈CK33a〉

가비야오미〈CR60b〉輶유흠이〈CK60b〉

가온ᄃᆡ〈CR5b〉가온더〈CK5b〉

가지니라.〈CR22b〉가지니라.〈CK22b〉

가지니이다.〈CR28b〉가지니라.〈CK29a〉

가지로〈CR32b〉가지로〈CK32b〉

가지오〈CR28b〉가지니라〈CK28b〉

거시면〈CR1b〉꺼시면〈CK1b〉

거시오〈CR40b〉거시오〈CK40b〉

거슬〈CR1a〉거슬〈CK1a〉

거슬〈CR7b〉니ᄅᆞᆯ(업은 이ᄅᆞᆯ)〈CK7b〉

거의〈CR52b〉거의〈CK52b〉

敬경티〈CR55a〉공경티〈CK55b〉

敬경홈과〈CR30a〉공경홈과〈CK30a〉

敬경ᄒ며〈CR24b〉공경ᄒ며〈CK24b〉

敬경ᄒ면〈CR31a〉공경ᄒ면〈CK31a〉

繼계ᄒ며〈CR33a〉니으며〈CK33a〉

高고의〈CR16a〉노픈ᄃᆡ〈CK16a〉

固고히〈CR35b〉구디〈CK36a〉

顧고ᄒ며〈CR13b〉도라보며〈CK14a〉

顧고ᄒ면〈CR13b〉도라볼디니〈CK14a〉

孔공히〈CR58b〉심히〈CK58b〉

過과ㅣ〈CR50a〉허므리〈CK50a〉

과연히〈CR37b〉과연히〈CK37a〉

愧괴티〈CR59a〉붓그럽디〈CK59a〉

交교〈CR28a〉교홈〈CK28a〉

敎교ᄒ고〈CR7b〉ᄀᆞᄅ치고〈CK7b〉

國국을〈CR33a〉나라ᄒᆞᆯ〈CK33a〉

國국이〈CR47b〉나라히〈CK47b〉

君군을〈CR13a〉님금〈CK13b〉

그〈CR10a〉그〈CK10b〉

近근ᄒ고〈CR29a〉갓갑고〈CK29a〉

近근ᄒ니이다.〈CR29a〉갓가오니라.〈CK29a〉

及급디〈CR58b〉믿디〈CK59a〉

及급ᄒ얀〈CR44b〉믿처ᄂᆞᆫ〈CK44b〉

及급ᄒ얀〈CR44b〉밈[믿?]처ᄂᆞᆫ〈CK44b〉

矜긍호ᄆᆞᆫ〈CR33a〉에엿비너김은〈CK33a〉

己긔롤〈CR15a〉몸을〈CK15a〉

기드린〈CR46a〉기둘온〈CK46b〉

ᄀᆞᄅ샤ᄃᆡ〈CR11b〉ᄀᆞᆯᄋᆞ샤ᄃᆡ〈CK11b〉

ᄀᆞ토미〈CR15b〉ᄀᆞ툼이〈CK15b〉

ᄀᆞᄐᆞ니라.〈CR16a〉ᄀᆞᆮᄂᆞ니라.〈CK16a〉

ᄀᆞᄐᆞ며〈CR16a〉ᄀᆞᆮᄐᆞ며〈CK16a〉

ᄀᆞ톤뎌.〈CR18a〉ᄀᆞᆮ톤뎌.〈CK18b〉

ᄀᆞᆮ고〈CR55a〉ᄀᆞᆮ고〈CK55b〉

ᄀᆞᆯ오ᄃᆡ〈CR16b〉ᄀᆞᆯᄋᆞᄃᆡ〈CK16b〉

ᄀᆞᆯ오미오〈CR45b〉닐움이오〈CK45b〉

ᄀᆞᆯ온〈CR28a〉ᄀᆞᆯ온〈CK28a〉

ᄀᆞᆲ〈CR53b〉ᄀᆞᆯ와〈CK54a〉

ᄀᆞᆺ다〈CR60b〉ᄀᆞᆮ다〈CK60b〉

날로〈CR58a〉날로〈CK58a〉

내〈CR49b〉내〈CK49b〉

來ᄅᆡ롤〈CR33a〉오ᄂᆞᆫ이ᄅᆞᆯ〈CK33a〉

너교믄〈CR32b〉너김은〈CK32b〉

너기고〈CR32a〉너기고〈CK32b〉

너기ᄂᆞ니라.〈CR41a〉너기ᄂᆞ니라.〈CK41a〉

너기며〈CR48a〉너기고〈CK48a〉

너비〈CR36a〉너비〈CK36a〉

네의〈CR7a〉네의〈CK7a〉

네히〈CR13a〉네헤〈CK13b〉

녀호매〈CR5b〉納납호디〈CK5b〉

녯〈CR48a〉녯〈CK48a〉

뉘〈CR57a〉뉘〈CK57b〉

能능티〈CR13b〉능티〈CK13b〉

니〈CR1b〉니〈CK1b〉

니ᄅᆞ고〈CR2a〉니ᄅᆞ고〈CK2a〉

니ᄅᆞ고〈CR37b〉닐ᄋᆞ고〈CK37b〉

니ᄅᆞ니라.〈CR11a〉닐ᄋᆞ니라.〈CK11a〉

니ᄅᆞᄂᆞ니〈CR2a〉니ᄅᆞᄂᆞ니〈CK2a〉

니ᄅᆞᄂᆞ니〈CR37b〉닐ᄋᆞᄂᆞ니〈CK38a〉

닐오디〈CR11a〉닐오디〈CK11a〉

닐오민뎌.〈CR47b〉닐옴인뎌!〈CK47b〉

닐온〈CR1a〉닐온〈CK1a〉

다〈CR2a〉다〈CK2a〉

다믓〈CR60b〉다믓〈CK60b〉

다ᄉᆞ새〈CR28a〉다ᄉᆞ새[＊五]〈CK28a〉

다삿〈CR28a〉다ᄉᆞᆺ〈CK28a〉

大대經경을〈CR56b〉큰經경을〈CK56b〉

大대本본을〈CR56b〉큰本본을〈CK56b〉

大대夫부ㅣ〈CR22b〉태위〈CK22b〉

大대夫부ㅣ되고〈CR22a〉태위되고〈CK22b〉

大대夫부ㅣ며〈CR22a〉태우와〈CK22b〉

大대夫부의게〈CR22b〉태우에〈CK22b〉

大대케〈CR60b〉크게〈CK60b〉

大대훈〈CR54a〉큰〈CK54a〉

더브러〈CR38b〉더브러〈CK39a〉

더피여잇고〈CR44b〉覆부희연ᄂᆞ니라.〈CK44b〉

뎌의〈CR52a〉뎌에〈CK52b〉

도라〈CR15b〉도라〈CK16a〉

篤독띠〈CR37a〉도탑디〈CK37a〉

독실히〈CR36a〉도타이〈CK36a〉

되고〈CR22b〉되고〈CK22b〉

되ᄂᆞ니〈CR51b〉되ᄂᆞ니〈CK52a〉

되ᄂᆞᆫ디라〈CR52a〉되ᄂᆞᆫ디라.〈CK52a〉

되며〈CR52a〉되며〈CK52a〉

되면〈CR22a〉되얏거든〈CK22b〉

되시고〈CR18b〉되시고〈CK19a〉

되시니〈CR20b〉삼으시니〈CK20b〉

된〈CR45b〉된〈CK45b〉

됴히〈CR48a〉됴히〈CK48a〉

두나〈CR49a〉이시나〈CK49a〉

두샤〈CR18b〉두샤〈CK19a〉

두샤디〈CR21a〉두샤디〈CK21a〉

둘者쟈ㅣ〈CR52b〉둘者쟈ㅣ〈CK52b〉

듯ᄂᆞᆫ〈CR56a〉인ᄂᆞᆫ〈CK56a〉

듣디〈CR1b〉듣디〈CK1b〉

登등ᄒᆞ기〈CR16a〉오ᄅᆞ리〈CK16a〉

ᄃᆞᆺᄒᆞ니라.〈CR17b〉ᄃᆞᆺᄒᆞ니라.〈CK18a〉

ᄃᆞᆺᄒᆞ며〈CR17b〉ᄃᆞᆺᄒᆞ며〈CK18a〉

디〈CR14b〉디〈CK14b〉

디〈CR14b〉디마다〈CK14b〉

리〈CR4b〉리〈CK4b〉

마디〈CR9a〉마디〈CK9a〉

마로미〈CR41a〉ᄰᆞ롬이〈CK41b〉

마로미니라.〈CR12b〉마롤디니라.〈CK12b〉

마술알리〈CR4b〉맛알리〈CK4b〉

亡망을事ᄉᆞ호디〈CR24b〉업슨이셤김을〈CK24b〉

亡망ᄒᆞ면〈CR25b〉업스면〈CK25b〉

머다〈CR12a〉멀리〈CK12a〉
머디〈CR12a〉머디〈CK12a〉
勉면티〈CR35b〉힘쓰디〈CK35b〉
明명티〈CR35a〉붉디〈CK35a〉
明명ᄒ고〈CR32a〉명ᄒ며〈CK32a〉
明명ᄒ면〈CR25a〉붉으면〈CK25a〉
모다〈CR24a〉모다〈CK24a〉
모라〈CR5b〉驅구ᄒ야〈CK5b〉
모미〈CR21a〉몸애〈CK21a〉
몯겨〈CR13b〉몯겨〈CK13b〉
몯게ᄒᄂ니라.〈CR43a〉몯ᄒᄂ니라.〈CK43a〉
몯ᄒ더〈CR17a〉몯ᄒ더〈CK17b〉
몯ᄒ매〈CR45a〉몯홈애〈CK45a〉
몯ᄒ미〈CR18a〉몯홈이〈CK18b〉
몯ᄒ믈〈CR4a〉몯홈을〈CK4a〉
몯ᄒ노니〈CR13a〉몯ᄒ노니〈CK13b〉
몯ᄒ노라.〈CR9a〉몯ᄒ노라.〈CK9a〉
몯ᄒᄂ니라.〈CR10b〉몯ᄒᄂ니라.〈CK11a〉
몯ᄒᄂ〈CR10b〉몯ᄒᄂ〈CK10b〉
몯ᄒ리니〈CR34b〉못ᄒ리라.〈CK35a〉
몯ᄒ며〈CR10b〉몯ᄒ고〈CK10b〉
몯ᄒ며〈CR13a〉몯ᄒ며〈CK13b〉
몯ᄒ면〈CR34b〉몯ᄒ면〈CK34b〉
몯ᄒ야도〈CR9a〉몯ᄒ야도〈CK9b〉
몯ᄒ얀〈CR36b〉몯ᄒ니롤〈CK36b〉
몯ᄒ다〈CR46b〉아니ᄒ다〈CK46b〉
몯홀〈CR14b〉아니홀〈CK14b〉
몯홀〈CR58b〉몯홀〈CK59a〉
몯홀거시온〈CR18a〉몯ᄒ곤〈CK18a〉
몯홀디니〈CR1b〉몯홀꺼시니〈CK1b〉
몯홀디니라.〈CR11b〉몯ᄒ리니라.〈CK11b〉
몯홀디니라.〈CR17b〉몯ᄒᄂ니라.〈CK17b〉
몯홀디니이다.〈CR27b〉

몯홀꺼시니라.〈CK27b〉
몯홀디니이다.〈CR35a〉몯ᄒ리라.〈CK35a〉
몯홀디오〈CR27a〉몯홀꺼시오〈CK27b〉
몯홀디오〈CR35a〉몯ᄒ리라.〈CK35a〉
몯홀디오〈CR49b〉몯ᄒ고〈CK49b〉
몯홀딘뎌.〈CR4b〉몯ᄒ린뎌.〈CK4b〉
몯홀시니라.〈CR4a〉몯ᄒᄂ니라.〈CK4a〉
問문을〈CR5a〉무롬을〈CK5a〉
問문티〈CR36b〉듣디〈CK36b〉
問문ᄒ며〈CR36a〉무르며〈CK36a〉
問문혼대〈CR7a〉문ᄌ온대〈CK7a〉
問문홀딘댄〈CR36b〉무를띤댄〈CK37a〉
믈읫〈CR30a〉믈읫〈CK29b〉
미처〈CR56a〉及급ᄒ야〈CK56a〉
미처ᄂ〈CR10a〉밀처ᄂ〈CK10b〉
미처ᄂ〈CR11a〉미처ᄂ〈CK11b〉
미츨〈CR48a〉미츨〈CK48a〉
民민의게〈CR5a〉빅셩의게〈CK5a〉
敏민ᄒ고〈CR26a〉샌ᄅ고〈CK26a〉
敏민ᄒ니〈CR26a〉샌ᄅ니〈CK26a〉
밋〈CR22a〉밋〈CK22b〉
바ᄂ〈CR58b〉바ᄂ〈CK59a〉
바로〈CR13b〉바로〈CK13b〉
바로뻐〈CR13a〉바로뻐〈CK13b〉
바롤〈CR24b〉바롤〈CK24b〉
바와〈CR56a〉바와〈CK56a〉
바의〈CR1b〉바에〈CK1b〉
바의〈CR56a〉바애〈CK56a〉
반ᄃ시〈CR16a〉반ᄃ시〈CK16a〉
배〈CR10a〉배〈CK10b〉
배〈CR28a〉밧〈CK28a〉
배〈CR45b〉바롤〈CK45b〉
배니〈CR25a〉배니〈CK25a〉

배니라.〈CR24a〉배니라.〈CK24a〉
배니이다.〈CR33a〉배니라.〈CK33b〉
배오〈CR23b〉배오〈CK24a〉
밴뎌.〈CR58b〉바엔뎌!〈CK59a〉
번〈CR21a〉번〈CK21a〉
伐벌호더〈CR12a〉버휴더〈CK12a〉
伐벌ᄒᆞ기여〈CR12a〉버힘이여.〈CK12a〉
辨변티〈CR37a〉분변티〈CK37a〉
辨변ᄒᆞ며〈CR36a〉분변ᄒᆞ며〈CK36a〉
辨변홀딘댄〈CR37a〉분변홀띤댄〈CK37a〉
보디〈CR1b〉보디〈CK1b〉
報보티〈CR7b〉갑디〈CK7b〉
본디〈CR59a〉相샹혼디〈CK59a〉
봄〈CR25a〉봄〈CK25a〉
父부롤〈CR13a〉아비〈CK13b〉
朋붕友우의게〈CR13b〉벋의게〈CK13b〉
비록〈CR10a〉비록〈CK10b〉
卑비로비터[**브터]〈CR16a〉ᄂᆞ존듸로브터
〈CK16a〉
볼기〈CR36a〉붉이〈CK36a〉
뼈〈CR10a〉뼈〈CK10b〉
쓰ᄂᆞᆫ디라〈CR49b〉쓰ᄂᆞᆫ디라.〈CK49b〉
쓰시니〈CR5a〉쓰시니〈CK5a〉
사롬이론디〈CR6a〉사롬이론디〈CK5b〉
事ᄉᆞㅣ〈CR34a〉일이〈CK34a〉
事ᄉᆞ롤〈CR23a〉일을〈CK23a〉
死ᄉᆞ롤事ᄉᆞ호더〈CR24b〉주근이셤김을〈CK
24b〉
死ᄉᆞ애〈CR8b〉주금애〈CK8b〉
事ᄉᆞ애稱칭케〈CR33a〉일에맛게〈CK33a〉
事ᄉᆞ티〈CR27a〉셤기디〈CK27b〉
思ᄉᆞ티〈CR35b〉싱각디〈CK35b〉
事ᄉᆞ호몰〈CR27a〉셤김을〈CK27b〉

侯ᄉᆞᄒᆞ고〈CR15b〉기둘오고〈CK15b〉
事ᄉᆞᄒᆞᄂᆞᆫ〈CR25a〉셤기ᄂᆞᆫ〈CK25a〉
使ᄉᆞᄒᆞ며〈CR32b〉브리며〈CK32b〉
思ᄉᆞᄒᆞ며〈CR36a〉싱각ᄒᆞ며〈CK36a〉
思ᄉᆞ홀딘댄〈CR27a〉싱각홀띤댄〈CK27b〉
事ᄉᆞ홈〈CR24b〉셤김〈CK24b〉
삼가〈CR36a〉삼가〈CK36a〉
上샹位위예〈CR15a〉웃位위예〈CK15a〉
上샹으로〈CR15a〉우흐로〈CK15a〉
上샹을〈CR15a〉우흘〈CK15a〉
上샹의〈CR47b〉우희〈CK47b〉
上샹의게〈CR34b〉우희〈CK34b〉
生싱을〈CR24b〉산이〈CK24b〉
서르〈CR53b〉서르〈CK54a〉
善션을〈CR33a〉어딘이롤〈CK33a〉
成셩호매〈CR28b〉일옴애〈CK29a〉
成셩ᄒᆞ샤〈CR22a〉일오샤〈CK22a〉
세〈CR49b〉세[*三]〈CK50a〉
세者쟈ᄂᆞᆫ〈CR28a〉세흔〈CK28a〉
세히니〈CR28a〉세[*三]히니〈CK28a〉
셤기기롤〈CR13a〉셤김을〈CK13b〉
送송ᄒᆞ며〈CR33a〉보내고〈CK33a〉
修슈티〈CR27a〉닷디〈CK27a〉
守슈티〈CR5b〉딕희디〈CK5b〉
修슈호더〈CR26a〉닷고더〈CK26b〉
修슈호몰〈CR27a〉닷곰을〈CK27b〉
修슈홈과〈CR30a〉닷곰과〈CK30a〉
修슈ᄒᆞᄂᆞᆫ〈CR32a〉닷ᄂᆞᆫ〈CK32a〉
修슈ᄒᆞ면〈CR30b〉닷그면〈CK31a〉
修슈혼거슬〈CR1a〉닷글쏠〈CK1a〉
修슈홀〈CR29b〉닷글〈CK29b〉
스스로〈CR40b〉스스로〈CK40b〉
스스로用용키롤〈CR48a〉自ᄌᆞ用용홈을〈CK

48a〉

스스로專젼키롤〈CR48a〉自ᄌ專젼홈을〈CK
48a〉

시러곰〈CR34b〉시러곰〈CK35a〉

시름업스니ᄂ〈CR20b〉근심업스니ᄂ〈CK20b〉

時시로ᄡᅥ〈CR33a〉ᄣᅢ로ᄡᅥ〈CK33a〉

視시ᄒᆞ야〈CR12a〉보고〈CK12a〉

身신으로ᄡᅥ〈CR26a〉몸으로ᄡᅥ〈CK26b〉

身신을〈CR26a〉몸을〈CK26b〉

身신을〈CR27a〉몸〈CK27b〉

身신의〈CR15b〉몸애〈CK16a〉

身신의〈CR35a〉몸을〈CK35a〉

臣신의게〈CR13a〉신하의게〈CK13b〉

信신티〈CR34b〉믿브디〈CK35a〉

信신티〈CR55b〉믿디〈CK55b〉

信신호미〈CR35a〉믿블미〈CK35a〉

실리여잇고〈CR44b〉載짂ᄒᆞ연ᄂ느니라.〈CK4
4b〉

失실티〈CR6a〉일티〈CK5b〉

실히〈CR57a〉진짓〈CK57a〉

十십을〈CR37a〉열번에〈CK37a〉

슬펴〈CR36a〉슬펴〈CK36a〉

ᄯᅩᄒᆞᆫ〈CR10a〉ᄯᅩᄒᆞᆫ〈CK10b〉

ᄯᅩᄒᆞᆫ〈CR16b〉ᄯᅩ〈CK16b〉

아녀〈CR35b〉아니ᄒᆞ야셔〈CK35b〉

아녀셔〈CR42b〉아니ᄒᆞ야셔〈CK43a〉

아노니〈CR4a〉아노라.〈CK4a〉

아니〈CR55b〉아니〈CK55b〉

아니니라.〈CR52b〉아니ᄒᆞ니라.〈CK52b〉

아니라.〈CR1b〉아니라.〈CK1b〉

아니리〈CR55b〉아니리〈CK55b〉

아니리오.〈CR13b〉아니ᄒᆞ리오.〈CK14a〉

아니며〈CR36b〉아니ᄒᆞ며〈CK36b〉

아니면〈CR34a〉아니ᄒᆞ면〈CK34a〉

아니면〈CR46b〉아니면〈CK46b〉

아니샤믈〈CR45b〉아니홈[＊홈]기〈CK45b〉

아니어든〈CR32a〉아니어든〈CK32a〉

아니코〈CR50a〉아니ᄒᆞ고〈CK50b〉

아니키ᄂ〈CR51b〉아니홈은〈CK51b〉

아니타〈CR12a〉아니타〈CK12a〉

아니티〈CR13b〉아니티〈CK13b〉

아니호ᄆᆞᆫ〈CR32a〉아니홈은〈CK32a〉

아니호믈〈CR12b〉아니홈을〈CK12b〉

아니ᄒᆞ〈CR4b〉아니〈CK4b〉

아니ᄒᆞ고〈CR15a〉아니ᄒᆞ고〈CK15a〉

아니ᄒᆞ니〈CR11b〉아니ᄒᆞ니〈CK11b〉

아니ᄒᆞ느니〈CR8a〉아니ᄒᆞ느니〈CK8a〉

아니ᄒᆞ랴〈CR45b〉아니냐〈CK45b〉

아니ᄒᆞ며〈CR13b〉아니ᄒᆞ며〈CK13b〉

아니ᄒᆞ며〈CR34a〉아니ᄒᆞ고〈CK34a〉

아니ᄒᆞ며〈CR47b〉아니혼디라.〈CK47b〉

아니ᄒᆞ며〈CR50a〉아닌ᄂ느니라.〈CK50b〉

아니ᄒᆞ며〈CR51a〉아니ᄒᆞ며〈CK51a〉

아니ᄒᆞ시며〈CR21a〉아니ᄒᆞ샤〈CK21a〉

아니ᄒᆞ야〈CR13b〉아니ᄒᆞ야〈CK14a〉

아니ᄒᆞ야〈CR53b〉아니ᄒᆞᆫ디라.〈CK54a〉

아닌〈CR1b〉몯ᄒᆞᆫ〈CK1b〉

아닌〈CR2a〉아닌〈CK2a〉

아닌〈CR58b〉몯ᄒᆞᆫ〈CK59a〉

아닌〈CR59b〉아니ᄒᆞᆫ〈CK60a〉

아닌ᄂ디라〈CR50a〉아니ᄒᆞᆫ디라〈CK50b〉

아닌디라〈CR43b〉아니ᄒᆞᆫ디라.〈CK43a〉

아닌디라〈CR50b〉아닌디라〈CK50b〉

아닐디니라.〈CR51a〉아니ᄒᆞ느니라.〈CK51a〉

아닐디니이다.〈CR34a〉

아니ᄒᆞ느니라.〈CK34a〉

아닐디언뎡〈CR36b〉아니홈이이실띠언뎡〈C
K36b〉
아닐디〈CR53a〉아니홈이〈CK53b〉
아닛느니라.〈CR15a〉아니ᄒᆞ느니라.〈CK15a〉
아닛느니라.〈CR50b〉아닌느니라.〈CK50b〉
아ᄂᆞ니〈CR40a〉아느니〈CK40b〉
아디〈CR5b〉아디〈CK5b〉
아디몯ᄒᆞᄂᆞᆫ〈CR10a〉아디몯ᄒᆞᄂᆞᆫ〈CK10b〉
아래로〈CR53a〉아래로ᄂᆞᆫ〈CK53a〉
아홉〈CR30a〉아홉〈CK30a〉
안ᄒᆞ로〈CR58b〉內ᄂᆡ로〈CK58b〉
안홀〈CR18b〉內ᄂᆡ롤〈CK19a〉
알거시로디〈CR10a〉알오디〈CK10b〉
알고〈CR29b〉알고〈CK29b〉
알디니〈CR40a〉아느니〈CK40a〉
알리이다.〈CR29b〉알리라.〈CK29b〉
알며〈CR40a〉알며〈CK40a〉
알면〈CR29b〉알면〈CK29b〉
알오미니라.〈CR51b〉알시니라.〈CK51b〉
알오미오〈CR51b〉알시오〈CK51b〉
愛이ᄒᆞ며〈CR24b〉ᄉᆞ랑ᄒᆞ며〈CK24b〉
兩량端단을〈CR5a〉두ᄀᆞ틀〈CK5a〉
어드며〈CR19a〉어드며〈CK19a〉
어드면〈CR6a〉어드면〈CK5b〉
어들디니라.〈CR19a〉언ᄂᆞ니라.〈CK19a〉
語어홀딘댄〈CR10b〉닐을딘댄〈CK10b〉
言언을〈CR13b〉말을〈CK14a〉
言언이〈CR34a〉말숨이〈CK34a〉
업건마ᄂᆞᆫ〈CR4b〉업건마ᄂᆞᆫ〈CK4b〉
업ᄂᆞ니〈CR56a〉업ᄂᆞ니〈CK56a〉
업ᄂᆞ니라.〈CR14b〉업ᄂᆞ니라.〈CK14b〉
업다〈CR60b〉업다〈CK61a〉
업서〈CR52b〉업슨디라.〈CK52b〉

업소매〈CR59b〉업서〈CK59b〉
업소미니라.〈CR3a〉업슴이니라.〈CK3a〉
업소믄〈CR51a〉업슴은〈CK51b〉
업스니〈CR2a〉업ᄉᆞ니〈CK2a〉
업스니〈CR50a〉업스니,〈CK50a〉
업스니라.〈CR41b〉업ᄉᆞ니〈CK41b〉
업스니라.〈CR42b〉업ᄉᆞ니라.〈CK42b〉
업스니라.〈CR55b〉업스니라.〈CK55b〉
업스며〈CR1b〉업스며〈CK1b〉
업스며〈CR52b〉업스며〈CK52b〉
업스며〈CR60b〉업ᄉᆞ며〈CK61a〉
업스면〈CR15a〉아니ᄒᆞ면〈CK15a〉
업슨디라〈CR50a〉업슨디라〈CK50b〉
업슨제〈CR47b〉업슴애〈CK47b〉
업슬디니〈CR15a〉업사리니〈CK15a〉
업슬디라.〈CR41a〉업ᄂᆞ니〈CK41a〉
업시〈CR22b〉업시〈CK22b〉
업시셔〈CR43a〉업시〈CK43a〉
업스며〈CR51a〉업ᄉᆞ며〈CK51a〉
업슴〈CR53a〉업슴〈CK53b〉
엇디〈CR13b〉엇디〈CK14a〉
說열터〈CR55b〉깃거〈CK55b〉
迎영ᄒᆞ며〈CR33a〉마ᄌᆞ며〈CK33a〉
오라니라.〈CR3b〉오라니라.〈CK3b〉
오직〈CR20b〉오직〈CK20b〉
오히려〈CR10b〉오히려〈CK10b〉
外외롤〈CR14a〉밧ᄭᅳᆯ〈CK14a〉
우ᄒᆞ로〈CR22a〉우ᄒᆞ로〈CK22a〉
우ᄒᆞ로〈CR53a〉우ᄒᆞ로ᄂᆞᆫ〈CK53a〉
遠원의〈CR16a〉먼디〈CK16a〉
遠원케〈CR11b〉멀리〈CK11b〉
遠원티〈CR11b〉머다〈CK11b〉
遠원ᄒᆞ며〈CR32a〉멀리ᄒᆞ며〈CK32b〉

月 월로〈CR32b〉 둘로〈CK33a〉
의심이〈CR51a〉 疑의ㅣ〈CK51a〉
이〈CR18a〉 이〈CK18b〉
이ᄀ튼〈CR42b〉 이러틋흔〈CK42b〉
이러티〈CR52b〉 이ᄀᆮ디〈CK52b〉
이런〈CR1b〉 이런〈CK1b〉
이런〈CR48a〉 이ᄀᆮ튼〈CK48a〉
이롤〈CR47b〉 이롤〈CK47b〉
이믜〈CR16b〉 이믜〈CK16b〉
이셔〈CR15a〉 이셔〈CK15a〉
이쇼ᄃᆞ〈CR33b〉 이시니〈CK33b〉
이쇼매〈CR52a〉 이셔〈CK52b〉
이시니〈CR10b〉 인ᄂᆞ니〈CK10b〉
이시니〈CR26a〉 이시니〈CK26b〉
이시리오.〈CR56b〉 이시리오.〈CK57a〉
이시며〈CR10a〉 이시며〈CK10b〉
이시며〈CR40a〉 이셔〈CK40a〉
이신제〈CR47b〉 이숌애〈CK47b〉
이신제롤〈CR59a〉 在지홈을〈CK59a〉
이에〈CR52b〉 이예〈CK52b〉
邇이로부터〈CR16a〉
갓가온ᄃᆡ로브터〈CK16a〉
爾이의〈CR16b〉 네의〈CK16b〉
爾이의〈CR59a〉 네〈CK59a〉
이제〈CR44a〉44b〉 이제〈CK44a〉
이젯〈CR48a〉 이젯〈CK48a〉
人인으로〈CR17b〉 사롬으로〈CK17b〉
人인으로써〈CR12a〉 사롬으로써〈CK12a〉
人인을〈CR12a〉 사롬을〈CK12b〉
人인을〈CR27b〉 사롬〈CK27b〉
人인의〈CR11b〉 사롬의게〈CK11b〉
人인의〈CR11b〉 사롬이〈CK11b〉
人인의〈CR23a〉 사롬의〈CK23a〉

人인의게〈CR15a〉 사롬의게〈CK15a〉
人인의게〈CR26a〉 사롬에〈CK26b〉
人인이〈CR10b〉 사롬이〈CK10b〉
人인이〈CR25b〉 사롬〈CK25b〉
일로써〈CR56a〉 일로써〈CK55b〉
일이〈CR34a〉 일이〈CK34a〉
一일도〈CR13a〉 ᄒᆞ나토〈CK13b〉
日일로〈CR32b〉 날로〈CK33a〉
一일言언의〈CR43a〉 흔말애〈CK43a〉
一일을〈CR37a〉 흔번에〈CK37a〉
일즉이〈CR52b〉 일쓰이〈CK52b〉
일티〈CR21a〉 일티〈CK21a〉
立립ᄒᆞ고〈CR30b〉 셔고〈CK31a〉
入입혼〈CR14b〉 든〈CK14b〉
잇〈CR17b〉 인ᄂᆞᆫ〈CK18a〉
잇거니와〈CR49b〉 잇거니와〈CK49b〉
잇거니와〈CR8b〉 인ᄂᆞ니〈CK9a〉
잇거든〈CR13b〉 잇거든〈CK13b〉
잇고〈CR40a〉 이시며〈CK40a〉
잇고〈CR52a〉 잇고〈CK52a〉
잇ᄂᆞ니〈CR39a〉 인ᄂᆞ니〈CK39a〉
잇ᄂᆞ니라.〈CR54b〉 인ᄂᆞ니라.〈CK55a〉
잇디〈CR52b〉 잇디〈CK52b〉
자바〈CR12a〉 잡아〈CK12a〉
自ᄌᆞ〈CR14b〉 스스로〈CK14b〉
子ᄌᆞ의게〈CR13a〉 아들의게〈CK13b〉
잘〈CR23a〉 善선히〈CK23a〉
쟝춧〈CR40a〉 쟝춧〈CK40a〉
絶절혼〈CR33a〉 그츤〈CK33a〉
젓ᄂᆞ니라.〈CR59b〉 威위ᄒᆞᄂᆞ니라〈CK59b〉
제롤〈CR2a〉 적을〈CK2a〉
弟졔의게〈CR13b〉 아의게〈CK13b〉
겨건디〈CR3b〉 격건디〈CK3b〉

져그니라.〈CR4b〉 젹으니라.〈CK4b〉

져근〈CR53b〉 小쇼〈CK54a〉

져글딘뎌.〈CR50a〉 져그린뎌!〈CK50a〉

存존을〈CR24b〉 인ᄂᆞ이〈CK24b〉

存존ᄒᆞ면〈CR25b〉 이시면〈CK25b〉

從죵티〈CR50a〉 좃디〈CK50b〉

從죵호리라.〈CR49b〉 조초리라.〈CK49b〉

주거도〈CR7b〉 주거도〈CK7b〉

遵준ᄒᆞ야〈CR9a〉 조차〈CK9a〉

지극ᄒᆞ매〈CR10a〉 지극홈애〈CK10b〉

지극ᄒᆞ미니라.〈CR24b〉 지극홈이니라.〈CK24b〉

지극ᄒᆞ니라.〈CR60b〉 지극ᄒᆞ니라.〈CK61a〉

지극ᄒᆞᆫ〈CR38b〉 지극ᄒᆞᆫ〈CK38b〉

지극ᄒᆞ뎌〈CR3b〉 지극ᄒᆞ뎌.〈CK3b〉

知디티〈CR27a〉 아디〈CK27b〉

知디호ᄆᆞᆫ〈CR29a〉 알옴은〈CK29a〉

知디호ᄆᆞᆯ〈CR27b〉 아롬을〈CK27b〉

知디호ᄆᆞᆯ〈CR9a〉 알옴을〈CK9b〉

至지〈CR46b〉 지극ᄒᆞᆫ〈CK46b〉

志지ᄅᆞᆯ〈CR23a〉 ᄠᅳᆮ을〈CK23a〉

至지토록〈CR8b〉 니르러도〈CK8b〉

至지ᄒᆞᄂᆞᆫ〈CR56a〉 니ᄅᆞᄂᆞᆫ〈CK56a〉

至지홀졔〈CR40a〉 니롬이〈CK40a〉

진실로〈CR46b〉 진실로〈CK46b〉

執집ᄒᆞ샤〈CR5a〉 자브샤〈CK5a〉

次ᄎᆞᄂᆞᆫ〈CR39a〉 버곰은〈CK39a〉

纘찬ᄒᆞ샤〈CR21a〉 니으샤〈CK21a〉

察찰ᄒᆞ기ᄅᆞᆯ〈CR5a〉 술핌을〈CK5a〉

天텬으로브터〈CR20a〉 하ᄂᆞᆯ로브터〈CK20a〉

天텬을〈CR15a〉 하ᄂᆞᆯ을〈CK15a〉

天텬의〈CR19a〉 하ᄂᆞᆯ의〈CK19b〉

天텬이〈CR1a〉 하ᄂᆞᆯ히〈CK1a〉

逮톄ᄒᆞᄂᆞᆫ〈CR24a〉 미치ᄂᆞᆫ〈CK24a〉

恥티ᄅᆞᆯ〈CR29a〉 붓그리[러]ᄭᅵ옴을〈CK29a〉

治티티〈CR34b〉 다ᄉᆞ리디〈CK35a〉

治티ᄒᆞ기〈CR25a〉 다ᄉᆞ림은〈CK25a〉

治티ᄒᆞ다가〈CR12a〉 다ᄉᆞ리다가〈CK12b〉

致티ᄒᆞ면〈CR2b〉 닐위면〈CK2b〉

治티홀〈CR29b〉 다ᄉᆞ릴〈CK29b〉

親친을〈CR27a〉 어버이〈CK27b〉

親친을〈CR27a〉 어버이롤〈CK27b〉

親친의게〈CR35a〉 어버의게〈CK35a〉

크고〈CR26b〉 크고〈CK26b〉

크니〈CR26b〉 크니〈CK26b〉

크다〈CR45b〉 크다〈CK45b〉

크모로도〈CR10b〉 큼애도〈CK10b〉

큰〈CR18b〉 큰〈CK18b〉

큰〈CR54a〉 大대〈CK54a〉

擇틱ᄒᆞ야〈CR35b〉 ᄀᆞᆯ히야〈CK36a〉

펴이시니〈CR25b〉 布포ᄒᆞ야이시니〈CK25b〉

下하ㅣ 되여〈CR47b〉 아래되여〈CK47b〉

下하로〈CR15a〉 아래로〈CK15a〉

下하롤〈CR15a〉 아래롤〈CK15a〉

學ᄒᆞᆨ디〈CR36b〉 비호디〈CK36a〉

學ᄒᆞᆨᄒᆞ며〈CR36a〉 비호며〈CK36a〉

學ᄒᆞᆨ홀딘댄〈CR36b〉 비홀띤댄〈CK36b〉

한거시로디〈CR44a〉 함＊多]이니〈CK44b〉

한거시로디〈CR44b〉 함이니〈CK44b〉

行ᄒᆡᆼ을〈CR13b〉 ᄒᆡᆼ실을〈CK14a〉

行ᄒᆡᆼ을力력호ᄆᆞᆫ〈CR29a〉

힘뻐行ᄒᆡᆼ홈은〈CK29a〉

行ᄒᆡᆼ이〈CR13b〉 ᄒᆡᆼ실이〈CK14a〉

호디〈CR5b〉 호디,〈CK5b〉

호매〈CR60a〉 홈애〈CK60a〉

호미〈CR11b〉 호디〈CK11b〉

호미〈CR24b〉홈이〈CK24b〉

호미아〈CR60b〉홈이아〈CK61a〉

호믄〈CR24a〉홈은〈CK24a〉

好호호믄〈CR29a〉됴히너김은〈CK29a〉

好호ᄒᆞ샤〈CR5a〉됴히너기샤디〈CK5a〉

好호ᄒᆞ시며〈CR5a〉됴히너기시고〈CK5a〉

홈〈CR16a〉홈〈CK16a〉

悔회티〈CR9b〉뉘읏디〈CK9b〉

ᄒᆞ고〈CR33a〉ᄒᆞ고〈CK33a〉

ᄒᆞ기〈CR26a〉홈이〈CK26b〉

ᄒᆞ기〈CR30a〉ᄒᆞ욤이〈CK30a〉

ᄒᆞ나히니이다.〈CR28a〉一일이니라.〈CK28b〉

ᄒᆞ니〈CR11a〉ᄒᆞ니〈CK11a〉

ᄒᆞ니라.〈CR46b〉ᄒᆞ니라.〈CK46b〉

ᄒᆞᄂᆞ니〈CR12a〉너기ᄂᆞ니〈CK12a〉

ᄒᆞ다〈CR16b〉ᄒᆞ다〈CK16b〉

ᄒᆞ디〈CR11b〉ᄒᆞ디〈CK11b〉

ᄒᆞ디아닛노라.〈CR8b〉

ᄒᆞ디아니ᄒᆞ노라.〈CK9a〉

ᄒᆞ며〈CR16b〉ᄒᆞ며〈CK16b〉

ᄒᆞ면〈CR11b〉ᄒᆞ면〈CK11b〉

ᄒᆞ미〈CR43a〉ᄒᆞ욤이〈CK43a〉

ᄒᆞ믈며〈CR18a〉ᄒᆞ믈며〈CK18a〉

ᄒᆞ시니〈CR60b〉ᄒᆞ시니라.〈CK60b〉

ᄒᆞ야〈CR17b〉ᄒᆞ야〈CK18a〉

ᄒᆞ야ᄂᆞᆯ〈CR16b〉ᄒᆞ야ᄂᆞᆯ〈CK16b〉

흔〈CR21a〉흔〈CK21a〉

흔가지니라.〈CR48b〉同동ᄒᆞ니라.〈CK48b〉

흔가지며〈CR48b〉同동ᄒᆞ며〈CK48b〉

흔〈CR45a〉一일〈CK45a〉

ᄒᆞᆯ디니이다.〈CR26b〉ᄒᆞᆯ디니라.〈CK26b〉

ᄒᆞᆯ디니이다.〈CR37a〉ᄒᆞᆯ띠니라.〈CK37a〉

ᄒᆞᆯ디오〈CR26a〉ᄒᆞ고〈CK26b〉

히여곰〈CR17b〉히여곰〈CK17b〉

大學諺解 語彙

*栗谷大學〈DR〉*內閣本大學〔DK〕

家가ㅣ〈DR-3b〉집이〈DK-3b〉
家가눈〈DR-30b〉집은〈DK-31a〉
家가를〈DR-15a〉집을〈DK-16a〉
家가롤〈DR-2b〉집을〈DK-2b〉
家가의〈DR-16b〉집의〈DK-17b〉
監감홀디어다〈DR-23b〉볼디어다〈DK-24a〉
갓가오리라〈DR-2a〉갓가오리라〈DK-2a〉
거의〈DR-27a〉거의〈DK-27b〉
見견티〈DR-14b〉보디〈DK-15a〉
ᄒ야뻐〈DR-29a〉로뻐〈DK-29b〉
호매는〈DR-7a〉ᄒ시매는〈DK-7a〉
教교홀디니라〈DR-19b〉
ᄀᄅ칠이니라〈DK-20a〉
口구로브터〈DR-27a〉입으로브터〈DK-27b〉
國국은〈DR-30b〉나라흔〈DK-31b〉
國국을〈DR-16b〉나라흘〈DK-17a〉
國국을〈DR-18a〉나라홀〈DK-18b〉
國국이〈DR-3b〉나라히〈DK-3b〉
그〈DR-10b〉그〈DK-11a〉
克극히〈DR-4b〉德덕을〈DK-4b〉
근간의〈DR-10b〉근간에〈DK-11a〉
己긔〈DR-26b〉몸이〈DK-27b〉
己긔예〈DR-18b〉몸애〈DK-19b〉
欺긔ᄒ디〈DR-12a〉소기디〈DK-l2b〉
技기〈DR-26b〉지조〈DK-27b〉
ᄀᄅ샤디〈DR-13a〉ᄀᆯᄋ샤디〈DK-13b〉

ᄀᄅ치눈〈DR-13a〉ᄀᄅ치는〈DK-13b〉
ᄀᄅ치매〈DR-11a〉ᄀᄅ치매〈DK-11b〉
ᄀᄐ니〈DR-18a〉ᄀᆮᄐ니〈DK-18b〉
ᄀᆮ디〈DR-6b〉ᄀᆮ디〈DK-6b〉
ᄀᆯ오더〈DR-10b〉ᄀᆯ오더〈DK-11a〉
ᄀᆯ온〈DR-27a〉ᄀᆯ온〈DK-28a〉
ᄀᆞᆲ〈DR-31b〉ᄀᆯ와〈DK-32a〉
ᄀᆽᄐ나〈DR-9b〉ᄀᆮᄐ나〈DK-9b〉
나날〈DR-5a〉나날〈DK-5a〉
나디〈DR-16b〉나디〈DK-17b〉
나라히나〈DR-5b〉나라히나〈DK-5b〉
나라흔〈DR-25b〉ᄂ라흔〈DK-26a〉
樂락흔〈DR-22b〉나원즐거운〈DK-23a〉
날로〈DR-5a〉날로〈DK-5a〉
날애〈DR-5a〉나래〈DK-5a〉
남ᄌᆽ티너길〈DR-27a〉남ᄀᆮ톨〈DK-27b〉
내〈DR-10b〉내의〈DK-11a〉
내〈DR-9b〉내〈DK-9b〉
너기는디라〈DR-9a〉너기느니〈DK-9a〉
너기며〈DR-26b〉ᄒ며〈DK-27b〉
너기며〈DR-9a〉너기며〈DK-9a〉
너기시고〈DR-9a〉너기고〈DK-9a〉
녜〈DR-2b〉녜〈DK-2b〉
老로롤〈DR-21a〉늘근이롤〈DK-21b〉
老로호매〈DR-21a〉
늘근이로_ᄒ욤애〈DK-21b〉
니는〈DR-30b〉이는〈DK-31a〉

니르미라〈DR-11a〉니르니라〈DK-11b〉
니르히〈DR-3b〉니르히〈DK-3b〉
니르니라〈DR-23b〉니르니라〈DK-24a〉
니르디〈DR-12b〉니르디〈DK-13a〉
니르면〈DR-11b〉니르면〈DK-12a〉
니피〈DR-19b〉닙피〈DK-20a〉
닐오디〈DR-19b〉닐오디〈DK-20a〉
닐오미오〈DR-8a〉닐옴이오〈DK-8a〉
닐온〈DR-10a〉닐온〈DK-10a〉
닐온밧〈DR-10b〉닐온밧〈DK-11a〉
닛디〈DR-8a〉닛디〈DK-8a〉
다〈DR-23a〉다〈DK-23b〉
다론〈DR-26b〉다론〈DK-27b〉
더브러〈DR-27b〉더브러〈DK-28a〉
더욱〈DR-11a〉더옥〈DK-11b〉
德덕을〈DR-4b〉능히〈DK-4b〉
뎌〈DR-8a〉뎌〈DK-8a〉
到티〈DR-11b〉니르디〈DK-12a〉
되리라〈DR-23a〉되느니라〈DK-23b〉
되얀〈DR-7a〉도여는〈DK-7a〉
되엿는니〈DR-20a〉되온이〈DK-21a〉
두면〈DR-14a〉두면〈DK-14b〉
두면〈DR-24a〉이시면〈DK-24b〉
두모론〈DR-30b〉둠으로〈DK-31b〉
두믈〈DR-26b〉둠을〈DK-27b〉
둔〈DR-18b〉둔〈DK-19b〉
둘거시라〈DR-30b〉둘디라〈DK-31b〉
둘디니라〈DR-24a〉인느니라〈DK-24b〉
둘디오〈DR-24a〉잇고〈DK-24b〉
둠곳티〈DR-26b〉둠곧티〈DK-27b〉
듯느니라〈DR-21a〉인느니라〈DK-22a〉
듯는〈DR-23a〉둗는〈DK-23b〉
得득호고〈DR-23b〉얻고〈DK-24a〉

得득호면〈DR-23b〉어드면〈DK-24a〉
둧호디라〈DR-26b〉둧혼디라〈DK-27b〉
리〈DR-4a〉리〈DK-4a〉
마로미〈DR-22a〉마롬이〈DK-22b〉
마로미니〈DR-12a〉말로미니〈DK-12b〉
마술〈DR-14b〉마슬〈DK-15a〉
만일〈DR-26b〉만일에〈DK-27a〉
말며〈DR-21b〉말며〈DK-22b〉
맛당히〈DR-23b〉맛당히〈DK-24a〉
明명코져〈DR-2b〉붉키고져〈DK-2b〉
明명호매〈DR-1a〉붉킴애〈DK-1a〉
明명호미니라〈DR-5a〉붉키미니라〈DK-5a〉
明명호다〈DR-4b〉불키다〈DK-4b〉
明명혼〈DR-4b〉붉은〈DK-4b〉
明치〈DR-11b〉붉디〈DK-12a〉
몬져〈DR-16b〉몬제[졔]〈DK-17a〉
몬져〈DR-24a〉몬져〈DK-24b〉
몬호며〈DR-14a〉몯호고〈DK-14b〉
몬게〈DR-27a〉몬게〈DK-27b〉
몬호은〈DR-8b〉몬호리로다홈온〈DK-8b〉
몬호미〈DR-28a〉몬홈이〈DK-28b〉
몬호미니라〈DR-16a〉몬홈이니라〈DK-16b〉
몬호몬〈DR-9b〉몬홈은〈DK-9b〉
몬호물〈DR-8b〉몬홈을〈DK-8b〉
몬호고〈DR-16b〉몬호고〈DK-17b〉
몬호나〈DR-17a〉몬호나〈DK-18a〉
몬호느니라〈DR-14b〉몬호느니라〈DK-15a〉
몯호리로다〈DR-8a〉몯호리로다〈DK-8a〉
몬호며〈DR-14a〉몬호고〈DK-14b〉
몬호며〈DR-14b〉몬호며〈DK-15a〉
몬호면〈DR-16a〉아니면〈DK-16b〉
몬호면〈DR-25b〉아니호면〈DK-26a〉
몯혼다〈DR-16a〉몯혼다〈DK-16b〉

몯홀것가〈DR-6b〉몯ᄒ랴〈DK-6b〉

몯홀디니〈DR-23a〉몯홀꺼시니〈DK-23b〉

몯홀디니〈DR-27a〉몯ᄒ리니〈DK-28a〉

몯홀디니라〈DR-14a〉몯ᄒᄂ니라〈DK-15a〉

몯홀디라〈DR-27a〉몯ᄒᄂ디라〈DK-28a〉

못호미〈DR-11a〉몯홈이〈DK-11b〉

務무ᄒᄂ〈DR-31a〉힘쓰ᄂ〈DK-32a〉

聞문티〈DR-14b〉듣디〈DK-15a〉

믈읫〈DR-11a〉믈읫〈DK-11b〉

美미를〈DR-15b〉아름다오믈〈DK-16a〉

ᄆ음의〈DR-26b〉ᄆ옴애〈DK-27b〉

ᄆ음이〈DR-26b〉ᄆ옴이〈DK-27b〉

ᄆ참내〈DR-8a〉ᄆ참내〈DK-8a〉

미츨디니라〈DR-28b〉믿ᄂ니라〈DK-29a〉

바로뻐〈DR-21b〉바로뻐〈DK-22b〉

바를〈DR-14a〉바롤〈DK-14b〉

바롤〈DR-2a〉바를〈DK-2a〉

바롤〈DR-6b〉바롤〈DK-6a〉

바의〈DR-15b〉바애〈DK-16a〉

바의〈DR-18b〉바애셔〈DK-19b〉

반ᄃ시〈DR-11a〉반ᄃ시〈DK-11b〉

배〈DR-18b〉배〈DK-19b〉

배니〈DR-13a〉배니〈DK-13b〉

배니라〈DR-17a〉배니라〈DK-17b〉

배라〈DR-6a〉배라〈DK-6a〉

배며〈DR-13a〉배며〈DK-13b〉

배오〈DR-17a〉배오〈DK-17b〉

보고〈DR-28a〉보고〈DK-28b〉

보기〈DR-12b〉보미〈DK-13b〉

보ᄂ〈DR-13a〉보ᄂ〈DK-13b〉

본〈DR-12b〉본〈DK-13a〉

본디〈DR-8a〉본디〈DK-8a〉

봄ᄀ티〈DR-12b〉보ᄃ시〈DK-13b〉

不블善션을〈DR-28a〉

어디디안인이를〈DK-28b〉

비로소〈DR-11a〉비로소〈DK-11b〉

비록〈DR-17a〉비록〈DK-18a〉

뻐〈DR-10b〉뻐〈DK-11a〉

쓰디〈DR-5b〉쓰디〈DK-5b〉

뿟을〈DR-10b〉뜯을〈DK-11a〉

사몰거시라〈DR-31b〉삼오미니라〈DK-32a〉

사몰디니라〈DR-4a〉삼ᄂ니라〈DK-3b〉

사몰디라〈DR-26a〉삼으라〈DK-26b〉

事ᄉ〡〈DR-1b〉일이〈DK-1b〉

事ᄉ를〈DR-18a〉일을〈DK-18b〉

辭ᄉ롤〈DR-9b〉말슴을〈DK-9b〉

使ᄉ디〈DR-21b〉브리디〈DK-22b〉

事ᄉ디〈DR-21b〉셤기디〈DK-22b〉

使ᄉ홀〈DR-17a〉브리ᄂ〈DK-17b〉

事ᄉ홀〈DR-17a〉셤기ᄂ〈DK-17b〉

散산ᄒ고〈DR-24b〉흐터디고〈DK-25a〉

散산ᄒ면〈DR-24b〉흐트면〈DK-25b〉

삼디〈DR-30b〉삼디〈DK-31b〉

삼오미니라〈DR-31a〉삼오미니라〈DK-31b〉

上샹帝뎨롤_克극히〈DR-23b〉능히_上샹帝뎨끠〈DK-24a〉

常샹티〈DR-25a〉덛덛흔디〈DK-26a〉

碩셕호믈〈DR-16a〉크믈〈DK-16b〉

善션으로뻐〈DR-25b〉어디니를뻐〈DK-26a〉

善션者쟈〡〈DR-31b〉어딘者쟈〡〈DK-32a〉

先션티〈DR-21b〉몬져〈DK-22b〉

先션티〈DR-28a〉몬져〈DK-28b〉

鮮션ᄒ니라〈DR-15b〉적으니라〈DK-16a〉

脩슈코져〈DR-2b〉닷고져〈DK-2b〉

修슈티〈DR-16a〉닷디〈DK-16b〉

修슈호매〈DR-15a〉닷금애〈DK-16a〉

脩슈호미오〈DR-8a〉 닷금이오〈DK-8a〉

脩슈호무로뻐〈DR-4a〉 닷그모로뻐〈DK-3b〉

脩슈호고〈DR-2b〉 닷고〈DK-2b〉

修슈호기〈DR-14a〉 닷금이〈DK-14b〉

脩슈혼〈DR-3b〉 닷근〈DK-3b〉

스스로〈DR-12a〉 스스로〈DK-l2b〉

시러곰〈DR-9b〉 시러곰〈DK-9b〉

視시호야도〈DR-14b〉 보아도〈DK-15a〉

身신으로뻐〈DR-29b〉 몸으로뻐〈DK-30a〉

身신을〈DR-13a〉 몸을〈DK-14a〉

身신을〈DR-14b〉 몸〈DK-15a〉

身신의〈DR-19a〉 몸애〈DK-19b〉

身신이〈DR-16a〉 몸이〈DK-16b〉

愼신티〈DR-23a〉 삼가디〈DK-23b〉

新신호매〈DR-1a〉 새롭게_홈애〈DK-1a〉

新신호거든〈DR-5a〉 새롭거든〈DK-5a〉

新신호는〈DR-5a〉 새롭는〈DK-5a〉

新신호다〈DR-5b〉 새롭나〈DK-5b〉

新신호라〈DR-5a〉 새로이호라〈DK-5a〉

新신호며〈DR-5a〉 새로이호고〈DK-5a〉

愼신홀디니〈DR-24a〉 삼가느니〈DK-24b〉

愼신홀디니라〈DR-12a〉 삼가느니라〈DK-l2b〉

失실호몰〈DR-23b〉 일홈을〈DK-24a〉

失실호면〈DR-23b〉 일호면〈DK-24a〉

失실홀디니라〈DR-29a〉 일ㄹ느래失〈DK-29b〉

心심을〈DR-14a〉 모음을〈DK-14b〉

心심의〈DR-14a〉 모음애〈DK-14b〉

心심이〈DR 13b〉 모음이〈DK-14a〉

또〈DR-5a〉 또〈DK-5a〉

또혼〈DR-25a〉 또혼〈DK-25b〉

쑨〈DR-27a〉 쑨이〈DK-27b〉

씀이오라〈DR-11a〉 뿜이오라〈DK-12a〉

아녀〈DR-16b〉 아니호야셔〈DK-17b〉

아노소니〈DR-6b〉 아도소니〈DK-6a〉

아니니〈DR-30a〉 아니니〈DK-30b〉

아니니라〈DR-17b〉 아니호니라〈DK-18a〉

아니며〈DR-30a〉 아니며〈DK-30b〉

아니면〈DR-27a〉 안이면〈DK-27b〉

아니오〈DR-19a〉 몯홀꺼시오〈DK-19b〉

아니코〈DR-30b〉 아니호고〈DK-31b〉

아니타〈DR-23b〉 아니타〈DK-24a〉

아니타〈DR-25a〉 아닌ㄴ다〈DK-26a〉

아니티〈DR-23a〉 아니티〈DK-23b〉

아니호고〈DR-30b〉 아니호고〈DK-31a〉

아니호느니〈DR-21a〉 아니호느니〈DK-22a〉

아니호면〈DR-14b〉 아니면〈DK-15a〉

아니홀디니〈DR-30b〉 아니호느니〈DK-31b〉

아닌〈DR-11a〉 아닌〈DK-11b〉

아닌〈DR-23b〉 아니호야신〈DK-24a〉

아닌디라〈DR-20a〉 아니혼디라〈DK-21a〉

아닌이〈DR-11a〉 아님이〈DK-11b〉

아닌者쟈ㅣ〈DR-30a〉 아니니〈DK-30b〉

아닐〈DR-30a〉 아닐〈DK-30b〉

아닐배〈DR-12b〉 아닐바〈DK-13a〉

아님이〈DR-11a〉 아님이〈DK-12a〉

아님이〈DR-11b〉 아니미〈DK-12a〉

아닛느니〈DR-17a〉 아니호느니〈DK-18a〉

아닛는디라〈DR-18b〉 아니호느니〈DK-19b〉

아는〈DR-11a〉 아는〈DK-11b〉

아디〈DR-14b〉 아디〈DK-15a〉

惡악을〈DR-15b〉 사오나옴을〈DK-16a〉

안〈DR-1b〉 안〈DK-1b〉

알〈DR-15b〉 알〈DK-16a〉

알며〈DR-15b〉 알며〈DK-16a〉

알면〈DR-2a〉 알면〈DK-2a〉

알오미니라〈DR-9b〉아롬이니라〈DK-9b〉

愛이ᄒᆞ며〈DR-27b〉ᄉᆞ랑ᄒᆞ며〈DK-28b〉

言언이〈DR-25a〉말이〈DK-25b〉

揜엄ᄒᆞ고〈DR-12b〉ᄀᆞ리오고〈DK-13b〉

업게〈DR-11a〉업게〈DK-12a〉

업게〈DR-9b〉업게〈DK-9b〉

업고〈DR-11a〉업고〈DK-11b〉

업스나〈DR-26b〉업스나〈DK-27b〉

업스니라〈DR-5b〉업ᄂᆞ니라〈DK-5b〉

업스리니〈DR-31b〉업스리니〈DK-32a〉

업스며〈DR-4a〉否부ᄒᆞ며〈DK-4a〉

업슨〈DR-19a〉업슨〈DK-19b〉

업슨디라〈DR-16b〉업스니〈DK-17b〉

업시〈DR-12b〉업시〈DK-13a〉

업ᄉᆞ니〈DR-11a〉업건마ᄂᆞᆫ〈DK-11b〉

업ᄉᆞ리니〈DR-11b〉업스리니〈DK-12a〉

엇디〈DR-12b〉므서시〈DK-13b〉

엇디려뇨〈DR-31b〉엇디려뇨〈DK-32a〉

力을〈DR-11a〉힘을〈DK-12a〉

열눈의〈DR-13a〉十십目목의〈DK-13b〉

열손의〈DR-13a〉十십手슈의〈DK-13b〉

惡오코〈DR-15b〉아쳐호디〈DK-16a〉

惡오톳〈DR-12a〉아쳐홈ᄀᆞᆮ티〈DK-12b〉

惡오호미〈DR-22b〉아쳐홈이〈DK-23a〉

惡오호미니라〈DR-27b〉아쳐홈이니라〈DK-28b〉

惡오ᄒᆞᄂᆞᆫ〈DR-21b〉아쳐ᄒᆞᄂᆞᆫ〈DK-22b〉

惡오ᄒᆞ며〈DR-27a〉아쳐ᄒᆞ며〈DK-27b〉

오직〈DR-11a〉오직〈DK-11b〉

屋옥을〈DR-13a〉집을〈DK-14a〉

외다〈DR-19a〉외다〈DK-19b〉

容용티〈DR-27a〉용납디〈DK-28a〉

容용호미〈DR-26b〉용납홈이〈DK-27b〉

容용홀디라〈DR-27a〉

용납ᄒᆞᄂᆞᆫ디라〈DK-27b〉

우리〈DR-27a〉우리〈DK-27b〉

위〈DR-7a〉緝즙ᄒᆞ야〈DK-6b〉

遠원티〈DR-17a〉머디〈DK-18a〉

遠원티〈DR-28a〉멀리〈DK-28b〉

이〈DR-10a〉이〈DK-10a〉

이〈DR-22a〉이를〈DK-22b〉

이런〈DR-18b〉이런〈DK-19b〉

이런故고로〈DR-5b〉이런故고로〈DK-5b〉

이쇼미니라〈DR-14b〉이숌이니라〈DK-15a〉

이숌을〈DR-11a〉이쇼믈〈DK-11b〉

이시니〈DR-15b〉이시니〈DK-16b〉

이시린뎌〈DR-27a〉이시린뎌!〈DK-27b〉

이시며〈DR-1a〉이시며〈DK-1a〉

이실디니〈DR-1b〉인ᄂᆞ니〈DK-1b〉

이실디라도〈DR-31b〉이시나〈DK-32a〉

이에〈DR-24a〉이예〈DK-24b〉

爾이를〈DR-23a〉너를〈DK-23b〉

易이티〈DR-23b〉쉽디〈DK-24a〉

人인〈DR-9b〉사ᄅᆞᆷ과〈DK-9b〉

人인으로ᄡᅥ〈DR-6b〉사ᄅᆞᆷ이오〈DK-6b〉

人인을〈DR-16b〉사ᄅᆞᆷ을〈DK-17b〉

人인을〈DR-19a〉사ᄅᆞᆷ의게〈DK-19b〉

人인을〈DR-24a〉사ᄅᆞᆷ이〈DK-24b〉

人인의〈DR-12b〉사ᄅᆞᆷ의〈DK-13b〉

人인의게〈DR-19a〉사ᄅᆞᆷ의게〈DK-19b〉

人인이〈DR-15a〉사ᄅᆞᆷ이〈DK-16a〉

一ᄐᆞᆯ애〈DR-11a〉ᄒᆞᄅᆞ아춤의〈DK-12a〉

일로ᄡᅥ〈DR-11a〉일로ᄡᅥ〈DK-11b〉

일우ᄂᆞ니〈DR-16b〉이ᄂᆞ니〈DK-17b〉

一일家가ㅣ〈DR-17b〉ᄒᆞᆫ집이〈DK-18b〉

一일介개〈DR-26b〉ᄒᆞᆫ낫〈DK-27a〉

一일國국이〈DR-17b〉 흔 나라히〈DK-18b〉

一‧일言언이〈DR-18a〉 흔 말이〈DK-18b〉

一‧일人인이〈DR-17b〉 흔 사룸이〈DK-18b〉

일즉〈DR-10b〉 일즉〈DK-11a〉

임의〈DR-11a〉 이믜〈DK-11b〉

入입ᄒ며〈DR-25a〉 들고〈DK-25b〉

入입흔〈DR-25a〉 든〈DK-25b〉

잇고〈DR-1b〉 잇고〈DK-1b〉

잇ᄂ니〈DR-11a〉 인ᄂ니〈DK-11b〉

잇ᄂ니라〈DR-19a〉 인ᄂ니라〈DK-20a〉

잇ᄂ〈DR-26b〉 인ᄂ〈DK-27b〉

잇ᄂ지라〈DR-11a〉 인ᄂ〈DK-11b〉

잇다〈DR-10b〉 잇다〈DK-11a〉

잇디〈DR-14b〉 잇디〈DK-15a〉

잇지〈DR-11a〉 잇디〈DK-11b〉

者쟈ᄂ〈DR-31a〉 이ᄂ〈DK-32a〉

長댱을〈DR-21a〉 얼운을〈DK-21b〉

長댱호매〈DR-21a〉

얼운으로_ᄒᆞᆷ애〈DK-21b〉

著뎌ᄒᄂ니〈DR-12b〉 나타내ᄂ니〈DK-13b〉

제〈DR-23b〉 제〈DK-24a〉

齊졔코져〈DR-2b〉 ᄀᄌᆞ기ᄒ고져〈DK-2b〉

齊졔티〈DR-16a〉 ᄀᄌᆞ기ᄒ디〈DK-16b〉

齊졔호매〈DR-19a〉 ᄀᄌᆞ기홈애〈DK-20a〉

齊졔ᄒ고〈DR-2b〉 ᄀᄌᆞ기ᄒ고〈DK-2b〉

齊졔ᄒ고〈DR-3b〉 ᄀ즉ᄒ고〈DK-3b〉

齊졔ᄒ기〈DR-15a〉 ᄀᄌᆞ기홈이〈DK-16a〉

齊졔흔〈DR-3b〉 ᄀ즉흔〈DK-3b〉

齊졔혼다〈DR-16b〉

ᄀᄌᆞ기홀꺼시라〈DK-17a〉

從죵티〈DR-18b〉 좃디〈DK-19b〉

終죵티몯홀〈DR-30a〉 못디몯홀〈DK-30b〉

從죵ᄒ니〈DR-18b〉 조츠니〈DK-19b〉

從죵ᄒ며〈DR-18b〉 좃고〈DK-19a〉

峻쥰흔〈DR-23b〉 큰〈DK-24a〉

지극흔〈DR-8b〉 지극흔〈DK-8b〉

志지를〈DR-9b〉 ᄠ들〈DK-9b〉

至지홀디라〈DR-31b〉 니룰디라〈DK-32a〉

진실로〈DR-27a〉 진실로〈DK-27b〉

盡진티〈DR-9b〉 다ᄒ디〈DK-9b〉

지죄〈DR-26b〉 지죄〈DK-27b〉

察찰티〈DR-30b〉 술펴디〈DK-31a〉

天텬의〈DR-4b〉 하ᄂᆯ〈DK-4b〉

瞻쳠혼다〈DR-23a〉 본다〈DK-23b〉

聽텽ᄒ기〈DR-9b〉 드롬이〈DK-9b〉

聽텽ᄒ야도〈DR-14b〉 드러도〈DK-15a〉

畜휵디〈DR-30b〉 치다〈DK-31a〉

畜휵ᄒᄂ〈DR-30b〉 치ᄂ[畜:기를휵]〈DK-31a〉

出츌ᄒᄂ니라〈DR-25a〉 나ᄂ니라〈DK-25b〉

出츌흔〈DR-25a〉 난〈DK-25b〉

聚취ᄒᄂ니라〈DR-24b〉 못ᄂ니라〈DK-25b〉

聚취ᄒ면〈DR-24b〉 모드면〈DK-25a〉

治티코져〈DR-2b〉 다스리고져〈DK-2b〉

治티호매〈DR-21a〉 다스림애〈DK-21b〉

治티ᄒ고〈DR-2b〉 다스리고〈DK-2b〉

治티ᄒ고〈DR-3b〉 다술고〈DK-3b〉

治티ᄒ기〈DR-16b〉 다스리미〈DK-17a〉

治티ᄒ기〈DR-20b〉 다스림이〈DK-21a〉

治티흔〈DR-3b〉 다순〈DK-3b〉

治티홀〈DR-4a〉 다술〈DK-4a〉

츌히〈DR-30b〉 츌하리〈DK-31b〉

크게〈DR-9b〉 크게〈DK-9b〉

큰〈DR-28b〉 큰〈DK-29b〉

殆티ᄒ뎌나〈DR-27a〉 위티ᄒ린뎌!〈DK-28a〉

텟〈DR-5b〉 녯〈DK-5b〉

土토를〈DR-24a〉 짜히〈DK-24b〉

式특디〈DR-20a〉 그르디〈DK-21a〉

賢현을〈DR-28a〉 어디니롤〈DK-28b〉

호디〈DR-12b〉 호더〈DK-13a〉

호미〈DR-12a〉 홈이〈DK-l2b〉

호미니〈DR-9b〉 홈이니〈DK-9b〉

호묜〈DR-12a〉 홈은〈DK-l2b〉

호묜〈DR-14a〉 홈은〈DK-14b〉

好호코〈DR-15b〉 됴히너교디〈DK-16a〉

好호코〈DR-29b〉 됴히너기고〈DK-30b〉

好호티〈DR-29b〉 됴히너기디〈DK-30b〉

好호톳〈DR-12a〉 됴히너김곧티〈DK-l2b〉

好호호미〈DR-26b〉 됴히너기미〈DK-27b〉

好호ᄒ고〈DR-22b〉 됴히너기며〈DK-23a〉

好호ᄒᄂ〈DR-18b〉 됴히너기ᄂ〈DK-19b〉

好호ᄒᄂ〈DR-22b〉 됴하ᄒᄂ〈DK-23a〉

홈도〈DR-31b〉 홈이〈DK-32a〉

홈은〈DR-10b〉 홈은〈DK-11a〉

후에〈DR-2a〉 후에〈DK-2a〉

후졔〈DR-12b〉 后후에〈DK-13a〉

后후애〈DR-17b〉 후에〈DK-18a〉

ᄒ고〈DR-12a〉 ᄒ며〈DK-l2b〉

ᄒ논다니〈DR-12b〉 ᄒ니〈DK-13b〉

ᄒ니〈DR-17a〉 ᄒ니〈DK-18a〉

ᄒ니라〈DR-16a〉 ᄒ니라〈DK-16b〉

ᄒᄂ니〈DR-11a〉 ᄒᄂ니〈DK-12a〉

ᄒᄂ〈DR-2b〉 ᄒᄂ〈DK-2b〉

ᄒ다가〈DR-12b〉 ᄒ다가〈DK-13a〉

ᄒ도다〈DR-6a〉 ᄒ니라〈DK-6a〉

ᄒ며〈DR-2a〉 ᄒ며〈DK-2a〉

ᄒ면〈DR-27a〉 ᄒ면〈DK-27b〉

ᄒ샤몰〈DR-9a〉 ᄒ샤믈〈DK-9a〉

ᄒ시니〈DR-9b〉 ᄒ시니〈DK-9b〉

ᄒ신대〈DR-18b〉 ᄒ신대〈DK-19a〉

ᄒ야〈DR-24b〉 ᄒ야〈DK-25a〉

ᄒ야놀〈DR-6a〉 ᄒ야놀〈DK-6a〉

ᄒ여곰〈DR-11a〉 ᄒ여곰〈DK-11b〉

흔굴곧티〈DR-4a〉 흔굴곧티〈DK-3b〉

흔대〈DR-18b〉 흔대〈DK-19a〉

홀〈DR-2a〉 홀〈DK-2a〉

홀딘뎌〈DR-9b〉 ᄒ린뎌〈DK-9b〉

홀진댄〈DR-10b〉 홀딘댄〈DK-11a〉

ᄒ샹〈DR-29a〉 덛덛이〈DK-30a〉

히여곰〈DR-27a〉 ᄒ여곰〈DK-27b〉

孟子諺解 語彙

栗谷本〔MR〕과 内閣本〔MK〕의 語彙

가〈MR1-16a〉往왕ᄒ야〈MK1-16b〉

가〈MR1-35b〉--------------

가〈MR1-62a〉가〈MK2-24b〉

가〈MR1-78b〉之지ᄒ샤〈MK2-41a〉

두믈〈MR3-49b〉둠을〈MK6-11a〉

커니와〈MR4-68b〉ᄒ니라.〈MK8-30a〉

커든〈MR5-58a〉ᄒ곤〈MK10-21a〉

ᄯ롬을〈MR1-28b〉ᄯ롬인주롤〈MK1-29a〉

가거늘〈MR6-40b〉가더니〈MK12-10b〉

가놀고〈MR1-52b〉觀관ᄒ야〈MK2-15a〉=??

가니〈MR4-77a〉之지ᄒ니〈MK8-38b〉

가니〈MR5-40b〉가니〈MK9-41b〉

가ᄂ뇨?〈MR1-21a〉가ᄂ뇨?〈MK1-21b〉

가ᄂ니〈MR2-44a〉去거ᄒᄂ니〈MK4-2a〉

가ᄂ〈MR1-49a〉徂조ᄒᄂ〈MK2-12a〉

가ᄂ〈MR4-44a〉往왕ᄒᄂ〈MK8-5a〉

가ᄂ〈MR4-76b〉가ᄂ〈MK8-38b〉

가ᄂ〈MR4-76b〉之지ᄒᄂ〈MK8-38b〉

가ᄂ디라.〈MR1-36b〉之지ᄒᄂ〈MK1-37a〉

가ᄂ者재**쟤ㅣ〈MR2-56b〉

간者쟤ㅣ〈MK4-15a〉

가ᄂ者쟤ㅣ〈MR1-72b〉

歸귀ᄒᄂ者쟤ㅣ〈MK2-35b〉

가데이다.〈MR5-10a〉

逝셔ᄒ더이다.〈MK9-10b〉

가디〈MR3-41a〉往왕티〈MK6-2a〉

가ᄃ ᄒ더라.〈MR1-81a〉歸귀톳ᄒ더라.〈MK2-44a〉

가라〈MR5-2b〉耕경[**경?]ᄒ야〈MK9-2b〉

가리오?〈MR4-25a〉가리오?〈MK7-25b〉

가며〈MR1-45b〉往왕ᄒ며〈MK2-8a〉

가며〈MR5-24a〉가며〈MK9-24b〉

가며〈MR5-26b〉가〈MK9-27a〉

가믄〈MR3-41a〉往왕ᄒ욤앤〈MK6-2b〉

가보디〈MR1-83b〉往왕見견티〈MK2-46b〉

가보디〈MR5-66a〉가見견티〈MK10-31a〉

가보리니〈MR3-35b〉往왕ᄒ야見견호리니〈MK5-36a〉

가봄은〈MR5-66a〉가見견홈은〈MK10-31a〉

가비야이〈MR3-52b〉輕경히〈MK6-14a〉

가샤〈MR2-55b〉之지ᄒ샤〈MK4-14a〉

가샤〈MR5-1a〉往왕ᄒ샤〈MK9-1a〉

가샤〈MR7-26a〉가더시니〈MK13-32b〉

가샤〈MR7-50b〉가샤〈MK14-22a〉

가셔〈MR4-77a〉가〈MK8-38b〉

가셔〈MR6-44b〉가샤〈MK12-15b〉

가시니〈MR2-69b〉歸귀ᄒ시니〈MK4-28b〉

가시다.〈MR5-30a〉歸귀ᄒ시니라.〈MK9-30b〉

가시믄〈MR5-2a〉往왕ᄒ심은〈MK9-2b〉

가실〈MR1-82a〉之지ᄒ시는〈MK2-45b〉

가실〈MR1-82b〉之지ᄒ실〈MK2-45b〉

가실시〈MR3-1a〉갈씨〈MK5-1a〉

가온대〈MR5-32a〉가온대〈MK9-33a〉

가온대셔〈MR1-73b〉가온대〈MK2-36b〉

가온대셔〈MR6-64a〉中즁애〈MK12-40b〉

가온대셔〈MR6-64a〉中즁애셔〈MK12-40b〉

가온디〈MR7-10a〉가온디〈MK13-12b〉

가온대〈MR5-33a〉가온대〈MK9-33b〉

가자더시니〈MR2-48a〉가宿슉ᄒᆞ더시니〈MK4-7a〉

가져〈MR3-75a〉將쟝ᄒᆞ야〈MK6-37b〉

가져〈MR5-57a〉越월ᄒᆞ야〈MK10-19b〉

가치니〈MR1-73b〉征졍ᄒᆞ시니〈MK2-36b〉

각각〈MR7-37a〉각각〈MK14-5a〉

諫간홈이〈MR5-40b〉

干간홈이〈MK9-41b〉==??

간디〈MR2-5b〉歸귀홈이〈MK3-5b〉

간者쟈ㅣ〈MR1-76a〉

之지흔者쟈ㅣ〈MK2-39a〉

갈디니라.〈MR6-45b〉

갈꺼실쎠니라.〈MK12-16b〉

갈디라도〈MR3-33b〉適뎍ᄒᆞ야도〈MK5-34b〉

갈며〈MR1-15a〉耕경ᄒᆞ며〈MK1-15b〉

갈배〈MR5-3b〉歸귀홀빼〈MK9-3b〉

감당타〈MR1-68a〉勝승혼다〈MK2-30b〉

감당티〈MR1-68a〉勝승티〈MK2-30b〉

갑시〈MR3-33b〉賈가ㅣ〈MK5-34b〉

갓가오릴시〈MR3-27a〉近근ᄒᆞ릴시〈MK5-27b〉=??

갓가온디〈MR4-22a〉爾이예〈MK7-22b〉

갓더니〈MR4-35b〉갓더니〈MK7-36a〉

去거ᄒᆞ기롤엇디〈MR4-72b〉

엇디去거티〈MK8-34b〉

거느려〈MR2-32a〉率솔ᄒᆞ야〈MK3-32b〉

거믄고놀거시눌〈MR5-8b〉

琴금ᄒᆞ거시눌〈MK9-8b〉

거스로뼈〈MR5-10b〉거ᄉ로뼈〈MK9-10b〉

거스리〈MR3-66b〉거스리〈MK6-28b〉

거스리行ᄒᆡᆼ홈을〈MR6-60a〉逆역行ᄒᆡᆼ홈을〈MK12-35a〉

거슬〈MR5-57a〉거술〈MK10-19b〉

거슬〈MR5-58a〉꺼슬〈MK10-21a〉

거슬〈MR7-33a〉꺼슬〈MK13-41b〉

거시〈MR4-27b〉거시〈MK7-28a〉

거시〈MR5-4b〉꺼시〈MK9-5a〉

거시〈MR6-30b〉거술〈MK11-38b〉

거시〈MR6-3b〉거슬〈MK11-4a〉

거시니〈MR2-64a〉꺼시니〈MK4-22b〉

거시라〈MR1-65b〉개[**꺼기라〈MK2-28a〉

거시라〈MR1-65b〉꺼시라〈MK2-28a〉

거시라〈MR1-81a〉거시라.〈MK2-44b〉

거시라〈MR5-44a〉호리라〈MK10-3b〉

거시며〈MR2-64a〉꺼시며〈MK4-22b〉

거신둘〈MR6-17a〉거신둘〈MK11-21b〉

거술〈MR3-78a〉거슬〈MK6-40b〉

거술〈MR7-2b〉者쟈를〈MK13-3a〉

거슬보되〈MR2-11a〉視시호디〈MK3-11a〉

거의〈MR1-43b〉거의〈MK2-6a〉

거의〈MR3-3a〉쟝촷〈MK5-3a〉

거의可가티아니ᄒᆞ이다〈MR4-73a〉

不블可가에거의로소이다.〈MK8-35a〉

거원뎌.〈MR1-39b〉거의린뎌〈MK2-1b〉

거원뎌.〈MR1-40a〉거의린뎌.〈MK2-2b〉

거즛〈MR5-10b〉거즛〈MK9-11a〉

건디리라〈MR1-73b〉拯증ᄒᆞ리라〈MK2-36b〉

검게ᄒᆞ야〈MR3-7a〉墨믁ᄒᆞ야〈MK5-7b〉

것가?〈MR6-24a〉껏가?〈MK11-30a〉

겨르레〈MR1-37a〉겨를에〈MK1-38a〉

겨롤ᄒᆞ야〈MR3-27b〉暇가ᄒᆞ야〈MK5-28a〉

겨샤〈MR5-8b〉겨샤〈MK9-8b〉

겨시니〈MR1-5a〉겨시니〈MK1-5a〉

겨시니잇가?〈MR4-75a〉인ᄂᆞ니잇가?〈MK8-36b〉

겨시다〈MR5-15b〉잇다〈MK9-16a〉

겨신졔〈MR6-48b〉겨시더니〈MK12-21a〉

겨을날에ᄂᆞᆫ〈MR6-8b〉冬동日일이면〈MK11-10b〉

見견코져〈MR5-13b〉보고쟈〈MK9-14a〉

견듸디〈MR4-67a〉堪감티〈MK8-28b〉

계샤〈MR7-57a〉겨샤〈MK14-30b〉

괴*그?리ᄒᆞ노니〈MR1-6b〉그리ᄒᆞ노니〈MK1-7a〉

고ㅣ니〈MR6-8a〉故고ㅣ라〈MK11-10a〉

고기롤〈MR1-24a〉肉육을〈MK1-24b〉

고듬이〈MR5-69b〉直직홈이〈MK10-35b〉

고이티〈MR4-63b〉異이티〈MK8-24a〉

고치매ᄂᆞᆫ〈MR2-68b〉

更경홈애미처ᄂᆞᆫ〈MK4-27b〉

고텨〈MR2-7a〉고텨〈MK3-7a〉

고텨〈MR7-30a〉改기ᄒᆞ며〈MK13-38a〉

고티ᄂᆞ이다.〈MR5-72a〉

易역ᄒᆞᄂᆞ니이다.〈MK10-38b〉

고티디〈MR3-73a〉易역디〈MK6-35a〉

고티디〈MR5-58a〉改기티〈MK10-20b〉

고티려〈MR3-36b〉易역호려〈MK5-37a〉

골리이되〈MR5-39a〉鶻룩ᄒᆞ야〈MK9-40a〉

곳〈MR1-22b〉곧〈MK1-22b〉

공경ᄒᆞ야〈MR5-19a〉祗지ᄒᆞ야〈MK9-19b〉

孔공子ᄌᆞ又ᄐᆞ시니ᄂᆞᆫ〈MR7-63a〉孔공子ᄌᆞᄂᆞᆫ〈MK14-38a〉

공삼디〈MR7-7b〉庸용티〈MK13-9b〉

과연히〈MR4-74b〉과연〈MK8-36b〉

狂광이라니르신배니라.〈MR7-58b〉닐ᄋᆞ신

밧狂광이니라.〈MK14-32a〉

괴롭고〈MR1-37a〉苦고ᄒᆞ고〈MK1-38a〉

괴이티〈MR2-9a〉異이티〈MK3-9a〉

괴이히〈MR1-23a〉異이히〈MK1-23b〉

괴이ᄒᆞ다〈MR2-71b〉異이ᄒᆞ다〈MK4-30b〉

教교誨회ㅣ〈MR6-65b〉아니홈은〈MK12-42b〉

구ᄒᆞ니라.〈MR3-73b〉00[**懼?]구ᄒᆞ니라.〈MK6-35b〉

구버〈MR1-36a〉俯부ᄒᆞ얀〈MK1-37a〉

구챠히〈MR6-21a〉구챠히〈MK11-26b〉

구챠히去거홈을〈MR6-49a〉

苟구去거코쟈〈MK12-21b〉

구틔여〈MR1-1b〉반ᄃᆞ시〈MK1-1b〉

ᄀᆞᆺ티〈MR4-43a〉ᄀᆞᆮ티〈MK8-4a〉

귀ㅣ〈MR6-14b〉耳이〈MK11-18a〉

귀ㅣ〈MR6-15b〉耳이ㅣ〈MK11-19a〉

귀도〈MR6-14b〉耳이도〈MK11-18a〉

귀에〈MR7-46b〉耳이ㅣ〈MK14-17a〉

귀예〈MR5-42a〉아니ᄒᆞ며〈MK10-1b〉

그〈MR1-10a〉그〈MK1-10a〉

그〈MR2-72b〉ᄀᆡ[**그?]〈MK4-31a〉

그〈MR6-12a〉에[**여?]그〈MK11-14b〉

그〈MR6-16a〉뼈그〈MK11-20b〉

그〈MR6-18b〉오직〈MK11-23b〉

그急급ᄒᆞ더〈MR3-49b〉

急급홀띤댄〈MK6-11a〉

그들과〈MR5-69b〉그入입과댜〈MK10-35a〉

그러나〈MR2-12a〉그러나〈MK3-12a〉

그러나〈MR2-75a〉그리호더〈MK4-34a〉

그러나〈MR5-54a〉그러니〈MK10-16a〉

그러니라.〈MR6-12b〉그리[**러?]ᄒᆞ니라.〈MK11-15a〉

그러니이다.〈MR3-21a〉然연ᄒᆞ다〈MK5-21b〉

그러면〈MR1-21b〉그러면〈MK1-21b〉

그러면〈MR2-23a〉그러ᄒ면〈MK3-23b〉

그러면〈MR2-2b〉그러ᄒ則즉〈MK3-2b〉

그러면〈MR2-68a〉그런[**런끠則즉〈MK4-26b〉

그러면〈MR3-23b〉그런則즉〈MK5-24a〉

그러미〈MR2-33b〉그러홈이〈MK3-34a〉

그러커니와〈MR2-71a〉然연ᄒ다〈MK4-30a〉

그러코〈MR1-10b〉그러코〈MK1-10b〉

그러코〈MR1-38b〉그러ᄒ고〈MK1-39b〉

그러타〈MR1-22a〉然연ᄒ다.〈MK1-22b〉

그러타〈MR6-3b〉그러ᄒ다.〈MK11-4b〉

그러티〈MR1-54b〉그러티〈MK2-17a〉

그러홈이〈MR6-6a〉그러홈이〈MK11-7b〉

그러ᄒ나〈MR5-13b〉그러나〈MK9-14a〉

그러ᄒ니〈MR2-36b〉그러ᄒ니〈MK3-37a〉

그러ᄒ니〈MR7-26b〉

그러케홈이니〈MK13-33b〉

그러ᄒ니라.〈MR2-68a〉然연ᄒ다〈MK4-26b〉

그러ᄒ니라.〈MR2-8b〉그러ᄒ니라.〈MK3-8b〉

그러ᄒ다.〈MR3-7a〉然연ᄒ다〈MK5-7a〉

그러ᄒ리라.〈MR4-68a〉

그러ᄒ리라.〈MK8-29b〉

그러ᄒ시니〈MR4-39a〉그러ᄒ시니〈MK7-40a〉

그러ᄒᄃ더〈MR1-29a〉그러ᄒ거니와〈MK1-30a〉

그러홀〈MR5-53a〉그러홀〈MK10-14b〉

그런〈MR2-77a〉그런〈MK4-36a〉

그런면〈MR2-19b〉그러면〈MK3-19b〉

그런後후에〈MR1-29b〉然연後후에아〈MK1-30a〉

그런後후에〈MR1-64b〉然연後후에〈MK2-27a〉

그런後후에〈MR4-36b〉후에〈MK7-37a〉

그려도〈MR6-53b〉그러나〈MK12-27a〉

그르시〈MR6-57b〉器긔ㅣ〈MK12-32a〉

그리〈MR2-62b〉그리〈MK4-21a〉

그리〈MR6-12b〉그러히〈MK11-15a〉

그리코〈MR1-52a〉그러코〈MK2-15a〉

그린〈MR1-36b〉그런〈MK1-37a〉

그린[**그런끠〈MR3-25b〉그런〈MK5-26a〉

그린後후에〈MR1-46a〉然연後후에〈MK2-8b〉

그린後후에〈MR3-3b〉後후에〈MK5-3b〉

그릿ᄂ니이다.〈MR3-22a〉

然연ᄒ다.〈MK5-22a〉

그으기〈MR7-29b〉그으기〈MK23-37a〉

그윽이〈MR2-20b〉그으긔〈MK3-21a〉

그윽이〈MR2-61b〉그으기〈MK4-20a〉

그윽이〈MR4-54b〉그윽이〈MK8-16a〉

그윽이人인의게〈MR4-55a〉

人인의게그윽이〈MK8-16b〉

그二이롤〈MR7-49a〉其기二이롤〈MK14-20b〉

그子즈ㅣ〈MR4-25a〉그子즈ㅣ〈MK7-25b〉

그쳐〈MR1-8a〉止지ᄒ야〈MK1-8a〉

그쳐괴요타〈MR5-16a〉

遏알密밀타〈MK9-16b〉

그치고〈MR1-8a〉止지ᄒ며〈MK1-8a〉

그치디〈MR1-72b〉止지티〈MK2-35b〉

그치리이다.〈MR1-74b〉止지ᄒ리이다.〈MK2-37b〉

近근ᄒ이〈MR7-3a〉갓가오니〈MK13-3b〉

근심이〈MR1-55a〉憂우ㅣ〈MK2-17b〉

글림〈MR2-8b〉解히홈〈MK3-8b〉

及급디〈MR2-74b〉밋디〈MK4-33b〉

及급지〈MR7-20b〉밋디〈MK13-26a〉

긔약ᄒ니잇가?〈MR2-1a〉

許허ᄒ시리잇가?〈MK3-1a〉

긔약ᄒᄂ니〈MR6-14b〉

期긔ᄒᆞᄂᆞ니〈MK11-17b〉
긔운이〈MR6-17b〉氣긔예〈MK11-22a〉
긔필코〈MR7-58a〉반ᄃᆞ시〈MK14-31b〉
기[**가?]샤〈MR6-44a〉가샤〈MK12-15b〉
기ᄃᆞ리니〈MR5-42b〉待ᄃᆡᄒᆞ니〈MK10-2a〉
기ᄃᆞ리디〈MR2-26a〉待ᄃᆡᄒᆞ디〈MK3-26b〉
기ᄃᆞ리디말라〈MR2-49b〉
俟ᄉᆞ티말라〈MK4-8a〉
기ᄃᆞ리리오?〈MR3-65b〉
기ᄃᆞᆯ이리오?〈MK6-27b〉
기ᄃᆞ림은〈MR7-1b〉俟ᄉᆞᄒᆞ욤은뼈〈MK13-1b〉
기ᄃᆞ리노소니〈MR1-73a〉俟ᄒᆡᄒᆞ다소니〈MK2-35b〉
기ᄃᆞ리더시다.〈MR4-53b〉
기ᄃᆞᆯ오더시다.〈MK8-15a〉
기ᄃᆞ리디〈MR3-41a〉待ᄃᆡᄒᆞ디〈MK6-2a〉
기ᄃᆞ리디〈MR5-70a〉俟ᄉᆞ티〈MK10-36a〉
기ᄃᆞ린〈MR3-64b〉기ᄃᆞᆯ인〈MK6-26b〉
기ᄃᆞ릴〈MR7-54b〉俟ᄉᆞᄒᆞᆯ〈MK14-27a〉
기ᄃᆞ릴디니〈MR4-51b〉기ᄃᆞᆯ올꺼시니〈MK8-12b〉
기르라〈MR5-10a〉畜휵ᄒᆞ라〈MK9-10a〉
기리〈MR2-29b〉기리〈MK3-30a〉
기리혀〈MR1-18b〉引인ᄒᆞ야〈MK1-19a〉
기친民민이〈MR5-18a〉遺유民민이〈MK9-18b〉
기친俗쇽과〈MR2-5b〉遺유俗쇽과〈MK3-5b〉
기픔만〈MR7-8b〉深심홈만〈MK13-10b〉
기픠〈MR1-15a〉기픠〈MK1-15b〉
길을〈MR5-69b〉路로를〈MK10-35b〉
길홀〈MR6-22b〉道도에〈MK11-28b〉
길홀〈MR6-24a〉路로롤〈MK11-30b〉
길희셔〈MR2-78a〉路로에〈MK4-37a〉

길히〈MR2-60b〉路로ㅣ〈MK4-19a〉
길히〈MR3-25b〉道도ㅣ〈MK5-25b〉
길히니〈MR4-21b〉路로ㅣ라.〈MK7-22a〉
길히니라.〈MR6-24a〉路로ㅣ니라.〈MK11-30b〉
길히오〈MR5-69b〉路로ㅣ오〈MK10-35b〉
길홀〈MR5-39b〉道도롤〈MK9-40b〉
깁디〈MR2-43b〉深심디〈MK4-2a〉
깁둧ᄒᆞ며〈MR1-71a〉深심툿ᄒᆞ며〈MK2-33b〉
깁픠〈MR4-49a〉기픠〈MK8-10a〉
깁히〈MR3-7a〉기픠〈MK5-7b〉
깃거〈MR1-24b〉說열ᄒᆞ야〈MK1-25a〉
깃거〈MR1-70a〉悅열티〈MK2-33a〉
깃거〈MR2-78b〉豫예티〈MK4-37b〉
깃거〈MR6-44a〉喜희ᄒᆞ야〈MK12-15b〉
깃거아녀〈MR2-2b〉아니ᄒᆞ야〈MK3-2b〉
깃거아녀〈MR5-67a〉悅열티아니ᄒᆞ야〈MK10-32b〉
깃거ᄒᆞ거든〈MR1-70a〉悅열ᄒᆞᆫ則즉〈MK2-33a〉
깃거ᄒᆞ거든〈MR7-61a〉悅열ᄒᆞ거든〈MK14-35a〉
깃거ᄒᆞ고〈MR7-22a〉悅열ᄒᆞ고〈MK13-27b〉
깃거ᄒᆞ기〈MR2-8b〉悅열홈이〈MK3-8b〉
깃거ᄒᆞ니〈MR1-73a〉悅열ᄒᆞ니〈MK2-35b〉
깃거ᄒᆞ다소니〈MR2-69b〉喜희ᄒᆞ더니〈MK4-28b〉
깃거ᄒᆞ더라.〈MR2-38b〉喜희ᄒᆞ더라.〈MK3-39a〉
깃거ᄒᆞ더라.〈MR3-8b〉悅열ᄒᆞ더라.〈MK5-8b〉
깃거ᄒᆞ시니〈MR5-10b〉喜희ᄒᆞ시니〈MK9-11a〉
깃거ᄒᆞ시더니잇가?〈MR5-9b〉喜희ᄒᆞ신者쟈ㅣ시니잇가?〈MK9-10a〉

깃그샤⟨MR1-56a⟩說열ᄒᆞ야⟨MK2-18b⟩
깃그샤⟨MR1-67b⟩喜희ᄒᆞ야⟨MK2-30b⟩
깃그시리오?⟨MR5-10b⟩ᄒᆞ시리오?⟨MK9-11a⟩
깃기면⟨MR4-42b⟩悅열케ᄒᆞ려ᄒᆞ면⟨MK8-3b⟩
ᄀᆞ[**ᄀᆞᆯ?]오ᄃᆡ⟨MR7-43b⟩ᄀᆞᆯ오ᄃᆡ⟨MK14-13a⟩
ᄀᆞ로ᄃᆡ⟨MR5-63a⟩ᄀᆞᆯ오ᄃᆞ⟨MK10-27a⟩
ᄀᆞᄅᆞ샤ᄃᆡ⟨MR2-67b⟩ᄀᆞᆯᄋᆞ샤ᄃᆡ⟨MK4-26b⟩
ᄀᆞᄅᆞᄃᆡ⟨MR1-1a⟩ᄀᆞᆯᄋᆞ샤ᄃᆡ⟨MK1-1a⟩
ᄀᆞᄅᆞ랴(?)ᄃᆡ⟨MR5-36a⟩ᄀᆞᆯᄋᆞ샤ᄃᆡ⟨MK9-37a⟩
ᄀᆞᄅᆞ리오?⟨MR6-43b⟩니ᄅᆞ리오?⟨MK12-14b⟩
ᄀᆞᄅᆞ샤ᄃᆡ⟨MR1-11b⟩ᄀᆞᆯᄋᆞ샤ᄃᆡ⟨MK1-11b⟩
ᄀᆞᄅᆞ샤ᄃᆡ⟨MR1-24a⟩ᄀᆞᆯ[* —ᆯ?]ᄋᆞ샤ᄃᆡ⟨MK1-24a⟩
ᄀᆞᄅᆞ샤ᄃᆡ⟨MR1-52b⟩ᄀᆞᆯ오ᄃᆡ⟨MK2-15a⟩
ᄀᆞᄅᆞ샤ᄃᆡ⟨MR1-67a⟩ᄀᆞᆯᄋᆞ샤니[ᄃᆡ?]⟨MK2-29b⟩
ᄀᆞᄅᆞ샤ᄃᆡ⟨MR2-55b⟩ᄀᆞᆯᄋᆞ샤ᄃᆡ⟨MK4-14a⟩
ᄀᆞᄅᆞ샤ᄃᆡ⟨MR5-61a⟩ᄀᆞᆯ아샤ᄃᆡ⟨MK10-24b⟩
ᄀᆞᄅᆞ샤ᄃᆡ⟨MR6-12a⟩富부ᄒᆞ⟨MK11-15a⟩
ᄀᆞᄅᆞ시ᄂᆞ니잇고⟨MR1-1b⟩니ᄅᆞ시ᄂᆞ니잇고⟨MK1-1b⟩
ᄀᆞᄅᆞ실⟨MR1-3b⟩닐ᄋᆞ실⟨MK1-3b⟩
ᄀᆞᄅᆞ쳐⟨MR5-58a⟩敎교ᄒᆞ야⟨MK10-20b⟩
ᄀᆞᄅᆞ치거든⟨MR3-60b⟩傅부ᄒᆞ거든⟨MK6-22b⟩
ᄀᆞᄅᆞ치거든⟨MR6-19b⟩誨회ᄒᆞ거든⟨MK11-24b⟩
ᄀᆞᄅᆞ치고⟨MR7-15b⟩敎교ᄒᆞ며⟨MK13-20a⟩
ᄀᆞᄅᆞ치니⟨MR3-13b⟩敎교ᄒᆞ니⟨MK5-13b⟩
ᄀᆞᄅᆞ치랴⟨MR3-60b⟩傅부ᄒᆞ랴?⟨MK6-22b⟩
ᄀᆞᄅᆞ치리이다⟨MR3-60b⟩傅부홀ᄯᅵ니라⟨MK6-22b⟩
ᄀᆞᄅᆞ치샤⟨MR3-26b⟩敎교ᄒᆞ야⟨MK5-27a⟩
ᄀᆞᄅᆞ치쇼셔.⟨MR1-35a⟩敎교ᄒᆞ쇼셔.⟨MK1-36a⟩

ᄀᆞᄅᆞ치시니⟨MR3-27a⟩ᄒᆞ시니⟨MK5-27b⟩
ᄀᆞᄅᆞ칠⟨MR7-28a⟩敎교홀⟨MK13-35b⟩
ᄀᆞᄅᆞ칠제⟨MR6-32b⟩敎교홈애⟨MK11-41a⟩
ᄀᆞ애⟨MR5-42b⟩濱빈애⟨MK10-2a⟩
ᄀᆞ애⟨MR7-14a⟩濱빈에⟨MK13-18a⟩
ᄀᆞ자시니⟨MR3-23b⟩備비ᄒᆞ야시니⟨MK5-24a⟩
ᄀᆞ조니라.⟨MR7-24a⟩備비홀이니라.⟨MK13-30a⟩
ᄀᆞ조되⟨MR2-21a⟩具구ᄒᆞ되⟨MK3-21a⟩
ᄀᆞ족ᄒᆞ야⟨MR2-52b⟩齊졔ᄒᆞ야⟨MK4-11a⟩
ᄀᆞ초와⟨MR5-3a⟩備비ᄒᆞ야⟨MK9-3b⟩
ᄀᆞᄐᆞᆫ者쟈ㅣ⟨MR7-58b⟩ᄀᆞᆮᄐᆞᆫ者쟈ㅣ⟨MK14-31b⟩
ᄀᆞ티⟨MR7-25b⟩ᄀᆞᆮ티⟨MK13-32a⟩
ᄀᆞᄐᆞ니⟨MR5-69b⟩ᄀᆞᆮᄐᆞ니⟨MK10-35b⟩
ᄀᆞᄐᆞᆫ⟨MR1-20b⟩ᄀᆞᆮᄐᆞᆫ⟨MK1-21a⟩
2ᄀᆞᄐᆞᆯ⟨MR4-66b⟩ᄀᆞᆮᄐᆞ려홀⟨MK8-27b⟩
ᄀᆞᆯᄅᆞ샤ᄃᆡ⟨MR2-26a⟩ᄀᆞᆯᄋᆞ샤ᄃᆡ⟨MK3-26a⟩
ᄀᆞᆯᄅᆞ샤ᄃᆡ⟨MR6-40b⟩ᄀᆞᆯ아샤ᄃᆡ⟨MK12-10b⟩
ᄀᆞᆯ외*ᄋᆞ기ᄃᆡ⟨MR5-15a⟩ᄀᆞᆯ오ᄃᆡ⟨MK9-15b⟩
ᄀᆞᆯ오대⟨MR3-69a⟩ᄀᆞᆯ오ᄃᆡ⟨MK6-31a⟩
ᄀᆞᆯ오ᄃᆡ⟨MR7-36a⟩ᄀᆞᆯ오ᄃᆡ⟨MK14-4a⟩
ᄀᆞᆯ오ᄃᆡ⟨MR1-16b⟩ᄀᆞᆯ오ᄃᆡ⟨MK1-16b⟩
ᄀᆞᆯ오ᄃᆡ⟨MR2-65b⟩곧⟨MK4-24a⟩
ᄀᆞᆯ오ᄃᆡ⟨MR3-44a⟩ᄀᆞᆯ[**ᄀᆞᆯ?]오ᄃᆡ⟨MK6-5b⟩
ᄀᆞᆯ오ᄃᆡ⟨MR4-58b⟩ᄀᆞᆯᄋᆞ샤ᄃᆡ⟨MK8-19b⟩
ᄀᆞᆯ온⟨MR1-39a⟩ᄀᆞᆯ오ᄃᆞ⟨MK2-1b⟩
ᄀᆞᆯ온⟨MR1-53b⟩ᄀᆞᆯ온⟨MK2-16a⟩
ᄀᆞᆯ온⟨MR4-56b⟩ᄀᆞᆯᄋᆞ샤ᄃᆡ⟨MK8-17b⟩
ᄀᆞᆯ으ᄃᆡ⟨MR1-53b⟩ᄀᆞᆯ오ᄃᆡ⟨MK2-16a⟩
ᄀᆞᆯᄋᆞᄃᆡ⟨MR1-11a⟩ᄀᆞᆯ오ᄃᆡ⟨MK1-11b⟩
ᄀᆞᆯ희리오⟨MR4-65a⟩擇퇴ᄒᆞ리오?⟨MK8-26b⟩

글히쇼셔.〈MR1-81b〉擇턱ᄒ쇼셔.〈MK2-44b〉
글히시리잇고?〈MR1-23a〉擇턱ᄒᆞ리잇고?〈MK1-23b〉
굶〈MR3-20a〉골와〈MK5-20b〉
ᄀᆞ거니와〈MR6-5a〉다ᄅᆞᆷ이업거니와〈MK11-6b〉
ᄀᆞ거뇰〈MR5-57b〉ᄀᆞᆫ거뇰〈MK10-20b〉
ᄀᆞ거뇰〈MR6-31b〉ᄀᆞᆫ톤디라〈MK11-40a〉
ᄀᆞ거든〈MR4-64b〉ᄀᆞᆫ거든〈MK8-26a〉
ᄀᆞ거든〈MR4-65a〉이ᄀᆞᆫ거든〈MK8-26b〉
ᄀᆞ거시뇰〈MR2-5b〉ᄀᆞᆫ티ᄒᆞ시니〈MK3-5b〉
ᄀᆞ게〈MR7-17a〉ᄀᆞᆫ티〈MK13-21b〉
ᄀᆞ고〈MR2-11b〉ᄀᆞᆫ고〈MK3-12a〉
ᄀᆞ다〈MR1-46b〉ᄀᆞᆫ티ᄒᆞᆫ다〈MK2-8b〉
ᄀᆞ다〈MR3-31b〉ᄀᆞᆫ다〈MK5-32b〉
ᄀᆞ도소니〈MR7-28a〉ᄀᆞᆫ도다.〈MK13-35b〉
ᄀᆞ디〈MR1-17a〉ᄀᆞᆫ디〈MK1-17a〉
ᄀᆞ디〈MR2-28a〉ᄀᆞᆫ티니〈MK3-28a〉
ᄀᆞ디〈MR2-37b〉ᄀᆞᆫ톤〈MK3-38b〉
ᄀᆞ브다〈MR3-64a〉病병되다.〈MK6-26a〉
ᄀᆞ비〈MR2-52a〉勞로티〈MK4-10b〉
ᄀᆞ초와〈MR5-65a〉備비ᄒᆞ야〈MK10-29b〉
ᄀᆞ틀-진댄〈MR5-6a〉일단댄〈MK9-6b〉
ᄀᆞ티〈MR1-55a〉ᄀᆞᆫ티〈MK2-17b〉
ᄀᆞ티〈MR2-17b〉마롤ᄯᅥ어다.〈MK3-17b〉
ᄀᆞ티〈MR5-48a〉ᄒᆞᆫ가지로〈MK10-8b〉
ᄀᆞ티녀기더시다.〈MR5-3b〉ᄀᆞᆫ더시다.〈MK9-3b〉
ᄀᆞ티녀기리니〈MR2-8b〉ᄀᆞᆫ티니〈MK3-8b〉
ᄀᆞ티녀기시며〈MR4-68a〉
ᄀᆞᆫ티ᄒᆞ시며〈MK8-29b〉
ᄀᆞ튼냐?〈MR6-3b〉ᄀᆞᆫ튼냐?〈MK11-4b〉
ᄀᆞ튼뇨〈MR7-27a〉ᄀᆞᆫ튼뇨?〈MK13-34a〉

ᄀᆞ튼니〈MR2-11b〉ᄀᆞᆫ튼니〈MK3-12a〉
ᄀᆞ튼니〈MR2-27a〉ᄀᆞᆫ튼디라.〈MK3-27a〉
ᄀᆞ튼니〈MR2-36a〉ᄀᆞᆫ튼리니〈MK3-36a〉
ᄀᆞ튼니〈MR4-41a〉ᄀᆞᆫ튼니라.〈MK8-2a〉
ᄀᆞ튼니〈MR7-61a〉ᄃᆞᆺᄒᆞ야〈MK14-35a〉
ᄀᆞ튼니라.〈MR2-27b〉ᄀᆞᆫ튼니라.〈MK3-27b〉
ᄀᆞ튼니라.〈MR7-19b〉執집홈이니라.〈MK13-24b〉
ᄀᆞ튼니이다.〈MR1-31b〉ᄀᆞᆫ튼니이다.〈MK1-32b〉
ᄀᆞ튼리니〈MR1-19a〉ᄀᆞᆫ튼리니〈MK1-19a〉
ᄀᆞ튼리오〈MR5-32a〉ᄀᆞᆫ튼리오?〈MK9-33a〉
ᄀᆞ튼리이다.〈MR3-34a〉ᄀᆞᆫ튼니라.〈MK5-34b〉
ᄀᆞ튼며〈MR2-52b〉醜취ᄒᆞ고〈MK4-11a〉
ᄀᆞ튼며〈MR3-33b〉ᄀᆞᆫ튼며〈MK5-34b〉
ᄀᆞ튼며〈MR7-61a〉ᄃᆞᆺᄒᆞ며〈MK14-35a〉
ᄀᆞ튼면〈MR1-18b〉ᄀᆞᆫ튼면〈MK1-19a〉
ᄀᆞ튼믄〈MR6-13b〉ᄀᆞᆫ튼믄〈MK11-16b〉
ᄀᆞ튼미〈MR7-4a〉ᄀᆞᆫ톰이〈MK13-5a〉
ᄀᆞ튼시니〈MR5-6a〉ᄀᆞᆫ톤이〈MK9-6b〉
ᄀᆞ튼야〈MR1-72b〉ᄀᆞᆫ티ᄒᆞ야〈MK2-35b〉
ᄀᆞ튼야〈MR1-73a〉ᄀᆞᆫ톤디라.〈MK2-35b〉
ᄀᆞ튼야〈MR3-57a〉ㄴ-[** ᄭ?]티ᄒᆞ야〈MK6-19a〉
ᄀᆞ튼야〈MR7-49a〉ᄀᆞᆫ튼니〈MK14-20a〉
ᄀᆞ튼〈MR1-7a〉ᄀᆞᆫ톤〈MK1-7a〉
ᄀᆞ톤디라.〈MR4-20a〉ᄀᆞᆫ튼니〈MK7-20b〉
ᄀᆞ톤디라〈MR2-77b〉ᄀᆞᆫ톤디라〈MK4-36b〉
ᄀᆞ톤이〈MR2-49a〉ᄀᆞᆫ튼니〈MK4-7b〉
ᄀᆞ톤이〈MR2-51a〉ᄀᆞᆫ톤이〈MK4-9b〉
ᄀᆞ톤者쟈ᄂᆞᆫ〈MR3-79a〉ᄀᆞᆫ톤者쟈ᄂᆞᆫ〈MK6-41a〉
ᄀᆞ톨〈MR6-14b〉ᄀᆞᆫ톨〈MK11-17b〉
ᄀᆞ톨디라도〈MR3-43b〉ᄀᆞᆫ톨ᄯᅡ라도〈MK6-5a〉

ᄀᆞ툴식니라.〈MR6-14b〉ᄀᆞ툴써니라.〈MK11-18a〉

ᄀᆞ툴식니라〈MR7-27a〉ᄀᆞ톰이니라.〈MK13-34a〉

나〈MR1-17a〉出츌ᄒᆞ야〈MK1-17a〉

나〈MR2-60a〉藤등애〈MK4-18b〉

나〈MR3-32b〉出츌ᄒᆞ야〈MK5-33a〉

나〈MR6-12b〉生싱ᄒᆞ야〈MK11-15b〉

나거늘〈MR1-82b〉나거늘〈MK2-45b〉

나거시놀〈MR5-8a〉出츌커시놀〈MK9-8a〉

나기롤〈MR3-49b〉出츌홈을〈MK6-11a〉

나ᄂᆞ니〈MR6-58a〉生싱ᄒᆞᄂᆞ니〈MK12-32b〉

나ᄂᆞᆫ〈MR1-15b〉出츌ᄒᆞ애**야끠〈MK1-15b〉

나ᄂᆞᆫ〈MR1-80b〉나ᄂᆞᆫ〈MK2-43b〉

나ᄂᆞᆫ〈MR2-50b〉내〈MK4-9a〉

나ᄂᆞᆫ〈MR5-42b〉出츌ᄒᆞᄂᆞᆫ〈MK10-2a〉

나ᄂᆞᆫ〈MR6-65b〉出츌ᄒᆞ면〈MK12-42a〉

나ᄂᆞᆫ者쟈ㅣ〈MR1-76a〉出츌ᄒᆞᆫ者쟈ㅣ〈MK2-39a〉

나도〈MR3-2a〉나도〈MK5-2b〉

나디〈MR3-17a〉出츌티〈MK5-17a〉

나디〈MR6-58a〉生싱티〈MK12-32b〉

나라〈MR3-69a〉國국을〈MK6-31a〉

나라가온대〈MR3-33b〉國ㄲ[**국끠中중이〈MK5-34b〉3

나라이니〈MR3-54a〉나라히라.〈MK6-15b〉

나라ᄒᆞ로ᄡᅥ〈MR1-69b〉國국으로ᄡᅥ〈MK2-32a〉

나라혼〈MR5-49b〉나라혼〈MK10-10a〉

나라혼〈MR5-50a〉나라혼〈MK10-11a〉

나라홀〈MR6-58b〉國국을〈MK12-33b〉

나라히〈MR1-2b〉國국이〈MK1-2b〉

나라히나〈MR3-14a〉나라히나〈MK5-14b〉

나라히로디〈MR3-49b〉國국이로디〈MK6-11a〉

나라ᄒᆞ기롤〈MR3-8b〉國국ᄒᆞ욤을〈MK5-8b〉

나라홀〈MR1-1a〉國국을〈MK1-1a〉

나라홀善션케〈MR3-3a〉善션ᄒᆞ國국이〈MK5-3a〉

나라히〈MR1-2b〉國국애〈MK1-2b〉

나라히〈MR1-46a〉國국의〈MK2-8b〉

나라히〈MR1-6b〉國국에〈MK1-6b〉

나랏가온대〈MR1-46b〉國국中즁에〈MK2-8b〉

나랏人인이〈MR7-45b〉國국人인이〈MK14-15b〉

나롤〈MR1-23b〉나롤〈MK1-24a〉

나롤〈MR1-68a〉我아ᄅᆞᆯ〈MK2-30b〉

나롤〈MR1-68b〉나릐**를끠〈MK2-31b〉

나롤〈MR2-2b〉나를〈MK3-2b〉

나롤〈MR2-70b〉엇디〈MK4-29a〉

나롤〈MR2-76a〉날롤〈MK4-34b〉

나롤〈MR6-29a〉내게〈MK11-36b〉

나롤〈MR7-19a〉我아롤〈MK13-24a〉

나매〈MR3-49b〉生싱홈애〈MK6-11a〉

나면〈MR3-52a〉出츌ᄒᆞ면〈MK6-13b〉

나몬〈MR2-79b〉餘여〈MK4-38a〉

나믄〈MR5-18a〉나몬〈MK9-18b〉

나믄히니〈MR7-62b〉餘여歲세[세끠니〈MK14-37a〉

나믄히니〈MR7-62b〉餘여歲셰니〈MK14-37b〉

나믄〈MR4-41a〉나몬〈MK8-2a〉

나몬거슬〈MR4-77a〉餘여롤〈MK8-38b〉

나샤〈MR4-40a〉生싱ᄒᆞ샤〈MK8-1a〉

나샤〈MR4-40b〉生싱ᄒᆞ[**ᄒᆞ끠샤〈MK8-1b〉

나시면〈MR1-82a〉出츌ᄒᆞ신則즉〈MK2-45b〉

나실졔〈MR1-82a〉出츌홀썬〈MK2-45a〉

나아〈MR2-45b〉就취ᄒᆞ야〈MK4-4a〉

나아가〈MR2-69b〉孟밍子ᄌᆞ끠〈MK4-28a〉

나아가〈MR3-7b〉卽즉ᄒ야〈MK5-7b〉
나아가〈MR4-61b〉進진ᄒ야〈MK8-23a〉
나아가〈MR4-61b〉就취ᄒ야〈MK8-23a〉
나아가ᄂ니〈MR2-51b〉就취ᄒᄂ니〈MK4-10a〉
나아가는〈MR1-21a〉就취ᄒᄂ〈MK1-21b〉
나아가매〈MR1-17a〉就취ᄒ얀〈MK1-17a〉
나아가며〈MR4-19a〉就취ᄒ며〈MK7-19a〉
나아가몬〈MR4-49a〉造조홈을〈MK8-10a〉
나아가몰〈MR1-23a〉就취홈을〈MK1-23b〉
나아갈〈MR5-3b〉就취홄〈MK9-3b〉
나아감〈MR1-19a〉就취홈〈MK1-19a〉
나오이다.〈MR6-59a〉愈유호이다.〈MK12-34a〉
나와〈MR1-6a〉내널로〈MK1-6a〉
나와〈MR3-78b〉出츌ᄒ야〈MK6-40b〉
나으니〈MR7-29a〉愈유ᄒ니〈MK13-36b〉
나은뎌!〈MR7-28a〉愈유ᄒ뎌.〈MK13-35a〉
나의〈MR1-77b〉나의〈MK2-40a〉
니의〈MR2-59b〉내〈MK4-18a〉
나지〈MR3-9a〉晝쥬에〈MK5-9a〉
나타나고〈MR2-77b〉見현ᄒ야〈MK4-36b〉
나히〈MR5-40b〉年년이〈MK9-41b〉
나히라〈MR5-30b〉一일이라〈MK9-31a〉
날〈MR3-70a〉我아를〈MK6-32a〉
날〈MR4-58a〉나롤〈MK8-19b〉
날〈MR6-18b〉生싱홀〈MK11-23b〉
날〈MR6-19a〉生싱홄〈MK11-23b〉
날과〈MR6-13a〉날로〈MK11-16b〉
날도〈MR4-42b〉日 일도〈MK8-3b〉
날도〈MR4-5b〉日 일이〈MK7-5b〉
날도곤〈MR4-56b〉己긔두곤〈MK8-17b〉
날ᄃ려〈MR1-57a〉날ᄃ려〈MK2-19b〉
날더〈MR4-64a〉나롤〈MK8-25b〉
날로〈MR1-85a〉날로〈MK2-48a〉

날로〈MR5-64b〉己긔로〈MK10-29a〉
날로〈MR7-30a〉日 일로〈MK13-38a〉
날로뼈〈MR4-63b〉날로뼈〈MK8-24a〉
날롤〈MR3-73b〉나롤〈MK6-35b〉
날마다〈MR3-60b〉日 일로〈MK6-22b〉
날마다〈MR3-65a〉날로〈MK6-27a〉
날애〈MR1-39b〉날애〈MK2-2a〉
날애〈MR4-45a〉日 일에〈MK8-6a〉
날외여〈MR6-37a〉徐셔히〈MK12-6a〉
날을〈MR5-2b〉날〈MK9-3a〉
날을〈MR6-11a〉나롤〈MK11-13b〉
날이〈MR1-5a〉日 일이〈MK1-5a〉
날제〈MR3-46b〉出츌ᄒ심애〈MK6-8a〉
날제〈MR3-48a〉出츌홈애〈MK6-9b〉
날회여〈MR6-37a〉徐셔히〈MK12-6a〉
날회여〈MR7-28a〉徐셔徐셔히〈MK13-35b〉
남거놀〈MR3-75a〉過과ᄒ이잇거놀〈MK6-37b〉
남글〈MR6-34a〉木목을〈MK12-2b〉
남으니〈MR4-33b〉나모 이〈MK7-34a〉
낫다〈MR4-56b〉더은이라〈MK8-17b〉
낫즐〈MR4-53b〉日 일올〈MK8-15a〉
狼랑의〈MR6-27b〉곧〈MK11-34b〉
내〈MR1-11a〉내〈MK1-11b〉
내〈MR1-30a〉내의〈MK1-30b〉
내〈MR1-80b〉우리〈MK2-43b〉
내〈MR2-47a〉나는〈MK4-5b〉
내〈MR4-68a〉己긔ㅣ〈MK8-29b〉
내〈MR5-7a〉네〈MK9-7a〉
내〈MR6-39a〉곧己긔ㅣ〈MK12-8b〉
내〈MR7-21b〉予여ㅣ〈MK13-27b〉
내〈MR7-55a〉我아ㅣ〈MK14-27b〉
내게〈MR2-35b〉내게〈MK3-36a〉
내게〈MR4-58b〉射샤롤〈MK8-20a〉

내게〈MR6-30b〉근긔예〈MK11-38b〉
내게와〈MR5-8b〉내게〈MK9-9a〉
내겻태셔〈MR2-42a〉내側측에셔〈MK3-42b〉
내겻틔셔〈MR5-45a〉側측애셔〈MK10-4b〉
내고〈MR4-13b〉出츌ᄒᆞ고〈MK7-13b〉
내니〈MR5-45a〉내니〈MK10-4b〉
내님금〈MR7-27a〉우리君군〈MK13-34a〉
내님금이〈MR7-27a〉우리君군이〈MK13-34a〉
내되여시니〈MR2-42a〉내니〈MK3-42b〉
내며〈MR4-44a〉出츌ᄒᆞ고〈MK8-5a〉
내몸에〈MR5-33a〉내身신에〈MK9-34a〉
내미〈MR4-36b〉出츌홈이〈MK7-37a〉
내미러〈MR5-44a〉근긔ㅣ〈MK10-3b〉
내샤〈MR1-74b〉出슐[**츌?]ᄒᆞ샤〈MK2-37a〉
내샤미〈MR5-33b〉生싱ᄒᆞ심은〈MK9-34a〉
내시고〈MR5-63b〉出츌ᄒᆞ시고
내시ᄂᆞ니잇고?〈MR4-36b〉出츌ᄒᆞ시ᄂᆞ니잇고?〈MK7-37a〉
내와〈MR7-46b〉臭취에와〈MK14-17a〉
내의〈MR1-21a〉내의〈MK1-21a〉
내의〈MR5-45b〉내〈MK10-5a〉
내히여곰〈MR3-42b〉내ᄒᆞ여곰〈MK6-4a〉
너기ᄂᆞᆫ〈MR6-65b〉教교誨회티〈MK12-42b〉
너ᄅᆞᆯ〈MR7-36b〉爾이를〈MK14-4b〉
너머〈MR3-50a〉踰유ᄒᆞ야〈MK6-11b〉
너머시며〈MR2-79b〉過과ᄒᆞ고〈MK4-38a〉
너모〈MR2-61b〉너모〈MK4-20a〉
너모미〈MR1-84a〉踰유ㅣ〈MK2-47a〉
너모미〈MR2-9b〉過과ᄒᆞ샴이〈MK3-9b〉
너무〈MR3-47a〉너무〈MK6-8b〉
너므니〈MR1-82b〉踰유ᄒᆞ니〈MK2-46a〉
너므믈〈MR4-51b〉過과ᄒᆞ욤을〈MK8-13a〉
너므샤〈MR1-81a〉踰유ᄒᆞ샤〈MK2-44a〉
너믄〈MR1-28b〉過과ᄒᆞᆫ〈MK1-29b〉
너믄이〈MR2-7a〉過과ᄒᆞᆫ者쟈ㅣ〈MK3-7a〉
너비〈MR4-49b〉너비〈MK8-10b〉
너와〈MR3-42b〉너를〈MK6-4a〉
너의〈MR1-68a〉너의〈MK2-30b〉
너의〈MR4-73b〉네〈MK8-35a〉
너의〈MR5-2b〉네의〈MK9-2b〉
넘게ᄒᆞ며〈MR6-3a〉過과ᄒᆞ며〈MK11-3b〉
넘구리〈MR1-50a〉越월홈이〈MK2-13a〉
넘다〈MR1-83b〉踰유타〈MK2-46b〉
넘다ᄒᆞ샤믄〈MR1-83b〉踰유ᄂᆞᆫ〈MK2-46b〉
넘디〈MR2-52b〉尙샹ᄒᆞ〈MK4-11a〉
넘ᄯᅵᄂᆞ니라.〈MR4-12b〉溢일ᄒᆞᄂᆞ니라.〈MK7-12b〉
네〈MR2-2b〉네〈MK3-2b〉
네게〈MR1-76a〉네게〈MK2-39a〉
네大대夫부ㅣ오〈MR5-49b〉네히오〈MK10-10a〉
네되고〈MR2-42a〉네오〈MK3-42b〉
네오〈MR5-45a〉네오〈MK10-4b〉
네흘〈MR5-12a〉四ᄉᆞᄅᆞᆯ〈MK9-12b〉
네희게〈MR1-58b〉四ᄉᆞ者쟈애〈MK2-21a〉
네ᄒᆞᆫ〈MR1-58b〉四ᄉᆞ〈MK2-21a〉
네히러니〈MR5-29b〉四ᄉᆞ年년이러니〈MK9-30b〉
녀겨〈MR1-1a〉너겨〈MK1-1a〉
녀겨〈MR2-10b〉ᄒᆞ야〈MK3-10b〉
녀겨〈MR2-65a〉너겨〈MK4-24a〉
녀교ᄃᆡ〈MR2-10b〉視시호ᄃᆡ〈MK3-10b〉
녀교미〈MR3-37b〉홈이〈MK5-38b〉
녀곰을〈MR7-33a〉홈을〈MK13-41b〉
녀기기ᄂᆞᆫ〈MR4-39a〉홈ᄋᆞᆫ〈MK7-40a〉
녀기노니〈MR2-11a〉ᄒᆞ노니〈MK3-11b〉

녀기니〈MR5-34a〉ᄒᆞ니그〈MK9-35a〉

녀기ᄂᆞ뇨?〈MR3-52b〉너기ᄂᆞ뇨?〈MK6-14a〉

녀기ᄂᆞ니〈MR3-50a〉너기ᄂᆞ니〈MK6-11b〉

녀기ᄂᆞ니라.〈MR6-22b〉너기ᄂᆞ니라.〈MK11-28b〉

녀기ᄂᆞ니이다.〈MR1-51b〉너기ᄂᆞ니이다.〈MK2-14a〉

녀기ᄂᆞᆫ者쟈ㅣ니〈MR5-52b〉者쟈ㅣ니〈MK10-14a〉

녀기더니〈MR5-42b〉너기더니〈MK10-2a〉

녀기더시니라.〈MR7-38a〉ᄒᆞ더시다.〈MK14-6a〉

녀기디〈MR1-23a〉너기디〈MK1-23b〉

녀기리니〈MR6-25a〉니[**녀기]기ᄂᆞ니〈MK11-31b〉

녀기며〈MR4-16a〉너겨〈MK7-16a〉

녀기며〈MR4-16a〉너기며〈MK7-16a〉

녀기믄〈MR3-49b〉너굠은〈MK6-11a〉

녀기미〈MR1-40a〉거시〈MK2-2a〉

녀기미〈MR3-56a〉너기신주리〈MK6-18a〉

녀기샤〈MR7-25b〉ᄒᆞ샤〈MK13-32a〉

녀기시고〈MR7-17b〉너기시고〈MK13-22a〉

녀기시니〈MR3-51a〉너기시니〈MK6-12b〉

녀기시니〈MR4-68a〉ᄒᆞ니〈MK8-29b〉

녀기시니라.〈MR4-67b〉너겨시니라.〈MK8-29a〉

녀기시며〈MR4-67a〉너기시니라.〈MK8-28b〉

녀기실딘댄〈MR1-23a〉너기시면〈MK1-23b〉

녀기심이니라.〈MR7-33a〉홈이니라.〈MK13-42a〉

녀기심이오〈MR7-33a〉홈이오〈MK13-42a〉

녀김과〈MR3-37b〉홈〈MK5-38b〉

녀김이니라.〈MR2-41a〉너김이니라.〈MK3-41b〉

녀김이니라.〈MR2-42a〉너기미니라.〈MK3-43a〉

녀롬 날에ᄂᆞᆫ〈MR6-8b〉夏하日 일이면〈MK11-10b〉

녀홈ᄀᆞᆺ티녀기니〈MR5-44a〉內납홈ᄀᆞᆮ티ᄒᆞ니〈MK10-3b〉

넘ᄒᆞᆫ디라〈MR5-18b〉思ᄉᆞᄒᆞᄂᆞᆫ디라.〈MK9-19a〉

녜〈MR1-40a〉녯〈MK2-2b〉

녜〈MR1-52b〉녜〈MK2-15a〉

녜〈MR2-74a〉昔셕에〈MK4-33a〉

녜〈MR3-73a〉녜[**녜기〈MK6-35a〉

녜〈MR5-67a〉古고애〈MK10-32b〉

녜人인은〈MR6-29b〉녯사ᄅᆞᆷ온〈MK11-37b〉

녜人인이〈MR5-67a〉녯사ᄅᆞᆷ이〈MK10-32b〉

녯〈MR1-28b〉녯〈MK1-29b〉

녯나라히라호믄〈MR1-63a〉故고國국은〈MK2-25b〉

녯님금을〈MR4-43b〉舊구君군을〈MK8-4b〉

녯人인을〈MR5-71a〉녯사ᄅᆞᆷ을〈MK10-37a〉

녯人인이〈MR7-6a〉녯사ᄅᆞᆷ이〈MK13-7b〉

녯人인이여!〈MR7-60a〉녯사ᄅᆞᆷ이여!〈MK14-34a〉

녯집과〈MR2-5b〉故고家가와〈MK3-5b〉

노ᄅᆞ시매〈MR1-53a〉觀관애〈MK2-15b〉

노ᄅᆞ시며〈MR4-69a〉遊유ᄒᆞ시고〈MK8-31a〉

노怨원티〈MR2-41b〉怨원티〈MK3-42b〉

노홈이〈MR5-61a〉高고홈이〈MK10-24b〉

노픈디〈MR3-66b〉上샹ᄒᆞᆫ者쟈ᄂᆞᆫ〈MK6-28b〉

노픔과〈MR4-61a〉高고홈과〈MK8-22b〉

노픠〈MR7-55a〉高고홈이〈MK14-27b〉

노ᄒᆞ니〈MR5-10a〉舍샤ᄒᆞ니〈MK9-10a〉

논겨〈MR6-64b〉몬겨〈MK12-41a〉

놀者쟈ㅣ〈MR1-62a〉놀者쟈ㅣ〈MK2-24b〉

놉게〈MR6-34a〉高고케〈MK12-2b〉
놉디〈MR2-43b〉高고티〈MK4-2a〉
누룰〈MR6-7a〉누룰〈MK11-8b〉
누룰〈MR6-7b〉누를〈MK11-9b〉
누에치면〈MR7-15a〉蠶줌ᄒᆞ면〈MK13-19a〉
누으신대〈MR2-73a〉臥와ᄒᆞ신대〈MK4-32a〉
눈도〈MR6-15a〉目목도〈MK11-18b〉
눈믈을〈MR4-13b〉涕톄를〈MK7-13b〉
눈에〈MR5-42a〉目목애〈MK10-1b〉
눈의〈MR7-46b〉目목이〈MK14-17a〉
눈이〈MR6-15a〉目목이〈MK11-18b〉
눌로〈MR3-61b〉눌로〈MK6-23b〉
눕고〈MR2-73b〉臥와ᄒᆞ고〈MK4-32a〉
뉘〈MR1-16a〉뉘〈MK1-16b〉
뉘게〈MR6-7a〉누룰〈MK11-8b〉
뉘고?〈MR4-58a〉누고?〈MK8-19b〉
뉘리오?〈MR2-79b〉뉘리오?〈MK4-38b〉
뉘오츠샤〈MR5-29a〉悔회ᄒᆞ야〈MK9-30b〉
뉘ᄒᆞ리오?〈MR5-33b〉뉘리오?〈MK9-34b〉
늙거시늘〈MR5-15b〉老로ᄒᆞ심애〈MK9-16a〉
니〈MR1-14a〉이〈MK1-14b〉
니〈MR1-66a〉니〈MK2-29a〉
니가〈MR3-45a〉往왕홀쎄〈MK6-6b〉
니기디〈MR3-43a〉貫관티〈MK6-4b〉
니논〈MR2-22a〉이논〈MK3-22a〉
니라.〈MR4-7b〉者쟈ㅣ니라.〈MK7-7b〉
니러〈MR4-76b〉니러〈MK8-38b〉
니러나시니〈MR2-6a〉起긔ᄒᆞ시니〈MK3-6a〉
니러날디라도〈MR2-18b〉起긔ᄒᆞ샤도〈MK3-19a〉
니로리이다.〈MR1-41a〉言언호리이다.〈MK2-3b〉
니르〈MR4-3b〉이긔여〈MK7-3b〉

니르거든〈MR4-73a〉至지ᄒᆞ면〈MK8-35a〉
니르거든〈MR7-51a〉至지ᄒᆞ거든〈MK14-23a〉
니르게〈MR1-42a〉至지케〈MK2-4b〉
니르고〈MR3-28b〉닐ᄋᆞ고〈MK5-29a〉
니르고〈MR5-55a〉니ᄅᆞ고〈MK10-17a〉
니르고져〈MR1-52b〉放방코쟈〈MK2-15b〉
니르기〈MR7-62b〉至지홈이〈MK14-37a〉
니르노라.〈MR6-6a〉니ᄅᆞ노라.〈MK11-7a〉
니르니〈MR3-3b〉닐으니〈MK5-3b〉
니르니〈MR3-68a〉至지ᄒᆞ니〈MK6-30b〉
니르니〈MR5-13b〉니ᄅᆞ니〈MK9-14a〉
니르니〈MR5-67a〉니롤〈MK10-32b〉
니르니라.〈MR6-6b〉닐ᄋᆞ니라.〈MK11-8a〉
니르니잇고?〈MR7-58b〉닐ᄋᆞ니잇고〈MK14-32a〉
니르ᄂᆞ냐?〈MR5-41b〉니ᄅᆞ라.〈MK9-42b〉
니르ᄂᆞ뇨?〈MR6-4b〉ᄒᆞᄂᆞ뇨?〈MK11-5b〉
니르ᄂᆞ뇨?〈MR6-6b〉니ᄅᆞᄂᆞ뇨?〈MK11-8a〉
니르ᄂᆞ뇨?〈MR7-45a〉닐옴고?〈MK14-15a〉
니르ᄂᆞ니〈MR3-28b〉닐ᄋᆞᄂᆞ니〈MK5-29a〉
니르ᄂᆞ니〈MR5-65b〉庶셔人인이니〈MK10-30b〉
니르ᄂᆞ니〈MR6-31b〉ᄒᆞᄂᆞ니〈MK11-40a〉
니르ᄂᆞ니〈MR6-60a〉니ᄅᆞᄂᆞ니〈MK12-35a〉
니르ᄂᆞ니라.〈MR4-21b〉닐ᄋᆞᄂᆞ니라.〈MK7-21b〉
니르다가〈MR4-47b〉言언ᄒᆞ다가〈MK8-8b〉
니르디〈MR1-26a〉니ᄅᆞ디〈MK1-26b〉
니르디〈MR1-29a〉至지티〈MK1-29b〉
니르랴?〈MR4-4a〉닐ᄋᆞ랴?〈MK7-4a〉
니르랴?〈MR5-40b〉니라랴?〈MK9-41b〉
니르랴?〈MR5-41a〉니ᄅᆞ랴?〈MK9-42a〉
니르러〈MR1-28b〉니르러〈MK1-29a〉

니르러〈MR1-46a〉至지ᄒ야〈MK2-8b〉
니르러〈MR6-13a〉니르리[**러?]〈MK11-16a〉
니르러〈MR6-15b〉至지ᄒ야는〈MK11-19b〉
니르러는〈MR1-68b〉니르러는〈MK2-31b〉
니르러는〈MR6-14a〉至지ᄒ야는〈MK11-17b〉
니르리니〈MR6-62a〉至지ᄒ리니〈MK12-37b〉
니르리라〈MR3-4b〉니롤꺼시라〈MK5-4b〉
니르리이다.〈MR1-11b〉至지ᄒ리이다.〈MK1-11b〉
니르리잇고?〈MR5-64a〉니르리잇고?〈MK10-28b〉
니르리잇고?〈MR5-67a〉니르리오〈MK10-32b〉
니르리잇고?〈MR7-58a〉닐ᄋ리잇고?〈MK14-31b〉
니르면〈MR5-54a〉니르면〈MK10-15b〉
니르샤〈MR1-61a〉니르러〈MK2-24a〉
니르시다〈MR1-39b〉語어ᄒ샤소니〈MK2-2a〉
니르히〈MR2-39a〉니ᄅ히〈MK3-39b〉
니르히〈MR2-5a〉니르히〈MK3-5a〉
니른다〈MR4-6b〉닐ᄋ다〈MK7-6b〉
니른디라.〈MR5-55a〉니ᄅᄂ니〈MK10-17a〉
니를디라도〈MR7-19a〉放방홀띠라도〈MK13-24b〉
니름은〈MR5-58a〉닐옴ᄋ〈MK10-21a〉
니름이니〈MR3-41a〉닐옴이니〈MK6-2b〉
니ᄅ〈MR1-75a〉이긔여〈MK2-38a〉
니ᄅ거든〈MR2-10b〉니르거든〈MK3-11a〉
니ᄅ거시눌〈MR1-39a〉語어ᄒ야시눌〈MK2-1b〉
니ᄅ고〈MR1-55a〉닐ᄋ고〈MK2-17b〉
니ᄅ고〈MR1-67a〉닐ᄋ고[*그?]〈MK2-29b〉
니ᄅ기〈MR2-15b〉言언홈이〈MK3-15b〉
니ᄅ기는〈MR4-60a〉言언홈ᄋ〈MK8-21b〉
니ᄅ니〈MR1-28b〉닐ᄋ니〈MK1-29a〉

니ᄅ니라.〈MR7-29a〉닐옴이니라.〈MK13-36b〉
니ᄅᄂ니〈MR1-55b〉닐ᄋ니〈MK2-18a〉
니ᄅᄂ니〈MR1-67a〉닐ᄋᄂ니〈MK2-29b〉
니ᄅᄂ〈MR2-35b〉닐ᄋᄂ〈MK3-35b〉
니ᄅᄂ者재[**쟈?]는〈MR2-35a〉닐ᄋᄂ者쟈는〈MK3-35b〉
니ᄅᄂ者쟈는〈MR3-74b〉言언ᄒᄂ者쟈는〈MK6-36b〉
니ᄅ디〈MR7-46b〉닐ᄋ디〈MK14-17a〉
니ᄅ랴?〈MR5-13a〉니ᄅ랴?〈MK9-13a〉
니ᄅ리오?〈MR2-50b〉닐ᄋ리오?〈MK4-9a〉
니ᄅ먹디〈MR1-8b〉이긔여食식디〈MK1-9a〉
니ᄅ샤디〈MR3-1b〉道도ᄒ샤디〈MK5-1b〉
니ᄅ신밧〈MR1-83b〉닐온밧〈MK2-46b〉
니롤디니라.〈MR4-34a〉닐을이니라.〈MK7-34b〉
니롤者쟈ㅣ〈MR1-19b〉니를者쟈ㅣ〈MK1-20a〉
니마〈MR1-42a〉頌알을〈MK2-4b〉
니마히〈MR3-39a〉顙상애〈MK5-39b〉
니부며〈MR7-15a〉衣의ᄒ리며〈MK13-19a〉
니브며〈MR1-38a〉衣의ᄒ며〈MK1-39a〉
니어〈MR2-69b〉繼계ᄒ야〈MK4-28b〉
니옴이니라.[??]〈MR7-16a〉닐옴이니라.〈MK13-20b〉
니으샤〈MR4-53b〉繼계ᄒ샤〈MK8-15a〉
니으시며〈MR5-27b〉繼계ᄒ며〈MK9-28b〉
니조라.〈MR5-52b〉忘망호라.〈MK10-14a〉
니조몰〈MR1-55a〉忘망홈을〈MK2-17b〉
니ᄌ시리라.〈MR7-25b〉忘망ᄒ시리라.〈MK13-32b〉
닐러〈MR1-17a〉닐어〈MK1-17a〉
닐러〈MR1-27a〉語어ᄒ야〈MK1-27b〉

닐오디〈MR1-24b〉닐오디〈MK1-25a〉

닐오디〈MR3-73b〉굴오디〈MK6-35b〉

닐오리라.〈MR7-5a〉語어호리라.〈MK13-6a〉

닐오미〈MR1-23b〉닐옴이〈MK1-24a〉

닐오미〈MR1-63a〉닐옴을〈MK2-26a〉

닐오미니〈MR1-63a〉닐옴이니〈MK2-26a〉

닐오미니라.〈MR1-84a〉닐옴이니라.〈MK2-47a〉

닐온〈MR2-15b〉닐온〈MK3-15b〉

닐온〈MR3-46a〉닐은〈MK6-7b〉

닐온바〈MR2-33b〉닐오디〈MK3-34a〉

닐온밧〈MR1-63a〉닐온밧〈MK2-25b〉

닐옴고?〈MR3-37b〉닐옴고?〈MK5-38b〉

닐옴고?〈MR6-38b〉닐ㅇ느뇨?〈MK12-8a〉

닐옴을〈MR6-34b〉닐옴을〈MK12-3a〉

닐옴이〈MR2-49b〉닐옴이〈MK4-8a〉

닐옴이니라.〈MR2-27a〉닐옴이니라.〈MK3-27a〉

닐옴이니라.〈MR3-56a〉닐ㅇ니라.〈MK6-17b〉

닐옴이니잇고?〈MR4-58b〉닐옴이잇고?〈MK8-20a〉

닐옴이니잇고?〈MR5-13b〉닐옴이니잇고?〈MK9-13b〉

닐옴이로다.〈MR1-24b〉닐옴이로소이다.〈MK1-25a〉

닐옴이리오?〈MR6-34b〉닐옴이리오?〈MK12-3a〉

닐옴인뎌〈MR6-18b〉닐옴인뎌〈MK11-23a〉

닐위매〈MR1-77b〉效효호더〈MK2-40b〉

닐위여〈MR1-81b〉效효호야〈MK2-44b〉

닐으리라.〈MR6-41b〉닐오리라.〈MK12-11b〉

닐은대〈MR3-42b〉닐ㅇ대〈MK6-4a〉

닐을디니〈MR7-16a〉니ㄹ느니〈MK13-20b〉

닐옴이니라.〈MR4-20b〉닐옴이니라.〈MK7-21a〉

님금〈MR1-80b〉君군〈MK2-44a〉

님금〈MR2-10b〉君군을〈MK3-10b〉

님금〈MR5-26b〉君군의〈MK9-27a〉

님금〈MR5-33a〉君군이〈MK9-33b〉

님금과〈MR3-18a〉君군과〈MK5-18b〉

님금되면〈MR2-23b〉君군ㅎ면〈MK3-23b〉

님금되시미여!〈MR3-29a〉君군되욤이여.〈MK5-30a〉

님금만〈MR5-53b〉君군이〈MK10-15b〉

님금끠〈MR2-77b〉君군의게〈MK4-36b〉

님금끠〈MR4-6b〉難난으로〈MK7-6b〉

님금으로〈MR5-33a〉君군으로〈MK9-33b〉

님금은〈MR2-51b〉君군ㅇ〈MK4-10a〉

님금을〈MR1-2b〉君군을〈MK1-2b〉

님금을〈MR1-73a〉后후를〈MK2-35b〉

님금의〈MR3-18b〉君군의〈MK5-19a〉

님금의게도〈MR2-10b〉君군에〈MK3-10b〉

님금이〈MR1-73a〉后후ㅣ〈MK2-35b〉

님금이〈MR2-22a〉君군이〈MK3-22a〉

님금이〈MR5-63b〉君군의〈MK10-27b〉

님금이라도〈MR5-53a〉君군이라도〈MK10-14b〉

닙고〈MR7-37b〉被피ㅎ시며〈MK14-6a〉

닙디〈MR5-34a〉避피티〈MK9-35a〉

닛느니라.〈MR7-4b〉忘망ㅎ느니라.〈MK13-5b〉

닛더니〈MR7-4b〉忘망ㅎ더니〈MK13-5b〉

닛디〈MR2-17b〉닛디〈MK3-17b〉

닛디〈MR3-40b〉忘망티〈MK6-2a〉

ㄴ려〈MR1-55a〉下하ㅎ야〈MK2-17b〉

ㄴ린대〈MR7-46a〉下하ㅎ니〈MK14-16b〉

ㄴ존디〈MR3-66b〉下하ㅎ者자는〈MK6-28b〉

놋가이녀기디〈MR2-41b〉髀비티〈MK3-42b〉

놋갑고〈MR5-61a〉髀비ᄒ고〈MK10-24b〉

놋출〈MR3-7a〉面면이〈MK5-7b〉

----------------다민〈MK5-8b〉

다〈MR1-18b〉다〈MK1-19a〉

다듬〈MR5-69b〉閉폐홈〈MK10-35a〉

다로미〈MR4-75a〉異이ᄒ옴이〈MK8-36b〉

다ᄅ도다.〈MR3-32a〉디**다기ᄅ도다.〈MK5-33a〉

다ᄅ리오?〈MR2-64a〉다ᄅ리오.〈MK4-23a〉

다른〈MR7-10a〉달은〈MK13-12b〉

다른날애〈MR6-44a〉他타日일에〈MK12-15b〉

다ᄅ니잇고?〈MR1-27a〉異이ᄒ니잇고?〈MK1-27b〉

다ᄅ리오?〈MR4-75a〉異이ᄒ리오?〈MK8-36b〉

다ᄅ리잇고?〈MR1-11a〉다ᄅ리오?〈MK1-11b〉

다ᄅ리잇고?〈MR1-33b〉다ᄅ리잇고?〈MK1-34a〉

다ᄅ리잇고?〈MR1-68b〉달ᄋ니잇고?〈MK2-31b〉

다론〈MR1-39b〉다론〈MK2-2a〉

다론〈MR5-56a〉他타〈MK10-18b〉

다론날애〈MR2-57b〉他타日일에〈MK4-16a〉

다론디〈MR3-7a〉다론디〈MK5-7b〉

다론디〈MR4-77a〉他타의〈MK8-38b〉

다론바ᄂ〈MR4-63b〉異이ᄒ받〈MK8-24b〉

다론배〈MR4-52a〉異이ᄒ밧〈MK8-13a〉

다론人인의〈MR1-24b〉他타人인의〈MK1-25a〉

다론人인의게〈MR5-12b〉他타人인에〈MK9-12b〉

다롬이〈MR1-12a〉달오미〈MK1-12a〉

다롬이〈MR1-28b〉他타ㅣ〈MK1-29b〉

다롬이〈MR6-12b〉달옴이〈MK11-15a〉

다룜이〈MR6-5a〉다룜이〈MK11-6b〉

다믄〈MR6-28a〉다믄〈MK11-35a〉

다믄〈MR1-40a〉다몬〈MK2-2a〉

다믄〈MR1-8a〉다믄〈MK1-8a〉

다뭇〈MR1-12a〉다뭇〈MK1-12a〉

다뭇〈MR1-12a〉다뭇〈MK1-12b〉

다뭇〈MR1-27a〉다뭇〈MK1-27b〉

다뭇〈MR2-49b〉禮례로〈MK4-8a〉

다뭇〈MR5-20b〉다믇〈MK9-21a〉

다시〈MR2-18b〉다시〈MK3-19a〉

다ᄉ려〈MR1-15a〉易이ᄒ야〈MK1-15b〉

다ᄉ려〈MR3-31a〉治치ᄒ야〈MK5-32a〉

다ᄉ렷거니〈MR2-60b〉治치ᄒ얏거니〈MK4-19b〉

다ᄉ리거늘〈MR3-20a〉治지**치키ᄒᄂ니〈MK5-20b〉

다ᄉ리고〈MR3-24a〉治치ᄒ고〈MK5-24b〉

다ᄉ리기〈MR6-59a〉治치홈이〈MK12-34a〉

다ᄉ리기ᄂ〈MR3-11b〉治치ᄒ옴은〈MK5-12a〉

다ᄉ리기롤〈MR2-33a〉治치홈은〈MK3-33b〉

다ᄉ리기예〈MR1-68b〉治치=[**홈키애〈MK2-31b〉

다ᄉ리ᄂ니〈MR3-17b〉治치홀떠니〈MK5-18a〉

다ᄉ리ᄂ〈MR3-24a〉治치ᄒᄂ〈MK5-24b〉

다ᄉ리더니〈MR2-72b〉治치홀뿐이러니〈MK4-31a〉

다ᄉ리디〈MR1-62b〉治치티〈MK2-25a〉

다ᄉ리디〈MR3-28a〉易이티〈MK5-28b〉

다ᄉ리라〈MR5-8b〉治치ᄒ라〈MK9-9a〉

다ᄉ리리잇고?〈MR1-37a〉治치ᄒ리오.〈MK1-38a〉

다ᄉ리면〈MR2-28b〉治치ᄒ면〈MK3-29a〉

다스리샤〈MR5-30a〉艾예호야〈MK9-30b〉

다스리시기〈MR3-29b〉治치호심이〈MK5-30a〉

다스리시매〈MR7-17a〉治치호심애〈MK13-21b〉

다스리실제〈MR1-58a〉治치호심애〈MK2-20b〉

다스리이ᄂ니〈MR3-24a〉治치희인다호니〈MK5-24b〉

다스리이는〈MR3-24a〉治치호이는〈MK5-24b〉

다스시니〈MR7-29a〉다스시니〈MK13-36b〉

다숫〈MR4-70b〉다숫〈MK8-32a〉

다숫번〈MR6-46b〉다숫적〈MK12-18a〉

다숫사롬으로〈MR5-52b〉五오人인者쟈로〈MK10-14a〉

다숫사롬을〈MR5-52b〉五오人인을〈MK10-14a〉

다숫사롬이〈MR5-53a〉五오人인者쟈ㅣ〈MK10-14a〉

다숫世셰예〈MR4-55a〉五오世셰예〈MK8-16a〉

다숫시니〈MR4-70a〉五오ㅣ니〈MK8-31b〉

다숫어이둙과〈MR7-15a〉五오母모ㅅ鷄계와〈MK13-19a〉

다숫者쟈ㅣ〈MR7-29b〉五오者쟈는〈MK13-37b〉

다올흐니라.〈MR2-54a〉--------------

다호야〈MR5-2b〉竭갈호야〈MK9-2b〉

다호야홀디라도〈MR1-32b〉盡진호야호여도〈MK1-33b〉

旦됴롤〈MR4-53b〉아춤을〈MK8-15a〉

담아래〈MR7-15a〉墻쟝下하애〈MK13-19a〉

담을〈MR3-62b〉垣원을〈MK6-24b〉

담을〈MR6-35b〉牆쟝울〈MK12-4a〉

닷가〈MR1-15b〉修슈호아〈MK1-15b〉

닷가〈MR6-30a〉脩슈호야〈MK11-38a〉

닷가야〈MR1-52b〉脩슈호야아〈MK2-15b〉

닷고〈MR3-62b〉閉폐호고〈MK6-24b〉

닷그매〈MR6-29b〉修슈호욤애〈MK11-37b〉

大대道도롤〈MR7-50b〉큰道도롤〈MK14-21b〉

大대롤〈MR6-27a〉대롤〈MK11-34a〉

大대夫부〈MR2-60a〉태우〈MK4-18b〉

大대夫부〈MR5-69a〉태우의〈MK10-34b〉

大대夫부ㅣ〈MR1-2a〉태우ㅣ〈MK1-2a〉

大대夫부ㅣ〈MR5-48b〉태위〈MK10-8b〉

大대夫부는〈MR5-49a〉태우는〈MK10-9b〉

大대夫부는〈MR6-53a〉태우ㅣ〈MK12-26b〉

大대夫부ᄃ려〈MR2-55b〉태우ᄃ려〈MK4-14a〉

大대夫부로써〈MR1-83b〉태우로써〈MK2-47a〉

大대夫부롤〈MR5-21b〉태우롤〈MK9-22a〉

더〈MR1-14a〉이만〈MK1-14b〉

더〈MR1-71a〉더욱〈MK2-33b〉

더〈MR1-7a〉더〈MK1-7a〉

더고나〈MR7-43b〉더욱이에〈MK14-13a〉

더러〈MR2-40b〉洗매홈〈MK3-41b〉

더러온〈MR5-40b〉汗오흔〈MK9-41b〉

더러이리오〈MR2-42a〉洗매호리오?〈MK3-42b〉

더러이리오?〈MR5-45a〉洗매호리오〈MK10-4b〉

더부러〈MR3-3b〉더브러〈MK5-3b〉

더부러〈MR5-42b〉더블어〈MK10-2a〉

더브러〈MR1-16a〉더블어〈MK1-16b〉

더브러〈MR1-40b〉더블이[더블어?]〈MK2-3a〉

더브러〈MR2-2a〉ᄃ려〈MK3-2a〉

더브러〈MR2-42a〉더브러〈MK3-42b〉

더브러〈MR5-53a〉곧더블어〈MK10-14a〉

더브러〈MR7-56b〉羊양棗조ㅣ〈MK14-29b〉

더옥〈MR2-4a〉더옥〈MK3-4a〉

더운거슬〈MR4-15b〉熱열을〈MK7-15b〉

더으나〈MR7-28b〉加가ᄒᆞ나〈MK13-36b〉

더으도소이다.〈MR7-45a〉더으도소이다.〈MK14-15a〉

더으리오?〈MR6-23a〉더으리오?〈MK11-29a〉

더으면〈MR3-7b〉더으면〈MK5-7b〉

더프시니라.〈MR4-3b〉覆부ᄒᆞ시니라.〈MK7-3b〉

德덕을〈MR7-61b〉덕을〈MK14-36a〉

덥돗ᄒᆞ면〈MR1-71a〉熱열듯ᄒᆞ민[**면기]〈MK2-33b〉

뎌〈MR2-28b〉뎌〈MK3-28b〉

뎌〈MR3-77a〉뎨〈MK6-39a〉

뎌ᄀᆞ티〈MR2-2b〉뎌러[*리기]ᄐᆞ시〈MK3-2b〉

뎌ᄀᆞ티〈MR2-2b〉뎌러ᄐᆞ시〈MK3-2b〉

뎌는〈MR2-50b〉뎨〈MK4-9a〉

뎌는〈MR3-37b〉뎌는〈MK5-38b〉

뎌도〈MR3-2a〉뎌도〈MK5-2b〉

뎌러홈은〈MR7-26b〉뎌ᄀᆞ툼은〈MK13-33b〉

뎌를〈MR7-55b〉뎌롤〈MK14-28a〉

뎌롤〈MR3-2b〉뎌를〈MK5-2b〉

뎌에〈MR6-7a〉뎌에〈MK11-8b〉

뎌에그저〈MR6-55b〉ᄒᆞᆫ갓뎌에〈MK12-29b〉

뎌의〈MR1-28b〉뎌을〈MK1-29a〉

뎌의게〈MR1-79a〉뎌에〈MK2-42a〉

뎌ᄒᆞ며〈MR5-69b〉호ᄃᆡ〈MK10-35a〉

뎐히〈MR1-7b〉塡뎐然연히〈MK1-7b〉

뎔로〈MR7-30a〉彼피로〈MK13-38a〉

뎔롤〈MR3-43b〉彼피를〈MK6-5a〉

뎨〈MR1-15b〉뎨〈MK1-16a〉

뎨닐온밧〈MR3-30b〉뎨닐온밧〈MK5-31a〉

뎨이두곤〈MR7-35a〉뎨이예셔〈MK14-2b〉

도라〈MR1-24b〉反반ᄒᆞ야〈MK1-25a〉

도라가거ᄂᆞᆯ〈MR3-31b〉歸귀ᄒᆞ거ᄂᆞᆯ〈MK5-32a〉

도라가니라.〈MR3-31b〉歸귀ᄒᆞ니라.〈MK5-32a〉

도라가리라〈MR4-73a〉反반호리라.〈MK8-34b〉

도라갈식〈MR3-31b〉歸귀ᄒᆞᆯ씨〈MK5-32a〉

도라보디〈MR4-70a〉顧고티〈MK8-31b〉

도라보시고〈MR1-62b〉顧고ᄒᆞ고〈MK2-25b〉

도라보아〈MR4-77a〉顧고ᄒᆞ야〈MK8-38b〉

도라오기롤〈MR7-14b〉歸귀ᄒᆞ야來ㄹ리티〈MK13-18a〉

도라오기롤엇디〈MR4-24b〉엇디도라오디〈MK7-25a〉

도라오기롤엇디〈MR7-14b〉엇디歸귀ᄒᆞ야來ㄹ리티〈MK13-18b〉

도라오니〈MR3-78a〉歸귀ᄒᆞᆫ則즉〈MK6-40a〉

도라오매〈MR1-62a〉反홈애〈MK2-24b〉

도라오샤〈MR3-1b〉反반ᄒᆞ야〈MK5-1b〉

도라와〈MR2-17b〉歸귀ᄒᆞ야〈MK3-17b〉

도로毫박에〈MR5-30a〉毫박에ᄂᆡ[**다기]시〈MK9-30b〉

도로혀〈MR2-15a〉도로혀〈MK3-15a〉

도로혀〈MR2-38a〉反반ᄒᆞ야〈MK3-38b〉

도로혀〈MR4-31a〉도ᄅᆞ혀〈MK7-31b〉

도아〈MR3-69b〉佑우ᄒᆞ야〈MK6-31b〉

도으리〈MR2-44b〉助조ㅣ〈MK4-3a〉

도움이니라.〈MR6-57a〉輔보홈이니라.〈MK12-31a〉

돕ᄂᆞᆫ디라.〈MR1-50a〉助조ᄒᆞᆫ디라.〈MK2-12b〉

돕ᄂ디라.〈MR2-5b〉輔보相샹ᄒ〈MK3-6a〉

돕다〈MR4-15a〉將쟝ᄒ다〈MK7-15a〉

東동녁〈MR5-15b〉동녁〈MK9-16a〉

동티〈MR2-21b〉同동티〈MK3-22a〉

동티〈MR2-9b〉動동티〈MK3-9b〉

되게〈MR4-70b〉되게〈MK8-32a〉

되게말면〈MR7-20b〉삼디아니ᄒ면〈MK13-26a〉

되게홈과〈MR5-33a〉되게홈〈MK9-33b〉

되고〈MR5-12b〉되고〈MK9-13a〉

되고져〈MR3-18b〉되려〈MK5-19a〉

되고져〈MR4-7b〉되고쟈〈MK7-7b〉

되고져〈MR4-7b〉홀면댄〈MK7-7b〉

되기〈MR4-35b〉되욤을〈MK7-36a〉

되니〈MR5-18b〉되여시니〈MK9-19a〉

되ᄂ니라.〈MR6-27a〉되ᄂ니라.〈MK11-34a〉

되ᄂ니이다.〈MR1-55a〉되ᄂ니이다.〈MK2-17b〉

되ᄂ〈MR5-38b〉되ᄂ〈MK9-39b〉

되다〈MR1-54a〉된다〈MK2-16b〉

되디〈MR2-75a〉되디〈MK4-34a〉

되디〈MR6-45a〉成셩티〈MK12-16b〉

되리니〈MR3-16a〉되리니〈MK5-16a〉

되리니〈MR6-36b〉이되ᄂ니〈MK12-5b〉

되리라〈MR6-35b〉되리라〈MK12-4b〉

되리오?〈MR3-45a〉되리오?〈MK6-6a〉

되리오?〈MR6-28a〉될쑌이리오?〈MK11-35a〉

되리이다.〈MR1-66a〉되ᄂ니이다.〈MK2-28b〉

되며〈MR3-16a〉되며〈MK5-16a〉

되면〈MR2-65b〉된則즉〈MK4-24b〉

되면〈MR5-13a〉되면〈MK9-13a〉

되샤〈MR2-60a〉되샤〈MK4-18b〉

되샤〈MR4-66a〉도외샤〈MK8-27b〉

되샤디〈MR5-4b〉되샤디〈MK9-4b〉

되샨〈MR5-11a〉되샤ᄂ〈MK9-11a〉

되시고〈MR4-73a〉되시고〈MK8-35a〉

되시고〈MR7-24b〉되야겨시고〈MK13-31a〉

되시기예〈MR2-39a〉되심애〈MK3-39b〉

되시니〈MR5-54b〉되시니〈MK10-16b〉

되시니라.〈MR5-38a〉되얀ᄂ디〈MK9-39a〉

되시리오?〈MR5-38b〉ᄒ리오?〈MK9-39b〉

되시매ᄂ〈MR7-37b〉되심애〈MK14-6a〉

되여〈MR1-13a〉되[*디끠연ᄂ디라.〈MK1-13a〉

되여〈MR1-51b〉되여서〈MK2-14a〉

되여〈MR3-12a〉되얀ᄂ디라.〈MK5-12a〉

되여〈MR5-17b〉되야〈MK9-18a〉

되여〈MR6-48b〉되여〈MK12-21a〉

되여겨신제〈MR3-1a〉되여실쩨〈MK5-1a〉

되여실제〈MR7-24b〉도엿거든〈MK13-31a〉

되엿거니〈MR1-46b〉삼아심이니〈MK2-8b〉

되엿ᄂ〈MR4-40a〉되온〈MK7-40b〉

되엿ᄂ〈MR6-42b〉되연ᄂ〈MK12-13b〉

되엿더니〈MR6-44a〉되얏더니〈MK12-15a〉

되엿더니〈MR7-46a〉되야〈MK14-16a〉

되엿더시니〈MR3-55a〉되얏쇼더시니〈MK6-16b〉

되오더〈MR6-47a〉되야쇼더〈MK12-19a〉

되오믄〈MR6-28a〉이되움오〈MK11-35b〉

되오미〈MR1-13a〉되움이〈MK1-13b〉

되오미니이다.〈MR3-14a〉되옴이니이다.〈MK5-14b〉

되오몰〈MR4-66a〉되움을〈MK8-27b〉

되움애〈MR7-22a〉되야심애〈MK13-28a〉

되움을〈MR6-44b〉되야심을〈MK12-16a〉

되움이〈MR3-12a〉되얀ᄂ주리〈MK5-12b〉

되움이로다.〈MR7-45b〉로다.〈MK14-16a〉

될〈MR6-29a〉될〈MK11-37a〉

될디니〈MR6-36b〉될ᄯ롬이니〈MK12-5b〉

될디니〈MR7-60a〉爲위ᄒᆞ야〈MK14-34a〉

될디니라.〈MR6-27a〉되ᄂᆞ니라.〈MK11-34b〉

됴치〈MR3-3a〉瘳츄티〈MK5-3a〉

됴커니〈MR2-46b〉愈유ᄒᆞ거니〈MK4-5a〉

됴커늘〈MR2-47a〉愈유ᄒᆞ거시놀〈MK4-5b〉

됴커든〈MR3-35b〉愈유커든〈MK5-36a〉

됴화〈MR2-5b〉朝죠ᄒᆞ야〈MK3-5b〉

됴혼〈MR5-4a〉됴ᄒᆞ〈MK9-4b〉

됴히〈MR1-40a〉好호ᄒᆞᄂᆞ〈MK2-2a〉

됴히〈MR2-52b〉好호티〈MK4-11a〉

됴히녀겨〈MR4-70a〉好호ᄒᆞ야〈MK8-32a〉

됴히녀기고〈MR2-52b〉好호ᄒᆞ고〈MK4-11a〉

됴히녀기노이다.〈MR1-40a〉好호ᄒᆞ노이다.
〈MK2-2a〉

됴히녀기다니〈MR3-7a〉好호ᄒᆞ다니〈MK5-7a〉

됴히녀기매〈MR4-35b〉好호홈애〈MK7-36a〉

됴히녀기면〈MR4-15a〉好호ᄒᆞ면〈MK7-15a〉

됴히녀기시미여!〈MR1-42a〉好호홈이여.〈M
K2-4b〉

두〈MR4-70a〉두〈MK8-32a〉

두〈MR5-16a〉二이〈MK9-16b〉

두고〈MR2-21a〉두고〈MK3-21a〉

두고〈MR2-23b〉두려니와〈MK3-23b〉

두고〈MR2-35a〉두디〈MK3-35b〉

두고〈MR7-50a〉듯고〈MK14-21b〉

두고져〈MR4-71b〉두고쟈〈MK8-33a〉

두기는〈MR1-35b〉둔는〈MK1-36a〉

두기롤〈MR3-60b〉置치홈을〈MK6-22b〉

두기롤〈MR4-46b〉이숌을〈MK8-7b〉

두나〈MR1-4a〉두나〈MK1-4a〉

두늘그니ᄂᆞᆫ〈MR4-25a〉二이老로ᄂᆞᆫ〈MK7-25b〉

두니〈MR1-33b〉두니〈MK1-34a〉

두니〈MR5-53a〉이시니〈MK10-14b〉

두니라.〈MR5-43a〉두니라.〈MK10-2b〉

두니라.〈MR7-31b〉둔ᄂᆞ니라.〈MK13-40a〉

두는〈MR5-28b〉둔〈MK9-29a〉

두大대夫부ㅣ오〈MR5-51a〉태우에셔둘히오
〈MK10-11b〉

두더니〈MR4-33b〉듯더니〈MK7-34a〉

두더시니〈MR4-33b〉듯더시니〈MK7-34a〉

두되〈MR4-11b〉두디〈MK7-11b〉

두되〈MR6-52b〉잇고〈MK12-25b〉

두되〈MR7-12a〉이쇼ᄃᆡ〈MK13-15a〉

두되〈MR7-17a〉둠을〈MK13-21b〉

두드려〈MR4-59a〉扣고ᄒᆞ야〈MK8-20b〉

두디〈MR3-8a〉두디〈MK5-8b〉

두라.〈MR2-21a〉舍샤ᄒᆞ라.〈MK3-21a〉

두려〈MR3-72b〉懼구ᄒᆞ야〈MK6-34b〉

두려니와〈MR3-52a〉이시려니와〈MK6-13b〉

두리고〈MR3-44a〉懼구ᄒᆞ고〈MK6-5b〉

두리노니〈MR1-78a〉恐공ᄒᆞ노니〈MK2-41a〉

두리ᄂᆞᆫ〈MR2-10b〉嚴엄호〈MK3-10b〉

두리ᄂᆞᆫ〈MR2-11b〉畏외ᄒᆞᄂᆞ〈MK3-11b〉

두리리라.〈MR2-28a〉畏외ᄒᆞ리라.〈MK3-28b〉

두리샤〈MR3-70a〉懼구ᄒᆞ샤〈MK6-32a〉

두리워〈MR3-63a〉惡오ᄒᆞ야〈MK6-25a〉

두며〈MR1-60a〉이시며〈MK2-22b〉

두며〈MR2-7a〉두며〈MK3-7a〉

두며〈MR6-10b〉두어시며〈MK11-13b〉

두면〈MR5-5a〉두면〈MK9-5b〉

두면〈MR7-22a〉이시면〈MK13-28a〉

두미〈MR2-35a〉둠이〈MK3-35b〉

두미〈MR3-27a〉이숌애〈MK5-27b〉

두믈〈MR1-24b〉둠을〈MK1-25a〉

두믈의〈MR7-45a〉兩량馬마의〈MK14-15a〉

두번〈MR6-50b〉두젹〈MK12-23b〉

두번졀ᄒ고〈MR5-63b〉再진拜비ᄒ고〈MK10-27b〉

두번졀ᄒ야〈MR5-64a〉再진拜비ᄒ고〈MK10-28b〉

두샤〈MR3-27a〉두샤〈MK5-27b〉

두샤뎌〈MR2-5b〉두뎌〈MK3-5b〉

두샤뎌〈MR3-29b〉두샤되〈MK5-30a〉

두샤뎌〈MR5-4b〉두샤뎌〈MK9-4b〉

두샤믄〈MR5-20a〉두심은〈MK9-20b〉

두세〈MR7-35a〉二이三삼〈MK14-3a〉

두시니〈MR2-33a〉두시니〈MK3-33a〉

두시니〈MR2-39a〉이시니〈MK3-39b〉

두시니〈MR5-59b〉겨시니〈MK10-22b〉

두시매〈MR2-32b〉두샤〈MK3-33a〉

두시며〈MR5-59b〉겨시며〈MK10-22b〉

두신〈MR2-78b〉겨신〈MK4-37b〉

두어〈MR1-43b〉두어〈MK2-6a〉

두어〈MR2-51b〉둔논디라.〈MK4-10a〉

두어사〈MR1-60a〉이신〈MK2-22b〉

두어사룸으로〈MR2-47a〉數수人인으로〈MK4-6a〉

두어셔뼈〈MR2-51a〉두어뼈〈MK4-9b〉

두어이돗톨〈MR7-15a〉二이母모ㅅ毚톄롤〈MK13-19a〉

두엇거니와〈MR3-49b〉둣건마ᄂ〈MK6-11b〉

두王왕ᄭ〈MR6-41a〉二이王왕애〈MK12-11a〉

두희〈MR5-16a〉二이日일이〈MK9-16b〉

두희오〈MR5-29b〉二이年년이오〈MK9-30a〉

둔거시〈MR5-58a〉두디〈MK10-21a〉

둔거시〈MR7-21b〉有유ㅣ〈MK13-27a〉

둔거식〈MR2-6a〉둠이〈MK3-6a〉

둔둘〈MR1-6a〉이시나〈MK1-6a〉

둔다가〈MR7-50b〉잇더니〈MK14-22a〉

둘디라도〈MR6-53b〉둘따라도〈MK12-27a〉

둘을〈MR2-51a〉二이를〈MK4-9b〉

둘홀〈MR6-20b〉二이者쟈롤〈MK11-25b〉

둘홀〈MR7-31b〉二이를〈MK13-40a〉

둘히〈MR4-13a〉二이者쟈ᄂ〈MK7-13a〉

둘히니〈MR4-8a〉二이니〈MK7-8a〉

둘홀〈MR4-38b〉二이者쟈롤〈MK7-39a〉

둘홀〈MR4-38b〉二이子쟈롤〈MK7-39a〉

둘히〈MR1-81b〉二이者쟈**쟈ᄭ애〈MK2-44b〉

둠〈MR2-35a〉둠〈MK3-35b〉

둠ᄌ티〈MR7-38a〉둔논둣〈MK14-6a〉

둠을〈MR7-47b〉두심을〈MK14-18b〉

둠이〈MR7-23b〉두디〈MK13-30a〉

둣거니와〈MR6-22a〉둣[**둣긔건마ᄂ〈MK11-28a〉

둣건마ᄂ〈MR6-11a〉둣건마ᄂ〈MK11-13b〉

둣ᄂ냐?〈MR4-70b〉둔ᄂ냐?〈MK8-32a〉

둣ᄂ니〈MR1-51b〉인ᄂ니〈MK2-14a〉

둣ᄂ니〈MR2-33b〉둔ᄂ니〈MK3-34a〉

둣ᄂ니〈MR3-16b〉인ᄂ니〈MK5-17a〉

둣ᄂ니〈MR6-11a〉두언ᄂ니〈MK11-13b〉

둣ᄂ니라.〈MR2-32b〉둔ᄂ니라.〈MK3-33a〉

둣ᄂ〈MR6-22a〉둔ᄂ〈MK11-28a〉

둣ᄂ〈MR7-10b〉둔ᄂ〈MK13-13b〉

둣ᄂ이ᄂ〈MR5-28b〉둠애〈MK9-29b〉

둣ᄂ者쟈ㅣ〈MR2-59a〉둔ᄂ者쟈ㅣ〈MK4-18a〉

둣ᄂ者쟈롤〈MR3-55b〉둔ᄂ者쟈를〈MK6-17b〉

둣다〈MR2-33b〉둣다〈MK3-34a〉

둣다니〈MR2-55a〉잇다니〈MK4-13b〉

둣더니〈MR5-52b〉둣더니〈MK10-14a〉

뒷수러〈MR3-50b〉後후車車거〈MK6-12a〉

드노라〈MR6-36b〉擧거ᄒᆞ노라〈MK12-5b〉
드듸여〈MR2-49b〉드듸여〈MK4-8a〉
드듸여〈MR3-12b〉드ᄃᆡ여〈MK5-13a〉
드디〈MR1-25b〉擧거티〈MK1-26a〉
드디〈MR3-26a〉入입디〈MK5-26b〉
드러〈MR1-83b〉入입ᄒᆞ야〈MK2-46b〉
드러〈MR3-59b〉擧거ᄒᆞ야〈MK6-21a〉
드러ᄂᆞᆫ〈MR1-15b〉入입ᄒᆞ야〈MK1-15b〉
드럿거니와〈MR5-2b〉듣ᄌᆞ왓거니와〈MK9-2b〉
드럿노니〈MR3-4b〉드런노니〈MK5-5a〉
드럿노라.〈MR5-48a〉드런노라.〈MK10-8a〉
드럿ᄂᆞ냐?〈MR4-36b〉드런ᄂᆞ냐?〈MK7-37a〉
드로니〈MR1-80b〉들오니〈MK2-43b〉
드로니〈MR2-59a〉聞문호니〈MK4-18a〉
드로니〈MR6-36a〉드로니〈MK12-4b〉
드로라〈MR7-14b〉드로라〈MK13-18b〉
드로매〈MR4-61b〉入입ᄒᆞ거놀〈MK8-23a〉
드로믈〈MR2-33b〉入입홈을〈MK3-34a〉
드론디라.〈MR2-55a〉聞문ᄒᆞᆫ〈MK4-13b〉
드롬이〈MR3-38a〉入입홈이〈MK5-38b〉
드롬이〈MR3-75a〉聞문홈이〈MK6-37a〉
드르나〈MR6-19b〉聽텽ᄒᆞ나〈MK11-25a〉
드르니〈MR5-38a〉드로니〈MK9-39a〉
드르라〈MR4-17a〉聽텽ᄒᆞ라〈MK7-17a〉
드르리잇가?〈MR1-19a〉드르리잇가.〈MK1-19b〉
드르리잇가?〈MR1-31a〉들으리잇가?〈MK1-31b〉
드르며〈MR1-42b〉聞문ᄒᆞ며〈MK2-4b〉
드르면〈MR2-38b〉聞믄[**문?]ᄒᆞᆫ則즉〈MK3-39a〉
드르시고〈MR2-49b〉聞문ᄒᆞ고〈MK4-8a〉
드르시며〈MR7-10a〉聞문ᄒᆞ시며〈MK13-12b〉

드른〈MR5-42b〉드른〈MK10-2a〉
드른者쟈ᄂᆞᆫ〈MR5-45a〉聞문ᄒᆞᆫ者쟈ᄂᆞᆫ〈MK10-4b〉
드리디〈MR1-8b〉入입디〈MK1-9a〉
드리디〈MR3-62b〉內납디〈MK6-24b〉
드리면〈MR1-9a〉入입ᄒᆞ면〈MK1-9a〉
드림〈MR5-34a〉內납홈〈MK9-35a〉
드ᄅᆞ리잇가?〈MR1-40b〉聞문ᄒᆞ리잇가?〈MK2-2b〉
드ᄅᆞ면〈MR1-24a〉듣고〈MK1-24b〉
드물고〈MR6-19a〉드믈고〈MK11-23b〉
든른[**듣는?]〈MR7-42a〉聞문ᄒᆞᆫ〈MK14-11b〉
들거든〈MR7-49a〉入입ᄒᆞ여든〈MK14-20a〉
들고〈MR5-54a〉入입ᄒᆞ며〈MK10-15b〉
들라〈MR5-54a〉入입ᄒᆞ라〈MK10-15b〉
들레면〈MR3-60b〉咻휴ᄒᆞ면〈MK6-22b〉
들려〈MR2-7a〉聞문ᄒᆞ야〈MK3-7a〉
들면〈MR3-52a〉入입ᄒᆞ면〈MK6-13b〉
들면〈MR6-36b〉擧거ᄒᆞ면〈MK12-5b〉
들어〈MR5-30a〉聽텽ᄒᆞ야〈MK9-30b〉
들어ᄂᆞᆫ〈MR6-65b〉入입ᄒᆞ면〈MK12-42a〉
들오믈〈MR3-32b〉入입ᄒᆞᄂᆞᆫ者쟈ᄅᆞᆯ〈MK5-33a〉
들으ᄃᆡ〈MR1-25b〉擧거호ᄃᆡ〈MK1-26a〉
들히〈MR4-27a〉野야에〈MK7-27a〉
들히갈제〈MR7-46a〉野야의갈ᄊᆡ〈MK14-16a〉
듯고〈MR1-42a〉듣고〈MK2-4a〉
듯고〈MR2-78a〉聞문ᄒᆞ고〈MK4-37a〉
듯고〈MR3-30a〉듣고〈MK5-30b〉
듯고〈MR4-28a〉聽텽ᄒᆞ고〈MK7-28b〉
듯고〈MR4-62b〉聞문ᄒᆞ시고〈MK8-24a〉
듯고져〈MR6-41a〉듣고쟈〈MK12-11b〉
듯노니〈MR1-48a〉인노니〈MK2-10b〉
듯ᄂᆞ니잇가?〈MR1-51a〉인ᄂᆞ니잇가?〈MK2-14a〉

듯ᄂ녀[**니?]〈MR7-51b〉둗ᄂ니〈MK14-23a〉

듯디〈MR1-19b〉듣디〈MK1-20a〉

듯디〈MR1-65a〉聽텽티〈MK2-27b〉

듯디〈MR3-20a〉閜문티〈MK5-20b〉

듯디몯게라.〈MR4-32b〉듣디몯ᄒ얀로라.〈MK7-33a〉

듯ᄌ오니〈MR1-21a〉들오니〈MK1-21a〉

듯ᄌ오니〈MR1-46a〉드로니〈MK2-8b〉

듯ᄌ오니〈MR2-20b〉믇ᄌ오니〈MK3-21a〉

듯ᄌ오니〈MR2-78b〉듣ᄌ오니〈MK4-37b〉

듯ᄌ오리잇가?〈MR2-13b〉드르리잇가?〈MK3-13b〉

듯ᄌ왓거니와〈MR5-17a〉듣ᄌ왓거니와〈MK9-17b〉

듯ᄌ왓노니〈MR2-12b〉듣ᄌ오니〈MK3-12b〉

디나〈MR3-1a〉過과ᄒ다가〈MK5-1a〉

디나〈MR4-62b〉歷력ᄒ야〈MK8-24a〉

디나고〈MR4-59b〉過과ᄒ리니라.〈MK8-21a〉

디나더시니〈MR5-38a〉過과ᄒ시니〈MK9-39a〉

디나되〈MR3-26a〉過과호디〈MK5-26b〉

디나되〈MR4-66b〉過과ᄒ샤디〈MK8-28a〉

디날者쟈ㅣ〈MR1-21a〉過과흟者쟈ㅣ〈MK1-21b〉

디니라.〈MR4-20a〉이니라.〈MK7-20a〉

디오〈MR4-34b〉꺼시라.〈MK7-35a〉

디킈디〈MR6-54b〉守슈티〈MK12-28a〉

디킈여〈MR1-77b〉守슈ᄒ야〈MK2-40b〉

디혜〈MR2-24a〉智지ㅣ〈MK3-24a〉

딘실로〈MR3-44a〉진실로〈MK6-5b〉

딜러〈MR1-11a〉剌쳑ᄒ야〈MK1-11b〉

ᄃ라〈MR2-17b〉趨추ᄒ야〈MK3-17b〉

ᄃ라나숨더라.〈MR3-25b〉逃도匿닉ᄒ거늘〈MK5-26a〉

ᄃ라와〈MR7-46a〉趨추ᄒ야〈MK14-16b〉

ᄃ롬이니이다.〈MR1-8a〉走주홈이니이다.〈MK1-8a〉

ᄃ토아〈MR4-26b〉爭졍ᄒ야〈MK7-27a〉

둘리며〈MR3-6b〉馳치ᄒ며〈MK5-7a〉

둘리샤〈MR1-61a〉走주ᄒ샤〈MK2-24a〉

둘마다〈MR3-65a〉둘로〈MK6-27a〉

둙을〈MR3-65a〉鶏계를〈MK6-27a〉

돗호더〈MR7-31a〉똣호더〈MK13-39b〉

돗ᄒ다ᄒ나〈MR4-56b〉돗히이다.〈MK8-17b〉

돗ᄒ더시니〈MR7-37b〉돗ᄒ더시니〈MK14-6a〉

돗ᄒ더이다.〈MR2-61b〉돗ᄒ더이다.〈MK4-20a〉

돗ᄒ도소니〈MR7-30a〉돗ᄒ니〈MK13-38a〉

돗ᄒ시고〈MR4-53a〉ᄃ시ᄒ더시다.〈MK8-14b〉

돗ᄒ시이다.〈MR2-78b〉돗ᄒ이다.〈MK4-37b〉

돗ᄒ야〈MR7-30b〉돗ᄒ야〈MK13-38b〉

돗ᄒ이다.〈MR2-49b〉돗ᄒ이다.〈MK4-8b〉

디〈MR1-58b〉디〈MK2-21a〉

디답기예〈MR6-34a〉答답ᄒ욤애〈MK12-2a〉

디답디〈MR6-34a〉對디티〈MK12-2a〉

디답디〈MR6-7b〉答답디〈MK11-9b〉

디졉기롤〈MR4-73a〉待디홈이〈MK8-34b〉

띠어니〈MR1-64a〉ᄒᄂ니〈MK2-26b〉

뢰[**되?]엿ᄂ〈MR6-43b〉되연ᄂ〈MK12-14a〉

리〈MR1-18b〉리〈MK1-18b〉

리〈MR4-25b〉者쟈ㅣ〈MK7-26a〉

리〈MR6-18a〉거시〈MK11-22b〉

리롤〈MR5-33b〉리롤〈MK9-34b〉

마ᄂ〈MR7-52a〉마로려ᄒᄂ〈MK14-24a〉

마ᄂ者쟈ᄂ〈MR7-32a〉已이ᄒ는者쟈ᄂ〈MK13-40b〉

마디〈MR1-19b〉마디〈MK1-20a〉

마디〈MR1-78b〉得득디〈MK2-41b〉

마디〈MR7-32a〉已이티〈MK13-40a〉

마라〈MR2-17b〉마라.〈MK3-17b〉

마라쇼셔.〈MR1-57b〉말ㅇ쇼셔.〈MK2-19b〉

마로미〈MR5-56a〉마롬이〈MK10-18b〉

마롤디니〈MR2-17b〉宋송人인이〈MK3-17b〉

마롤디니〈MR3-65b〉마롤띠니〈MK6-27b〉

마롤디니〈MR4-12a〉아니홀띠니〈MK7-12a〉

마롤디니라.〈MR2-42b〉아니ㅎㄴ니라.〈MK3-43a〉

마롤디니라.〈MR4-18b〉말올띠니라.〈MK7-19a〉

마롤디니라.〈MR7-54b〉마롤띠니라.〈MK14-27a〉

마롬을〈MR7-33b〉말옴올〈MK13-42a〉

마ᄅ쇼셔!〈MR1-23a〉말ㅇ쇼셔.〈MK1-23b〉

마ᄅ쇼셔!〈MR1-76b〉마ᄅ쇼셔.〈MK2-39a〉

마ᄅ쇼셔〈MR1-70a〉밀[**말괴ㅇ쇼셔〈MK2-33a〉

마ᄅ시면〈MR1-11b〉업스시면〈MK1-11b〉

마시ᄂ니〈MR3-76b〉飮음ㅎㄴ니〈MK6-38b〉

마시며〈MR3-7a〉歠쳘ㅎ고〈MK5-7b〉

마술〈MR6-31a〉味미롤〈MK11-39a〉

마ᄌ믄〈MR3-58b〉迎영ㅎ니〈MK6-20b〉

마ᄌ몬〈MR1-70b〉迎영홈은〈MK2-33b〉

막ᄌᄅ느니〈MR6-62a〉距거ㅎㄴ니〈MK12-37b〉

만나〈MR5-37b〉遭조ㅎ야〈MK9-38b〉

만나디〈MR1-85a〉遇우티〈MK2-48a〉

만나시다.〈MR6-40b〉遇우ㅎ시다.〈MK12-10b〉

만날배〈MR6-41a〉遇워[合]홀빠〈MK12-11a〉

만일〈MR1-15a〉만일〈MK1-15b〉

만일〈MR1-59b〉만일에〈MK2-22a〉

말〈MR1-31a〉닐ㅇ디〈MK1-31b〉

말〈MR1-81b〉말〈MK2-44b〉

말〈MR4-62b〉言언티〈MK8-23b〉

말거나〈MR2-30b〉아니ㅎ며〈MK3-30b〉

말거시어눌〈MR2-71b〉말껴시어눌〈MK4-30b〉

말고〈MR1-65a〉말고〈MK2-27b〉

말고〈MR2-48b〉말오〈MK4-7a〉

말고져〈MR4-19b〉말오져〈MK7-20a〉

말고져ㅎ노니〈MR3-64b〉마로더〈MK6-26b〉

말기ᄂ〈MR2-14a〉말옴온〈MK3-14a〉

말기두곤〈MR7-28a〉已이홈애셔〈MK13-35a〉

말디니〈MR6-27a〉마롤띠니〈MK11-34a〉

말디〈MR4-55b〉마람즉ㅎ디〈MK8-16b〉

말라.〈MR1-21a〉舍샤ㅎ라.〈MK1-21b〉

말라.〈MR2-13b〉말라.〈MK3-14a〉

말라.〈MR3-35b〉아니홀띠니라.〈MK5-36a〉

말라ㅎ니〈MR4-6a〉걺말끠올띠라ㅎ니〈MK7-6a〉

말로뻐〈MR2-70b〉言언으로뻐〈MK4-29b〉

말로뻐〈MR5-56a〉辭ᄉ로뻐〈MK10-18b〉

말리오〈MR4-38b〉已이ㅎ리오〈MK7-39b〉

말리잇가?〈MR1-57a〉말리잇가?〈MK2-19b〉

말며〈MR1-65a〉말며〈MK2-27b〉

말며〈MR2-17a〉마라.〈MK3-17b〉

말며〈MR2-49b〉업스며〈MK4-8a〉

말며〈MR5-52a〉아니ㅎ며〈MK10-13a〉

말면〈MR1-10a〉말면〈MK1-10b〉

말면〈MR2-30b〉아닌則즉〈MK3-30b〉

말면〈MR2-31a〉아니혼則즉〈MK3-31b〉

말미아마〈MR3-13a〉말믹아마〈MK5-13a〉

말미아마〈MR1-21a〉말믹암아〈MK1-21a〉

말미아마〈MR3-64a〉말믹아마〈MK6-26a〉

말미아미〈MR6-57a〉말믹암아〈MK12-31b〉

말믜암ᄂ디라〈MR6-21b〉由유ㅎ야ㅎ논디라〈MK11-27b〉

말오려홈이로다.〈MR3-65a〉已이홈이로다.
〈MK6-27a〉
말은〈MR3-37b〉言언은〈MK5-38b〉
말을〈MR2-18b〉닯**말꺼을〈MK3-19a〉
말을〈MR2-60b〉마롤〈MK4-19b〉
말을〈MR2-6a〉言언을〈MK3-6a〉
말을〈MR3-1b〉말을〈MK5-1b〉
말을〈MR3-20a〉言언을〈MK5-20b〉
말을ᄒ랴?〈MR4-16a〉言언ᄒ랴?〈MK7-16a〉
말을홀거시면〈MR4-16a〉言언홀꺼시면〈MK
7-16b〉
말이〈MR3-71a〉言언이〈MK6-33b〉
말이〈MR5-15b〉말슴이〈MK9-16a〉
말이〈MR5-15b〉言언이〈MK9-16a〉
말이니〈MR5-15b〉語어ㅣ라.〈MK9-16a〉
말이니잇고?〈MR5-57b〉말슴이니잇고?〈MK
10-20b〉
말이두곤〈MR7-29a〉已이홈애셔〈MK13-36b〉
말이여〈MR1-48a〉言언이여〈MK2-10b〉
말인댄〈MR5-18a〉言언일띤댄〈MK9-18b〉
말인뎌.〈MR6-2a〉言언인뎌!〈MK11-2a〉
말홈을〈MR3-60b〉語어를〈MK6-22a〉
말ᄒ거눌〈MR2-73a〉言언ᄒ거눌〈MK4-32a〉
말ᄒ기롤〈MR2-40b〉言언호더〈MK3-41a〉
말ᄒ디〈MR2-40b〉言언티〈MK3-41a〉
말ᄒ리〈MR4-61b〉言언홒者쟈ㅣ〈MK8-23a〉
말ᄒ셔눌〈MR3-3b〉言언ᄒ야시눌〈MK5-3b〉
말홀者쟈ㅣ〈MR4-77a〉말ᄒ리〈MK8-38b〉
맛거눌〈MR7-46a〉迎영혼대〈MK14-16b〉
맛게〈MR2-62a〉稱칭케〈MK4-20b〉
맛고〈MR3-58b〉迎영ᄒ고〈MK6-20a〉
맛과〈MR7-46b〉昧미에와〈MK14-17a〉
맛기예〈MR6-62b〉迎영호욤애〈MK12-38b〉

맛ᄂ니〈MR1-73b〉迎영ᄒ기[**거끼늘〈MK2-
36b〉
맛다〈MR2-57a〉受슈ᄒ야〈MK4-15b〉
맛당이〈MR2-49b〉맛당이〈MK4-8a〉
맛당이〈MR3-40a〉맛당히〈MK6-1a〉
맛당티〈MR1-45b〉맛당티〈MK2-8a〉
맛당티〈MR2-68a〉宜의티〈MK4-27a〉
맛당히〈MR4-56b〉맛당이〈MK8-17b〉
맛당히〈MR5-6a〉맛당히〈MK9-6b〉
맛당ᄒ뇨?〈MR5-60b〉맛당ᄒ뇨?〈MK10-24a〉
맛당ᄒ니〈MR4-4b〉맛당ᄒ니〈MK7-4b〉
맛당ᄒ도다.〈MR1-23b〉맛당ᄒ도다.〈MK1-2
4a〉
맛디〈MR4-5a〉信신티〈MK7-5a〉
맛보아〈MR1-35a〉맛부〈MK1-36a〉
孟밍子즈ㅣ〈MR6-12a〉귤ㅇ샤디〈MK11-15a〉
머겨〈MR5-39a〉食ᄉᄒ야〈MK9-40a〉
머니라.〈MR7-7a〉遠원ᄒ니라.〈MK13-8b〉
머디〈MR4-9a〉遠원티〈MK7-9a〉
머디〈MR7-63b〉머디〈MK14-38b〉
머롬이라도〈MR4-61a〉遠원홈이나〈MK8-22b〉
머르샷다.〈MR2-24a〉遠원ᄒ샷다.〈MK3-24b〉
머리〈MR1-42a〉首슈롤〈MK2-4a〉
머리〈MR7-55a〉題뎨〈MK14-27b〉
머리롤〈MR3-59b〉首슈를〈MK6-21a〉
머무러〈MR6-38a〉留류ᄒ야〈MK12-7a〉
머므는〈MR5-42b〉止지ᄒ는〈MK10-2a〉
먹거눌〈MR3-78a〉食식ᄒ더니〈MK6-40b〉
먹고〈MR3-76b〉食식ᄒ고〈MK6-38b〉
먹눈밧〈MR3-76b〉食식ᄒ눈밧〈MK6-38b〉
먹디〈MR1-24a〉食식디〈MK1-24b〉
먹엇거눌〈MR5-10a〉食식호니〈MK9-10b〉
먹으며〈MR1-38a〉食식ᄒ며〈MK1-39a〉

먹음이라.〈MR4-27a〉食식홈이라.〈MK7-27b〉

먼디〈MR4-22a〉遠원에〈MK7-22b〉

멀게ᄒ신대〈MR3-69a〉遠원히ᄒ신대〈MK6-31a〉

멀리〈MR1-1a〉멀리〈MK1-1a〉

멀리ᄒᄂ니이다.〈MR1-24a〉멀리ᄒᄂ니이다.〈MK1-24b〉

멀으샤소이다.〈MR2-9b〉遠원ᄒ샤소이다.〈MK3-9b〉

몃〈MR1-76a〉몃〈MK2-39a〉

몃츨고?〈MR4-36b〉몃날오?〈MK7-37a〉

메오고〈MR5-8a〉捫염ᄒ고〈MK9-8b〉

모ᄂᆫ〈MR4-19a〉毆구ᄒᄂ〈MK7-19b〉

모도아〈MR1-33b〉集집ᄒ야〈MK1-34a〉

모도아〈MR1-80b〉屬쵹ᄒ야〈MK2-43b〉

모든〈MR3-60b〉모든〈MK6-22b〉

모든大대夫부와〈MR2-70b〉모든태우와〈MK4-29a〉

모라〈MR1-36b〉驅구ᄒ야〈MK1-37a〉

모라〈MR3-69a〉모라〈MK6-31a〉

모술〈MR1-77b〉池지를〈MK2-40b〉

목을〈MR1-18b〉領령을〈MK1-19a〉

몬[**몯기호믄〈MR1-85a〉몯홈은〈MK2-48a〉

몬져〈MR1-58b〉몬져〈MK2-21a〉

몬져〈MR5-43b〉돈[**몬기져〈MK10-3a〉

몬져ᄒ시ᄂᆫ〈MR1-82b〉先션ᄒᄂ〈MK2-45b〉

몬져ᄒ야니〈MR3-63b〉先션ᄒ면〈MK6-25b〉

몬져홀시니〈MR3-7b〉先션홀써라.〈MK5-7b〉

몬졋聖셩과〈MR4-41a〉先션聖셩과〈MK8-2a〉

몬〈MR5-67a〉召쇼티〈MK10-32a〉

몬[*몯기ᄒ며〈MR7-3a〉몯ᄒ며〈MK13-4a〉

몯거니와〈MR2-12a〉몯ᄒ거니와〈MK3-12a〉

몯거이다!〈MR1-21b〉몯게이다〈MK1-22a〉

몯거이다.〈MR5-63a〉몯게이다.〈MK10-27b〉

몯게〈MR1-16a〉몯ᄒ게〈MK1-16a〉

몯게〈MR1-37a〉몯게〈MK1-38a〉

몯게라!〈MR3-30a〉몯게라.〈MK5-31a〉

몯게이다.〈MR1-67a〉몯게이다.〈MK2-29b〉

몯게이다.〈MR1-71b〉몯게이디[**다기.〈MK2-34b〉

몯게이다.〈MR3-49b〉몯호니〈MK6-11a〉

몯게이다〈MR2-45b〉몯거이다.〈MK4-4a〉

몯호니〈MR1-39a〉몯호니〈MK2-1b〉

몯호라.〈MR6-60b〉몯호라.〈MK12-35b〉

몯호라〈MR2-19b〉몯ᄒ노라.〈MK3-19b〉

몯ᄒ매ᄂᆫ〈MR3-45b〉몯ᄒ얀〈MK6-7a〉

몯호모로뻐〈MR3-28a〉몯ᄒ욤으로뻐〈MK5-28b〉

몯호믈〈MR2-17b〉아니홈을〈MK3-17b〉

몯호믈〈MR5-3b〉몯ᄒ욤을〈MK9-3b〉

몯호미〈MR1-26a〉몯홈이〈MK1-27a〉

몯호미〈MR4-53b〉아님이〈MK8-15a〉

몯호미니라.〈MR2-43b〉몯홈이니라.〈MK4-1b〉

몯호미어니와〈MR1-27a〉몯홈이어니와〈MK1-27b〉

몯호믄〈MR1-26a〉몯홈은〈MK1-26b〉

몯호믈〈MR1-31a〉몯홈을〈MK1-31b〉

몯호이다.〈MR5-72b〉몯호이다.〈MK10-38b〉

몯홈도〈MR6-40a〉몯홈도〈MK12-10a〉

몯홈매〈MR5-37a〉몯홈애〈MK9-38a〉

몯홈으란〈MR6-25a〉몯ᄒ면〈MK11-32a〉

몯홈은〈MR2-43b〉몯홈ᄋᆫ〈MK4-1b〉

몯홈은〈MR2-52b〉리업슴은〈MK4-11a〉

몯홈은〈MR4-2a〉몯홈은〈MK7-2a〉

몯홈은〈MR5-62b〉몯홈은〈MK10-26b〉

몯홈은〈MR6-18b〉몯ᄒ욤ᄋᆫ〈MK11-23a〉

몯홈을〈MR6-25a〉몯홈을〈MK11-31b〉

몯홈을〈MR7-16a〉아니홈을〈MK13-20b〉
몯홈이〈MR2-16b〉몯홈이〈MK3-16b〉
몯홈이〈MR4-11a〉몯ᄒᆞᆫ者쟈ㅣ〈MK7-11a〉
몯홈이〈MR4-5b〉아니홈이〈MK7-5b〉
몯홈이〈MR5-61b〉몯홈이〈MK10-24b〉
몯홈이〈MR7-33a〉아니홈이〈MK13-41b〉
몯홈이니〈MR5-61b〉몯홈이니라.〈MK10-25a〉
몯홈이니〈MR6-40a〉몯홈이니〈MK12-10a〉
몯홈이니라.〈MR2-37a〉아니홈이니라.〈MK3-37b〉
몯홈이니라.〈MR2-76a〉몯ᄒᆞ노라.〈MK4-35a〉
몯홈이니라.〈MR3-66a〉몯ᄒᆞ예로라.〈MK6-28a〉
몯홈이니라.〈MR3-74b〉몯ᄒᆞ예니라.〈MK6-36b〉
몯홈이니라.〈MR5-62b〉몯홈이니라.〈MK10-26b〉
몯홈이라.〈MR5-54a〉몯ᄒᆞ얘니라.〈MK10-16a〉
몯홈이라〈MR7-28b〉몯ᄒᆞᄂᆞᆫ디라.〈MK13-36b〉
몯홈이로다.〈MR3-33a〉몯홈이로다.〈MK5-33b〉
몯홈이오.〈MR2-26b〉몯홈이오.〈MK3-27a〉
몯홈이니라.〈MR5-19a〉몯홈이니라.〈MK9-19b〉
몯ᄒᆞ거니와〈MR2-20a〉몯ᄒᆞ거니와〈MK3-20a〉
몯ᄒᆞ거니와〈MR3-64b〉몯ᄒᆞ란디〈MK6-26b〉
몯ᄒᆞ거늘〈MR2-4a〉몯ᄒᆞ거시늘〈MK3-4a〉
몯ᄒᆞ거늘〈MR4-67a〉몯ᄒᆞ거늘〈MK8-28b〉
몯ᄒᆞ거든〈MR2-13b〉몯ᄒᆞ거든〈MK3-14a〉
몯ᄒᆞ거든〈MR2-13b〉몯ᄒᆞ거든**든긔〈MK3-13b〉
몯ᄒᆞ거든〈MR5-67b〉몯ᄒᆞ곤〈MK10-33a〉
몯ᄒᆞ거든〈MR5-69a〉아니ᄒᆞ니〈MK10-34b〉

몯ᄒᆞ거든〈MR7-57b〉몯홀띤댄〈MK14-31a〉
몯ᄒᆞ게〈MR3-68a〉몯개〈MK6-30a〉
몯ᄒᆞ게〈MR3-72b〉몯게〈MK6-34b〉
몯ᄒᆞ고〈MR1-11a〉몯ᄒᆞ고〈MK1-11b〉
몯ᄒᆞ고〈MR3-12a〉몯ᄒᆞ게ᄒᆞ고〈MK5-12b〉
몯ᄒᆞ고〈MR4-24a〉몯ᄒᆞ면〈MK7-24a〉
몯ᄒᆞ고〈MR4-45a〉아니ᄒᆞ고〈MK8-6a〉
몯ᄒᆞ고〈MR5-63b〉몯ᄒᆞ고도〈MK10-28a〉
몯ᄒᆞ고〈MR6-63b〉몯ᄒᆞ야〈MK12-39b〉
몯ᄒᆞ고〈MR7-16a〉아니ᄒᆞ며〈MK13-20a〉
몯ᄒᆞ고〈MR7-8b〉몯ᄒᆞ니라.〈MK13-10b〉
몯ᄒᆞ고녀?〈MR1-63b〉왼몯긔ᄒᆞ고니[녀?]〈MK2-26a〉
몯ᄒᆞ나〈MR1-32b〉몯ᄒᆞ나〈MK1-33b〉
몯ᄒᆞ나〈MR6-63a〉아니ᄒᆞ나〈MK12-39a〉
몯ᄒᆞ노니〈MR1-35a〉몯ᄒᆞ노니〈MK1-36a〉
몯ᄒᆞ노라.〈MR1-21a〉몯ᄒᆞ노라.〈MK1-21b〉
몯ᄒᆞ니〈MR1-82b〉몯ᄒᆞ니〈MK2-45b〉
몯ᄒᆞ니〈MR2-28a〉업스니〈MK3-28a〉
몯ᄒᆞ니〈MR3-75a〉몯ᄒᆞ야〈MK6-37a〉
몯ᄒᆞ니〈MR5-28a〉아니ᄒᆞ니〈MK9-28b〉
몯ᄒᆞ니〈MR5-4b〉몯ᄒᆞ시니〈MK9-4b〉
몯ᄒᆞ니〈MR7-8b〉몯ᄒᆞ니라.〈MK13-10b〉
몯ᄒᆞ니라.〈MR2-13a〉몯ᄒᆞ니라.〈MK3-13a〉
몯ᄒᆞ니라.〈MR2-37b〉업스니라.〈MK3-38b〉
몯ᄒᆞ니라.〈MR2-43a〉몯하니라.〈MK4-1a〉
몯ᄒᆞ니이다.〈MR1-40b〉몯ᄒᆞ니이다〈MK2-3a〉
몯ᄒᆞ니이다.〈MR1-41a〉몯ᄒᆞ니이더〈MK2-3a〉
몯ᄒᆞᄂᆞ니〈MR2-43a〉몯ᄒᆞᄂᆞ니〈MK4-1b〉
몯ᄒᆞᄂᆞ니〈MR7-16a〉아니ᄒᆞᄂᆞ니〈MK13-20a〉
몯ᄒᆞᄂᆞ니라.〈MR4-38b〉몯ᄒᆞᄂᆞ니라.〈MK7-39b〉
몯ᄒᆞᄂᆞ니이다.〈MR1-4a〉몯ᄒᆞᄂᆞ니이다.〈MK1-4a〉

몯ᄒᆞᄂᆞᆫ〈MR2-32b〉몯ᄒᆞᄂᆞᆫ〈MK3-33a〉

몯ᄒᆞᄂᆞᆫ〈MR2-51b〉몯ᄒᆞᆯ〈MK4-10a〉

몯ᄒᆞᄂᆞᆫ디라.〈MR1-22b〉몯ᄒᆞᆫ디라.〈MK1-23a〉

몯ᄒᆞᄂᆞᆫ디라.〈MR1-24a〉몯ᄒᆞᄂᆞ니〈MK1-24b〉

몯ᄒᆞᄂᆞᆫ디라.〈MR5-15a〉몯ᄒᆞᄂᆞᆫ디라.〈MK9-15b〉

몯ᄒᆞᄂᆞᆫ者쟈의〈MR1-27a〉몯ᄒᆞᄂᆞᆫ者쟈의〈MK1-27b〉

몯ᄒᆞ다.〈MR7-50b〉몯ᄒᆞ다.〈MK14-22a〉

몯ᄒᆞ다〈MR1-68a〉몯ᄒᆞᆫ다〈MK2-30b〉

몯ᄒᆞ다니〈MR1-24b〉몯ᄒᆞ엿더니〈MK1-25a〉

몯ᄒᆞ더니라.〈MR2-74a〉몯ᄒᆞ더니래*리ᄀᆡ〈MK4-33a〉

몯ᄒᆞ더시니〈MR2-53a〉몯ᄒᆞ니〈MK4-11b〉

몯ᄒᆞ더시다.〈MR7-56a〉몯ᄒᆞ시니라.〈MK14-29a〉

몯ᄒᆞ도다.〈MR4-42a〉몯ᄒᆞ도다.〈MK8-2b〉

몯ᄒᆞ도다〈MR4-64b〉몯ᄒᆞ두다〈MK8-26a〉

몯ᄒᆞ려니와〈MR2-12b〉몯ᄒᆞ려니와〈MK3-12b〉

몯ᄒᆞ려니와〈MR3-51a〉受슈티몯ᄒᆞ려니와〈MK6-12b〉

몯ᄒᆞ려니와〈MR3-60b〉몯ᄒᆞ려니와〈MK6-22b〉

몯ᄒᆞ려니와〈MR6-45b〉몯ᄒᆞᆯ꺼시오〈MK12-16b〉

몯ᄒᆞ려든〈MR6-58b〉몯ᄒᆞᆯ꺼시온〈MK12-33b〉

몯ᄒᆞ리니〈MR4-20b〉몯ᄒᆞ리니〈MK7-20b〉

몯ᄒᆞ리니〈MR4-23a〉몯ᄒᆞ리라.〈MK7-23a〉

몯ᄒᆞ리니〈MR6-19b〉몯ᄒᆞᄂᆞ니〈MK11-24b〉

몯ᄒᆞ리라.〈MR2-7a〉업스리라.〈MK3-7a〉

몯ᄒᆞ리라.〈MR3-61a〉몯ᄒᆞ리라.〈MK6-22b〉

몯ᄒᆞ리라.〈MR6-57a〉몯ᄒᆞ리니라.〈MK12-31b〉

몯ᄒᆞ리러니〈MR1-17a〉몯ᄒᆞ리러니〈MK1-17a〉

몯ᄒᆞ리로다〈MR3-76b〉몯ᄒᆞ리로다.〈MK6-38b〉

몯ᄒᆞ리로다.〈MR4-59a〉몯ᄒᆞ노라.〈MK8-20b〉

몯ᄒᆞ리로소니〈MR1-80a〉몯ᄒᆞ리로소니〈MK2-43a〉

몯ᄒᆞ리로소니〈MR2-45b〉몯ᄒᆞᆯ꺼실시〈MK4-4a〉

몯ᄒᆞ리로소니〈MR3-52a〉몯ᄒᆞᄂᆞ니〈MK6-14a〉

몯ᄒᆞ리로소이다.〈MR2-46a〉몯ᄒᆞ리로소이다.〈MK4-4b〉

몯ᄒᆞ리로소이다.〈MR2-74a〉마로리이다.〈MK4-32b〉

몯ᄒᆞ리오?〈MR6-26a〉몯ᄒᆞ리오〈MK11-32b〉

몯ᄒᆞ며〈MR1-11a〉몯ᄒᆞ며〈MK1-11a〉

몯ᄒᆞ며〈MR2-62b〉꺼시며〈MK4-21a〉

몯ᄒᆞ며〈MR4-2a〉몯ᄒᆞ고〈MK7-2a〉

몯ᄒᆞ며〈MR4-2a〉몯ᄒᆞ야〈MK7-2a〉

몯ᄒᆞ며〈MR4-34b〉아닐꺼시며〈MK7-35a〉

몯ᄒᆞ며〈MR4-39a〉몯ᄒᆞ야란〈MK7-40a〉

몯ᄒᆞ며〈MR4-39b〉몯ᄒᆞ리라〈MK7-40a〉

몯ᄒᆞ며〈MR4-5b〉아니ᄒᆞ며〈MK7-5b〉

몯ᄒᆞ며〈MR5-4a〉몯ᄒᆞ시며〈MK9-4b〉

몯ᄒᆞ면〈MR1-13a〉몯하면〈MK1-13b〉

몯ᄒᆞ면〈MR1-28b〉몯ᄒᆞ면〈MK1-29a〉

몯ᄒᆞ면〈MR1-62b〉몯ᄒᆞ거든〈MK2-25a〉

몯ᄒᆞ면〈MR2-12b〉아니ᄒᆞ면〈MK3-12b〉

몯ᄒᆞ면〈MR2-67a〉몯ᄒᆞ고〈MK4-25b〉

몯ᄒᆞ면〈MR2-75a〉몯ᄒᆞᆫ則즉〈MK4-34a〉

몯ᄒᆞ면〈MR4-23a〉몯ᄒᆞ면[**면ᄀᆡ〈MK7-23b〉

몯ᄒᆞ면〈MR4-39b〉몯ᄒᆞ야란〈MK7-40a〉

몯ᄒᆞ면〈MR6-25a〉몯ᄒᆞ홈이〈MK11-31b〉

몯ᄒᆞ모로뻐〈MR6-36b〉몯홈으로뻐〈MK12-5b〉

몯ᄒᆞ샤〈MR2-61b〉몯ᄒᆞ샤〈MK4-20a〉

몯ᄒᆞ샤믄〈MR1-26a〉몯ᄒᆞ욤은〈MK1-27a〉

몯ᄒᆞ샤믄〈MR1-27b〉몯ᄒᆞ욤온〈MK1-28a〉

몯ᄒᆞ샴이〈MR5-30a〉몯ᄒᆞ심은〈MK9-31a〉

몯ᄒᆞ시고〈MR2-74a〉몯ᄒᆞ고〈MK4-33a〉

몯ᄒᆞ시곤〈MR2-67a〉몯ᄒᆞ시니〈MK4-25b〉
몯ᄒᆞ시나〈MR7-44a〉몯ᄒᆞ시나〈MK14-13b〉
몯ᄒᆞ시니라.〈MR2-68a〉몯ᄒᆞ시니라.〈MK4-26b〉
몯ᄒᆞ시니이다.〈MR1-84b〉아니ᄒᆞ시니이다.〈MK2-48a〉
몯ᄒᆞ시니잇가?〈MR5-8b〉몯ᄒᆞ시니잇가?〈MK9-9a〉
몯ᄒᆞ시니잇고?〈MR6-61a〉아니ᄒᆞ시니잇고?〈MK12-36a〉
몯ᄒᆞ시리니〈MR5-6b〉得득ᄃᆞ몯ᄒᆞ시니리니〈MK9-6b〉
몯ᄒᆞ시리로소이다.〈MR7-45b〉몯ᄒᆞ시리로소이다.〈MK14-15b〉
몯ᄒᆞ시리오?마ᄂᆞᆫ〈MR5-8b〉몯ᄒᆞ시리오?〈MK9-9a〉
몯ᄒᆞ시매〈MR6-18b〉몯홈이〈MK11-23a〉
몯ᄒᆞ시미니이다.〈MR1-78b〉몯ᄒᆞ심이니이다.〈MK2-41b〉
몯ᄒᆞ신다〈MR5-23b〉몯혼다〈MK9-24a〉
몯ᄒᆞ신줄을〈MR1-22a〉몯ᄒᆞ시믈〈MK1-22a〉
몯ᄒᆞ실〈MR2-75a〉몯홀〈MK4-34a〉
몯ᄒᆞ야〈MR1-37a〉몯ᄒᆞ야〈MK1-38a〉
몯ᄒᆞ야〈MR1-54a〉아니ᄒᆞ야〈MR2-17a〉
몯ᄒᆞ야〈MR2-48a〉몯ᄒᆞ샤〈MK4-7a〉
몯ᄒᆞ야〈MR3-25a〉ᄒᆞ야〈MK5-25b〉
몯ᄒᆞ야〈MR5-42b〉아니ᄒᆞ며〈MK10-2a〉
몯ᄒᆞ야〈MR5-70a〉아니ᄒᆞ고〈MK10-36a〉
몯ᄒᆞ야ᄂᆞᆫ〈MR7-18a〉몯ᄒᆞ면〈MK13-23a〉
몯ᄒᆞ야든〈MR2-38a〉몯ᄒᆞ야도〈MK3-38b〉
몯ᄒᆞ야셔〈MR1-5a〉몯ᄒᆞ야셔〈MK1-5a〉
몯ᄒᆞ야시니〈MR7-50b〉몯ᄒᆞ여시니〈MK14-21b〉
몯ᄒᆞ얀〈MR7-6a〉몯ᄒᆞ야ᄂᆞᆫ〈MK13-7b〉

몯ᄒᆞ얏거니와〈MR3-4b〉몯ᄒᆞ얏거니와〈MK5-4b〉
몯ᄒᆞ얏노니〈MR1-19b〉몯ᄒᆞ얀**얀?노니〈MK1-20a〉
몯ᄒᆞ얏노니〈MR5-34b〉몯ᄒᆞ얀노니〈MK9-35b〉
몯ᄒᆞ얏ᄂᆞ니라.〈MR4-71a〉몯ᄒᆞ니라.〈MK8-32b〉
몯ᄒᆞ얏ᄂᆞᆫ다?〈MR3-45a〉이[**아?니ᄒᆞ얀ᄂᆞ냐?〈MK6-6b〉
몯ᄒᆞ얏다가〈MR2-69b〉몯ᄒᆞ얏다가〈MK4-28b〉
몯ᄒᆞ얏다이다.〈MR4-36b〉몯ᄒᆞ얏다이다.〈MK7-37a〉
몯ᄒᆞ얏더니〈MR2-61b〉몯호니〈MK4-20a〉
몯ᄒᆞ얏더니〈MR3-3b〉몯ᄒᆞ얏다니〈MK5-3b〉
몯ᄒᆞ얏더라.〈MR3-20a〉몯ᄒᆞ야쏘다〈MK5-20b〉
몯ᄒᆞᆫ〈MR2-75a〉몯ᄒᆞᆫ〈MK4-34a〉
몯ᄒᆞᆫ〈MR5-69a〉아니ᄒᆞᆫ〈MK10-34b〉
몯혼다〈MR2-16b〉몯혼다〈MK3-16b〉
몯혼다ᄒᆞ니〈MR3-48a〉몯ᄒᆞᄂᆞ니〈MK6-9b〉
몯혼디라〈MR4-66a〉몯ᄒᆞ야시니〈MK8-27b〉
몯ᄒᆞᆫ이〈MR5-34a〉몯ᄒᆞᆫ者쟈ㅣ〈MK9-35a〉
몯ᄒᆞᆫ者쟈ㅣ니라.〈MR6-11b〉몯홈이니라.〈MK11-14a〉
몯ᄒᆞᆫ者쟈ᄂᆞᆫ〈MR1-4a〉몯ᄒᆞᆫ者쟈ᄂᆞᆫ〈MK1-4a〉
몯홀〈MR1-10b〉몯홀〈MK1-10b〉
몯홀〈MR1-24a〉몯홒〈MK1-24b〉
몯홀〈MR4-34b〉아닐〈MK7-35a〉
몯홀가〈MR1-37a〉몯홀가〈MK1-38a〉
몯홀가〈MR2-36b〉몯홀까〈MK3-37a〉
몯홀거시라〈MR4-59a〉몯ᄒᆞ리라〈MK8-20b〉
몯홀거시로더〈MR7-16b〉몯홀꺼시로더〈MK13-21b〉

몯홀거시면〈MR2-62b〉몯ᄒ야란〈MK4-21a〉

몯홀다〈MR2-35a〉몯홀로다.〈MK3-35b〉

몯홀디니〈MR1-33a〉몯ᄒᄂ니〈MK1-34a〉

몯홀디니〈MR1-9a〉몯ᄒ리니〈MK1-9a〉

몯홀디니〈MR2-62b〉몯홀꺼시니〈MK4-21a〉

몯홀디니〈MR3-7a〉몯홀꺼시라〈MK5-7b〉

몯홀디니〈MR4-31a〉몯홈이니라.〈MK7-31b〉

몯홀디니〈MR5-47b〉몯ᄒ리로다.〈MK10-8a〉

몯홀디니〈MR7-16b〉몯홀이니라.〈MK13-21a〉

몯홀디니〈MR7-3b〉몯홀개[**꺼?]시니〈MK13-4b〉

몯홀디니라.〈MR2-36a〉몯ᄒᄂ니라.〈MK3-36b〉

몯홀디니라.〈MR2-36b〉몯홀꺼시니라.〈MK3-37a〉

몯홀디니라.〈MR4-27a〉몯ᄒ리라.〈MK7-27b〉

몯홀디니라.〈MR6-53b〉몯ᄒ니라.〈MK12-27a〉

몯홀디니라.〈MR7-52a〉몯ᄒ리니라.〈MK14-24a〉

몯홀디니이다.〈MR3-23a〉몯홀꺼시니라.〈MK5-23a〉

몯홀디라.〈MR1-69b〉몯홀꺼시니〈MK2-32a〉

몯홀디라.〈MR7-58a〉몯ᄒᄂ〈MK14-31b〉

몯홀디라.〈MR7-61a〉몯ᄒᄂ니〈MK14-35a〉

몯홀디라〈MR3-32a〉몯ᄒ리라.〈MK5-32b〉

몯홀디라도〈MR3-12a〉몯ᄒ거늘〈MK5-12a〉

몯홀디라도〈MR7-5a〉몯홀따라도〈MK13-6b〉

몯홀디어든〈MR2-53a〉몯ᄒ곤〈MK4-11b〉

몯홀디어든〈MR6-20b〉몯홀띤댄〈MK11-25b〉

몯홀디어든〈MR7-59a〉몯ᄒ거든〈MK14-32b〉

몯홀디오.〈MR4-1b〉몯ᄒ고〈MK7-1b〉

몯홀디오〈MR4-21a〉몯홀꺼시오〈MK7-21b〉

몯홀디오〈MR4-23a〉몯ᄒ리라.〈MK7-23b〉

몯홀디오〈MR7-52a〉몯ᄒ며〈MK14-23b〉

몯홀딘댄〈MR6-35a〉몯홀따라도〈MK12-4a〉

몯홀딘댄〈MR6-35b〉몯홀디라도〈MK12-4a〉

몯홀ᄃ시〈MR1-64a〉몯홈ᄀ티〈MK2-26b〉

몯홀디〈MR5-41a〉몯홀꺼시라.〈MK9-42a〉

몯홀디〈MR7-32a〉몯홄더〈MK13-40b〉

몯홀로다〈MR4-21b〉몯ᄒ리로다〈MK7-21b〉

몯홀소냐?〈MR2-58a〉몯ᄒ리로소냐?〈MK4-17a〉

몯홀시니〈MR3-59a〉아닐띠언뎡〈MK6-21a〉

몯홀ᄲᆞᆫ이언뎡〈MR2-70a〉몯홀ᄲᆞᆫ이언뎡〈MK4-28b〉

몯홀이〈MR7-9a〉아니리〈MK13-11b〉

몯홀者ㅣ〈MR1-38b〉몯홄者ㅣ〈MK1-39b〉

몯홀지니라.〈MR5-41a〉몯홀이니라.〈MK9-42a〉

몰리니〈MR4-19b〉毆구ᄒ리니〈MK7-20a〉

몸소〈MR3-77a〉몸소〈MK6-39a〉

몸애〈MR3-5b〉身신애〈MK5-5b〉

몸애〈MR6-26a〉身신에〈MK11-33a〉

몸에〈MR1-14a〉身신에〈MK1-14b〉

몸을〈MR1-2b〉身신을〈MK1-2b〉

몸의〈MR1-81a〉身신의〈MK2-44b〉

몸이〈MR1-36a〉身신이〈MK1-37a〉

몸이〈MR4-21a〉몸이〈MK7-21b〉

몸이못도록홀〈MR4-66a〉終죵身신ㅅ〈MK8-27b〉

못게이다.〈MR5-2b〉몯ᄒ노이다.〈MK9-2b〉

못싀〈MR5-10a〉池지예〈MK9-10a〉

못우희〈MR1-3b〉沼쇼上샹에〈MK1-3b〉

못ᄒ니〈MR2-47a〉몯게라.〈MK4-5b〉

못ᄒ신가?〈MR2-47a〉否부ᄒ신가?〈MK4-6a〉

못ᄒ얏다가〈MR2-47a〉몯ᄒ얏더시니〈MK4-5b〉

뫼시매ᄂᆞᆫ〈MR2-69b〉得득ᄒ야ᄂᆞᆫ〈MK4-28b〉
묏〈MR7-10a〉深심山산ㅅ〈MK13-12b〉
묏길히〈MR7-44b〉山산徑경의〈MK14-14b〉
苗묘ㅣ〈MR2-17b〉묘ㅣ〈MK3-17b〉
무근뿍〈MR4-20a〉艾애를〈MK7-20b〉
무러〈MR4-58a〉問문ᄒ야〈MK8-19b〉
무러〈MR5-2a〉무러〈MK9-2b〉
무로디〈MR2-65a〉--------------
무르니〈MR4-76b〉무르니〈MK8-38b〉
무르니〈MR4-76b〉무르면〈MK8-38a〉
무르쓰면〈MR4-59b〉蒙몽ᄒ면〈MK8-21a〉
무르시고〈MR2-47a〉問문ᄒ시고〈MK4-5b〉
무르시며〈MR5-63a〉問문ᄒ시고〈MK10-27b〉
무리〈MR1-19b〉徒도ㅣ〈MK1-20a〉
무리니〈MR7-18b〉徒도ㅣ니〈MK13-23b〉
무리롤〈MR1-49b〉莒려를〈MK2-12a〉
무리오〈MR7-18b〉徒도ㅣ오〈MK13-23b〉
무서시〈MR2-50b〉엇디〈MK4-9a〉
問문하야〈MR5-39a〉묻ᄌᆞ와〈MK9-40a〉
問문ᄒ노니〈MR2-13b〉묻ᄌᆞᆸ노이다.〈MK3-13b〉
問문ᄒ노니〈MR5-55a〉묻잡노이다.〈MK10-17a〉
問문ᄒ노이다.〈MR5-57b〉묻ᄌᆞᆸ노이다.〈MK10-20b〉
問문ᄒ샤〈MR1-66a〉묻ᄌᆞ와〈MK2-28b〉
問문ᄒ신대〈MR3-15a〉무르신대〈MK5-15a〉
問문ᄒ신대〈MR5-71b〉묻ᄌᆞ온대〈MK10-38a〉
問문ᄒ야〈MR1-19a〉묻ᄌᆞ와〈MK1-19b〉
問문ᄒ야〈MR1-52b〉무러〈MK2-15a〉
問문ᄒ야〈MR2-1a〉몯[**묻]ᄀᆡᄌᆞ와〈MK3-1a〉
問문ᄒ야〈MR5-15a〉묻자와〈MK9-15b〉
問문흔대〈MR3-4b〉묻ᄌᆞ온대〈MK5-4b〉

間문흔대〈MR6-45b〉무론대〈MK12-16b〉
間문홀이이셔〈MR6-33a〉무러〈MK12-1a〉
물어ᄀᆞᆯ오디〈MR1-17a〉무러ᄀᆞᆯ오디〈MK1-17b〉
물음이〈MR7-33b〉間문홈이〈MK13-42a〉
물읫〈MR6-13a〉믈읫〈MK11-16a〉
뭇거든〈MR4-33b〉묻거든〈MK7-34a〉
뭇거시든〈MR4-33b〉묻거시든〈MK7-34a〉
뭇고〈MR1-46a〉무른〈MK2-8b〉
뭇디말고〈MR6-41a〉묻디말오.〈MK12-11b〉
므덤ᄉᆞ이예〈MR4-77a〉墦번間간의〈MK8-38b〉
므러〈MR3-55a〉間문ᄒ야〈MK6-17a〉
므르시ᄂᆞ니잇고?〈MR5-71b〉무ᄅᆞ시ᄂᆞ니잇고?〈MK10-38a〉
므르시미여!〈MR1-53b〉門문이여〈MK2-16a〉
므르실싀〈MR5-72a〉무ᄅᆞ실쎠〈MK10-38b〉
므룻〈MR5-48b〉믈읫〈MK10-8b〉
므서슬〈MR3-40b〉므스거슬〈MK6-2a〉
므서슬〈MR5-66b〉므서슬〈MK10-32a〉
므서슬〈MR5-68a〉므시슬〈MK10-33b〉
므서슬〈MR5-68b〉므서스로〈MK10-34a〉
므서슬〈MR7-23a〉므서술〈MK13-29a〉
므서슬할난ᄒ리오〈MR4-65a〉엇디難난ᄒ리오?〈MK8-26b〉
므서시〈MR1-60b〉므스거시〈MK2-23a〉
므서시〈MR3-59b〉엇디〈MK6-21b〉
므서시〈MR4-32a〉므서시〈MK7-32b〉
므서시〈MR5-60b〉어디〈MK10-24a〉
므서시〈MR7-23a〉뉘〈MK13-29a〉
므서신고〈MR5-2b〉므스거신고〈MK9-3a〉
므섯고〈MR6-46b〉엇디오?〈MK12-18b〉
므섯고?〈MR6-15b〉엇디오?〈MK11-19b〉
므슴〈MR1-56b〉므슴〈MK2-19a〉

므슴〈MR3-62a〉 엇띤〈MK6-24a〉
므슴〈MR5-55a〉 엇딘〈MK10-17a〉
믄득〈MR2-33b〉 믄득〈MK3-34a〉
믄득〈MR7-44b〉介 알然 연애〈MK14-14b〉
믇ᄌ오라〈MR3-7a〉 묻ᄌ오라.〈MK5-7a〉
믇ᄌ와〈MR3-3b〉 묻ᄌ온〈MK5-3b〉
믈〈MR6-59a〉 水슈를〈MK12-34a〉
믈러셔〈MR2-80b〉退퇴ᄒ야〈MK4-39b〉
믈로뻐〈MR6-31b〉 水슈로뻐〈MK11-40a〉
믈롯〈MR5-48a〉 믈읫〈MK10-8b〉
믈ᄭ을〈MR1-61a〉諸호믈〈MK2-24a〉
-------------믈읫〈MK10-19b〉
믈읫〈MR2-35b〉 믈읫〈MK3-36a〉
믈이〈MR3-66b〉水슈ㅣ〈MK6-28b〉
믈行ᄒᆡᆼᄒ시기〈MR4-60b〉 水슈行ᄒᆡᆼ홈〈MK8-22a〉
믈行ᄒᆡᆼᄒ시기는〈MR4-60b〉 水슈行ᄒᆡᆼᄒ심은〈MK8-22a〉
미더〈MR1-72b〉東동으로〈MK2-35a〉
미더〈MR5-19a〉允윤ᄒ야〈MK9-19b〉
미드면〈MR7-35a〉信신ᄒ면〈MK14-3a〉
미듬이〈MR7-24b〉信신홈이〈MK13-31a〉
미러〈MR2-40b〉推츄ᄒ야〈MK3-41b〉
미러〈MR5-34a〉推퇴ᄒ야〈MK9-35a〉
미조차〈MR1-35b〉조차〈MK1-36b〉
미조차〈MR3-10a〉從죵ᄒ야〈MK5-10a〉
미조차〈MR5-8a〉조차〈MK9-8b〉
밋〈MR3-8b〉 밋〈MK5-8b〉
밋姜강女녀로〈MR1-61b〉姜강女녀로믿〈MK2-24a〉
밋거니와〈MR7-24a〉信신ᄒ려니와〈MK13-30b〉
밋네〈MR1-6a〉 밋〈MK1-6a〉
밋다〈MR3-12b〉及급ᄒ라.〈MK5-13a〉

밋디〈MR2-50b〉及급디〈MK4-9a〉
밋디〈MR4-5a〉信신티〈MK7-5a〉
밋처〈MR1-14a〉미처〈MK1-14b〉
밋처〈MR1-62a〉믿처〈MK2-24b〉
밋처〈MR1-74b〉밋처〈MK2-37b〉
밋처〈MR2-28a〉及급ᄒ야〈MK3-28b〉
밋처는〈MR7-9a〉믿처〈MK13-11b〉
밋초디〈MR1-26a〉미초디〈MK1-26b〉
밋초믈〈MR7-30a〉거의〈MK13-38a〉
밋츠며〈MR1-28a〉미치며〈MK1-29a〉
밋츠면〈MR1-28b〉미치면〈MK1-29a〉
ᄆᆞ음〈MR1-24b〉心심〈MK1-25a〉
ᄆᆞ을〈MR3-65a〉鄰린ㅅ〈MK6-27a〉7a〉心심을〈MK1-7a〉
ᄆᆞ음고?〈MR1-23a〉ᄆᆞ음이런고?〈MK1-23b〉
ᄆᆞ음애〈MR2-16b〉心심애〈MK3-16b〉
ᄆᆞ음애〈MR3-49b〉心심이라〈MK6-11b〉
ᄆᆞ음애〈MR6-19b〉ᄆᆞ음애〈MK11-25a〉
ᄆᆞ음에〈MR2-17b〉心심에〈MK3-17b〉
ᄆᆞ음에〈MR2-26b〉心심애〈MK3-27a〉
ᄆᆞ음에〈MR3-3b〉ᄆᆞ음에〈MK5-3b〉
ᄆᆞ음으로뻐〈MR2-33a〉心심으로뻐〈MK3-33a〉
ᄆᆞ음으로뻐〈MR7-51a〉ᄆᆞ음으로뻐〈MK14-23a〉
ᄆᆞ음은〈MR2-34b〉心심은〈MK3-35a〉
ᄆᆞ음을〈MR1-24b〉心심을〈MK1-25a〉
ᄆᆞ음을〈MR1-28b〉ᄆᆞ음을〈MK1-29a〉
ᄆᆞ음의〈MR1-24b〉ᄆᆞ음애〈MK1-25a〉
ᄆᆞ음의〈MR1-25a〉ᄆᆞ음의〈MK1-25b〉
ᄆᆞ음의〈MR1-29b〉心심에〈MK1-30a〉
ᄆᆞ음의〈MR5-2b〉心심이〈MK9-2b〉
ᄆᆞ음이〈MR1-21b〉ᄆᆞ음이〈MK1-22a〉
ᄆᆞ음이〈MR1-29a〉心심이〈MK1-30a〉
ᄆᆞ음이니〈MR6-30b〉ᄆᆞ음이니〈MK11-38b〉

ᄆᆞ음이니잇고?〈MR5-55a〉ᄆᆞ옴이니잇고?〈MK10-17a〉

ᄆᆞ음이오〈MR6-24a〉心심이오〈MK11-30b〉

ᄆᆞ올히〈MR3-37b〉鄰린읫〈MK5-38b〉

ᄆᆞ출〈MR4-77a〉終죵ᄒᆞᄂᆞᆫ〈MK8-39a〉

ᄆᆞ출만ᄒᆞ고〈MR5-54a〉終죵홀ᄯᆞ롬이오〈MK10-16a〉

ᄆᆞ춤내〈MR3-3b〉ᄆᆞ춤내〈MK5-3b〉

ᄆᆞ춤애〈MR5-63b〉ᄆᆞ춤애〈MK10-27b〉

ᄆᆞ춤이〈MR4-77a〉ᄆᆞ춤애〈MK8-38b〉

ᄆᆞᆯ을〈MR1-61a〉馬마를〈MK2-24a〉

ᄆᆞᆯ을〈MR3-6b〉馬마롤〈MK5-7a〉

ᄆᆞᆯ을〈MR5-31b〉馬마〈MK9-32b〉

ᄆᆞᆺ도록〈MR1-36a〉終죵토록〈MK1-37a〉

ᄆᆞᆺ춤내〈MR6-30a〉ᄆᆞ춤애〈MK11-38a〉

ᄆᆞᆺ춤내〈MR6-42b〉ᄆᆞ춤내〈MK12-13b〉

미며〈MR1-74a〉係계累루ᄒᆞ며〈MK2-36b〉

미양人인마다〈MR4-42b〉每ᄆᆡ人인마다〈MK8-3b〉

밀디라도〈MR5-31b〉繫계ᄒᆞ야도〈MK9-32b〉

밍그니〈MR3-68a〉삼아〈MK6-30a〉

밍그라〈MR3-68a〉삼아〈MK6-30a〉

바ᄂᆞᆫ〈MR2-58b〉밴則즉〈MK4-17b〉

바ᄂᆞᆫ〈MR1-25a〉바ᄂᆞᆫ〈MK1-25b〉

바ᄂᆞᆫ〈MR2-22b〉밴則즉〈MK3-22b〉

바ᄂᆞᆫ〈MR6-26b〉빠ᄂᆞᆫ〈MK11-33b〉

바다〈MR3-18b〉受슈ᄒᆞ야〈MK5-19a〉

바다든〈MR5-64a〉受슈ᄒᆞᄂᆞ니〈MK10-28b〉

바드리라〈MR5-57b〉受슈혼다〈MK10-20b〉

바드리오?〈MR5-57a〉受슈ᄒᆞ리오?〈MK10-19b〉

바드리잇가?〈MR5-57a〉受슈ᄒᆞ리잇가?〈MK10-19b〉

바드면〈MR2-64a〉受슈혼則즉〈MK4-22b〉

바드면〈MR5-55b〉受슈ᄒᆞᄂᆞ니라.〈MK10-18a〉

바드미ᄯᆞ녀!〈MR5-58a〉受슈홈이ᄯᆞ녀〈MK10-21a〉

바드샤디〈MR3-51a〉受슈ᄒᆞ샤디〈MK6-12b〉

바드시니라.〈MR5-56b〉受슈ᄒᆞ시니라.〈MK10-18b〉

바든〈MR3-6a〉受슈혼〈MK5-6a〉

바들디니〈MR6-63b〉受슈홀꺼시어니와〈MK12-40a〉

바들딘댄〈MR5-63a〉受슈홀꺼시니라.〈MK10-27a〉

바들바롤〈MR2-52b〉受슈홀빠〈MK4-11a〉

바로〈MR1-31b〉바로〈MK1-32a〉

바로〈MR4-61a〉바롤〈MK8-22a〉

바로뻐〈MR1-32b〉바로뻐〈MK1-33b〉

바롤〈MR1-17a〉바를〈MK1-17a〉

바롤〈MR1-28b〉바롤〈MK1-29b〉

바롤〈MR1-82b〉빠롤〈MK2-45b〉

바롤〈MR2-52b〉빠〈MK4-11a〉

바롤보디〈MR2-48b〉見견티〈MK4-7a〉

바아?〈MR3-76b〉바가?〈MK6-38b〉

바에〈MR5-42b〉바애〈MK10-2a〉

바에〈MR6-17a〉바와〈MK11-22a〉

바에〈MR6-55a〉빠애〈MK12-29a〉

바와〈MR5-42b〉바와〈MK10-2a〉

바의〈MR1-53b〉바애〈MK2-16a〉

바의〈MR6-16b〉바에〈MK11-20b〉

반ᄃᆞ시〈MR1-2b〉반ᄃᆞ시〈MK1-2b〉

발을〈MR6-13b〉足죡을〈MK11-16b〉

발이〈MR6-13b〉足죡이〈MK11-16b〉

밤으로뻐〈MR4-53b〉夜야로뻐〈MK8-15a〉

밥과〈MR4-67a〉食ᄉᆞ와〈MK8-28a〉

밥애〈MR3-9a〉宵쇼에〈MK5-9a〉

밧〈MR2-51b〉빠〈MK4-10a〉

밧〈MR6-23b〉밧〈MK11-30a〉
밧고〈MR6-44a〉受슈ᄒ고〈MK12-15a〉
밧고ᄂ니이다.〈MR3-21b〉易역ᄒᄂ니라.〈MK5-22a〉
밧고는〈MR3-22b〉易역ᄒ는〈MK5-22b〉
밧고는者쟈ㅣ〈MR3-22b〉易역ᄒ는者쟈ㅣ〈MK5-23a〉
밧고라〈MR1-21b〉易역ᄒ라〈MK1-22a〉
밧고면〈MR4-74b〉易역ᄒ면〈MK8-36a〉
밧고아니〈MR1-23a〉易역ᄒ야니〈MK1-23b〉
밧고이다.〈MR1-22b〉易역호이다.〈MK1-23a〉
밧곤〈MR1-23b〉易역혼〈MK1-24a〉
밧그로ᄂ〈MR1-61b〉外외예〈MK2-24a〉
밧그로브터〈MR3-78a〉外외로브터〈MK6-40b〉
밧그로브터〈MR4-77a〉外외롤〈MK8-39a〉
밧그론〈MR2-48a〉外외ㄴ則즉〈MK4-7a〉
밧긔〈MR3-31a〉外외예〈MK5-32a〉
밧긔〈MR5-47a〉밧긔셔〈MK10-7a〉
밧ᄂ니〈MR6-23a〉受슈ᄒᄂ니〈MK11-29a〉
밧디〈MR2-41a〉受슈티〈MK3-41b〉
밧틀〈MR5-2b〉田뎐을〈MK9-2b〉
밧홀〈MR7-15a〉田뎐을〈MK13-19b〉
방종히ᄒ야〈MR4-70b〉從종ᄒ야〈MK8-32a〉
배〈MR1-77b〉뻬〈MK2-40a〉
배〈MR1-85a〉배〈MK2-48a〉
배〈MR5-29a〉바ᄂ〈MK9-29b〉
배니〈MR1-14a〉배라.〈MK1-14b〉
배니〈MR3-4b〉뻬니〈MK5-4b〉
배니〈MR6-20b〉배언마는〈MK11-25b〉
배니〈MR6-37a〉배니〈MK12-6b〉
배니라.〈MR2-2a〉배니라〈MK3-2a〉
배니라.〈MR6-31a〉바룰니ᄅ니라.〈MK11-39b〉

배니이다.〈MR2-70a〉배니이다.〈MK4-28b〉
배라〈MR2-16b〉배라〈MK3-16b〉
배로다.〈MR1-5a〉배로다.〈MK1-5a〉
배로더〈MR5-4a〉배어늘〈MK9-4b〉
배로이다.〈MR6-54a〉뻬로소이다.〈MK12-27b〉
배리오〈MR6-37a〉뻬리오〈MK12-6b〉
배리오?〈MR2-76a〉배리오?〈MK4-35a〉
배며〈MR6-20b〉배며〈MK11-25b〉
배어니와〈MR2-76a〉배니〈MK4-35a〉
배어놀〈MR2-3a〉배어늘〈MK3-3a〉
배어눌〈MR4-77a〉배어눌〈MK8-39a〉
배업서〈MR3-66b〉뻬업서〈MK6-28b〉
배오〈MR5-69b〉배오〈MK10-35b〉
배오〈MR7-55b〉뻬오〈MK14-28a〉
白빅이라닐옴〈MR6-3b〉닐온白빅이라홈〈MK11-4b〉
버그니는〈MR6-63a〉次ᄎ는〈MK12-39a〉
버금〈MR5-50a〉버금〈MK10-11a〉
번〈MR2-55b〉번〈MK4-14b〉
번〈MR3-26a〉적〈MK5-26b〉
법이니〈MR7-55b〉制졔니〈MK14-28a〉
벗〈MR5-52b〉벋〈MK10-14a〉
벗삼고〈MR5-53a〉友우ᄒ고〈MK10-15a〉
벗삼디〈MR2-40b〉友우티〈MK3-41a〉
벗의게〈MR1-62a〉友우의게〈MK2-24b〉
벗이〈MR2-40b〉友우ㅣ〈MK3-41a〉
보건댄〈MR2-34a〉보건댄〈MK3-34b〉
보건댄〈MR3-13a〉觀관컨댄〈MK5-13a〉
보건댄〈MR3-64a〉보면〈MK6-26a〉
보게홈과〈MR5-33a〉見견홈〈MK9-34a〉
보고〈MR1-24a〉보고〈MK1-24b〉
보고〈MR1-42b〉見견ᄒ고〈MK2-4b〉
보고〈MR1-44a〉見견[**견]ᄒ고〈MK2-6a〉

보고〈MR7-18a〉觀관홀띠니라. 〈MK13-22b〉

보고져〈MR2-69b〉見견홈을〈MK4-28a〉

보고져〈MR3-35a〉見견코쟈〈MK5-36a〉

보고져〈MR5-66a〉보고쟈〈MK10-30b〉

보고져〈MR5-69b〉을보고쟈〈MK10-35a〉

보고져홈은〈MR5-66b〉見견코쟈ᄒᆞᆷ은〈MK10-32a〉

보기〈MR4-43a〉보미〈MK8-4a〉

보기〈MR7-17b〉觀관홈이〈MK13-22b〉

보기도〈MR7-4b〉見견ᄒᆞᆷ도〈MK13-6a〉

보기롤〈MR4-39a〉視시호딕〈MK7-40a〉

보기롤〈MR4-43a〉보믈〈MK8-4a〉

보내여〈MR3-45a〉送송홀씨〈MK6-6b〉

보니〈MR2-17b〉視시ᄒᆞ니〈MK3-17b〉

보ᄂᆞ냐?〈MR4-36a〉見견ᄒᆞᄂᆞ냐?〈MK7-37a〉

보ᄂᆞᆫ배라〈MR5-69b〉視시ᄒᆞᄂᆞᆫ배라〈MK10-35b〉

보다가〈MR2-68b〉見견ᄒᆞ고〈MK4-27b〉

보더니〈MR3-8b〉觀관ᄒᆞ더니〈MK5-8b〉

보더시니〈MR1-51a〉보더시니〈MK2-13b〉

보디〈MR1-17a〉보디〈MK1-17a〉

보디〈MR1-82b〉見견티〈MK2-46a〉

보디〈MR5-31b〉視시티〈MK9-32b〉

보디슬혼사롬이라도〈MR4-60a〉惡악人인이니〈MK8-21a〉

보디아니ᄒᆞ며〈MR5-42a〉視시티〈MK10-1b〉

보더〈MR5-38a〉觀관호더〈MK9-39a〉

보랴?〈MR2-57a〉보랴?〈MK4-15b〉

보려니와〈MR3-36a〉見견ᄒᆞ려니와〈MK5-37a〉

보리잇가?〈MR2-69b〉見견ᄒᆞ리잇가?〈MK4-28b〉

보면〈MR1-24a〉보고〈MK1-24b〉

보면〈MR3-40a〉見견ᄒᆞ시면〈MK6-1a〉

보면〈MR4-28a〉觀관ᄒᆞ면〈MK7-28b〉

보믈〈MR4-36b〉見견홈을〈MK7-37a〉

보샨〈MR7-10a〉見견ᄒᆞ심애〈MK13-12b〉

보시고〈MR1-16b〉보시고〈MK1-17a〉

보신〈MR5-59b〉見견ᄒᆞ신〈MK10-22b〉

보신대〈MR1-1a〉보신대〈MK1-1a〉

보아〈MR3-20a〉보ᄋᆞ와〈MK5-20b〉

보아〈MR3-58a〉비[**보?]와〈MK6-20a〉

보아〈MR5-3b〉胥셔ᄒᆞ야〈MK9-3b〉

보아〈MR6-41a〉보와〈MK12-11a〉

보오모론〈MR2-24a〉觀관ᄒᆞᆷ으로뻐〈MK3-24b〉

보오와〈MR1-84b〉보ᄋᆞ와〈MK2-47b〉

보와〈MR1-39a〉보ᄋᆞ와〈MK2-1a〉

보와〈MR2-67a〉見견ᄒᆞ야〈MK4-25b〉

보와눌〈MR7-50a〉見견ᄒᆞ야눌〈MK14-21b〉

보왓노라. 〈MR5-5b〉보ᄋᆞ완노라. 〈MK9-5b〉

보ᄋᆞ오믄〈MR2-76a〉見견홈은〈MK4-35a〉

보ᄋᆞ오믈〈MR3-35a〉보ᄋᆞ옴을〈MK5-36a〉

보ᄋᆞ온대〈MR4-36a〉뵈ᄋᆞ온대〈MK7-36b〉

보ᄋᆞ올듯ᄒᆞ더니〈MR2-45b〉見견ᄒᆞ염즉ᄒᆞ다니〈MK4-4a〉

보ᄋᆞᆸ게〈MR2-46a〉見견케〈MK4-4a〉

보ᄋᆞᆸ고〈MR2-80b〉見견ᄒᆞ고〈MK4-39b〉

보ᄋᆞᆸ다가〈MR2-75a〉見견ᄒᆞ야〈MK4-34a〉

보채리오?〈MR5-13b〉暴포ᄒᆞ리오?〈MK9-14a〉

본〈MR1-64b〉본〈MK2-27b〉

본디〈MR1-33a〉진실로〈MK1-34a〉

본디〈MR3-12b〉본디〈MK5-12b〉

본디〈MR5-62a〉진실로周쥬ᄒᆞᄂᆞᆫ〈MK10-25b〉

본딧貴귀홈이〈MR6-30b〉良냥貴귀〈MK11-38b〉

본딧能능이오〈MR7-9a〉良냥能능이오〈MK13-11b〉

본딧知디ㅣ니〈MR7-9a〉良냥知지니라. 〈MK

13-11b〉
본後후에〈MR1-65b〉본然연後후에〈MK2-28
a〉
볼디니라.〈MR3-62b〉볼꺼시니라.〈MK6-24b〉
볼줄을〈MR7-50a〉見견홀쭈롤〈MK14-21b〉
봄을〈MR7-25b〉視시ᄒᆞ샤디〈MK13-32a〉
봄이〈MR3-75a〉見견홈이〈MK6-37a〉
봄이〈MR7-7a〉視시홈이〈MK13-8b〉
뵈디〈MR5-65b〉보디〈MK10-30b〉
뵈샤디〈MR5-19a〉見현ᄒᆞ샤디〈MK9-19b〉
뵈시과뎌〈MR3-63a〉뵈과뎌〈MK6-25a〉
뵈오와〈MR1-83b〉見현ᄒᆞ야〈MK2-46b〉
뵈ᄋᆞ오니〈MR1-39a〉뵈ᄋᆞ오니〈MK2-1a〉
뵈ᄋᆞ오면〈MR6-37b〉見현ᄒᆞ면〈MK12-7a〉
뵈ᄋᆞ옴이〈MR6-19a〉見현홈이〈MK11-23b〉
뵈ᄋᆞ와〈MR1-39b〉뵈ᄋᆞ와〈MK2-2a〉
뵈ᄋᆞ와〈MR2-57b〉見현ᄒᆞ야〈MK4-16a〉
뵈ᄋᆞ와시ᄂᆞᆯ〈MR5-54b〉보ᄋᆞ외시ᄂᆞᆯ〈MK10-16
b〉
뵈옵디〈MR2-74a〉見견티〈MK4-32b〉
否부ㅣ라.〈MR1-31b〉아니라〈MK1-32a〉
膚부도〈MR6-26b〉술흘〈MK11-33a〉
否부이다.〈MR3-53b〉아니라.〈MK6-15b〉
否부ᄒᆞ랴?〈MR2-56a〉이[**아?]닐까?〈MK4-1
4b〉
不블孝효ㅣ라니ᄅᆞᄂᆞᆫ배〈MR4-70a〉닐온밧不
블孝효ㅣ〈MK8-31b〉
붓그려홈〈MR4-13b〉恥치홈〈MK7-14a〉
붓그려ᄒᆞ거ᄂᆞᆯ〈MR5-8b〉怍뇩뀑니ᄒᆞᆫ대〈MK9
-8b〉
붓그려ᄒᆞ면〈MR4-13b〉恥치ᄒᆞᄂᆞ니〈MK7-14a〉
붓그려홀딘댄〈MR4-14a〉恥치홀띤댄〈MK7-1
4a〉
붓그리디〈MR4-77b〉羞슈티〈MK8-39b〉

붓그리시니〈MR1-50b〉恥치ᄒᆞ시니〈MK2-13
a〉
뷔여〈MR4-21b〉曠광ᄒᆞ고〈MK7-22a〉
뷘〈MR4-2a〉ᄒᆞᆫ갓〈MK7-2a〉
브려〈MR2-60a〉ᄒᆞ여곰〈MK4-18b〉
브려〈MR5-32a〉使ᄉᆞᄒᆞ야〈MK9-33a〉
브려와〈MR2-45b〉브려와〈MK4-4a〉
브르거든〈MR5-67a〉몯ᄒᆞ곤〈MK10-32a〉
브르ᄂᆞᆫ이롤〈MR5-67a〉召쇼홈을〈MK10-32a〉
브르디〈MR2-51b〉召쇼티〈MK4-10a〉
브르면〈MR5-66a〉召쇼ᄒᆞ면〈MK10-31a〉
브리디〈MR2-22a〉使ᄉᆞ티〈MK3-22a〉
브리면〈MR2-22a〉使ᄉᆞᄒᆞ면〈MK3-22a〉
브리샤〈MR5-3a〉ᄒᆞ여곰〈MK9-3b〉
브리시노소니〈MR3-15a〉使ᄉᆞᄒᆞ시니〈MK5-1
5b〉
브리시니잇가?〈MR2-68a〉使ᄉᆞᄒᆞ시니잇가?
〈MK4-26b〉
브리시면〈MR2-66b〉使ᄉᆞᄒᆞ면〈MK4-25b〉
브ᄅᆞ디〈MR2-53a〉召쇼티〈MK4-11b〉
브터〈MR1-82b〉말미암아〈MK2-45b〉
브터〈MR2-72b〉丈쟝夫부로브터〈MK4-31b〉
브터〈MR6-44b〉말미암아〈MK12-15b〉
브터ᄒᆞ며〈MR5-24b〉브테며〈MK9-25a〉
브터ᄒᆞ다〈MR5-24b〉브테라〈MK9-25a〉
브텨〈MR4-73a〉寓우ᄒᆞ야〈MK8-34b〉
브트며〈MR2-35b〉然연ᄒᆞ며〈MK3-36a〉
블火ㅣ〈MR6-31b〉火화롤〈MK11-40a〉
블러〈MR1-56b〉召쇼ᄒᆞ야〈MK2-19a〉
블을것가?〈MR5-67b〉召쇼ᄒᆞ랴?〈MK10-33a〉
붓그려〈MR1-14b〉恥치ᄒᆞ야〈MK1-14b〉
붓그려〈MR3-43b〉羞슈ᄒᆞ야〈MK6-5a〉
붓그려ᄒᆞ노라.〈MR2-66a〉慙참ᄒᆞ노라.〈MK4
-24b〉

붓그려ᄒᆞᄂᆞ니라.〈MR4-51b〉恥치ᄒᆞᄂᆞ니라.〈MK8-13a〉
붓그리노라〈MR6-63b〉恥치ᄒᆞ노라〈MK12-39b〉
붓그리디〈MR2-41b〉羞슈티〈MK3-42a〉
비〈MR3-57a〉雨우롤〈MK6-19a〉
비러〈MR4-77a〉乞걸ᄒᆞ고〈MK8-38b〉
비러〈MR5-39b〉假가ᄒᆞ야〈MK9-40b〉
비로소〈MR1-56a〉비로소〈MK2-18b〉
비로소〈MR3-9a〉비르소〈MK5-9a〉
비록〈MR1-22a〉비록〈MK1-22b〉
非비ᄒᆞᆫ〈MR7-61b〉아닌〈MK14-35b〉
비최ᄂᆞ니라.〈MR7-18a〉照죠ᄒᆞᄂᆞ니라.〈MK13-22b〉
빗과〈MR7-46b〉色ᄉᆡᆨ애와〈MK14-17a〉
ᄇᆞ라〈MR2-72b〉望망ᄒᆞ야〈MK4-31b〉
ᄇᆞ라게〈MR7-30a〉及급홀다〈MK13-38a〉
ᄇᆞ라기〈MR1-72b〉望망홈〈MK2-35b〉
ᄇᆞ라기〈MR3-57a〉望망홈이〈MK6-19a〉
ᄇᆞ라기롤〈MR1-72b〉望망호더〈MK2-35b〉
ᄇᆞ라기예〈MR1-17a〉望망홈애〈MK1-17a〉
ᄇᆞ라노라.〈MR2-77a〉望망ᄒᆞ노라.〈MK4-36a〉
ᄇᆞ라되〈MR4-53a〉望망ᄒᆞ샤딕〈MK8-14a〉
ᄇᆞ라디〈MR1-8a〉ᄇᆞ라디〈MK1-8a〉
ᄇᆞ라리니〈MR1-19a〉望망ᄒᆞ리니〈MK1-19a〉
ᄇᆞ라보고〈MR7-46a〉ᄇᆞ라보고〈MK14-16b〉
ᄇᆞ라보시고〈MR7-26a〉ᄇᆞ라보시고〈MK13-32b〉
ᄇᆞ려〈MR3-68a〉棄기ᄒᆞ야〈MK6-30a〉
ᄇᆞ려〈MR4-21b〉舍샤ᄒᆞ고〈MK7-22a〉
ᄇᆞ리고〈MR1-68a〉舍샤ᄒᆞ고〈MK2-30b〉
ᄇᆞ리고〈MR2-44a〉委위[*버리대ᄒᆞ고〈MK4-2a〉
ᄇᆞ리고〈MR2-69b〉棄기ᄒᆞ고〈MK4-28b〉

ᄇᆞ리기〈MR7-25b〉棄기홈을〈MK13-32a〉
ᄇᆞ리ᄂᆞ니〈MR6-30a〉棄기ᄒᆞᄂᆞ니〈MK11-38a〉
ᄇᆞ리ᄂᆞᆫ〈MR7-24b〉舍샤ᄒᆞᄂᆞᆫ〈MK13-30b〉
ᄇᆞ리ᄂᆞᆫ者쟈ᄂᆞᆫ〈MR2-17b〉舍샤ᄒᆞᄂᆞᆫ者쟈ᄂᆞᆫ〈MK3-18a〉
ᄇᆞ리며〈MR1-7b〉棄기ᄒᆞ며〈MK1-8a〉
ᄇᆞ리면〈MR4-47a〉棄기ᄒᆞ면〈MK8-7b〉
ᄇᆞ림〈MR7-25b〉棄기홈〈MK13-32a〉
볼ᄀᆞᆷ이〈MR1-25b〉明명이〈MK1-26a〉
볼기〈MR2-74a〉明명히〈MK4-32b〉
볼키〈MR1-35a〉明명히〈MK1-36a〉
붉키면〈MR2-28a〉明명ᄒᆞ면〈MK3-28b〉
ᄇᆞᆲᄂᆞᆫ〈MR5-69b〉履리ᄒᆞᄂᆞᆫ〈MK10-35b〉
비반ᄒᆞ고〈MR3-32a〉倍비ᄒᆞ고〈MK5-33a〉
비반ᄒᆞ곤여!〈MR3-30b〉倍비ᄒᆞ곤여.〈MK5-31a〉
비야호로〈MR4-5b〉보야흐로〈MK7-5b〉
비ᄒᆞ니〈MR3-32a〉學학ᄒᆞ니〈MK5-33a〉
비ᄒᆞ며〈MR4-37a〉學학ᄒᆞ고〈MK7-38a〉
비혼〈MR2-52a〉學학ᄒᆞᆫ〈MK4-10b〉
비홀디라도〈MR6-20a〉學학ᄒᆞ야도〈MK11-25a〉
비화〈MR4-56a〉學학ᄒᆞ야〈MK8-17b〉
빅셩의게〈MR5-62a〉氓밍의게〈MK10-25b〉
ᄲᅳ디〈MR6-31b〉熄식디〈MK11-40a〉
ᄠᅢ로〈MR5-41a〉時시에[**예기〈MK9-42a〉
ᄠᅳᆺ으로〈MR3-53a〉志지로뻐〈MK6-14b〉
ᄠᅳᆺ을〈MR1-35a〉志지롤〈MK1-36a〉
ᄠᅳᆺ을〈MR1-50a〉志지를〈MK2-13a〉
ᄠᅳᆺ을〈MR7-22a〉志지ㅣ〈MK13-28a〉
ᄠᅳᆺ이〈MR2-80b〉志지ㅣ〈MK4-40a〉
ᄯᅡ로ᄂᆞᆫ이〈MR4-58a〉追츄ᄒᆞᄂᆞᆫ者쟈ᄂᆞᆫ〈MK8-19b〉
ᄯᅡ로더니〈MR4-58a〉追슈**츄긔ᄒᆞ더니〈MK

8-19b〉

쌰〈MR1-77b〉築축ᄒᆞ야〈MK2-40b〉

〈MR1-10a〉뼈〈MK1-10a〉

뼈〈MR1-80a〉세[**뼈기〈MK2-43a〉

뼈〈MR6-47b〉用용ᄒᆞ야〈MK12-19a〉

뼈니이다.〈MR7-45a〉쎄니이다.〈MK14-15a〉

뼈脯포啜텰〈MR4-37a〉脯포啜쳘로뼈〈MK7-38a〉

뽐〈MR5-47a〉射샤홈〈MK10-7a〉

ᄲᅮᆫ이언뎡〈MR2-45a〉ᄲᅮᆫ이언뎡〈MK4-3b〉

ᄡᅳ고〈MR1-64b〉用용ᄒᆞ며〈MK2-27b〉

ᄡᅳ기〈MR1-7a〉用용홈〈MK1-7a〉

ᄡᅳ기예〈MR6-57b〉用용홈에〈MK12-32a〉

ᄡᅳ니〈MR2-62b〉用용ᄒᆞ니〈MK4-21a〉

ᄡᅳ디〈MR1-26a〉用용티〈MK1-26b〉

ᄡᅳ디〈MR6-21b〉ᄡᅳ디〈MK11-27a〉

ᄡᅳ리오〈MR3-78a〉用용ᄒᆞ리오?〈MK6-40b〉

ᄡᅳ리잇고?〈MR5-68b〉뻐ᄒᆞᄂᆞ니잇고?〈MK10-34a〉

ᄡᅳ며〈MR2-50b〉ᄒᆞ고〈MK4-9a〉

ᄡᅳ면〈MR3-23b〉用용ᄒᆞ면〈MK5-24a〉

ᄡᅳ시면〈MR2-77a〉用용ᄒᆞ시면〈MK4-36a〉

ᄡᅳ실배〈MR3-29b〉ᄡᅳ실빼〈MK5-30a〉

ᄡᅳᆯ〈MR5-18a〉홀〈MK9-18b〉

ᄡᅳᆯ〈MR7-4a〉ᄡᅳᆯ〈MK13-5a〉

ᄡᅳᆯ디니〈MR2-50b〉홀띠니〈MK4-9a〉

ᄡᅳᆯ딘댄〈MR3-41a〉ᄒᆞ면〈MK6-2b〉

ᄡᅳᆺ은〈MR6-41b〉志지ᄂᆞᆫ〈MK12-11b〉

ᄣᅵᆼ긔여〈MR1-42a〉躄츄ᄒᆞ야〈MK2-4b〉

ᄣᅵᆼ긔여〈MR1-42a〉躄축ᄒᆞ야〈MK2-4b〉

사괴기〈MR1-47a〉交교홈이〈MK2-9b〉

사ᄂᆞᆫ밧〈MR3-76b〉居거ᄒᆞᆫ밧〈MK6-38b〉

사더니〈MR4-24b〉居거ᄒᆞ얏더니〈MK7-24b〉

사더니〈MR7-14a〉居거ᄒᆞ더니〈MK13-18a〉

사디〈MR3-78a〉居거티〈MK6-40a〉

사디〈MR7-16b〉生ᄉᆡᆼ活활티〈MK13-21b〉

사ᄅᆞ고져〈MR6-25b〉살오고져〈MK11-32b〉

사ᄅᆞ시니〈MR1-78a〉居거ᄒᆞ시니〈MK2-41a〉

사ᄅᆞ실제〈MR7-10a〉居거ᄒᆞ심애〈MK13-12b〉

사름〈MR1-40b〉사름으로〈MK2-3a〉

사름〈MR1-40b〉人인으로〈MK2-3a〉

사름〈MR2-45b〉人인을〈MK4-4a〉

사름〈MR5-69a〉人의〈MK10-34b〉

사름ᄃᆞ려〈MR2-17b〉人인ᄃᆞ려〈MK3-17b〉

사름브려〈MR2-47a〉人인을브려〈MK4-5b〉

사름브려〈MR3-55a〉人인으로ᄒᆞ여곰〈MK6-17a〉

사름을〈MR6-19b〉二이人인을〈MK11-24b〉

사름이로디〈MR1-75a〉人인이로디〈MK2-38a〉

사름주긴〈MR1-46a〉人인殺살ᄒᆞᆫ〈MK2-8b〉

射샤롤〈MR4-58b〉내게〈MK8-20a〉

四ᄉᆞ命명에〈MR6-52a〉넫재命명ᄒᆞ야〈MK12-25b〉

似ᄉᆞ코〈MR7-61b〉곧토디〈MK14-35b〉

思ᄉᆞᄒᆞᄂᆞ니〈MR3-36b〉ᄒᆞᄂᆞ니〈MK5-37a〉

事ᄉᆞᄒᆞᄂᆞᆫ배〈MR2-17a〉일사ᄆᆞᆯ배〈MK3-17b〉

살ᄀᆞᆺ도다.〈MR5-69b〉矢시곧도다.〈MK10-35b〉

살리라〈MR1-73a〉蘇소콰라〈MK2-35b〉

살리라〈MR4-58b〉生ᄉᆡᆼᄒᆞ리라.〈MK8-19b〉

살리로다.〈MR4-58b〉生ᄉᆡᆼᄒᆞ리로다.〈MK8-19b〉

살을〈MR4-59a〉矢시롤〈MK8-20b〉

살을〈MR4-59a〉乘승矢시롤〈MK8-20b〉

삼가〈MR1-10a〉謹근ᄒᆞ야申신호디〈MK1-10b〉

삼가〈MR1-38b〉謹근ᄒᆞ야〈MK1-39a〉

삼가디〈MR1-64a〉愼신티〈MK2-26b〉

삼거눌〈MR3-36b〉삼는디라.〈MK5-37a〉

삼거눌〈MR5-11a〉삼거눌〈MK9-11a〉

삼거시눌〈MR6-59b〉삼거시늘〈MK12-34b〉

삼고〈MR6-9b〉삼오디〈MK11-11b〉

삼고져〈MR3-59b〉삼고쟈〈MK6-21a〉

삼고져〈MR6-53a〉삼고져〈MK12-26b〉

삼놋다.〈MR6-59b〉삼놋디[**다?].〈MK12-34
b〉

삼느니라.〈MR4-60a〉삼ᄂ느니라.〈MK8-21b〉

삼는〈MR3-28a〉삼는〈MK5-28b〉

삼다ᄒ니〈MR3-11b〉삼ᄂ느니〈MK5-12a〉

삼디〈MR6-51b〉猷삽디〈MK12-25a〉

삼디〈MR6-52a〉삼디〈MK12-25a〉

三삼命명에〈MR6-52a〉셴재命명ᄒ야〈MK12
-25a〉

삼오며〈MR6-9b〉삼고〈MK11-12a〉

삼으려니와〈MR3-75b〉삼으려니와〈MK6-38a〉

삼으리라.〈MR7-14b〉삼ᄂ느니라.〈MK13-18b〉

삼으리오〈MR6-36b〉삼으리오〈MK12-5b〉

삼으시고〈MR3-28a〉삼으시고〈MK5-28b〉

삼으시니〈MR3-28a〉삼으시니〈MK5-28b〉

삼을디니〈MR7-33a〉삼ᄂ느니〈MK13-41b〉

相샹去거ㅣ〈MR5-28a〉서릭去거ᄒ욤이〈MK
9-28b〉

相샹ᄒ시기롤〈MR5-23b〉도으심을〈MK9-24a〉

새롭다〈MR3-14a〉새롭다〈MK5-14b〉

샤라뼈〈MR5-42b〉居거ᄒ야뼈〈MK10-2a〉

샹녜〈MR5-63a〉덛덛이〈MK10-27b〉

샹녜〈MR6-8a〉덛덛훈〈MK11-10a〉

서로〈MR3-34a〉서르〈MK5-34b〉

서릭〈MR1-56b〉서릭〈MK2-19a〉

서르〈MR3-33b〉시[**서끼르〈MK5-34b〉

서르〈MR3-34a〉서로〈MK5-34b〉

서르서로〈MK5-35b〉

서릭〈MR1-13a〉서릭〈MK1-13a〉

서릭〈MR1-2b〉설ᄋ〈MK1-2b〉

서릭〈MR4-31a〉서르〈MK7-31b〉

서롤〈MR4-77a〉서릭〈MK8-39a〉

서픠〈MR1-26a〉輿여薪신의〈MK1-26b〉

서픠[薪]〈MR6-31b〉薪신ㅅ〈MK11-40a〉

섯거덧거눌〈MR3-25b〉交교ᄒ얏거롤〈MK5-
26a〉

性셩이라닐옴이〈MR6-3b〉닐온性셩이라홈
온〈MK11-4b〉

세〈MR2-55b〉세〈MK4-14b〉

세〈MR4-44b〉세가짓〈MK8-5b〉

세大대夫부ㅣ오〈MR5-50a〉태우에셔세히오
〈MK10-11a〉

세번〈MR2-76a〉세번〈MK4-35a〉

세번〈MR6-50b〉세젹〈MK12-23b〉

세사롭은〈MR5-52b〉三삼人인則즉〈MK10-1
4a〉

세히〈MR2-50b〉三삼이〈MK4-9b〉

세히〈MR7-49b〉三삼이니〈MK14-21a〉

셔〈MR5-11a〉立립ᄒ야〈MK9-11a〉

셔디〈MR5-29b〉立립디〈MK9-30a〉

셔매〈MR2-40b〉立립홈애〈MK3-41b〉

셔셔〈MR2-57a〉立립ᄒ야셔〈MK4-15b〉

셔셔〈MR4-51b〉셔셔〈MK8-12b〉

셜혼세〈MR1-75a〉三삼十십三삼〈MK2-38a〉

셤겨도〈MR1-80a〉事ᄉᄒ야도〈MK2-43a〉

셤기거시눌〈MR5-3a〉事ᄉᄒ시니〈MK9-3b〉

셤기게ᄒ시면〈MR1-15b〉事ᄉᄒ리니〈MK1-
15b〉

셤기고〈MR1-15b〉事ᄉᄒ며〈MK1-15b〉

셤기고져〈MR3-31b〉事ᄉ코져〈MK5-32b〉

셤기기ᄂ〈MR6-55b〉事ᄉᄒ욤은〈MK12-29b〉

섬기니이다.〈MR1-47b〉事ㅅ호니이다.〈MK2-9b〉

섬기ᄂᆞ니〈MR1-47a〉事ㅅ호ᄂᆞ니〈MK2-9b〉

섬기ᄂᆞᆫ〈MR6-56a〉事ㅅ호ᄂᆞᆫ〈MK12-30a〉

섬기ᄂᆞᆫ者쟈ᄂᆞᆫ〈MR1-47b〉事ㅅ호ᄂᆞᆫ者쟈ᄂᆞᆫ〈MK2-10a〉

섬기던〈MR3-31b〉事ㅅ호던〈MK5-32b〉

섬기디〈MR1-37a〉事ㅅ티〈MK1-37b〉

섬기매〈MR4-6a〉事ㅅ홈애〈MK7-6a〉

섬기며〈MR1-36a〉事ㅅ호며〈MK1-37a〉

섬기면〈MR2-22a〉事ㅅ호면〈MK3-22a〉

섬기시니이다.〈MR1-47a〉事ㅅ호시니이데**다ㅣ〈MK2-9b〉

섬기시며〈MR1-47a〉事ㅅ호시고〈MK2-9b〉

섬기시며〈MR5-65a〉事ㅅ호며〈MK10-29b〉

셤길〈MR5-53b〉事ㅅ호ᄂᆞᆫ〈MK10-15a〉

셧거시ᄂᆞᆯ〈MR5-15a〉立립호얏거시ᄂᆞᆯ〈MK9-15b〉

셧더시니〈MR1-3b〉立립호얏더니〈MK1-3b〉

셩기디〈MR5-42b〉事ㅅ티〈MK10-1b〉

소기디〈MR3-33b〉欺긔호리〈MK5-34b〉

소기시리오〈MR3-2b〉欺긔호시리오〈MK5-2b〉

소길디언뎡〈MR5-10b〉欺긔호려니와〈MK9-10b〉

소리〈MR7-27a〉소리〈MK13-34a〉

소리ᄅᆞᆯ〈MR1-24a〉聲셩을〈MK1-24b〉

소리ᄅᆞᆯ〈MR1-42a〉音음을〈MK2-4a〉

소리와〈MR1-42a〉聲셩과〈MK2-4a〉

소리와〈MR7-46b〉聲셩에와〈MK14-17a〉

소임을〈MR1-68a〉任임을〈MK2-30b〉

宋송人인이〈MR2-17b〉그〈MK3-17b〉

쇼ᄂᆞᆫ〈MR1-21a〉牛우ᄂᆞᆫ〈MK1-21b〉

쇼ᄅᆞᆯ〈MR1-21a〉牛우를〈MK1-21b〉

쇼머기모로뻐〈MR5-40b〉牛우食ㅅ홈으로뻐〈MK9-41b〉

쇼와〈MR1-23a〉牛우와〈MK1-23b〉

수ㅣ〈MR4-14b〉麗려ㅣ〈MK7-15a〉

數수百빅人인을〈MR7-55a〉두어百빅人인을〈MK14-28a〉

數수刃인과〈MR7-55a〉두어仞인과〈MK14-27b〉

數수尺척을〈MR7-55a〉두어尺척을〈MK14-27b〉

술위예〈MR7-46a〉車거의〈MK14-16b〉

술위에서〈MR1-26a〉輿여薪신을〈MK1-26b〉

술윗〈MR1-26a〉爲위호얘며〈MK1-26b〉

숨기리오?〈MR4-28a〉廋수호리오.〈MK7-28b〉

숫돌〈MR5-69b〉底지〈MK10-35b〉

쉬오니이다.〈MR1-36b〉輕경호니이다.〈MK1-37a〉

쉬우니라.〈MR2-6b〉易이호니라.〈MK3 6b〉

쉬우니라.〈MR2-8a〉쉬오니라.〈MK3-8a〉

쉬우며〈MR2-7b〉쉬오며〈MK3-8a〉

쉬운ᄃᆞ시니르면〈MR2-4a〉이러ᄐᆞ시쉽다닐아시니〈MK3-4a〉

쉬운디〈MR4-22a〉易이예〈MK7-22b〉

쉬이〈MR6-18b〉수이〈MK11-23b〉

쉽고〈MR3-28b〉易이호고〈MK5-29a〉

슌호다〈MR5-19a〉若약다〈MK9-19b〉

스스로〈MR2-12b〉스스로〈MK3-12b〉

스로뻐〈MR2-66b〉스스로뻐〈MK4-25a〉

스승〈MR3-14a〉師ㅅㅣ〈MK5-14b〉

스승〈MR4-35b〉師ㅅ〈MK7-36a〉

스승삼고〈MR5-53a〉師ㅅ호고〈MK10-14b〉

스승삼으며〈MR4-13b〉師ㅅ호디〈MK7-14a〉

스승을〈MR3-32a〉師ㅅ롤〈MK5-33a〉

스승을〈MR5-67a〉師ㅅ를〈MK10-32a〉

스승이〈MR3-30b〉師ㅅㅣ〈MK5-31a〉

스승이남음이〈MR6-38a〉餘여師ㅅㅣ〈MK12
-7b〉

스승이니〈MR7-42a〉師ㅅㅣ니〈MK14-11a〉

스승이라〈MR3-2b〉師ㅅㅣ라〈MK5-2b〉

슬프도다.〈MR6-24a〉哀ㅣ홉다.〈MK11-30b〉

슓펴되〈MR1-25b〉察찰ㅎ더〈MK1-26b〉

시러곰〈MR1-31a〉시너곰(**시러곰끼〈MK1-3
1b〉

시러곰〈MR1-33a〉시러곰〈MK1-33b〉

시러곰〈MR1-78b〉말옴을〈MK2-41b〉

시러곰〈MR1-80a〉시러금〈MK2-43a〉

시러곰〈MR2-37a〉ㅣ[**시끼러곰〈MK3-37b〉

시러곰〈MR2-69b〉=[**뫼끼시홈을〈MK4-28b〉

시러곰〈MR4-23a〉시러곰[*금끼〈MK7-23a〉

시러곰〈MR5-7a〉妻져홈을〈MK9-7a〉

시러금〈MR5-7a〉시러곰〈MK9-7a〉

시름삼지〈MR7-20b〉憂우ㅎ디〈MK13-26a〉

시름을〈MR3-28a〉憂우롤〈MK5-28b〉

시름호믈〈MR3-27a〉憂우홈을〈MK5-27b〉

시름ㅎ샤〈MR3-25b〉憂우ㅎ샤〈MK5-26a〉

시리잇고?〈MR7-25b〉ㅎ시리잇고?〈MK13-32
a〉

시롬을〈MR4-67a〉憂우롤〈MK8-28b〉

시롬이〈MR2-47a〉憂우ㅣ〈MK4-5b〉

시롬ㅎ기롤〈MR4-66a〉憂우ㅎ더〈MK8-27b〉

시롬ㅎ는〈MR4-66a〉憂우ㅎ는〈MK8-27b〉

시롬ㅎ얌즉ㅎ니〈MR4-66a〉憂우ㅎ얌즉ㅎ니
라.〈MK8-27b〉

시므면〈MR1-38a〉ㅎ면〈MK1-39a〉

시믄〈MR6-12b〉樹슈**슈끼ㅎ는〈MK11-15b〉

示시ㅎ샤믈〈MR5-21a〉뵈시다홈은〈MK9-21b〉

示시ㅎ실〈MR5-20b〉뷜〈MK9-21a〉

施이[**시끼히〈MR4-76b〉----------------

시작ㅎ니라.〈MR2-72b〉始시ㅎ니라.〈MK4-3
1b〉

시작ㅎ샤〈MR3-57a〉載지ㅎ샤〈MK6-19a〉

시작ㅎ신대〈MR1-72b〉始시ㅎ신대〈MK2-35a〉

시작홀디니〈MR3-15a〉始시ㅎ느니〈MK5-15b〉

시작홀식라〈MR5-35b〉載지ㅎ다〈MK9-36b〉

시졀의〈MR6-47a〉時시예〈MK12-18b〉

시졀만〈MR2-7b〉時시만〈MK3-7b〉

시졀은〈MR2-6b〉時시ㄴ則즉〈MK3-6b〉

시졀을〈MR2-8b〉時시롤〈MK3-8b〉

시졀이〈MR2-8b〉時시ㅣ〈MK3-8b〉

시험호리이다.〈MR1-35a〉試시호리이다.〈M
K1-36a〉

食식디〈MR6-33b〉아니ㅎ야〈MK12-2a〉

食ㅅㅎ고〈MR5-51b〉먹키고〈MK10-12b〉

食ㅅㅎ니〈MR5-51b〉먹키느니〈MK10-12b〉

신〈MR7-25b〉蹠ㅅ를〈MK13-32a〉

申신ㅎ면〈MR1-10b〉ㅎ면〈MK1-10b〉

신하〈MR2-6a〉臣신이〈MK3-6a〉

신하〈MR4-43a〉臣신〈MK8-4a〉

신하ㅣ〈MR3-62a〉臣신이〈MK6-24a〉

신하롤삼으랴?〈MR7-4b〉臣신ㅎ랴?〈MK13-6
a〉

신하보기〈MR4-43a〉臣신보미〈MK8-4a〉

신하삼으신디라.〈MR2-52a〉臣신ㅎ신〈MK4-
10b〉

신하삼으신디라〈MR2-52a〉臣신ㅎ〈MK4-10b〉

신하홀〈MR2-51b〉臣신을〈MK4-10a〉

신해〈MR1-66b〉臣신이〈MK2-29a〉

심히〈MR1-78a〉甚심히〈MK2-40b〉

十십禽금을〈MR3-42b〉열禽금을〈MK6-4a〉

十십을〈MR3-43a〉열홀〈MK6-4b〉

ᄊ니라.〈MR6-14b〉쩐니라.〈MK11-17b〉

ᄉ랑티〈MR7-34a〉愛이티〈MK14-1a〉

스랑ᄒᄂᆫ〈MR7-34a〉愛이ᄒᄂᆫ〈MK14-1a〉

스스〈MR2-72a〉스슻〈MK4-30b〉

스스로〈MR2-64a〉스스로〈MK4-22b〉

술올〈MR1-25b〉復복홀〈MK1-26a〉

숢고〈MR5-10a〉烹핑ᄒ고〈MK9-10a〉

숢마〈MR5-10a〉烹핑ᄒ야〈MK9-10b〉

숨킨〈MR3-75a〉咽연ᄒ〈MK6-37b〉

시니〈MR7-17a〉ᄡᅥ니〈MK13-21b〉

시니라.〈MR6-26a〉ᄡᅥ니라.〈MK11-32b〉

시니이다.〈MR1-24a〉시니이다.〈MK1-24b〉

시오〈MR1-26a〉爲위ᄒ얘며〈MK1-26b〉

ᄡᅥ시라〈MR1-57a〉ᄭᅥ시라.〈MK2-19b〉

ᄭᅮ지저〈MR1-54b〉讒참ᄒ야〈MK2-17a〉

ᄭᅮ지즈며〈MR4-77a〉訕산ᄒ고〈MK8-39a〉

ᄭᅵ애〈MR4-24b〉濱빈애〈MK7-24b〉

ᄭᅵ애〈MR4-24b〉濱빈에〈MK7-25a〉

ᄭᆡ〈MR5-33b〉覺각ᄒ〈MK9-34b〉

ᄭᆡ니로〈MR5-33b〉覺각ᄒ이로〈MK9-34b〉

ᄭᆡ리롤〈MR5-44a〉覺각ᄒ리롤〈MK10-3a〉

ᄭᆡ오게〈MR5-33b〉覺각게〈MK9-34b〉

ᄭᆡ오디〈MR5-33b〉覺각게〈MK9-34b〉

ᄭᆡ오며〈MR5-33b〉覺각게ᄒ며〈MK9-34b〉

ᄭᆡ올〈MR5-44a〉覺각게〈MK10-3b〉

ᄭᆡ올디니〈MR5-33b〉覺각게호리니〈MK9-34b〉

ᄭᆡᆫ〈MR5-33b〉覺각ᄒ〈MK9-34b〉

ᄯᅡ〈MR3-11b〉地디를〈MK5-12a〉

ᄯᅡ{*ᄭᅵ?히}〈MR6-12b〉地디ㅣ〈MK11-15b〉

ᄯᅡ가온대[地中:두언덕사이]롤〈MR3-67a〉地디中즁을〈MK6-29a〉

ᄯᅡ을〈MR2-7a〉地디를〈MK3-7a〉

ᄯᅡ홀〈MR2-23a〉地디를〈MK3-23b〉

ᄯᅡ희셔〈MR6-63b〉土토地디예셔〈MK12-39b〉

ᄯᅡ히〈MR2-7a〉地디ㅣ〈MK3-7a〉

ᄯᅡ히方방이〈MR1-14b〉地디ㅣ方방이〈MK1-15a〉

ᄯᅡ홀〈MR1-74a〉地디를〈MK2-37a〉

재〈MR6-12b〉時시ㅣ〈MK11-15b〉

재로ᄡᅥ〈MR1-9a〉時시로ᄡᅥ〈MK1-9a〉

ᄯᅩ〈MR1-52a〉ᄯᅩᄒ〈MK2-14b〉

ᄯᅩ〈MR1-74a〉ᄯᅩ〈MK2-37a〉

ᄯᅩ〈MR3-7a〉다시〈MK5-7a〉

ᄯᅩ롬이라〈MR5-61a〉ᄯᅡ롬이라〈MK10-24b〉

ᄯᅩ롬이로니〈MR6-36a〉ᄯᅡ롬이로니〈MK12-5a〉

ᄯᅩᄒ려〈MR7-34b〉復부ᄒ려〈MK14-2a〉

ᄯᅩᄒ〈MR1-13a〉ᄯᅩ〈MK1-13a〉

ᄯᅩᄒ〈MR1-1a〉ᄯᅩᄒ〈MK1-1a〉

ᄯᅩᄒ다〈MR7-20a〉ᄯᅩᄒ다〈MK13-25b〉

ᄯᅡᄅᆞ미니라.〈MR6-66a〉ᄯᅡ롬이니라.〈MK12-42b〉

ᄯᅡ롬이니〈MR1-28b〉ᄯᅡ롬이니〈MK1-29b〉

ᄯᅡ롬이니라.〈MR2-38a〉ᄯᅡ롬이니라.〈MK3-39a〉

ᄯᅡ롬이니이다.〈MR1-1b〉ᄯᅡ롬이니이다.〈MK1-1b〉

ᄯᅡ롬이니이다.〈MR7-51a〉ᄯᅡ롬이시니라.〈MK14-23a〉

ᄯᅡ롬이라.〈MR4-7b〉ᄯᅡ롬이니〈MK7-7b〉

ᄯᅡ롬이라〈MR2-11b〉ᄯᅡ롬이라〈MK3-11b〉

ᄯᅡ롬이로라.〈MR7-35a〉ᄯᅡ롬이로라.〈MK14-3a〉

ᄯᅡ롬이시니라.〈MR5-20b〉ᄯᅡ롬이시니라.〈MK9-21a〉

ᄯᅡ롬이어니와〈MR6-29a〉ᄯᅡ롬이오〈MK11-36b〉

ᄯᅡ롬이오〈MR6-37b〉ᄯᅡ롬이오〈MK12-6b〉

ᄯᅡ롬이온여!〈MR2-1b〉ᄯᅡ롬이온에[**여?]〈MK3-1b〉

ᄯᆞ롬인댄〈MR5-18a〉ᄯᆞ롬인댄〈MK9-18b〉

ᄯᆞ롬일시니라.〈MR3-58b〉ᄯᆞ롬이니라.〈MK6
-20b〉

ᄲᅡ굴히야〈MR3-15a〉選 션擇퇴ᄒᆞ야〈MK5-15
b〉

ᄲᅡ야〈MR4-59a〉抽츄ᄒᆞ야〈MK8-20b〉

ᄲᅡ야〈MR7-19a〉拔발ᄒᆞ야〈MK13-24a〉

ᄲᅡ히고〈MR7-46a〉攘양ᄒᆞ고〈MK14-16b〉

ᄲᅢ니이다.〈MR1-55b〉ᄲᅢ니이다.〈MK2-18a〉

ᄲᅮᆫ〈MR5-53a〉ᄲᅮᆫ이〈MK10-14b〉

ᄲᅮᆫ이〈MR2-18a〉ᄲᅮᆫ이〈MK3-18a〉

ᄲᅮᆫ이리오?〈MR2-69a〉ᄲᅮᆫ이리오?〈MK4-27b〉

ᄲᅮᆫ이며〈MR6-35a〉ᄲᅮᆫ이며〈MK12-3a〉

ᄲᅮᆫ이언뎡〈MR1-26a〉ᄲᅮᆫ이언뎡〈MK1-27a〉

ᄲᆞᆯ르다〈MR2-76b〉速속히〈MK4-35a〉

ᄲᆞᆯ르다〈MR2-8a〉速속다〈MK3-8a〉

ᄲᆞᆯ리〈MR1-74b〉ᄲᆞᆯ리〈MK2-37a〉

ᄲᆞᆯ리〈MR6-37a〉疾질히〈MK12-6a〉

싸호더니〈MR1-75a〉鬪홍ᄒᆞ더니〈MK2-37b〉

싸홈을〈MR6-57a〉戰 젼홈을〈MK12-31a〉

싸화〈MR6-53b〉戰 젼ᄒᆞ야〈MK12-27a〉

아〈MR4-4a〉아〈MK7-4a〉

아녀〈MR2-52a〉아니ᄒᆞ야〈MK4-10b〉

아녀〈MR3-41a〉아니ᄒᆞ고〈MK6-2a〉

아녀〈MR3-64a〉몯ᄒᆞ고〈MK6-26a〉

아녀〈MR7-9a〉아니ᄒᆞ여도〈MK13-11b〉

아녀셔〈MR7-14a〉아니ᄒᆞ야셔〈MK13-17b〉

아녀셔〈MR7-53a〉아니ᄒᆞ여도〈MK14-25a〉

아녀아ᄂᆞᆫ바ᄂᆞᆫ〈MR7-9a〉아니ᄒᆞ여도〈MK13-1
1b〉

아녓거든〈MR6-56b〉아니ᄒᆞ거든〈MK12-30b〉

아녓거시ᄂᆞᆯ〈MR3-5b〉아니ᄒᆞ시니〈MK5-5b〉

아녓노니〈MR3-43a〉몯ᄒᆞ니〈MK6-4b〉

아녓노니〈MR6-48a〉몯ᄒᆞ연노니〈MK12-20b〉

아노니〈MR2-57b〉아노니〈MK4-16a〉

아노라〈MR6-13b〉아노라〈MK11-16b〉

아노라〈MR6-61b〉아로라〈MK12-37b〉

아노이다.〈MR1-22a〉아ᄂᆞ이다.〈MK1-22a〉

아니〈MR1-18b〉아니ᄒᆞ〈MK1-18b〉

아니〈MR1-1a〉아니〈MK1-1a〉

아니〈MR2-45b〉아디〈MK4-4a〉

아니〈MR5-17b〉안이〈MK9-18a〉

아니〈MR6-18a〉아닐〈MK11-22b〉

아니〈MR6-65b〉너겨〈MK12-42b〉

아니가?〈MR7-26a〉아니가?〈MK13-33a〉

아니나〈MR7-38b〉아닐띠언뎡〈MK14-6b〉

아니녀기니〈MR3-7a〉녀기디아니ᄒᆞ니〈MK5-
7a〉

아니녀길시니라.〈MR2-52b〉아니홈이니라.
〈MK4-11a〉

아니니〈MR1-27a〉아니니〈MK1-28a〉

아니니〈MR1-85a〉아니라나의〈MK2-48a〉

아니니〈MR2-32a〉아니ᄒᆞ니〈MK3-32b〉

아니니〈MR3-11b〉아니ᄒᆞ이〈MK5-12a〉

아니니〈MR4-73b〉아니라〈MK8-35a〉

아니니〈MR5-17b〉안이니〈MK9-17b〉

아니니라.〈MR2-32a〉아니ᄒᆞ니라.〈MK3-32b〉

아니니라.〈MR2-33b〉아니니라.〈MK3-34a〉

아니니라.〈MR2-80b〉안이니라.〈MK4-40a〉

아니니이다.〈MR1-26a〉아니니이다.〈MK1-2
7a〉

아니니이다.〈MR1-38b〉아니ᄒᆞ니이다.〈MK1
-39b〉

아니니잇가?〈MR2-3b〉아니ᄒᆞ니잇가?〈MK3-
3b〉

아니니잇가?〈MR2-4a〉아니ᄒᆞ리잇가?〈MK3-
4a〉

아니될디〈MR7-52a〉 아님이〈MK14-24a〉
아니될디〈MR7-60b〉 되디아닐디〈MK14-34b〉
아니라.〈MR2-80b〉 아니라〈MK4-39b〉
아니라〈MR1-28b〉 업슨디라.〈MK1-29b〉
아니라〈MR1-42b〉 업순디라〈MK2-5a〉
아니라〈MR7-20a〉 몯홈이라.〈MK13-25b〉
아니라도〈MR3-12a〉 아니라도〈MK5-12a〉
아니로〈MR5-33b〉 知지훈이로〈MK9-34b〉
아니로다.〈MR4-26a〉 아니로소니〈MK7-26b〉
아니로다.〈MR6-7a〉 아니로다.〈MK11-8b〉
아니로다.〈MR6-8b〉 아니르디[**로다?].〈MK
11-10b〉
아니로디〈MR2-44a〉 아니호디〈MK4-2a〉
아니로디〈MR5-60a〉 아니로디〈MK10-23a〉
아니로디〈MR6-25a〉 아니언마는〈MK11-31b〉
아니로소니〈MR1-77b〉 아니로소이다.〈MK2-
40a〉
아니리〈MR2-27a〉 아니리〈MK3-27a〉
아니리〈MR6-18a〉 아닐거시〈MK11-22b〉
아니리〈MR6-2b〉 아니ᄒ리〈MK11-3b〉
아니리〈MR7-17a〉 아닌者쟈ㅣ〈MK13-21b〉
아니리〈MR7-17a〉 아닐者쟈ㅣ〈MK13-21b〉
아니리니〈MR2-23b〉 아니ᄒ리니〈MK3-23b〉
아니리니〈MR6-20a〉 몯ᄒᄂ니〈MK11-25a〉
아니리라.〈MR7-20b〉 아니ᄒ리라.〈MK13-26a〉
아니리오.〈MR2-79b〉 아니ᄒ리오?〈MK4-39a〉
아니리오〈MR4-15b〉 아니리오.〈MK7-16a〉
아니리오마는〈MR2-36b〉 아니리오마는〈MK
3-37a〉
아니리오마는〈MR4-71b〉 아니ᄒ리오마는
〈MK8-33a〉
아니리이다.〈MR2-56a〉 아니리이다.〈MK4-1
4b〉
아니리이다.〈MR6-57b〉 몯ᄒ리니이다.〈MK1
2-32a〉

아니리잇가?〈MR1-45b〉 아니ᄒ니잇가?〈MK2
-8a〉
아니리잇가?〈MR2-9a〉 아니ᄒ시리잇가?〈MK
3-9a〉
아니며〈MR1-10b〉 아니ᄒ며〈MK1-10b〉
아니며〈MR2-22a〉 아니며〈MK3-22a〉
아니며〈MR3-36b〉 아니타ᄒ야〈MK5-37a〉
아니며〈MR4-24a〉 아니ᄒ니〈MK7-24a〉
아니며〈MR4-77b〉 아니ᄒ야〈MK8-39b〉
아니며〈MR7-15a〉 업스리며〈MK13-19b〉
아니면〈MR1-10a〉 업ᄉ면〈MK1-10a〉
아니면〈MR1-74a〉 아니ᄒ면〈MK2-37a〉
아니면〈MR1-77b〉 말와뎌ᄒ시면〈MK2-40b〉
아니면〈MR2-49a〉 아니어든〈MK4-7b〉
아니면〈MR2-51b〉 아니면〈MK4-10a〉
아니면〈MR2-63a〉 아니케ᄒ면〈MK4-21b〉
아니면〈MR3-62a〉 아니ᄒ야ᄂ〈MK6-24a〉
아니면〈MR4-15b〉 아니ᄒᄂ니〈MK7-15b〉
아니면〈MR4-8b〉 아니혼則즉〈MK7-8b〉
아니면〈MR6-33b〉 食식ᄒ면〈MK12-2a〉
아니모로뻐〈MR3-28a〉 몯ᄒ욤으로뻐〈MK5-2
8b〉
아니모로뻐〈MR7-52b〉 아니홈으로뻐〈MK14-
24b〉
아니모로뻬니〈MR4-9a〉 아니홈으로뻬니라.
〈MK7-9a〉
아니미〈MR1-35b〉 아니홈〈MK1-36b〉
아니미〈MR1-54a〉 아니니〈MK2-16b〉
아니미〈MR3-10a〉 아님이〈MK5-10a〉
아니보시리오?〈MR3-63b〉 見견티아니ᄒ시
리오?〈MK6-25b〉
아니샤〈MR5-63b〉 아니ᄒ야〈MK10-27b〉
아니샤믄〈MR2-60b〉 아니ᄒ샴은〈MK4-19b〉

아니타〈MR7-33b〉아니ᄒ다.〈MK14-1a〉
아니타가〈MR6-23b〉아니ᄒ다가〈MK11-29b〉
아니터니〈MR2-7a〉아니ᄒ니〈MK3-7a〉
아니터니라.〈MR3-62a〉아니ᄒ더니라.〈MK6
-24a〉
아니터니라.〈MR5-31b〉아니ᄒ니라.〈MK9-3
2b〉
아니터시니〈MR1-58b〉아니ᄒ더시니〈MK2-2
1a〉
아니터시다.〈MR2-60a〉아니ᄒ시다.〈MK4-1
9a〉
아니터시다.〈MR4-47b〉아니ᄒ더시다.〈MK8
-8b〉
아니터시라.〈MR5-59a〉아니ᄒ시니라.〈MK1
0-22a〉
아니티〈MR1-2b〉아니홈이〈MK1-2b〉
이니티〈MR2-36b〉아니티〈MK3-37a〉
아니호니〈MR2-55a〉아니호니.〈MK4-13b〉
아니호라.〈MR1-83b〉아니호라.〈MK2-46b〉
아니호믈〈MR2-13b〉아니홈을〈MK3-13b〉
아니호미〈MR4-70a〉아니홈이〈MK8-31b〉
아니호ᄆᆞᆫ〈MR1-26a〉몯ᄒ욤은〈MK1-26b〉
아니호ᄆᆞᆫ〈MR1-7a〉아니홈은〈MK1-7a〉
아니호ᄆᆞᆫ〈MR4-30b〉아니ᄒ욤온〈MK7-31a〉
아니홈은〈MR2-20a〉아니홈은〈MK3-20b〉
아니홈은〈MR2-20a〉아니홈온〈MK3-20b〉
아니홈은〈MR2-37a〉아니ᄒ니〈MK3-37b〉
아니홈은〈MR5-61b〉아니ᄒ욤은〈MK10-25a〉
아니홈을〈MR2-42b〉아니홈은〈MK3-43a〉
아니홈을〈MR5-54a〉아니티〈MK10-16a〉
아니홈을〈MR5-68a〉아니홈을〈MK10-33b〉
아니홈이〈MR2-10a〉아니홈이〈MK3-10a〉
아니홈이〈MR3-62a〉아니ᄒ심이〈MK6-24a〉
아니홈이〈MR5-65b〉아니홈은〈MK10-30a〉

아니홈이〈MR6-38a〉아니홈을〈MK12-7b〉
아니홈이〈MR6-4b〉아니ᄒ니〈MK11-5b〉
아니홈이니〈MR2-67a〉몯홈이니〈MK4-25b〉
아니홈이니라.〈MR6-13a〉몯홈이니라.〈MK1
1-16a〉
아니홈이오.〈MR2-67a〉몯홈이오〈MK4-25b〉
아니홈이오〈MR4-38b〉아니홈이이오〈MK7-3
9a〉
아니ᄒ고〈MR2-40b〉아니ᄒ더니〈MK3-41a〉
아니ᄒ고〈MR3-6b〉아니ᄒ고〈MK5-7a〉
아니ᄒ고〈MR7-13a〉아니ᄒ니라.〈MK13-16b〉
아니ᄒ고〈MR7-32b〉이[**아?]니ᄒ고〈MK13-
41a〉
아니ᄒ고〈MR7-51a〉아니ᄒ며〈MK14-22b〉
아니ᄒ나〈MR5-35a〉아니ᄒ나〈MK9-36a〉
아니ᄒ나〈MR7-30b〉아니ᄒ야〈MK13-38b〉
아니ᄒ냐?〈MR2-68a〉아니ᄒ냐?〈MK4-27a〉
아니ᄒ냐?〈MR4-36b〉아니냐?〈MK7-37a〉
아니ᄒ노니〈MR2-49a〉아니ᄒ노니〈MK4-7b〉
아니ᄒ노라.〈MR2-75b〉아니ᄒ노라.〈MK4-3
4b〉
아니ᄒ니〈MR1-18b〉아니ᄒ니〈MK1-19a〉
아니ᄒ니〈MR4-71b〉몯ᄒ니〈MK8-33b〉
아니ᄒ니〈MR7-12a〉아니ᄒ니라.〈MK13-15a〉
아니ᄒ니라.〈MR2-24a〉아니ᄒ리니라.〈MK3
-24a〉
아니ᄒ니라.〈MR2-9b〉아니ᄒ니라.〈MK3-9b〉
아니ᄒ니라.〈MR4-73b〉아니타ᄒ니라.〈MK8
-35a〉
아니ᄒ니이다.〈MR1-10b〉아니ᄒ니이다.〈M
K1-10b〉
아니ᄒ니잇가?〈MR3-47a〉아니ᄒ니잇가?〈M
K6-8b〉
아니ᄒ니잇고?〈MR6-39b〉아니ᄒ니잇고?〈M

K12-9a〉
아니ᄒᆞᄂᆄ?〈MR2-70b〉아니ᄒᆞ리오?〈MK4-29a〉
아니ᄒᆞᄂᆞ니〈MR3-36a〉아니ᄒᆞᄂᆞ니〈MK5-37a〉
아니ᄒᆞᄂᆞ니〈MR7-18a〉몯ᄒᆞᄂᆞ니〈MK13-23a〉
아니ᄒᆞᄂᆞ니라.〈MR4-46a〉아니ᄒᆞᄂᆞ니라.〈MK8-7a〉
아니ᄒᆞᄂᆞ니라.〈MR7-18a〉몯ᄒᆞᄂᆞ니라.〈MK13-23a〉
아니ᄒᆞᄂ〈MR2-53a〉ᄒᆞ디아니ᄒᆞᄂ〈MK4-11b〉
아니ᄒᆞᄂ〈MR7-52a〉말고져ᄒᆞᄂ〈MK14-23b〉
아니ᄒᆞᄂ〈MR7-52a〉말오져ᄒᆞᄂ〈MK14-23b〉
아니ᄒᆞ다.〈MR6-41b〉아니ᄒᆞ다.〈MK12-11b〉
아니ᄒᆞ더니〈MR2-42a〉아니ᄒᆞ더니〈MK3-42b〉
아니ᄒᆞ랴?〈MR2-63a〉업스냐?〈MK4-21b〉
아니ᄒᆞ랴?〈MR3-48a〉아니ᄒᆞ랴?〈MK6-9b〉
아니ᄒᆞ리니〈MR1-10b〉아니ᄒᆞ리니〈MK1-10b〉
아니ᄒᆞ리니〈MR3-33b〉업스리니〈MK5-34b〉
아니ᄒᆞ리니〈MR3-72a〉몯ᄒᆞ리니〈MK6-34a〉
아니ᄒᆞ리라.〈MR5-53a〉아니ᄒᆞ리라.〈MK10-14a〉
아니ᄒᆞ리라〈MR7-21b〉아니호리라〈MK13-27b〉
아니ᄒᆞ리오?〈MR2-62b〉아니ᄒᆞ리오?〈MK4-21a〉
아니ᄒᆞ며〈MR1-58a〉아니ᄒᆞ며〈MK2-20b〉
아니ᄒᆞ며〈MR2-10b〉아니ᄒᆞ야〈MK3-10b〉
아니ᄒᆞ며〈MR3-17a〉말올ᄯᅵ니〈MK5-17b〉
아니ᄒᆞ며〈MR3-25a〉몯ᄒᆞ며〈MK5-25b〉
아니ᄒᆞ며〈MR5-31b〉아니ᄒᆞ고〈MK9-32b〉
아니ᄒᆞ며〈MR7-7b〉아니ᄒᆞᄂᆞ디라.〈MK13-9b〉
아니ᄒᆞ면〈MR1-69b〉아니ᄒᆞ면〈MK2-32b〉
아니ᄒᆞ면〈MR2-30b〉아니ᄒᆞᆫ則즉〈MK3-31a〉

아니ᄒᆞ면〈MR3-71b〉니ᄒᆞ면〈MK6-33b〉
아니ᄒᆞ면〈MR6-50b〉아니면〈MK12-23b〉
아니ᄒᆞ면〈MR7-15a〉업스면〈MK13-19b〉
아니ᄒᆞ샤〈MR5-63b〉아니ᄒᆞ샤〈MK10-27b〉
아니ᄒᆞ샤믄〈MR5-17a〉아니홈은〈MK9-17b〉
아니ᄒᆞ샤믄〈MR5-2b〉아니ᄒᆞ심은〈MK9-3a〉
아니ᄒᆞ샴은〈MR5-67b〉아니ᄒᆞ심은〈MK10-32b〉
아니ᄒᆞ샴은〈MR7-33a〉몯홈은〈MK13-41b〉
아니ᄒᆞ샷다.〈MR2-79b〉아니ᄒᆞ시니〈MK4-38b〉
아니ᄒᆞ시고〈MR2-53b〉아니ᄒᆞ시고〈MK4-12a〉
아니ᄒᆞ시고〈MR4-53a〉아니ᄒᆞ더시다.〈MK8-14b〉
아니ᄒᆞ시니〈MR2-20b〉아니ᄒᆞ시니〈MK3-20b〉
아니ᄒᆞ시니〈MR5-54a〉아니ᄒᆞ니〈MK10-16a〉
아니ᄒᆞ시니라.〈MR5-59a〉아니ᄒᆞ시니라.〈MK10-22a〉
아니ᄒᆞ시다.〈MR6-44a〉아니ᄒᆞ시다.〈MK12-15a〉
아니ᄒᆞ시며〈MR3-5b〉아니ᄒᆞ시고〈MK5-5b〉
아니ᄒᆞ시며〈MR4-53a〉아니ᄒᆞ시며〈MK8-14b〉
아니ᄒᆞ시면〈MR1-54a〉아니면〈MK2-16b〉
아니ᄒᆞ신대〈MR1-31a〉아니ᄒᆞ신대〈MK1-31b〉
아니ᄒᆞ심애〈MR3-71a〉아니ᄒᆞ야〈MK6-33a〉
아니ᄒᆞ야〈MR2-22a〉아니ᄒᆞ야〈MK3-22a〉
아니ᄒᆞ야〈MR2-37b〉아니혼디라.〈MK3-38a〉
아니ᄒᆞ야〈MR2-40b〉아니ᄒᆞ며〈MK3-41a〉
아니ᄒᆞ야〈MR3-50a〉아니ᄒᆞ고〈MK6-11b〉
아니ᄒᆞ야〈MR5-13b〉아니ᄒᆞ야셔〈MK9-14a〉
아니ᄒᆞ야〈MR5-35a〉아니혼디라.〈MK9-36a〉
아니ᄒᆞ야〈MR7-51a〉아니ᄒᆞ샤〈MK14-23a〉
아니ᄒᆞ야샤〈MR4-44b〉아닌〈MK8-5a〉

아니ᄒ얀〈MR1-3a〉아니ᄒ야ᄂ〈MK1-3a〉
아니ᄒ얀〈MR5-65b〉아니ᄒ야셔ᄂ〈MK10-30
b〉
아니ᄒ이다.〈MR3-5b〉아니ᄒ이다.〈MK5-6a〉
아니ᄒ다〈MR2-78b〉아니ᄒ다〈MK4-37b〉
아니ᄒ다〈MR7-22b〉아니타〈MK13-28b〉
아니ᄒ다ᄒ니라.〈MR2-63a〉아닌ᄂ니라.〈M
K4-21b〉
아니ᄒᄒ대〈MR4-67a〉아니ᄒ신대〈MK8-29a〉
아니ᄒᆯ디니라.〈MR5-55b〉아니ᄒ ᄂ니라.〈M
K10-18a〉
아닌〈MR2-28b〉아니ᄒ〈MK3-28b〉
아닌〈MR4-35a〉아니턴〈MK7-35b〉
아닌〈MR5-10b〉아닌〈MK9-10b〉
아닌〈MR5-58a〉아닐〈MK10-21a〉
아닌ᄂ〈MR1-17b〉아니ᄒᄂ〈MK1-17b〉
아닌ᄂ다〈MR1-80b〉아니ᄒ다〈MK2-43b〉
아닌ᄂ者쟈ㅣ오〈MR2-17b〉아니ᄒᄂ者쟈ㅣ
오〈MK3-18a〉
아닌댄〈MR3-51a〉아니면〈MK6-12b〉
아닌뎌!〈MR2-46b〉아니ᄒ뎌!〈MK4-5a〉
아닌디라.〈MR2-5b〉아니ᄒ디라.〈MK3-5b〉
아닌디라.〈MR2-80b〉아니ᄒ〈MK4-39b〉
아닌디라〈MR4-15a〉아닌디라.〈MK7-15a〉
아닌이〈MR2-6a〉아니니〈MK3-6a〉
아닌이〈MR6-2b〉아니ᄒ니〈MK11-3a〉
아닌이롤〈MR4-16a〉아닌이오〈MK7-16a〉
아닌者쟈ㅣ라〈MR6-17b〉아니타〈MK11-22a〉
아닌졔니〈MR7-27b〉몯ᄒ야셔ᄂ
아닌줄이〈MR2-43b〉아니티〈MK4-2a〉
아닐〈MR1-18b〉아니홈〈MK1-19a〉
아닐〈MR1-26a〉아니홈을〈MK1-26b〉
아닐〈MR1-26a〉아니ᄒᆯ〈MK1-27a〉
아닐〈MR2-45a〉아님이이실〈MK4-3b〉

아닐〈MR6-13b〉아닐〈MK11-16b〉
아닐가〈MR4-28b〉아니ᄒᆯ까〈MK7-29a〉
아닐디니〈MR4-31b〉아니ᄒ니〈MK7-32a〉
아닐디니〈MR5-2a〉아니ᄒᆯ꺼시니〈MK9-2a〉
아닐디니〈MR5-64b〉아니홀ᄯ디니〈MK10-28b〉
아닐디니〈MR6-17b〉아니ᄒ니〈MK11-22a〉
아닐디니〈MR6-51a〉몯ᄒ니〈MK12-23b〉
아닐디니라.〈MR4-42a〉아니ᄒ ᄂ니라.〈MK8
-3a〉
아닐디라〈MR7-24a〉아니홈을〈MK13-30b〉
아닐디라도〈MR2-7a〉아니ᄒ야도〈MK3-7a〉
아닐디어든〈MR5-41b〉아니ᄒ곤〈MK9-42b〉
아닐딘댄〈MR1-19b〉말와뎌ᄒ시면〈MK1-20a〉
아닐딘댄〈MR1-75a〉아니ᄒ則즉〈MK2-38a〉
아닐딘댄〈MR2-71b〉아닌則즉〈MK4-30b〉
아닐디〈MR6-26b〉아니홈이〈MK11-33a〉
아닐디〈MR7-52b〉아니ᄒ디〈MK14-24b〉
아닐디라도〈MR7-59b〉아닐ᄯ디라도〈MK14-33
a〉
아닐바롤〈MR7-10b〉아니ᄒᆯ빠롤〈MK13-13a〉
아닐배〈MR6-21a〉아닐ᄲᅢ〈MK11-26b〉
아닐배니〈MR7-31b〉아니ᄒᆯ빼니〈MK13-40a〉
아닐시니〈MR1-26a〉아니홈을〈MK1-26b〉
아닐시니라.〈MR3-38a〉아니라〈MK5-38b〉
아닐시니라.〈MR4-2a〉아닐쎠니라.〈MK7-2a〉
아닐시니이다.〈MR1-84a〉아닐쎠니이다.〈M
K2-47a〉
아닐시오〈MR1-26a〉아니홈을〈MK1-26b〉
아닐ᄲᅮᆫ이언뎡〈MR1 27a〉아닌ᄲᅮᆫ이언뎡〈MK
1-28a〉
아닐쎠니이다.〈MR1-43a〉아니홈이니이다.
〈MK2-5a〉
아닐者쟈ㅣ〈MR2-29a〉아니홀者쟈ㅣ〈MK3-
29b〉

아닐者쟈는〈MR7-59b〉아니홀者쟈는〈MK14
-33a〉

아님〈MR4-15b〉아니홈〈MK7-15b〉

아님〈MR6-14a〉아님이〈MK11-17b〉

아님곳다〈MR3-3a〉몯홈이곧다〈MK5-3a〉

아님은〈MR5-17b〉아님은〈MK9-18a〉

아님을〈MR3-65a〉아닌줄을〈MK6-27a〉

아님을〈MR6-20a〉몯홈을〈MK11-25a〉

아님이〈MR2-39a〉아니니〈MK3-40a〉

아님이〈MR3-40a〉아니ᄒᆞ심이〈MK6-1a〉

아님이〈MR4-47a〉아니홈이〈MK8-8a〉

아님이〈MR6-21b〉아님이〈MK11-27b〉

아님이니〈MR6-11a〉아닐ᄯᆞ롭이니〈MK11-14
a〉

아님이니〈MR6-45a〉아니니〈MK12-16a〉

아님이니라.〈MR6-36b〉아닐뿐이니라.〈MK1
2-5b〉

아님이라〈MR6-45a〉아니홀써라〈MK12-16a〉

아님이시니〈MR6-49a〉아니ᄒᆞ시니〈MK12-21
b〉

아닛노라.〈MR2-20a〉아니ᄒᆞ노라.〈MK3-20b〉

아닛노이다.〈MR1-31b〉아니ᄒᆞ노이다.〈MK1
-32a〉

아닛ᄂᆞ뇨?〈MR3-21b〉아니ᄒᆞᄂᆞ뇨?〈MK5-22a〉

아닛ᄂᆞ뇨?〈MR3-23a〉아니ᄒᆞᄂᆞᆫ고?〈MK5-23a〉

아닛ᄂᆞ니〈MR6-19a〉아니ᄒᆞ니〈MK11-23b〉

아닛ᄂᆞ니〈MR7-13b〉아니ᄒᆞᄂᆞ니〈MK13-17a〉

아닛ᄂᆞ니라.〈MR6-22b〉아닐써니라.〈MK11-
28a〉

아닛ᄂᆞ니라.〈MR6-30b〉아닐뿐이니라.〈MK1
1-38b〉

아닛ᄂᆞ니라.〈MR7-46b〉이[**아끼니ᄒᆞᄂᆞ니
라.〈MK14-17a〉

아닛ᄂᆞ니라.〈MR7-47a〉아니ᄒᆞᄂᆞ니라.〈MK1

4-17b〉

아닛ᄂᆞ니이다.〈MR1-3a〉아니ᄒᆞᄂᆞ니이다.
〈MK1-3a〉

아닛ᄂᆞᆫ〈MR1-51b〉아니ᄒᆞᄂᆞᆫ〈MK2-14a〉

아닛ᄂᆞᆫ〈MR6-37a〉아닌ᄂᆞᆫ〈MK12-6b〉

아닛ᄂᆞᆫ다라.〈MR7-6a〉아니ᄒᆞᄂᆞᆫ〈MK13-7a〉

아닛ᄂᆞᆫ디라.〈MR2-26a〉아니ᄒᆞᄂᆞᆫ디라.〈MK3
-26b〉

아닛ᄂᆞᆫ디라.〈MR2-44b〉아니ᄒᆞᄂᆞ니〈MK4-3a〉

아닛ᄂᆞᆫ디라.〈MR4-66b〉아니ᄒᆞᄂᆞᆫ디라.〈MK8
-28a〉

아닛ᄂᆞᆫ디라.〈MR7-6a〉아니ᄒᆞᄂᆞᆫ〈MK13-7b〉

아닛ᄂᆞᆫ이롤〈MR5-57a〉아니ᄒᆞᄂᆞᆫ이롤〈MK10-
19b〉

아닛ᄂᆞᆫ者쟈롤〈MR3-55b〉아니ᄒᆞᄂᆞᆫ者쟈를
〈MK6-17b〉

아ᄂᆞ니〈MR1-29a〉아ᄂᆞ니〈MK1-30a〉

아ᄂᆞᆫ〈MR3-70a〉知지홀〈MK6-32a〉

아ᄂᆞᆫ〈MR6-23b〉識식ᄒᆞᄂᆞᆫ〈MK11-30a〉

아ᄂᆞᆫ〈MR6-49a〉아노라ᄒᆞᄂᆞᆫ〈MK12-21a〉

아ᄂᆞᆫ〈MR7-1b〉아ᄂᆞᆫ〈MK13-2a〉

아ᄂᆞᆫ밧〈MR6-23a〉識식ᄒᆞᄂᆞᆫ밧〈MK11-29a〉

아디〈MR1-11a〉아디〈MK1-11a〉

아디〈MR1-63b〉이아끼디〈MK2-26a〉

아디〈MR7-33a〉知지티〈MK13-41b〉

아디몯게라!〈MR6-5a〉아디몯게라.〈MK11-6b〉

아디몯게이다.〈MR5-15b〉아디몯게이다.〈M
K9-16a〉

아디몯ᄒᆞ리〈MR6-15a〉아디몯ᄒᆞ리〈MK11-18
b〉

아돌〈MR3-37b〉子ᄌᆞ를〈MK5-38b〉

아돌의〈MR3-60b〉子ᄌᆞ롤〈MK6-22a〉

아돌이〈MR7-26a〉子ᄌᆞㅣ〈MK13-33a〉

아돌이라〈MR5-26b〉子ᄌᆞㅣ라〈MK9-27a〉

아라〈MR1-63b〉아라〈MK2-26a〉

아래〈MR1-19a〉下 하에〈MK1-19a〉

아래〈MR1-78b〉下 하애〈MK2-41a〉

아래〈MR1-81a〉下 하의〈MK2-44a〉

아래〈MR5-17a〉下 하ㅣ〈MK9-17b〉

아래ᄂ〈MR3-16b〉下 하ᄂ〈MK5-17a〉

아래로〈MR3-76b〉下 하로〈MK6-38b〉

아로더〈MR6-25b〉알오더〈MK11-32a〉

아르신다〈MR3-8a〉안다〈MK5-8b〉

아르시니라.〈MR5-7a〉아ᄅ시니라.〈MK9-7a〉

아르시니잇고?〈MR7-50a〉아ᄅ시니잇고.〈MK14-21b〉

아르시ᄂ니잇가?〈MR1-18b〉알ㅇ시ᄂ니잇가?〈MK1-18b〉

아르시ᄂ니잇고?〈MR1-21a〉알ㅇ시ᄂ니잇고?〈MK1-21a〉

아르시ᄂ〈MR1-14a〉아ᄂ〈MK1-14b〉

아롬다오믈〈MR1-84a〉美 미를〈MK2-47a〉

아롬다오몰〈MR1-42b〉美 미롤〈MK2-4b〉

아비롤〈MR6-42b〉父 부롤〈MK12-13b〉

아이〈MR5-12b〉弟 뎨ㅣ〈MK9-13a〉

아이오〈MR2-68a〉弟 뎨오〈MK4-26b〉

아ㅇ〈MR3-19a〉弟 뎨ㅣ〈MK5-19b〉

아ㅇᄂ〈MR6-5b〉弟 뎨면〈MK11-7a〉

아쳐옴은〈MR7-61b〉惡오ᄒ욤은〈MK14-36a〉

아쳐홈은〈MR7-61b〉惡ᄒ욤은〈MK14-36a〉

아쳐ᄒ노니〈MR7-61b〉惡오ᄒ노니〈MK14-36a〉

아쳐ᄒ니〈MR3-50a〉惡오ᄒ니〈MK6-11b〉

아쳐ᄒᄂ니〈MR1-13a〉惡오ᄒ하ᄂ니〈MK1-13a〉

아쳐ᄒᄂ〈MR2-40b〉惡오ᄒᄂ〈MK3-41a〉

아쳐ᄒ야〈MR2-33b〉惡오ᄒ야〈MK3-34a〉

아춤에〈MR3-42b〉아춤의〈MK6-4a〉

아홉애〈MR1-33a〉九 구에〈MK1-34a〉

아히〈MR7-9a〉童 동이〈MK13-11b〉

안뎌.〈MR2-28b〉안뎌!〈MK3-29a〉

안ᄭ〈MR5-54a〉坐 좌ᄒ라며〈MK10-15b〉

안자〈MR2-73a〉坐 좌ᄒ야〈MK4-32a〉

안자셔〈MR3-15b〉坐 좌ᄒ야셔〈MK5-16a〉

안자셔〈MR4-61a〉坐 좌ᄒ야〈MK8-22b〉

안잣쩌시눌〈MR1-21a〉坐 좌ᄒ얏기[**거?기시눌〈MK1-21b〉

안즈라〈MR5-54a〉坐 좌ᄒ라〈MK10-15b〉

안즉〈MR1-68a〉아직〈MK2-30b〉

안즉〈MR3-36a〉또〈MK5-37a〉

안줌〈MR5-42b〉坐 좌홈〈MK10-2a〉

안줌 ᄀ티녀기며〈MR2-40b〉坐 좌툿ᄒ며〈MK3-41a〉

안흐론〈MR2-48a〉內 너ㄴ則 즉[**즉?기〈MK4-7a〉

안히〈MR1-62b〉--------------------

안히〈MR3-56a〉內 너ㅣ〈MK6-18a〉

안ᄒ로ᄂ〈MR1-61b〉內 너예〈MK2-24a〉

안희〈MR1-46a〉內 너예〈MK2-8b〉

알〈MR2-1b〉알〈MK3-1b〉

알거시든〈MR1-8a〉알ㅇ신則 즉〈MK1-8a〉

알고〈MR2-24a〉알리니〈MK3-24a〉

알고〈MR2-66b〉알고〈MK4-25b〉

알고〈MR2-68a〉알오〈MK4-26b〉

알고〈MR5-41a〉아라〈MK9-42a〉

알고져〈MR7-18b〉알오쟈〈MK13-23b〉

알패라.〈MR7-38a〉알와라.〈MK14-6b〉

알기〈MR6-38a〉암욤이〈MK12-7b〉

알디니〈MR1-31b〉알띠니〈MK1-32a〉

알디니〈MR2-18b〉알디니〈MK3-18b〉

알디니라.〈MR3-64a〉알띠니라.〈MK6-26a〉

알디니이다.〈MR6-48b〉알리이다.〈MK12-20b〉

알디라〈MR2-24b〉알띠니〈MK3-25a〉

알디라도〈MR7-5a〉知지홀띠라도〈MK13-6b〉

알딘댄〈MR3-65a〉알띤댄〈MK6-27a〉

알리라.〈MR7-1a〉아ᄂ니라.〈MK13-1a〉

알리로다.〈MR6-65b〉알띠니라.〈MK12-42a〉

알리롤〈MR5-33b〉知지ᄒ리롤〈MK9-34b〉

알리오?〈MR2-71a〉알리오?〈MK4-30a〉

알리잇고?〈MR1-23a〉알리잇고?〈MK1-23b〉

알며〈MR1-29a〉알며〈MK1-30a〉

알며〈MR2-15a〉知지ᄒ며〈MK3-15a〉

알면〈MR5-5a〉알면〈MK9-5b〉

알배〈MR3-64a〉알배〈MK6-26a〉

알배〈MR4-73b〉알빼〈MK8-35a〉

알시니〈MR7-1a〉알쎠니〈MK13-1a〉

알오디〈MR6-24b〉알오디〈MK11-31a〉

알옴이니잇고?〈MR2-18b〉知지홈이니잇고?
〈MK3-18b〉

알와이다.〈MR5-63b〉알과라〈MK10-27b〉

알者쟈〈MR2-57b〉아ᄂ者쟈ᄂ〈MK4-16a〉

알ᄒ며〈MR1-42a〉疾질ᄒ며〈MK2-4a〉

앗겨〈MR1-23b〉愛이ᄒ야〈MK1-23b〉

앗기다〈MR1-23b〉愛이타〈MK1-24a〉

앗기리오?〈MR1-22b〉愛이ᄒ리오?〈MK1-22b〉

앗기시다〈MR1-22a〉愛이ᄒ다〈MK1-22a〉

앗디〈MR1-38a〉奪탈티〈MK1-39a〉

------------------野야에〈MK9-32a〉

------------------陽양城성애〈MK9-26b〉

陽양城셩의〈MR5-26a〉------------------

羊양棗조로〈MR7-56b〉다믓〈MK14-29b〉

어느〈MR1-37a〉어닉〈MK1-38a〉

어늬야〈MR7-56b〉뉘〈MK14-29b〉

어닉〈MR2-22a〉어닉를〈MK3-22a〉

어닉〈MR5-43b〉어닉롤〈MK10-3a〉

어닉〈MR5-71b〉므슴〈MK10-38a〉

어닉〈MR6-33a〉므서시〈MK12-1a〉

어닉야〈MR1-40b〉뉘야〈MK2-3a〉

어더〈MR1-19a〉시러곰〈MK1-19b〉

어더〈MR2-23a〉得득ᄒ야〈MK3-23b〉

어드면〈MR1-67b〉得득ᄒ면〈MK2-30b〉

어드시니〈MR6-15b〉得득ᄒ시니〈MK11-19b〉

어들디오〈MR4-18b〉得득ᄒ리라.〈MK7-18b〉

어들이라〈MR5-37a〉得득ᄒ리라〈MK9-38a〉

어듬이〈MR3-43b〉得득홈이〈MK6-5a〉

어듸〈MR2-15a〉어ᄂ거시〈MK3-15a〉

어듸가〈MR2-55b〉엇디〈MK4-14a〉

어디디〈MR1-4a〉賢현티〈MK1-4a〉

어디러〈MR5-27b〉賢현ᄒ야〈MK9-28a〉

어딘〈MR4-46b〉賢현ᄒ〈MK8-7b〉

어딘님금〈MR3-20a〉賢현君군〈MK5-20b〉

어딘님금은〈MR3-10a〉賢현君군이〈MK5-10a〉

어딘士ᄉ ㅣ 라야〈MR5-70b〉善션士ᄉ ㅣ 아
〈MK10-36b〉

어딘士ᄉ ㅣ 라야〈MR5-70b〉善션士ᄉ이아
〈MK10-36b〉

어딘士ᄉ롤〈MR5-70b〉善션士ᄉ를〈MK10-3
6b〉

어딘士ᄉ롤〈MR5-70b〉善션使ᄉ롤〈MK10-3
6b〉

어딘人인이니〈MR2-5b〉賢현人인이라〈MK3
-5b〉

어딘者쟈ㅣ〈MR1-4a〉賢현者쟈ㅣ〈MK1-4a〉

어딘者쟈도〈MR1-3b〉賢현者쟈도〈MK1-3b〉

어딘政졍이〈MR2-5b〉善션政졍이〈MK3-5b〉

어딜리오〈MR3-20b〉賢현ᄒ리오?〈MK5-20b〉

어디〈MR1-13a〉이디[**어디?〈MK1-13b〉

어디〈MR1-21a〉어듸〈MK1-21b〉

어디〈MR1-35b〉엇디〈MK1-36b〉

어딕〈MR3-12a〉어딕〈MK5-12b〉

어려우니〈MR5-10b〉難난ᄒ니〈MK9-10b〉

어려우니라.〈MR2-15b〉難난ᄒ니라.〈MK3-15b〉

어려우니라.〈MR7-17b〉어려오니라.〈MK13-22b〉

어려우리오?〈MR6-34a〉이시리오?〈MK12-2a〉

어려우리오?〈MR6-38a〉어려우리오?〈MK12-7b〉

어려우리잇고?〈MR1-60b〉이시리잇고?〈MK2-23a〉

어려우시니라.〈MR2-6a〉難난ᄒ니라.〈MK3-6a〉

어려운디〈MR4-22a〉難난애〈MK7-22b〉

어려이〈MR3-49b〉難난히〈MK6-11a〉

어렵고〈MR2-5b〉難난ᄒ니라.〈MK3-5b〉

어렵고〈MR7-17b〉어렵고〈MK13-22a〉

어렵디〈MR2-9b〉難난티〈MK3-9b〉

어르ᄆ지며〈MR1-48b〉撫무ᄒ[＊ᄒ기고〈MK2-11a〉

어버이〈MR7-38a〉親친을〈MK14-6b〉

어버이ㅅ랑홈을〈MR7-9a〉親친愛ᄋ이ᄒ욤을〈MK13-11b〉

어제〈MR2-46b〉昔셕者쟈애〈MK4-5a〉

어젯〈MR2-46b〉昔셕者쟈ㅅ〈MK4-5a〉

어즈러우니라.〈MR3-68b〉亂란ᄒ니라.〈MK6-30b〉

言언애〈MR3-1b〉말마다〈MK5-1b〉

---------------言언호딘〈MK12-38b〉

言언홈은〈MR7-37a〉말온〈MK14-5a〉

--------------言언ᄒ야〈MK7-11a〉

言언홀者쟈ㅣ〈MR2-48b〉니를者쟈ㅣ〈MK4-7a〉

언제〈MR1-6a〉어늬제〈MK1-6a〉

얻디〈MR2-77a〉엇디〈MK4-36a〉

업거니와〈MR1-32b〉업스려니와〈MK1-33b〉

업거니와〈MR6-2b〉업거니와〈MK11-3a〉

업거눌〈MR2-6a〉업거늘〈MK3-6a〉

업거눌〈MR5-17b〉업거눌〈MK9-18a〉

업거든〈MR3-47a〉업스면〈MK6-8b〉

업거시니〈MR5-6a〉업거시니〈MK9-6b〉

업게〈MR1-9a〉업게〈MK1-9a〉

업게ᄒ고져〈MR4-15b〉업과녀〈MK7-15b〉

업게ᄒ니〈MR7-24b〉업스니〈MK13-30b〉

업고〈MR1-35b〉업서도〈MK1-36a〉

업고〈MR1-54a〉업고〈MK2-16b〉

업고〈MR4-77a〉업더니〈MK8-38b〉

업고〈MR6-2b〉잇디아니ᄒ며〈MK11-3a〉

업고〈MR7-60b〉업서〈MK14-35a〉

업기롤〈MR3-63a〉업디홈을〈MK6-25a〉

업ᄂ니〈MR1-35b〉업ᄂ니〈MK1-36a〉

업다.〈MR2-65a〉아니라.〈MK4-23b〉

업다〈MR1-16b〉업다〈MK1-16b〉

업다ᄒ니〈MR7-16a〉업다홈이〈MK13-20b〉

업더니〈MR1-61b〉업스니〈MK2-24a〉

업더니〈MR2-62a〉업더니〈MK4-20b〉

업더라.〈MR7-10a〉업슴곧더시다.〈MK13-13a〉

업더시니〈MR1-55b〉업더시니〈MK2-18a〉

업더시다.〈MR2-39a〉업더시다.〈MK3-40a〉

업더시다.〈MR7-43a〉업슴이니라.〈MK14-13a〉

업도다.〈MR3-29b〉몯ᄒ놋도다.〈MK5-30a〉

업도다.〈MR4-64a〉업두다.〈MK8-25b〉

업도다.〈MR5-18a〉업슴이니라.〈MK9-18b〉

업도다.〈MR6-18b〉업도다.〈MK11-23a〉

업도다.〈MR6-47a〉업슴이여!〈MK12-19a〉

업디〈MR6-16b〉업디〈MK11-20b〉

업서〈MR3-33b〉업서〈MK5-34b〉

업소더〈MR1-7a〉업소더〈MK1-7a〉

업소믄〈MR1-14a〉업슴은〈MK1-14b〉

업소믄〈MR3-7b〉업슴은〈MK5-7b〉

업소미〈MR1-9a〉업슴이〈MK1-9b〉

업소미〈MR4-37b〉업슴이〈MK7-38a〉

업소믈〈MR1-55b〉업슴을〈MK2-18a〉

업소믈〈MR1-58b〉업슨이롤〈MK2-21a〉

업소믈〈MR1-58b〉이롤〈MK2-21a〉

업소이다.〈MR3-55a〉업소이다.〈MK6-17a〉

업솜〈MR5-3b〉업슨이〈MK9-3b〉

업솜〈MR6-2b〉업슴〈MK11-2b〉

업솜만〈MR7-35a〉업슴만〈MK14-3a〉

업솜은〈MR6-11b〉업슨者쟈눈〈MK11-14a〉

업솜은〈MR7-17a〉업슴은〈MK13-21b〉

업솜을〈MR6-49a〉업슴을〈MK12-21a〉

업솜이〈MR3-71b〉업슴은〈MK6-33b〉

업솜이〈MR6-2a〉업슴이〈MK11-2b〉

업솜이〈MR7-12a〉업슴이〈MK13-15b〉

업솜이니라.〈MR5-37b〉업슴이니라.〈MK9-38b〉

업솜이쏜녀!〈MR6-58b〉업슴가?〈MK12-33b〉

업스나〈MR7-1b〉업스나〈MK13-2a〉

업스나〈MR7-33a〉업스나〈MK13-41b〉

업스나〈MR7-6b〉업술띠라도〈MK13-8a〉

업스냐?〈MR6-5a〉업스냐?〈MK11-6b〉

업스니〈MR1-19b〉업스니〈MK1-20a〉

업스니〈MR2-24b〉업스니〈MK3-25a〉

업스니〈MR2-48b〉업슴은〈MK4-7a〉

업스니〈MR2-59b〉업슨則즉〈MK4-18a〉

업스니〈MR6-26b〉업느니〈MK11-33b〉

업스니〈MR7-2b〉입[**업?)스니〈MK13-3a〉

업스니〈MR7-4a〉업스니라.〈MK13-5a〉

업스니〈MR7-63b〉아니ᄒ니〈MK14-38b〉

업스니라.〈MR2-29a〉업스니라.〈MK3-29b〉

업스니라.〈MR2-39b〉업스니리[**라?).〈MK3-40a〉

업스니라.〈MR6-2b〉잇디아니ᄒ니라.〈MK11-3b〉

업스니라.〈MR7-32a〉업느니라.〈MK13-40b〉

업스니라.〈MR7-3a〉업고〈MK13-3b〉

업스니라.〈MR7-3a〉입[**업?)스니라.〈MK13-3b〉

업스니라.〈MR7-9b〉업스니라.〈MK13-11b〉

업스니이다.〈MR1-12a〉업스니이다.〈MK1-12a〉

업스랴〈MR3-57b〉업스랴〈MK6-19b〉

업스리니〈MR1-28b〉몯ᄒ리니〈MK1-29b〉

업스리니〈MR1-35b〉업시ᄒ리니〈MK1-36b〉

업스리니〈MR2-32a〉업스리니〈MK3-32b〉

업스리니〈MR3-10a〉업느니〈MK5-10a〉

업스리라.〈MR4-60b〉업스리라.〈MK8-22a〉

업스리라.〈MR7-3b〉업스리니라.〈MK13-4b〉

업스리라〈MR4-15a〉업스리라〈MK7-15a〉

업스리로다.〈MR7-63b〉아니ᄒ리로다.〈MK14-38b〉

업스리오마는〈MR6-17a〉업스리오마는〈MK11-21b〉

업스리이다.〈MR1-18b〉업스리니〈MK1-18b〉

업스리이다.〈MR1-20a〉입[**업?)스리이다.〈MK1-20b〉

업스린뎌〈MR1-13b〉업스린뎌〈MK1-13b〉

업스며〈MR1-38b〉업스며〈MK1-39a〉

업스며〈MR2-10b〉업서〈MK3-11a〉

업스며〈MR2-37b〉업스며〈MK3-38a〉

업스며〈MR4-34b〉업고〈MK7-35a〉

업스면〈MR1-35b〉업스면〈MK1-36a〉

업스면〈MR1-35b〉업스면〈MK1-36a〉

업스면〈MR2-15b〉업스면〈MK3-16a〉

업스면〈MR2-31a〉업슨則즉〈MK3-31b〉

업스면〈MR2-37b〉업스ᄆ[**면기〈MK3-38a〉

업스면〈MR2-62b〉업서란〈MK4-21a〉

업스면〈MR2-74a〉업시혼則즉〈MK4-33a〉

업스면〈MR3-16a〉입[**업]기스면〈MK5-16b〉

업스면〈MR6-57a〉아니ᄒ면〈MK12-31b〉

업스몰〈MR1-80b〉업슴을〈MK2-44a〉

업스샤나〈MR1-43b〉업스신가?〈MK2-6a〉

업스샤냐?〈MR1-44a〉업스신가?〈MK2-6b〉

업스샷다.〈MR1-63a〉업수샤소이다.〈MK2-26a〉

업스시리오〈MR3-29b〉업스리오마ᄂᆞ〈MK5-30a〉

업스신제롤〈MR3-63a〉亡망무홈을〈MK6-25a〉

업슨〈MR2-72b〉입[**업]슨〈MK4-31a〉

업슨〈MR3-74a〉업손〈MK6-36a〉

업슨〈MR6-65b〉업슨〈MK12-42a〉

업슨[*스]기〈MR4-60b〉업슨〈MK8-22a〉

업슨디라!〈MR6-26b〉업스면〈MK11-33b〉

업슨디라.〈MR1-24a〉업스니라.〈MK1-24a〉

업슨디라.〈MR4-27b〉업스니〈MK7-28a〉

업슨디라.〈MR6-58a〉업손디라.〈MK12-33a〉

업슨디라〈MR1-19b〉업슨디라〈MK1-20a〉

업슨바로〈MR4-61a〉업슨바롤〈MK8-22a〉

업슨者쟈ㅣ디라.〈MR1-58b〉업손者쟈ㅣ어늘〈MK2-21a〉

업슨者쟈ᄂᆞᆫ〈MR2-32a〉업슨者쟈ᄂᆞᆫ〈MK3-32b〉

업슨제ᄂᆞᆫ〈MR4-13a〉업슴앤〈MK7-13a〉

업슨제롤〈MR3-63b〉亡망무홈을〈MK6-25a〉

업슬〈MR2-11b〉업슬〈MK3-11b〉

업슬〈MR4-56b〉업손〈MK8-17b〉

업슬고?〈MR1-6a〉喪샹홀고?〈MK1-6a〉

업슬디니〈MR7-35b〉업스니〈MK14-3b〉

업슬디니라.〈MR4-46a〉업스니라.〈MK8-7a〉

업슬디니라.〈MR6-18a〉업ᄂᆞ니라.〈MK11-22b〉

업슬디니라.〈MR7-52a〉업스리니라.〈MK14-24a〉

업슬디니라.〈MR7-62a〉업스리라.〈MK14-36b〉

업슬디라.〈MR4-34b〉업ᄂᆞ니〈MK7-35b〉

업슬디어놀〈MR7-60b〉업거놀〈MK14-34b〉

업슬시니라.〈MR4-35a〉업슴이니라.〈MK7-36a〉

업슬쑨이언뎡〈MR6-48b〉업스니〈MK12-20b〉

업슴이니〈MR3-71b〉업슴이니〈MK6-33b〉

업슴이오〈MR3-71b〉업슴이오〈MK6-33b〉

업시〈MR1-23a〉업슨거시〈MK1-23b〉

업시〈MR2-37a〉업시〈MK3-37b〉

업시〈MR2-55a〉업시셔〈MK4-14a〉

업시〈MR5-52b〉업손〈MK10-14a〉

업시〈MR6-46a〉몯ᄒ야셔〈MK12-17b〉

업시ᄒ기롤〈MR3-64b〉去거홈을〈MK6-26b〉

업시ᄒ면〈MR6-58b〉업스면〈MK12-33a〉

업스니〈MR7-55b〉업스니〈MK14-28b〉

업스매〈MR1-50a〉업슴애〈MK2-12b〉

업스며〈MR1-10a〉업스며〈MK1-10b〉

업스며〈MR5-17a〉업스며〈MK9-17b〉

없스리오?〈MR4-56b〉업스리오?〈MK8-18a〉

엇쾌라!〈MR6-44b〉得득ᄒ과라.〈MK12-15b〉

엇기〈MR4-18b〉得득홈이〈MK7-18b〉

엇기ᄂᆞᆫ〈MR3-28b〉得득ᄒ욤은〈MK5-29b〉

엇기ᄂᆞᆫ〈MR4-9a〉得득홈은〈MK7-9a〉

엇더ᄒ니잇고?〈MR1-39a〉엇더ᄒ니잇고?〈MK2-1b〉

엇더ᄒ니잇고?〈MR7-28a〉엇더니잇고?〈MK13-36a〉

엇더ᄒ리잇고?〈MR1-8a〉엇더ᄒ니잇고?〈MK1-8a〉

엇더ᄒ면〈MR1-20a〉 엇더ᄒ면〈MK1-20a〉

엇더ᄒ면〈MR7-58a〉 엇더ᄒ여아〈MK14-31b〉

엇던〈MR1-23a〉 엇딘〈MK1-23b〉

엇던〈MR2-67b〉 잇딘[**엇딘?〉〈MK4-26b〉

엇디〈MR1-13b〉 엇디〈MK1-13b〉

엇디〈MR1-17a〉 어디〈MK1-17b〉

엇디〈MR1-23a〉 어늬를〈MK1-23b〉

엇디〈MR1-62b〉 잇[**엇끼디〈MK2-25b〉

엇디〈MR2-70b〉 言언티〈MK4-29a〉

엇디〈MR3-28a〉 得득디〈MK5-28b〉

엇디〈MR4-50b〉 므서슬〈MK8-12a〉

엇디니잇고?〈MR1-83b〉 엇디잇고?〈MK2-46b〉

엇디니잇고?〈MR5-6a〉 엇디니잇고?〈MK9-6b〉

엇디리오〈MR1-79a〉 엇디리오?〈MK2-42a〉

엇디리잇고?〈MR3-54a〉 엇디ᄒ리잇고?〈MK6-16a〉

엇디뼈〈MR5-32a〉 엇디〈MK9-33a〉

엇디뼈〈MR7-58b〉 엇디써〈MK14-32a〉

엇디시니잇고?〈MR5-21a〉 엇디잇고?〈MK9-21b〉

엇디오?〈MR3-41a〉 엇디오?〈MK6-2b〉

엇디오?〈MR3-43b〉 잇[**엇끼뎨오?〈MK6-5a〉

엇디잇고〈MR1-82b〉 엇디니잇고?〈MK2-45b〉

엇디잇고?〈MR1-26a〉 엇뎨잇고〈MK1-26b〉

엇디잇고?〈MR1-68a〉 엇더ᄒ니잇고〈MK2-30b〉

엇디잇고?〈MR3-65b〉 엇뎨니잇고?〈MK6-28a〉

엇디잇고?〈MR4-30a〉 엇디잇고?〈MK7-30b〉

엇디ᄒ니잇고?〈MR5-23a〉 엇디잇고?〈MK9-23b〉

엇디ᄒ니잇고?〈MR5-47b〉 엇디ᄒ더니잇고?〈MK10-7b〉

엇디ᄒ료?〈MR4-47b〉 엇디ᄒ료?〈MK8-8b〉

엇디ᄒ리오?〈MR6-19a〉 엇디리오?〈MK11-24a〉

엇디ᄒ면〈MR1-75a〉 엇디ᄒ면〈MK2-38a〉

엇디ᄒ야사〈MR5-64a〉 엇디ᄒ야아〈MK10-28b〉

엇디ᄒ야사〈MR7-5b〉 엇더ᄒ야아〈MK13-6b〉

엇딘〈MR2-20a〉 엇딘〈MK3-20a〉

엇딘말고?〈MR2-66b〉 엇딘말오?〈MK4-25b〉

여듧을〈MR1-33b〉 八팔을〈MK1-34a〉

여듧입〈MR7-15b〉 八팔口구ㅅ〈MK13-19b〉

餘여粟속을〈MR3-52a〉 나몬粟속이〈MK6-13b〉

予여의〈MR2-24a〉 내〈MK3-24b〉

餘여布포롤〈MR3-52a〉 나몬布포ㅣ〈MK6-13b〉

여으며〈MR3-50a〉 窺규ᄒ며〈MK6-11b〉

연고〈MR7-12a〉 故고ㅣ〈MK13-15b〉

열卿경綠록이오〈MR5-49b〉 卿경의祿록에셔열히오〈MK10-10a〉

열으샤더〈MR3-69b〉 啓계ᄒ샤더〈MK6-31b〉

열흐롤〈MR6-19a〉 十십日일을〈MK11-23b〉

열흔번〈MR3-57a〉 十십一일〈MK6-19a〉

엿보리라〈MR4-76b〉 瞯간호리라.〈MK8-38b〉

엿보시ᄂ니〈MR4-74b〉 瞯간ᄒ시ᄂ니〈MK8-36b〉

옛〈MR3-78a〉 옛〈MK6-40a〉

옛집이라〈MR3-78a〉 室실이라〈MK6-40a〉

오게ᄒ시니〈MR5-13b〉 來리ᄒ니〈MK9-14a〉

오난디〈MR4-36b〉 來리ᄒ얀디〈MK7-37a〉

오놀〈MR1-63b〉 今금日일에〈MK2-26a〉

오눌〈MR4-59a〉 今금日일의〈MK8-20b〉

오다〈MR7-51a〉 來리ᄒ다〈MK14-22b〉

오디〈MR3-35b〉 來리티〈MK5-36a〉

오돗〈MR1-5a〉 來리툿〈MK1-5a〉

오라니〈MR2-5b〉 오라니〈MK3-5b〉

오라되〈MR2-2b〉 久구ᄒ오더〈MK3-2b〉

오라디〈MR2-5b〉오라디〈MK3-5b〉

오라면〈MR2-5b〉오라면〈MK3-5b〉

오란〈MR2-5b〉오란〈MK3-6a〉

오란디라〈MR3-66a〉오란디라〈MK6-28a〉

오래〈MR7-21b〉오래〈MK13-27a〉

오롬〈MR7-30a〉登등홈〈MK13-38a〉

오리〈MR4-76b〉來리호리〈MK8-38b〉

오ᄅ샤〈MR7-17b〉登등ᄒ샤〈MK13-22a〉

오모로〈MR2-24b〉옴으로〈MK3-25a〉

오모로브터〈MR2-23a〉오모로〈MK3-23a〉

오시니〈MR1-1a〉오시니〈MK1-1a〉

오시는아춤의〈MR1-61a〉朝죠애來러리호야〈MK2-24a〉

오시면〈MR1-73a〉來러호시니〈MK2-35b〉

오시면〈MR3-57b〉來러호시면〈MK6-19b〉

五오等등이라.〈MR5-48a〉다ᄉ等등이라.〈MK10-8b〉

五오命명에〈MR6-52a〉다ᄉ재命명호야〈MK12-25b〉

오직〈MR1-35b〉오직〈MK1-36a〉

오직〈MR3-22b〉다믄〈MK5-23a〉

오히려〈MR1-45a〉오히려〈MK2-7b〉

오히려〈MR2-53a〉의**오기히려〈MK4-11b〉

온대〈MR3-58b〉中듕에〈MK6-20b〉

온디라.〈MR5-10b〉來러호〈MK9-11a〉

올라〈MR1-55a〉上샹호야〈MK2-18a〉

올라〈MR2-72b〉登등호아〈MK4-31b〉

올라〈MR5-54b〉尙샹호야〈MK10-16b〉

올티〈MR3-36b〉是시티〈MK5-37a〉

올티〈MR5-31b〉그러티〈MK9-32a〉

올티아니타.〈MR5-39a〉그러티아니호니라.〈MK9-40a〉

올호라〈MR7-61a〉是시호라〈MK14-35a〉

올흐니라.〈MR6-35b〉然연호다.〈MK12-4b〉

올흐면〈MR2-54a〉是시호면[**면기〈MK4-12b〉

올히〈MR2-65a〉그리〈MK4-24a〉

올히너기는배〈MR6-15b〉그러흔배〈MK11-19b〉

올히너기는바룰〈MR6-15b〉그러흔바룰〈MK11-19b〉

올히너기는밧〈MR6-15b〉그러흔바는〈MK11-19b〉

올흐니잇가?〈MR5-15b〉그리호니잇가?〈MK9-16a〉

올홀딘댄〈MR3-39a〉是시호면〈MK5-40a〉

옴기고〈MR1-6b〉移이호며〈MK1-6b〉

옴기려〈MR5-3b〉遷천호려〈MK9-3b〉

옴기며〈MR1-6b〉移이호며〈MK1-6b〉

옴기면〈MR1-74a〉遷천**천기호면〈MK2-36b〉

옴으로〈MR7-63b〉옴으로〈MK14-38a〉

와〈MR1-61b〉來러호야〈MK2-24a〉

와〈MR2-53a〉와〈MK4-11b〉

와보려터시니〈MR1-84b〉來러見견호려호더시니〈MK2-47b〉

왓거늘〈MR2-47a〉來러커ㄴ릴[**늘기〈MK4-5b〉

王왕의〈MR1-22a〉왕의〈MK1-22a〉

외게〈MR1-51b〉외오〈MK2-14a〉

외게너기는者쟈도〈MR1-51b〉非비호는者쟈도〈MK2-14a〉

외고〈MR2-54a〉非비호고〈MK4-12b〉

외니〈MR2-54a〉非비호니〈MK4-12b〉

외니이다.〈MR1-51b〉외니이다.〈MK2-14b〉

외다〈MR4-21a〉非비호는〈MK7-21b〉

외다호거눌〈MR3-32a〉이니어눌〈MK5-33a〉

외다호는者쟈ㅣ〈MR4-6a〉非비호는者쟈ㅣ〈MK7-6a〉

외며〈MR1-51b〉외며〈MK2-14a〉

외시니잇가?〈MR5-70a〉외시니잇가?〈MK10-36a〉

欲욕디아니리오마는〈MR2-71b〉아니ᄒ리오마는〈MK4-30b〉

欲욕호미니〈MR4-49a〉홈이니〈MK8-10a〉

欲욕ᄒᄂ니라.〈MR4-49b〉ᄒᄂ니라.〈MK8-10a〉

欲욕ᄒᄂ다?〈MR3-60a〉ᄒᄂ냐?〈MK6-22a〉

欲욕홀딘댄〈MR3-60b〉ᄒ과댜ᄒ면〈MK6-22a〉

용납디〈MR6-53b〉容용티〈MK12-27a〉

우디〈MR4-77b〉泣읍디〈MK8-39b〉

우러러〈MR1-36a〉仰앙ᄒ얀〈MK1-37a〉

우러러ᄇ라〈MR4-77a〉仰앙望망ᄒ야〈MK8-39a〉

우럴기롤〈MR2-32a〉仰앙홈을〈MK3-32b〉

우럴어〈MR7-12a〉仰앙ᄒ얀〈MK13-15b〉

우리〈MR1-42a〉우리〈MK2-4b〉

우리게〈MR1-72b〉우리를〈MK2-35b〉

우리게〈MR3-57a〉우리롤〈MK6-19a〉

우리게〈MR7-36a〉나롤〈MK14-4a〉

우리로〈MR1-42a〉우리로〈MK2-4b〉

우리롤〈MR1-54a〉우리〈MK2-16b〉

우믈에〈MR2-33b〉井정애〈MK3-34a〉

우믈에〈MR3-38a〉井정에〈MK5-38b〉

우으면〈MR1-8a〉笑쇼호則즉〈MK1-8a〉

우흐로〈MR3-76b〉上샹으로〈MK6-38b〉

우희서〈MR7-42a〉上샹애〈MK14-11b〉

울어놀〈MR4-77a〉泣읍ᄒ거눌〈MK8-39a〉

울어더니〈MR2-68b〉仰앙ᄒ더니〈MK4-27b〉

웃고〈MR1-23a〉笑쇼ᄒ고〈MK1-23b〉

웃더라.〈MR7-46a〉笑쇼ᄒ니라.〈MK14-16b〉

원망ᄒ며〈MR1-72b〉怨원ᄒ며〈MK2-35a〉

원망ᄒ야〈MR1-72b〉怨원[**원끼ᄒ야〈MK2-35b〉

원망ᄒ야〈MR3-57a〉怨원ᄒ야〈MK6-19a〉

願원ᄒ노니〈MR1-14b〉ᄒ노니〈MK1-14b〉

願원ᄒ노니〈MR2-61b〉인노니〈MK4-20a〉

爲위호믈〈MR4-21a〉ᄒ욤을〈MK7-21b〉

爲위홈이〈MR2-51b〉ᄒ욤이〈MK4-10a〉

爲위ᄒᄂ〈MR5-28a〉ᄒᄂ〈MK9-28b〉

爲위ᄒ야〈MR2-70b〉나롤〈MK4-29a〉

위티케〈MR4-70b〉危의[**위끼케〈MK8-32a〉

위티ᄒ리이다.〈MR1-2b〉危위ᄒ리이다.〈MK1-2b〉

위티ᄒ야〈MR5-15b〉殆티ᄒ다.〈MK9-16a〉

위ᄒ야〈MR1-14b〉爲위ᄒ야〈MK1-14b〉

위ᄒ야〈MR2-63a〉比비ᄒ야〈MK4-21b〉

위ᄒ야〈MR4-18b〉與여ᄒ야〈MK7-19a〉

由유티〈MR3-50a〉말믜암디〈MK6-11b〉

유의ᄒ니〈MR6-47a〉益익홈이〈MK12-19a〉

六륙等등이라.〈MR5-48b〉여슷等등이라.〈MK10-8b〉

의[**오끼히려〈MR3-25a〉오히려〈MK5-25b〉

은혜〈MR1-26a〉恩은이〈MK1-26b〉

의[**외끼니잇가?〈MR6-10a〉외니잇가?〈MK11-12a〉

의논ᄒᄂ니〈MR5-71a〉論론ᄒᄂ니〈MK10-37a〉

의심〈MR1-16b〉疑의티〈MK1-16b〉

의심ᄒ리오?〈MR6-13a〉疑의ᄒ리오?〈MK11-16b〉

의심ᄒ시ᄂ니잇가?〈MR3-1b〉의심ᄒ시ᄂ니잇가?〈MK5-1b〉

의원이〈MR2-47a〉醫의ㅣ〈MK4-5b〉

의탁ᄒ야두고〈MR1-62a〉託탁ᄒ고〈MK2-24b〉

이〈MR1-13b〉이〈MK1-13b〉

이〈MR2-37a〉이ᄂ〈MK3-37b〉

이〈MR2-39b〉니〈MK3-40a〉

이〈MR4-44b〉이롤〈MK8-5b〉

이〈MR5-52b〉--------------------

이〈MR5-64a〉이에〈MK10-28b〉

이〈MR7-33b〉이를〈MK13-42b〉

이긔기롤ᄒ리오〈MR2-11b〉勝승ᄒ리오?〈MK3-11b〉

이긔ᄂ니라.〈MR2-45a〉勝승ᄒᄂ니라.〈MK4-3b〉

이긔디〈MR2-43a〉勝승티〈MK4-1b〉

이긔디몯홀〈MR2-11a〉不블勝승을〈MK3-11a〉

이긔리라〈MR1-33a〉勝승ᄒ리라〈MK1-33b〉

이긔리이다.〈MR1-33a〉勝승ᄒ리이다.〈MK1-33b〉

이긔여〈MR6-53b〉勝승ᄒ야〈MK12-27a〉

이긔여늘〈MR1-69a〉勝승ᄒ여늘〈MK2-31b〉

이긜것〈MR2-11a〉勝승홈〈MK3-11a〉

이ᄀᄐ면〈MR2-9b〉이러틋ᄒ면〈MK3-9b〉

이ᄀ디〈MR2-51b〉이ᄀ디〈MK4-10a〉

이ᄀ티〈MR1-32b〉이러틋시〈MK1-33a〉

이ᄀᄐ니라.〈MR6-3b〉이ᄀᄐ니라.〈MK11-4a〉

이ᄀᄐ면〈MR2-32a〉이러틋ᄒ則즉〈MK3-32b〉

이ᄀ톨거시라〈MR3-2b〉이ᄀ다.〈MK5-2b〉

이ᄂ다.〈MR1-5a〉成셩ᄒᄂ다.〈MK1-5a〉

이니〈MR7-24a〉이라.〈MK13-30a〉

이니라.〈MR4-38a〉아니라.〈MK7-38b〉

이니이다.〈MR1-70a〉아니이다.〈MK2-33a〉

이ᄂ니리[**라?].〈MR7-14a〉喩유ᄒᄂ니라.〈MK13-17b〉

이ᄂ〈MR1-11a〉이잇디〈MK1-11b〉

이ᄂ〈MR1-12b〉이ᄂ〈MK1-13a〉

이ᄂ〈MR2-16b〉이〈MK3-16b〉

이ᄂ〈MR2-23b〉인則즉〈MK3-23b〉

이ᄂ〈MR3-36b〉곧이〈MK5-37b〉

이ᄂ〈MR5-49a〉니ᄂ〈MK10-9a〉

이ᄂ〈MR5-65b〉이를〈MK10-30a〉

이ᄂ〈MR5-65b〉이롤〈MK10-30a〉

이도〈MR1-8a〉이〈MK1-8a〉

이둘홀〈MR4-38b〉이二이者쟈롤〈MK7-39a〉

이라.〈MR3-67a〉이라.〈MK6-29a〉

이러니〈MR7-36b〉이러니라.〈MK14-4b〉

이러커시든〈MR3-27b〉이러틋ᄒ시니〈MK5-28a〉

이러타〈MR4-77a〉이러틋ᄒ다.〈MK8-39a〉

이러틋시〈MR1-45a〉이러틋시〈MK2-7b〉

이러틋시〈MR4-71b〉이ᄀ티〈MK8-33b〉

이러ᄒ냐〈MR7-51a〉이러틋홀셔〈MK14-22b〉

이러ᄒ니잇가?〈MR6-46a〉이러틋ᄒ니잇가?〈MK12-17b〉

이러ᄒ랴〈MR7-42a〉이ᄀᄐ랴?〈MK14-11b〉

이러ᄒ면〈MR4-44b〉이러틋ᄒ면〈MK8-5b〉

이러ᄒ면〈MR4-65a〉이ᄀᄐ면〈MK8-26b〉

이러ᄒᆫ〈MR1-66a〉이ᄀᆫ든[**ᄀ톤?]〈MK2-28b〉

이러ᄒᆫ〈MR7-28b〉이ᄀ톤〈MK13-36a〉

이러ᄒ가?〈MR5-12b〉이ᄀ톤이잇가?〈MK9-12b〉

이러ᄒ디라〈MR5-34a〉이러틋ᄒ디라.〈MK9-35a〉

이러ᄒ홀〈MR7-10b〉이러틋ᄒ홀〈MK13-13a〉

이런〈MR1-36a〉이런〈MK1-37a〉

이런故고로〈MR3-15b〉이런故고로〈MK5-15b〉

이론디〈MR6-61a〉이로옴이〈MK12-36b〉

이르ᄂ니〈MR6-53b〉닐ᄋᄂ니〈MK12-27a〉

이를〈MR4-18a〉이려[**롤?]〈MK7-18a〉

이를〈MR4-9a〉이를〈MK7-9a〉

이리〈MR1-31b〉이러틋시〈MK1-32b〉

이리〈MR7-59b〉이리〈MK14-33b〉

이리ᄒᆞᄂᆞᆫ〈MR1-31b〉이러ᄐᆞ시ᄒᆞᄂᆞᆫ〈MK1-32a〉
이롤〈MR1-31a〉이롤〈MK1-32a〉
이롤〈MR2-27a〉이를〈MK3-27a〉
이롤〈MR2-34a〉일로〈MK3-34b〉
이롤〈MR2-69b〉此ᄎᆞ로〈MK4-28b〉
이롤〈MR2-75b〉이예〈MK4-34b〉
이롤〈MR3-76b〉이〈MK6-38b〉
이만〈MR4-31b〉이만〈MK7-32a〉
이말〈MR5-6a〉이말〈MK9-6b〉
이ᄆᆡ〈MR1-7b〉이ᄆᆡ〈MK1-7b〉
이ᄆᆡ〈MR2-14b〉임의〈MK3-14b〉
셔〈MR1-25b〉이셔〈MK1-26a〉
이셔〈MR2-23a〉이심으로브터〈MK3-23a〉
이셔〈MR2-47a〉인ᄂᆞᆫ디라〈MK4-5b〉
이셔〈MR3-27a〉居거ᄒᆞ고〈MK5-27b〉
이셔〈MR3-53a〉이숌애〈MK6-14b〉
이셔〈MR5-32a〉處쳐ᄒᆞ야〈MK9-33a〉
이녀〈MR6-46a〉겨샤〈MK12-17a〉
이셔ᄂᆞᆫ〈MR2-62b〉이셔ᄂᆞᆫ〈MK4-21a〉
이셔ᄂᆞᆫ〈MR5-12b〉이시면〈MK9-12b〉
이셔放방ᄒᆞ면〈MR6-24b〉放방홈이이시면
〈MK11-30b〉
이셔이다.〈MR1-25a〉이셔이다.〈MK1-25a〉
이셔作쟉홀딘댄〈MR6-55a〉作쟉ᄒ리이시면
〈MK12-29a〉
이소디〈MR1-11a〉잇거든〈MK1-11b〉
이쇼디〈MR2-17a〉두고〈MK3-17b〉
이쇼디〈MR3-75a〉蠅조ㅣ〈MK6-37a〉
이쇼디〈MR4-2a〉이쇼디〈MK7-2a〉
이쇼디〈MR4-64a〉이시니〈MK8-25b〉
이쇼매〈MR2-50b〉인ᄂᆞ니〈MK4-9b〉
이쇼매〈MR4-37a〉이시니〈MK7-38a〉
이쇼매〈MR6-11b〉이시면〈MK11-14b〉

이쇼매ᄂᆞᆫ〈MR6-24b〉이쇼더〈MK11-31a〉
이쇼믈〈MR1-5b〉이숌을〈MK1-5b〉
이쇼믈〈MR5-44a〉잇거든〈MK10-3b〉
이쇼미〈MR4-4b〉이숌이〈MK7-4b〉
이쇼미니〈MR4-44b〉이심이니〈MK8-5b〉
이쇼믈〈MR1-63a〉이숌을〈MK2-26a〉
이쇼믈〈MR5-34a〉잇거든〈MK9-35a〉
이숌애〈MR6-19a〉이심애〈MK11-24a〉
이숌을〈MR7-31b〉이심을〈MK13-40a〉
이숌을〈MR7-48a〉이숌을〈MK14-18b〉
이숌이〈MR7-63b〉잇디〈MK14-38b〉
이슥ᄒᆞ야〈MR3-39b〉爲위間간ᄒ야〈MK5-40
a〉
이시나〈MR2-6b〉이시나〈MK3-6b〉
이시나〈MR7-56a〉이실ᄯᅥ니라도〈MK14-28b〉
이시나〈MR7-56a〉이실ᄯᅥ라도〈MK14-28b〉
이시니〈MR1-70a〉이시니〈MK2-33a〉
이시니〈MR1-71b〉이니〈MK2-34b〉
이시니〈MR3-20b〉두니〈MK5-20b〉
이시니〈MR3-27b〉이시미니라.〈MK5-28a〉
이시니〈MR4-18b〉인ᄂᆞ니〈MK7-18b〉
이시니〈MR6-11b〉잇도다.〈MK11-14b〉
이시니라.〈MR3-69b〉이시니라.〈MK6-31b〉
이시니라.〈MR4-7a〉君군이〈MK7-7b〉
이시니이다.〈MR3-75b〉이시니라.〈MK6-37b〉
이시료〈MR1-50a〉이시리오〈MK2-13a〉
이시리니〈MR1-69b〉이시리니〈MK2-32b〉
이시리라.〈MR6-38a〉이시리라.〈MK12-7b〉
이시리라〈MR3-59a〉잇다〈MK6-21a〉
이시리오〈MR6-36b〉이시리오〈MK12-5b〉
이시리이다.〈MR1-33a〉이시리이다.〈MK1-3
3b〉
이시리잇가?〈MR1-1a〉이시리잇가.〈MK1-1a〉

이시리잇고?〈MR1-13a〉이시리잇고.〈MK1-1
3b〉

이시리잇고?〈MR3-12a〉이시리오?〈MK5-12b〉

이시매〈MR3-63a〉잇거든〈MK6-25a〉

이시매〈MR6-12a〉이시면〈MK11-14b〉

이시며〈MR1-12b〉이시며〈MK1-12b〉

이시며〈MR3-23b〉이시니〈MK5-24a〉

이시며〈MR3-27a〉이시미며〈MK5-27b〉

이시며〈MR7-12a〉存존ᄒᆞ며〈MK13-15a〉

이시면〈MR1-12b〉이시면〈MK1-13a〉

이시면〈MR2-30a〉이신則즉〈MK3-30b〉

이시모로뻐〈MR2-38b〉이심으로뻐〈MK3-39a〉

이신〈MR4-47a〉이신〈MK8-8a〉

이신디라.〈MR2-80b〉인ᄂᆞᆫ디라.〈MK4-39b〉

이신제〈MR7-31a〉이실쩨〈MK13-39b〉

이신제는〈MR4-12b〉이슘앤〈MK7-13a〉

이실〈MR1-1b〉이실〈MK1-1b〉

이실디니〈MR6-12a〉인ᄂᆞ니〈MK11-14b〉

이실디니라.〈MR4-47a〉인ᄂᆞ니라.〈MK8-8a〉

이실디니라.〈MR6-41a〉이시리라.〈MK12-11a〉

이실디라도〈MR2-41a〉이셔도〈MK3-41b〉

이실디라도〈MR4-66b〉이실따라도〈MK8-28a〉

이실디라도〈MR6-18b〉이시나〈MK11-23b〉

이실딘댄〈MR1-68b〉이시면〈MK2-31a〉

이실딘댄〈MR5-58a〉이실떤댄〈MK10-20b〉

이실제〈MR2-54b〉이슘애〈MK4-13a〉

이어니와〈MR3-20a〉이어니와〈MK5-20b〉

이엇던〈MR2-48b〉이엇딘〈MK4-7a〉

이에〈MR1-30a〉이예〈MK1-30b〉

이에〈MR2-2b〉이에[**예?]〈MK3-2b〉

이에〈MR2-32b〉이에〈MK3-33a〉

이에〈MR3-33a〉이〈MK5-33b〉

이에〈MR3-53b〉사ᄅᆞᆷ이〈MK6-15a〉

이에〈MR6-36b〉人인이〈MK12-5b〉

이에셔〈MR1-44a〉이예〈MK2-6a〉

이에셔〈MR2-48b〉이만〈MK4-7b〉

이에셔樂악을〈MR1-42a〉樂악을이예〈MK2-
4a〉

이예〈MR1-11b〉이예〈MK1-11b〉

이예〈MR1-48a〉이에〈MK2-10b〉

이예〈MR7-5b〉이〈MK13-6b〉

이예셔〈MR7-23a〉이에셔〈MK13-29a〉

이와〈MR2-64a〉이에〈MK4-23a〉

이우럿더라.〈MR2-17b〉槁고ᄒᆞ엿더라.〈MK3
-18a〉

이윽고〈MR5-32b〉이윽고〈MK9-33b〉

已이甚심ᄒᆞ니〈MR3-62b〉너무甚심ᄒᆞ니〈MK
6-24b〉

이人인의게〈MR6-64b〉是시人인의게〈MK12
-41a〉

이제〈MR1-18b〉이세〈MK1-19a〉

이제〈MR1-26a〉今금에〈MK1-26b〉

이제〈MR1-40a〉이젯〈MK2-2b〉

이제〈MR1-76b〉이젠〈MK2-39a〉

이제〈MR2-57a〉今금애〈MK4-15b〉

이제〈MR3-64b〉이졔〈MK6-26b〉

이제〈MR4-45a〉今금앤〈MK8-6a〉

이제〈MR7-44a〉이제ᄂᆞᆫ〈MK14-14a〉

이제는〈MR1-54b〉이제는〈MK2-17a〉

이제는〈MR3-36a〉이제면〈MK5-37a〉

이제는〈MR6-23b〉今금앤〈MK11-29b〉

이젯〈MR2-68b〉이젯〈MK4-27b〉

이튼날애〈MR6-34a〉明명日일애〈MK12-2a〉

인도ᄒᆞ야〈MR4-44a〉導도ᄒᆞ야〈MK8-5a〉

인도ᄒᆞ야〈MR7-15b〉導도ᄒᆞ야〈MK13-20a〉

人인〈MR2-65b〉사ᄅᆞᆷ〈MK4-24a〉

人인ᄃᆞ려〈MR1-17a〉사ᄅᆞᆷ ᄃᆞ려〈MK1-17a〉

人인性셩으로써〈MR6-1a〉사롬의性셩으로
써〈MK11-1a〉

人인을〈MR2-65b〉사롬을〈MK4-24a〉

인의〈MR2-8b〉사롬애〈MK3-8b〉

人인의〈MR5-4a〉사롬의〈MK9-4b〉

人인의게〈MR7-3b〉사롬의게〈MK13-4b〉

人인이〈MR1-28b〉사롬이〈MK1-29b〉

人인이〈MR3-53b〉이에〈MK6-15a〉

人인이〈MR6-36b〉이에〈MK12-5b〉

人인이〈MR7-39b〉사롬은〈MK14-8a〉

人인이니잇고?〈MR7-47a〉사롬이니잇고?〈M
K14-18a〉

人인이되고〈MR6-36b〉사롬이되고〈MK12-5b〉

人인이로다.〈MR2-1b〉사롬이로다.〈MK3-1b〉

人인이로디〈MR6-28a〉사롬이로디〈MK11-35
b〉

人인이시니잇-[**고?]〈MR2-67b〉사롬이니
잇고?〈MK4-26b〉

人인이여!〈MR7-58b〉사람이여!〈MK14-32a〉

人인이여!〈MR7-58b〉사롬이여!〈MK14-32a〉

일〈MR4-60b〉일삼아홈이〈MK8-22a〉

일〈MR4-76b〉일〈MK8-38b〉

일고〈MR4-42a〉成셩ᄒ며〈MK8-3a〉

일고〈MR7-44b〉成셩ᄒ고〈MK14-14b〉

일뎡〈MR2-11b〉반드시〈MK3-11b〉

일둣ᄒᄃ라〈MR2-40b〉둣ᄒ니〈MK3-41b〉

일란〈MR2-21a〉이를〈MK3-21a〉

일로〈MR3-13a〉일로〈MK5-13a〉

일로븟터〈MR5-63b〉일로브터〈MK10-27b〉

일로써〈MR1-19b〉일로써〈MK1-20a〉

일로써〈MR4-4a〉이러모로써〈MK7-4a〉

일면〈MR4-42a〉成셩ᄒ면〈MK8-3a〉

일우기ᄂ〈MR1-79a〉成셩홈인則즉〈MK2-42a〉

일우기ᄂ〈MR5-41a〉成셩ᄒ욤을〈MK9-42b〉

일우디〈MR4-1b〉成셩티〈MK7-1b〉

일울者쟈ㅣ〈MR2-32a〉濟졔홀者쟈ㅣ〈MK3-
32b〉

일은〈MR4-59a〉事ᄉᄂ〈MK8-20b〉

일을〈MR1-19a〉事ᄉ를〈MK1-19b〉

일을〈MR3-23a〉일은〈MK5-23a〉

일을〈MR5-11a〉事ᄉ롤〈MK9-11a〉

일을〈MR5-19a〉載지를〈MK9-19b〉

일이〈MR2-8b〉事ᄉㅣ〈MK3-8b〉

일이〈MR4-64a〉物믈이〈MK8-25b〉

일이〈MR7-24a〉일이〈MK13-30a〉

일이니라.〈MR5-47a〉事ᄉㅣ니라.〈MK10-7a〉

일이라.〈MR3-70a〉事ᄉㅣ라.〈MK6-32a〉

일이라〈MR4-59a〉事ᄉㅣ라.〈MK8-20b〉

일이오〈MR5-47a〉事ᄉㅣ오〈MK10-6b〉

一일을〈MR3-43a〉ᄒ나홀〈MK6-4b〉

一일을〈MR7-19a〉오히려〈MK13-24b〉

일즉〈MR1-39b〉일즉〈MK2-2a〉

일즉〈MR2-2b〉곧〈MK3-2b〉

일즉〈MR2-60a〉일쯕〈MK4-18b〉

일즉〈MR4-76b〉일쯕〈MK8-38b〉

일치〈MR7-15a〉失실홈이〈MK13-19b〉

일키ᄂ〈MR4-18b〉失실ᄒ욤은〈MK7-18b〉

일키ᄂ〈MR4-9a〉失실홈은〈MK7-9a〉

일키롤〈MR1-14a〉喪상홈을〈MK1-14b〉

일ᄏᄅ니〈MR3-65b〉稱칭ᄒᄂ니〈MK6-28a〉

일ᄏᄅ면〈MR7-60b〉稱칭ᄒ면〈MK14-34b〉

일ᄏ거늘〈MR4-69a〉稱칭ᄒ거늘〈MK8-31a〉

일ᄏ더시다.〈MR3-1b〉稱칭ᄒ더시다.〈MK5-
1b〉

일티〈MR1-38a〉失실홈이〈MK1-39a〉

일티〈MR1-81a〉失실티〈MK2-44a〉

일호ᄆ〈MR4-18b〉失실홈은〈MK7-18b〉

일홈〈MR3-47b〉失실ᄒᆞᆷ〈MK6-9a〉

일홈은〈MR6-41b〉號호ᄂᆞᆫ〈MK12-11b〉

일홈이〈MR3-47b〉失실ᄒᆞᆷ이〈MK6-9a〉

일ᄒᆞ니〈MR2-6a〉失실ᄒᆞ니〈MK3-6a〉

일ᄒᆞ면〈MR2-55b〉失실ᄒᆞ면〈MK4-14b〉

일홀시니라.〈MR4-18b〉失실홀써라.〈MK7-18b〉

일홈이니라.〈MR6-24a〉失실홈이니라.〈MK1-30a〉

일홀시니〈MR4-18b〉失실홈이니〈MK7-18b〉

입〈MR6-15b〉口구롤〈MK11-19b〉

立립ᄒᆞ면〈MR6-29a〉셰면〈MK11-37a〉

입의〈MR6-14a〉口구의〈MK11-17b〉

입의〈MR7-46b〉口구ㅣ〈MK14-17a〉

입이〈MR6-14a〉口구ㅣ〈MK11-17b〉

잇거니〈MR1-50a〉잇거니〈MK2-12b〉

잇거니와〈MR1-22a〉잇도다.〈MK1-22b〉

잇거니와〈MR7-40a〉잇거니와〈MK14-9a〉

잇거늘〈MR3-56a〉잇거늘〈MK6-17b〉

잇거늘〈MR3-58a〉잇거늘〈MK6-20a〉

잇거늘〈MR3-65a〉잇거든〈MK6-27a〉

잇거늘〈MR4-72b〉잇더니〈MK8-34b〉

잇거든〈MR5-72a〉이시면〈MK10-38a〉

잇거든〈MR6-63a〉듀**두긔면〈MK12-39a〉

잇거시놀〈MR2-47a〉잇거시놀〈MK4-5b〉

잇거시놀〈MR5-70a〉둣거시놀〈MK10-36a〉

잇거시든〈MR2-79a〉인ᄂᆞ니〈MK4-38a〉

잇건마ᄂᆞᆫ〈MR2-43b〉잇건마ᄂᆞᆫ〈MK4-1b〉

잇건마ᄂᆞᆫ〈MR6-30b〉둣건마ᄂᆞᆫ〈MK11-38b〉

잇게〈MR2-70b〉잇게〈MK4-29a〉

잇게녀기면〈MR5-53a〉有유ᄒᆞ면〈MK10-14a〉

잇게ᄒᆞ려니와〈MR6-3a〉이시려니와〈MK11-3b〉

잇게ᄒᆞ며〈MR6-62b〉두며〈MK12-38b〉

잇고〈MR1-12b〉잇고〈MK1-12b〉

잇고〈MR2-28a〉이셔〈MK3-28a〉

잇고〈MR3-23b〉이시며〈MK5-24a〉

잇고〈MR3-71b〉잇거든〈MK6-33b〉

잇고?〈MR5-58b〉較각ᄒᆞ시니잇고?〈MK10-22a〉

잇글고〈MR1-21a〉牽견ᄒᆞ고〈MK1-21b〉

잇기롤〈MR3-40b〉이슘을〈MK6-2a〉

잇기롤〈MR4-68a〉잇거든〈MK8-29b〉

잇기롤〈MR5-68a〉이슘을〈MK10-33b〉

잇ᄂᆞ냐?〈MR6-55a〉이시랴?〈MK12-29a〉

잇ᄂᆞ냐?〈MR6-6a〉인ᄂᆞ냐?〈MK11-7b〉

잇ᄂᆞ뇨?〈MR6-8a〉인ᄂᆞ뇨〈MK11-9b〉

잇ᄂᆞ니〈MR1-32b〉인ᄂᆞ니〈MK1-33a〉

잇ᄂᆞ니〈MR2-23a〉이시니〈MK3-23b〉

잇ᄂᆞ니〈MR4-56b〉인ᄂᆞ니라.〈MK8-17b〉

잇ᄂᆞ니라.〈MR2-10a〉인ᄂᆞ니라.〈MK3-10a〉

잇ᄂᆞ니이다.〈MR1-21b〉인ᄂᆞ니이다.〈MK1-22a〉

잇ᄂᆞ니이다.〈MR3-6a〉이심이니이다.〈MK5-6a〉

잇ᄂᆞ니잇가?〈MR1-12a〉인ᄂᆞ니잇가〈MK1-12b〉

잇ᄂᆞ니잇가?〈MR6-35b〉인ᄂᆞ니잇가?〈MK12-4b〉

잇ᄂᆞᆫ〈MR2-51b〉이실〈MK4-10a〉

잇ᄂᆞᆫ〈MR2-72b〉둔ᄂᆞᆫ〈MK4-31a〉

잇ᄂᆞᆫ〈MR4-51a〉인ᄂᆞᆫ〈MK8-12a〉

잇ᄂᆞᆫ〈MR7-2b〉이시니〈MK13-3a〉

잇ᄂᆞᆫ〈MR7-31a〉이싫〈MK13-39b〉

잇ᄂᆞᆫ가?〈MR4-33b〉이슘을〈MK7-34a〉

잇ᄂᆞᆫ거술〈MR7-2b〉인ᄂᆞᆫ者쟈를〈MK13-2b〉

잇ᄂᆞ니라〈MR6-8a〉인ᄂᆞ니라.〈MK11-10a〉

잇ᄂ니잇가?〈MR1-66a〉인ᄂ니잇가?〈MK2-29a〉

잇ᄂ디라.〈MR2-45b〉인ᄂ디라.〈MK4-4a〉

잇ᄂ디라.〈MR5-28b〉인ᄂ니〈MK9-29a〉

잇ᄂ디라.〈MR6-26b〉이시니〈MK11-34a〉

잇ᄂ디라.〈MR7-46b〉인ᄂ디라.〈MK14-17a〉

잇ᄂ디라〈MR2-46a〉인ᄂ디라.〈MK4-4b〉

잇ᄂ者재**쟈ᄭᅵ롤〈MR2-35b〉인ᄂ者쟈롤〈MK3-36a〉

잇ᄂ者쟈ㅣ〈MR2-5b〉存존ᄒᆞᆫ者쟈ㅣ〈MK3-5b〉

잇ᄂ者쟈ㅣ〈MR3-61b〉인ᄂ者쟈ㅣ〈MK6-23b〉

잇다〈MR1-63a〉잇다〈MK2-26a〉

잇다〈MR2-72a〉듯다〈MK4-30b〉

잇다니〈MR2-54b〉잇다니〈MK4-13a〉

잇더니〈MR1-21a〉잇더니〈MK1-21b〉

잇더라.〈MR4-62a〉잇더니〈MK8-23a〉

잇도다.〈MR6-8b〉잇도다.〈MK11-10b〉

잇디〈MR1-10b〉잇디〈MK1-10b〉

잇디〈MR2-23a〉ᄒ시니〈MK3-23a〉

잇디〈MR2-25a〉니〈MK3-25a〉

잇디〈MR3-43b〉엇**잇ᄭᅵ디〈MK6-5a〉

잇디〈MR6-4b〉잇니**디ᄭᅵ?〈MK11-5b〉

잇디〈MR7-13a〉存존티〈MK13-16b〉

자더시니〈MR2-73a〉宿숙ᄒᆞ더시니〈MK4-31b〉

자븐〈MR2-55b〉持지ᄒᆞ얀ᄂ〈MK4-14b〉

子ᄌᆞ의게시러곰〈MR3-52a〉시러곰子ᄌᆞ의게〈MK6-14a〉

子ᄌᆞ의職직을ᄒᆞ노니〈MR5-2b〉ᄯ롬이니〈MK9-2b〉

잘〈MR1-28b〉善션히〈MK1-29b〉

잘치ᄂ者쟈ㅣ라〈MR4-24b〉善션養양ᄒᆞ다〈MK7-25a〉

잘친다홈은〈MR7-15b〉善션養양타홈은〈MK13-20a〉

잘칠이〈MR7-14b〉善션養양ᄒᆞ리〈MK13-18b〉

잘ᄒᆞ노라〈MR7-36a〉善션히ᄒᆞ노라〈MK14-3b〉

잘ᄒᆞᄂ〈MR6-19b〉善션ᄒᆞᄂ〈MK11-24b〉

잘ᄒᆞ다가〈MR7-46a〉善션히ᄒᆞ더니〈MK14-16a〉

잘ᄒᆞ며〈MR6-48a〉善션히ᄒᆞ고〈MK12-20a〉

잘ᄒᆞ며〈MR7-36a〉善션히ᄒᆞ며〈MK14-3b〉

잡고〈MR4-15b〉執집ᄒᆞ야〈MK7-15b〉

잡고뻐〈MR4-15b〉執집ᄒᆞ야뻐〈MK7-15b〉

잡디〈MR4-58a〉執집디〈MK8-19b〉

장ᄎᆞᆺ〈MR6-41a〉쟝ᄎᆞᆺ〈MK12-11a〉

再ᄌᆡ命명에〈MR6-52a〉둘째命명ᄒᆞ야〈MK12-25a〉

在ᄌᆡᄒᆞ〈MR4-48a〉인ᄂ〈MK8-9a〉

쟈ㅣ〈MR5-28b〉리〈MK9-29a〉

쟉디〈MR1-7a〉젹디〈MK1-7a〉

쟝ᄎᆞᆺ〈MR5-3b〉쟝ᄎᆞᆺ〈MK9-3b〉

쟝ᄎᆞᆺ〈MR1-1a〉쟝ᄎᆞᆺ〈MK1-1a〉

쟝ᄎᆞᆺ〈MR3-35b〉ᄯᅩ〈MK5-36a〉

저커니〈MR1-37a〉恐공ᄒᆞ거니〈MK1-38a〉

저품이〈MR2-11b〉懼구홈이〈MK3-11b〉

저프리오?〈MR3-59b〉畏외ᄒᆞ리오?〈MK6-21b〉

저픈〈MR1-17a〉畏외ᄒᆞ〈MK1-17a〉

저ᄒᆞ리오?〈MR7-55b〉畏외ᄒᆞ리오?〈MK14-28a〉

저ᄒᆞ리이다.〈MR1-51a〉저허ᄒᆞ리이다.〈MK2-13b〉

저홈이라〈MR7-61b〉恐공홈이라〈MK14-36a〉

저홈이오〈MR7-61b〉恐공홈이오〈MK14-36a〉

저ᄒᆞ리오〈MR3-2b〉畏외ᄒᆞ리오.〈MK5-2b〉

젼젼으로뻐〈MR5-68b〉旃젼으로뻐〈MK10-34a〉

절ᄒᆞ게〈MR5-64b〉拜ᄇᆡ케〈MK10-29a〉

젓고〈MR2-36b〉恐공ᄒᆞ고〈MK3-37a〉

젓노니〈MR3-7a〉恐공ᄒᆞ노니〈MK5-7a〉

젓ᄂᆞ니〈MR1-74a〉畏외ᄒᆞᄂᆞ니〈MK2-36b〉

젓ᄂᆞ니〈MR2-36b〉恐공하ᄂᆞ니〈MK3-37a〉

젓ᄂᆞᆫ디라.〈MR7-34b〉恐공ᄒᆞᆫ〈MK14-2a〉

젓ᄂᆞᆫ者쟈ᄂᆞᆫ〈MR1-71b〉畏외ᄒᆞᆯ者쟈를〈MK2-34b〉

젓티말라〈MR7-36b〉畏외티말라〈MK14-4b〉

제〈MR2-17b〉그〈MK3-17b〉

제〈MR2-28b〉져글〈MK3-28b〉

제〈MR2-7b〉이〈MK3-7b〉

제〈MR4-72b〉越월ㅅ〈MK8-34b〉

제갈더롤〈MR7-14b〉己긔의歸귀롤〈MK13-18b〉

제아비롤〈MR7-38a〉그父부롤〈MK14-6b〉

제兄형을〈MR7-38a〉그兄형을〈MK14-6b〉

져그니〈MR1-40b〉小쇼로〈MK2-3a〉

져그니〈MR4-52a〉幾긔希희ᄒᆞ니〈MK8-13a〉

져그니로뼈〈MR1-23a〉小쇼로뼈〈MK1-23b〉

져그리라.〈MR4-77b〉져그니라.〈MK8-39b〉

져그면〈MR3-40a〉小쇼ᄒᆞ면〈MK6-1b〉

져근〈MR3-54a〉젹은〈MK6-15b〉

져근나라〈MR5-53a〉小쇼國국엣〈MK10-14b〉

져근나라히〈MR4-13b〉小쇼國국이〈MK7-14a〉

져근나라히라〈MR1-77a〉小쇼國국이라〈MK2-39b〉

져근德덕이〈MR4-12b〉小쇼德덕이〈MK7-13a〉

져근덛〈MR6-8a〉斯ᄉ須슈ㅅ〈MK11-10a〉

져근덛〈MR7-44b〉져근덛〈MK14-14b〉

져근덛ᄒᆞ야〈MR5-10a〉이윽ᄒᆞ야ᄂᆞᆫ〈MK9-10a〉

져근ᄃᆞᆺᄒᆞ이다.〈MR3-40a〉小쇼ᄂᆞᆫᄃᆞᆺᄒᆞ이다.〈MK6-1a〉

져근勇용을〈MR1-48b〉小쇼勇용을〈MK2-11a〉

져근이〈MR4-13a〉小쇼ㅣ〈MK7-13a〉

져근者쟈ㅣ〈MR6-29a〉小쇼者쟈ㅣ〈MK11-37a〉

져근者쟈ㅣ오〈MR6-39b〉小쇼ᄒᆞᆫ이오〈MK12-9b〉

져근者쟈로뼈〈MR7-24b〉小쇼者쟈로뼈〈MK13-31a〉

져근賢현이〈MR4-13a〉小쇼賢현이〈MK7-13a〉

져금만〈MR7-55b〉寡과히홈만〈MK14-28b〉

져기〈MR2-47a〉져기〈MK4-5b〉

져기〈MR3-12a〉곧〈MK5-12a〉

져머셔〈MR1-68a〉幼유ᄒᆞ야〈MK2-30b〉

져믄제ᄂᆞᆫ〈MR5-5a〉少쇼ᄒᆞ야셔ᄂᆞᆫ〈MK9-5b〉

져홈이오〈MR7-61b〉恐공홈이오〈MK14-36a〉

젹거눌〈MR6-17b〉幾긔希희ᄒᆞ거눌〈MK11-22a〉

젹거눌〈MR6-40a〉小쇼호디〈MK12-10a〉

젹게〈MR1-68a〉小쇼케〈MK2-30b〉

젹게〈MR7-17b〉小쇼히〈MK13-22a〉

젹고〈MR6-53a〉小쇼ᄒᆞ고〈MK12-26a〉

젹고〈MR7-56a〉寡과ᄒᆞ고〈MK14-28b〉

젹기〈MR2-44b〉져금이〈MK4-3a〉

젹다〈MR1-45a〉小쇼타〈MK2-7b〉

젹어〈MR5-27b〉民민에〈MK9-28b〉

젹으니〈MR2-17b〉寡과ᄒᆞ니〈MK3-18a〉

젹으니〈MR2-44b〉젹은디라.〈MK4-3a〉

젹으되밋〈MR7-10a〉幾긔希희ᄒᆞ더시니〈MK13-12b〉

젹으면〈MR7-55b〉寡과ᄒᆞ면〈MK14-28b〉

젹을디니라.〈MR7-56a〉寡과ᄒᆞ니라.〈MK14-28b〉

젹을디라도〈MR6-58b〉寡과ᄒᆞ야도〈MK12-33b〉

젹이〈MR7-50a〉져기〈MK14-21b〉
젹이補보홈이라〈MR7-8a〉小쇼補보ᄒᆞ다〈MK13-10a〉
졉호미〈MR4-64a〉待딛호더〈MK8-25b〉
졍ᄉᆞ롤〈MR1-7a〉政졍을〈MK1-7a〉
졍ᄉᆞᄒᆞ기〈MR4-12a〉政졍을ᄒᆞ욤이〈MK7-12a〉
졍ᄉᆞᄒᆞᄂᆞᆫ〈MR4-42b〉政졍을ᄒᆞᄂᆞᆫ〈MK8-3b〉
졍졔히ᄒᆞ샤〈MR1-49a〉整졍졍ᄒᆞ야〈MK2-11b〉
조차〈MR1-55a〉從죵ᄒᆞ야〈MK2-17b〉
조차〈MR2-69a〉조차〈MK4-27b〉
조차〈MR2-72b〉조사〈MK4-31b〉
조차〈MR3-27b〉조초〈MK5-28a〉
조ᄎᆞ니〈MR4-76b〉從죵ᄒᆞ니〈MK8-38b〉
조ᄎᆞ라〈MR1-68a〉從죵ᄒᆞ라〈MK2-30b〉
조ᄎᆞ라〈MR1-68b〉二[**죳]ᄎᆞ라〈MK2-31b〉
조ᄎᆞ리오?〈MR6-14a〉從죵ᄒᆞ리오?〈MK11-17b〉
조ᄎᆞ면〈MR3-33b〉從죵ᄒᆞᆫ[**면]긔〈MK5-34a〉
조ᄎᆞ면〈MR3-34b〉從죵ᄒᆞ면〈MK5-35b〉
조ᄎᆞᆫ〈MR3-43b〉從죵홈앤〈MK6-5a〉
조ᄎᆞ샤〈MR1-61a〉率솔ᄒᆞ야〈MK2-24a〉
조ᄎᆞ시리라.〈MR2-18b〉조ᄎᆞ시리라.〈MK3-19a〉
조촌〈MR4-73b〉從ᇰ[**죵]긔혼〈MK8-35a〉
조ᄎᆞᆯ〈MR1-81a〉從죵홂〈MK2-44a〉
조ᄎᆞᆯ거시라〈MR3-5b〉從죵ᄒᆞ다〈MK5-6a〉
조ᄎᆞᆷ ᄀᆞᆮ티〈MR5-26a〉從죵홈 ᄀᆞᆮ티〈MK9-27a〉
存존ᄒᆞᆫ〈MR6-17a〉인ᄂᆞᆫ〈MK11-21b〉
죳기〈MR1-36b〉從죵홈이〈MK1-37a〉
죳기롤〈MR5-26a〉從죵홈을〈MK9-27a〉
죳디〈MR5-26a〉從죵티〈MK9-27a〉
죳춈〈MR6-4b〉從죵홈〈MK11-6a〉
從죵ᄒᆞ야〈MR6-48b〉조초〈MK12-21a〉

죠회바다〈MR1-31b〉朝죠ᄒᆞ야〈MK1-32a〉
죵條됴理리니〈MR5-47a〉條됴理리룰終죵홈이니〈MK10-6b〉
죵條됴理리ᄂᆞᆫ〈MR5-47a〉條됴理리룰終죵ᄒᆞᄂᆞᆫ者쟈ᄂᆞᆫ〈MK10-7a〉
주겨〈MR3-78a〉殺살ᄒᆞ야〈MK6-40b〉
주겨도〈MR5-69a〉死ᄉᆞᄒᆞ야도〈MK10-34b〉
주겨뼈〈MR6-55b〉殺살ᄒᆞ야뼈〈MK12-29b〉
주고〈MR5-26a〉與여ᄒᆞ고〈MK9-26b〉
주근者쟈ᄂᆞᆫ〈MR1-75a〉死ᄉᆞᄒᆞᆫ者쟈ㅣ〈MK2-38a〉
주글딘뎌!〈MR4-58a〉死ᄉᆞᄒᆞᆯ린뎌!〈MK8-19b〉
주기고〈MR1-11a〉殺살ᄒᆞ고〈MK1-11b〉
주기다.〈MR4-56b〉殺살ᄒᆞᆫ대〈MK8-17b〉
주기더니〈MR3-55b〉殺살ᄒᆞ더니〈MK6-17b〉
주기되뼈〈MR1-12a〉殺살ᄒᆞ되〈MK1-12a〉
주기려〈MR3-40b〉殺살ᄒᆞ려〈MK6-2a〉
주기며〈MR1-73b〉殺살ᄒᆞ며〈MK2-36b〉
주기믈〈MR3-56a〉殺살ᄒᆞ욤을〈MK6-18a〉
주기미〈MR1-66b〉弑시홈이〈MK2-29a〉
주기미〈MR4-27a〉殺살ᄒᆞ야〈MK7-27a〉
주긴者쟈ㅣ〈MR1-46a〉殺살ᄒᆞᆫ者쟈롤〈MK2-8b〉
주긴者쟈ㅣ〈MR2-65b〉殺살ᄒᆞᆫ者쟈ㅣ〈MK4-24a〉
주디〈MR2-64a〉與여티〈MK4-22b〉
주디〈MR5-21b〉與여케〈MK9-22a〉
주리〈MR1-23b〉주리〈MK1-24a〉
주면〈MR6-22b〉與여ᄒᆞ면〈MK11-28b〉
주시게〈MR5-21b〉與여케〈MK9-21b〉
주시니〈MR3-18b〉與여ᄒᆞ시니〈MK5-19a〉
주시다〈MR5-19b〉與여ᄒᆞ시다〈MK9-20a〉
주시면〈MR5-26a〉與여ᄒᆞ면〈MK9-26b〉
주신대〈MR3-55b〉遺유ᄒᆞ신대〈MK6-17a〉

주어도〈MR6-57a〉與여ㅎ야도〈MK12-31b〉

주어도〈MR7-24a〉與여ㅎ야든〈MK13-30b〉

주어든〈MR2-64a〉與여ㅎ거든〈MK4-22b〉

주어든〈MR5-55b〉賜ㅅㅎ거든〈MK10-17b〉

주綢듀繆무ㅎ면〈MR2-28b〉綢쥬繆무ㅎ면
〈MK3-29a〉

周쥬홀디니라.〈MR5-62a〉거시니라.〈MK10-26a〉

주지〈MR3-55b〉授슈티〈MK6-17b〉

죽거늘〈MR3-30b〉死ㅅ커늘〈MK5-31a〉

죽거든〈MR3-38b〉死ㅅ커늘〈MK5-39b〉

죽고〈MR1-14a〉死ㅅㅎ고〈MK1-14b〉

죽기〈MR1-37a〉死ㅅㄹ〈MK1-38a〉

죽기롤〈MR1-75a〉死ㅅㄹ〈MK2-38a〉

죽디〈MR1-75a〉死ㅅ티〈MK2-38a〉

죽으나〈MR7-7a〉死ㅅㅎ나〈MK13-9a〉

죽으매〈MR4-27a〉死ㅅ홈애〈MK7-27b〉

죽은이〈MR7-28b〉死ㅅㅎ者쟈ㅣ〈MK13-36a〉

죽은者쟈롤〈MR1-14b〉死ㅅ者쟈를〈MK1-14b〉

죽음을〈MR2-57a〉死ㅅ홈을〈MK4-15b〉

줄〈MR7-37b〉與여홀〈MK14-5b〉

줄디니〈MR5-26a〉與여ㅎ니라.〈MK9-26b〉

줄디라도〈MR6-55b〉與여홀띠라도〈MK12-29b〉

줄바롤〈MR4-33b〉與여ㅎ실빠롤〈MK7-34a〉

줄바롤〈MR4-33b〉與여홀빠롤〈MK7-34a〉

줄을〈MR1-21a〉닷홈을〈MK1-21b〉

줄을〈MR1-21a〉쥬몰〈MK1-21a〉

줄을〈MR2-68a〉주를〈MK4-26b〉

줄을〈MR2-71a〉줄올〈MK4-30a〉

줄을〈MR2-75a〉줄〈MK4-34a〉

줄을〈MR2-75a〉줄을〈MK4-34a〉

줄을〈MR5-8b〉홈을〈MK9-9a〉

줄을〈MR6-24a〉쭐롤〈MK11-30b〉

줄이〈MR6-22a〉줄이〈MK11-28a〉

즈으미〈MR1-18a〉間간이〈MK1-18b〉

즈음에〈MR2-16a〉間간애〈MK3-16a〉

즈음에〈MR2-79a〉間간에〈MK4-38a〉

즈음에셔〈MR6-64a〉間간애〈MK12-40b〉

즈음은〈MR4-31b〉ㅅ이는〈MK7-32a〉

즈음의〈MR4-51b〉間간에〈MK8-12b〉

즈음이〈MR4-47a〉間간이〈MK8-8a〉

즈음이니라.〈MR7-19a〉間간이니라.〈MK13-24a〉

즐거옴과〈MR1-40b〉樂락홈과〈MK2-3a〉

즐거옴미〈MR1-40b〉樂락홈이〈MK2-3a〉

즐거옴이〈MR1-41a〉樂락홈이〈MK2-3a〉

즐거우리잇고?〈MR1-40b〉樂락ㅎ니잇고?〈MK2-3a〉

즐거우리잇고?〈MR1-41a〉樂악ㅎ니잇고?〈MK2-3a〉

즐겨〈MR7-25b〉樂락ㅎ야〈MK13-32a〉

즐기고〈MR1-4a〉樂락ㅎㄴ니〈MK1-4a〉

즐기고〈MR5-31b〉樂락ㅎ야〈MK9-32a〉

즐기니〈MR1-5b〉樂락ㅎ니〈MK1-5b〉

즐기니이다.〈MR1-5b〉樂락ㅎ니이다.〈MK1-5b〉

즐기ㄴ니〈MR4-16a〉樂락ㅎㄴ니〈MK7-16a〉

즐기ㄴ니잇가?〈MR1-3b〉樂락ㅎㄴ니잇가?〈MK1-3b〉

즐기는디라.〈MR1-5b〉樂락ㅎ〈MK1-5b〉

즐기더니〈MR7-56a〉즐기더니〈MK14-29a〉

즐기더시다.〈MR2-39a〉樂락ㅎ더시다.〈MK3-39b〉

즐기디〈MR1-17b〉嗜기티〈MK1-17b〉

즐기디〈MR1-42b〉樂락디〈MK2-5a〉

즐기리잇고?〈MR1-6a〉樂락ㅎ리잇고.〈MK1-

6a〉

즐기모론〈MR5-33a〉樂락ᄒ욤오론〈MK9-33b〉

즐기시면〈MR1-44b〉樂락ᄒ시면〈MK2-6b〉

즐길실니이다.〈MR1-44a〉樂락홈이니이다.
〈MK2-6b〉

즐김과〈MR5-32a〉樂락ᄒ욤〈MK9-33a〉

지거든〈MR7-35b〉伐벌ᄒ거니〈MK14-3b〉

지극호매는〈MR2-44b〉至지ᄒ얀〈MK4-3a〉

지극홈은〈MR5-18b〉지극ᄒ욤은〈MK9-19a〉

지극홈이니〈MR5-18b〉지극홈이라.〈MK9-19
a〉

지극홈이니〈MR7-54a〉至지홈이니〈MK14-26
b〉

지극홈이오〈MR5-18b〉지극홈이오〈MK9-19a〉

지극히〈MR2-15b〉지극이〈MK3-15b〉

지극히〈MR7-17a〉지극히〈MK13-21b〉

지극ᄒᆫ〈MR4-24a〉지극히〈MK7-24a〉

지극ᄒᆫ〈MR4-7a〉至지니라.〈MK7-7a〉

지극ᄒᆫ〈MR6-40a〉지극ᄒᆫ〈MK12-10a〉

지극ᄒᆫ〈MR7-35b〉지극한〈MK14-3b〉

지극ᄒᆫ거시오〈MR4-7a〉至지오〈MK7-7a〉

지나며〈MR7-59a〉過과호디〈MK14-33a〉

地디方방이〈MR5-48b〉짜히方방이〈MK10-9
a〉

地디方방이〈MR5-49b〉짜히方장이〈MK10-1
0a〉

지으니라.〈MR5-36a〉ᄒ니라.〈MK9-37a〉

지으라〈MR1-56b〉作작ᄒ라.〈MK2-19a〉

지으시니〈MR3-70a〉作작ᄒ시니〈MK6-32a〉

至지ᄒᆫ는〈MR5-28a〉니르는〈MK9-28b〉

지츌〈MR1-25b〉羽우를〈MK1-26a〉

지킈여〈MR3-52a〉守슈ᄒ야〈MK6-14a〉

진신로〈MR6-18a〉진실로〈MK11-22b〉

진실로〈MR2-26b〉誠셩으로〈MK3-27a〉

진실로〈MR2-78a〉딘실로[***]ㅣ〈MK4-37a〉

진실로미더〈MR5-10b〉誠셩信신으로〈MK9-
11a〉

진실로뻐〈MR3-37a〉진실로뻐〈MK5-38b〉

집만〈MR5-53a〉家가ㅣ〈MK10-14b〉

집에〈MR7-15a〉宅틱애〈MK13-19a〉

집으로뻐〈MR3-78a〉室실로뻐〈MK6-40a〉

집을〈MR1-2b〉家가를〈MK1-2b〉

집을〈MR5-52b〉家가ㅣ〈MK10-14a〉

집의〈MR1-38a〉宅틱애〈MK1-39a〉

집의〈MR3-45a〉家가의〈MK6-6b〉

집의〈MR3-63a〉家가의셔〈MK6-25a〉

집이〈MR3-76b〉室실ㅇ〈MK6-38b〉

집이〈MR7-15b〉집이〈MK13-19b〉

집이라〈MR5-52b〉家가ㅣ라.〈MK10-14a〉

집이오〈MR4-21b〉宅틱이오〈MK7-21b〉

ᄌ로水슈롤〈MR4-50b〉ᄌᄌ水슈에〈MK8-11
b〉

ᄌ몯〈MR7-51a〉ᄌ믓〈MK14-22b〉

ᄌ믓〈MR7-45b〉ᄌ믓〈MK14-15b〉

ᄌ셔히〈MR4-49b〉ᄌ셰〈MK8-10b〉

ᄌ연히得득호몰〈MR4-49a〉自ᄌ得득고쟈
〈MK8-10a〉

ᄌ연히得득ᄒ면〈MR4-49a〉自ᄌ得득ᄒ면
〈MK8-10a〉

ᄌ옥ᄒ며〈MR4-27a〉盈영ᄒ며〈MK7-27a〉

ᄌ옥ᄒ미쓴녀!〈MR4-27a〉盈영홈이쓴여.〈M
K7-27b〉

ᄌᄌ〈MR5-63a〉ᄌᄌ〈MK10-27b〉

ᄌᄌ〈MR7-4b〉ᄌ로〈MK13-6a〉

좀자디〈MR6-60b〉寐미티〈MK12-35b〉

직죄로더〈MR6-19b〉數수ㅣ나〈MK11-24b〉

직죄론디〈MR6-19b〉數수ㅣ로옴이〈MK11-2
4b〉

차등을ᄒ니라.〈MR5-52a〉차등ᄒᄂ니라.〈M
K10-13a〉

차등ᄒ건댄〈MR2-24b〉等등컨댄〈MK3-25a〉

참예ᄒ야〈MR5-44a〉與여ᄒ야〈MK10-3b〉

처음〈MR2-35b〉비로소〈MK3-36a〉

처음으로〈MR1-13b〉비로소〈MK1-13b〉

처음으로〈MR1-60a〉보야흐로〈MK2-22b〉

처음이니이다.〈MR1-9a〉始시니이다.〈MK1-
9b〉

처음條됴理리ᄂ〈MR5-47a〉條됴理리ᄅ始
시ᄒᄂ者쟈ᄂ〈MK10-6b〉

처음條됴理리오〈MR5-46b〉條됴理리ᄅ始
시홈이오〈MK10-6b〉

歠텰을流류ᄒ며〈MR7-33b〉흘리歠쳘ᄒ고
〈MK13-42a〉

쳐〈MR1-36a〉畜휵ᄒ야〈MK1-37a〉

쳐〈MR5-34b〉伐벌ᄒ야〈MK9-35a〉

쳐ᄂᆞᆯ〈MR2-65a〉伐벌ᄒ야ᄂᆞᆯ〈MK4-23b〉

初초命명에〈MR6-51b〉처엄의命명ᄒ야〈MK
12-25a〉

춤아〈MR5-45a〉춤아〈MK10-4b〉

치거니〈MR2-65b〉伐벌ᄒ거니〈MK4-24b〉

치고져〈MR5-64a〉養양코쟈〈MK10-28b〉

치기ᄂ〈MR2-32a〉攻공홈은〈MK3-32b〉

치기ᄅ〈MR1-38a〉畜휵을〈MK1-39a〉

치ᄂ니〈MR3-54a〉伐벌ᄒ면〈MK6-15b〉

치도다.〈MR2-65a〉伐벌ᄒ도다.〈MK4-24a〉

치디〈MR1-37a〉畜휵디〈MK1-37b〉

치디〈MR3-12a〉養양티〈MK5-12b〉

치려커ᄂᆞᆯ〈MR5-39b〉伐벌호려ᄒ거ᄂᆞᆯ〈MK9-
40b〉

치료〈MR2-65a〉伐벌휹고〈MK4-24a〉

치리라〈MR2-65b〉伐벌ᄒ리라.〈MK4-24a〉

치며〈MR3-60b〉撻달ᄒ야〈MK6-22b〉

치미니〈MR3-20b〉養양홈이니〈MK5-20b〉

치시ᄂ〈MR5-63b〉畜휵ᄒ시ᄂ〈MK10-27b〉

치실제〈MR7-36b〉伐벌ᄒ심애〈MK14-4b〉

致티홈이〈MR5-28a〉릴외옴이〈MK9-28b〉

--------------則즉〈MK1-36a〉

칠것가ᄒ야ᄂᆞᆯ〈MR2-65a〉伐벌ᄒ얌즉ᄒ냐?〈
MK4-23b〉

칠者쟈ㅣ〈MR2-57a〉牧목흏者쟈ㅣ〈MK4-15
b〉

침노ᄒ거ᄂᆞᆯ〈MR1-78b〉侵침ᄒ거ᄂᆞᆯ〈MK2-41
a〉

춤ᄂ〈MR7-51b〉춤ᄂ〈MK14-23a〉

춤디〈MR1-21a〉춤디〈MK1-21b〉

춤디〈MR1-22a〉忍인티〈MK1-22b〉

춤디〈MR1-22b〉참디〈MK1-23a〉

춤아〈MR1-24a〉춤아〈MK1-24b〉

춤아〈MR4-59a〉츠마〈MK8-20b〉

치오면〈MR7-52a〉充츙ᄒ면〈MK14-23b〉

칼을〈MR3-7a〉劍검을〈MK5-7a〉

커ᄂᆞᆯ〈MR3-54a〉ᄒᄂ니〈MK6-15b〉

코히〈MR7-46b〉鼻비ㅣ〈MK14-17a〉

쾌티〈MR2-63a〉恔효홈이〈MK4-21b〉

크〈MR4-31b〉큰〈MK7-32a〉

크거니와〈MR6-41b〉크거니와〈MK12-11b〉

크거ᄂᆞᆯ〈MR6-40a〉大대호ᄃ〈MK12-9b〉

크거시ᄂᆞᆯ〈MR3-29a〉大대ᄒ거ᄂᆞᆯ〈MK5-30a〉

크게〈MR1-30a〉키〈MK1-30b〉

크게〈MR1-49a〉大대히〈MK2-11b〉

크고〈MR2 15b〉大대ᄒ며〈MK3-15b〉

크고〈MR4-32a〉大대ᄒ니라.〈MK7-32b〉

크뇨?〈MR4-32a〉大대ᄒ뇨?〈MK7-32b〉

크니〈MR4-32a〉大대ᄒ니라.〈MK7-33a〉

크니〈MR4-37b〉큰이라.〈MK7-38a〉

크니〈MR6-53a〉大대ᄒ니〈MK12-26b〉

크니라.〈MR7-3b〉크다.〈MK13-4b〉

크니롤〈MR1-23a〉大대롤〈MK1-23b〉

크다〈MR1-45b〉大대타〈MK2-7b〉

크다〈MR1-46b〉크다〈MK2-9a〉

크더니잇가?〈MR1-45a〉크니닛가?〈MK2-7b〉

크리라.〈MR4-61a〉大대ᄒ리니라.〈MK8-22a〉

크리오?〈MR7-23a〉크리오?〈MK13-29a〉

크면〈MR3-40a〉大대ᄒ면〈MK6-1a〉

크모론〈MR6-63b〉大대ᄒ니론〈MK12-39b〉

크믈〈MR2-26a〉大대롤〈MK3-26b〉

크시다!〈MR3-29a〉大대타〈MK5-30a〉

크케〈MR7-13a〉키〈MK13-17a〉

큰〈MR2-39b〉크〈MK3-40a〉

큰〈MR2-48b〉큰〈MK4-7a〉

큰禁금을〈MR1-46a〉大대禁금을〈MK2-8b〉

큰길〈MR6-38a〉大대路로〈MK12-7b〉

큰길이〈MR5-69b〉周쥬道도ㅣ〈MK10-35b〉

큰ᄀ믈에〈MR3-57a〉大대ᄫ한애〈MK6-19a〉

큰나라〈MR5-54a〉大대國국엣〈MK10-15b〉

큰나라홀〈MR2-26a〉大대國국을〈MK3-26a〉

큰나라히라도〈MR2-28a〉大대國국이라도〈MK3-28b〉

큰나라홀〈MR4-13b〉大대國국을〈MK7-14a〉

큰남글〈MR1-67b〉大대木목을〈MK2-30b〉

큰德덕의게〈MR4-12b〉大대德덕에〈MK7-13a〉

큰돌〈MR3-59b〉크나〈MK6-21b〉

큰뎌〈MR4-13a〉大대예〈MK7-13a〉

큰倫륜을〈MR5-6b〉큰倫륜을〈MK9-6b〉

큰倫륜이니〈MR5-6b〉큰倫륜이니〈MK9-6b〉

큰成셩은〈MR5-46b〉大대成셩ᄒ욤은〈MK10-6b〉

큰成셩이니〈MR5-46b〉大대成셩홈이시니〈MK10-6b〉

큰소임을〈MR6-64b〉大대任임을〈MK12-41a〉

큰勇용을〈MR2-12b〉大대勇용을〈MK3-12b〉

큰이〈MR2-48b〉크니〈MK4-7b〉

큰者쟈ㅣ니〈MR6-40a〉大대ᄒ니〈MK12-9b〉

큰者쟈ㅣ니라.〈MR4-71a〉큰者쟈ㅣ니라.〈MK8-32b〉

큰者쟈롤〈MR6-29a〉大대者쟈롤〈MK11-37a〉

큰집을〈MR1-67b〉巨거室실을〈MK2-30b〉

큰허믈이〈MR5-72a〉大대過과〈MK10-38a〉

큰賢현의게〈MR4-13a〉大대賢현에〈MK7-13a〉

큰孝효ᄂᆞᆫ〈MR5-5b〉大대孝효ᄂᆞᆫ〈MK9-5b〉

탄식ᄒ야〈MR7-26a〉嘆탄ᄒ야〈MK13-32b〉

터시니〈MR2-45b〉ᄒ더시니〈MK4-4a〉

텨〈MR1-69a〉伐벌ᄒ야〈MK2-31b〉

텨〈MR1-69b〉伐벌ᄒ오디〈MK2-32a〉

텨〈MR1-71b〉伐벌ᄒ아〈MK2-34a〉

텨〈MR3-69a〉伐벌ᄒ신〈MK6-31a〉

토ᄒ니라.〈MR3-78b〉哇와ᄒ니라.〈MK6-40b〉

티거눌〈MR1-70b〉伐벌ᄒ거늘〈MK2-33b〉

티기롤〈MR1-71b〉伐벌홈을〈MK2-34a〉

편안케ᄒ시니이다.〈MR1-50b〉安안ᄒ시니이다.〈MK2-13a〉

편안케ᄒ시면〈MR1-50b〉安아ᄒ시민[**안ᄒ시면끼〈MK2-13b〉

편안홈이〈MR7-46b〉安안佚일홈애〈MK14-17a〉

편안히〈MR3-27a〉편히〈MK5-27b〉

편안ᄒ리니〈MR2-77a〉安안ᄒ리니〈MK4-36a〉

편안ᄒ리오?〈MR2-77a〉安안홀ᄯᆞᆫ이리오?〈MK4-36a〉

편안홀〈MR4-21b〉安안홀〈MK7-21b〉

편케〈MR7-36b〉寧녕케〈MK14-4b〉

편히녀기니〈MR5-23a〉安안ㅎ니〈MK9-24a〉

편히이쇼매〈MR3-44a〉安안居거ㅎ욤애〈MK6-5b〉

평안케ᄒ시니이다.〈MR1-49b〉安안ㅎ시니이다.〈MK2-12a〉

평평히〈MR7-58b〉夷이히〈MK14-32a〉

畢필ㅎ고〈MR5-23b〉ᄆᆞᆺᄎ시고〈MK9-24a〉

畢필ㅎ고〈MR5-26b〉ᄆᆞᆺ고〈MK9-27a〉

ᄑᆞ라〈MR5-41a〉鬻륙ㅎ야〈MK9-42b〉

ᄑᆞ며〈MR1-77b〉鑿착ㅎ며〈MK2-40b〉

ᄑᆞᆯ을〈MR7-46a〉臂비롤〈MK14-16b〉

하고〈MR2-44b〉하고〈MK4-3a〉

하기〈MR2-44b〉함이〈MK4-3a〉

하니〈MR1-41a〉衆즁으로〈MK2-3a〉

하니〈MR1-71b〉하니〈MK2-34a〉

하니〈MR2-56a〉하도다〈MK4-15a〉

하니〈MR6-45a〉하니〈MK12-16a〉

하니라.〈MR7-3b〉하니라.〈MK13-4a〉

하니잇가?〈MR6-60b〉多다ᄒ니잇가?〈MK12-36a〉

하ᄂᆞ니〈MR6-12a〉하ᄂᆞ니〈MK11-15a〉

하더니〈MR5-3b〉하거늘〈MK9-3b〉

하디〈MR1-7a〉하디〈MK1-7a〉

하디〈MR2-44a〉多다티〈MK4-2a〉

하매〈MR3-68a〉하〈MK6-30b〉

하면〈MR7-56a〉하면〈MK14-28b〉

하믈〈MR5-66b〉하믈〈MK10-32a〉

하民민의게〈MR5-27b〉民민에〈MK9-28a〉

하몰〈MR1-8a〉하몰〈MK1-8a〉

下하티〈MR7-53a〉ᄂᆞ리오디〈MK14-25a〉

함정이〈MR1-46b〉阱졍을〈MK2-8b〉

항복홈은〈MR5-12a〉服복ᄒ욤은〈MK9-12b〉

恒ᄒ言언을〈MR4-11b〉덛덛ᄒ言언을〈MK7-11b〉

해〈MR7-26b〉만히〈MK13-33a〉

해取취호미〈MR3-11b〉多다取취ᄒ야도〈MK5-12a〉

行ᄒ신다〈MR3-18a〉졍行ᄒᆡᆼᄒ욤을〈MK5-19a〉

허디〈MR1-57a〉毀훼티〈MK2-19b〉

허러〈MR3-68a〉壞괴ᄒ야〈MK6-30a〉

허믈〈MR2-38b〉過과〈MK3-39a〉

허믈을〈MR5-29b〉過과롤〈MK9-30b〉

허믈이〈MR2-68a〉過과ㅣ〈MK4-26b〉

허믈이리오〈MR1-56b〉尤우ㅣ리오〈MK2-19a〉

헌〈MR7-25b〉敝폐ᄒᆞᆫ〈MK13-32a〉

헐〈MR1-57a〉毀훼홀〈MK2-19b〉

헐리잇가〈MR1-57a〉毀훼ᄒ리잇가?〈MK2-19b〉

헐며〈MR1-74a〉毀훼ᄒ며〈MK2-36b〉

見현호디〈MR2-60a〉뵈거놀〈MK4-18b〉

형벌ᄒ면〈MR3-10a〉刑형ᄒ면〈MK5-10a〉

혜디〈MR4-37a〉너기디〈MK7-38a〉

혜아려〈MR3-11b〉校교ᄒ야〈MK5-12a〉

혜아리노라〈MR1-24b〉忖촌度탁ᄒ다〈MK1-25a〉

혜아리디〈MR6-34a〉揣췌티〈MK12-2b〉

혜아린〈MR2-11a〉量량ᄒᆞᆫ〈MK3-11b〉

혜아린〈MR2-11a〉慮리[**려기홀〈MK3-11b〉

호니〈MR2-65a〉호니〈MK4-24a〉

호티〈MR3-63a〉ᄒ딕〈MK6-25a〉

호딕〈MR6-55a〉ᄒ요딕〈MK12-29a〉

호라.〈MR1-17a〉호라.〈MK1-17b〉

호리니〈MR2-65a〉호리라.〈MK4-24b〉

호리라〈MR3-42b〉호리라.〈MK6-4a〉

호매〈MR4-3b〉ᄒ욤애〈MK7-3b〉

호매〈MR4-4a〉호더〈MK7-4a〉

호믈〈MR5-35a〉호을〈MK9-36a〉

호미〈MR1-1a〉홈이〈MK1-1a〉

호미니〈MR1-79a〉홀뿐이라.〈MK2-42a〉

호미니〈MR1-9a〉홈이니〈MK1-9a〉

호미시니〈MR1-50a〉ᄒᆞ시니〈MK2-12b〉

호ᄆᆞᆫ〈MR1-45b〉홈은〈MK2-7b〉

호믈〈MR1-23b〉홈을〈MK1-23b〉

호믈〈MR4-21a〉이룰〈MK7-21b〉

호믈〈MR4-21b〉ᄒᆞᄂᆞ이룰〈MK7-21b〉

好호色ᄉᆡᆨ과〈MR5-4b〉됴ᄒᆞ色ᄉᆡᆨ과〈MK9-5a〉

好호ᄒᆞ다〈MR6-12a〉ᄒᆞ시니라.〈MK11-14b〉

혼자〈MR1-26a〉호올로〈MK1-26b〉

혼자〈MR1-29a〉호올로〈MK1-29b〉

혼쟈〈MR3-25b〉호올로〈MK5-26a〉

혼자〈MR5-17b〉홀로〈MK9-18a〉

홀로〈MR2-62b〉호올로〈MK4-21a〉

홀로〈MR7-11a〉오직〈MK13-13b〉

홈〈MR6-15b〉홈〈MK11-19b〉

홈가?〈MR2-71a〉홈가?〈MK4-30a〉

홈과〈MR1-11a〉홈과〈MK1-11b〉

홈과〈MR6-5a〉홈애〈MK11-6b〉

홈과뻐〈MR6-5a〉홈애〈MK11-6b〉

홈만〈MR1-40b〉ᄒᆞᄂᆞᆫ〈MK2-3a〉

홈만〈MR1-41a〉ᄒᆞᄂᆞ이민[**이만?]〈MK2-3a〉

홈은〈MR2-33b〉홈ᄋᆞᆫ〈MK3-34a〉

홈은〈MR5-13b〉ᄒᆞ욤은〈MK9-13b〉

홈은〈MR5-35b〉홈은〈MK9-36b〉

홈은〈MR6-5a〉홈ᄋᆞᆫ뻐〈MK11-6b〉

홈은〈MR7-38b〉ᄒᆞ욤은〈MK14-7a〉

홈을〈MR4-6b〉홈을〈MK7-6b〉

홈을〈MR5-16a〉ᄒᆞ욤을〈MK9-16a〉

홈이〈MR1-12a〉홈이〈MK1-12a〉

홈이〈MR2-62a〉ᄒᆞᄂᆞᆫ줄이〈MK4-20b〉

홈이〈MR5-64b〉ᄒᆞᄂᆞᆫ디라.〈MK10-29a〉

홈이〈MR6-4b〉홈이라.〈MK11-6a〉

홈이〈MR6-5a〉홈ᄋᆞᆫ뻐〈MK11-6b〉

홈이니〈MR2-48b〉ᄒᆞᆫ則즉〈MK4-7b〉

홈이니〈MR3-35a〉홈이니〈MK5-35b〉

홈이니라.〈MR6-56b〉홈이니라.〈MK12-30b〉

홈이라.〈MR4-33b〉홈이라.〈MK7-34b〉

홈이로다.〈MR7-38b〉홈이로다.〈MK14-7a〉

홈이시니〈MR5-12b〉ᄒᆞ심이니〈MK9-13a〉

홈이시니〈MR5-33b〉ᄒᆞ시니〈MK9-34b〉

홈이시니〈MR5-59a〉홈이시니〈MK10-22a〉

홈이여!〈MR6-39a〉홈이여〈MK12-8b〉

홈이오〈MR7-36b〉ᄒᆞᄂᆞᆫ디라.〈MK14-5a〉

활을〈MR4-58a〉弓궁을〈MK8-19b〉

後후에〈MR6-65a〉후에〈MK12-41b〉

흐르고〈MR6-2a〉流류ᄒᆞ고〈MK11-2b〉

흐르기〈MR1-55a〉流류홈〈MK2-17b〉

흐르ᄂᆞ니〈MR6-2a〉流류ᄒᆞᄂᆞ니〈MK11-2b〉

흐터〈MR1-76a〉散산ᄒᆞ야〈MK2-39a〉

흘디오〈MR5-12b〉뎌ᄒᆞ고〈MK9-13b〉

흘러오ᄂᆞᆫ風풍과〈MR2-5b〉流류風풍과〈MK3-5b〉

히[**히]끠여곰〈MR3-25b〉ᄒᆞ여곰〈MK5-26a〉

힘가?〈MR7-45a〉力력가?〈MK14-15a〉

힘뻐〈MR3-14b〉힘뻐〈MK5-14b〉

힘뻐善션을홀〈MR1-79a〉善션ᄒᆞ욤을彊강홀〈MK2-42a〉

힘업슨〈MR6-36b〉力력이업슨〈MK12-5b〉

힘으로뻐〈MR2-26a〉力력으로뻐〈MK3-26a〉

힘을〈MR1-80a〉力력을〈MK2-43a〉

힘이〈MR1-25b〉力력이〈MK1-26a〉

힘잇ᄂᆞᆫ〈MR6-36b〉力력이읻ᄂᆞᆫ〈MK12-5b〉

ᄒᆞ〈MR1-66a〉ᄒᆞ〈MK2-29a〉
ᄒᆞ거니〈MR2-54b〉ᄒᆞ거니〈MK4-13a〉
ᄒᆞ거ᄂᆞᆯ〈MR1-68a〉홈이니〈MK2-30b〉
ᄒᆞ거ᄂᆞᆯ〈MR4-63b〉ᄒᆞ거ᄂᆞᆯ〈MK8-24a〉
ᄒᆞ거ᄂᆞᆯ〈MR6-53a〉ᄒᆞ더니〈MK12-26b〉
ᄒᆞ거든〈MR2-29a〉ᄒᆞ거든〈MK3-29a〉
ᄒᆞ거든〈MR4-64a〉ᄒᆞ면〈MK8-25b〉
ᄒᆞ거든〈MR2-50b〉ᄒᆞ거든〈MK4-9a〉
ᄒᆞ거시ᄂᆞᆯ〈MR7-28a〉ᄒᆞ거ᄂᆞᆯ〈MK13-35a〉
ᄒᆞ거시든〈MR1-37a〉ᄒᆞ시면〈MK1-38a〉
ᄒᆞ거시든〈MR1-57a〉ᄒᆞ신則즉〈MK2-19b〉
ᄒᆞ건마ᄂᆞᆫ〈MR1-22a〉ᄒᆞ거니와〈MK1-22a〉
ᄒᆞ게〈MR6-60b〉ᄒᆞ게〈MK12-35b〉
ᄒᆞ계홈이〈MR6-3a〉ᄒᆞ욤이〈MK11-4a〉
ᄒᆞ고〈MR1-14a〉ᄒᆞ고〈MK1-14b〉
ᄒᆞ고〈MR1-5b〉ᄒᆞ야〈MK1-5b〉
ᄒᆞ고〈MR2-29b〉ᄒᆞ며〈MK3-30a〉
ᄒᆞ고〈MR2-65b〉호리니〈MK4-24a〉
ᄒᆞ고〈MR6-7b〉ᄒᆞ리라.〈MK11-9b〉
ᄒᆞ고〈MR7-19b〉ᄒᆞ니라.〈MK13-24b〉
ᄒᆞ고〈MR7-61a〉호더〈MK14-35a〉
ᄒᆞ고녀〈MR5-10b〉ᄒᆞ고녀〈MK9-10b〉
ᄒᆞ고져〈MR2-70b〉ᄒᆞ고쟈〈MK4-29a〉
ᄒᆞ고져〈MR6-59a〉코져〈MK12-33b〉
ᄒᆞ고져〈MR7-28a〉ᄒᆞ고져〈MK13-35a〉
ᄒᆞ기ᄂᆞᆫ〈MR6-10a〉홈ᄋᆞᆫ〈MK11-12b〉
ᄒᆞ기롤〈MR7-19a〉홀ᄯᆞ라도〈MK13-24a〉
ᄒᆞ기와〈MR3-64b〉홈과〈MK6-26b〉
ᄒᆞ나혼〈MR6-46b〉ᄒᆞ가지믄〈MK12-18b〉
ᄒᆞ나히니〈MR6-46b〉ᄒᆞ가지니〈MK12-18a〉
ᄒᆞ노니〈MR1-52b〉ᄒᆞ노니〈MK2-15b〉
ᄒᆞ노니〈MR2-76b〉너기노니〈MK4-35a〉
ᄒᆞ노라.〈MR2-14a〉ᄒᆞ니라.〈MK3-14a〉

ᄒᆞ노라.〈MR3-37b〉ᄒᆞ노라.〈MK5-38b〉
ᄒᆞ노이다.〈MR1-11b〉ᄒᆞ노이다.〈MK1-12a〉
ᄒᆞ논디라〈MR2-72b〉너긴〈MK4-31b〉
ᄒᆞ논다〈MR1-5a〉ᄒᆞ놋다.〈MK1-5a〉
ᄒᆞ놋다.〈MR2-69a〉ᄒᆞ놋도다.〈MK4-27b〉
ᄒᆞ놋다.〈MR7-44a〉ᄒᆞ놋다.〈MK14-14a〉
ᄒᆞ니〈MR1-16b〉ᄒᆞ니〈MK1-16b〉
ᄒᆞ니〈MR2-55a〉ᄒᆞ거니〈MK4-13b〉
ᄒᆞ니〈MR3-45a〉ᄒᆞᄂᆞ니〈MK6-6b〉
ᄒᆞ니〈MR5-38b〉호니〈MK9-39b〉
ᄒᆞ니라.〈MR2-11b〉ᄒᆞ니라.〈MK3-11b〉
ᄒᆞ니라.〈MR7-21b〉이니라.〈MK13-27a〉
ᄒᆞ니이다.〈MR1-48a〉ᄒᆞ니이다.〈MK2-10b〉
ᄒᆞᄂᆞ냐?〈MR3-22a〉ᄒᆞᄂᆞ냐?〈MK5-22a〉
ᄒᆞᄂᆞ냐?〈MR3-51a〉너기ᄂᆞ냐?〈MK6-12b〉
ᄒᆞᄂᆞ뇨?〈MR5-10a〉ᄒᆞ더뇨?〈MK9-10b〉
------------- ᄒᆞᄂᆞ니〈MK8-26b〉
ᄒᆞᄂᆞ니〈MR1-36b〉ᄒᆞᄂᆞ니〈MK1-37a〉
ᄒᆞᄂᆞ니〈MR3-47b〉ᄒᆞ다ᄒᆞ니〈MK6-9a〉
ᄒᆞᄂᆞ니〈MR6-49a〉ᄒᆞ니〈MK12-21a〉
ᄒᆞᄂᆞ니다.〈MR3-10a〉인ᄂᆞ니이다.〈MK5-10b〉
ᄒᆞᄂᆞ니라.〈MR3-17a〉ᄒᆞ리라.〈MK5-17b〉
ᄒᆞᄂᆞ니라.〈MR4-48a〉ᄒᆞᄂᆞ니라.〈MK8-9a〉
ᄒᆞᄂᆞ니라.〈MR7-7b〉툿ᄒᆞᄂᆞ니라.〈MK13-9b〉
ᄒᆞᄂᆞ니이다.〈MR1-65b〉ᄒᆞᄂᆞ니이다.〈MK2-28b〉
ᄒᆞᄂᆞᆫ〈MR1-28b〉ᄒᆞᄂᆞᆫ〈MK1-29b〉
ᄒᆞᄂᆞᆫ〈MR3-74a〉ᄒᆞ노니〈MK6-36b〉
ᄒᆞᄂᆞᆫ고〈MR1-42a〉ᄒᆞᄂᆞᆫ고〈MK2-4b〉
ᄒᆞᄂᆞ니〈MR5-68b〉ᄒᆞᄂᆞ니〈MK10-34a〉
ᄒᆞᄂᆞᆫ디라〈MR6-4b〉ᄒᆞ논디라〈MK11-5b〉
ᄒᆞᄂᆞᆫ바ᄂᆞᆫ〈MR6-30b〉ᄒᆞᄂᆞᆫ바ᄂᆞᆫ〈MK11-38b〉
ᄒᆞᄂᆞᆫ바에〈MR7-51b〉ᄒᆞᄂᆞᆫ바애〈MK14-23b〉

ᄒᆞᄂᆞᆫ배〈MR6-17b〉ᄒᆞᄂᆞᆫ배〈MK11-22a〉

ᄒᆞᄂᆞᆫ者쟈ㅣ〈MR1-34b〉홋者쟈ㅣ〈MK1-35a〉

ᄒᆞᄂᆞᆫ者쟈ᄂᆞᆫ〈MR6-30b〉홈은〈MK11-38b〉

ᄒᆞ다〈MR1-71b〉호者쟈ᄂᆞᆫ〈MK2-34b〉

ᄒᆞ다가〈MR2-71b〉호더〈MK4-30b〉

ᄒᆞ다가〈MR3-30b〉事ᄉᆞᄒᆞ다가〈MK5-31a〉

ᄒᆞ더니〈MR5-10a〉ᄒᆞ더니〈MK9-10a〉

ᄒᆞ더니이다.〈MR1-45a〉ᄒᆞ더니이다.〈MK2-7
b〉

ᄒᆞ더라.〈MR3-19a〉ᄒᆞ더라.〈MK5-19a〉

ᄒᆞ더라〈MR5-26b〉ᄒᆞ니라.〈MK9-27a〉

ᄒᆞ더시니〈MR1-58b〉ᄒᆞ시니〈MK2-21a〉

ᄒᆞ더시니〈MR2-21a〉ᄒᆞ니〈MK3-21a〉

ᄒᆞ더시니〈MR3-40b〉ᄒᆞ더니〈MK6-2a〉

ᄒᆞ더시니〈MR4-33b〉ᄒᆞ더시다.〈MK7-34a〉

ᄒᆞ더시다.〈MR4-39b〉ᄒᆞ더시다.〈MK7-40a〉

ᄒᆞ더시이다.〈MR2-78b〉호이다.〈MK4-37b〉.

ᄒᆞ더이다.〈MR6-38b〉ᄒᆞ더이다.〈MK12-8a〉

ᄒᆞ디〈MR1-26a〉ᄒᆞ디〈MK1-27a〉

ᄒᆞ디〈MR2-62b〉몬홀〈MK4-21a〉

ᄒᆞ디〈MR4-15a〉되오디〈MK7-15a〉

ᄒᆞ디말며〈MR7-10b〉ᄒᆞ디말며〈MK13-13a〉

ᄒᆞ디아니려든〈MR6-55b〉ᄒᆞ디아니ᄒᆞ곤〈MK
12-29b〉

ᄒᆞ디아니며〈MR7-55a〉ᄒᆞ디아니ᄒᆞ며〈MK14-
28a〉

ᄒᆞ디아닐배〈MR7-58a〉ᄒᆞ디아닐빼〈MK14-31
a〉

ᄒᆞ라.〈MR3-16a〉ᄒᆞ라〈MK5-16b〉

ᄒᆞ라닐옴〈MR7-28a〉ᄒᆞ라홈〈MK13-35b〉

ᄒᆞ랴〈MR6-1b〉ᄒᆞ랴?〈MK11-2a〉

ᄒᆞ랴〈MR6-1b〉홀따?〈MK11-2a〉

ᄒᆞ랴?〈MR3-41b〉ᄒᆞ랴?〈MK6-2b〉

ᄒᆞ료?〈MR4-66a〉ᄒᆞ료〈MK8-27b〉

ᄒᆞ료?〈MR6-7a〉홀고?〈MK11-8b〉

ᄒᆞ리니〈MR1-2b〉ᄒᆞ야〈MK1-2b〉

ᄒᆞ리니〈MR1-34b〉ᄒᆞ리니〈MK1-35a〉

ᄒᆞ리라.〈MR4-14a〉ᄒᆞ리라.〈MK7-14b〉

ᄒᆞ리라〈MR5-41b〉ᄒᆞ다〈MK9-42b〉

ᄒᆞ리오.〈MR2-48b〉ᄒᆞ리오?〈MK4-7b〉

ᄒᆞ리오?〈MR3-10a〉홈이이시리오?〈MK5-10a〉

ᄒᆞ리오?〈MR3-53a〉ᄒᆞ료?〈MK6-14b〉

ᄒᆞ리오?〈MR4-28b〉儉검ᄒᆞ리오.〈MK7-29a〉

ᄒᆞ리오마ᄂᆞᆫ〈MR3-36b〉너기리오.〈MK5-37b〉

ᄒᆞ리잇고?〈MR1-13b〉ᄒᆞ리잇고.〈MK1-14a〉

ᄒᆞ리잇고?〈MR1-35b〉홈이이시리오.〈MK1-3
6b〉

ᄒᆞᄅᆞ〈MR3-42b〉혼〈MK6-4a〉

ᄒᆞᄅᆞ아젹도〈MR6-57a〉一일朝죠도〈MK12-3
1b〉

ᄒᆞ며〈MR1-2b〉ᄒᆞ며〈MK1-2b〉

ᄒᆞ며〈MR1-55a〉ᄒᆞ야〈MK2-17b〉

ᄒᆞ며〈MR1-5b〉ᄒᆞ고〈MK1-5b〉

ᄒᆞ면〈MR1-11a〉ᄒᆞᄂᆞ니〈MK1-11b〉

ᄒᆞ면〈MR1-14b〉혼則즉〈MK1-14b〉

ᄒᆞ면〈MR1-16a〉ᄒᆞ면〈MK1-16a〉

ᄒᆞ면〈MR1-62a〉ᄒᆞ엿거든〈MK2-24b〉

ᄒᆞ면〈MR1-78b〉ᄒᆞ뎐[**면?]〈MK2-41b〉

ᄒᆞ면〈MR4-43b〉ᄒᆞ여〈MK8-4b〉

ᄒᆞ믈며〈MR2-53a〉ᄒᆞ글며[**믈며?]〈MK4-11b〉

ᄒᆞ믈며〈MR4-26b〉ᄒᆞ몰며〈MK7-27a〉

ᄒᆞ미〈MR4-47a〉ᄒᆞ욤이〈MK8-8a〉

ᄒᆞ미잇가?〈MR1-84a〉쎄니잇가?〈MK2-47a〉

ᄒᆞ몰며〈MR2-67a〉ᄒᆞ믈며〈MK4-25b〉

ᄒᆞ샤〈MR1-15a〉ᄒᆞ시면〈MK1-15b〉

ᄒᆞ샤〈MR1-49b〉ᄒᆞ야〈MK2-12a〉

ᄒᆞ샤〈MR6-49a〉ᄒᆞ샤〈MK12-21a〉

ᄒᆞ샤故고로〈MR5-13b〉 ᄒᆞ신故고로〈MK9-14a〉
ᄒᆞ샤디〈MR1-5b〉 ᄒᆞ시나〈MK1-5b〉
ᄒᆞ샤디〈MR5-3b〉 ᄒᆞ더시니〈MK9-3b〉
ᄒᆞ샤믄〈MR2-14b〉 ᄒᆞ심은〈MK3-14b〉
ᄒᆞ샤문〈MR1-68a〉 ᄒᆞ시면〈MK2-30b〉
ᄒᆞ샤믄〈MR4-58b〉 홈온〈MK8-19b〉
ᄒᆞ샴은〈MR7-60b〉 ᄒᆞ심은〈MK14-34b〉
ᄒᆞ쇼셔.〈MR1-49a〉 ᄒᆞ쇼셔.〈MK2-11b〉
ᄒᆞ시고〈MR1-68a〉 ᄒᆞ시고〈MK2-30b〉
ᄒᆞ시고〈MR2-57b〉 ᄒᆞ고〈MK4-16a〉
ᄒᆞ시고〈MR4-53a〉 ᄒᆞ더시다.〈MK8-14a〉
ᄒᆞ시고〈MR5-37a〉 ᄒᆞ샤〈MK9-38a〉
ᄒᆞ시나〈MR1-5a〉 ᄒᆞ시나〈MK1-5a〉
ᄒᆞ시노소니〈MR1-31b〉 ᄒᆞ시노소이다.〈MK1-32a〉
시니〈MR1-13b〉 ᄒᆞ시니〈MK1-13b〉
ᄒᆞ시니〈MR1-56b〉 ᄒᆞ니〈MK2-19a〉
ᄒᆞ시니〈MR3-25b〉 ᄒᆞ여시ᄂᆞᆯ〈MK5-26a〉
ᄒᆞ시니〈MR3-55b〉 ᄒᆞ거시ᄂᆞᆯ〈MK6-17b〉
ᄒᆞ시니〈MR4-26a〉 ᄒᆞ시니라.〈MK7-26b〉
ᄒᆞ시니〈MR7-17a〉 ᄒᆞ시ᄂᆞ니〈MK13-21b〉
시니라.〈MR2-12b〉 ᄒᆞ시니라.〈MK3-12b〉
ᄒᆞ시니라.〈MR2-8a〉 ᄒᆞ시니〈MK3-8a〉
ᄒᆞ시니라.〈MR5-2b〉 ᄒᆞ니라.〈MK9-3a〉
ᄒᆞ시니라.〈MR6-12a〉 孟ᄆᆡᆼ子ᄌᆞㅣ〈MK11-15a〉
ᄒᆞ시니잇고?〈MR5-1a〉 ᄒᆞ시니잇고?〈MK9-1a〉
ᄒᆞ시ᄂᆞ뇨?〈MR1-44a〉 ᄒᆞ시ᄂᆞᆫ고〈MK2-6b〉
ᄒᆞ시ᄂᆞ니잇가?〈MR1-82b〉 ᄒᆞ시ᄂᆞᆫ잇가?〈MK2-45b〉
ᄒᆞ시ᄂᆞ니잇고?〈MR2-66b〉 ᄒᆞ시ᄂᆞ니잇고?〈MK4-25b〉
ᄒᆞ시다가〈MR2-49b〉 ᄒᆞ다가〈MK4-8a〉
ᄒᆞ시다ᄒᆞ니〈MR1-21b〉 ᄒᆞ샤소니〈MK1-22a〉

ᄒᆞ시다ᄒᆞ니〈MR5-15b〉 ᄒᆞ시니〈MK9-16a〉
ᄒᆞ시리니〈MR1-68a〉 ᄒᆞ시리니〈MK2-30b〉
ᄒᆞ시리오?〈MR3-61b〉 ᄒᆞ리오〈MK6-23b〉
ᄒᆞ시리오?〈MR3-61b〉 ᄒᆞ며〈MK6-23b〉
ᄒᆞ시리잇가?〈MR2-46a〉 ᄒᆞ리잇가?〈MK4-4a〉
ᄒᆞ시리잇고?〈MR1-33a〉 ᄒᆞ시리잇고?〈MK1-33b〉
ᄒᆞ시며〈MR1-5b〉 ᄒᆞ시며〈MK1-5b〉
ᄒᆞ시며〈MR3-64a〉 ᄒᆞ며〈MK6-26a〉
ᄒᆞ시며〈MR5-61a〉 ᄒᆞ시고〈MK10-24b〉
ᄒᆞ시면〈MR1-2a〉 ᄒᆞ시면〈MK1-2a〉
ᄒᆞ시면〈MR5-16a〉 ᄒᆞ면〈MK9-16b〉
ᄒᆞ신대〈MR7-36b〉 ᄒᆞ신대〈MK14-5a〉
ᄒᆞ신디라.〈MR5-13b〉 ᄒᆞ니〈MK9-14a〉
ᄒᆞ신ᄃᆞᆯ〈MR3-26a〉 ᄒᆞ나〈MK5-26b〉
ᄒᆞ실딘댄〈MR1-67b〉 ᄒᆞᆫ則즉〈MK2-30b〉
ᄒᆞ실딘댄〈MR2-79b〉 홀ᄯᅵᆫ댄〈MK4-38b〉
ᄒᆞ야〈MR1-28a〉 ᄒᆞ야〈MK1-29a〉
ᄒᆞ야〈MR4-31a〉 ᄒᆞᄂᆞ니〈MK7-31b〉
ᄒᆞ야〈MR5-67a〉 호ᄃᆡ〈MK10-32a〉
ᄒᆞ야ᄂᆞᆯ〈MR1-17a〉 고ᄒᆞ야ᄂᆞᆯ〈MK1-17b〉
ᄒᆞ야ᄂᆞᆯ〈MR1-17a〉 ᄒᆞ야ᄂᆞᆯ〈MK1-17b〉
ᄒᆞ야도〈MR1-64b〉 ᄒᆞ야도〈MK2-27a〉
ᄒᆞ야사〈MR1-64b〉 ᄒᆞ[**ᄒᆞ기〈MK2-27a〉
ᄒᆞ야사〈MR1-65a〉 ᄒᆞᆫ〈MK2-27b〉
ᄒᆞ야시ᄂᆞᆯ〈MR3-67a〉 ᄒᆞ여시ᄂᆞᆯ〈MK6-29a〉
ᄒᆞ야지라〈MR3-42b〉 호리라〈MK6-4a〉
ᄒᆞ얌즉〈MR3-40a〉 ᄒᆞ염즉〈MK6-1b〉
ᄒᆞ얌즉디〈MR2-3b〉 ᄒᆞ염즉디〈MK3-3b〉
ᄒᆞ얏더니〈MR3-66b〉 ᄒᆞ니〈MK6-28b〉
ᄒᆞ여곰〈MR1-13b〉 ᄒᆡ여곰〈MK1-13b〉
ᄒᆞ여곰〈MR1-36a〉 ᄒᆞ여곰〈MK1-37a〉
ᄒᆞᆫ〈MR1-22b〉 ᄒᆞᆫ〈MK1-22b〉

혼〈MR1-25b〉一일〈MK1-26a〉
혼가딜식니라.〈MR6-13b〉同동홀씨니라.〈MK11-16b〉
혼가지니〈MR4-67b〉同동ㅎ니라.〈MK8-29a〉
혼가지니〈MR4-74a〉혼가지니〈MK8-36a〉
혼가지니라.〈MR4-54b〉혼가지니라.〈MK8-15b〉
혼가지로〈MR1-42b〉혼가지로〈MK2-5a〉
혼가지로〈MR1-5b〉혼픠〈MK1-5b〉
혼가지로〈MR6-28a〉혼가짓〈MK11-35b〉
혼가지로더〈MR7-26b〉同동호더〈MK13-33a〉
혼가지로流류ㅎㄴ니〈MR7-8a〉同동流류ㅎㄴ니〈MK13-10a〉
혼가지로호더〈MR2-42a〉偕히호더〈MK3-42b〉
혼가지로ㅎ거니〈MR1-45b〉同동ㅎ시니〈MK2-8a〉
혼가지로ㅎ니〈MR3-13b〉共공ㅎ니〈MK5-14a〉
혼가지로ㅎ니라.〈MR3-5a〉共공ㅎ니라.〈MK5-5a〉
혼가지로ㅎ샤〈MR2-39a〉同동ㅎ샤〈MK3-39b〉
혼가지로ㅎ시면〈MR1-60b〉同동ㅎ시면〈MK2-23a〉
혼가지며〈MR6-12b〉同동ㅎ며〈MK11-15b〉
혼가지면〈MR3-33b〉同동ㅎ면〈MK5-34b〉
혼가지시니라.〈MR4-75a〉同동ㅎ시니라.〈MK8-36b〉
혼가진〈MR6-13a〉同동혼〈MK11-16a〉
혼가짓〈MR6-30b〉同동혼〈MK11-38b〉
혼가짓類류ㅣ〈MR6-14a〉類류ㅣ同동티〈MK11-17b〉
혼갓〈MR2-18a〉혼갓〈MK3-18a〉

혼介개롤뼈〈MR5-31b〉一일介개롤뼈〈MK9-32b〉
혼나〈MR3-1b〉혼나힐〈MK5-2a〉
혼나만間간ㅎ얏ㄴ니라.〈MR7-38b〉一일間간ᄲᅮᆫ이니라.〈MK14-6b〉
혼나홀〈MR2-51a〉一일을〈MK4-9b〉
혼나히나〈MR4-70b〉一일이나〈MK8-32a〉
혼나히니라.〈MR4-41b〉혼가지니라.〈MK8-2a〉
혼나ㅎ로뼈〈MR1-33b〉一일로뼈〈MK1-34a〉
혼나홀〈MR1-33b〉一일을〈MK1-34a〉
혼날을〈MR7-28b〉一일日일을〈MK13-36b〉
혼ᄂ디라.〈MR5-55b〉ㅎ니〈MK10-18a〉
혼대〈MR3-65a〉혼대〈MK6-27a〉
혼대〈MR5-8a〉ㅎ야〈MK9-8a〉
혼돈〈MR6-34b〉一일鉤구ㅅ〈MK12-3a〉
혼둘〈MR6-62a〉혼둘〈MK12-38a〉
혼돍을〈MR3-65a〉一일鷄계를〈MK6-27a〉
혼돗ㅎ이다.〈MR3-40a〉ㅎ도소이다.〈MK6-1b〉
혼말이〈MR1-77b〉一일이〈MK2-40b〉
혼번〈MR1-14b〉혼적〈MK1-14b〉
혼번〈MR1-49b〉혼번〈MK2-12a〉
혼夫부ㅣ〈MR5-51b〉一일夫부ㅣ〈MK10-12b〉
혼사롭은〈MR6-19b〉一일人인오〈MK11-24b〉
혼사롭이〈MR1-50b〉一일人인이〈MK2-13a〉
혼수릭〈MR6-34b〉一일輿여ㅅ〈MK12-3a〉
혼수리〈MR6-31b〉一일車거〈MK11-40a〉
혼時시ㅣ니라.〈MR2-78b〉一일時시니라.〈MK4-37b〉
혼時시ㅣ며〈MR2-78b〉一일時시며〈MK4-37b〉
혼올히삿기롤〈MR6-36b〉혼匹필雛추롤〈MK12-5b〉
혼者쟈ㅣ〈MR6-12a〉혼者쟈ㅣ〈MK11-14b〉
혼잔〈MR6-31b〉一일杯비〈MK11-40a〉

혼지쳑〈MR1-26a〉 一일羽우의〈MK1-26b〉
혼妻쳐와〈MR4-76a〉 一일妻쳐와〈MK8-38a〉
혼妾첩을두어〈MR4-76a〉 一일妾첩으로〈MK8-38a〉
혼텰을〈MR7-19a〉 一일毛모롤〈MK13-24a〉
홀〈MR1-81b〉 홀〈MK2-44b〉
홀〈MR2-73a〉 흙〈MK4-32a〉
홀〈MR5-28a〉 ᄒ욜〈MK9-28b〉
홀거시라〈MR5-38b〉 혼다.〈MK9-39b〉
홀것가?〈MR3-23b〉 ᄒ랴?〈MK5-24a〉
홀고?〈MR1-2a〉 ᄒ려뇨〈MK1-2a〉
홀디니〈MR3-3a〉 되리니〈MK5-3a〉
홀디니〈MR5-12b〉 뎌ᄒᄂ니〈MK9-13a〉
홀디니〈MR6-1b〉 ᄒ리니〈MK11-2a〉
홀디니〈MR6-9a〉 ᄒᄂ니〈MK11-11a〉
홀디니〈MR7-37a〉 ᄒ니〈MK14-5a〉
홀디니라.〈MR6-33a〉 ᄒᄂ니라.〈MK11-41a〉
홀디니라.〈MR6-34a〉 홀꺼시니라.〈MK12-2b〉
홀디라도〈MR4-19b〉 ᄒ나〈MK7-20a〉
홀디라도〈MR5-31b〉 ᄒ야도〈MK9-32a〉
홀디라도〈MR7-7a〉 홀따라도〈MK13-8b〉
홀디며〈MR7-16b〉 홀이니라.〈MK13-20b〉
홀디의**오끼?〈MR5-38b〉 ᄒ고〈MK9-39b〉
홀딘댄〈MR2-71a〉 홀띤댄〈MK4-30a〉
홀딘댄〈MR4-7b〉 君군의〈MK7-7b〉
홀딘댄〈MR4-7b〉 홀띤댄〈MK7-7b〉
홀딘댄〈MR6-1b〉 ᄒ면〈MK11-2a〉
홀딘댄〈MR6-25b〉 홀딘댄〈MK11-32b〉
홀롤〈MR6-19a〉 一일日일을〈MK11-23b〉
홀배〈MR2-56b〉 홀빼〈MK4-15a〉
홀시〈MR1-83b〉 홀씨〈MK2-46b〉
홀시니라.〈MR2-16b〉 홈오로〈MK3-16b〉
홀ᄯ롬이니라.〈MR6-36b〉 홀ᄯ롬이니라.〈M

K12-5b〉
홀ᄯ롬이니라.〈MR6-55b〉 ᄯ롬이니라.〈MK12-30a〉
홀줄을〈MR4-37a〉 흜주를〈MK7-38a〉
홈만〈MR2-37b〉 홈만〈MK3-38b〉
홈의〈MR1-6a〉 홈의〈MK1-6a〉
홈이〈MR3-2b〉 ᄒ옴을〈MK5-2b〉
홈이〈MR7-21a〉 ᄒ욤이〈MK13-26b〉
홍샹〈MR4-63b〉 덛덛이〈MK8-25a〉
홍샹〈MR6-65a〉 덛더디〈MK12-41b〉
홍샹〈MR6-65b〉 더디〈MK12-42a〉
히니〈MR2-79b〉 歲셰니〈MK4-38a〉
히는〈MR1-6a〉 日일은〈MK1-6a〉
히로더〈MR4-41a〉 歲셰로더〈MK8-2a〉
히얌즉ᄒ니이다.〈MR1-77b〉 ᄒ얌즉ᄒ니이다.〈MK2-40b〉
히여곰〈MR1-85a〉 ᄒ여곰〈MK2-48a〉
히여곰〈MR2-45b〉 히여곰〈MK4-4a〉
히여곰〈MR3-12a〉 ᄒ야곰〈MK5-12a〉
여곰〈MR7-44a〉 ᄒ여곰〈MK14-14a〉
히엿더시니〈MR2-60a〉 사맛더시니〈MK4-18b〉
히이니〈MR2-71b〉 ᄒ니〈MK4-30b〉
힝혀〈MR4-53b〉 行힝혀〈MK8-15a〉

論語諺解 語彙

*栗谷論語〈NR〉*內閣論語〈NK〉

가〈NR3-67a〉가〈NK3-68b〉

가고〈NR4-57a〉適뎍ᄒᆞ고〈NK4-58b〉

가고져〈NR4-34a〉往왕고쟈〈NK4-35a〉

가고져〈NR4-35b〉往왕코쟈〈NK4-37a〉

가ᄂᆞᆫ〈NR1-51a〉之지ᄒᆞ야〈NK1-52a〉

가ᄂᆞᆫ〈NR2-48b〉逝셔ᄒᆞᄂᆞᆫ〈NK2-49b〉

가리잇고?〈NR4-34b〉가시리잇고〈NK4-35b〉

가샤〈NR4-33a〉가샤〈NK4-34a〉

가실제〈NR3-42b〉適뎍ᄒᆞ실시〈NK3-43b〉

가온대〈NR1-41a〉中듕에〈NK1-42a〉

가온대〈NR4-18a〉가온ᄃᆡ〈NK4-18b〉

가일ᄏᆞ라〈NR4-31a〉稱칭ᄒᆞ야〈NK4-32a〉

가조차〈NR3-33b〉從죵遊유〈NK3-34a〉

가조챳던〈NR3-1b〉從죵ᄒᆞ얏던〈NK3-1b〉

각각〈NR1-53b〉각각〈NK1-55a〉

각을〈NR1-35a〉각각〈NK1-36a〉

갈디라도〈NR3-49a〉갈ᄯᅵ라도〈NK3-50a〉

갈디〈NR4-34b〉갈디〈NK4-35b〉

敢감히〈NR3-12b〉구틔여〈NK3-12a〉

갓가오니〈NR4-19a〉近근ᄒᆞ니〈NK4-20a〉

갓가이〈NR2-14b〉갓가온ᄃᆡ〈NK2-14b〉

갓가이론〈NR4-39a〉갓가이ᄂᆞᆫ〈NK4-40a〉

降강ᄒᆞ샨〈NR2-57a〉ᄂᆞ리샤ᄂᆞᆫ〈NK2-58a〉

改기티〈NR2-15b〉고티디〈NK2-15b〉

改기호미〈NR1-6b〉고티미〈NK1-6b〉

改기홀디니라.〈NR2-22b〉고틸ᄯᅵ니라〈NK2-23a〉

거긔룰〈NR4-63a〉己긔룰〈NK4-65a〉

거스로뻐〈NR2-59a〉거스로뻐〈NK2-60a〉

거시〈NR1-34b〉쩌시〈NK1-35b〉

거시니〈NR3-40a〉쩌시니〈NK3-40b〉

거시라.〈NR3-11b〉쩌시라〈NK3-11b〉

거시며〈NR3-40a〉쩌시며〈NK3-40b〉

거스로〈NR1-47a〉거슬〈NK1-48b〉

거의오〈NR3-9b〉庶셔ᄒᆞ고〈NK3-9b〉

게으르디〈NR2-28a〉게을리〈NK2-28b〉

겨샤〈NR1-52a〉겨샤〈NK1-53b〉

겨샤〈NR2-48b〉겨셔〈NK2-49b〉

겨샤〈NR4-1b〉겨셔〈NK4-1b〉

겨샨〈NR2-54b〉겨샤ᄂᆞᆫ〈NK2-55b〉

겨셔〈NR2-19a〉겨샤〈NK2-19b〉

겨시거늘〈NR4-29b〉셧거시늘〈NK4-30b〉

겨시거늘〈NR4-29a〉셧거시늘〈NK4-30a〉

見견케〈NR4-31b〉뵈게〈NK4-32b〉

見견ᄒᆞ야〈NR1-16a〉보와〈NK1-16b〉

見견ᄒᆞ야〈NR2-25a〉보와〈NK2-25b〉

견디디〈NR2-6b〉이긔디〈NK2-7a〉

見현커ᄂᆞᆯ〈NR2-25a〉뵈ᄋᆞ와ᄂᆞᆯ〈NK2-25b〉

敬경코〈NR2-10b〉공경코〈NK2-11a〉

古고룰〈NR2-14b〉녜를〈NK2-15a〉

고을ᄒᆡ〈NR1-55a〉믄읍에〈NK1-56b〉

고올과〈NR1-44a〉믄읍과〈NK1-45b〉

고티디〈NR4-53b〉易역디〈NK4-55a〉

고티리오?〈NR4-53a〉易역ㅎ리오〈NK4-54b〉

고텨〈NR3-7a〉고텨〈NK3-7b〉

過과ㅣ〈NR2-27a〉허믈이〈NK2-27b〉

過과ㅣ〈NR3-8b〉너믐이〈NK3-8b〉

過과롤〈NR1-35a〉허믈을〈NK1-36a〉

寡과ㅎ고〈NR1-16a〉젹으며〈NK1-16b〉

過과ㅎ고〈NR3-8b〉넘고〈NK3-8b〉

寡과ㅎ나니〈NR1-16b〉젹느니〈NK1-17a〉

寡과ㅎ며〈NR1-16b〉젹으며〈NK1-17a〉

寡과ㅎ면〈NR1-16b〉젹으면〈NK1-17a〉

過과ㅎ실제〈NR2-45a〉디나심애〈NK2-45b〉

過과ㅎ실제〈NR2-56b〉디나실시〈NK2-57b〉

敎교티〈NR3-54b〉ᄀᆞᄅ치디〈NK3-56a〉

敎교ㅎ면〈NR1-17b〉ᄀᆞᄅ치면〈NK1-18a〉

敎교ㅎ시니〈NR2-23b〉ᄀᆞᄅ치시니〈NK2-23b〉

舊구貫관을〈NR3-7a〉녜일을〈NK3-7a〉

力력을〈NR2-40a〉힘을애〈NK2-40b〉

久구호디〈NR1-49a〉오라되〈NK1-50b〉

苟구히〈NR3-42b〉잠깐〈NK3-43a〉

구드며〈NR2-45a〉구ᄃ며〈NK2-46a〉

구챠혼〈NR3-40a〉苟구혼〈NK3-40b〉

구터여〈NR4-49b〉반ᄃ시〈NK4-51a〉

君군을〈NR4-41a〉님금을〈NK4-42a〉

君군子ᄌᆞ롤〈NR2-27b〉몸소〈NK2-28a〉

躬궁의〈NR1-39b〉몸의〈NK1-40b〉

倦권티〈NR2-15a〉게을이〈NK2-15b〉

귀예〈NR2-37a〉귀예〈NK2-37b〉

그_엇디〈NR4-72a〉엇디 그〈NK4-74b〉

그나ᄆ〈NR2-35b〉그〈NK2-36a〉

그나ᄆ〈NR2-4b〉그나믄〈NK2-4b〉

그러나〈NR3-57a〉그러나〈NK3-58b〉

그러면〈NR3-8b〉그러면〈NK3-8b〉

그러모로〈NR4-23a〉故고로〈NK4-24a〉

그러타.〈NR4-52b〉그러ㅎ다〈NK4-54a〉

그러타〈NR2-28a〉可가히〈NK2-28b〉

그러터니〈NR3-76a〉그러ㅎ니〈NK3-77b〉

그러턴가?〈NR3-62a〉그러혼가?〈NK3-63a〉

그러티〈NR1-25a〉그러티〈NK1-26a〉

그러ㅎ다〈NR4-17a〉그러ㅎ다〈NK4-17b〉

그러ㅎ다〈NR4-36b〉然연ㅎ다〈NK4-37b〉

그러ㅎ리오?〈NR2-12b〉그러ㅎ리오?〈NK2-12b〉

그러ㅎ리오?〈NR3-60b〉그러리오?〈NK3-62a〉

그러ㅎ이다〈NR4-2b〉그러ㅎ이다〈NK4-2b〉

그런〈NR4-4a〉그런〈NK4-4a〉

그르시〈NR1-28b〉그르시〈NK1-29b〉

그르시니라.〈NR1-42a〉器긔ㅣ니라〈NK1-43a〉

그르시니잇고?〈NR1-42a〉器긔ㅣ니잇고?〈NK1-43a〉

그말을〈NR1-46b〉그言언을〈NK1-48a〉

그므서슬〈NR4-3a〉므스일을〈NK4-3a〉

그믈〈NR4-11b〉小쇼를〈NK4-12a〉

그으기〈NR2-14b〉그윽이〈NK2-15a〉

그이〈NR1-24a〉그이롤〈NK1-25a〉

그人인〈NR1-53b〉그사롬을〈NK1-54b〉

그人인을〈NR3-5a〉夫부人인을〈NK3-5a〉

그人인이〈NR3-7b〉夫부人인이〈NK3-7b〉

그止지홈도〈NR2-49b〉그침도〈NK2-50a〉

그처디리라.〈NR4-72b〉終죵ㅎ리라〈NK4-74b〉

런큰?기수리〈NR1-18b〉車거ㅣ〈NK1-19a〉

근ㅎ나〈NR4-32b〉갓가오나〈NK4-33b〉

近근ㅎ니라.〈NR3-53b〉갓가오니라〈NK3-54b〉

近근ㅎ며〈NR2-32b〉갓가오며〈NK2-33b〉

近근ㅎ면〈NR1-7a〉갓가오면〈NK1-7b〉

近근ᄒ면〈NR4-48a〉 갓가이ᄒ면〈NK4-49b〉

近근혼〈NR3-47a〉 갓가온〈NK3-48a〉

근심이〈NR4-19b〉 憂우ㅣ〈NK4-20a〉

及급디〈NR2-37b〉 밋디〈NK2-38a〉

及급디〈NR2-61b〉 밋게〈NK2-62b〉

及급디〈NR3-8b〉 밋디〈NK3-8b〉

긔達달코져〈NR2-14a〉 몸이達달코져〈NK2-14b〉

己긔立립고져〈NR2-14a〉 몸이立립고져〈NK2-14b〉

己긔任임을〈NR2-34a〉 몸의任임을〈NK2-34b〉

棄기호미니라.〈NR3-55a〉 ᄇ림이니라〈NK3-56a〉

기ᄃ로리이다.〈NR3-16b〉 俟ᄉ호리이다〈NK3-16b〉

기리〈NR1-32b〉 기리〈NK1-33a〉

기리〈NR4-72b〉 永영히〈NK4-74b〉

기픈〈NR2-31a〉 기픈〈NK2-32a〉

길히〈NR4-31b〉 길혜〈NK4-32b〉

깃거〈NR4-30a〉 희ᄒ야〈NK4-31a〉

깃거〈NR4-34b〉 說열티〈NK4-35b〉

깃거ᄒ고〈NR3-53a〉 說열ᄒ고〈NK3-54a〉

깃거ᄒ디〈NR4-66b〉 喜희티〈NK4-68b〉

깃거혼대〈NR1-43b〉 깃거혼대〈NK1-44b〉

깃기기〈NR3-53a〉 說열케홈이〈NK3-54a〉

깃기기롤〈NR3-53a〉 說열케홈을〈NK3-54a〉

깃디〈NR3-53a〉 說열티〈NK3-54a〉

깃부고〈NR1-39b〉 깃브고〈NK1-40b〉

ᄀ라샤디〈NR2-7a〉 굴ᄋ샤디〈NK2-7b〉

ᄀ로디〈NR3-43a〉 굴오디〈NK3-43b〉

ᄀ르샤디〈NR1-49b〉 굴ᄋ샤디〈NK1-50b〉

ᄀ른디〈NR3-45a〉 굴오디〈NK3-45b〉

ᄀ른샤디〈NR1-10a〉 굴ᄋ샤디〈NK1-10a〉

ᄀ른샤디〈NR1-6a〉 굴아샤디〈NK1-6a〉

ᄀ른샤디〈NR2-45a〉 굴오디〈NK2-46a〉

ᄀ른샤디〈NR3-61a〉 굴ᄋ새샤끼디〈NK3-62a〉

ᄀ른샤디〈NR4-15b〉 ᄀ른샤디〈NK4-16a〉

ᄀ른치기롤〈NR3-54b〉 ᄀ른침이〈NK3-55b〉

ᄀ른치미〈NR2-28a〉 ᄀ른침을〈NK2-28b〉

ᄀ른칠딘뎌〈NR1-15b〉 ᄀ른칠띤뎌〈NK1-16a〉

ᄀ조몰〈NR4-58b〉 備비홈을〈NK4-60a〉

ᄀ죽ᄒ더시다.〈NR2-55b〉 襜쳠톳ᄒ더시다〈NK2-56b〉

ᄀ티ᄒ시며〈NR2-57b〉 곧ᄐ시며〈NK2-58b〉

ᄀ트냐?〈NR2-27b〉 곧ᄐ냐?〈NK2-28a〉

ᄀ트니라.〈NR1-24b〉 곧ᄐ니라〈NK1-25b〉

ᄀ트리오?〈NR3-63a〉 곧ᄐ리오〈NK3-64b〉

ᄀ톤뎌!〈NR1-24a〉 곧톤뎌〈NK1-25a〉

곧다〈NR1-51a〉 곧다〈NK1-52a〉

곧디〈NR1-45b〉 곧디〈NK1-47a〉

굴오디〈NR1-11b〉 굴오디〈NK1-12a〉

굴오디〈NR1-37b〉 굴ᄋ샤디〈NK1-38b〉

굴오디〈NR3-49a〉 묻ᄌ와〈NK3-50a〉

굴온〈NR1-10a〉 굴온〈NK1-10a〉

굴온〈NR3-63a〉 굴오디〈NK3-64a〉

굴의[**ᄋ끼디〈NR1-22b〉 굴오디〈NK1-23a〉

굴ᄋ디〈NR4-28b〉 굴오디〈NK4-29b〉

굴ᄋ샤디〈NR1-29a〉 굴ᄋ샤디〈NK1-29b〉

굴ᄒ여〈NR2-25a〉 擇퇴ᄒ야〈NK2-25b〉

굴히여〈NR2-22b〉 굴히여〈NK2-23a〉

竝〈NR3-78a〉 굴와〈NK3-79b〉

ᄀᆽ디〈NR1-21b〉 곧디〈NK1-22a〉

ᄀᆽ티〈NR4-67a〉 이러ᄐ시〈NK4-69a〉

ᄀᆽ티〈NR4-7b〉 곧티〈NK4-7b〉

ᄀᆽ티ᄒ는〈NR2-49a〉 곧티ᄒ는〈NK2-50a〉

ᄀᆽ트냐〈NR3-29b〉 곧ᄐ냐〈NK3-29b〉

ᄀᆽ트니〈NR3-26a〉 곧ᄐ니〈NK3-26a〉

ᄀᆞᆺᄐᆞ니라.〈NR3-26a〉ᄀᆞᆮᄐᆞ니라〈NK3-26a〉

ᄀᆞᆺᄐᆞ니라.〈NR4-71b〉ᄀᆞᆮᄐᆞ니라〈NK4-73b〉

ᄀᆞᆺᄐᆞ리오〈NR4-53a〉ᄀᆞᆮᄐᆞ리오〈NK4-54b〉

ᄀᆞᆺᄐᆞ며〈NR3-26a〉ᄀᆞᆮᄐᆞ며〈NK3-26a〉

ᄀᆞᆺᄐᆞ야〈NR4-67b〉ᄀᆞᆮ톤디라〈NK4-69b〉

ᄀᆞᆺ톤뎌!〈NR4-39b〉ᄀᆞᆮ톤뎌〈NK4-41a〉

나〈NR4-73a〉나〈NK4-75b〉

내[出]〈NR2-57a〉出츌ᄒᆞ샤〈NK2-58a〉

나거ᄂᆞᆯ〈NR3-18a〉出츌커ᄂᆞᆯ〈NK3-18a〉

나거든〈NR2-63a〉出츌ᄒᆞ거든〈NK2-64a〉

나고〈NR4-22a〉出츌ᄒᆞ고〈NK4-22b〉

나ᄂᆞ니〈NR4-22a〉出츌ᄒᆞᄂᆞ니〈NK4-23a〉

나ᄂᆞᆫ〈NR1-26b〉나ᄂᆞᆫ〈NK1-27b〉

나ᄂᆞᆫ〈NR3-1b〉내〈NK3-1b〉

나더시다.〈NR2-63a〉出츌ᄒᆞ더시다〈NK2-64a〉

나디〈NR2-44b〉나디〈NK2-45a〉

나니〈NR2-62a〉出츌티〈NK2-63a〉

나라〈NR1-37a〉國국을〈NK1-38a〉

나라히〈NR3-15b〉나라히〈NK3-15b〉

나라ᄒᆞ기ᄅᆞᆯ〈NR3-18b〉나라홀홈이〈NK3-18b〉

나라홀〈NR1-37a〉國국을〈NK1-38a〉

나라홀〈NR1-3a〉나라홀〈NK1-3a〉

나라히〈NR1-44a〉나라히히〈NK1-45a〉

나라히〈NR1-5b〉邦방에〈NK1-5b〉

나ᄅᆞᆯ〈NR1-23a〉나ᄅᆞᆯ〈NK1-23b〉

나ᄅᆞᆯ〈NR3-15a〉나ᄅᆞᆯ〈NK3-15a〉

나ᄅᆞᆯ〈NR3-72a〉날〈NK3-73b〉

나매〈NR3-21a〉出츌홈애〈NK3-21a〉

나며〈NR2-22a〉生싱ᄒᆞ야〈NK2-22a〉

나며〈NR4-19a〉出츌ᄒᆞ며〈NK4-20a〉

나면〈NR1-3b〉나ᄂᆞᆫ〈NK1-3b〉

나면〈NR2-62a〉出츌ᄒᆞ면〈NK2-63a〉

나ᄆᆞ니ᄅᆞᆯ〈NR1-16a〉남으니를〈NK1-16b〉

나ᄆᆞᆫ〈NR1-3b〉남은〈NK1-3b〉

나아가〈NR4-18b〉就츄ᄒᆞ야〈NK4-19b〉

나와〈NR1-30b〉나와〈NK1-31b〉

나의〈NR2-16a〉내〈NK2-16a〉

나의〈NR2-18b〉내의〈NK2-19a〉

나ᄋᆞ뇨?〈NR1-45a〉愈유ᄒᆞ뇨?〈NK1-46b〉

나ᄋᆞ니라.〈NR4-46b〉賢현ᄒᆞ니라〈NK4-47b〉

나ᄋᆞ니잇가?〈NR3-8b〉나ᄋᆞ닝잇가?〈NK3-8b〉

나죄〈NR1-35b〉나죄〈NK1-36b〉

나지〈NR1-46a〉晝쥬에〈NK1-47a〉

나히〈NR4-48b〉年년이〈NK4-50a〉

나홀〈NR1-39b〉나ᄒᆞᆫ〈NK1-40b〉

樂락홉디〈NR1-1a〉즐겁디〈NK1-1a〉

樂락ᄒᆞᄂᆞᆫ〈NR2-10a〉즐겨ᄒᆞᄂᆞᆫ〈NK2-10a〉

樂요ᄒᆞᄂᆞ니〈NR2-11a〉됴히너기ᄂᆞ니〈NK2-11b〉

난디〈NR4-45b〉生싱ᄒᆞᆫ〈NK4-47a〉

亂란臣신〈NR2-38b〉다ᄉᆞ리ᄂᆞᆫ臣신卜하〈NK2-39b〉

難란ᄒᆞ니〈NR1-13a〉어려오니〈NK1-13a〉

날〈NR1-43b〉나ᄅᆞᆯ〈NK1-44b〉

날〈NR1-9a〉己긔ᄅᆞᆯ〈NK1-9a〉

날〈NR3-5b〉나를〈NK3-6a〉

날〈NR4-9a〉己긔〈NK4-9b〉

날로〈NR3-15a〉날로뻐〈NK3-14b〉

날로뻐〈NR2-23a〉날로뻐〈NK2-23b〉

날애〈NR4-28b〉날애〈NK4-29a〉

날을〈NR1-37a〉己긔〈NK1-38a〉

날을〈NR3-2a〉나를〈NK3-2b〉

날을〈NR3-4b〉나ᄅᆞᆯ〈NK3-4b〉

날을〈NR3-75a〉己긔ᄅᆞᆯ〈NK3-76b〉

날의〈NR2-17b〉날애〈NK17b〉

날제〈NR2-9a〉出출홈애〈NK2-9a〉

내〈NR1-10b〉내〈NK1-10b〉

내〈NR2-15b〉내의〈NK2-15b〉

내〈NR2-48a〉내ㅣ〈NK2-49a〉

내〈NR3-21a〉己긔의〈NK3-21a〉

내게〈NR1-43b〉내게〈NK1-44b〉

내게孝효롤〈NR1-11b〉孝효를내게〈NK1-11b〉

내道도논〈NR1-37b〉吾오道도논〈NK1-38b〉

來리케홀디니라.〈NR3-47a〉오미니라〈NK3-48a〉

내몸을〈NR1-2b〉내몸을〈NK1-2b〉

내몸의〈NR4-73b〉朕짐躬궁에〈NK4-75b〉

내시니〈NR2-23a〉生성호시니〈NK2-23a〉

내텨눌〈NR4-49b〉黜츌호여눌〈NK4-50b〉

내티디〈NR4-49b〉黜츌티〈NK4-51a〉

너〈NR4-72b〉너〈NK4-74b〉

너기되〈NR1-4a〉너교디〈NK1-4a〉

너는〈NR1-26b〉너는〈NK1-27b〉

너드려〈NR4-37b〉너드려〈NK4-38b〉

너를〈NR2-53b〉너를〈NK2-55a〉

너롤〈NR1-15b〉너롤〈NK1-16a〉

너롤〈NR3-15a〉너를〈NK3-15b〉

너모〈NR2-1b〉너무〈NK2-1b〉

너므〈NR1-53a〉足쥐죡끼히〈NK1-54b〉

너므나〈NR1-43b〉過과호나〈NK1-44b〉

너므려니와〈NR4-70b〉蹂유호려니와〈NK4-72b〉

너비〈NR1-3b〉너비〈NK1-3b〉

너비〈NR2-40b〉넙이〈NK2-41b〉

너비施시호고〈NR2-13b〉施시홈을너비호고〈NK2-14a〉

너와〈NR4-32a〉널로〈NK4-33a〉

너의〈NR1-45b〉네의〈NK1-47a〉

너의〈NR3-38a〉네〈NK3-38b〉

널로뻬〈NR3-12a〉널로뻐〈NK3-12a〉

넘디〈NR4-70b〉蹂유티〈NK4-72b〉

네〈NR1-21b〉네〈NK1-22a〉

네〈NR1-47b〉네의〈NK1-48b〉

네가지롤〈NR2-42a〉四ᄉ ㅣ〈NK2-42b〉

네게〈NR2-23a〉네게〈NK2-23b〉

네이〈NR4-17b〉네의〈NK4-18a〉

네홀〈NR1-48b〉네히〈NK1-50a〉

녀기는〈NR2-32a〉너기는〈NK2-32b〉

녜〈NR1-39b〉古고者쟈애〈NK1-40b〉

녜〈NR2-20a〉녯〈NK2-20a〉

녜〈NR2-33a〉녜〈NK2-33b〉

녜로브터〈NR3-25a〉녜로브터〈NK3-25b〉

녜惡악을〈NR1-52b〉舊구惡악을〈NK1-54a〉

녯〈NR1-26b〉녯〈NK1-27a〉

녯穀곡이〈NR4-44b〉舊구穀곡이〈NK4-45b〉

老로호야셔〈NR3-77b〉늙오디〈NK3-79a〉

老로호디라〈NR4-50a〉늘근디라〈NK4-51b〉

노리니〈NR3-33b〉호더니〈NK3-34a〉

노프며〈NR2-45a〉놉프며〈NK2-46a〉

누롤〈NR2-46b〉누를〈NK2-47a〉

눌과〈NR2-18a〉누를〈NK2-18a〉

눌과〈NR3-27a〉눌로〈NK3-27a〉

눌로〈NR2-52b〉눌로〈NK4-54b〉

뉘〈NR1-26a〉뉘〈NK1-26b〉

뉘〈NR4-64a〉어늬를〈NK4-66a〉

뉘고?〈NR4-52a〉누고〈NK4-53b〉

늘그매〈NR4-25b〉老로에〈NK4-26b〉

늣더뇨?〈NR3-45a〉晏안호뇨?〈NK3-45b〉

니〈NR1-55a〉者쟈ㅣ〈NK1-56b〉

니겨〈NR2-64a〉熟슉호야〈NK2-65a〉

니는〈NR2-35b〉나믄거슨〈NK2-36a〉

니는〈NR2-4b〉이는〈NK2-4b〉

니디〈NR4-1b〉興흥티〈NK4-1b〉

니란〈NR3-27b〉이란〈NK3-28a〉

니로리라.〈NR1-4b〉닐오리라〈NK1-4b〉

니로리라.〈NR4-37b〉語어호리라〈NK4-38b〉

니로미니잇고?〈NR1-12a〉닐옴이닝잇고〈NK 1-12a〉

니르니는〈NR4-55a〉至재지끼흔則즉〈NK4-56 b〉

니르더뇨〈NR4-60a〉닐으더뇨〈NK4-62a〉

니르디〈NR4-41b〉至지티〈NK4-42b〉

니르러도다.〈NR1-12b〉니르러도다〈NK1-13a〉

니르리니〈NR3-41a〉니르리니〈NK3-41b〉

니르리잇가?〈NR3-12b〉니르리잇가?〈NK3-12 b〉

니르리잇가?〈NR3-22a〉닐으리잇가?〈NK3-22 a〉

니르시미니잇고?〈NR1-38a〉니르심이니잇 고?〈NK1-39a〉

니르히〈NR3-64a〉니르히〈NK3-65b〉

니르히〈NR4-28b〉닐으히〈NK4-29b〉

니를〈NR2-19a〉니를〈NK2-19b〉

니를디니라.〈NR1-6b〉닐을이니라〈NK1-6b〉

니르고〈NR2-11b〉니르고〈NK2-11b〉

니르고〈NR4-24b〉닐으고〈NK4-25b〉

니르고〈NR4-77b〉虐학이오〈NK4-80a〉

니르기롤〈NR1-53b〉니르디〈NK1-55a〉

니르나〈NR1-23b〉니르나〈NK1-24a〉

니르니라.〈NR1-48b〉니르니라〈NK1-49b〉

니르니잇고?〈NR1-48a〉니르니잇고?〈NK1-49 b〉

니르느니라.〈NR4-25a〉닐으느니라〈NK4-25b〉

니르는바〈NR3-32a〉닐온밧〈NK3-32b〉

니르더시다〈NR2-40b〉니르더시다〈NK2-41a〉

니르디〈NR2-44b〉니르디〈NK2-45a〉

니르디〈NR4-20a〉닐으디〈NK4-20b〉

니르디〈NR4-36b〉닐으디〈NK4-37b〉

니르디아니ᄒᆞ뇨?〈NR2-21b〉아니ᄒᆞ뇨?〈NK2 -22a〉

니르랴?〈NR4-32a〉닐으랴?〈NK4-33a〉

니르리니라.〈NR2-11b〉니를띠니라〈NK2-12a〉

니르리로다.〈NR1-23a〉닐엄즉ᄒᆞ도다〈NK1-23b〉

니르리로다.〈NR1-9a〉니르리로다〈NK1-9a〉

니르리로다.〈NR2-30a〉니롤ᄯᅩ롭이로다〈NK 2-30b〉

니르리잇가?〈NR2-14a〉니르리잇가〈NK2-14a〉

니르리잇고?〈NR3-32a〉니르리잇고〈NK3-32b〉

니르리잇고?〈NR3-49b〉닐으리잇고?〈NK3-50a〉

니르며〈NR4-40a〉닐으며〈NK4-41a〉

니르면〈NR1-51a〉至지ᄒᆞ야〈NK1-52a〉

니르샤디〈NR1-20a〉니르샤디〈NK1-20b〉

니르사디〈NR1-41a〉닐으샤디〈NK1-42a〉

니르시매〈NR1-5b〉니르샤〈NK1-5b〉

니르심고?〈NR3-35b〉니르심고?〈NK3-36a〉

니른둘〈NR4-40a〉닐으나〈NK4-41a〉

니롤〈NR3-18b〉니를〈NK3-18a〉

니롤〈NR3-31b〉이를〈NK3-31b〉

니롤거시니라.〈NR3-17b〉닐올디니라〈NK3-17b〉

니롤디니〈NR3-54a〉닐올띠니〈NK3-55b〉

니롤디니라.〈NR1-8a〉닐올이니라〈NK1-8a〉

니롤디니라.〈NR2-10b〉닐올띠니라〈NK2-11a〉

니롤디니라.〈NR2-11a〉니를띠니라〈NK2-11a〉

니롤디니라.〈NR2-28a〉니롤ᄯᅩ롬이니라〈NK 2-28b〉

니롤디니라.〈NR3-49b〉닐롤띠니라〈NK3-50b〉

니롤디니라.〈NR4-61b〉닐엄즉홀_ᄯᅩ롬이니

라〈NK4-63a〉

니롤디며〈NR3-24a〉 닐으리니라〈NK3-24a〉

니롤띠니라.〈NR2-14b〉 니롤띠니라〈NK2-14b〉

니롤주롤〈NR2-21b〉 니르롬을〈NK2-22a〉

니롬인뎌!〈NR4-28b〉 닐옴인뎌〈NK4-29b〉

니만〈NR1-8b〉者쟈만〈NK1-8b〉

니을〈NR1-19a〉니을〈NK1-19b〉

니저〈NR3-34a〉니저〈NK3-34b〉

닐러〈NR1-17b〉닐어〈NK1-18a〉

닐러〈NR2-17b〉닐러〈NK2-18a〉

닐런논뎌〈NR1-18a〉 닐런논뎌〈NK1-18b〉

닐룰신대〈NR3-65a〉 닐ᄋ더시니〈NK3-66b〉

닐오더〈NR1-26a〉닐오더〈NK1-26b〉

닐오미〈NR4-69b〉닐옴이〈NK4-72a〉

닐오미니잇고?〈NR1-22b〉닐옴이니잇고〈NK1-23a〉

닐오미니잇고?〈NR1-25a〉닐오미니잇고〈NK1-25b〉

닐오민뎌.〈NR1-8b〉닐옴인뎌〈NK1-8b〉

닐온〈NR3-55a〉닐온〈NK3-56a〉

닐온밧〈NR4-72a〉닐온밧〈NK4-74a〉

닐옴이니잇고.〈NR3-75b〉닐옴이니잇고?〈NK3-77a〉

닐을디니라.〈NR3-24a〉닐으리니라〈NK3-24a〉

닐ᄋ리니라.〈NR3-13b〉닐엄즉ᄒ니라〈NK3-13a〉

님금〈NR1-21b〉君군이〈NK1-22a〉

님금〈NR1-40a〉君군을〈NK1-41b〉

님금〈NR3-67b〉君군〈NK3-69a〉

님금되미〈NR3-45b〉君군되옴이〈NK3-46b〉

님금되오믄〈NR3-46b〉君군되옴을〈NK3-47a〉

님금되오미〈NR3-46a〉君군되옴이〈NK3-46b〉

님금을〈NR3-13a〉님금을〈NK3-13a〉

님금을〈NR3-66b〉君군을〈NK3-67b〉

님금이〈NR3-27a〉君군이〈NK3-27a〉

넙고〈NR2-52a〉넙어〈NK2-52a〉

넙기롤〈NR1-54a〉衣의홈을〈NK1-55a〉

넙은〈NR2-52a〉넙은〈NK2-52a〉

닛고〈NR2-21b〉니즈며〈NK2-22a〉

닛디〈NR3-60b〉닛디〈NK3-62a〉

ᄂ리샤〈NR4-51b〉ᄂ리샤〈NK4-52b〉

늦두어〈NR4-39b〉面면ᄒ야〈NK4-41a〉

다〈NR2-21a〉다〈NK2-21b〉

다〈NR3-25a〉死ᄉ홈이〈NK3-25b〉

多다ᄒ나〈NR2-61a〉하나〈NK2-62b〉

다드라〈NR3-15b〉다드라〈NK3-15b〉

다로이다.〈NR3-17b〉달오이디[다긔〈NK3-17b〉

다르니〈NR3-48b〉다르니〈NK3-49a〉

다르도다.〈NR4-60b〉다라두다〈NK4-62a〉

다론〈NR4-28b〉異이홈〈NK4-29b〉

다론〈NR4-29b〉달온〈NK4-30b〉

다른〈NR4-31a〉異이邦방〈NK4-32a〉

다론뎌!〈NR1-6a〉다른신뎌〈NK1-6a〉

다른人인의〈NR4-70b〉他타人인의〈NK4-72b〉

다믓〈NR2-17b〉다믓〈NK2-18a〉

다믓〈NR1-33a〉다믓〈NK1-34a〉

다믓〈NR1-36a〉더브러〈NK1-37a〉

다믓〈NR4-48a〉다믓〈NK4-49b〉

다시〈NR2-16a〉다시〈NK2-16a〉

다스리고〈NR3-65b〉다스리고〈NK3-67a〉

다스리니〈NR3-65b〉다스리니〈NK3-67a〉

다스리되〈NR1-3a〉道도ᄒ오더〈NK1-3a〉

다스리려니와〈NR1-44a〉治치ᄒ얌즉ᄒ거니와〈NK1-45b〉

다숫者쟈롤〈NR4-35a〉五오者쟈를〈NK4-36b〉

다엿사롬과〈NR3-17b〉五오六륙人인과〈NK3-17b〉

短단히〈NR2-58b〉댜ᄅᆞ게〈NK2-60a〉

달라〈NR4-57a〉달라〈NK4-58b〉

담의〈NR4-39b〉墻쟝을〈NK4-41a〉

닷그시니〈NR4-74a〉修슈ᄒᆞ신대〈NK4-76b〉

黨당의ᄒᆞᄂᆞ니〈NR1-35a〉류에니〈NK1-36a〉

大대倫륜을〈NR4-55b〉큰倫륜을〈NK4-57a〉

大대夫부〈NR1-51a〉태우〈NK1-52a〉

大대夫부ㅣ〈NR3-59b〉태우ᄂᆞᆫ〈NK3-61a〉

大대夫부ᄃᆞ려〈NR4-68b〉태우ᄃᆞ려〈NK4-70b〉

大대夫부로부터〈NR4-22a〉태우로브터〈NK 4-23a〉

大대夫부의〈NR3-4a〉태우의〈NK3-4b〉

大대夫부의게〈NR4-22b〉태우〈NK4-23a〉

大대夫부의게〈NR4-23a〉태우에〈NK4-24a〉

待ᄃᆡᄒᆞᄂᆞᆫ〈NR2-47b〉기ᄃᆞ리ᄂᆞᆫ〈NK2-48a〉

待ᄃᆡᄒᆞ야〈NR3-38a〉기드려〈NK3-38b〉

당샹〈NR2-29b〉기리〈NK2-30a〉

더〈NR3-51a〉得득ᄒᆞ야〈NK3-51b〉

더브러〈NR1-13b〉더브러〈NK1-13b〉

더브러〈NR1-54a〉더브리러〈NK1-55b〉

더브러〈NR3-49a〉與여홈이〈NK3-49b〉

더브러〈NR3-68b〉더블어〈NK3-70a〉

더옥〈NR2-45a〉더옥〈NK2-46a〉

더으리잇고?〈NR3-43a〉加가ᄒᆞ리잇고?〈NK3-43b〉

더으면〈NR3-31b〉더으면〈NK3-32a〉

더홀〈NR1-34b〉더울〈NK1-35a〉

뎌여!〈NR3-58b〉뎨어〈NK3-60a〉

道도ᄒᆞ샷다!〈NR3-70a〉닐옴이샷다〈NK3-71b〉

도라가〈NR4-55a〉反반ᄒᆞ야〈NK4-56b〉

도라가ᄂᆞ니라.〈NR4-67a〉歸귀ᄒᆞᄂᆞ니라〈NK 4-69a〉

도적〈NR4-40b〉盜도〈NK4-41b〉

돗기〈NR2-62b〉席셕이〈NK2-63b〉

되게〈NR4-35a〉홀띤뎌〈NK4-36a〉

되고져〈NR3-17a〉되욤을〈NK3-16b〉

되디〈NR3-56a〉ᄒᆞ디〈NK3-57a〉

되디〈NR3-59b〉되디〈NK3-61b〉

되디말라.〈NR2-7b〉되디말라〈NK2-7b〉

되리라.〈NR3-60b〉될이니라〈NK3-61b〉

되리라.〈NR4-35b〉ᄒᆞ욤이니라〈NK4-36b〉

되리이다.〈NR4-19b〉되리이다〈NK4-20a〉

되면〈NR3-59b〉되면〈NK3-61a〉

되미〈NR4-78a〉되디〈NK4-80b〉

되시고〈NR4-48b〉되고〈NK4-50a〉

되시미여!〈NR2-38a〉되샴이여〈NK2-38b〉

되얏ᄂᆞᆫ디라〈NR2-3b〉되엿더니〈NK2-3b〉

되여〈NR4-49b〉되여셔〈NK4-50b〉

되엿거눌〈NR2-8a〉되엿더니〈NK2-8a〉

될디니라.〈NR3-50a〉이니라〈NK3-51a〉

될디니라.〈NR4-26b〉되ᄂᆞ니라〈NK4-27b〉

될디니라〈NR1-14b〉되염즉ᄒᆞ니라〈NK1-14b〉

됴ᄒᆞᆷ을〈NR4-69a〉好호홈을〈NK4-71a〉

됴히〈NR1-2a〉好호티〈NK1-2a〉

됴히너ᄅᆞᆯ길者쟈ㅣ〈NR1-1b〉好호ᄒᆞᆯ者쟈ㅣ〈NK1-2a〉

됴히너기되〈NR4-32a〉好호호더〈NK4-33a〉

됴히녀기면〈NR4-8b〉好호ᄒᆞ면〈NK4-9a〉

두〈NR4-18b〉二이ᄅᆞᆯ〈NK4-19a〉

두〈NR4-54b〉두〈NK4-56b〉

두가지롤〈NR4-30a〉二이者쟈를〈NK4-31a〉

두고〈NR3-4a〉잇고〈NK3-4a〉

두고도〈NR2-35a〉두고도〈NK2-36a〉

두곤〈NR3-9a〉가옴 열거늘〈NK3-9a〉

두니〈NR1-29b〉두니〈NK1-30b〉

두되〈NR4-28b〉두되〈NK4-29a〉

두디〈NR4-68b〉두디〈NK4-70b〉

두디〈NR2-37b〉두시되〈NK2-38b〉

두리디〈NR3-22a〉懼구티〈NK3-22b〉

두리리오?〈NR3-22b〉懼구ᄒ리오?〈NK3-22b〉

두리오니라.〈NR1-39b〉저프니라〈NK1-40b〉

두며〈NR1-29a〉두며〈NK1-29b〉

두미〈NR2-8b〉두디〈NK2-9a〉

두번절ᄒ야〈NR2-63a〉再ᄌ拜비ᄒ야〈NK2-64a〉

두번홈이〈NR1-51b〉再지〈NK1-53a〉

두샤〈NR2-39b〉두샤〈NK2-40a〉

두시니〈NR4-73b〉두신대〈NK4-76b〉

두시니이다.〈NR3-57a〉두시니이다〈NK3-58b〉

두시매〈NR2-38b〉두심애〈NK2-39a〉

두시며〈NR2-57b〉겨시며〈NK2-59a〉

두어〈NR3-51a〉두어〈NK3-52a〉

두어시니〈NR1-48b〉인ᄂ니〈NK1-50a〉

둘디니라.〈NR1-39a〉둘떠니라〈NK1-40a〉

둘러이다.〈NR4-17b〉두려ᄒ노소이다〈NK4-18a〉

둘셔!〈NR2-6b〉둘셔[잇슬셔〈NK2-6b〉

둘홀〈NR2-39b〉둘홀〈NK2-40a〉

둣거니와〈NR3-56b〉돗거니와〈NK3-57b〉

둣거눌〈NR3-23a〉둣거늘〈NK3-23a〉

둣노라.〈NR2-38b〉둔노라〈NK2-39b〉

둣ᄂ니〈NR1-12b〉인ᄂ니〈NK1-13a〉

둣ᄂ니〈NR3-73a〉둔ᄂ니〈NK3-74b〉

둣ᄂ〈NR3-56b〉둔ᄂ〈NK3-57b〉

둣ᄂ가?〈NR4-46a〉둔ᄂ냐〈NK4-47a〉

둣더니〈NR1-51a〉둣더니〈NK1-52a〉

둣더시니〈NR2-59a〉두시니〈NK2-60a〉

둣더시니〈NR2-60a〉둣더시니〈NK2-61a〉

둣디〈NR3-56b〉두디〈NK3-57b〉

뒤〈NR2-55b〉뒤히〈NK2-56b〉

뒤뎌더니〈NR3-18a〉後후ᄒ얏더니〈NK3-18a〉

뒤희〈NR2-45a〉뒤헤〈NK2-46a〉

드니라.〈NR4-58a〉入입ᄒᄂ니라〈NK4-59b〉

드듸여〈NR4-1b〉드듸여〈NK4-1b〉

드디〈NR3-10b〉드디〈NK3-10b〉

드러〈NR1-26a〉드러〈NK1-26b〉

드러〈NR2-20a〉들어가〈NK2-20a〉

드러도〈NR4-45a〉聞문ᄒ야도〈NK4-46b〉

드럿거니와〈NR4-1a〉드럿거니와〈NK4-1a〉

드럿노라.〈NR3-23a〉드런노니〈NK3-23a〉

드럿노라.〈NR4-27b〉드런노라〈NK4-28b〉

드럿노라.〈NR4-30a〉들언노라〈NK4-31a〉

드럿ᄂ다?〈NR4-37a〉드런ᄂ다〈NK4-38b〉

드로니〈NR2-26b〉늘으니(?)〈NK2-27a〉

드르니〈NR2-3b〉들으니〈NK2-3b〉

드르니〈NR4-20a〉들오니〈NK4-21a〉

드르려니와〈NR1-47b〉드르려니와〈NK1-49a〉

드르리라.〈NR3-45a〉聞문홀이니라〈NK3-46a〉

드르며〈NR4-30a〉聞문ᄒ며〈NK4-31a〉

드르면〈NR1-35b〉드르면〈NK1-36b〉

드르미〈NR4-28b〉聞문이〈NK4-29b〉

드르샤〈NR1-26a〉드르샤〈NK1-26b〉

드르시고〈NR2-19a〉드르시고〈NK2-19b〉

드르시고〈NR2-43b〉드ᄅ시고〈NK2-44a〉

드르시고〈NR3-65a〉들ᄋ시고〈NK3-66a〉

드르실제〈NR2-56a〉드르실시〈NK2-57a〉

드른바와〈NR4-60b〉들은바애〈NK4-62a〉

드ᄅ시고〈NR4-33a〉들으시다〈NK4-34a〉

드르시ᄂ니〈NR1-5b〉드르시ᄂ니〈NK1-5b〉

드믈고〈NR4-22a〉듬을고〈NK4-23a〉

드므니라.〈NR1-52b〉드므니라〈NK1-54a〉

드므니라.〈NR4-22b〉듬으니라〈NK4-23a〉

드므리〈NR2-40b〉져기[＊쫃:적다〈NK2-41a〉

드믈고〈NR4-22a〉듬을고〈NK4-23a〉

得득디〈NR1-33a〉아니ᄒᆞ야〈NK1-34a〉

得득디몯ᄒᆞ야〈NR3-24b〉마디ᄒᆞ야〈NK3-25a〉

得득디아닐디라도〈NR1-33b〉아니ᄒᆞ야어더도〈NK1-34a〉

듣고〈NR2-15b〉듣고〈NK2-15b〉

듣디몯게이다.〈NR2-2b〉듣디몯게이다〈NK2-2b〉

들고〈NR4-57b〉入입ᄒᆞ〈NK4-59a〉

들고〈NR4-57b〉入입ᄒᆞ고〈NK4-59a〉

들면〈NR1-3b〉드러ᄂᆞᆫ〈NK1-3b〉

들제〈NR2-8b〉들식〈NK2-8b〉

듯거ᄂᆞᆯ〈NR2-6a〉잇거ᄂᆞᆯ〈NK2-6b〉

듯게〈NR4-43b〉聞문케〈NK4-45a〉

듯고〈NR1-26a〉드ᄅᆞ시고〈NK1-26b〉

듯고〈NR1-43b〉듣고〈NK1-44b〉

듯고〈NR4-28a〉드럿고〈NK4-29a〉

듯고〈NR4-30a〉聞문ᄒᆞ고〈NK4-31a〉

듯고〈NR4-40b〉聽쳥ᄒᆞ고〈NK4-42a〉

듯과라.〈NR4-30b〉聞문호라〈NK4-31b〉

듯기롤〈NR3-76b〉聽텽홈을〈NK3-77b〉

듯ᄂᆞᆫ뎌.〈NR2-17b〉둗ᄂᆞᆫ뎌〈NK2-18a〉

듯디〈NR1-47b〉듣디〈NK1-49a〉

듯ᄌᆞ오니〈NR4-33b〉들ᄌᆞ오니〈NK4-34b〉

디나다니〈NR4-29a〉過과ᄒᆞ다니〈NK4-30a〉

디날〈NR3-74b〉過과홀〈NK3-76b〉

디니〈NR3-4a〉ᄭᅥ시니〈NK3-4a〉

디니〈NR4-34b〉ᄯᆞᄅᆞᆷ이니〈NK4-35b〉

디뵈[보디]〈NR1-55a〉보디〈NK1-56b〉

ᄃᆞ리노하〈NR4-71b〉階계ᄒᆞ야〈NK4-73b〉

ᄃᆞ롬이로다.〈NR4-42a〉ᄯᆞᄅᆞᆷ이로다〈NK4-43a〉

듯거ᄂᆞᆯ〈NR1-29b〉두거ᄂᆞᆯ〈NK1-30b〉

듯ᄒᆞ고〈NR2-37b〉듯ᄒᆞ고〈NK2-38a〉

듯ᄒᆞ고〈NR4-27b〉듯ᄒᆞ며〈NK4-28b〉

듯ᄒᆞ며〈NR2-33a〉듯ᄒᆞ며〈NK2-33b〉

리〈NR1-34b〉리〈NK1-35b〉

리ᄅᆞ니잇고?〈NR3-54a〉닐ᄋᆞ리잇고?〈NK3-55a〉

리롤〈NR2-35b〉니롤〈NK2-36a〉

마래[冊]〈NR2-3b〉말아〈NK2-4a〉

마로더〈NR1-50a〉已이호더〈NK1-51b〉

마로미니라.〈NR4-10b〉말올ᄯᅵ니라〈NK4-11a〉

마롤디니〈NR3-47b〉마를ᄯᅵ니〈NK3-48b〉

마롤디니〈NR3-75a〉말ᄯᆞᄅᆞᆷ이니〈NK3-76b〉

마롤디니〈NR4-70a〉말라〈NK4-72b〉

마롤디니라.〈NR1-33b〉아니홀ᄯᅵ니라〈NK1-34b〉

마롤디니라.〈NR1-5a〉말올ᄯᅵ니라〈NK1-5a〉

마롤디니라.〈NR3-36b〉마롤ᄯᅵ니라〈NK3-37a〉

마롤디니라.〈NR4-59a〉ᄯᆞᄅᆞᆷ이니라〈NK4-61a〉

마롤디라〈NR1-55a〉말올디라〈NK1-56a〉

마롤디라〈NR4-7a〉말올ᄯᅵ라〈NK4-7b〉

마롤디어라!〈NR4-51a〉마롤ᄯᅵ어다〈NK4-52b〉

마롤던뎌!〈NR2-44b〉마롤ᄯᅵ뎌〈NK2-45a〉

마롤ᄯᅵ니라.〈NR2-16b〉아니ᄒᆞᄂᆞ니라〈NK17b〉

마롬도곤〈NR4-46b〉已이홈도곤〈NK4-47b〉

마롤〈NR3-45b〉言언을〈NK3-46a〉

마롤디니라.〈NR4-58b〉말롤ᄯᅵ니라〈NK4-60a〉

마시고〈NR2-20b〉飮음ᄒᆞ고〈NK2-20b〉

막힐가〈NR4-61a〉泥녜홀까〈NK4-62b〉

만나〈NR4-54a〉만나〈NK4-55b〉

만나시다.〈NR4-31b〉遇우ᄒᆞ시다〈NK4-32b〉

만일〈NR2-13b〉만일에〈NK2-14a〉

만일〈NR2-28a〉만일〈NK2-28b〉

만일에〈NR3-44a〉만일애〈NK3-44b〉

말〈NR4-51b〉말ᄒ디〈NK4-53a〉

말고〈NR1-37a〉말오〈NK1-38a〉

말고〈NR1-9a〉말고〈NK1-9a〉

말고〈NR3-70b〉아니홀꺼시나〈NK3-72a〉

말고〈NR4-20a〉아니ᄒ고〈NK4-21a〉

말디니〈NR2-34a〉마ᄂ니〈NK2-34b〉

말랴?〈NR3-58a〉말라〈NK3-59a〉

말랴?〈NR3-58a〉말랴〈NK3-59a〉

말리잇가?〈NR3-77a〉ᄯ롬이니잇가?〈NK3-78b〉

말롤디니라.〈NR4-66b〉말롤ᄯ니라〈NK4-68b〉

말며〈NR1-33b〉아니ᄒ며〈NK1-34a〉

말며〈NR1-4b〉말오〈NK1-4b〉

말며〈NR1-7b〉아니ᄒ며〈NK1-8a〉

말며〈NR2-16b〉아니호디〈NK2-17a〉

말며〈NR3-20b〉말며〈NK3-20b〉

말면〈NR3-21a〉마롤디니〈NK3-21a〉

말면〈NR3-43b〉ᄯ롬이라도〈NK3-44a〉

말숨을〈NR3-20b〉말숨을〈NK3-20b〉

말쩌시로소이다.〈NR4-44b〉已이ᄒ얌즉ᄒ도소이다〈NK4-45b〉

말애〈NR3-2a〉말애〈NK3-2b〉

말오믈〈NR3-24b〉시러곰〈NK3-24b〉

말은〈NR4-11b〉言언은〈NK4-12a〉

말을〈NR1-46b〉言언을〈NK1-48a〉

말을〈NR2-51a〉말오〈NK2-52a〉

말을〈NR4-27b〉語에어끼를〈NK4-28b〉

말의〈NR3-45b〉言언에〈NK3-46b〉

말의〈NR3-46b〉言언애〈NK3-47a〉

말의〈NR4-71a〉말애〈NK4-73b〉

말이〈NR1-10a〉말이〈NK1-10a〉

말이〈NR4-19a〉言언이〈NK4-19b〉

말이여!〈NR3-25a〉말숨이〈NK3-26a〉

말이여!〈NR3-44a〉말이여〈NK3-44b〉

말호리라.〈NR4-32a〉言언호리라〈NK4-33a〉

말호매〈NR3-46b〉言언홈애〈NK3-47b〉

말ᄒ고쟈〈NR4-51b〉말ᄒ고져〈NK4-52b〉

말ᄒ니〈NR2-25a〉말홈이〈NK2-25b〉

맛망티〈NR4-69b〉맛당티〈NK4-72a〉

亡망ᄒ리로다.〈NR2-6a〉업스리러니〈NK2-6b〉

忘망ᄒ야〈NR2-21b〉니저〈NK2-22a〉

亡무ㅣ되리오?〈NR4-59b〉업다ᄒ리오〈NK4-61a〉

亡무혼〈NR4-31b〉업슴을〈NK4-32b〉

머고디〈NR3-59a〉飯반ᄒ야〈NK3-60a〉

머그며〈NR2-20b〉飯반ᄒ며〈NK2-20b〉

머기고〈NR4-54b〉먹키고〈NK4-56b〉

머므러〈NR4-54b〉止지ᄒ야〈NK4-56a〉

먹디〈NR2-62a〉食식디〈NK2-63a〉

멀리〈NR1-39a〉멀리〈NK1-40a〉

멀리론〈NR4-39a〉멀리ᄂ〈NK4-40a〉

멀리호믈〈NR4-30a〉遠원홈을〈NK4-31b〉

멀리ᄒ리라.〈NR4-8a〉遠원ᄒᄂ니라〈NK4-8a〉

멀리홀디오〈NR1-7b〉遠원ᄒ며〈NK1-7b〉

메니롤〈NR4-54a〉메니를〈NK4-55b〉

勉면티〈NR2-48b〉힘쓰디〈NK2-49b〉

名명을〈NR1-33b〉일홈을〈NK1-34b〉

嗚명호미〈NR2-32a〉우롬이〈NK2-32b〉

名명호미〈NR2-38a〉일홈이〈NK2-39a〉

모다〈NR4-8b〉모다〈NK4-8b〉

모든〈NR1-17a〉모든〈NK1-17a〉

母모롤〈NR2-3a〉어미를〈NK2-3a〉

모믈〈NR3-44b〉身신을〈NK3-45a〉

모믈〈NR3-48a〉躬궁을〈NK3-49a〉

모 매로〈NR2-27b〉君군子 를〈NK2-28a〉

모미〈NR1-34b〉몸애〈NK1-35b〉

몬져〈NR1-14b〉몬져〈NK1-15a〉

몬져〈NR3-35b〉아래〈NK3-36a〉

몯게라.〈NR1-18b〉몯게라〈NK1-19a〉

몯게라.〈NR4-28a〉몯ᄒ얀노라〈NK4-29a〉

몯ᄌ온대〈NR3-55a〉묻ᄌ온대〈NK3-56a〉

몯케라.〈NR2-49a〉몯게라〈NK2-50a〉

몯하면〈NR1-37a〉몯ᄒ면〈NK1-38a〉

몯ᄒ노니〈NR3-6a〉몯ᄒ노니〈NK3-6a〉

몯ᄒ노라.〈NR2-27b〉몯ᄒ노라〈NK2-28a〉

몯ᄒ노ᄃᆞᆫ〈NR4-11b〉몯ᄒ노면〈NK4-12a〉

몯ᄒ노믈〈NR3-70b〉몯ᄒ놈을〈NK3-72a〉

몯ᄒ노미〈NR2-15b〉몯ᄒ놈이〈NK2-15b〉

몯ᄒ노미이〈NR4-67a〉아니홈이〈NK4-69a〉

몯ᄒ노ᄆᆫ〈NR1-23b〉몯ᄒ놈은〈NK1-24a〉

몯ᄒ노믈〈NR1-37a〉몯ᄒ놈을〈NK1-38a〉

몯ᄒ노믈〈NR1-39b〉몯ᄒ놈을〈NK1-40b〉

몯ᄒ노믈〈NR1-9a〉몯ᄒ놈을〈NK1-9a〉

몯ᄒ노믈〈NR4-55b〉몯ᄒ놈은〈NK4-57a〉

몯ᄒ노이다〈NR1-22a〉몯ᄒ리로소이다〈NK1-22b〉

몯ᄒ노이디[다.〈NR2-7a〉몯ᄒ노이다〈NK2-7b〉

몯ᄒ놈〈NR4-71b〉몯ᄒ놈〈NK4-73b〉

몯ᄒ놈과〈NR2-15b〉몯ᄒ놈과〈NK2-15b〉

몯ᄒ놈과〈NR2-15b〉몯ᄒ며〈NK2-15b〉

몯ᄒ거니와〈NR1-42b〉몯ᄒ거니와〈NK1-44a〉

몯ᄒ거니와〈NR1-50a〉몯게라〈NK1-51b〉

몯ᄒ거ᄂᆞᆯ〈NR2-6b〉몯ᄒ거ᄂᆞᆯ〈NK2-7a〉

몯ᄒ거ᄂᆞᆯ〈NR4-1b〉몯ᄒ더니〈NK4-1b〉

몯ᄒ거든〈NR2-23b〉몯ᄒ거든〈NK2-24a〉

몯ᄒ거든〈NR3-75a〉업거든〈NK3-76b〉

몯ᄒ고〈NR1-4b〉아니ᄒᄂᆞ니〈NK1-4b〉

몯ᄒ고〈NR2-10a〉몯ᄒ고〈NK2-10a〉

몯ᄒ고〈NR3-39a〉아니ᄒ고〈NK3-39b〉

몯ᄒ고〈NR3-57a〉몯ᄒ야ᄂᆞᆯ〈NK3-58b〉

몯ᄒ곤〈NR4-55b〉몯ᄒ거니〈NK4-57a〉

몯ᄒ나〈NR2-47a〉몯ᄒ나〈NK2-47b〉

몯ᄒ나〈NR2-49b〉몯ᄒ야셔〈NK2-50a〉

몯ᄒ노라.〈NR1-43b〉몯ᄒ노라〈NK1-45a〉

몯ᄒ놋다.〈NR3-2b〉몯ᄒ놋다〈NK3-2b〉

몯ᄒ노니〈NR3-26a〉몯ᄒ노니〈NK3-26b〉

몯ᄒ노니라.〈NR1-4b〉몯ᄒᄂᆞ니라〈NK1-4b〉

몯ᄒᄂᆞ니라.〈NR1-8b〉몯ᄒᄂᆞ니라〈NK1-8b〉

몯ᄒᄂᆞ니라.〈NR4-74a〉몯ᄒ고〈NK4-76a〉

몯ᄒᄂᆞ니〈NR1-28b〉몯ᄒ며〈NK1-29a〉

몯ᄒᄂᆞ니〈NR4-54a〉몯ᄒᄂᆞ니〈NK4-55b〉

몯ᄒᄂᆞ니라.〈NR1-52b〉몯ᄒ놋다〈NK1-53b〉

몯ᄒᄂᆞ니라.〈NR1-55a〉몯ᄒᄂᆞ니라〈NK1-56b〉

몯ᄒᄂᆞ니라.〈NR2-34b〉몯ᄒᄂᆞ니라〈NK2-35a〉

몯ᄒᄂᆞ니라.〈NR2-62a〉몯홀 꺼시니라〈NK2-63a〉

몯ᄒᄂᆞ니잇고?〈NR3-72b〉업ᄉᆞ니잇고?〈NK3-74a〉

몯ᄒᄂᆞᆫ〈NR3-38a〉몯ᄒᄂᆞᆫ〈NK3-38b〉

몯ᄒᄂᆞᆫ뎌!〈NR3-72a〉업ᄉᆞᆫ뎌〈NK3-73b〉

몯ᄒᄂᆞᆫ디라.〈NR2-63b〉몯ᄒᄂᆞᆫ디라〈NK2-64b〉

몯ᄒᄂᆞᆫ듯ᄒ더시다.〈NR2-54a〉몯ᄒᄂᆞᆫ者쟈ᄀᆞᆮ더시다〈NK2-55b〉

몯ᄒᄂᆞ다〈NR1-22a〉몯ᄒᄂᆞ다〈NK1-22b〉

몯ᄒᄂᆞ더시다.〈NR2-16b〉아니터시다〈NK17b〉

몯ᄒᄂᆞ도다.〈NR1-42a〉몯ᄒᄂᆞ도다〈NK1-43b〉

몯ᄒᄂᆞᆯ란디〈NR1-43b〉몯ᄒᄂᆞᆫ디라〈NK1-44b〉

몯ᄒ랴?〈NR4-49b〉몯ᄒ랴〈NK4-51a〉

몯ᄒ려니와〈NR4-50a〉몯ᄒ려니와〈NK4-51b〉
몯ᄒ리니〈NR1-32b〉몯ᄒᄂ니〈NK1-33a〉
몯ᄒ리니〈NR2-42b〉몯ᄒ려니와〈NK2-43a〉
몯ᄒ리니〈NR4-69b〉몯ᄒ리니〈NK4-71b〉
몯ᄒ리니〈NR4-70b〉몯홀이니〈NK4-72b〉
몯ᄒ리니라.〈NR1-52a〉몯홀이니라〈NK1-53a〉
몯ᄒ리러냐〈NR1-22a〉몯ᄒ리소냐〈NK1-22b〉
몯ᄒ리로다.〈NR1-28b〉몯ᄒ리로다〈NK1-29a〉
몯ᄒ리로다〈NR1-24a〉몯ᄒ노라〈NK1-25a〉
몯ᄒ리오?〈NR1-20a〉몯ᄒ리오?〈NK1-20b〉
몯ᄒ며〈NR1-23b〉몯ᄒ며〈NK1-24a〉
몯ᄒ며〈NR1-46a〉몯ᄒ꺼시며〈NK1-47b〉
몯ᄒ며〈NR4-21a〉몯하며〈NK4-21b〉
몯ᄒ며〈NR4-73a〉아니ᄒ며〈NK4-75b〉
몯ᄒ면〈NR1-24b〉몯ᄒ면〈NK1-25b〉
몯ᄒ면〈NR2-33b〉몯ᄒ리면〈NK2-34a〉
몯ᄒ면〈NR3-39a〉아니ᄒ則즉〈NK3-39b〉
몯ᄒ면〈NR3-39b〉몯ᄒ則즉〈NK3-40a〉
몯ᄒ면〈NR3-6a〉몯ᄒ먼[면]〈NK3-6b〉
2몯ᄒ면〈NR4-14a〉아니ᄒ면〈NK4-14a〉
몯ᄒ샤〈NR2-19a〉몯ᄒ샤〈NK2-19b〉
몯ᄒ시다.〈NR4-51b〉몯ᄒ시다〈NK4-53a〉
몯ᄒ시며〈NR3-27a〉몯ᄒ시며〈NK3-27a〉
몯ᄒ야〈NR2-2b〉몯ᄒ야〈NK2-2b〉
몯ᄒ야〈NR3-10a〉아니ᄒ고〈NK3-10a〉
몯ᄒ야〈NR3-26b〉몯ᄒ거니〈NK3-27a〉
몯ᄒ야도〈NR1-1b〉몯ᄒ야도〈NK1-1b〉
몯ᄒ야든〈NR2-61a〉몯ᄒ야든〈NK2-62a〉
몯ᄒ야셔ᄂ〈NR1-48a〉몯ᄒ야셔〈NK1-49b〉
몯ᄒ야신〈NR4-41a〉몯ᄒ얀〈NK4-42a〉
몯ᄒ얏노라〈NR4-1b〉몯ᄒ얀노이다〈NK4-1b〉
몯ᄒ얏노이다.〈NR1-43a〉몯ᄒ얀노이다〈NK1-44a〉

몯ᄒ얏ᄂ냐?〈NR1-35a〉몯ᄒ엿도다〈NK1-36a〉
몯ᄒ얏ᄂ니라.〈NR3-10b〉몯ᄒᄂ니라〈NK3-10b〉
몯ᄒ얏다〈NR1-4a〉몯ᄒ얏다〈NK1-4a〉
몯ᄒ얏디니라.〈NR2-50a〉몯호라〈NK2-51a〉
몯ᄒ여셔〈NR4-24b〉아니ᄒ야셔〈NK4-25b〉
몯ᄒᆫ〈NR1-32a〉아니ᄒᆫ〈NK1-33a〉
몯ᄒᆫ〈NR1-35a〉몯ᄒᆫ〈NK1-35b〉
몯ᄒᆫ〈NR2-22b〉아닌〈NK2-23a〉
몯ᄒᆫ〈NR2-50a〉몯ᄒ〈NK2-51a〉
몯ᄒᆫ가〈NR1-2b〉몯ᄒᆫ가〈NK1-2b〉
몯ᄒᆫ가〈NR1-3a〉됟몯ㅺᄒᆫ가〈NK1-3a〉
몯ᄒ다〈NR2-21b〉몯ᄒ다〈NK2-22a〉
몯ᄒ다〈NR3-15a〉몯한ᄃ[다??]〈NK3-15a〉
몯ᄒ디라〈NR4-25b〉몯ᄒ얀ᄂ디라〈NK4-26a〉
몯ᄒ둧〈NR2-56b〉몯ᄒ者쟈〈NK2-57b〉
몯ᄒ者쟈ㅣ〈NR2-50a〉몯ᄒ리〈NK2-51a〉
몯ᄒ줄〈NR3-74b〉아닌줄〈NK3-76a〉
몯홀〈NR2-37b〉몯홀〈NK2-38b〉
몯홀〈NR4-27b〉몯흟〈NK4-28b〉
몯홀가〈NR1-3a〉몯ᄒᆫ〈NK1-3a〉
몯홀거슬〈NR4-5a〉아니호더〈NK4-5b〉
몯홀거시니〈NR1-46a〉몯홀꺼시니〈NK1-47b〉
몯홀디니〈NR2-33b〉몯홀꺼시니〈NK2-34b〉
몯홀디니라.〈NR1-36a〉몯홀꺼시니라〈NK1-36b〉
몯홀디니라.〈NR1-47b〉몯홀이니라〈NK1-49a〉
몯홀디니라.〈NR1-7a〉몯ᄒᄂ니라〈NK1-7a〉
몯홀디니라.〈NR2-35b〉몯ᄒ리니라〈NK2-36a〉
몯홀디니라.〈NR2-51b〉몯하ᄂ니라〈NK2-52b〉
몯홀디라.〈NR4-70b〉몯홀꺼시니〈NK4-72b〉
몯홀디로소이다.〈NR2-28b〉몯홈이로소이다〈NK2-28b〉

몯홀딘댄〈NR2-18b〉 몯홀꺼신댄〈NK2-19a〉

몯홀딘댄〈NR4-60b〉 몯홀띤댄〈NK4-62a〉

몯홀듯〈NR2-56a〉 몯홇듯〈NK2-57a〉

몯홀듯〈NR2-57b〉 몯홀듯〈NK2-58b〉

몯홀로다〈NR4-50a〉 몯ᄒ리로다〈NK4-51b〉

몯홀배〈NR1-7a〉 몯홀빼〈NK1-7a〉

몯홀배며〈NR4-60b〉 아닐빼며〈NK4-62a〉

몯홀시니라.〈NR3-4a〉 몯호모로ᄡᅥ니라〈NK3-4b〉

몯홀ᄯᅢᆫ이니라.〈NR3-8a〉 몯ᄒᆫ연ᄂ니라〈NK3-8a〉

몸으로〈NR3-57a〉 몸소〈NK3-58b〉

몸을〈NR1-4a〉 몸을〈NK1-4a〉

몸의〈NR4-36a〉 몸애〈NK4-37a〉

몸의〈NR4-72b〉 躬궁에〈NK4-74b〉

몸의〈NR4-8a〉 躬궁을〈NK4-8a〉

몸이〈NR3-41b〉 몸이〈NK3-42b〉

몸이〈NR4-10b〉 身신이〈NK4-11a〉

못호니〈NR3-67a〉 몯호니〈NK3-68a〉

못호라.〈NR3-67b〉 몯ᄒ예니라〈NK3-68b〉

못호미라〈NR3-46b〉 말라〈NK3-47b〉

못ᄒ고〈NR3-47b〉 몯ᄒ고〈NK3-48b〉

못ᄒᄂ니라.〈NR3-47b〉 몯ᄒᄂ니라〈NK3-48b〉

못ᄒ더이다.〈NR3-68b〉 몯ᄒᄂ니이다〈NK3-70a〉

못ᄒ도다.〈NR4-12b〉 몯ᄒ도다〈NK4-13a〉

못ᄒ려니와〈NR3-45b〉 몯홀꺼시어니와〈NK3-46a〉

못ᄒ리라〈NR3-51b〉 몯ᄒ리라〈NK3-52a〉

못ᄒ리오?〈NR1-29b〉 몯ᄒ리오〈NK1-30b〉

못ᄒ며〈NR3-56b〉 몯ᄒᄂ니라〈NK3-57b〉

못ᄒ면〈NR3-28b〉 몯ᄒᆫ면〈NK3-29a〉

못ᄒ면〈NR3-47a〉 아니홀띤댄〈NK3-47b〉

못혼〈NR3-57b〉 몯혼〈NK3-59a〉

못홀디니라.〈NR3-49a〉 몯홀〈NK3-50a〉

못홀디니라.〈NR3-56a〉 몯홀꺼시니라〈NK3-57a〉

못홀딘댄〈NR3-51a〉 몯홀띤댄〈NK3-51b〉

뫼셔〈NR2-64b〉 뫼셔〈NK2-65b〉

뫼셧더니〈NR1-53b〉 侍시ᄒ얏더니〈NK1-55a〉

뫼ᄒ기예〈NR2-49b〉 뫼홀밍ᄀ롬애〈NK2-50a〉

무러〈NR3-61a〉 무리[무러기〈NK3-62a〉

무러〈NR3-68b〉 물어〈NK3-70a〉

무로디〈NR2-44a〉 무로디〈NK2-45a〉

무로매〈NR4-30a〉 問문홈애〈NK4-31a〉

무리〈NR3-9a〉 물이〈NK3-9a〉

務무ᄒ고〈NR2-10b〉 힘쓰고〈NK2-11a〉

無무ᄒ듯〈NR2-33a〉 업슨듯〈NK2-33b〉

務무ᄒ디니〈NR1-2a〉 힘쓸디니〈NK1-2a〉

무서스로ᄡᅥ〈NR1-31b〉 므스거스로ᄡᅥ〈NK1-32b〉

무서시〈NR1-37a〉 므서시〈NK1-38a〉

문득〈NR2-45a〉 믄득〈NK2-46a〉

文문을〈NR1-3b〉 글을〈NK1-3b〉

問문을묻가〈NR3-13a〉 무ᄅ리라〈NK3-12b〉

聞문이〈NR1-48a〉 드롬이〈NK1-49a〉

問문이여!〈NR3-33b〉 물옴이여〈NK3-34a〉

問문코녀!〈NR3-13a〉 묻놋다〈NK3-13a〉

聞문코져〈NR1-54b〉 듣줍고져〈NK1-56a〉

問문ᄒ오니〈NR3-35b〉 묻ᄌ오니〈NK3-36a〉

問문ᄒ오디〈NR1-17b〉 묻ᄌ오디〈NK1-17b〉

問문ᄒ오디〈NR3-11b〉 듣고〈NK3-11b〉

問문ᄒ오디〈NR3-3a〉 묻ᄌ오더〈NK3-3b〉

聞문ᄒ오매〈NR1-45b〉 들어ᄡᅥ〈NK1-46b〉

聞문ᄒ오미〈NR1-48a〉 드롬이〈NK1-49b〉

問문ᄒ오미여〈NR1-21a〉 무롬이여〈NK1-21b〉

問문ㅎ거늘〈NR2-21b〉무러눌〈NK2-21b〉
問문ㅎ노이다.〈NR3-12a〉묻즙노이다〈NK3-11b〉
問문ㅎ대〈NR4-6a〉묻자온대〈NK4-6a〉
問문ㅎ며〈NR2-33a〉무르며〈NK2-33b〉
問문ㅎ며〈NR2-33a〉무르며〈NK2-33b〉
問문ㅎ샤디〈NR1-27a〉묻즈오디〈NK1-28a〉
問문ㅎ신대〈NR1-26a〉무르신대〈NK1-26b〉
問문ㅎ신대〈NR1-28a〉무르신대〈NK1-28b〉
問문ㅎ신대〈NR3-28a〉묻즈온대〈NK3-28b〉
問문ㅎ신대〈NR4-1a〉묻즈온디〈NK4-1a〉
問문ㅎ신대〈NR4-51b〉무르라ㅎ신대〈NK4-53a〉
問문ㅎ실시〈NR2-63a〉무르실시〈NK2-64a〉
聞문ㅎ야〈NR1-16a〉드러〈NK1-16b〉
問문ㅎ야〈NR1-16b〉묻즈와〈NK1-17a〉
問문ㅎ야〈NR1-5b〉무러〈NK1-5b〉
聞문ㅎ야〈NR2-25a〉들어〈NK2-25a〉
問문ㅎ야〈NR4-28b〉물어〈NK4-29b〉
聞문ㅎ야든〈NR3-11a〉듣고〈NK3-11a〉
聞문ㅎ야든〈NR3-11b〉듣고〈NK3-11b〉
問문호대〈NR1-11a〉묻즈온대〈NK1-11b〉
問문호대〈NR2-31b〉묻즙더니〈NK2-32a〉
問문호대〈NR3-30b〉묻즈온디〈NK3-31a〉
問문호대〈NR4-35b〉묻즙노이다_호디〈NK4-36b〉
問문호대〈NR4-52b〉물온대〈NK4-54a〉
問문호대〈NR4-60a〉무론대〈NK4-62a〉
묻노이다.〈NR3-50a〉묻즙노이다〈NK3-51a〉
묻즈온대〈NR3-47b〉묻즈온대〈NK3-48b〉
묻즈와〈NR3-52b〉묻즈와〈NK3-53a〉
묻즈온대〈NR3-58b〉묻즈온대〈NK3-59b〉
묻홀디니라.〈NR3-59b〉몰ㅎ리니라〈NK3-61a〉

뭇거눌〈NR1-11b〉무러늘〈NK1-12a〉
뭇고녀〈NR1-26a〉묻고녀〈NK1-26b〉
뭇노이다.〈NR3-49b〉묻즙노이다〈NK3-50b〉
뭇디〈NR2-63b〉묻디〈NK2-65a〉
뭇즈오리라.〈NR2-19b〉묻즈오리라〈NK2-20a〉
뭇즈와〈NR3-49a〉子즈貢공이〈NK3-50a〉
므서스로뻐〈NR3-71b〉므서스로뻐〈NK3-73a〉
므서슬〈NR1-20a〉므스거슬〈NK1-20b〉
므서슬〈NR2-41a〉므서슬〈NK2-41b〉
므서슬〈NR3-22b〉므슴〈NK3-22b〉
므서슬〈NR3-24b〉어늬를〈NK3-25a〉
므서슬〈NR4-42b〉므스거슬〈NK4-44a〉
므서시〈NR2-15a〉므서시〈NK2-15b〉
므서시〈NR2-48b〉므스거시〈NK2-49b〉
므섯고?〈NR3-19b〉므섯고?〈NK3-19a〉
므슴〈NR1-42a〉엇던〈NK1-43a〉
므슴〈NR3-68b〉므스〈NK3-70a〉
므슴〈NR4-42b〉므슴〈NK4-44b〉
므슴〈NR4-77a〉엇디〈NK4-79a〉
므어시〈NR3-17b〉므서시〈NK3-17b〉
믄허디리이다.〈NR4-44a〉崩붕ㅎ리니〈NK4-45b〉
믈러나〈NR3-35b〉믈러〈NK3-35b〉
믈러와〈NR4-29b〉退퇴ㅎ야〈NK4-30a〉
믈러와〈NR4-30a〉퇴ㅎ야〈NK4-31a〉
믈을〈NR2-20b〉水슈를〈NK2-20b〉
믜이ᄂ니〈NR1-42b〉憎증ㅎ이ᄂ니〈NK1-44a〉
美미롤〈NR1-31a〉극진히〈NK1-32a〉
美미ㅎ니〈NR1-32a〉아롬다오니〈NK1-32b〉
美미ㅎ디라〈NR1-6b〉아롬다온디라〈NK1-6b〉
미처는〈NR3-53a〉미처는〈NK3-54a〉
미처는〈NR4-25b〉믿처〈NK4-26b〉
미천디〈NR4-23a〉逮톄ㅎ얀디〈NK4-24a〉

미츠리오.〈NR4-72a〉믿츠리오〈NK4-74b〉

미츠매〈NR4-16b〉미처눌〈NK4-17a〉

미츠미〈NR3-34a〉밋게홈이〈NK3-34b〉

미츠려니와〈NR1-52a〉及급ᄒ려니와〈NK1-53a〉

미히〈NR1-38b〉幾긔히〈NK1-39b〉

民민을〈NR2-1b〉빅셩을〈NK2-1b〉

----------- 믿츰애〈NK3-15b〉

밋논디라〈NR4-69a〉及급혼디라〈NK4-71a〉

밋다니〈NR1-46b〉信신ᄒ다니〈NK1-48a〉

밋디〈NR1-39b〉밋디〈NK1-40b〉

밋디〈NR1-52a〉及급디〈NK1-53a〉

밋디〈NR3-62a〉믿디〈NK3-63b〉

ᄆᆞᄋᆞᆷ의〈NR1-11a〉ᄆᆞᄋᆞᆷ의〈NK1-11a〉

ᄆᆞᄋᆞᆷ〈NR4-46a〉ᄆᆞᄋᆞᆷ을〈NK4-47b〉

ᄆᆞᄋᆞᆷ이〈NR2-4b〉ᄆᆞᄋᆞᆷ이〈NK2-4b〉

ᄆᆞᄎᆞᆷ내〈NR2-21a〉ᄆᆞᄎᆞᆷ내〈NK2-21a〉

ᄆᆞᆮ도록〈NR4-10b〉終죵토록〈NK4-11a〉

ᄆᆞᆯ〈NR4-28b〉馬마〈NK4-29a〉

ᄆᆞᆯ을〈NR2-63b〉馬마를〈NK2-65a〉

믈을〈NR2-8b〉믈을〈NK2-8b〉

믈이〈NR2-8b〉믈이〈NK2-8b〉

바는〈NR2-19a〉바논〈NK2-19a〉

바눌〈NR4-76b〉바롤〈NK4-79a〉

바ᄃᆞ샤〈NR2-63b〉受슈ᄒ샤〈NK2-64b〉

바롤〈NR1-11a〉바를〈NK1-11a〉

바룰〈NR1-19a〉바룰〈NK1-19b〉

바롤〈NR1-37a〉빠룰〈NK1-38a〉

바룰〈NR1-52b〉빠를〈NK1-53b〉

바애〈NR3-38b〉바애〈NK3-39a〉

바의〈NR2-55b〉바애〈NK2-56b〉

반ᄃᆞ시〈NR1-22a〉반ᄃᆞ시〈NK1-22b〉

反반혼〈NR2-48a〉도라온〈NK2-49a〉

받ᄂᆞ니〈NR3-64a〉受슈ᄒᆞᄂᆞ니〈NK3-65b〉

밥과〈NR2-6b〉食ᄉᆞ와〈NK2-7a〉

밧고〈NR4-50b〉받고〈NK4-52a〉

邦방〈NR3-19a〉나라히〈NK3-19a〉

邦방에〈NR3-32a〉나라해〈NK3-32b〉

邦방이〈NR1-41a〉나라히〈NK1-42b〉

邦방人인이〈NR4-31a〉사롬이〈NK4-32a〉

배〈NR1-22a〉배〈NK1-22b〉

배〈NR1-25a〉빼〈NK1-26a〉

배나〈NR1-33a〉배나〈NK1-34a〉

배니라.〈NR4-11a〉배니라〈NK4-11b〉

배면〈NR2-13a〉밴댄〈NK2-13b〉

버그미니〈NR4-26b〉次ᄎᆞㅣ니〈NK4-27b〉

버그미오〈NR4-26b〉次ᄎᆞㅣ오〈NK4-27b〉

버디〈NR2-33a〉벗이〈NK2-33b〉

벗〈NR4-65a〉友우〈NK4-67a〉

辟피ᄒᆞᄂᆞ니〈NR3-73b〉피ᄒᆞ고〈NK3-75a〉

보고〈NR1-38b〉보고〈NK1-39b〉

보고〈NR4-27a〉見견ᄒᆞ고〈NK4-28a〉

보고져〈NR1-24a〉보고져〈NK1-24b〉

보기〈NR1-24a〉봄〈NK1-25a〉

보기롤〈NR3-5b〉보몰〈NK3-6a〉

보내더시다.〈NR2-63a〉보내더시다〈NK2-64a〉

보노니〈NR1-46b〉觀관ᄒᆞ노니〈NK1-48a〉

보니〈NR3-78a〉見견호니〈NK3-80a〉

보다가〈NR4-67b〉見견ᄒᆞ고〈NK4-69b〉

보디〈NR1-30b〉見견티〈NK1-31b〉

보디〈NR1-34b〉보디〈NK1-35a〉

보ᄃᆞᆺᄒᆞ며〈NR3-21a〉見견홈ᄀᆞᆮ티ᄒᆞ며〈NK3-21a〉

보라〈NR4-55a〉보라〈NK4-56b〉

보려니와〈NR4-69a〉보려니와〈NK4-71a〉

보리로다.〈NR4-70b〉보리로다〈NK4-72b〉

보리오?〈NR1-31b〉보리오〈NK1-32b〉

보리오?〈NR3-19a〉보리오?〈NK3-19a〉

보매〈NR1-35a〉봄애〈NK1-36a〉

보며〈NR1-13b〉視시호며〈NK1-14a〉

보며〈NR1-14a〉觀관호며〈NK1-14a〉

보며〈NR3-78a〉見견호며〈NK3-79b〉

보며〈NR4-27b〉보고〈NK4-28b〉

보며〈NR4-4a〉見견호고〈NK4-4a〉

보면〈NR3-47b〉보면〈NK3-48b〉

보미〈NR2-23b〉보면〈NK2-24a〉

보몰〈NR3-5b〉보믈〈NK3-6a〉

輔보홀디니라.〈NR3-37a〉보호ᄂ니라〈NK3-37a〉

報보홀디니라.〈NR3-72a〉보홀띠니라〈NK3-73b〉

보시고〈NR2-44b〉보시고〈NK2-45b〉

보시매〈NR2-44b〉보심애〈NK2-45b〉

보신대〈NR2-13a〉보신대〈NK2-13a〉

보아〈NR3-35b〉보와〈NK3-35b〉

보암즉호미〈NR4-61a〉보암즉혼_者쟈ㅣ〈NK4-62b〉

보앗거니와〈NR4-15a〉보앗거니와〈NK4-15b〉

보옵고져〈NR4-43b〉보옵고져〈NK4-44b〉

보옵디〈NR2-16a〉보디〈NK2-16a〉

본다?〈NR4-54a〉보냐〈NK4-55b〉

본디〈NR4-17a〉본디〈NK4-17b〉

본디〈NR4-2a〉진실로〈NK4-2a〉

볼디니〈NR1-6b〉볼띠나〈NK1-6b〉

볼디니〈NR4-4a〉見견홀띠니〈NK4-4a〉

뵈여눌〈NR4-54b〉뵈여눌〈NK4-56b〉

뵈ᄋ와〈NR3-35b〉뵈ᄋ와〈NK3-36a〉

뵈ᄋ와〈NR4-17b〉見현호야〈NK4-18a〉

뵈ᄋ와지라〈NR1-30b〉뵈ᄋ옴을〈NK1-31b〉

뵈옵거눌〈NR4-16b〉見현홀시〈NK4-17a〉

뵈옵게혼대〈NR1-30b〉見현호이온대〈NK1-31b〉

復부티〈NR2-16b〉다시〈NK2-17a〉

復부호미〈NR2-6a〉다시홈이〈NK2-6a〉

不블及급〈NR3-8b〉밋디몯홈과〈NK3-8b〉

不블知디라〈NR1-15b〉아디몯호노라〈NK1-16a〉

不블知디란〈NR1-15b〉아디몯ᄒᄂ거슬〈NK1-16a〉

----------------붓그러우며〈NK2-37a〉

붓그려〈NR2-52a〉붓그려〈NK2-52a〉

붓그려호더니〈NR1-53a〉恥치호더니〈NK1-54b〉

朋붕이〈NR1-1a〉벗이〈NK1-1a〉

브려눌〈NR3-68a〉블여눌[보냄]〈NK3-69b〉

브르거시든〈NR2-65a〉召쇼호거시든〈NK2-66a〉

브리기〈NR3-76b〉使ᄉ홈이〈NK3-78a〉

브리기〈NR4-33b〉부림이〈NK4-34b〉

브리매〈NR3-53a〉使ᄉ홈애〈NK3-54a〉

브릴디니라.〈NR4-35b〉使ᄉ를리니라〈NK4-36b〉

블러〈NR2-31a〉블러〈NK2-31b〉

붓그려호노라.〈NR1-53b〉恥치호노라〈NK1-54b〉

붓그려호더니〈NR1-53b〉恥치호더니〈NK1-54b〉

붓그려호며〈NR1-53b〉恥치호노라〈NK1-54b〉

붓그리는〈NR1-35b〉붓그리는〈NK1-36b〉

붓그리미니라.〈NR1-39b〉붓그림이니라〈NK1-40b〉

비러주고녀.〈NR1-53a〉乞걸호야與여호곤여〈NK1-54a〉

비로소〈NR1-23a〉비로소〈NK1-23b〉

비록〈NR1-19a〉비록〈NK1-19b〉

卑비히〈NR2-40a〉ᄂᆞ게〈NK2-40b〉

빈[＊＊반킈ᄃᆞ시〈NR4-65b〉빈[반킈ᄃᆞ시〈NK4-67b〉

빌거놀그〈NR1-53a〉乞걸ᄒᆞ여ᄂᆞᆯ〈NK1-54a〉

빌려〈NR2-21a〉假가ᄒᆞ야〈NK2-21a〉

빌려〈NR4-11b〉빌여〈NK4-12a〉

ᄇᆞ라고〈NR4-77a〉望망ᄒᆞ고〈NK4-79b〉

ᄇᆞ라리잇고?〈NR1-45b〉ᄇᆞ라리잇고?〈NK1-46b〉

ᄇᆞ리디〈NR3-49a〉棄기티〈NK3-50a〉

ᄇᆞ리디〈NR4-58a〉施이티〈NK4-60a〉

넓듯ᄒᆞ다〈NR2-31b〉넓듯ᄒᆞ다〈NK2-32a〉

비야흐로〈NR4-25b〉보야흐로〈NK4-26a〉

비ᄒᆞ디〈NR4-38b〉學학디〈NK4-39b〉

비ᄒᆞ디〈NR4-39b〉ᄒᆞ디〈NK4-40b〉

비ᄒᆞ면〈NR2-21a〉學학ᄒᆞ면〈NK2 21a〉

비ᄒᆞ시뇨?〈NR4-67b〉學학ᄒᆞ시뇨?〈NK4-69b〉

비환ᄂᆞᆫ다?〈NR4-39b〉ᄒᆞ연ᄂᆞᆫ다〈NK4-40b〉

빅셩〈NR3-54b〉民민〈NK3-55b〉

빅셩의〈NR4-76b〉民민의〈NK4-79a〉

떠나면〈NR1-33b〉去거ᄒᆞ면〈NK1-34b〉

떠뎟더니〈NR4-54a〉後후ᄒᆞ얏더니〈NK4-55b〉

ᄠᅳᆺ을〈NR3-17b〉ᄠᅳᆫ을〈NK3-17b〉

ᄠᅳᆺ을〈NR4-28a〉志지를〈NK4-28b〉

ᄡᅥ〈NR4-73a〉用용ᄒᆞ야〈NK4-75b〉

ᄡᅥ니〈NR3-15a〉날로ᄡᅥ〈NK3-14b〉

뻬〈NR3-33a〉ᄡᅥ〈NK3-33b〉

ᄡᅳ〈NR1-34b〉ᄡᅳ〈NK1-35b〉

ᄡᅳ거놀〈NR3-18b〉ᄒᆞ거늘〈NK3-18b〉

ᄡᅳᄂᆞᆫ배〈NR4-46a〉ᄡᆯ빼〈NK4-47b〉

ᄡᅳ디〈NR3-41a〉ᄡᅳ디〈NK3-41b〉

ᄡᅳ디말고져〈NR2-4a〉ᄡᅳ디말고쟈〈NK2-4a〉

ᄡᅳ료〈NR4-19a〉ᄡᅳ리오〈NK4-19b〉

ᄡᅳ료?〈NR3-15a〉뻐ᄒᆞ료?〈NK3-15a〉

ᄡᅳ리〈NR3-43b〉ᄡᅳ리〈NK3-44a〉

ᄡᅳ리〈NR4-34b〉ᄡᆯ者쟈ㅣ〈NK4-36a〉

ᄡᅳ리오?〈NR3-25b〉ᄒᆞ리오?〈NK3-25b〉

ᄡᅳ리오?〈NR3-31b〉ᄡᅳ리오?〈NK3-32a〉

ᄡᅳ면〈NR3-1b〉用용ᄒᆞ면〈NK3-1b〉

사내〈NR2-31b〉아내〈NK2-32a〉

사ᄅᆞᆷ〈NR1-49a〉人인으로〈NK1-50b〉

사ᄅᆞᆷ〈NR2-21b〉사ᄅᆞᆷ〈NK2-22a〉

사ᄅᆞᆷ〈NR2-63b〉人인이〈NK2-64b〉

사ᄅᆞᆷ〈NR3-44b〉人인을〈NK3-45a〉

사ᄅᆞᆷ을〈NR3-50b〉人인을〈NK3-51b〉

사ᄅᆞᆷ을〈NR4-77a〉人인이〈NK4-79b〉

사ᄅᆞᆷ의〈NR3-45b〉人인의〈NK3-46b〉

사ᄅᆞᆷ이〈NR2-6a〉사ᄅᆞᆷ이〈NK2-6b〉

사ᄅᆞᆷ이〈NR3-51a〉人인이오〈NK3-52a〉

사ᄅᆞᆷ이〈NR3-59a〉人인이〈NK3-60a〉

사ᄅᆞᆷ이니라.〈NR3-58b〉人인이니라〈NK3-59b〉

사ᄅᆞᆷ이니잇고?〈NR2-20a〉사ᄅᆞᆷ이니잇고?〈NK2-20a〉

사ᄅᆞᆷ이여!〈NR1-41b〉사ᄅᆞᆷ이여〈NK1-42b〉

사맛더니〈NR2-46a〉사맛더니〈NK2-47a〉

사몰디니〈NR2-34a〉삼ᄂᆞ니〈NK2-34b〉

舍샤ᄒᆞ랴?〈NR2-4a〉ᄇᆞ리랴?〈NK2-4a〉

使시ᄒᆞ거놀〈NR2-2b〉브리이더니〈NK2-3a〉

事ᄉᆞㅣ〈NR1-13a〉일이〈NK1-13a〉

四ᄉᆞ로ᄡᅥ〈NR2-23b〉네ᄒᆞ로ᄡᅥ〈NK2-23b〉

事ᄉᆞ롤〈NR2-18a〉일에〈NK2-18b〉

事ᄉᆞ롤〈NR3-34a〉일을〈NK3-34b〉

四ᄉᆞ十십애〈NR1-10b〉마ᄋᆞᆫ에〈NK1-11a〉

死ᄉ애〈NR1-12a〉죽음애〈NK1-12a〉

事ᄉ와〈NR3-16b〉일와〈NK3-16b〉

死ᄉ커ᄂᆞᆯ〈NR3-3b〉죽거늘〈NK3-3b〉

死ᄉ커ᄂᆞᆯ〈NR3-4b〉죽거ᄂᆞᆯ〈NK3-4b〉

死ᄉ콰뎌〈NR3-27b〉죽과뎌〈NK3-28a〉

死ᄉ콰뎌호ᄆᆡ〈NR3-27b〉죽과뎌홈이〈NK3-28a〉

事ᄉ티〈NR3-6a〉셤기디〈NK3-6a〉

事ᄉ호디〈NR1-27a〉셤교디〈NK1-28a〉

使ᄉ호디〈NR1-27b〉브료디〈NK1-28a〉

事ᄉ호매〈NR1-27a〉셤곰애〈NK1-27b〉

事ᄉ호ᄆᆞᆯ〈NR1-12a〉셤김을〈NK1-12a〉

辭ᄉᄒᆞ거ᄂᆞᆯ〈NR2-3b〉ᄉ양ᄒᆞ대〈NK2-3b〉

事ᄉᄒᆞ랴?〈NR4-41a〉셤기랴〈NK4-42a〉

事ᄉᄒᆞ리오?〈NR3-6a〉셤기리오〈NK3-6b〉

使ᄉᄒᆞ며〈NR1-27a〉브리며〈NK1-28a〉

死ᄉᄒᆞᆫ〈NR2-34a〉죽은〈NK2-34b〉

死ᄉᄒᆞᆯ제〈NR2-32a〉죽음애〈NK2-32b〉

사이에〈NR4-76a〉이예〈NK4-78b〉

사ᄒᆞᆯ을〈NR4-50b〉三삼日 일을〈NK4-52a〉

살ᄀᆞ도다.〈NR4-4b〉놋시ᄀᆞᆮ도다〈NK4-4b〉

살ᄀᆞᆺᄐᆞ며〈NR4-4b〉놋시ᄀᆞᆮᄐᆞ며〈NK4-4b〉

삼가〈NR1-16a〉삼가〈NK1-16b〉

삼가더시다.〈NR2-54b〉삼가더시다〈NK2-55b〉

삼가디〈NR4-71a〉愼신티〈NK4-73b〉

삼가시며〈NR4-74a〉謹근ᄒᆞ며〈NK4-76b〉

삼고〈NR4-9a〉삼고〈NK4-9a〉

삼ᄂᆞ니〈NR4-46b〉삼ᄂᆞ니〈NK4-48a〉

삼디〈NR2-58a〉ᄒᆞ디〈NK2-59a〉

三삼十십애〈NR1-10b〉셜흔에〈NK1-11a〉

三삼月 월을〈NR2-4b〉셕둘을〈NK2-4b〉

三삼으로〈NR1-2b〉세가지로〈NK1-2b〉

三삼이니〈NR2-32b〉세히니〈NK2-32b〉

三삼人 인이〈NR2-22b〉세사롬이〈NK2-23a〉

삼으시리라.〈NR1-31a〉삼으시리라〈NK1-31b〉

삼ᄋᆞ시고〈NR4-18a〉삼ᄋᆞ시고〈NK4-18b〉

常 샹師ᄉ ㅣ〈NR4-68b〉덛덛호_師ᄉ ㅣ〈NK4-70b〉

上상을〈NR2-10a〉우흘〈NK2-10b〉

色식을〈NR3-33a〉ᄂᆞᆺ비츨〈NK3-33a〉

生싱애〈NR1-12a〉사라싫제〈NK1-12a〉

生싱콰뎌〈NR3-27b〉살과뎌〈NK3-28a〉

生싱콰뎌ᄒᆞ고〈NR3-27b〉살과뎌ᄒᆞ고〈NK3-28a〉

샹녜〈NR2-21a〉샹해〈NK2-21b〉

서ᄅᆞ〈NR4-16a〉설ᄋᆞ〈NK4-16b〉

서ᄅᆞ〈NR4-32b〉서ᄅᆞ〈NK4-33b〉

逝셔케〈NR2-12b〉가게〈NK2-12b〉

逝셔ᄒᆞᄂᆞᆫ디라〈NR4-32a〉가ᄂᆞᆫ디라〈NK4-33b〉

셕둘을〈NR2-19a〉셕둘을〈NK2-19b〉

善션을盡진타〈NR1-31a〉극진히善션타〈NK1-32a〉

善션을盡진티〈NR1-31a〉극진히善션티〈NK1-32a〉

善션코져〈NR3-31b〉어딜고져〈NK3-32a〉

善션티〈NR2-22b〉어디디〈NK2-23a〉

先션ᄒᆞ고〈NR2-11a〉몬져ᄒᆞ고〈NK2-11a〉

善션ᄒᆞᄂᆞ니라.〈NR2-32a〉어디ᄂᆞ니라〈NK2-32b〉

善션ᄒᆞ리라.〈NR3-31b〉어딜리니〈NK3-32a〉

先션ᄒᆞ며〈NR3-37b〉몬져ᄒᆞ고〈NK3-38a〉

善션ᄒᆞᆫ〈NR2-22b〉어딘〈NK2-23a〉

說열홉디〈NR1-1a〉깃브디〈NK1-1a〉

成셩코져〈NR3-78b〉일고쟈〈NK3-80a〉

成셩티〈NR3-30a〉일우디〈NK3-30b〉

成셩ᄒᆞ고〈NR3-30a〉일우고〈NK3-30b〉

省셩ᄒ노니〈NR1-2b〉술펴노니〈NK1-2b〉

成셩ᄒ리오?〈NR1-33b〉일오리오〈NK1-34b〉

세가지_畏외호미〈NR4-25b〉三삼畏외〈NK4-26b〉

세懲건이〈NR4-24b〉三삼懲건이〈NK4-25b〉

세戒계호미〈NR4-25a〉三삼戒계〈NK4-26a〉

세모ᄒ로뻐〈NR2-16b〉三삼隅우로뻐〈NK2-17a〉

세버디니〈NR4-23b〉三삼우ㅣ니〈NK4-24a〉

세버디오〈NR4-23b〉三삼友우ㅣ오〈NK4-24a〉

세번〈NR1-50a〉세번〈NK1-51a〉

세번變변호미〈NR4-62b〉三삼變변이〈NK4-64a〉

세번白빅圭규롤〈NR3-3a〉白빅圭규를세번〈NK3-3a〉

세병이〈NR4-41b〉三삼疾질이〈NK4-42b〉

세樂요호미니〈NR4-24a〉三삼樂요ㅣ니〈NK4-25a〉

세樂요호미오〈NR4-24a〉三삼樂요ㅣ오〈NK4-25a〉

세혜〈NR3-69b〉三삼애〈NK3-71a〉

세흘〈NR4-30a〉三삼을〈NK4-31a〉

세희〈NR3-24b〉三삼者쟈애〈NK3-25a〉

세희分분호매〈NR2-39b〉三삼分분홈애〈NK2-40a〉

셔는〈NR2-55b〉立립ᄒ신〈NK2-56b〉

서더시다.〈NR2-63a〉立립ᄒ더시다〈NK2-64a〉

서셔〈NR2-52a〉立립호더〈NK2-52a〉

선대〈NR4-54a〉立립ᄒ대〈NK4-56a〉

섬〈NR4-39b〉立립홈〈NK4-41a〉

셤기고〈NR2-48b〉셤기고〈NK2-49a〉

셤기고〈NR4-39a〉事ᄉ홈이오〈NK4-40a〉

셤기기〈NR3-53a〉事ᄉ홈이〈NK3-54a〉

셤기기눌〈NR3-67b〉事ᄉ홈을〈NK3-69a〉

셤기다가〈NR3-13a〉셤기다가〈NK3-13a〉

셤기되〈NR1-38b〉셥교디〈NK1-39b〉

셤기매〈NR1-40a〉셤김애〈NK1-41b〉

셤기며〈NR2-48b〉셤기며〈NK2-49a〉

셤기며〈NR4-39a〉事ᄉ홈이며〈NK4-40a〉

셤기면〈NR4-49b〉셤기면〈NK4-51a〉

셤길_거시면〈NR4-49b〉셤기면〈NK4-51a〉

세우고〈NR4-54a〉植치ᄒ고〈NK4-56a〉

소기뇨?〈NR2-46b〉소기료〈NK2-47a〉

소기민뎌!〈NR2-46b〉소긴뎌〈NK2-47a〉

소리를〈NR4-33a〉소리롤〈NK4-34a〉

素소衣의예ᄂ〈NR2-58b〉횐오샌〈NK2-59b〉

小쇼過과롤〈NR3-37b〉젹은허믈을〈NK3-38a〉

소흘〈NR2-31a〉모슬〈NK2-32a〉

손에〈NR2-47a〉手슈애〈NK2-47b〉

손에〈NR2-47a〉手슈에〈NK2-47b〉

悚송호대〈NR2-52b〉외오려흐대〈NK2-52b〉

수리〈NR1-18b〉車거ㅣ〈NK1-19a〉

數수年년을〈NR2-21a〉두어히(年)를〈NK2-21a〉

瘦수ᄒ리오〈NR1-14a〉숨기리오〈NK1-14b〉

手슈롤〈NR2-31a〉손을〈NK2-31b〉

手슈롤〈NR2-55b〉손을〈NK2-56b〉

쉬오니라.〈NR3-59b〉쉬오니라〈NK3-60b〉

쉬오니라.〈NR3-76b〉易이ᄒ니라〈NK3-78a〉

쉬우니〈NR3-53a〉쉬우니〈NK3-54a〉

쉬이〈NR2-35b〉수이〈NK2-36a〉

쉽고〈NR3-53a〉쉽고〈NK3-54a〉

쉽다〈NR4-33b〉쉽다〈NK4-34b〉

쉽디〈NR3-45b〉쉽디〈NK3-46b〉

스스로〈NR1-38b〉스스로〈NK1-39b〉

스승이〈NR2-22b〉스승이〈NK2-23a〉

勝승티〈NR2-57b〉이긔디〈NK2-58b〉

升승ᄒ고〈NR3-8a〉오ᄅ고〈NK3-8a〉

乘승ᄒ며〈NR2-3a〉ᄐ며〈NK2-3b〉

升승ᄒ실제〈NR2-56b〉오ᄅ실식〈NK2-57b〉

升승ᄒ야〈NR1-22a〉올라〈NK1-23a〉

시러곰〈NR1-29a〉시러곰〈NK1-29b〉

시롬〈NR3-22a〉憂우틴〈NK3-22a〉

시롬이〈NR4-21b〉憂우ㅣ〈NK4-22a〉

시롬이니라.〈NR2-15b〉시름이니라〈NK2-15b〉

시롬ᄒ며〈NR3-22b〉憂우ᄒ며〈NK3-22b〉

시롬ᄒ야〈NR3-22b〉憂우ᄒ야〈NK3-23a〉

시부니라.〈NR1-40a〉ᄒᄂᆞ니라〈NK1-41a〉

施시티〈NR3-21a〉베프디〈NK3-21a〉

視시호믈〈NR4-77b〉닐온〈NK4-80a〉

施시ᄒ다ᄒ니〈NR1-18a〉베프다ᄒ니〈NK1-18b〉

時시ᄒ야가〈NR4-31b〉가〈NK4-32b〉

侍시홀제〈NR3-6b〉뫼셔심애〈NK3-6b〉

身신을〈NR4-56a〉몸을〈NK4-57b〉

身신이〈NR2-52b〉몸이〈NK2-52b〉

愼신ᄒ시ᄂᆞ〈NR2-19a〉삼가시ᄂᆞ〈NK2-19a〉

신하〈NR2-38b〉신하〈NK2-39a〉

신하ᄂᆞ〈NR4-18b〉臣신은〈NK4-19a〉

失실티〈NR1-7b〉일티〈NK1-7b〉

失실홀가〈NR2-37b〉일홀가〈NK2-38a〉

十십을〈NR1-45b〉열홀〈NK1-46b〉

十십이오〈NR1-10b〉열히오〈NK1-10b〉

十십人인을〈NR2-38b〉열사롬을〈NK2-39b〉

ᄉᆞ랑호미니라.〈NR3-34b〉ᄉᆞ랑홈이니라〈NK3-35a〉

ᄉᆞ랑ᄒ고〈NR4-33b〉ᄉᆞ랑ᄒ고〈NK4-34b〉

술펴〈NR3-22b〉省셩ᄒ야〈NK3-22b〉

술피며〈NR4-12a〉察찰ᄒ며〈NK4-12b〉

술피시며〈NR4-74a〉審심ᄒ며〈NK4-76b〉

술필디니라.〈NR1-38b〉省셩홀띠니라〈NK1-39b〉

술필디니라.〈NR4-12a〉察찰홀띠니라〈NK4-12b〉

ᄭᅮ믜〈NR2-16a〉ᄭᅮᆷ에〈NK2-16a〉

ᄢᅢ[時]〈NR3-61b〉時시ㄴ〈NK3-63a〉

ᄯᅩ〈NR1-10b〉ᄯᅩ〈NK1-10b〉

ᄯᅩ므서슬〈NR3-43a〉므스거슬〈NK3-44a〉

ᄯᅩ흔〈NR1-10b〉ᄯᅩ〈NK1-10b〉

ᄯᅩ흔〈NR1-13b〉ᄯᅩ흔〈NK1-14a〉

ᄯᅩ흔〈NR4-76b〉이ᄯᅩ흔〈NK4-79a〉

ᄯᅳᆺ〈NR1-53b〉ᄠᅳᆮ을〈NK1-55a〉

ᄯᆞᄅᆞ미로다.〈NR3-51b〉ᄯᆞ롬이니라〈NK3-52b〉

ᄯᆞᄅᆞ미시니라.〈NR1-38a〉ᄯᆞ롬이니라〈NK1-39a〉

ᄯᆞ롬이니〈NR3-25b〉ᄯᆞ롬이니〈NK3-25b〉

ᄯᆞ롬이니라.〈NR2-39a〉ᄯᆞ롬이니라〈NK2-40a〉

ᄯᆞ롬이시니라.〈NR4-3a〉ᄯᆞ롬이시니라〈NK4-3a〉

ᄲᆞᆯ리〈NR3-78b〉ᄲᆞᆯ리〈NK3-80a〉

ᄡᅳ다〈NR4-4a〉書셔ᄒ니라〈NK4-4a〉

ᄡᅳ디〈NR4-58a〉ᄡᅳ디〈NK4-60a〉

아녀〈NR2-65a〉아니ᄒ시고〈NK2-66a〉

아녀〈NR4-34b〉아니ᄒ야〈NK4-35b〉

아녀도〈NR3-42a〉아니ᄒ야도〈NK3-42b〉

아녀도〈NR4-21a〉아니호ᄃᆡ〈NK4-21b〉

아녓거든〈NR1-33b〉어더든〈NK1-34a〉

아녓노라〈NR1-30b〉아니〈NK1-31b〉

아녓도다.〈NR3-1b〉아니ᄒ엿도다〈NK3-1b〉

아노이다.〈NR1-45b〉아노이다〈NK1-47a〉

아니〈NR2-1b〉아니〈NK2-1b〉

아니〈NR2-35b〉아니 ᄒ ᄂ〈NK2-36a〉
아니가?〈NR3-34a〉아니가?〈NK3-34b〉
아니나〈NR3-53a〉아니 ᄒ 야도〈NK3-54a〉
아니냐?〈NR4-36b〉아년ᄂ냐〈NK4-37b〉
아니냐?냐?〈NR4-37a〉아년ᄂ냐〈NK4-38a〉
아니너기고〈NR1-2a〉아니 ᄒ 고〈NK1-2a〉
아니니〈NR2-25b〉아니니〈NK2-26a〉
아니니라.〈NR1-14b〉아니니라〈NK1-15a〉
아니니라.〈NR1-21b〉아니 ᄒ 니라〈NK1-22a〉
아니니리오.〈NR4-37a〉아니 ᄒ 리오〈NK4-38a〉
아니니잇가?〈NR3-19a〉아니잇가?〈NK3-19a〉
아니니잇고?〈NR3-65b〉아니 ᄒ ᄂ니잇고〈NK3-66b〉
아니ᄂ〈NR2-49b〉아니 ᄒ ᄂ〈NK2-50b〉
아니라.〈NR3-6a〉아니라〈NK3-6a〉
아니라〈NR3-28a〉몬ᄒ고〈NK3-28a〉
이니라?〈NR1-1a〉아니 ᄒ 랴〈NK1-1a〉
아니랴?〈NR1-1b〉아니가〈NK1-1b〉
아니랴?〈NR3-22a〉아니랴?〈NK3-22a〉
아니랴?〈NR4-69b〉아니 ᄒ 냐〈NK4-72a〉
아니로다.〈NR3-2a〉아니로다〈NK3-2b〉
아니로다.〈NR3-32b〉아니니라〈NK3-33a〉
아니로다.〈NR3-9a〉아니로소니〈NK3-9a〉
아니리〈NR3-41a〉아니홀이〈NK3-41b〉
아니리〈NR4-22a〉아니리〈NK4-23a〉
아니리라.〈NR3-13b〉아니 ᄒ 리라〈NK3-13b〉
아니리라.〈NR3-42a〉아니 ᄒ ᄂ니라〈NK3-42b〉
아니리라.〈NR4-53b〉아니홀띠니라〈NK4-55a〉
아니리오〈NR2-52a〉아니 ᄒ 리오〈NK2-52a〉
아니리오?〈NR3-30b〉아니 ᄒ 리오?〈NK3-31a〉
아니리오마ᄂ〈NR2-53b〉아니 ᄒ 리오마ᄂ〈NK2-55a〉

아니리오마ᄂ〈NR2-9a〉아니리오마ᄂ〈NK2-9a〉
아니리잇가.〈NR2-1b〉아니 ᄒ 니잇가〈NK2-1b〉
아니리잇가?〈NR3-47a〉아니 ᄒ 리잇가?〈NK3-47b〉
아니며〈NR2-52a〉아니 ᄒ 며〈NK2-52a〉
아니며〈NR3-77b〉안ᄒ며〈NK3-79a〉
아니며〈NR4-36b〉아니 ᄒ ᄂ니라〈NK4-38a〉
아니면〈NR1-12b〉아니 ᄒ 면〈NK1-13a〉
아니면〈NR1-7a〉아니면〈NK1-7a〉
아니면〈NR2-65b〉아니어든〈NK2-66b〉
아니면〈NR3-55b〉몯게 ᄒ 면〈NK3-56b〉
아니면〈NR4-44a〉 ᄒ 디아니 ᄒ 면〈NK4-45b〉
아니미〈NR2-23a〉아니홈이〈NK2-23b〉
아니미니잇고?〈NR4-76b〉아니홈이니잇고〈NK4-79a〉
아니샤몰〈NR1-38b〉아니 ᄒ 심을〈NK1-40a〉
아니시ᄂ니잇고?〈NR3-26h〉아니 ᄒ 시ᄂ니잇고?〈NK3-26b〉
아니시리러라.〈NR2-20a〉아니 ᄒ 시리러라〈NK2-20b〉
아니시며〈NR2-29b〉아니 ᄒ 시며〈NK2-30a〉
아니실딘댄〈NR2-42b〉아녀겨시니〈NK2-43b〉
아니어든〈NR2-59b〉아니어든〈NK2-60b〉
아니언마ᄂ〈NR2-7a〉아니언마ᄂ〈NK2-7a〉
아니오〈NR2-20b〉아니오〈NK2-21a〉
아니커니〈NR3-22b〉아니 ᄒ 거니〈NK3-22b〉
아니커ᄂ〈NR2-13a〉아니 ᄒ 거ᄂ〈NK2-13a〉
아니커ᄂ〈NR3-47a〉아니커든〈NK3-47b〉
아니커든〈NR2-35a〉아니 ᄒ 니롤〈NK2-35b〉
아니커든〈NR2-61a〉아니커든〈NK2-62a〉
아니커든〈NR4-20b〉아니 ᄒ 면〈NK4-21b〉
아니커돈〈NR2-16b〉몯ᄒ거든〈NK2-17a〉

아니커돈〈NR2-16b〉아니커든〈NK2-17a〉
아니케ᄒᆞ더시니〈NR2-62a〉아니ᄒᆞ더시니〈NK2-63a〉
아니케ᄒᆞ더시다.〈NR2-61b〉아니터시다〈NK2-62b〉
아니케ᄒᆞ며〈NR4-58a〉아니ᄒᆞ며〈NK4-60a〉
아니코〈NR1-10b〉아니ᄒᆞ고〈NK1-11a〉
아니코〈NR1-41a〉아니ᄒᆞ며〈NK1-42b〉
아니코〈NR2-18a〉아니호리니〈NK2-18b〉
아니코〈NR4-20a〉아니코〈NK4-20b〉
아니코〈NR4-73b〉아니오〈NK4-75b〉
아니코녀.〈NR4-7b〉아니ᄒᆞ도다〈NK4-8a〉
아니키롤〈NR3-22b〉아니ᄒᆞ면〈NK3-22b〉
아니타〈NR1-45b〉몯호라〈NK1-47a〉
아니타〈NR2-55b〉아니타〈NK2-57a〉
아니타〈NR4-32a〉아니하다〈NK4-33a〉
아니타〈NR4-32a〉아니ᄒᆞ다〈NK4-33a〉
아니타ᄒᆞ더시다.〈NR3-5b〉아니ᄒᆞ니라〈NK3-5b〉
아니터냐?〈NR3-61a〉아니ᄒᆞᄂᆞ냐?〈NK3-62b〉
아니터니〈NR2-2b〉아니ᄒᆞ더니〈NK2-2b〉
아니터니〈NR4-67a〉아니ᄒᆞ니〈NK4-69a〉
아니터라.〈NR4-53a〉아니ᄒᆞ더라〈NK4-54b〉
아니터시다.〈NR2-17b〉아니ᄒᆞ더시다〈NK17b〉
아니터이다.〈NR2-8a〉아니ᄒᆞᄂᆞ니이다〈NK2-8a〉
아니토다.〈NR1-13b〉아니ᄒᆞ도다〈NK1-14a〉
아니티〈NR1-30b〉몯ᄒᆞ디〈NK1-31b〉
아니티〈NR2-33b〉아니티〈NK2-34b〉
아니호라.〈NR1-11a〉아니호라〈NK1-11b〉
아니호ᄆᆞᆫ〈NR3-4a〉아니홈은〈NK3-4b〉
아니호ᄆᆞᆫ〈NR4-66a〉아니홈이〈NK4-68a〉
아니호믈〈NR4-58a〉아니홈을〈NK4-60a〉

아니호미〈NR1-13b〉아니홈이〈NK1-13b〉
아니호미〈NR1-39b〉아니티〈NK1-40b〉
아니호미라〈NR2-8b〉인이홈이라〈NK2-8b〉
아니호미이〈NR3-77b〉아니홈이니〈NK3-79a〉
아니호ᄆᆞ론〈NR2-29a〉아니홈오로더브러론〈NK2-29b〉
아니호ᄆᆞᆫ〈NR1-19b〉아니홈이〈NK1-20a〉
아니호ᄆᆞᆫ〈NR1-26a〉아니홈은〈NK1-27a〉
아니호믈〈NR1-26a〉아님을〈NK1-27a〉
아니호믈〈NR2-33a〉아니홈을〈NK2-33a〉
아니호믈〈NR4-9b〉몯홈을〈NK4-10a〉
아니홈〈NR1-24b〉아니홈〈NK1-25b〉
아니ᄒᆞ고〈NR1-15a〉아니ᄒᆞ고〈NK1-15b〉
아니ᄒᆞ고〈NR3-5a〉아니코〈NK3-5a〉
아니ᄒᆞ나〈NR3-10a〉아니ᄒᆞ나〈K3-10b〉
아니ᄒᆞ냐?〈NR2-34a〉아니ᄒᆞ냐?〈NK2-34b〉
아니ᄒᆞ냐미〈NR4-46b〉아니ᄒᆞ냐_ᄒᆞ욤이〈NK4-47b〉
아니ᄒᆞ노라.〈NR3-62a〉아니ᄒᆞ노라〈NK3-63b〉
아니ᄒᆞ놋다.〈NR2-49a〉아니ᄒᆞ놋다〈NK2-49b〉
아니ᄒᆞ니〈NR1-25a〉아니ᄒᆞ다〈NK1-26a〉
아니ᄒᆞ니〈NR1-29a〉아니ᄒᆞ니〈NK1-29b〉
아니ᄒᆞ니〈NR1-39b〉몯홀꺼시니〈NK1-40b〉
아니ᄒᆞ니〈NR1-45b〉몯ᄒᆞ니라〈NK1-47a〉
아니ᄒᆞ니〈NR1-48b〉아니ᄒᆞᆫ디라〈NK1-49b〉
아니ᄒᆞ니〈NR3-52b〉아니ᄒᆞ니라〈NK3-53b〉
아니ᄒᆞ니ᄂᆞᆫ〈NR4-56a〉아니홈은〈NK4-57b〉
아니ᄒᆞ니라.〈NR1-27b〉아니ᄒᆞ니라〈NK1-28b〉
아니ᄒᆞ니라.〈NR3-52a〉아니ᄒᆞᄂᆞ라〈NK3-53a〉
아니ᄒᆞ니라.〈NR4-14a〉몯ᄒᆞᄂᆞ라〈NK4-14b〉
아니ᄒᆞ니이다.〈NR3-62a〉아니ᄒᆞᄂᆞ니이다〈NK3-63a〉

아니ᄒᆞᄂᆞ니〈NR4-45b〉아니ᄒᆞᄂᆞ니〈NK4-46b〉

아니ᄒᆞᄂᆞ니라.〈NR2-30b〉아니ᄒᆞᄂᆞ니라〈NK2-31b〉

아니ᄒᆞᄂᆞᆫ〈NR2-52a〉아니ᄒᆞᄂᆞ〈NK2-52a〉

아니ᄒᆞᄂᆞᆫ디라.〈NR1-52b〉아니ᄒᆞᄂᆞᆫ디라〈NK1-54a〉

아니ᄒᆞ더새시다.〈NR2-61b〉아니ᄒᆞ시며〈NK2-62b〉

아니ᄒᆞ더시다.〈NR2-58a〉아니ᄒᆞ더시다〈NK2-59b〉

아니ᄒᆞ더시다.〈NR2-60b〉아니ᄒᆞ더시시다〈NK2-61b〉

아니ᄒᆞ더시다.〈NR2-61a〉아니터시다〈NK2-62a〉

아니ᄒᆞ더시다.〈NR2-61b〉아니ᄒᆞ시며〈NK2-62b〉

아니ᄒᆞ더시다.〈NR2-63b〉아니ᄒᆞ시다〈NK2-65a〉

아니ᄒᆞ료?〈NR1-53b〉아니ᄒᆞ리오〈NK1-55a〉

아니ᄒᆞ리잇가?〈NR3-47a〉아니ᄒᆞ리잇가?〈NK3-48a〉

아니ᄒᆞ며〈NR1-27b〉아니ᄒᆞ고〈NK1-28a〉

아니ᄒᆞ며〈NR1-31b〉아니ᄒᆞ며〈NK1-32b〉

아니ᄒᆞ며〈NR4-59b〉몯ᄒᆞ며〈NK4-61a〉

아니ᄒᆞ면〈NR1-15a〉아니ᄒᆞ면〈NK1-15b〉

아니ᄒᆞ면〈NR2-37b〉아닌이롤〈NK2-38a〉

아니ᄒᆞ면〈NR4-59b〉몯ᄒᆞ면〈NK4-61a〉

아니ᄒᆞ시고〈NR3-57a〉아니ᄒᆞ더시니〈NK3-58b〉

아니ᄒᆞ시ᄂᆞ니잇고?〈NR1-17b〉ᄒᆞ디아니ᄒᆞ시ᄂᆞ니잇고?〈NK1-18a〉

아니ᄒᆞ시다〈NR3-75b〉아니타〈NK3-77a〉

아니ᄒᆞ시며〈NR2-24b〉아니ᄒᆞ시며〈NK2-25a〉

아니ᄒᆞ시며〈NR2-60a〉아니하시며〈NK2-61b〉

아니ᄒᆞ시면〈NR4-42b〉아니ᄒᆞ시면〈NK4-44a〉

아니ᄒᆞ시미여!〈NR2-38a〉아니ᄒᆞ심이여〈NK2-38b〉

아니ᄒᆞ신대〈NR4-31b〉아니ᄒᆞ신대〈NK4-32b〉

아니ᄒᆞ야〈NR4-12b〉아니ᄒᆞ야〈NK4-13a〉

아니ᄒᆞ야〈NR4-73a〉아니ᄒᆞ노니〈NK4-75b〉

아니ᄒᆞ얀〈NR2-36b〉아니ᄒᆞ얀〈NK2-37a〉

아니ᄒᆞ다〈NR2-26b〉아니ᄒᆞ다〈NK2-27a〉

아니ᄒᆞ대〈NR2-21b〉아니ᄒᆞ대〈NK2-21b〉

아니ᄒᆞ뎌!〈NR3-63a〉몯ᄒᆞ뎌〈NK3-64a〉

아닌〈NR3-19a〉아닌〈NK3-19a〉

아닌〈NR3-36a〉아니ᄒᆞ〈NK3-36b〉

아닌거슬〈NR2-15b〉몯ᄒᆞ거슬〈NK2-15b〉

아닌ᄂᆞᆫ〈NR1-47a〉아니ᄒᆞᄂᆞᆫ〈NK1-48b〉

아닌뎌!〈NR3-63b〉아닌뎌〈NK3-65a〉

아닌디라〈NR4-45b〉아니ᄒᆞᄂᆞᆫ〈NK4-46b〉

아닌디라〈NR3-18b〉아닌디라〈NK3-18b〉

아닌者ㅣ는〈NR3-52b〉아니ᄒᆞᆫ者ㅣ〈NK3-53b〉

아닐〈NR2-59a〉아니홀〈NK2-60b〉

아닐디니라.〈NR2-36b〉아니홀ᄯᅥ니라〈NK2-37a〉

아닐딘뎌.〈NR2-12b〉아니ᄒᆞᆯ뎌〈NK2-13a〉

아닐배〈NR3-2a〉아닐빼〈NK3-2b〉

아닐배〈NR4-41b〉아니홀빼〈NK4-42b〉

아닐ᄲᅮᆫ이언뎡〈NR2-54a〉아니ᄒᆞ건뎡〈NK2-55a〉

아닐ᄲᅮᆫ이언뎡〈NR3-7b〉아닐뿐이언뎡〈NK3-7b〉

아닐주롤〈NR2-50b〉몯홀줄을〈NK2-51b〉

아님과〈NR3-60a〉아니홈과〈NK3-61b〉

아닛노이다.〈NR4-18b〉아니ᄒᆞ노이다〈NK4-19a〉

아닛ᄂᆞ뇨?〈NR4-38b〉아니ᄒᆞᄂᆞ뇨〈NK4-39b〉

아닛ᄂ니〈NR3-30a〉아니ᄒᆞᄂ니〈NK3-30b〉
아닛ᄂ니라.〈NR1-34b〉아니ᄒᆞᄂ니라〈NK1-35b〉
아닛ᄂ니라.〈NR2-43b〉아닐꺼시니라〈NK2-44b〉
아닛ᄂ니라.〈NR4-76b〉아니홈이니라〈NK4-79a〉
아닛ᄂ니이다.〈NR1-17a〉아니ᄒᆞᄂ니이다〈NK1-17b〉
아닛ᄂᆞᆫ〈NR3-21a〉아니ᄒᄂᆞᆫ〈NK3-21a〉
아닛ᄂᆞᆫ고?〈NR2-9a〉아니ᄒᄂᆞᆫ고〈NK2-9a〉
아닛ᄂᆞᆫ다〈NR2-3b〉아니혼다〈NK2-3b〉
아닛ᄂᆞᆫ다〈NR4-36b〉아닌ᄂ니라〈NK4-37b〉
아닛ᄂᆞᆫ디라.〈NR1-40a〉아니혼디라〈NK1-41b〉
아닛ᄂᆞᆫ디라〈NR4-26a〉아니ᄒᄂᆞᆫ디라〈NK4-27a〉
아닛ᄂᆞᆫ둧〈NR2-56b〉몯ᄒᄂᆞᆫ者쟈〈NK2-58a〉
아ᄂ니라.〈NR2-52b〉아ᄂ니라〈NK2-52b〉
아ᄂᆞᆫ〈NR1-24a〉아ᄂᆞᆫ〈NK1-25a〉
아더니잇가?〈NR1-29b〉아니잇가?〈NK1-30a〉
아디〈NR1-18b〉아디〈NK1-19a〉
아디〈NR1-1b〉이디[아디?]〈NK1-1b〉
아디〈NR3-72a〉알리〈NK3-73b〉
아디〈NR4-14b〉知지티〈NK4-15a〉
아디[*다?]〈NR2-21b〉아디〈NK2-22a〉
아디몯게라.〈NR1-44b〉아디몯게라〈NK1-45b〉
아디몯ᄒ면〈NR3-6b〉아디몯ᄒ면〈NK3-6b〉
아ᄃᆞ리〈NR3-48a〉子ᄌᆞㅣ〈NK3-49a〉
아ᄃᆞᆯ을〈NR3-48b〉子ᄌᆞ를〈NK3-49a〉
아ᄃᆞᆯ을〈NR4-54b〉아ᄃᆞᆯ을〈NK4-56b〉
아ᄃᆞᆯ이〈NR3-48b〉子ᄌᆞㅣ〈NK3-49b〉

아라〈NR1-7a〉아라〈NK1-7a〉
아래〈NR3-33b〉아래〈NK3-34a〉
아래ᄂᆞᆫ〈NR2-10a〉아래ᄂᆞᆫ〈NK2-10b〉
아래로〈NR3-67b〉아래로〈NK3-69a〉
아래로ᄂᆞᆫ〈NR2-57b〉下하로〈NK2-58b〉
아래間문ᄒ기롤〈NR1-48b〉下하間문을〈NK1-49b〉
아래셔〈NR4-28b〉下하에〈NK4-29b〉
아로디〈NR4-7b〉알오디〈NK4-8a〉
아로미〈NR4-78b〉아디〈NK4-80b〉
아롤디니라.〈NR3-20b〉말올ᄯᅥ니라〈NK3-20b〉
아ᄅᆞ시니라.〈NR2-26a〉아ᄅᆞ시더니라〈NK2-26b〉
아ᄅᆞ시니라.〈NR4-55b〉아ᄅᆞ시ᄂ니라〈NK4-57a〉
아ᄅᆞ시더잇가?〈NR2-26a〉아ᄅᆞ시더니잇가?〈NK2-26b〉
아비〈NR3-48a〉父부ㅣ〈NK3-49a〉
아비롤〈NR3-48b〉父부롤〈NK3-49b〉
아비롤〈NR4-39a〉父부를〈NK4-40a〉
아ᄋᆞ니〈NR3-59a〉아사ᄂᆞᆯ〈NK3-60a〉
아처ᄒᆞᄂ니〈NR4-67a〉惡오ᄒᆞᄂ니〈NK4-69a〉
아쳐ᄒ노라.〈NR3-14b〉惡오ᄒ노라〈NK3-14b〉
아쳐ᄒᆞᄂ니라.〈NR4-20a〉疾질ᄒᆞᄂ니라〈NK4-20b〉
아ᄎᆞ미〈NR1-35b〉아츰의〈NK1-36b〉
아홉가지_思ᄉᆞ롤〈NR4-27a〉九구思ᄉᆞㅣ〈NK4-28a〉
아홉사롬〈NR2-39a〉아홉사롬일〈NK2-40a〉
惡악食식을〈NR1-35b〉사오나온음식을〈NK1-36b〉
惡악衣의와〈NR1-35b〉사오나온옷과〈NK1-36b〉

안〈NR2-22a〉아는〈NK2-22a〉

안〈NR4-26b〉知지ㅎ는〈NK4-27b〉

안다〈NR1-26a〉안다〈NK1-26b〉

안뎌!〈NR2-43b〉아는뎌?〈NK2-44a〉

顔안色식을〈NR2-32b〉눗빗츨〈NK2-33a〉

안잗더니〈NR3-14b〉안잣더니〈NK3-14b〉

안히〈NR3-23b〉안히〈NK3-23b〉

안ㅎ로〈NR1-38b〉안ㅎ로〈NK1-39b〉

안ㅎ로〈NR4-40a〉內너ㅣ〈NK4-41b〉

안히〈NR4-21b〉內너예〈NK4-22a〉

알게〈NR1-37b〉알게〈NK1-38a〉

알고〈NR1-11a〉알고〈NK1-11a〉

알고녀.〈NR1-9a〉알오녀〈NK1-9a〉

알고녀.〈NR2-27a〉알고녀〈NK2-27b〉

알디니〈NR1-19a〉알꺼시니〈NK1-19b〉

알디니〈NR1-30a〉알띠니〈NK1-31a〉

알디니라.〈NR4-14b〉知지홀개시니라〈NK4-15a〉

알디니라. 알꺼시니라〈NK1-19b〉

알디며〈NR1-19a〉알꺼시며〈NK1-19b〉

알단댄〈NR3-46a〉알띤댄〈NK3-46b〉

알료?〈NR2-50b〉알리오?〈NK2-51b〉

알리〈NR3-64b〉사룸이아디〈NK3-66a〉

알리라.〈NR1-35b〉알띠니라〈NK1-36a〉

알리라.〈NR4-52a〉아느니라〈NK4-53b〉

알리오?〈NR3-6b〉알리오?〈NK3-6b〉

알리잇가?〈NR1-18b〉알꺼시닝잇가〈NK1-19a〉

알며〈NR3-74b〉알오디〈NK3-76a〉

알며〈NR4-61a〉알며〈NK4-63a〉

알면〈NR1-14b〉知지ㅎ면〈NK1-14b〉

알면〈NR1-29b〉알면〈NK1-30b〉

알옴이니다.〈NR3-34b〉알옴이니라〈NK3-35a〉

알와라.〈NR2-31b〉알과라〈NK2-32a〉

알흔쟈ㅣ〈NR4-2b〉아는者쟈ㅣ〈NK4-3a〉

압〈NR2-55b〉앏〈NK2-56b〉

압픠〈NR2-45a〉앏픠〈NK2-46a〉

앗기노라.〈NR1-26b〉愛익ㅎ노라〈NK1-27b〉

앗기는다.〈NR1-26b〉愛익ㅎ는다?〈NK1-27b〉

哀익ㅎ고〈NR2-32a〉슬프고〈NK2-32b〉

兩량端단을〈NR2-44a〉두근틀〈NK2-45a〉

讓양티〈NR3-18b〉ㅅ양티〈NK3-18b〉

어그나〈NR2-41b〉違위ㅎ나〈NK2-42b〉

어닉〈NR4-37a〉엇디〈NK4-38a〉

어닉롤〈NR4-60b〉어닉를〈NK4-62a〉

어더〈NR1-30b〉시러곰〈NK1-31b〉

어더〈NR2-23b〉어더〈NK2-24a〉

어더〈NR2-23b〉어더〈NK2-24a〉

어더〈NR4-69b〉得득ㅎ야〈NK4-71b〉

어더니〈NR2-20a〉得득ㅎ야니〈NK2-20b〉

어더보미〈NR2-24a〉어더보면〈NK2-24b〉

어딘는다.〈NR2-8a〉어딘는다〈NK2-8a〉

어드니〈NR4-30a〉得득호니〈NK4-31a〉

어드러셔自즈ㅎ뇨?〈NR3-74b〉어드러브터오?〈NK3-76a〉

어드시맨〈NR4-72a〉得득ㅎ실띤댄〈NK4-74a〉

어든〈NR4-69b〉得득ㅎ〈NK4-71b〉

어딕개****?ㅣ〈NR3-19a〉어딕〈NK3-19a〉

어디디〈NR4-60b〉賢현티〈NK4-62a〉

어디디〈NR4-67a〉善션티〈NK4-69a〉

어딘가?〈NR3-70a〉賢현ㅎ냐〈NK3-71b〉

어딘사룸이니라.〈NR2-20a〉賢현人인이니라〈NK2-20b〉

어딘者쟈는〈NR4-70b〉賢현흔者쟈는〈NK4-72b〉

어딕〈NR3-41b〉므서싁〈NK3-42a〉

업스〈NR3-31b〉업슨〈NK3-31b〉

업스나〈NR1-22a〉업스나〈NK1-22b〉

업스니〈NR2-2b〉업스니〈NK2-2b〉

업스니〈NR3-69b〉업소니〈NK3-71a〉

업스니라.〈NR1-25a〉업스니라〈NK1-26a〉

업스니라.〈NR3-59a〉업스니라〈NK3-60b〉

업스니라.〈NR4-15b〉업스리니라〈NK4-16a〉

업스랴?〈NR2-51a〉업스랴〈NK2-52a〉

업스리라.〈NR1-33a〉업느니라〈NK1-33b〉

업스리라.〈NR2-21a〉업스리라〈NK2-21a〉

업스리라〈NR4-29a〉몯ᄒᆞ리라〈NK4-30a〉

업스리로다.〈NR3-75b〉업스니래末〈NK3-77a〉

업스며〈NR1-54a〉업스며〈NK1-55b〉

업스며〈NR2-42a〉업스며〈NK2-42b〉

업스며〈NR3-41a〉업고〈NK3-41b〉

업스면〈NR1-52a〉업스면〈NK1-53a〉

업스면〈NR4-47a〉업스면〈NK4-48a〉

업스미ᄂᆞᆫ〈NR2-36b〉업슴애〈NK2-37a〉

업슨〈NR2-18a〉업ᄂᆞᆫ〈NK2-18b〉

업슨〈NR3-55a〉업슴애〈NK3-56a〉

업슨〈NR4-34b〉업슬〈NK4-35b〉

업슨〈NR4-61a〉업슨〈NK4-63a〉

업슨디라.〈NR4-12b〉업슨디라〈NK4-13a〉

업슨제〈NR1-41b〉업슴애〈NK1-42b〉

업슨제ᄂᆞᆫ〈NR3-56a〉업슴앤〈NK3-57a〉

업슬〈NR3-40a〉업슬〈NK3-40b〉

업슬디니〈NR1-34a〉업느니〈NK1-34b〉

업슬디로다.〈NR4-8a〉업슬ᄯᆞ롬이니라〈NK4-8b〉

업시〈NR3-4a〉업시〈NK3-4a〉

업스니〈NR4-63b〉업스니〈NK4-65b〉

업스니〈NR4-68b〉업스니〈NK4-70b〉

업스니라.〈NR4-20b〉업느니라〈NK4-21a〉

업스랴?〈NR2-51a〉업스랴?〈NK2-52a〉

업스리라.〈NR4-78a〉몯ᄒᆞ고〈NK4-80b〉

업스리라.〈NR4-78b〉몯ᄒᆞ리니라〈NK4-80b〉

업스며〈NR1-18b〉업스며〈NK1-19a〉

업스며〈NR4-57a〉업스며〈NK4-58b〉

업스면〈NR1-18b〉업스면〈NK1-19a〉

업스면〈NR1-8a〉업소더〈NK1-8b〉

업스면〈NR4-4b〉업슨則즉〈NK4-5a〉

업스면〈NR4-58b〉업거든〈NK4-60a〉

업스면〈NR4-7a〉업스면〈NK4-7b〉

업스믈〈NR3-23b〉없슴을〈NK3-23b〉

업스믈〈NR4-9a〉업슴을〈NK4-9b〉

업스미〈NR1-8a〉업스며〈NK1-8b〉

업슨〈NR4-47b〉업슨〈NK4-49a〉

업슨거슬〈NR2-46b〉업슬꺼시〈NK2-47a〉

업슨더!〈NR4-11b〉업슨더〈NK4-12a〉

업술디니라.〈NR1-11b〉업슴이니라〈NK1-11b〉

업슴〈NR3-64b〉몯홈〈NK3-66a〉

엇게예〈NR4-69a〉肩견에〈NK4-71a〉

엇더〈NR3-50b〉엇더〈NK3-51b〉

엇더니〈NR3-32a〉엇디오〈NK3-32b〉

엇더ᄒᆞ관더〈NR3-7a〉엇더ᄒᆞ뇨?〈NK3-7b〉

엇더ᄒᆞ니잇고.〈NR1-8a〉엇더ᄒᆞ닝잇고?〈NK1-8b〉

엇더ᄒᆞ니잇고?〈NR1-42a〉엇더ᄒᆞ니잇고?〈NK1-43a〉

엇던〈NR2-20a〉엇던〈NK2-20a〉

엇디〈NR1-12a〉엇디〈NK1-12a〉

엇디〈NR1-17b〉엇띠〈NK1-18a〉

엇디〈NR1-33b〉어듸〈NK1-34b〉

엇디〈NR1-41b〉어듸가〈NK1-43a〉

엇디〈NR2-35b〉얻디〈NK2-36a〉
엇디〈NR2-48a〉므슴〈NK2-48b〉
엇디〈NR3-25b〉엇디뻐〈NK3-25b〉
엇디〈NR3-26b〉그〈NK3-27a〉
엇디〈NR3-49a〉굴오디〈NK3-50a〉
엇디려뇨〈NR2-51b〉엇디려뇨?〈NK2-52a〉
엇디료?〈NR3-16a〉엇디료?〈NK3-16a〉
엇디료?〈NR4-63b〉엇더ᄒ뇨〈NK4-65b〉
엇디리오.〈NR3-73b〉엇디리오?〈NK3-75a〉
엇디리오?〈NR1-20b〉엇디ᄒ료〈NK1-21a〉
엇디며〈NR1-20b〉엇디ᄒ며〈NK1-21a〉
엇디뻐〈NR1-12b〉므스거스로뻐〈NK1-13a〉
엇디뻐〈NR1-18b〉므스로뻐〈NK1-19a〉
엇디뻐〈NR3-41a〉엇디〈NK3-41b〉
엇디잇고?〈NR4-36b〉엇디니잇고〈NK4-37b〉
엇디ᄒ리오.〈NR2-23a〉엇디리오?〈NK2-23a〉
엇디ᄒ리오?〈NR3-44b〉엇디료〈NK3-45a〉
엇디ᄒ리잇고?〈NR1-27a〉엇디ᄒ리잇고〈NK1-28a〉
엇디ᄒᄆ로〈NR3-72b〉엇디〈NK3-74a〉
엇디ᄒ야사〈NR3-32a〉엇더ᄒ야〈NK3-32a〉
엇쩌ᄒ니잇고?〈NR3-52b〉엇더ᄒ니잇고?〈NK3-53b〉
엇지ᄒ야사〈NR3-54a〉엇더ᄒ야아?〈NK3-55a〉
여닐곰사롬으로〈NR3-17b〉六륙七칠人으로〈NK3-17b〉
여론〈NR2-31b〉여른〈NK2-32a〉
여어〈NR4-69a〉여어〈NK4-71a〉
與여〈NR2-18a〉더브러〈NK2-18a〉
與여티〈NR2-18a〉더브러〈NK2-18b〉
易역ᄒ며〈NR1-4a〉밧고며〈NK1-4a〉
說열티〈NR2-13a〉깃거티〈NK2-13a〉
說열ᄒ며〈NR3-47a〉깃거ᄒ며〈NK3-48a〉

오라〈NR4-32a〉來리ᄒ라〈NK4-33a〉
오라니〈NR4-66b〉오라니〈NK4-68b〉
오라니라.〈NR2-29a〉오라니라〈NK2-29a〉
오라다.〈NR2-46b〉올아다〈NK2-47a〉
오라도소이다.〈NR4-44a〉오라도소이다〈NK4-45a〉
오란다라.〈NR1-31a〉오란다라〈NK1-31b〉
오래〈NR1-32a〉오래〈NK1-33a〉
오래〈NR2-16a〉오라다〈NK2-16a〉
오래니라.〈NR2-13b〉오라니라〈NK2-13b〉
오래要요홀디〈NR3-60b〉久구要애〈NK3-62a〉
오리이시면〈NR1-1a〉오면〈NK1-1a〉
오ᄅ디〈NR4-71b〉升승티〈NK4-73b〉
五오〈NR2-3a〉다ᄉ〈NK2-3a〉
니ᄅ니〈NR2-27a〉닐오디〈NK2-27a〉
五오十십애〈NR1-11a〉쉰에〈NK1-11a〉
五오애〈NR1-10b〉다ᄉ새〈NK1-10b〉
五오人인을〈NR2-38b〉다ᄉ사롬을〈NK2-39a〉
惡오홈만〈NR3-52b〉아쳐홈만〈NK3-53b〉
惡오홀딘댄〈NR3-52b〉아쳐ᄒ면〈NK3-53b〉
오직〈NR1-12a〉오직〈NK1-12b〉
오직〈NR3-28a〉마치〈NK3-28a〉
오직〈NR4-70b〉마줌〈NK4-72b〉
오히려〈NR2-14a〉오히려〈NK2-14a〉
오히혀〈NR4-70b〉오히려〈NK4-72b〉
올타.〈NR2-2a〉그러ᄒ다〈NK2-2a〉
올타.〈NR4-52a〉이시니라〈NK4-53b〉
올타〈NR3-44a〉誠셩ᄒ다〈NK3-44b〉
올티〈NR2-39a〉그러티〈NK2-39b〉
올ᄒ니〈NR4-34a〉是시ᄒ니〈NK4-35a〉
옮디〈NR4-33a〉移이티〈NK4-34a〉
옷〈NR2-55b〉옷〈NK2-56b〉
往왕호미니라.〈NR2-49b〉감곧ᄐ니라〈NK2-50b〉

枉왕ᄒᆞ야〈NR4-49b〉구펴〈NK4-51a〉

往왕ᄒᆞᆫ디라〈NR1-28b〉디난디라〈NK1-29a〉

외니잇가?〈NR4-2b〉아니니잇가?〈NK4-2b〉

외오더〈NR3-41b〉誦송ᄒᆞ더〈NK3-42a〉

欲욕ᄒᆞᄂᆞᆫ〈NR1-33a〉ᄒᆞ고져ᄒᆞᄂᆞᆫ〈NK1-34a〉

欲욕ᄒᆞ야〈NR4-77a〉ᄒᆞ야〈NK4-79a〉

用용을〈NR1-3a〉쓰기를〈NK1-3a〉

우리〈NR1-51a〉우리〈NK1-52a〉

우에[笑]〈NR4-33a〉笑쇼ᄒᆞ야〈NK4-34a〉

尤우ㅣ〈NR1-16a〉허믈이〈NK1-16b〉

憂우룰〈NR2-21b〉시름을〈NK2-22a〉

右우袂메룰〈NR2-58b〉올ᄒᆞᆫ소매를〈NK2-60a〉

愚우티〈NR1-13b〉어리디〈NK1-14a〉

憂우ᄒᆞ시ᄂᆞ니라.〈NR1-12a〉근심ᄒᆞ시ᄂᆞ니라〈NK1-12b〉

愚우ᄒᆞᆫ듯ᄒᆞ되〈NR1-13b〉어린듯ᄒᆞ더니〈NK1-13b〉

우ᄒᆞ로ᄂᆞᆫ〈NR2-57b〉上샹으로〈NK2-58b〉

우혼〈NR2-10a〉우혼〈NK2-10b〉

우ᄒᆞ로〈NR3-67b〉우ᄒᆞ로〈NK3-69a〉

遠원호미〈NR2-54a〉머롬이〈NK2-55a〉

遠원ᄒᆞ냐〈NR2-26a〉머냐〈NK2-26a〉

遠원ᄒᆞ니라.〈NR2-54a〉밀옴이니라〈NK2-55a〉

遠원ᄒᆞᄂᆞ니라.〈NR4-32b〉머ᄂᆞ니라〈NK4-33b〉

遠원ᄒᆞ면〈NR4-48b〉멀니ᄒᆞ면〈NK4-49b〉

遠원혼〈NR3-47a〉먼〈NK3-48a〉

月월애〈NR4-61a〉ᄃᆞᆯ로〈NK4-63a〉

違위티〈NR1-13b〉어글웃디〈NK1-13b〉

爲위ᄒᆞ기〈NR3-66a〉ᄀᆞᆮ홈이〈NK3-67a〉

有유ㅣ되며〈NR4-59b〉잇다ᄒᆞ며〈NK4-61a〉

喩유티〈NR1-11a〉넘디〈NK1-11b〉

由유티〈NR2-8a〉말미암디〈NK2-8a〉

有유호매〈NR3-42b〉둠애〈NK3-43a〉

由유호미〈NR2-46a〉말미암옴이〈NK2-46b〉

由유홀디니〈NR3-20a〉말미암ᄂᆞ니〈NK3-20a〉

有유ᄒᆞ고〈NR2-33a〉이슈더〈NK2-33b〉

由유ᄒᆞ랴〈NR3-20a〉말미암ᄂᆞ냐?〈NK3-20a〉

幼유ᄒᆞ야셔〈NR3-77b〉졈어셔〈NK3-79a〉

由유홀디니라.〈NR1-6b〉말미암으니라〈NK1-6b〉

飮음ᄒᆞᄂᆞ니〈NR1-22b〉머키ᄂᆞ니〈NK1-23a〉

의논〈NR1-36a〉議의티〈NK1-36b〉

의논ᄒᆞ디〈NR4-22b〉議의티〈NK4-23b〉

衣의ᄒᆞ니〈NR2-3b〉닙으니〈NK2-3b〉

이〈NR1-12b〉이〈NK1-13a〉

이〈NR4-72a〉이에〈NK4-74a〉

이〈NR4-72a〉이예〈NK4-74a〉

이ᄀᆞ티〈NR3-45b〉이러트시〈NK3-46a〉

이ᄀᆞ티〈NR3-46b〉이러툿시〈NK3-47a〉

이ᄀᆞ튼〈NR1-41b〉이러툿혼〈NK1-42b〉

이ᄀᆞ튼뎌!〈NR2-49a〉이ᄀᆞᆮ튼뎌〈NK2-49b〉

이ᄀᆞ툴만ᄒᆞ고〈NR3-77a〉이러툿홀〈NK3-78b〉

이ᄌᆞᆮ튼뎌〈NR3-41a〉이러툿ᄒᆞ면〈NK3-41b〉

이ᄌᆞᆮ튼디라〈NR4-20b〉이러툿혼〈NK4-21a〉

이니〈NR4-52b〉이니〈NK4-54b〉

이ᄂᆞᆫ〈NR2-50b〉이〈NK2-51b〉

이ᄂᆞᆫ〈NR3-32b〉이ᄂᆞᆫ〈NK3-33a〉

이ᄂᆞᆫ〈NR4-18a〉이〈NK4-18b〉

이도〈NR4-41b〉이도〈NK4-42b〉

이둘히〈NR3-25a〉二이者쟈애〈NK3-25a〉

이디〈NR3-47b〉이디〈NK3-48b〉

이러미〈NR3-38b〉이러홈이〈NK3-39a〉

이러커나〈NR3-65b〉이러툿ᄒᆞ니〈NK3-67a〉

이러호디〈NR3-65a〉이러툿호디〈NK3-66b〉

이런〈NR3-14b〉이런〈NK3-14b〉

이런〈NR3-57b〉이러툿 훈〈NK3-58b〉

이런〈NR3-57b〉이례[러끼툿 훈〈NK3-58b〉

이런故고로〈NR3-18b〉이런故로〈NK3-18b〉

이럴〈NR4-56b〉이〈NK4-58a〉

이론디〈NR2-21b〉이로욹옴]이〈NK2-22a〉

이리〈NR3-71a〉이〈NK3-72b〉

里리 ㅣ〈NR1-32a〉マ올히〈NK1-32b〉

履리티〈NR2-56a〉붋디〈NK2-57a〉

이롤〈NR1-20a〉이롤〈NK1-20b〉

이롤〈NR4-28b〉이를〈NK4-29b〉

이믜〈NR1-24a〉임의〈NK1-24b〉

이믜〈NR2-42a〉이믜〈NK2-43a〉

이셔〈NR3-21a〉이셔〈NK3-21a〉

이셔〈NR3-32a〉이셔도〈NK3-32b〉

이쇼리라.〈NR2-6a〉이쇼리라〈NK2-6a〉

이쇼매ᄂᆞᆫ〈NR2-36b〉이숌애〈NK2-37a〉

이쇼미〈NR1-21b〉이심이〈NK1-22a〉

이쇼미나〈NR4-74a〉이심이나〈NK4-76a〉

이쇼미니라.〈NR4-11a〉인ᄂᆞ니라〈NK4-11b〉

이쇼미여!〈NR2-38b〉이숌이여〈NK2-39a〉

이쇼몬〈NR4-64b〉둄은〈NK4-66a〉

이쇼몬〈NR4-73b〉이심은〈NK4-75b〉

이시나〈NR1-41a〉이시나〈NK1-42a〉

이시니〈NR2-47b〉이시니〈NK2-48a〉

이시니〈NR3-48a〉인ᄂᆞ니〈NK3-49a〉

이시려니와〈NR1-55a〉잇거니와〈NK1-56b〉

이시리니라.〈NR1-16b〉인ᄂᆞ니라〈NK1-17a〉

이시리라.〈NR3-43b〉이시리라〈NK3-44a〉

이시리오?〈NR2-48a〉이시리오?〈NK2-48b〉

이시며〈NR2-50a〉이시며〈NK2-51a〉

이시며〈NR3-16a〉잇고〈NK3-15b〉

이시며〈NR4-64b〉두며〈NK4-66a〉

이시면〈NR1-4a〉이시면〈NK1-4a〉

이시면〈NR2-27a〉잇거든〈NK2-27b〉

이시면〈NR2-6a〉이실ᄯᆞᆫ댄〈NK2-6a〉

이시면〈NR4-15b〉두면〈NK4-16a〉

이시면〈NR4-4a〉이신則즉〈NK4-4a〉

이신디라.〈NR4-18a〉인ᄂᆞᆫ디라〈NK4-18b〉

이신둘〈NR3-28b〉이시나〈NK3-29a〉

이신제〈NR1-41a〉이숌애〈NK1-42b〉

이신제ᄂᆞᆫ〈NR3-56a〉이숌앤〈NK3-57a〉

이실가〈NR1-48a〉이실가〈NK1-49b〉

이실가〈NR4-21b〉이실까〈NK4-22a〉

이실ᄯᆞᆫ댄〈NR2-13b〉혼딘〈NK2-14a〉

이실ᄯᆞᆫ댄〈NR3-43b〉이시면〈NK3-44a〉

이실ᄯᆞᆫ댄〈NR3-44a〉이실ᄯᆞ라도〈NK3-45a〉

이실ᄯᆞᆫ댄〈NR4-34b〉이실ᄯᆞᆫ댄〈NK4-36a〉

이실쑨이언뎡〈NR2-39a〉인ᄂᆞᆫ디라〈NK2-39b〉

이ᄯᅩ훈〈NR4-77a〉ᄯᅩ훈〈NK4-79b〉

이에〈NR1-30b〉이예〈NK1-31b〉

이에〈NR3-22a〉이〈NK3-22a〉

이에〈NR3-32a〉아이예〈NK3-32b〉

이에〈NR3-49b〉이에〈NK3-50a〉

이에셔〈NR2-39a〉이에셔〈NK2-39b〉

이예〈NR2-63a〉이예〈NK2-64a〉

이와〈NR3-48b〉이에〈NK3-49a〉

이윽고〈NR3-75a〉이슥고〈NK3-76b〉

以이上샹은〈NR2-16b〉이로부터뻐우훈〈NK2-17a〉

已이旣심호미〈NR2-35a〉너모旣심히홈이〈NK2-35b〉

以이티말라.〈NR3-15a〉말라〈NK3-14b〉

이제〈NR1-12b〉이젯〈NK1-13a〉

이제〈NR1-46b〉이제〈NK1-48a〉

이제〈NR2-31b〉이젠〈NK2-32a〉

이제ᄂᆞᆫ〈NR2-2b〉이제ᄂᆞᆫ〈NK2-2b〉

이제는〈NR2-41b〉이제〈NK2-42a〉

이젯〈NR4-42a〉이젯〈NK4-43a〉

이튼날애〈NR4-54b〉붉는날애〈NK4-56b〉

益익을〈NR3-37a〉더음으로〈NK3-37b〉

益익호몰〈NR2-3a〉더홈을〈NK2-3a〉

인느니잇가?〈NR3-45b〉인느니잇가?〈NK3-4
6a〉

人인〈NR2-27b〉사롬〈NK2-28a〉

人인〈NR3-29a〉사롬과〈NK3-29b〉

人인가?〈NR2-33b〉사롬개의뭔〈NK2-34a〉

人인과〈NR2-27b〉사롬으로〈NK2-27b〉

人인ᄀᆞᄅ치기〈NR2-15a〉사롬ᄀᆞᄅ침을〈NK2
-15a〉

人인아니라.〈NR2-33b〉사롬이니라〈NK2-34
a〉

人인으로〈NR3-23b〉사롬으로〈NK3-23b〉

人인을〈NR1-2b〉사롬을〈NK1-2b〉

人인을〈NR4-53a〉사롬〈NK4-54b〉

人인의〈NR1-33a〉사롬의〈NK1-34a〉

人인의〈NR2-32a〉사롬이〈NK2-32b〉

人인의〈NR2-9b〉사람의〈NK2-9b〉

人인의게〈NR3-33a〉사롬의게〈NK3-33b〉

人인이〈NR1-14a〉사롬이〈NK1-14b〉

人인이〈NR2-35a〉사롬이오〈NK2-35b〉

人인이〈NR4-49b〉시사꾀롬이〈NK4-50b〉

人인이론더.〈NR1-1b〉사롬이론디〈NK1-1b〉

人인이오.〈NR4-39b〉사롬이오〈NK4-40b〉

仁인者쟤는〈NR2-11a〉인혼者쟈는〈NK2-
11b〉

忍인콘〈NR1-20a〉춤아ᄒᆞ곤〈NK1-20b〉

忍인티〈NR1-20a〉춤아〈NK1-20b〉

읻느뇨〈NR2-15a〉인느뇨〈NK2-15b〉

읻는〈NR2-16b〉인는〈NK17b〉

일거든〈NR3-17b〉일거든〈NK3-17b〉

일고〈NR1-52a〉成셩ᄒᆞ고〈NK1-53b〉

일로뻐〈NR1-13a〉이를뻐〈NK1-13b〉

일온밧〈NR3-13a〉닐온밧〈NK3-13a〉

일우디〈NR2-49b〉일오디〈NK2-50a〉

일은〈NR2-32b〉일은〈NK2-33a〉

일은〈NR4-1a〉事ᄉᆞ는〈NK4-1a〉

일을〈NR1-3a〉일을〈NK1-3a〉

일이〈NR1-23a〉일이〈NK1-23b〉

日 일마다〈NR1-2b〉날로〈NK1-2b〉

日 일月월애〈NR2-4b〉날이며둘로〈NK2-4b〉

日 일月월의게_엇디〈NR4-70b〉엇디_日 일月
월에〈NK4-72b〉

一일을〈NR1-45b〉ᄒᆞ나흘〈NK1-46b〉

일즉〈NR1-13a〉일즉〈NK1-13b〉

일즉〈NR2-16b〉일쯕〈NK17b〉

일ᄏᆞ라〈NR4-30b〉稱칭ᄒᆞ야〈NK4-31b〉

일ᄏᆞᄅ니〈NR4-28b〉稱칭ᄒᆞ느니라〈NK4-29b〉

일ᄏᆞᄅ매〈NR4-31a〉稱칭홈애〈NK4-32a〉

일ᄏᆞ롭이〈NR4-28b〉稱칭홈이〈NK4-29a〉

일티〈NR4-22a〉失실티〈NK4-23a〉

일허〈NR4-66b〉失실ᄒᆞ야〈NK4-68b〉

일호미〈NR4-32a〉失실홈이〈NK4-33a〉

일홈을〈NR4-39a〉일홈을〈NK4-40b〉

臨림툿〈NR2-31a〉디느둣〈NK2-32a〉

立립호매〈NR1-2a〉셤애〈NK1-2a〉

잇거니〈NR3-11b〉이시니〈NK3-11b〉

잇거니와〈NR3-25a〉잇거니와〈NK3-25b〉

잇거니와〈NR4-36b〉인느니라〈NK4-37b〉

잇거눌〈NR1-35a〉잇기눌〈NK1-36a〉

잇거든〈NR1-13a〉잇거든〈NK1-13b〉

잇거든〈NR2-36a〉이시면〈NK3-36b〉

잇거시눌〈NR2-31b〉잇거시눌〈NK2-32a〉

잇게ᄒᆞ니〈NR2-46b〉두믈ᄒᆞ니〈NK2-47a〉

잇고〈NR3-23a〉잇고〈NK3-23a〉

잇기롤〈NR2-6b〉이심을〈NK2-7a〉

잇ᄂ〈NR4-73a〉인ᄂ〈NK4-75b〉

잇ᄂ냐〈NR1-35a〉인ᄂ냐〈NK1-35b〉

잇ᄂ냐?〈NR3-38b〉잇다〈NK3-39a〉

잇ᄂ뇨?〈NR2-48b〉인ᄂ뇨〈NK2-49b〉

잇ᄂ니〈NR1-7a〉이시니〈NK1-7a〉

잇ᄂ니〈NR2-20b〉인ᄂ니〈NK2-21a〉

잇ᄂ니라.〈NR1-40a〉인ᄂ니라〈NK1-41b〉

잇ᄂ니라.〈NR4-25b〉인나니라〈NK4-26b〉

잇ᄂ니이다.〈NR4-73a〉인ᄂ니이다〈NK4-75b〉

잇ᄂ니이다.〈NR4-73b〉인ᄂ니라〈NK4-75b〉

잇ᄂ니잇가?〈NR3-46b〉인ᄂ니잇가?〈NK3-4
7a〉

잇ᄂ뎌!〈NR2-50b〉인ᄂ뎌〈NK2-51a〉

잇ᄂ디라.〈NR4-68a〉인ᄂ디라〈NK4-70a〉

잇ᄂ둣〈NR2-46a〉인ᄂ둣〈NK2-46b〉

잇ᄂ디〈NR3-31b〉인ᄂ디〈NK3-32a〉

잇다〈NR4-12a〉잇다〈NK2-12b〉

잇다〈NR3-11b〉인ᄂ니라〈NK3-11b〉

잇더니〈NR2-45a〉잇더니〈NK2-46a〉

잇더이다.〈NR3-45a〉잇데이다〈NK3-45b〉

잇도다.〈NR2-45a〉잇도다〈NK2-46a〉

잇든〈NR1-13a〉잇거든〈NK1-13a〉

잇디〈NR1-2a〉잇디〈NK1-2a〉

잇디아니니〈NR4-65b〉잇디아니ᄒ나〈NK4-6
7b〉

仍잉[因]호디〈NR3-7a〉잉홈이〈NK3-7a〉

자거눌〈NR1-46a〉寢침ᄒ거눌〈NK1-47a〉

자더니〈NR3-74b〉宿슉ᄒ더니〈NK3-76a〉

자바〈NR2-6a〉잡아〈NK2-6b〉

자브면〈NR4-22b〉執집ᄒ면〈NK4-23a〉

者자로〈NR3-35b〉이로〈NK3-36a〉

者자와〈NR2-52a〉이로〈NK2-52a〉

者쟈ㅣ〈NR2-10a〉이〈NK2-10a〉

者쟈ㅣ〈NR2-50a〉리〈NK2-51a〉

者쟈ㅣ〈NR3-1b〉者쟈ㅣ〈NK3-1b〉

者쟈는〈NR2-49b〉이는〈NK2-50b〉

者쟈는〈NR2-52a〉니는〈NK2-52a〉

者쟈는〈NR3-32b〉거슨〈NK3-33a〉

者쟈로〈NR3-35a〉이로〈NK3-35b〉

者쟈룰〈NR2-2b〉이를〈NK2-2b〉

者쟈만〈NR2-10a〉이만〈NK2-10a〉

子ᄌ貢공이〈NR3-49a〉쎠시니라〈NK3-50a〉

自ᄌ호라〈NR3-74b〉브테로라〈NK3-76a〉

作작ᄒ야〈NR3-17b〉닐어〈NK3-17b〉

잘〈NR2-45b〉善션히〈NK2-46a〉

長댱이〈NR2-59a〉기리〈NK2-60a〉

長댱호디〈NR2-58b〉길게호디〈NK2-60a〉

長댱ᄒ야셔〈NR3-77b〉ᄌ라〈NK3-79a〉

쟝춧〈NR2-19b〉쟝춧〈NK2-20a〉

재애宿〈NR4-54b〉재여[宿]〈NK4-56a〉

宰지되여〈NR3-47b〉되연ᄂ디라〈NK3-48b〉

宰지我아ㅣ〈NR4-45b〉지我아ㅣ〈NK4-47a〉

在지커시든〈NR1-39a〉겨시거시든〈NK1-40a〉

在지커시든〈NR2-55a〉겨시거든〈NK2-56a〉

在지커시든〈NR3-12b〉겨시거니〈NK3-12a〉

在지ᄒ신둧〈NR1-24b〉인ᄂ둣시〈NK1-25a〉

在지ᄒ둧〈NR1-24b〉인ᄂ둣시〈NK1-25a〉

爭징호미〈NR1-22b〉ᄃ토미〈NK1-23a〉

爭징홀〈NR1-22a〉ᄃ토는〈NK1-22b〉

쟝춧〈NR1-31a〉쟝춧〈NK1-31b〉

쟝춧이〈NR2-42b〉쟝춧〈NK2-43a〉

저터라.〈NR1-48a〉저허ᄒ더라〈NK1-49b〉

저프디〈NR2-50b〉두렵디〈NK2-51b〉

저프오ᄂ者쟈ㅣ〈NR2-50b〉엇디來리者쟈의

〈NK2-51b〉

저훌디니라.〈NR2-37b〉저허훌띠니라〈NK2-38a〉

適덕고도〈NR2-53b〉가고도〈NK2-54b〉

適덕디〈NR2-53b〉가디〈NK2-54b〉

適덕훌제〈NR2-3a〉갈제〈NK2-3b〉

절 ᄒᆞ야〈NR2-63b〉拜비 ᄒᆞ고〈NK2-64b〉

젓노라.〈NR4-21b〉저허 ᄒᆞ노라〈NK4-22a〉

젓ᄂᆞᆫ디라.〈NR4-61a〉恐공 ᄒᆞᆫ디라〈NK4-62b〉

젓ᄂᆞ니〈NR4-77a〉畏외 ᄒᆞᄂᆞ니〈NK4-79b〉

政정을〈NR4-51a〉정을〈NK4-52b〉

제〈NR2-43b〉제〈NK2-44a〉

제〈NR3-55a〉穀곡만〈NK3-56a〉

제롤〈NR4-31b〉時시 ᄒᆞ야〈NK4-32b〉

져〈NR1-18b〉小쇼ᄒᆞᆫ〈NK1-19a〉

져건디〈NR2-13b〉鮮션컨디〈NK2-13b〉

져그니〈NR1-2a〉젹으니〈NK1-2a〉

져그니〈NR4-69b〉젹은디라〈NK4-71b〉

져그니라.〈NR1-40a〉젹으니라〈NK1-41a〉

져그리니라.〈NR1-2b〉鮮션ᄒᆞ니라〈NK1-2b〉

져근〈NR4-61a〉쟈근〈NK4-62b〉

져근뎌!〈NR1-28b〉小쇼ᄒᆞ나〈NK1-29b〉

져기〈NR3-42b〉젹이〈NK3-43a〉

져믄〈NR2-43b〉졈은〈NK2-44a〉

져믄제ᄂᆞᆫ〈NR4-25a〉小쇼ᄒᆞᆫ_時시예〈NK4-26a〉

젹게 ᄒᆞ고져〈NR3-68b〉寡과코져〈NK3-70a〉

鳥됴의〈NR2-31b〉새(鳥)〈NK2-32b〉

助조ᄒᆞᄂᆞᆫ〈NR3-2a〉돕ᄂᆞᆫ〈NK3-2b〉

조차셔〈NR4-54a〉從종 ᄒᆞ야〈NK4-55b〉

조초디〈NR1-11a〉조차〈NK1-11a〉

조초리라.〈NR2-18b〉조초리라〈NK2-19a〉

조초리라.〈NR2-41b〉從종호리라〈NK2-42a〉

조초ᄆᆞ론〈NR4-53a〉조촘으로〈NK4-54b〉

조촘〈NR4-53a〉조촘〈NK4-54b〉

조ᄎᆞ리ᄂᆞᆫ〈NR1-43b〉從종홀者쟈ᄂᆞᆫ〈NK1-44b〉

조ᄎᆞ며〈NR2-25a〉좃ᄎᆞ며〈NK2-25b〉

조히 ᄒᆞ고져〈NR4-55b〉潔결코쟈〈NK4-57a〉

足죡을〈NR2-31a〉발을〈NK2-31b〉

좃고〈NR2-22b〉좃고〈NK2-23a〉

좃디〈NR1-38b〉좃디〈NK1-39b〉

좃디〈NR3-42a〉존디〈NK3-42b〉

從종코져〈NR2-46a〉좃고져〈NK2-46b〉

終종토록〈NR2-52b〉못도록〈NK2-52b〉

從종티〈NR3-13b〉좃디〈NK3-13b〉

從종호리라.〈NR1-25b〉조초리라〈NK1-26a〉

終종홀〈NR4-48b〉ᄆᆞ출〈NK4-50a〉

주거도〈NR1-35b〉죽어도〈NK1-36b〉

주겨ᄂᆞᆯ〈NR3-63a〉殺살 ᄒᆞ야ᄂᆞᆯ〈NK3-64a〉

주겨ᄂᆞᆯ〈NR3-63b〉殺 ᄒᆞ야ᄂᆞᆯ〈NK3-65a〉

주겨ᄈᆞ〈NR3-31b〉殺살 ᄒᆞ야ᄈᆞ〈NK3-32a〉

주그니〈NR4-48b〉죽으니라〈NK4-50a〉

주그랴?〈NR2-47a〉死ᄉᆞ ᄒᆞ랴〈NK2-47b〉

주그ᄆᆞ론〈NR2-47a〉死ᄉᆞ홈으로더브러론〈NK2-47b〉

주그믄〈NR3-25a〉다〈NK3-25b〉

주그미〈NR2-47a〉死ᄉᆞ홈이〈NK2-47b〉

주근〈NR4-15a〉死ᄉᆞ ᄒᆞᄂᆞᆫ〈NK4-15b〉

주근디라〈NR3-3b〉죽은디라〈NK3-3b〉

주기며〈NR4-54b〉殺살 ᄒᆞ며〈NK4-56a〉

주기예〈NR4-78a〉與여호디〈NK4-80a〉

주라.〈NR2-3a〉주라〈NK2-3a〉

주라.〈NR2-3a〉주라 ᄒᆞ야시ᄂᆞᆯ〈NK2-3a〉

주리되〈NR4-28b〉餓아호디〈NK4-29b〉

주롤〈NR2-19a〉줄을〈NK2-19b〉

주신대〈NR2-3b〉주어시ᄂᆞᆯ〈NK2-3b〉

酒쥬의〈NR2-48b〉술의〈NK2-49b〉

죽거늘〈NR3-4a〉죽거늘〈NK3-4a〉

죽고〈NR3-63a〉死ᄉᆞᇹ고〈NK3-64a〉

죽디〈NR3-63a〉死ᄉᆞ티〈NK3-64a〉

죽은디라〈NR2-2b〉죽은디라〈NK2-2b〉

준대〈NR2-3a〉준대〈NK2-3a〉

줄뗜뎌!〈NR2-4a〉줄뗜뎌〈NK2-4a〉

中듕ᄒᆞᆯ디ᄒᆞ니라.〈NR4-56b〉마즈니라〈NK4-58b〉

中듕의〈NR1-16b〉가온대〈NK1-17a〉

中듕ᄒᆞ니〈NR4-56b〉마즈니〈NK4-58a〉

中듕ᄒᆞ며〈NR4-56b〉마즈며〈NK4-58a〉

衆즁星셩이〈NR1-9b〉모든별이〈NK1-9b〉

즈음곳〈NR2-39a〉祭졔ㅣ〈NK2-39b〉

즈음도〈NR1-34a〉ᄉᆞ이롤〈NK1-34b〉

즈음에〈NR3-15b〉ᄉᆞ이예〈NK3-15b〉

즉ᄒᆞ도다.〈NR2-1a〉즉ᄒᆞ두다〈NK2-1a〉

즐거운〈NR3-61b〉樂락ᄒᆞᆫ〈NK3-63a〉

즐기미〈NR3-46b〉樂락홈이〈NK3-47a〉

지극ᄒᆞᆫ〈NR2-30a〉지극ᄒᆞᆫ〈NK2-30b〉

지극ᄒᆞ뎌.〈NR2-13b〉至지ᄒᆞ뎌〈NK2-13b〉

知디라〈NR1-15b〉아노라〈NK1-16a〉

知디란〈NR1-15b〉아는거슬〈NK1-16a〉

知디케〈NR2-34b〉알게〈NK2-35a〉

知디ᄒᆞ미〈NR2-44a〉알옴이〈NK2-45a〉

知디ᄒᆞ미니라.〈NR1-15b〉알옴이니라〈NK1-16a〉

知디ᄒᆞᄆᆞᆯ〈NR1-15b〉알옴을〈NK1-16a〉

知디ᄒᆞᄂᆞᆫ〈NR2-10a〉아ᄂᆞᆫ〈NK2-10a〉

志지롤〈NR4-56b〉ᄠᅳᆮ을〈NK4-57b〉

至지티〈NR2-35b〉ᄠᅳᆮᄒᆞ디〈NK2-36a〉

至지티〈NR2-8a〉니르디〈NK2-8a〉

至지ᄒᆞ매〈NR1-30b〉니르롬애〈NK1-31b〉

止지호ᄆᆞ며〈NR2-49b〉그침이곧ᄐᆞ며〈NK2-50a〉

止지호ᄆᆞᆯ〈NR2-50a〉그침을〈NK2-51a〉

止지ᄒᆞᄂᆞ니라.〈NR3-13a〉그치ᄂᆞ니〈NK3-13a〉

至지ᄒᆞ리라.〈NR2-26a〉니르ᄂᆞ니라〈NK2-26a〉

指지호ᄉᆞᆯ다.〈NR1-24b〉ᄀᆞᄅᆞ치시다〈NK1-25a〉

至지홀〈NR2-4b〉니를〈NK2-4b〉

지킈며〈NR2-36a〉守슈ᄒᆞ고도〈NK3-36b〉

直딕히〈NR4-49b〉곧게〈NK4-51a〉

袗뎐締티〈NR2-58b〉훗締치와〈NK2-59b〉

진실로〈NR1-33a〉진실로〈NK1-33b〉

진실로써〈NR3-28a〉딘실로써〈NK3-28a〉

進진티〈NR2-8b〉나아가디〈NK2-8b〉

盡진호ᄆᆞᆯ〈NR1-27a〉다홈을〈NK1-27b〉

進진호ᄆᆞᆯ〈NR2-50a〉나아감을〈NK2-51a〉

進진홈도〈NR2-49b〉나아감도〈NK2-50b〉

盡진ᄒᆞ시니〈NR2-40a〉다ᄒᆞ시니〈NK2-40b〉

進진ᄒᆞ야〈NR2-26b〉나오와〈NK2-27a〉

집의〈NR1-44b〉家가애〈NK1-45b〉

執집ᄂᆞᆫ〈NR2-18b〉잡ᄂᆞᆫ〈NK2-19a〉

執집ᄒᆞᆯ실시〈NR2-57b〉잡ᄋᆞ샤디〈NK2-58b〉

執집홀〈NR2-21a〉자받ᄂᆞᆫ〈NK2-21b〉

ᄌᆞ로〈NR3-10a〉ᄌᆞ조〈NK3-10a〉

ᄌᆞ옥ᄒᆞ더니라.〈NR2-37a〉졈영ᄒᆞ다〈NK2-37b〉

ᄌᆞ조〈NR1-42b〉ᄌᆞ조〈NK1-44a〉

次ᄎᆞㅣ〈NR3-50a〉될〈NK3-51a〉

察찰ᄒᆞ며〈NR3-33a〉술피며〈NK3-33a〉

참여ᄒᆞ야〈NR3-45a〉與여ᄒᆞ야〈NK3-45b〉

참예티〈NR1-24b〉與여티〈NK1-25b〉

처음〈NR1-30a〉비로소〈NK1-31a〉

처음에〈NR1-46b〉비로소〈NK1-47b〉

처음의〈NR2-37a〉始시예〈NK2-37b〉

天뎐을〈NR2-46b〉하ᄂᆞᆯ홀〈NK2-47a〉

天텬의〈NR4-71b〉하늘의〈NK4-73b〉

天텬이〈NR1-31a〉하늘히〈NK1-31b〉

徹텰을_엇디〈NR3-26b〉엇디_徹철티〈NK3-2
6b〉

輟텰티〈NR4-53a〉그치디〈NK4-54b〉

徹텰ᄒ리오?〈NR3-26b〉ᄒ리오?〈NK3-27a〉

草초ㅣ니〈NR3-31b〉플이라〈NK3-32a〉

草초애〈NR3-31b〉플에〈NK3-32a〉

春츈服복이〈NR3-17b〉봄오시〈NK3-17b〉

出츌티〈NR1-39b〉내디〈NK1-40b〉

出츌호매〈NR2-32b〉내욤애〈NK2-33a〉

出츌ᄒ더시다.〈NR2-58b〉내더시다〈NK2-59
b〉

就취ᄒ야〈NR1-8a〉나아가〈NK1-8a〉

側측의셔〈NR2-16b〉겨틔셔〈NK17b〉

치거시ᄂᆞᆯ〈NR3-74b〉擊격ᄒ더시니〈NK3-76a〉

치기〈NR4-48a〉養양홈이〈NK4-49b〉

치기여!〈NR3-75a〉擊격홈이어〈NK3-76b〉

치려커ᄂᆞᆯ〈NR4-17a〉伐벌ᄒ려ᄒ더니〈NK4-1
7b〉

緇츼衣의예ᄂᆞᆫ〈NR2-58b〉검은오샌〈NK2-59b〉

恥티ㅣ니라.〈NR2-36b〉붓그러우니라〈NK2-
37a〉

治티ᄒ니라.〈NR2-38b〉다스니라〈NK2-39a〉

致티ᄒ시며〈NR2-40a〉닐위시며〈NK2-40b〉

親친의〈NR3-34a〉어버의게〈NK3-34b〉

七칠十십애〈NR1-11a〉닐혼에〈NK1-11a〉

츤히〈NR1-21a〉츌하리〈NK1-21b〉

춤디〈NR4-11b〉忍인티〈NK4-12a〉

코져〈NR4-31b〉코져〈NK4-32b〉

크거ᄂᆞᆯ〈NR2-38a〉크거시늘〈NK2-38b〉

크게〈NR4-14b〉大대옌〈NK4-15a〉

크게어딜딘댄〈NR4-60b〉大대賢현일띤딘
〈NK4-62a〉

크다.〈NR1-21a〉크다〈NK1-21b〉

큰〈NR1-18b〉大대흔〈NK1-19a〉

큰〈NR2-21a〉큰〈NK2-21a〉

他타邦방의가〈NR2-63a〉다론나라히〈NK2-6
4a〉

탄식ᄒ야〈NR2-45a〉歎탄ᄒ야〈NK2-46a〉

탄식ᄒ야〈NR3-18a〉嘆탄ᄒ야〈NK3-18a〉

擇틱ᄒ오디〈NR1-32a〉굴히오디〈NK1-32b〉

佩패티〈NR2-59a〉ᄎ디〈NK2-60b〉

편안커든〈NR4-45a〉安안커든〈NK4-46b〉

편안커든〈NR4-45b〉安안ᄒ거든〈NK4-46b〉

편안티〈NR4-45b〉安안티〈NK4-46b〉

편안ᄒ냐?〈NR4-45a〉安안ᄒ냐〈NK4-46a〉

편안ᄒ이다.〈NR4-45a〉安안ᄒ오이다〈NK4-
46a〉

편티〈NR2-47a〉츌티〈NK2-47b〉

鞭편을〈NR2-18b〉채를〈NK2-19a〉

廢폐티廢폐티〈NK1-42b〉

蔽폐혼〈NR2-52a〉ᄒ여딘〈NK2-52a〉

푸머셔〈NR4-32a〉懷회ᄒ야〈NK4-33a〉

품의〈NR4-46a〉懷회예〈NK4-47a〉

風풍을〈NR3-31b〉ᄇ롬이〈NK3-32a〉

風풍이오〈NR3-31b〉ᄇ롬이오〈NK3-32a〉

풀뎡딜러〈NR4-54a〉拱공ᄒ고〈NK4-56a〉

하기롤〈NR4-24a〉多다홈을〈NK4-25a〉

하나〈NR3-41b〉多다ᄒ나〈NK3-42a〉

하ᄂ니라.〈NR1-36b〉하ᄂ니라〈NK1-37b〉

하미〈NR4-23b〉ᄒ면〈NK4-24b〉

하시뇨?〈NR2-43a〉히시뇨?〈NK2-43b〉

하시니라.〈NR2-43a〉하시니라〈NK2-44a〉

하시며〈NR2-57a〉ᄒ시며〈NK2-58a〉

下하호매〈NR1-22b〉ᄂ려와〈NK1-23a〉

虐학이라〈NR4-77b〉닐온〈NK4-80a〉

學혹호니〈NR4-30a〉학호라〈NK4-31a〉

陷함티〈NR2-12b〉빠디게〈NK2-12b〉

해〈NR1-16a〉해〈NK1-16b〉

行힝을〈NR1-46b〉그行힝을〈NK1-48a〉

行힝혀〈NR2-9b〉힝혀〈NK2-10a〉

허러디고〈NR4-44a〉壞괴ᄒᆞ고〈NK4-45b〉

허므리〈NR1-35a〉허믈이〈NK1-36a〉

허믈은〈NR4-67b〉過과ᄂᆞᆫ〈NK4-69b〉

허믈을〈NR3-68b〉그過과를〈NK3-70a〉

허믈이〈NR2-21a〉허믈이〈NK2-21a〉

허믈이〈NR4-74a〉過과ㅣ〈NK4-76a〉

賢현을〈NR1-4a〉어딘이를〈NK1-4a〉

賢현히〈NR1-4a〉어딜이〈NK1-4a〉

혜아리디〈NR2-19a〉圖도티〈NK2-19b〉

혜아리리오?〈NR3-50b〉筭산ᄒᆞ리오?〈NK3-51b〉

호니〈NR3-4a〉호니〈NK3-4b〉

호디〈NR1-31b〉호디〈NK1-32b〉

호디〈NR1-50a〉도요디[爲]〈NK1-51b〉

호디〈NR2-45b〉ᄒᆞ나〈NK2-46b〉

호라.〈NR1-11b〉호라〈NK1-12a〉

호려〈NR3-3b〉ᄒᆞ야징이다〈NK3-3b〉

호리이다.〈NR3-16a〉호리이다〈NK3-15b〉

호매〈NR2-14a〉홈애〈NK2-14b〉

호미〈NR1-15b〉홈이〈NK1-16a〉

호미〈NR3-71a〉ᄒᆞᄂᆞᆫ줄이〈NK3-72b〉

호미니〈NR1-18a〉홈이니〈NK1-18b〉

호미니〈NR2-32b〉홀띠니〈NK2-33a〉

호미니〈NR3-20a〉ᄒᆞ욤이니〈NK3-19b〉

호미니라.〈NR1-12a〉홈이니라〈NK1-12a〉

호미니라.〈NR1-3a〉개니라〈NK1-3a〉

호미니이다.〈NR1-28a〉홈이닝이다〈NK1-29a〉

호미업도다.〈NR2-51b〉홈이업ᄉᆞ니라〈NK2-52a〉

호믈〈NR1-45b〉홈을〈NK1-47a〉

호믈〈NR2-28a〉爲위홈을〈NK2-28b〉

호믈〈NR4-78a〉닐온〈NK4-80a〉

好호호믈〈NR2-14b〉됴히너김을〈NK2-15a〉

好호ᄒᆞ고〈NR2-18b〉됴히너기고〈NK2-18b〉

好호ᄒᆞᄂᆞ니잇고?〈NR2-2a〉됴히너기ᄂᆞ니잇고〈NK2-2a〉

好호ᄒᆞᄂᆞᆫ〈NR2-10a〉됴히너기ᄂᆞᆫ〈NK2-10a〉

好호ᄒᆞ며〈NR3-33a〉됴히너기며〈NK3-33a〉

好호ᄒᆞ면〈NR3-41a〉됴히너기면〈NK3-41b〉

好호ᄒᆞ야〈NR2-22a〉됴히너겨〈NK2-22b〉

好호혼다〈NR1-8a〉됴히너긴다〈NK1-8a〉

好호홀〈NR2-2b〉됴히너기ᄂᆞᆫ〈NK2-2b〉

好호홀딘댄〈NR3-52b〉됴히너기면〈NK3-53b〉

혹〈NR3-16a〉혹〈NK3-16a〉

혼자〈NR3-23a〉홀로〈NK3-23a〉

혼자〈NR3-41b〉專젼〈NK3-42a〉

혼자셔〈NR4-29a〉혼자〈NK4-30a〉

홈도〈NR4-8a〉홈이〈NK4-8b〉

華화ㅣ여〈NR2-53b〉고지여〈NK2-54b〉

黃황衣의예ᄂᆞᆫ〈NR2-58b〉누른오샌〈NK2-59b〉

悔회ㅣ〈NR1-16b〉뉘읏브미〈NK1-17a〉

悔회호미〈NR2-18a〉뉘읏춤이〈NK2-18b〉

誨회홈이〈NR2-16b〉ᄀᆞᄅ침이〈NK2-17a〉

獲획ᄒᆞ면〈NR1-25a〉어드면〈NK1-26a〉

후ㅣ잇가?〈NR1-23a〉後후ㅣ더〈NK1-23b〉

후에〈NR3-61b〉然연後후에〈NK3-63a〉

후에〈NR3-62a〉然연後후에〈NK3-63a〉

厚후혼〈NR2-59a〉두터온〈NK2-60a〉

희롱호미니라.〈NR4-34a〉戱희홈이니라〈NK4-35a〉

힘〈NR1-35a〉힘이〈NK1-35b〉

힘으로〈NR3-73a〉 힘이〈NK3-74b〉
힘을〈NR1-34b〉 힘을〈NK1-35b〉
힘이〈NR1-26a〉 힘이〈NK1-27a〉
힘이니〈NR3-63a〉 力력이니〈NK3-64b〉
ᄒᆞ거니〈NR4-76b〉 ᄒᆞ니〈NK4-79a〉
ᄒᆞ거늘〈NR1-26b〉 ᄒᆞᆫ대〈NK1-27a〉
ᄒᆞ거늘〈NR3-6b〉 ᄒᆞ거늘〈NK3-7a〉
ᄒᆞ거늘〈NR3-7a〉 爲위ᄒᆞ더니〈NK3-7a〉
ᄒᆞ거늘〈NR4-31b〉 커늘〈NK4-32b〉
ᄒᆞ거늘〈NR4-43b〉 ᄒᆞ거늘〈NK4-44b〉
ᄒᆞ거든〈NR3-26b〉 엇디〈NK3-27a〉
ᄒᆞ거시늘〈NR2-47b〉 ᄒᆞ더시니〈NK2-48b〉
ᄒᆞ거시든〈NR2-55a〉 ᄒᆞ거시든〈NK2-56a〉
ᄒᆞ고〈NR1-15b〉 ᄒᆞ고〈NK1-16a〉
ᄒᆞ고〈NR1-27b〉 ᄒᆞ며〈NK1-28a〉
ᄒᆞ고〈NR2-40a〉 ᄒᆞ시고〈NK2-40b〉
ᄒᆞ고〈NR4-47a〉 ------------------
ᄒᆞ고〈NR4-63a〉 ᄒᆞ리니라〈NK4-64b〉
ᄒᆞ기〈NR3-22a〉 爲위홈이〈NK3-22a〉
ᄒᆞ기롤〈NR1-37b〉 ᄒᆞ욤을〈NK1-38a〉
ᄒᆞ기롤〈NR1-53a〉 홈을〈NK1-54b〉
ᄒᆞ기예〈NR1-37a〉 홈애〈NK1-38a〉
ᄒᆞ나〈NR1-4a〉 닐어도〈NK1-4a〉
ᄒᆞ나〈NR2-46a〉 ᄒᆞ나〈NK2-46b〉
ᄒᆞ노라.〈NR4-42b〉 ᄒᆞ노라〈NK4-44a〉
ᄒᆞ노이다.〈NR1-47a〉 ᄒᆞ노이다〈NK1-48b〉
ᄒᆞ니〈NR1-22b〉 ᄒᆞ다ᄒᆞ니〈NK1-23a〉
ᄒᆞ니〈NR1-25a〉 ᄒᆞ니〈NK1-25b〉
ᄒᆞ니〈NR1-41a〉 ᄒᆞ도다〈NK1-42a〉
ᄒᆞ니〈NR3-45b〉 ᄒᆞᄂᆞ니〈NK3-46a〉
ᄒᆞ니〈NR4-20b〉 호니〈NK4-21a〉
ᄒᆞ니라.〈NR2-3b〉 호라〈NK2-3b〉
ᄒᆞ니라.〈NR2-8b〉 ᄒᆞ니라〈NK2-8b〉

ᄒᆞ니이다.〈NR2-29a〉 ᄒᆞ도소이다〈NK2-29a〉
ᄒᆞ니잇가〈NR2-5a〉 ᄒᆞ니잇가〈NK2-5a〉
ᄒᆞ니잇가?〈NR2-5b〉 ᄒᆞ니잇가〈NK2-5b〉
ᄒᆞ니잇고?〈NR3-50b〉 ᄒᆞ니잇고?〈NK3-51b〉
ᄒᆞᄂᆞ냐?〈NR1-22a〉 니르랴〈NK1-22b〉
ᄒᆞᄂᆞ냐?〈NR2-23a〉 ᄒᆞᄂᆞ냐?〈NK2-23b〉
ᄒᆞᄂᆞ뇨〈NR1-26a〉 ᄒᆞ더뇨〈NK1-26b〉
ᄒᆞᄂᆞ뇨?〈NR3-68b〉 일ᄒᆞᄂᆞ뇨?〈NK3-70a〉
ᄒᆞᄂᆞ뇨?〈NR3-71a〉 ᄒᆞᄂᆞ뇨〈NK3-72b〉
ᄒᆞᄂᆞ니〈NR3-15a〉 ᄒᆞᄂᆞ니〈NK3-15a〉
ᄒᆞᄂᆞ니라.〈NR3-35a〉 ᄒᆞᄂᆞ니라〈NK3-35b〉
ᄒᆞᄂᆞ니라.〈NR3-77a〉 홀띠니라〈NK3-78b〉
ᄒᆞᄂᆞ니라.〈NR4-63a〉 ᄒᆞ리니라〈NK4-65a〉
ᄒᆞᄂᆞ다.〈NR1-27a〉 ᄒᆞᄂᆞ다〈NK1-27b〉
ᄒᆞᄂᆞᆫ〈NR3-74b〉 ᄒᆞᄂᆞᆫ〈NK3-76a〉
ᄒᆞᄂᆞᆫ〈NR4-48a〉 삼ᄂᆞᆫ〈NK4-49a〉
ᄒᆞᄂᆞᆫ거시〈NR3-16b〉 닐ᄋᆞᄂᆞᆫ줄이〈NK3-16b〉
ᄒᆞᄂᆞᆫ고?〈NR1-53a〉 ᄒᆞᄂᆞ뇨?〈NK1-54a〉
ᄒᆞᄂᆞᆫ양〈NR4-3a〉 ᄒᆞ욤이〈NK4-3a〉
ᄒᆞᄂᆞᆫ이〈NR1-2b〉 홈이〈NK1-2b〉
ᄒᆞᄂᆞᆫ者쟈ㅣ〈NR3-3b〉 ᄒᆞ리〈NK3-3b〉
ᄒᆞ다.〈NR3-7a〉 ᄒᆞ도다〈NK3-7a〉
ᄒᆞ다.〈NR4-43b〉 ᄒᆞ시다〈NK4-45a〉
ᄒᆞ다〈NR1-18a〉 ᄒᆞ다〈NK1-18b〉
ᄒᆞ더니〈NR3-13a〉 ᄒᆞ다니〈NK3-12b〉
ᄒᆞ더니〈NR3-5b〉 ᄒᆞ거늘〈NK3-6a〉
ᄒᆞ더니라.〈NR3-12b〉 호라〈NK3-12a〉
ᄒᆞ더니라.〈NR3-76a〉 ᄒᆞ니라〈NK3-77b〉
ᄒᆞ더시니〈NR2-55b〉 ᄒᆞ더시니〈NK2-56b〉
ᄒᆞ더시니〈NR4-36b〉 ᄒᆞ시니〈NK4-37b〉
ᄒᆞ더시니〈NR4-50a〉 ᄒᆞ고〈NK4-51b〉
ᄒᆞ더시다.〈NR1-24b〉 ᄒᆞ더시다〈NK1-25a〉
ᄒᆞ더시다.〈NR2-55a〉 ᄐᆞᆺᄒᆞ더시다〈NK2-56a〉

ᄒᆞ더시다.〈NR2-56b〉ᄀᆞ더시다〈NK2-57b〉
ᄒᆞ더시다.〈NR2-63b〉ᄒᆞ시다〈NK2-64b〉
ᄒᆞ더시다.〈NR4-33b〉호이다〈NK4-34b〉
ᄒᆞ더이다.〈NR4-60b〉ᄒᆞ더이다〈NK4-62a〉
ᄒᆞ도다.〈NR3-42b〉ᄒᆞ놋다〈NK3-43a〉
ᄒᆞ디〈NR1-19b〉ᄒᆞ디〈NK1-20a〉
ᄒᆞ디아닌ᄂᆞᆫ〈NR4-8a〉아니ᄒᆞᄂᆞᆫ〈NK4-8b〉
ᄒᆞ디아닛도라.〈NR1-24a〉아니ᄒᆞ노라〈NK1-24b〉
ᄒᆞ라.〈NR4-45b〉ᄒᆞ라〈NK4-46b〉
ᄒᆞ라ᄒᆞᆫ대〈NR2-5b〉ᄒᆞᆫ인대〈NK2-6a〉
ᄒᆞ랴?〈NR1-13a〉ᄒᆞ랴〈NK1-13b〉
ᄒᆞ려니와〈NR2-18b〉ᄒᆞ려니와〈NK2-19a〉
ᄒᆞ려니와〈NR2-34b〉ᄒᆞ고〈NK2-35a〉
ᄒᆞ려니와〈NR3-16b〉ᄒᆞ려니와〈NK3-16a〉
ᄒᆞ료?〈NR3-26a〉ᄒᆞ료?〈NK3-26b〉
ᄒᆞ리〈NR2-8a〉홀이〈NK2-8a〉
ᄒᆞ리로다!〈NR3-65a〉ᄒᆞ리로다〈NK3-66b〉
ᄒᆞ리오?〈NR1-18a〉ᄒᆞ리오〈NK1-18b〉
ᄒᆞ리오?〈NR3-19b〉되리오?〈NK3-19b〉
ᄒᆞ리잇가?〈NR3-55b〉ᄒᆞ리잇가?〈NK3-56b〉
ᄒᆞ리잇고?〈NR1-17b〉ᄒᆞ리잇고〈NK1-18a〉
ᄒᆞ리잇고?〈NR2-48a〉ᄒᆞ링잇고?〈NK2-48b〉
ᄒᆞ며〈NR1-12a〉ᄒᆞ며〈NK1-12a〉
ᄒᆞ며〈NR4-61b〉ᄒᆞ고〈NK4-63b〉
ᄒᆞ면〈NR1-16b〉ᄒᆞ면〈NK1-17a〉
ᄒᆞ면〈NR3-19b〉되면〈NK3-19a〉
ᄒᆞ샤디〈NR2-61b〉ᄒᆞ샤디〈NK2-62b〉
ᄒᆞ시고〈NR1-31a〉ᄒᆞ시고〈NK1-32a〉
ᄒᆞ시고〈NR2-54b〉ᄒᆞ시며〈NK2-55b〉
ᄒᆞ시고녀!〈NR3-67a〉ᄒᆞ시고녀〈NK3-68a〉
ᄒᆞ시니〈NR3-11b〉ᄒᆞ시니〈NK3-11b〉
ᄒᆞ시니〈NR3-23a〉호라〈NK3-23a〉

ᄒᆞ시니라.〈NR2-44a〉ᄒᆞ시니라〈NK2-44b〉
ᄒᆞ시ᄂᆞᆫ〈NR4-74b〉너기신〈NK4-77a〉
ᄒᆞ시다.〈NR1-31b〉ᄒᆞ시다〈NK1-32a〉
ᄒᆞ시더라.〈NR2-15b〉ᄒᆞ더시다〈NK2-16a〉
ᄒᆞ시리오?〈NR4-3a〉ᄒᆞ시리오〈NK4-3a〉
ᄒᆞ시리잇고.〈NR2-18a〉ᄒᆞ시리잇고?〈NK2-18a〉
ᄒᆞ시며〈NR1-24b〉ᄒᆞ시고〈NK1-25a〉
ᄒᆞ시며〈NR1-24b〉ᄒᆞ시며〈NK1-25a〉
ᄒᆞ시며〈NR2-55a〉툿ᄒᆞ시며〈NK2-56a〉
ᄒᆞ시며〈NR2-56a〉ᄒᆞ더시다〈NK2-57a〉
ᄒᆞ신대〈NR1-43a〉ᄒᆞ신대〈NK1-44a〉
ᄒᆞ실딘댄〈NR3-38a〉ᄒᆞ시ᄂᆞ니〈NK3-38b〉
ᄒᆞ야〈NR4-49b〉ᄒᆞ야〈NK4-51a〉
ᄒᆞ야〈NR4-54b〉爲위ᄒᆞ야〈NK4-56b〉
ᄒᆞ야〈NR4-76a〉ᄒᆞ야아〈NK4-78b〉
ᄒᆞ야ᄂᆞᆯ〈NR3-11b〉묻ᄌᆞ와ᄂᆞᆯ〈NK3-11b〉
ᄒᆞ야ᄂᆞᆯ〈NR3-67a〉ᄒᆞ야ᄂᆞᆯ〈NK3-68b〉
ᄒᆞ야ᄂᆞᆯ〈NR1-30b〉ᄒᆞ얀노라〈NK1-31b〉
ᄒᆞ야사〈NR1-18a〉ᄒᆞ야아〈NK1-18b〉
ᄒᆞ야사〈NR3-49a〉엇더ᄒᆞ야아?〈NK3-50a〉
ᄒᆞ야시ᄂᆞᆯ〈NR4-29a〉ᄒᆞ야시ᄂᆞᆯ〈NK4-30a〉
ᄒᆞ야시ᄂᆞᆯ〈NR4-50a〉ᄒᆞᆫ대〈NK4-51b〉
ᄒᆞ여곰〈NR2-1a〉ᄒᆡ여곰〈NK2-1a〉
ᄒᆞ여곰〈NR2-27b〉ᄒᆞ여곰〈NK2-27b〉
ᄒᆞ여곰〈NR2-35a〉ᄒᆞ야곰〈NK2-36a〉
ᄒᆞᆫ〈NR1-10a〉ᄒᆞᆫ〈NK1-10a〉
ᄒᆞᆫ가지로〈NR2-53a〉ᄒᆞᆫ가지로〈NK2-54b〉
ᄒᆞᆫ가지로〈NR4-78a〉오히려〈NK4-80a〉
ᄒᆞᆫ갓ᄒᆞ리오〈NR4-34b〉ᄒᆞᆫ갓ᄒᆞ리오〈NK4-36a〉
ᄒᆞᆫ簣궤만〈NR2-49b〉ᄒᆞᆫ簣궤를〈NK2-50a〉
ᄒᆞᆫ나홀〈NR4-30a〉一일을〈NK4-31a〉
ᄒᆞᆫᄂᆞᆫ〈NR4-48a〉삼ᄂᆞᆫ〈NK4-49a〉

혼대〈NR3-3b〉혼대〈NK3-4a〉
혼等등을〈NR2-57a〉一일等등에〈NK2-58a〉
혼디라.〈NR2-46a〉혼디라〈NK2-46b〉
혼말의〈NR3-45b〉一일言언에〈NK3-46a〉
혼말의〈NR4-71a〉혼말에〈NK4-73b〉
혼말이〈NR4-10b〉一일言언이오〈NK4-11a〉
혼모[隅]홀〈NR2-16b〉一일隅우를〈NK2-17a〉
혼몸이오〈NR2-59a〉一일身신이오〈NK2-60a〉
혼번〈NR2-11b〉혼번〈NK2-11b〉
혼사룸의게〈NR4-58b〉一일人인의게〈NK4-60a〉
혼者쟈ㅣ〈NR2-2a〉ᄒ리〈NK2-2b〉
홀〈NR3-48a〉혼〈NK3-49a〉
홀디니〈NR1-3b〉홀띠니〈NK1-3b〉
홀디니라.〈NR1-34a〉ᄒᄂ니라〈NK1-35a〉
홀디니라.〈NR1-3a〉홀띠니라〈NK1-3a〉
홀디니이다.〈NR1-27b〉홀띠니이다〈NK1-28a〉
홀디언뎡〈NR2-12b〉혼[홀]띠언뎡〈NK2-12b〉
홀딘댄〈NR4-6a〉홀띤댄〈NK4-6a〉
홀딘뎌!〈NR4-35a〉子ᄌ張쟝이〈NK4-36a〉
홀리나〈NR3-15a〉혼날이〈NK3-14b〉
홀제〈NR1-29b〉홈애〈NK1-30b〉
홀지라도〈NR2-12a〉ᄒ야도〈NK2-12b〉
히여곰〈NR1-17b〉ᄒ여곰〈NK1-17b〉
히여눌〈NR3-14a〉삼은대〈NK3-13b〉
히여눌〈NR4-66b〉삼은디라〈NK4-68b〉

▋김해정

1940년 4월 24일 전북 진안군 마령면에서 출생
1964년 군복무[R.O.T.C. 2기 임관. 21사단 포병 소위로 예편]
1960년 남성고등학교졸업
전북대학교 문리과 대학 국어국문학과 졸업(문학사)
전북대학교 대학원 국어국문학과 졸업(문학석사)
국민대학교 대학원 국어국문학과 졸업(문학박사)
전주신흥고등학교교사, 전주해성고등학교 교사
우석대학교 교수역임. 우석대학교 명예교수(현재)
전북익산방언의 음운론적연구, 전북 선유도방언연구, 전북 위도방언연구, 답산가연구,
효경언해연구, 경민편 언해연구, 언역사서 해제,
한영자전[H.G. Underwood 저] 해제, 한영대자전[J.S.Gale 저] 해제, 기타 논문 다수 있음

사서언해의 비교연구

2006년 4월 8일 초판 발행

지은이   김해정
펴낸이   김흥국
펴낸곳   도서출판 **보고사**

등록   1990년 12월(제6-0429)
주소   서울시 성북구 보문동 7가 11번지
편집부   922-5120~1, 영업부 922-2246, 팩스 922-6990
홈페이지   www.bogosabooks.co.kr
메일   kanapub3@chol.com

ⓒ 김해정, 2006
ISBN 89-8433-359-x(93710)
정가 20,000원